高等学校航海与海事类系列教材

轮机维护与修理

（新1版）

邓义斌　范世东　田　野　主编

武汉理工大学出版社
·武　汉·

内 容 提 要

全书共有9章，主要内容包括现代船舶维修、修船组织与管理、船机失效分析基础、船机零件的无损检测、船机故障诊断技术、船机维修过程、船机零件的修复工艺、船机典型零部件的检修、船舶动力装置主要部件的检修等。

本书内容符合中华人民共和国海事局和STCW公约马尼拉修正案对轮机维护与修理方面的要求，不仅可作为高等和中等航海院校轮机工程专业学生的教学用书，也可作为不同航区轮机长、大管轮、二/三管轮的考证培训教材，还可供航运企业和修船企业工程技术人员作参考书。

图书在版编目(CIP)数据

轮机维护与修理/邓义斌，范世东，田野主编. —武汉：武汉理工大学出版社，2024.8
ISBN 978-7-5629-6992-1

Ⅰ.①轮… Ⅱ.①邓… ②范… ③田… Ⅲ.①轮机-维修 Ⅳ.①U676.4

中国国家版本馆CIP数据核字(2024)第006869号

项目负责人：陈军东　　责任编辑：黄　鑫
责任校对：张明华　　版式设计：冯　睿
出版发行：武汉理工大学出版社
地　　址：武汉市洪山区珞狮路122号
邮　　编：430070
网　　址：http://www.wutp.com.cn
经 销 者：各地新华书店
印 刷 者：武汉市洪林印务有限公司
开　　本：787×1092　1/16
印　　张：27
字　　数：580千字
版　　次：2024年8月第1版
印　　次：2024年8月第1次印刷
定　　价：49.00元

前　言

随着船舶行业的快速发展，轮机工程领域维护与修理方面的理论与实践和《海船船员适任考试大纲》发生了一些新的变化，为了更好地适应这些变化，我们对2012年出版的《轮机维护与修理》进行了修订。

新1版《轮机维护与修理》，保持原版的主体风格，主要变化有：一是每章融入了课程思政元素；二是内容结构安排更为科学，一些章节内容进行了更新；三是每章增加了习题，包括主观思考题和线上客观题，读者可以通过线上做题和线下思考巩固所学习的知识；四是增加了拓展资料，通过扫码观看相关视频或工程案例，可以巩固知识点和拓宽知识面。

本书的主要内容有现代船舶维修、修船组织与管理、船机失效分析基础、船机零件的无损检测、船机故障诊断技术、船机维修过程、船机零件的修复工艺、船机典型零部件的检修、船舶动力装置主要部件的检修等。本书内容符合中华人民共和国海事局和STCW公约马尼拉修正案对轮机维护与修理方面的要求，知识点紧扣《海船船员适任考试大纲(2022版)》的相关要求。

本书的适用面较广，不仅可作为高等和中等航海院校轮机工程专业学生的教学用书，也可作为不同航区轮机长、大管轮、二/三管轮的考证培训教材，还可供航运企业和修船企业工程技术人员作为参考书。

本书由邓义斌、范世东、田野担任主编，负责大纲的拟定，由杨志勇任主审。各章(包括习题)编写分工为：第1章和第2章，范世东、姚玉南；第3章，邓义斌；第4章，危卫；第5章，方珍龙、姚玉南；第6章，刘爱华；第7章，丁翔；第8章，田野；第9章，朱汉华。各章案例由邓义斌收集整理，全书由邓义斌统稿。

本书在编写过程中，得到了武汉理工大学本科生院、船海与能源动力工程学院和武汉理工大学出版社等相关单位领导、专家和学者的大力支持和帮助，在此深表谢意。

本书在编写过程中还参阅、引用了相关文献资料。其中工程案例和拓展资料来源于网络媒体等，引用资料均标明了出处，在此一并向作者致以衷心感谢。

本书虽经修订，但由于编者能力所限，不足之处在所难免，敬请专家、读者批评指正。

编　者

2023年12月

前言

目　　录

第1章

现代船舶维修

一盏枯灯一刻刀，一把标尺一把锉，构成一个匠人的全部世界。别人可能觉得他们同世界脱节，但方寸之间他们实实在在地改变着世界：不仅赋予器物以生命，更刷新了社会的审美追求、扩充了人类文明的疆域。工匠精神从来都不是什么雕虫小技，而是一种改变世界的现实力量。坚守工匠精神，并不是把“拜手工教”推上神坛，也不是鼓励离群索居、“躲进小楼成一统”，而是为了擦亮爱岗敬业、劳动光荣的价值原色，高树质量至上、品质取胜的市场风尚，展现创新引领、追求卓越的时代精神，为中国制造强筋健骨，为中国文化立根固本，为中国力量凝神铸魂。

将一门技术掌握到炉火纯青，这固然是工匠精神，但工匠精神的内涵又远不限于此。有人说：“没有一流的心性，就没有一流的技术。”的确，倘若没有发自肺腑、专心如一的热爱，怎能有废寝忘食、尽心竭力的付出；没有臻于至善、超今冠古的追求，怎能有出类拔萃、巧夺天工的卓越；没有冰心一片、物我两忘的境界，怎能有雷打不动、坚定不移的信念。工匠精神中所深藏的，有格物致知、正心诚意的生命哲学，也有技进乎道、超然达观的人生信念。从赞叹工匠继而推崇工匠精神，见证了社会对浮躁风气、短视心态的自我疗治，对美好器物、超凡品质的主动探寻。我们不必人人成为工匠，却可以人人成为工匠精神的践行者。

——摘自《以工匠精神雕琢时代品质》

船舶维修需要践行工匠精神！

船舶是典型的大型复杂装备，船上设备种类繁多，设备性能的好坏决定了船舶运行的安全与否和效率高低，“轮机维护与修理”正是以船舶机械系统、设备及零部件为主要研究对象。船舶机械在长期的运转使用过程中，由于受其内在因素（如设计、材料、制造和安装工艺等）和外部工作条件（如负荷、环境、运维保障等）的影响，零部件的尺寸精度、几何形状、位置精度、配合精度及表面质量逐渐发生变化，或者产生磨损、腐蚀、裂纹等破坏，机械的技术状态和使用性能逐渐劣化，甚至发生故障，导致船舶机械的功能部分或全部丧失，进而造成船舶停航。轮机员的主要职责是承担船舶机械的合理操作、运行维护和保障，以及进厂监修监造工作，确保船舶性能状态的完好。因此，提高对故障与维修理论和技术的认知，掌握相关基本知识，是现代船舶对轮机员的要求，也是其胜任现代船舶轮机管理工作的基础。

1.1 船机故障基础

船机故障是指船舶系统、设备、机械或其零部件原有规定功能的丧失。它不包括在预防性维护和其他有计划的行动期间，以及因缺乏外部资源条件下不能执行规定功能。故障是可靠性工程研究的对象，是维修科学研究的内容。

1.1.1 故障分类

船机故障复杂多样，其分类方式因关注和研究的角度不同而异，故障分类可以清晰地显示出故障的原因、性质和对船舶营运的影响，有助于轮机员分析、认识故障和排除故障，也便于进行故障统计，为改进船舶机械的设计、制造和良好的维修提供重要的信息资料。船机故障分类如图 1-1 所示。

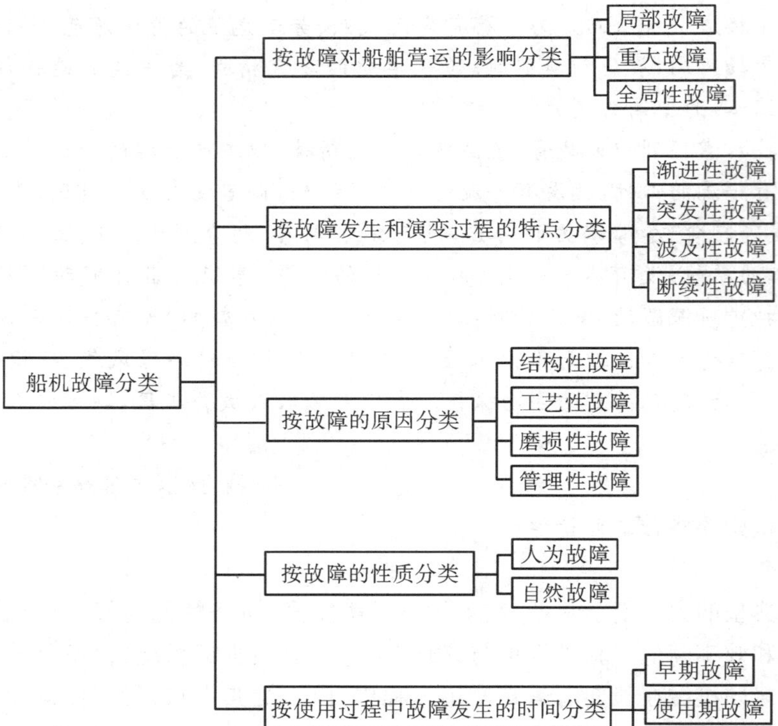

图 1-1 船机故障分类

1. 按故障对船舶营运的影响分类

(1)船舶不停航的局部故障:因局部故障导致船机设备的功能部分丧失,不需停航修理,可在航行中进行故障处理。例如,更换主机某缸的喷油泵。

(2)船舶短时间停航的重大故障:由于严重的故障使船机设备的功能丧失,必须停航,争取短时间内通过船员自修或采用更换备件等措施排除故障。例如:主机某缸发生严重的拉缸故障,停机检修或实施封缸措施,修后继续航行。

有的国家对停航时间规定:货船不超过 6 h,客船不超过 2 h。

(3)船舶长时间停航的全局性故障:异常严重的故障导致船机设备的功能丧失,造成船舶丧失航行能力,需要进厂进行长时间的修理。例如,主机曲轴折断、尾轴或中间轴折断、螺旋桨损坏和船舶搁浅、船体破损等。

2. 按故障发生和演变过程的特点分类

(1)渐进性故障:船机设备长时间运转,配合件的损耗(如磨损、腐蚀、疲劳和材料老化等)累积使其性能逐渐变坏而发生的故障。这类故障通过连续的状态监测可有效地避免。例如:柴油机活塞环-气缸套的磨损和曲轴-轴承的磨损以及管子腐蚀穿孔等均属此类故障。

(2)突发性故障:因外界随机因素或材料内部的潜在缺陷引起的故障,且无故障先兆,难以预测。例如,主机自动停车、曲轴疲劳断裂、螺旋桨桨叶折断等。

(3)波及性故障或称二次故障:船机的某种故障引发的更大的故障,无法预测和防止。例如:发电柴油机连杆螺栓脱落或断裂引起连杆、活塞、气缸套和气缸盖甚至机体的破坏,俗称连杆伸腿;二冲程柴油机的活塞环断环可能被吹至排气管或扫气箱中,乃至吹入增压器涡轮端打坏涡轮叶片,造成严重事故等。

(4)断续性故障:设备在某一时间呈故障状态,而在另一时间功能又自行恢复的故障,即故障反复发生。

3. 按故障的原因分类

(1)结构性故障:船机设备因结构设计上的缺陷、计算上的错误或选材不当等导致的故障。例如:柴油机气缸套上部凸缘根部因设计上受力不当和制造工艺不良引起的凸缘根部多发性裂纹(图 1-2),甚至缸套断裂。

(2)工艺性故障:制造、安装质量不佳或质量检验不严等引发的故障。例如,轴系校中安装质量不良引起的轴系振动、轴承发热或过度磨损等。

(3)磨损性故障:在正常工作条件下长期运转产生的故障。由于长期运转,船机零件磨损使其性能参数逐渐达到极限值,船机性能变坏而发生故障。例如,由于过度磨损、活塞-气缸间隙过大而产生的敲缸、窜气等故障。

(4)管理性故障:维护保养不良或违章操作等造成的故障。例如,滑油长期不化验、不更换,滑油变质引起轴瓦合金熔化的故障。

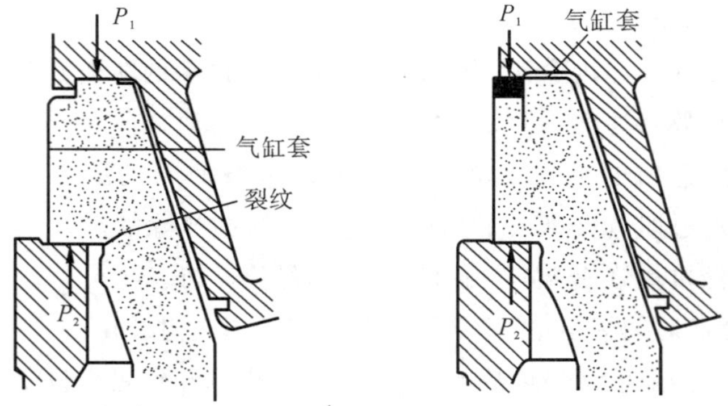

P_1—紧固力；P_2—支反力

图 1-2 柴油机气缸套外部凸缘根部多发性裂纹

(a)原设计结构；(b)改进后设计结构

4. 按故障的性质分类

(1)人为故障：操作人员管理不力或行为过失引起的故障。这是不容忽视的故障，目前人为故障已占船机故障的 80％以上。

(2)自然故障：船舶机械工作环境和使用条件恶劣，结构和材料缺陷，制造和安装不良等造成的各类故障。

5. 按使用过程中故障发生的时间分类

(1)早期故障：又称磨合期故障，出现在设备投入工作的早期。其特点是故障率较高，且故障随时间的延长而迅速减少。

(2)使用期故障：又称随机故障、偶然故障，出现在设备的有效寿命期。其特点是故障率低，且稳定。

(3)晚期故障：又称老化期故障、磨损期故障，出现在设备使用的后期。其特点是故障率随时间的延长而增高。晚期故障是设备零部件的磨损、疲劳、腐蚀和老化等造成的。如果在老化期开始之前进行修理或者更换零件可以延长随机故障期，推迟磨损故障期。

1.1.2 故障发生前的征兆

除突发故障外，任何一种故障在发生前均会呈现不同形式的信息，即故障先兆，它是故障初期的表现形式。在机舱的管理工作中，轮机员了解这些征兆形式，注意观察并及时采取措施可以有效防止故障的发生。故障先兆主要有下列表现：

1. 船机性能方面

(1)功能异常：表现为启动困难，功率不足，转速不稳，自动停车，剧烈振动等。

(2)温度异常：表现为油、水温度过高或过低，排烟温度过高，轴承发热等。

(3)压力异常：表现为燃油、滑油、冷却水压力失常，扫气压力、压缩压力和爆发压力不正常等。

(4)示功图异常:表现为柴油机做功不正常,测试出的示功图图形异常,计算出的气缸功率不符合要求。

2. 船机外观显示方面

(1)外观反常:船机运转中油、水、气有跑、冒、滴、漏等现象。例如,排烟异常,冒黑烟、蓝烟或白烟等。

(2)消耗反常:船机运转中燃油、滑油和冷却水的消耗量过多,或不但不消耗反而增加。例如,曲柄箱油位增高。

(3)气味反常:在机舱内嗅到橡胶、绝缘材料的"烧焦味"和变质滑油的刺激性气味等。

(4)声音异常:在机舱听到异常的敲击声。例如,柴油机的敲缸声、拉缸声,增压器喘振声。此外还有螺旋桨鸣音及各种工作不正常的声音等。

1.1.3　故障模式

故障模式是指产品故障的表现形式。例如,船舶机械的故障模式有磨损、腐蚀、疲劳破坏等,电器的故障模式有短路、漏电、电路不通等。

产品的故障模式可能是单一的,也可能是综合的,它随工作环境、使用条件、运转时间以及产品的内在因素等的变化而异,还与产品的设计、材料、制造等因素密切相关。

在实际生产中,通过对产品故障模式的调查、统计和计算分析,便可评价和鉴定产品的可靠性。在船机维修管理工作中,可依据船机设备、零部件的各种故障模式发生时间,把握故障率的变化规律,制定有效预防措施,减少或防止故障的发生。

1.1.4　故障规律

船舶机械及其零部件自投入使用到损坏不能运转的全过程中,不同时期的故障率不同。实践和实验表明,大多数机械系统的故障率与时间呈"浴盆曲线"关系,又称故障率规律曲线,如图 1-3 所示。

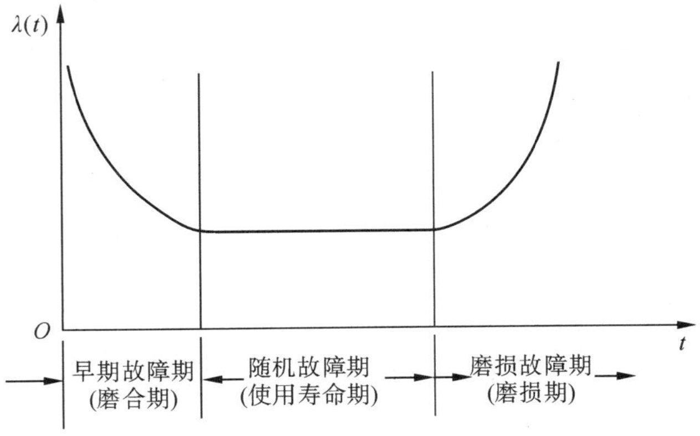

图 1-3　故障率规律曲线(浴盆曲线)

故障率 $\lambda(t)$ 是反映系统、设备、机械或零部件在指定工作时刻，其完好状态转向故障状态的概率。故障率规律曲线按故障发生的时间分为三个阶段：

1. 早期故障期（故障率减小型）

船机投入使用的初期。特点是故障率较高，但随使用时间的延长而迅速下降。主要是由于设计、制造的缺陷及操作不熟练、不准确和使用条件不适等造成的。通过调试、磨合、修理和更换有缺陷的零件等能使故障率很快降低，船机运转趋向稳定。

2. 随机故障期（故障率恒定型）

早期故障期之后磨损故障期之前的一段时间。特点如下：

(1)船机运转稳定，故障率低，近于恒定，与使用时间关系不大。

(2)出现的故障为偶然因素引起的随机故障，主要是设计制造中的潜在缺陷、操作差错、维护不良和环境因素等引起的。不能通过调试消除，也不能用定期更换零部件来预防，所以随机故障是难以预料的。

(3)随机故障期较长，是船舶机械的主要使用期，也是进行可靠性评估的时期。

3. 磨损故障期（故障率增加型）

在船舶机械寿命的后期出现。特点是故障率随时间的延长而迅速升高，是由于设备零部件磨损、腐蚀、疲劳和老化造成的。如果在磨损故障期开始前进行修理或更换备件，则可延长随机故障期，推迟磨损故障期。

统计分析表明，并非所有的机械、设备等产品的故障率规律曲线都是“浴盆曲线”，有些产品呈现非浴盆化趋势，见表 1-1。

表 1-1　各种故障率规律曲线及内涵

<table>
<tr><th>类型</th><th>特征</th><th>故障率规律曲线</th><th>内涵</th></tr>
<tr><td>A</td><td>浴盆曲线</td><td>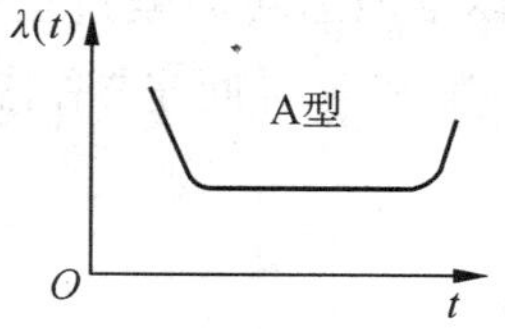
</td><td rowspan="2">有明显的磨损期。各种零件或简单产品的故障，如船体、轴承、活塞式发动机的气缸故障，机械磨损、材料老化、金属疲劳等</td></tr>
<tr><td>B</td><td>有磨损期</td><td>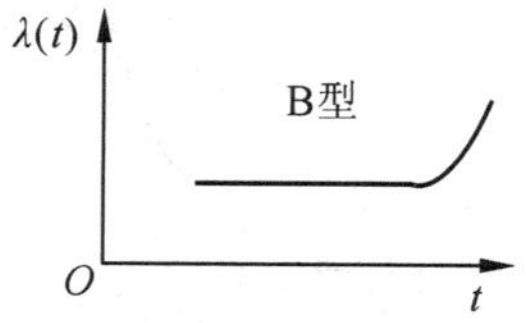
</td></tr>
<tr><td>C</td><td>故障率稍增加</td><td>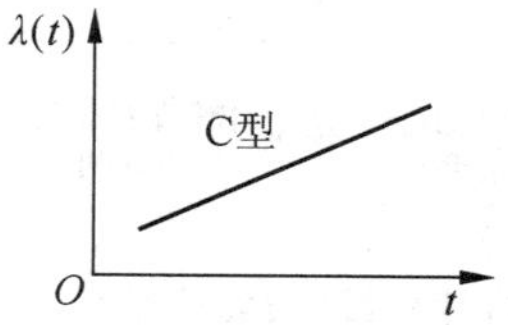
</td><td>没有明显的磨损期。故障率略有上升，在某个节点上设备不能使用。如航空涡轮发动机</td></tr>
</table>

续表 1-1

类型	特征	故障率规律曲线	内涵
D	先升后恒定	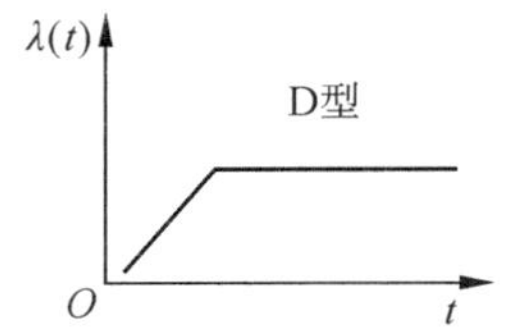	
E	指数分布	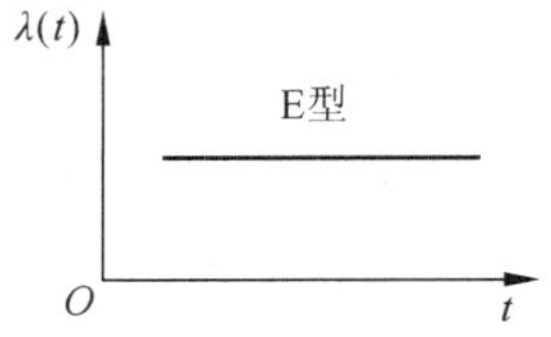	没有磨损期，设备不需要定期维修；复杂的电子设备等遵循该故障规律
F	先降后恒定	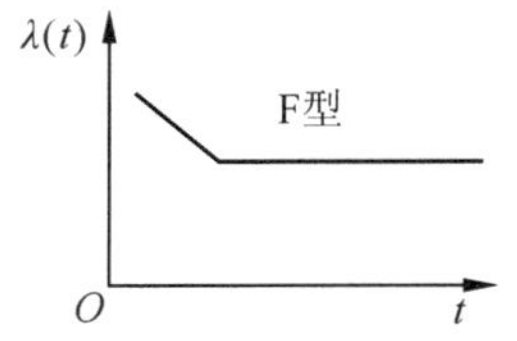	

表 1-1 中 A 型、B 型曲线有明显的磨损期，通常显示机械设备发生磨损、疲劳和材料老化等故障，可采用定期维修方式延长使用寿命，往复式发动机的气缸、轴承，船体和飞机机体等大量单体部件具有此种故障率规律。C 型曲线无明显的磨损期，故障率随时间延长缓慢升高，航空涡轮发动机等机械设备具有此种故障率规律，可依设备的技术状态确定检修时间。D、E、F 型曲线显示产品在整个使用期中故障率为常数，设备不需要实施定期维修，复杂的电子设备等具有此种故障率规律。

1.1.5　故障的严重程度

中国船级社《故障模式和影响分析应用指南》(GD 16—2017)中按照严重度等级将故障的严重程度划为 4 类，见表 1-2。

表 1-2　严重度等级划分示例

严重度指数	严重度	定　　义
4	灾难	导致整个系统破坏、人身伤亡或严重污染
3	严重	导致系统严重破坏，人员严重伤害和轻微污染
2	临界	对系统性能、环境不会产生严重破坏，或对人员不会产生严重伤害
1	轻微	系统或过程的局部功能故障，对人员安全、系统性能或环境产生的影响较低

1.1.6　故障的人为因素

船舶是机械设备和船员一体化的典型人机系统，人机功能的充分发挥和彼此良好的配合，将有利于船舶安全可靠地航行，延长船舶的使用寿命，提升船舶营运的经济效益。因此，船舶的综合可靠度取决于船体、船机固有的可靠度和船员的工作可靠度。伴随着航运技术的高速发展，船舶动力装置可靠度显著提升，出现了智能机舱、无人机舱船舶，但船机故障仍是不断，每年均有因海损和机损事故造成重大损失的报道。

统计资料表明，船舶海损、机损等事故约 80%是人为因素造成的。船员不具备适任资格或操作错误等易使船舶机械和设备维护、保养不良而发生故障。20 世纪 80 年代以来频繁发生的海难事故及其造成的严重损失引起国际社会的空前关注，国际海事组织(IMO)把海上事故中人为因素的作用列为重要的审议问题，制定出《国际安全管理规则》，修订了《1978 年海员培训、发证和值班标准国际公约》(STCW 公约)，以减少和防止海上事故的发生。因此，船员加强学习，提高专业知识和技术水平，取得适任资格，是做好轮机管理工作的基本条件。

1.2 船舶维修理论

船舶维修理论是研究船舶机电设备故障的形式、机理、规律、预防和修复的理论，是建立在概率论与数理统计、摩擦学、失效理论、可靠性工程、工程技术经济、维修技术与工艺，以及现代管理理论等现代科学基础上的一门综合性工程技术应用科学。以此理论为基础，可以优化制定设备维修大纲，在保障设备可用、安全及可靠的前提下，实现设备全寿命周期费用最小化。

1.2.1 维修科学

维修是为了使船舶机械和设备保持或恢复到规定状态所进行的全部活动，包括维护、保养、检测、状态确定和修理乃至翻修和改进等活动。如，为保持设备良好技术状态而进行的维护，设备劣化或发生故障后为恢复其功能而进行的修理，以及为提升设备技术状态而进行的技术改进活动。其基本内容包括船舶设备维护保养、检查检测和修理(包括故障修理和主动修理)。维护与保养，是为了保持船舶机械和设备的技术性能正常发挥所采取的技术措施；检测与状态确定，是为了确定机械和设备的技术状态所进行的观察和测试；修理，是当船舶机械和设备的性能下降、状态不良或发生故障而失效时，为了保持或恢复其原有的技术性能所采取的技术措施；翻修和改进或称再制造，是在性能失效分析、寿命评估等分析的基础上，对损坏或将报废的船舶机械与设备进行翻修和改进，使其性能达到或超过新品。

长期以来，维修从属于制造，维修工作停留在机械设备的使用阶段，对设备使用中发生的损坏进行修补，采取使用—维修—再使用—再维修，直至淘汰的策略。在船上，船舶机械和设备的维修也只是一些日常维护、定期检修和排除故障的自修；船舶进厂修理是对那些危及安全航行的机械设备或船舶检验机构要求的项目进行修理。随着科学技术的发展，船舶机械设备日趋先进、复杂，船舶集成化、智能化程度不断提高，对维修技术和维修质量的要求也相继提高。落后的维修思想和维修方式已不能适应现代船舶的维修要求，亟需新的、科学的现代维修理论和先进的维修思想、维修方式来满足现代的船舶维修要求。

维修科学是以现代科学技术为基础，多门学科交叉综合形成的维修理论，适用于各行业机械设备维修的通用科学。现代维修是对机械设备或零部件进行基于全寿命周期的维修。机械设备和零件的全寿命包括规划与论证、设计、制造、使用和报废或再制造五个阶段。前三个阶段为研制过程，后两个阶段为使用过程。维修理念贯穿于全寿命的各个阶段。基于全寿命周期的维修，如图 1-4 所示。

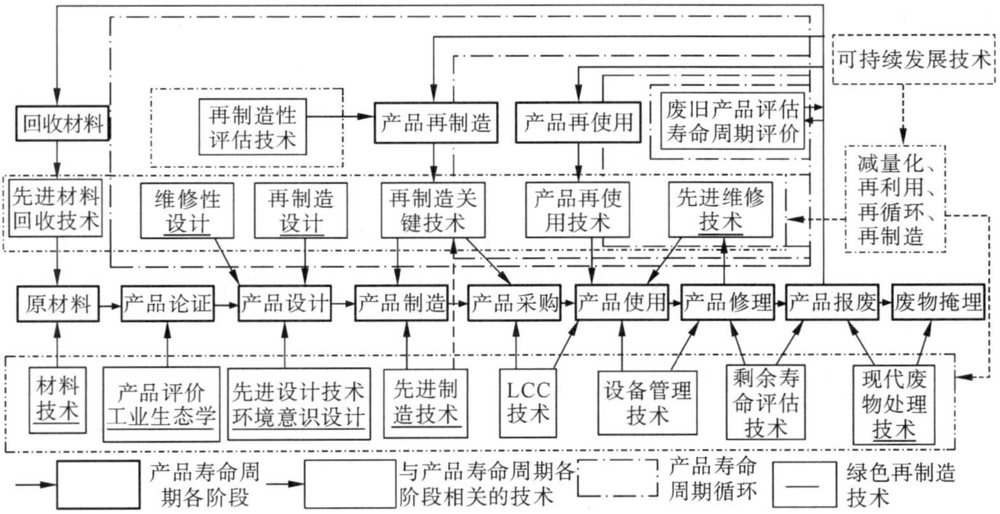

图 1-4 基于全寿命周期的设备维修理念

维修科学始于 20 世纪 40 年代，经历了萌芽、创建、发展和成熟阶段，到 20 世纪 70 年代才形成完整的学科体系。船舶机械的故障与维修是船舶维修中对立与统一的矛盾，是船舶维修理论与实践发展的基础，并且决定着船舶维修事业发展进程。人们对于故障与维修的研究形成了维修科学，即与故障作斗争的科学。

维修科学以可靠性理论与维修性理论作为重要的理论基础。可靠性理论是研究故障规律的理论，维修性理论是研究如何易于发现和排除故障的理论。这两种理论分别从不同的侧面研究维修。

系统工程理论在维修工作中的应用丰富了维修科学的理论。系统的观点、系统的分析方法和系统工程技术为研究维修提供了科学的手段，尤其是数学方法使许多维修问题得以定量化，从而使维修科学更加完善。

维修科学是一门既具独立性又具学科交叉性的通用科学。独立性表现在它具有独特的研究对象和独特的理论基础；学科交叉性表现在它吸收了相关的科学知识和技术并应用到维修工作中；通用性则在于它的基本理论能为各个行业的各类设备服务，并结合专业知识与维修特征开展维修工作。维修科学应用于船舶维修，并结合船舶机械和设备的专业知识和维修特征而形成了船舶维修科学。

1.2.2 可靠性与维修性

设备或系统的功能是满足用户的某种需要。功能是产品的主要质量特性，它反映在产品所具有的技术指标上。显然，尽管一个产品性能优良，若投入使用时易出故障，并为排除故障要作长时间的等待，那么它的使用价值就不高，也就谈不上质量优良。功能并非产品质量的全部特性，质量还应包括可靠性和有效性指标等。可靠性作为产品质量和技术活动的一个重要指标已得到各行业的普遍重视，可靠性工程相关技术已贯穿产品规划、设计、制造、运行及维护全寿命周期的各环节。

1. 可靠性概述

可靠性理论是研究设备故障的宏观与微观规律，提高设备可靠性的理论，是现代维修科学的重要基础理论。可靠性理论为设计出不易发生或较少发生故障的机械和设备奠定了基础，机械和设备的可靠寿命为确定维修中的最佳维修间隔期、备件数量等提供可靠的依据，故障机理和故障分析技术为修复故障提供了充分的条件。

(1)可靠性定义

可靠性是反映产品耐用和可靠程度的一种性能。产品(指船舶机械、设备、系统和零部件等)的可靠性是指产品在规定的时间、规定的条件下完成规定的功能的能力。可靠性是产品固有的特性之一，是产品的功能随时间的延长保持稳定的程度。

定义中规定的时间是指产品的使用期和贮存期；规定的条件是指产品的环境条件、使用条件、维修条件和工作方式等；规定的功能是指产品设计时所赋予的工作性能。能力是“三个规定”的综合体现和度量可靠性的总体指标。可靠性的指标可用数学式表达，以便定量分析产品的可靠性。

船舶机械、设备和系统的可靠性是一个综合性能，反映了设计、材料、制造和安装工艺等的质量。其中在设计时所赋予的内在可靠性是固有可靠性，而在制造和使用过程中由于材料、工艺、环境、操作和维修方式等因素的影响具有的实际可靠性是使用可靠性。使用可靠性难于达到固有可靠性，所以应不断提高使用可靠性。

(2)可靠性研究的内容

可靠性研究的内容包括可靠性数学、可靠性物理、可靠性工程和可靠性管理四方面，前两部分也统称为可靠性基础理论。

①可靠性数学：研究可靠性的定量规律，解决可靠性问题的数学模型和数学方法，属于应用数学的范畴，包括概率论与数理统计、随机过程、运筹学、相干结构理论、更新理

论、贝叶斯理论、模特卡洛模拟等。

②可靠性物理：研究零部件失效的物理原因、物理模型，提出改进的措施等。美国Rome航空发展中心于20世纪60年代初首先进行失效物理的研究，探索失效分析方法及技术，研究各种元器件的失效机理及失效模型，建立各种器件及材料失效的数学及物理模型，提出了各种元器件的加速寿命试验及筛选试验的方法。

③可靠性工程：对产品的失效现象及发生概率进行分析、预测、试验、评定和控制的边缘性工程学科。它的发展与概率论和数理统计、随机过程、运筹学、系统工程、环境工程、价值工程、人机工程、计算机技术、失效物理学、机械学等学科有着密切的联系。可靠性工程追求的是系统的经济效益和运行中的安全可靠，因此，它不能就事论事地研究问题，而是必须系统地、综合地用长远的眼光来研究问题。不仅要考虑硬件，而且要考虑软件，考虑人的因素、环境条件对系统的影响等。可靠性工程不仅重视技术，也重视经济，它把技术和经济相结合，以取得最大的经济效益为目的。

④可靠性管理：在时间和费用允许的基础上，根据用户的要求，为了生产出具有高可靠性的产品，在规划、设计、制造、使用和维修的整个寿命期内，所进行的一切组织、计划、协调和控制等综合性工作。核心内容是制定并贯彻执行可靠性大纲，为此，需要建立一个对系统可靠性全面负责的可靠性管理机构。其他内容有：设计评审、制造阶段的可靠性管理、可靠性教育与培训、可靠性标准与规范、可靠性数据反馈等。可靠性管理包括技术活动和管理活动两方面。只有技术，没有管理，会大大浪费时间和金钱；只有管理，没有技术，不可能降低失效率和达到预期的可靠性目标。

(3)可靠性指标

利用数学的方法对可靠性各个方面的特征进行定量计算，以便了解设备的可靠性，预测设备的故障。衡量设备可靠性的指标主要有：可靠度、不可靠度、故障密度、故障率、平均寿命等。

①可靠度

可靠度用 $R(t)$ 表示。其定义为：产品在规定的条件下和规定的时间内，完成规定功能的概率。若产品在规定的条件下，规定时间为 t，从开始工作到发生故障的连续工作时间为 T，则产品的可靠度 $R(t)$ 为：

$$R(t)=P(T>t),t\geqslant 0$$

式中，$P(T>t)$ 为产品连续工作超过规定时间的概率。

因为产品的可靠度总是随着规定时间 t 的增长而下降，所以 $R(t)$ 是时间 t 的递减函数。

②不可靠度

不可靠度用 $F(t)$ 表示。其定义为：产品在规定的条件下和规定时间内，丧失规定功能的概率。即

$$F(t)=1-R(t)$$

$F(t)$直接反映故障的概率，反映在 t 时刻以前累积故障的情况和故障与时间的函数关系，所以 $F(t)$也称为故障分布函数。

③故障密度

故障密度用 $f(t)$表示，其定义为：设备在 t 时刻故障的变化速度。若故障分布函数 $F(t)$连续可导，则故障密度 $f(t)=\mathrm{d}F(t)/\mathrm{d}t$；若 $F(t)$不是连续可导函数，则故障密度用经验（平均）密度公式（现场统计中多采用）求取。

④故障率

故障率用 $\lambda(t)$表示，其定义为：工作到某时刻尚未发生故障的产品，在该时刻后单位时间内发生故障的概率。根据定义，有：

$$\lambda(t)= f(t)/ R(t)$$

故障率 $\lambda(t)$和故障密度 $f(t)$，都是反映故障概率的变化状况，但两者又有不同，$\lambda(t)$是针对到时刻 t 尚能正常工作的产品数而言，即从总数 N 中扣除了 $0\to t$ 这段时间中产生的故障数，$f(t)$则是针对开始时刻的产品数而言的。

⑤可靠寿命

如果具体的 $R(t)$函数式已确定，那么也可以由已知的可靠度 R^* 求对应的工作时间 t_r。当产品的可靠度下降到规定的可靠度 R^* 时产品已工作的时间称为可靠寿命，满足$R(t_r)= R^*$ 。

当可靠度下降至 0.5 时产品已经工作的时间，即满足 $R(t_r)= 0.5$ 的可靠寿命称为中位寿命，记为 $t_{0.5}$。

当可靠度 $R(t_r)= \mathrm{e}^{-1}= 0.368$ 时，对应的可靠寿命 t_r称为产品的特征寿命，记为 T。

平均寿命是产品工作到发生故障的时间的平均值，用来表示产品连续工作的能力，它的含义随产品的可否修理而不同。对于不可修复产品是指从开始工作到发生故障的平均工作时间，用 MTTF(mean time to failure)表示；对于可修复产品则是指两次故障之间的时间平均值，用 MTBF(mean time between failure)表示。

平均寿命 $E(t)$是个算术平均值，在概率中称数学期望值或均值。在船舶动力装置中大多数产品都是可修产品，其平均寿命 $E(t)=$MTBF，也称平均无故障工作时间。

图 1-5 表明了各特征参数与基本函数之间的关系。

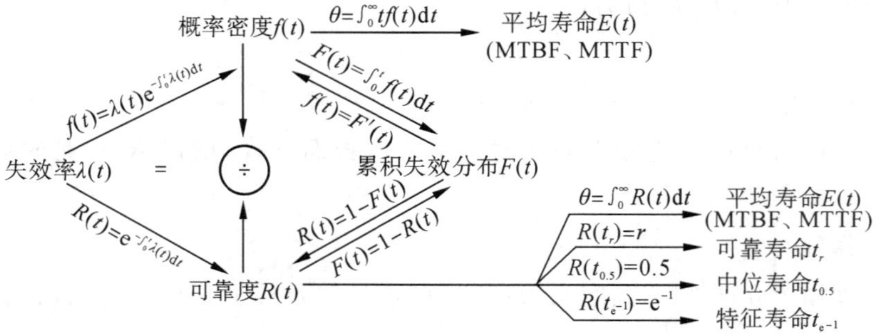

图 1-5 各特征参数与基本函数之间的关系

2. 维修性概述

维修的目的是迅速而又经济地保持或恢复产品的原有功能，也就是说，在产品发生故障后，要求维修工作以最佳的质量、最短的时间和最低的费用恢复产品的规定功能。维修性理论研究维修的宏观和微观规律，为设计出容易维修保养的机械和设备提供科学依据，是现代维修科学的重要基础理论。船舶在复杂的航行条件或恶劣气候条件下，任何机械、设备的损坏都会招致严重的后果，并且往往难于获得外界援助。因此，机械、设备的良好维修性和船员自修能力就是船舶安全航行的重要保证。长期以来，修船业一直是单件、小批量生产，具有生产率低、修船周期长、成本高和修理质量差等缺点。工业化修船使修船过程实现机械化和自动化，取消单件、小批量生产和手工操作。船舶机械、设备的定型化、系列化、标准化和通用化，维修工作的专业化、定点化等均是实现维修生产工业化的条件。而这些又是船机设备可维修性所包含的内容，只有设备具有高度的可维修性才能促进修船业工业化转型。

(1)维修性定义

维修性是指按照规定的使用条件，在给定的时间间隔内，产品保持在某一指定状态或恢复到某一指定状态的能力。也可以认为是针对已发生故障的产品，在规定的时间内通过维修使之保持或恢复到规定使用条件下完成规定功能的能力。维修性是产品的一种固有特性，是由设计、制造等决定的。

定义中规定的时间是指限定的维修时间，规定的条件和规定功能均指产品原有的使用条件和技术性能。

产品良好的维修性，可使其便于维修、容易维修，对维修工艺和维修人员的技术水平要求不高，所需维修时间短，维修费用低。

产品的可维修性好坏在日常检修和保养工作中便可判断。例如，损坏的零件是否容易拆卸和更换，是否便于检测和调整，是否便于日常的维修保养等。良好的可维修性可以获得高的维修质量和维修效果，否则会增加维修时间和维修费用，甚至降低产品使用寿命。

(2)维修性研究的内容

维修性研究包含维修性理论、维修性工程和维修性管理。

维修性理论是研究解决各种维修性问题的数学方法与模型，涉及概率论与数理统计、随机过程与运筹学等。

维修性工程是研究产品维修基本问题中设计属性方面的维修性问题。维修性工程的定义为：为了达到产品的维修性要求所进行的一系列设计、研制、生产和试验工作。

维修性管理是研究确定和满足产品维修性要求所必需的职能和业务的管理，涉及维修性组织、设计、协调、控制和监督，包括维修性计划、维修性大纲以及维修性保证大纲等。

(3)维修性指标

衡量可维修性的定量指标有:维修度、修复率、有效度及平均修复时间等。

①维修度

维修度用 $M(t)$ 表示,其定义为:可修复产品在规定的维修条件下和在规定时间内完成维修工作使产品保持或恢复能完成规定功能的概率。$M(t)$ 是对可维修性的量化。维修度随时间 t 延长而增大,其最小值为 0,最大值为 1。

②修复率

修复率用 $\mu(t)$ 表示,其定义为:维修工作到了时刻 t 还没有完成维修的设备,在 t 时刻后的单位时间内完成修复的概率。

由于修复率具有前提条件,所以它是一个条件概率。

③有效度

有效度用 $A(t)$ 表示。可靠性是要求产品不发生或少发生故障,可维修性是要求产品发生故障后迅速修复。对于可修复的产品的可靠性和可维修性的评价是用产品在全部使用过程中能有效工作的程度来衡量,即有效性;用概率表示为有效度 $A(t)$ 或称利用率。所以,产品的有效度与其可靠性、可维修性有关。

有效度 $A(t)$ 表示可修复产品在特定时间内保持其规定功能的概率,即修复后使用的产品在某特定瞬间内保持其功能的概率。即

$$A(t)=\frac{\mathrm{MTBF}}{\mathrm{MTBF}+\mathrm{MTTR}}$$

④平均修复时间

平均修复时间用 MTTR(mean time to repair)表示,其定义为:对产品进行维修活动的时间总和与维修次数之比。

1.2.3 现代船舶维修方式

1. 维修思想

正确的维修思想是维修客观规律的反映,它又反过来指导维修实践。有了正确的维修思想指导,才能确立正确的维修方针、政策和进行维修立法,以及建立高效率的维修体制和维修保障体系。因此,维修思想的建立是维修管理首先要解决的问题。

随着人们对维修规律认识的深化,维修指导思想也在发生变化。在 20 世纪 30 年代之前,设备维修没有明确的指导思想,而是采取坏了就修、不坏不修、听其自然的态度。维修工作缺乏科学预见,往往导致严重的停机事故,不仅影响使用,还危及安全和造成较大的经济损失,属于事后维修思想。20 世纪 30 年代至 20 世纪 50 年代中期是英、美等西方国家广泛应用传统预防维修的阶段,即采用日常检查、保养和定时修理等措施进行有计划的预防维修。由于当时的科技水平所限,一般机械设备的故障规律基本上均符合浴盆曲线。为了延长机械和设备的随机故障期,必须在磨损故障期到来之前进行修理。通

过实验和经验统计测定出正常使用期的长短，依此使用时间进行定时修理，可以防止故障，延长机械设备的使用寿命。

20世纪50年代后期科学技术迅速发展，特别是电子技术的飞跃发展，传统的预防维修已不完全适用，浴盆曲线不能描述各类设备的故障规律。在大量实验和经验的基础上统计测定出六种故障率曲线，分别反映各类设备的故障率特征。定时修理仅适用于具有浴盆曲线故障率特征的一类机械设备，而不适用于复杂设备和电子设备，因为那些设备的故障大多是偶然性的，无法定时修理，只能采用状态监控手段预防故障的发生。总结实践教训，为了防患于未然，产生了"定期预防维修"的指导思想并建立了一整套预防维修制度。近年来由于对可靠性和维修性理论的深入研究，又形成了"以可靠性为中心"的维修思想。

(1)定期预防维修思想

从20世纪30年代开始人们已经注意到设备的安全使用，认识到设备一经使用就会有耗损，而耗损到一定程度就会发生故障和事故，危及安全生产，于是产生了预防维修的思想，提出了积极预防和预防为主的方针，主张在设备耗损到导致故障之前对设备进行预防性维修。由于当时缺乏先进的检测手段，人们单纯地认为设备耗损只是时间函数，就规定按期限进行拆卸检修，形成了"定期预防维修"。

定期预防维修的特点：

①从满足船舶正常在航率的需要出发，有计划地、定期地对船舶及设备进行轮换修理；

②每次计划修理所完成的工程量应保证设备工作到下一个计划修理期；

③根据各类修理安排了统一的修理间隔期，在间隔期内又安排各种维护保养工作作为预防性维护措施。

因此，定期预防维修对防止设备事故、恢复设备功能、保证安全等方面起到了积极有益的作用。

定期预防维修的出发点是，认为故障只是时间函数，故障的发生和发展都同时间有关，而任何故障的发生又都可能直接影响安全使用。于是通过多做工作，多定期检修来预防故障，以确保设备安全使用。显然，这种维修思想对于预防与时间有关的故障是有效的。如船体、管系的腐蚀，机械磨损，电缆老化等。

事实上，影响设备的故障因素很多，有许多随机因素(或称偶然因素)，而且许多故障并不是时间因素所造成的。加之船舶设备复杂，很难统一在一个规定的间隔期内来进行维修。因此，按规定时间"一刀切"地进行维修就会浪费掉相当一部分设备使用寿命，不经济，相当于做了许多无效的工作，且修理中的分解、拆卸、勘验又会给设备增加人为损耗和误差，增加了设备的早期故障，甚至缩短了设备寿命。

(2)以可靠性为中心的维修思想

以可靠性为中心进行维修就是从设备的实际可靠状况出发，以可靠性和维修性理论作指导，研究和解决维修中的各种问题。也就是说在进行维修决策和开展维修工作时必须以设备的实际可靠性状况作为出发点。

从可靠性的研究知道，损耗性故障是与时间有关的，而随机故障则与时间无关。因此，并不是所有设备的可靠性都和定期预防维修的时间限制发生直接关系。在可靠性的设计中采取了裕度技术、部分设备和结构损伤容限设计。在此情况下一个机件或一处设备故障已经不能影响使用安全。从实际维修看，早期故障、随机故障以及一些具有隐蔽特征的机件故障，凭借定期预防维修也不能完全排除。

综上所述，既然故障的产生并不与时间有必然的联系，设备的故障又不一定危及安全，有些故障也不能通过定期预防完全消除，因此定期维修并不是最恰当的维修方式，可以采用视情维修作为预防性维修方式。所以，以可靠性为中心的维修思想仍然是“预防为主”，不过将定期预防改为“有针对性”的预防。整个维修过程以设备的可靠性分析为基础，以维持设备固有可靠性为目标，按设备的实际可靠性指标来控制维修时机，通过逻辑分析决断法来控制维修内容，选择视情维修方式以控制设备的使用可靠性。《装备以可靠性为中心的维修分析》等标准为实施相关分析提供了指导。

两种维修思想的主要区别决定了不同情况下适合采取何种维修方式。对于船舶维修而言，预防为主仍然是维修的指导思想。由于船体的经常性损耗占有相当比例（经常性损耗如腐蚀和磨损等），因此定期维修方式仍然普遍使用。同时，视情维修是一种较为科学的维修方式，应当结合维修理论的研究开展设备可靠性和可维修性基础研究工作，进行设备可靠性和可维修性论证、设计、控制和分析，逐步变定期维修为视情维修。有些情况下，可以将定期维修和视情维修相结合。

2. 维修方式

现代维修方式可分为三种，即事后维修、时间计划维修与状态监测维修。其中，事后维修为非预防性维修，时间计划维修与状态监测维修属于预防维修。维修方式分类如图1-6所示。

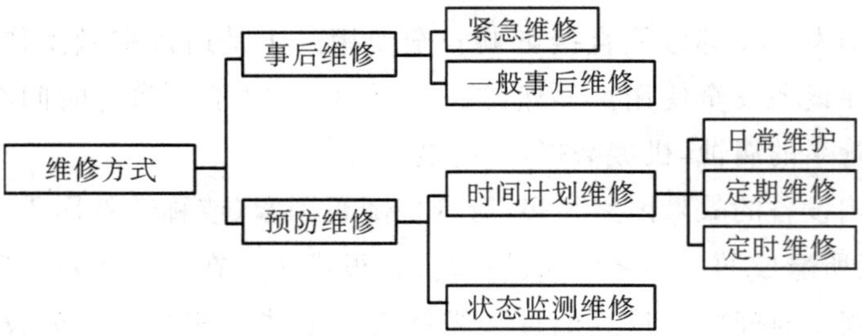

图 1-6 维修方式分类

(1)事后维修

事后维修是在设备发生故障后才进行的维修。某些复杂设备虽有故障，但其许多零部件仍保持良好的基本功能以致无法预测故障的发生；某些复杂设备缺乏适用的检测手段、参数和临界参数；某些设备不具备实施检测的条件，所以只能在故障发生后再进行维修。

然而，事后维修也绝非等待故障的发生，而是在设备故障发生前后均连续不断地进行状态监控，收集和分析设备的使用、维修的资料，以便评定和改进设备的可靠性和安全性。事后维修是一种非预防性的维修方式，但仍须进行经常性的检查和保养工作。

事后维修适用于故障不直接危害使用安全且仍保持基本功能的设备，或采用预防维修不经济的耗损性设备。

依据所维修设备运行状态的恢复程度，事后维修可以分为以下几类：

①完美维修，使系统或系统的运行状态恢复到如同全新状态的维修；

②最小维修，使系统恢复到故障发生时的故障率的维修；

③不完美维修，使系统恢复到非全新状态但系统运行状态确实变好的维修；

④较坏维修，使系统故障率提高或实际使用寿命增加但系统没有发生崩溃的维修活动，恢复系统的运行状态比发生故障之前更糟糕；

⑤最坏维修，非故意使系统或设备发生故障或崩溃的维修。

(2)时间计划维修

时间计划维修是按照规定的“时间”对机械、设备进行拆卸检验和维修，以防止故障的发生。其包括定时(基于设备的具体运行时间、里程等)维修、定期(基于日历时期)维修和日常维护三种方式，实施该维修方式的机械、设备应具备以下条件：

①故障率曲线有明显的磨损故障期，如表 1-1 中 A、B 型故障率规律曲线，不适用于发生偶然性故障的设备；

②设备的无故障生存期要足够长，即正常使用期较长，否则无维修的必要；

③采用其他任何维修方式均不适宜的设备。

时间计划维修对防止某些机械、设备或零部件的故障发生有着重要的作用，是现代预防维修中不可缺少的维修方式。但是其缺点也不容忽视：针对性和准确性不高，有时不仅无效，甚至有害，可靠性不很高和维修工作量大、费用高。由于所规定的检修时间不一定符合设备的实际情况，当机械设备运转良好、距磨损故障期的出现甚远时进行定时维修不仅无益反而有害；破坏了设备的良好技术状态，检修后的设备精度可能低于检修前以致易于发生故障。从对设备状态监控的角度来看，时间计划维修对设备的监控是阶段性的和不连续的。

(3)状态监测维修

状态监测维修或称视情维修，是指先不确定机械、设备维修期，而是通过不断地监控设备的运转状况和定量分析其状态资料，按照实际情况来确定维修时间，从而避免故障发生。采用状态监测维修的设备应具备的条件：

①设备的故障率规律曲线应具有进展缓慢的磨损故障期，以便监测到故障信息后能及时采取防止故障发生的措施；

②具有能够反映设备技术状态的参数、参数标准或标准图谱，以便准确地诊断设备的故障；

③具有状态监测设计的设备结构，为进行状态监测维修提供必要的条件，如设备上有安装传感器的孔、口等；

④状态监测维修是以现代化的监控手段和故障诊断技术为基础，因此须具备先进的原位无损检测装置及电子计算机相连的终端显示装置等，以进行保护、预警，防止故障发生。

状态监测维修对设备不确定维修期，而是根据实际情况确定最佳维修时间，因此维修的针对性强，又由于是在设备功能性故障发生前采取措施，因而可有效地预防故障和充分地利用设备的工作寿命。此外，维修工作量和费用均少。视情维修是理想的预防维修方式。

船舶机械和设备一般应选用状态监测维修方式或时间计划维修方式，对其发生不危及安全的故障，即偶然性故障时采用事后维修方式，对于一些经过精确计算有规定使用寿命的零部件或设备仍然采用定时维修，而大多数设备和零部件逐步采用视情维修与时间计划维修相结合的方式预防故障。一个复杂设备中的不同项目，可依具体情况分别选用不同维修方式；同一项目可采用一种或多种维修方式。

1.2.4 船舶维修保养体系

营运的船舶为了保持船舶系统和设备良好的功能和技术状态，除了要进行各种维修保养工作外，还必须履行船级社规定的船舶保持入级的各种监督检验，以确定船舶的状态、监督和检查维修工作的效果。

船级社(classification society，或称验船协会、验船机构)是一个建立和维护船舶和离岸设施的建造和操作的相关技术标准的机构。船级社主要业务是对新造船舶进行技术检验，合格者给予船舶的各项安全设施并授给相应证书；根据检验业务的需要，制定相应的技术规范和标准；受本国或他国政府委托，代表其参与海事活动。有的船级社也接受陆上工程设施的检验业务。

国际船级社协会(International Association of Classification Societies，IACS)。IACS是由世界海运发达国家的船级社参加组成的国际组织，成立于1968年9月11日，会址设在英国伦敦，宗旨是研究解决共同关心的海上安全问题，加强各成员间的联系与合作。其主要任务包括：保持与国际标准化组织等的联系与合作，参加国际海事组织的各种学术会议，统一解释有关的国际公约和国际海事组织的建议集中问题，统一各国船级社的船舶建造规范等。IACS包括的正式会员也即世界著名船级社包括：美国船级社(American Bureau of Shipping，ABS)；法国船级社(Bureau Veritas，BV)；中国船级社

(China Classification Society, CCS)；挪威船级社(Det Norske Veritas,DNV)；德国船级社(Germanischer Lloyd,GL)；韩国船级社(Korean Register of Shipping,KR)；英国船级社(Lloyd's Register of Shipping,LR,也称劳埃德船级社)；日本船级社(Kaiji Ryokai,NK)；意大利船级社(Registro Italiano Navale,RINA)；波兰船舶登记局(Polish Register of Shipping,PRS)；俄罗斯船舶登记局(Russian Maritime Register of Shipping,RS)；印度船级社(India Register of Shipping,IRS)；克罗地亚船舶登记局(Croatian Register of Shipping,CRS)。

1. 船级检验概述

中国船级社根据我国《钢质海船入级与建造规范》施行入级和保持入级的定期检验。入级检验主要有：年度检验、中间检验、坞内检验、特别检验、螺旋桨与尾轴检验、锅炉检验、换证检验、轮机循环检验、机械计划保养系统检验、损坏和修理检验、临时检验、改装或改建检验、重新入级检验、恢复入级检验等。

(1)年度检验

所有船舶应经受年度检验。年度检验应在初次入级检验日期或上次特别检验日期的每周年日的前后3个月内进行。目的在于查明船舶技术状况是否满足继续安全航行的条件。

(2)中间检验

所有船舶应经受中间检验。中间检验应在第二次或第三次年度检验之时或两次检验之间进行。除年度检验要求之外的项目可在第二次或第三次年度检验之时或两次检验之间进行。

(3)坞内检验(或水下检验)

按规定对船舶在船坞内或船排上所进行的检验。主要检验船体水线以下部分、船壳板、船底板、平板龙骨、舷侧外板、舭龙骨、船首板、船尾和船框架、螺旋桨、舵承间隙、海底阀箱、海底阀、舷外排出阀及其海水进出口的格栅、锚和锚链的磨损和锈蚀情况。其间隔五年内应不少于两次，最长间隔不大于三年，其中一次应在特别检验时进行。船级社可根据船体水线下的具体情况，缩短坞内检验的间隔期限。客船必须每年进行一次坞内检验。

(4)特别检验

对具有船级的船舶，进行全面技术检查的一种检验。主要确定船舶整体技术状况是否能继续保持船级的要求，其间隔期为五年。特别检验可在到期之日前12个月内进行，也可展期三个月，对提前进行特别检验的则以完工之日加五年为下次特别检验的期限，展期的则按原检验到期之日算起。特别检验的项目，除外部的，还须对内部进行检查，包括船体外壳及甲板的测厚、压水、冲水试验，拉力、运转试验和锈蚀状况等众多的拆检项目。常结合修船和年度检验一并进行。特别检验可用循环检验来代替。

(5)轮机循环检验

应船东要求,CCS同意机械装置(包括电气设备)特别检验的所有检查和试验项目采用循环检验的方式来进行。循环检验是特别检验的另一种形式,即把特别检验的项目由集中一次进行改为按一定比例(常为每年20%的特检项目)分配在两次特别检验之间进行,其周期为五年,免除了五年一次的特别检验所需非生产性停泊时间。实行循环检验的船舶,每一项目的检查不得超过五年,年度检验应照常进行,循环检验的项目可与船舶预防检修、计划修理、航修结合起来,减少因检验而造成的非生产性停泊时间,以提高船舶周转率。对高龄船舶和缺陷的船舶不适用循环检验制。

(6)机械计划保养系统检验

按计划维护保养的机械和装置,CCS可同意采用机械计划保养系统检验作为替代轮机和电气的循环检验。

船级社根据船舶的用途、技术状况和航行区域不同而授予船舶的技术级别,以符号和标准来表示。根据船舶所有人申请的船级,由船级社按其有关规范和规则对船舶进行技术检验,并授予相应的船级符合的全部检验工作。其中轮机的一些附加标志如下:

船舶机械计划保养系统——PMS(planned maintenance system);

螺旋桨轴状态监控系统——SCM(screwshaft condition monitoring);

柴油机滑油状态监控系统——ECM(engine lub-oil condition monitoring);

轮机实行循环检验——CMS(continuous machinery surveys);

智能机舱——i-Ship(Mx)。

凡已取得船级的船舶,在营运中若发生意外造成重大损坏而需要修理时,或须进行船舶改装或更换重大设备时,船东也均须向CCS申请相应的检验。

2. 我国船舶保养系统发展简况

自20世纪50年代,我国设备管理制度学习苏联模式,船舶维修保养管理制度亦如此。多年来出现了许多脱节问题,船舶维修保养主要依靠技术管理人员进行,业务水平差异较大,直接导致管理工作不稳定,有随意性和短期行为,"重修轻养""重用轻管";由于信息流通不畅,船东对船舶的维修保养不能及时实施,没有准确计划和控制。在日常营运中,还经常因船员变更或船员技术素质不齐,导致船舶设备日常检修不够或部分设备重复检修,而在年修和进坞大修以及接受船级社检验时,修理项目集中,船舶修期较长,修费很高,造成了人力物力的巨大浪费。随着船舶技术的发展,管理水平的提高,设备可靠性的加大以及检测手段的更加完善,仅仅依靠检验来判断设备的状态已经显得不足。为此一些实力较强的航运公司纷纷根据自己的管理特点建立船舶设备管理体系,制定保养计划,使用船员的技术对设备进行检查。在20世纪80年代,原上海远洋运输公司和上海海运集团基于当时公司的维修管理制度,借鉴国外先进管理模式,如挪威的TSAR体系,对船舶设备采用插卡管理,并在原交通部的支持下,经过两年多的研究,建立了我国标准化的"船舶维修保养体系(CWBT)"。这一体系是以我国传统的船舶维修管理模式为基础，吸收外国先进的管理经验，结合我国具体实际而开发建立的。其主要指导思想是，将设备的维修保养进行分级，按照月、季、半年、一年、二年、四年、五年或六年等各周期间隔，在日常工作中安排维修保养工作。在建立船舶维修保养体系时，首先将船舶设备系统分类，编码定义。然后将维修工作按照维修保养周期或重要程度进行分级。之后为船舶每一设备编制设备卡，卡上包括对该设备进行各级维修保养时的工作内容、技术要求和维修保养周期的级别等内容。在完成这些设定工作后，采用人工或计算机管理，将到期的检查项目，按照工作卡的形式或计算机指令形式定期（每月）向船员发出设备维修指令，在船员完成工作后，部门长再将这一设备的检修工作按照检修周期排入下一循环。这样各级维修工作计划，一次排成，长期有效，循环操作，环环相扣，各个期间的保养项目一目了然，按照设备的保养要求，按时进行，对于重要项目和船检项目还有重点提醒。

国际船级社协会注意到船东保养体系的不断完善和实施效果，逐步改变原有观念，接受“以养代检”的方式，在 20 世纪 70 年代开始全球推行“轮机循环检验（CMS）”制度，将特别检验项目分解到周期内的各个年度进行，充分与航运公司的维修保养体系接轨和配合。此项工作取得良好的效果，一是将对设备的检验“化整为零”，及时发现设备的缺陷和隐患；二是将部分项目委托船上轮机长进行，大大节省了修船时间，保养工作更有针对性。

随着航运公司保养体系的日趋完善，IACS 在 1989 年提出了计划保养系统（PMS）的检验模式，进一步将检验和保养相结合，也将设备的技术状况判别权力下放到有资格的轮机长。中国船级社作为 IACS 正式成员，在 1996 年《钢质海船入级和建造规范》中（以下简称《钢规》）引入了 PMS 要求。

PMS 首先是从欧洲一些航运管理公司推行的。通过多年的实施，其对延长设备使用寿命、提高船舶安全管理水平起到了良好的作用。PMS 体现了船舶管理的较高水平，也使船东的保养体系和船级社检验有机地结合。原来船东对船舶建立保养体系仅局限在对船舶设备制定保养计划。随着计划和体系的不断完善，船东对设备的控制已经包括甚至超过了船级社检验的要求，通过合作，将船级社的检验项目有针对性地列入保养计划中，既减少了船舶在验的时间和验船师工作的强度，也为航运公司争取了航运时间，提高了工作效率。

通过多年研究，船舶维修保养体系（CWBT）在 1996 年被采纳写入国家标准“船舶维修保养体系”系列标准（GB/T 16558.1-7）中。这是原交通部“七五”科研的重要成果，并且在原中国远洋运输公司和上海海运集团公司进行了广泛推广，推广项目在 1997 年 7 月通过原交通部科技司验收。1997 年原中国远洋运输公司向原交通部科技司提出“船舶机械计划保养（PMS）推广项目报告”。中国船级社和有关单位共同推广 PMS。1997 年 12 月 9 日领导小组、工作组、办公室和编审委员会成立，从而使 CWBT 和 PMS 有机结合，取得更大的经济效益。实行船舶维修保养体系的船舶在严格完成相关工作后，可以不再进行船级的年度检验、中间检验和特别检验。

3. 船舶维修保养体系(CWBT)

2009 年原中国远洋运输(集团)总公司、上海海事大学、中国船级社、原交通部科学研究院起草更新了 1996 版“船舶维修保养体系”系列标准。CWBT 由船舶(chuanbo)、维修(weixiu)、保养(baoyang)、体系(tixi)的拼音首字母组成。CWBT 是将传统的船舶设备管理和国际上插卡式船舶设备管理相结合,形成集计划、管理、指导于一体的一种新颖、科学、实用的船舶设备管理模式。

(1)船舶维修保养体系的要点

①编码册。《船舶维修保养体系 第 2 部分:船舶维修保养体系代码》(GB/T 16558.2—2009)中给出了 CWBT 代码的编制原则、编制方法、设备分类及代码、维修设备(部件)代码及船舶维修体系代码。

CWBT 代码的编制方法如图 1-7 所示。主系统代码、维修设备(部件)代码以及 CWBT 代码清册样例如图 1-8 所示。

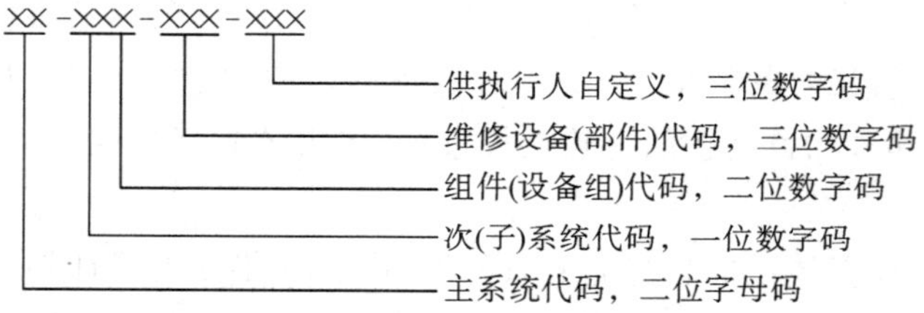

图 1-7 CWBT 代码的编制方法

序号	代码	名称	英文名称
1	AS	空气系统	AIR SYSTEM
2	BW	海水系统	BITTER WATER SYSTEM
3	BS	舱底水系统	BILGE SYSTEMS
4	CG	装卸货设备	CARGO HANDLING GEAR
5	DO	甲板舾装设备	DECK OUTFITTINGS
6	ES	电力系统	ELECTRIC SYSTEM
7	FW	淡水系统	FRESH WATER SYSTEM
8	GD	柴油发电原动机	DIESEL ENGINE GENERATOR
9	GT	发电汽轮机	STEAM TURBINE ENGINE GENERATOR
10	GS	蒸汽发电原动机	STEAM ENGINE GENERATOR
11	HS	船体部分	HULL STRUCTURE

(a)

代码	设备名称	代码	设备名称	代码	设备名称
001	气缸盖	037	蓄能器	091	舵装置
002	进气阀	038	电控阀	092	舵柱
003	排气阀	039	电控装置	093	舵柄
004	喷油器	040	电控单元	094	舵叶
005	安全阀	051	增压器	100	节能装置
006	示功阀	052	空冷器	102	推进器
007	启动阀	053	缸体	103	计量仪表
008	摇臂装置	054	机架	113	液位表、水位计
009	缸套	055	机座、底座	115	盐度计
010	活塞	056	检查门、防爆门	116	烟度计

(b)

代码	名称	代码	名称
AS-000-000-000	空气系统	AS-102-154-000	主空压机冷却器
AS-100-000-000	启动空气系统	AS-102-141-000	主空压机自带泵
AS-101-000-000	启动空气管系	AS-102-075-000	主空压机离合器
AS-101-149-000	启动空气阀件	AS-103-000-000	副空压机组
AS-101-150-000	启动空气滤器	AS-103-152-000	副空压机
AS-101-078-000	启动空气附件	AS-103-301-000	副空压机原动机
AS-102-000-000	主空压机组	AS-103-302-000	副空压机控制箱
AS-102-152-000	主空压机	AS-103-304-000	副空压机自控设备
AS-102-301-000	主空压机原动机	AS-103-154-000	副空压机冷却器
AS-102-302-000	主空压机控制箱	AS-103-141-000	副空压机自带泵
AS-102-304-000	主空压机自控设备	AS-103-075-000	副空压机离合器

(c)

图 1-8　主系统代码、维修设备(部件)代码以及 CWBT 代码清册样例

(a)主系统代码;(b)维修设备(部件)代码;(c)CWBT 代码清册样例

在 CWBT 代码体系中,采用 4 个层次的分类属性构成了 4 层次分类结构,分类属性确定为大系统、次子系统,组件(设备组)和维修设备(部件)。代码结构除将第 2 层级和第 3 层级合并为一个代码段之外,其余结构与分类结构完全对应,再加上可供执行人自定义的代码段,形成 4 组代码段,每组代码段中间用“-”连接;采用刚性码方式,其中第 1 层代码采用 2 位英文字母表示,第 2、3 层分别采用 1 位和 2 位数字代码,第 4 层采用 3 位数字代码;代码的取值方式采用静态取值与动态取值相结合的方式,静态取值如 CWBT

体系将船舶设备类别按泛指功能分为 30 个主系统，取系统英文名称的前两个单词首字母作为第一层代码。

CWBT 标准列出了 372 个从“001”（气缸盖）到“916”（专用软件）非连续使用的维修设备（部件）代码供用户取值或在此基础上进行扩展。动态取值如执行人自定义代码段可以采用顺序码对维修设备进行实例化。CWBT 代码清册总共列出 3003 个代码，供用户参考使用。通过对 CWBT 代码清册进行分析，大多数代码呈现出按层次递进编码的规律，如“AS-000-000-000”仅表示主系统层级，即空气系统；“AS-100-000-000”表示子系统层级，即启动空气系统；“AS-101-000-000”表示组件层级，即启动空气管系；“AS-101-149-000”表示启动空气管系中的“阀件”这一类维修设备。

②维修手册。它包括单船设备卡和设备维修执行记录。单船设备卡的编写是 CWBT 编制工作的核心，也是最关键的一环。设备卡采用活页的形式，卡的正面包括以下内容：设备名称、编码、设备类别、技术资料栏、维修级别等。

由于船舶设备在船舶运行过程中运行状态不同，针对不同的设备可以采用定期维修、定时维修、故障维修以及状态监测维修。CWBT 采用的船舶设备的维修保养方针：(1)主要动力设备用定时维修方式，并向视情维修方向发展；(2)耐用、低值、非生产型、维修价高而安全风险小的设备用故障维修（事后维修）方式；(3)长期处于工作状态的设备及船检项目采用定期维修方式。

设备的维修保养周期按照规定的分级标准分级。CWBT 系统共分八级四类维修保养周期：A、B、C、D、E、F、G、H，如表 1-3 所示。设备采用哪种维修级别由设备卡的编写人员规定。

设备维修执行记录是船员按照设备卡的技术要求完成检修工作后编写的工作记录。设备维修执行记录和设备卡两部分内容，都为活页，可将“记录”附在每张“设备卡”之后，也可单独装订成册。

表 1-3 船舶维修保养的分级、周期代码

循环周期	分级代码	定期制	定时制
五年	A	1 天	1 天
	B	1 周	1 周
	C	1 月	500 运转小时
	D	3 月	1500 运转小时
	E	6 月	3000 运转小时
	F	12 月	6000 运转小时
	G	30 月	15000 运转小时
	H	60 月	30000 运转小时

③工作卡和工作计划板。工作卡源于看板，看板是表示某工序何时需要何数量的某种物料的卡片，又称为传票卡，是指为了达到准时化生产(just in time，JIT)而控制现场生产流程的工具。CWBT 中工作卡是外包塑料套的纸质卡片，类似于看板，上面印有某个船舶设备定期或定时维修保养的工作指令，工作卡按照时间顺序排列在工作计划板上。工作卡的次序首次排列由 CWBT 系统的编写人员进行“首排”。工作卡相当于一个“令箭”，由部门长定期(每月)向船员下发工作卡，发出对即将到期的检查项目的维修指令。船员按照上述工作卡指令并按照设备卡要求完成检修工作后，交回工作卡，部门长按照卡上下次周期到期日在工作计划板上重新排列工作卡。若采用计算机指令形式则可以由计算机直接输出指令。

(2)船舶维修保养体系的操作运行

船舶维修保养体系的操作运行有两种方式，即人工管理和计算机管理。

①人工管理 CWBT 系统的操作方法

采用人工管理 CWBT 系统时需要工作卡和工作计划板。

a. 工作卡的内容

主要包括设备名称、工作卡号、维修级别、类别等。工作卡类别明细见表 1-4。

表 1-4　工作卡类别明细

类别	维修工作卡性质	识别标志	工作卡标志	
		在设备卡上	一卡一级	一卡多级
一	含有年检或坞检工作卡	★★★	红	★★★
二	含有循检或特检的维修工作卡	★★	蓝	★★
三	重要的维修工作卡	★	黄	★
四	一般维修工作卡	无星号	白色	无星号

b. 工作计划板

工作计划板由 15～20 条插板并列组合组成，用于存、取工作卡片。每条插板可存 50 余张工作卡片，各插板由左至右按时间排序，构成各月、年的维修工作计划。自左至右前 12～15 块板为年度计划区，最近一个季度当然在最左位，卡片数量也多，含有如 D、E、F 级的工作卡均排列在年度计划区，并一直在其中循环。除此之外的区域为其后的 2 至 5 年的计划区，含有如 G、H 级的工作卡除少数在年度计划区外，其余排列在此区循环。

c. 船舶维修保养体系的操作运行的安排

前三级每天、周、月常规工作，由船方自行安排。其他维修周期，如图 1-9 所示流程图。

图 1-9　船舶维修保养体系的操作运行流程图

发卡：每月月底，部门长将下月出现的工作卡取下，按照卡上设备的主管人员发给各主管人员。

施工:设备的主管人员或维修人员按卡上的维修指令,自己安排本月工作,按期完成任务。完成后在卡背面进行简单的记录,并签名及日期。实施时应按照重要程度合理安排。

收卡:月底部门长工作卡从各主管人员手中收回。未完成的项目,写明原因,重新计划。

记录:部门长将收回的工作卡汇总,在"维修执行记录"上作必要的记录,并进行归档。

上报:部门长将本月保养工作以"维修保养报告"形式上报公司。

返插:完成上述工作后,部门长按照卡上下次周期到期日在工作计划板上重新排列工作卡。同时完成下月的发卡工作。

②采用计算机管理 CWBT 系统的工作内容

CWBT 系统是以计算机为基本信息处理手段,以现代通信设备为基本传输工具,并为船舶管理决策提供信息服务的人机系统。即以人为主导,利用计算机硬件、软件、网络通信设备以及其他办公设备,进行内、外部信息收集、传输、处理、储存、更新和维护,以航运企业可持续发展、提高效益和效率为目的,支持企业高层决策、中层控制、基层运作的集成化的人机系统。CWBT 系统涉及船舶岸基管理人员、船舶实施人员和单船编写人员。

船舶岸基管理人员的职责为:掌握 CWBT 的业务流程,工作卡的循环原则及工作计划的调整方法,维修内容的调整、与船舶设备检验项目的关联、计数器的更新、临时工作卡的添加与对船舶管理人员的使用培训、指导与监督;掌握 CWBT 报告的审阅、处理方法及各类报表、记录的填写规则;掌握检查、监督、指导船舶 CWBT 运行质量与方法;应用 CWBT 管理信息系统审核单船月度工作指令表、监督单船维修保养工作的实施;对维修历史数据、资料进行分析、处理后,对船舶维修保养工作提出指导性意见。

船舶实施人员的职责为:熟悉 CWBT 管理信息系统,掌握 CWBT 维修保养计划循环操作的过程及其规律,工作卡的循环原则、工作计划与内容的调整、计数器更新、月度或航次维修工作的安排、临时工作卡的建立、工作卡的遗留、备件管理与船检项目的关联方法等。轮机长应通过 CWBT 管理信息系统检查各设备主管对工作卡指令的实施质量,维修执行记录、维修检测报告与备件消耗的记录情况,对遗留工作卡或存有缺陷的工作卡应实施跟踪;按时按公司体系文件要求编制或填写各类维修保养工作计划、执行报表,通过船岸数据交换上传给岸基船舶主管审阅;对 CWBT 相关资料、文件及时汇总、上报、存档;对实施船舶计划保养系统(PMS)检验的船舶,轮机长应具有船级社授权证书,并按船级社检验指南要求做好各类维修保养记录与报告,按要求报送船级社。

4. 船舶机械计划保养系统(PMS)检验

计划保养系统(planned maintenance system,PMS)是指对船舶设备采用周期性维修保养的计划管理，即根据《钢质海船入级与建造规范》等有关要求和设备制造厂说明书的规定，由船东制定一套详细的船舶设备周期维修保养计划，通过该计划的贯彻和实施，使船舶设备始终保持在良好和有效的技术状态。

船舶机械计划保养系统（PMS）检验是一种船东申请，经 CCS 批准的以船舶机械计划保养系统来替代船舶机械（包括电气设备）的循环检验或特别检验的制度。

PMS 检验可作为轮机循环检验的一种替代方式，其检验项目和内容与所替代的循环检验项目和内容相覆盖。实行 PMS 检验的船舶，不能改变和取消其规范所规定的保持船级的其他定期检验项目的检验，如轮机年度检验、锅炉检验、尾轴和螺旋桨轴的检验；对 PMS 检验没有包括的项目，仍按现行《钢质海船入级与建造规范》的规定进行检验。

（1）PMS 检验程序要求

①申请

凡拟实行 PMS 检验的船舶，船东或船舶管理公司首先应向 CCS 总部或各执检单位提出授予 PMS 附加标志的申请。船东或船舶管理公司在船舶获得 PMS 附加标志后，应在船舶初次入级检验或轮机特别检验或轮机循环检验完成时，申请实行 PMS 检验。

对于正在执行循环检验的船舶，如船东或船舶管理公司向 CCS 申请实行 PMS 检验，只要能合理编排 PMS 检验项目，则可对原循环检验项目予以确认，PMS 检验项目应完全覆盖所有循环检验项目，并保证原循环检验项目完成日距下次 PMS 维修保养日期不超过 5 年。

对于在两次特别检验之间时申请实施 PMS 检验的船舶，如能够将所有轮机特别检验项目合理编排在剩余的特检周期（申请时间至本次特检到期时间）内，可接受其申请。

②批准资料

船东或船舶管理公司在向 CCS 提交授予 PMS 附加标志的申请时，应将下述书面资料或电子文件提交批准：

a. 公司相关岗位（职责）结构框图；

b. PMS 文件编写程序（或编写须知）；

c. PMS 的设备清单；

d. PMS 设备标识（或 PMS 编号）说明；

e. 每个 PMS 设备的预防性维护保养内容；

f. 每个 PMS 设备维修保养计划（对采取定时检验的设备，应在计划中注明检修周期的小时数，并应标定 5 年必须拆检一次）；

g. 获得 CCS 批准的 PMS 计算机管理软件型式认可证书。

对于系列船或姊妹船，若船舶的 PMS 设备相同，在船东或船舶管理公司的申请下，上述提供资料可覆盖所有的适用船舶。

（2）PMS 对船东或船舶管理公司的要求

申请实行 PMS 检验的船东或船舶管理公司，应设立主管 PMS 的专门机构，由专人负责制定 PMS 的各项文件和 PMS 日常管理。

船东或船舶管理公司 PMS 主管机构，应根据规范的有关要求和设备制造厂说明书的规定，列出 PMS 设备清单。PMS 设备清单应覆盖规范对于轮机的循环检验项目，并根据设备制造厂说明书和船舶设备实际运行状况，确定各级保养期限，制定详细的维护保养内容；对于设备制造厂说明书没有要求的项目，应在规定的 PMS 5 年检验周期内至少拆检 1 次；应根据上述资料制定计算机化的 PMS 管理系统。

当船舶实行 PMS 检验时，预防性维护保养的内容应按照机械设备说明书和 CCS 规范的要求纳入 PMS 计划表中，并且应将 CCS 现行规范中规定的特别检验项目分为每年应进行的确认性检查项目和 5 年内应拆检的项目；PMS 任一项目的两次检验间隔期不得超过 5 年；实行定时检验的项目，可以接受超过 1 年的间隔期，但不得超过 5 年；PMS 每年应进行的确认性检查项目及 5 年内应拆检 1 次的项目，分别以 F 和 H 字母表示。

PMS 计算机数据库系统的文件要求、功能要求、兼容性、信息安全、软件操作及文件资料的更新修改可参阅《钢质海船入级与建造规范》。

轮机长应根据船上安装的计算机 PMS 管理系统自动生成的月保养计划，及时完成要求的项目和内容。船长应按照公司文件规定将完成 PMS 的情况报公司主管机构，至少每月上报一次完成情况，主管机构负责汇总、统计和监督完成情况，并及时向船长反馈完成 PMS 的监督意见或建议。

船东或船舶管理公司主管机构向 CCS 申请 PMS 检验时，应将船舶的 PMS 完成情况提交 CCS 审核确认。

轮机长是船上实施 PMS 的负责人。轮机长负责安排 PMS 每一项目的维护保养，维护保养应按照 PMS 计算机系统内已经录入的预防性维护保养内容和技术要求进行，并保存必要的维修和测量记录。轮机长负责检查或确认、签署相关的检修报告。一般情况下，轮机长应接受 CCS 或 CCS 委托的机构/组织开展的 PMS 相关知识的培训。

5. 智能船舶及其管理

(1)智能船舶与智能船舶规范

随着现代科学技术特别是人工智能、大数据以及云计算技术的发展，船舶智能化已经成为船舶制造与航运领域发展的必然趋势。中国船级社于 2015 年率先在全球发布《智能船舶规范》并分别于 2020 年、2022 年、2023 年进行了修订或颁布新版，该规范对智能船舶进行了定义并对申请 CCS 智能船舶附加标志的船舶进行了规定。

智能船舶系指利用传感器、通信、物联网、互联网等技术手段，自动感知和获得船舶自身、海洋环境、物流、港口等方面的信息和数据，并基于计算机技术、自动控制技术和大数据处理和分析技术，在船舶航行、管理、维护保养、货物运输等方面实现智能化运行的船舶。智能船舶比一般船舶更加安全、更加环保、更加经济和更加高效。

智能船舶的功能按照由局部应用到全船应用、由辅助决策到完全自主的方向发展，其功能一般分为智能航行、智能船体、智能机舱、智能能效管理、智能货物管理、智能集成平台、远程控制和自主操作。

(2)智能机舱

智能机舱能综合利用状态监测所获得的各种信息和数据，对机舱内设备与系统的运行状态、健康状况进行分析和评估，为设备与系统的使用、操作和控制、检修、管理等方面的决策提供支持。

智能机舱应具有如下基本功能，如图 1-10 所示。

①对机舱内主推进相关的设备与系统运行状态进行监测；

②基于状态监测数据，对设备与系统的运行状态、健康状况进行分析和评估；

③根据分析与评估结果，提出合理建议，为设备与系统的使用、操作和控制、检修、管理等方面的决策提供支持；

④主推进装置应能由驾驶室控制站远程控制，机器处所包括机舱集控站(室)周期无人值班；

⑤无人值班周期内，机舱内的设备及系统应能连续正常运行。

除此之外，智能机舱还可基于设备与系统运行状态和健康状况的分析和评估结果，制定相应的视情维护保养计划，作为智能机舱的补充功能。

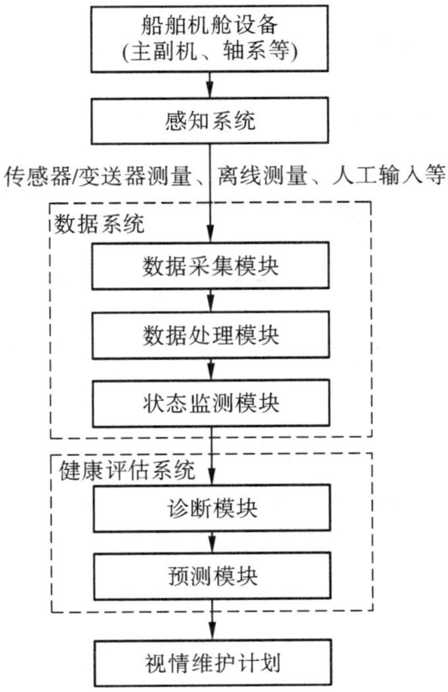

图 1-10　智能机舱功能图

船舶机舱设备的视情维修实施是在机舱设备状态信息的获取、分析、预测、状态判定的基础上，制定机舱设备及部件的维修计划，计划根据设备状态信息不断更新，同时提供所需备件信息。

(3)船舶智能机舱设备状态监测维修

根据《智能船舶规范》中智能机舱定义,《船舶智能机舱检验指南》从机舱设备视情维护的实施过程,对涉及机舱设备监测与测量、机械状态监测与故障诊断、辅助决策以及视情维护均提出了要求,如表1-5所示。

表 1-5 机舱设备视情维护的实施内容

序号	项目	实施内容
1	监测与测量	(1)被监测设备清单、健康状态描述方法、可诊断的故障/失效等; (2)监测参数及其工作范围,如温度、压力、流量、振动等; (3)监测方案,包括监测装置/传感器等; (4)监测程序,包括监测方法/技术、监测方式(在线监测、离线监测和定期测量,定期测量应说明测量周期),基准测量程序、设备状态监测程序等; (5)状态分析/评估方法,包括原理描述、实例、验证方案、技术指标等; (6)评估标准,包括健康评估指标、故障/失效诊断指标等
2	状态监测与故障诊断	(1)系统原理、功能及使用维护说明,包括状态监测系统网络结构、状态监测系统通信、数据库设计等; (2)系统硬件说明,如传感器、数据采集装置、数据存储/备份装置等; (3)软件说明,如数据处理与分析方法、故障诊断方法、状态评估方法等
3	辅助决策	(1)纳入辅助决策的设备与系统清单及说明; (2)实施程序,包括系统运行与维护方案、知识库更新方案等
4	视情维护	(1)纳入视情维护系统的设备及部件清单及说明; (2)视情维护内容与计划

针对每一项目,主要要求如下:

①监测与测量。本部分包括监测对象、监测对象主要故障与失效模式、监测参数与监测方法。

a. 主推进柴油机:设备/性能46项,典型故障/失效76种。主要监测参数118个,涉及温度、压力、流量、振动以及其他测量参数。

b. 发电柴油机:设备/性能15项,典型故障/失效29种。主要监测参数46个,涉及温度、压力、流量、振动以及其他测量参数。

c. 轴系与推进操作系统:设备/性能5项,典型故障/失效24种。主要监测参数12个,涉及温度、振动、压力参数。

d. 重要辅助机械:设备/性能3项,典型故障/失效15种。主要监测参数15个,涉及温度、噪声、流量、振动等参数。

e. 重要泵机电动机:设备/性能39项,典型故障/失效25种。主要监测参数195个,涉及温度、压力、流量、振动、噪声以及其他测量参数。

f. 其他设备：设备/性能 15 项，典型故障/失效 108 种。主要监测参数 88 个，涉及温度、压力、流量、振动、电阻电流以及其他测量参数。

②状态监测与故障诊断。本部分包括感知系统、数据系统、健康评估系统。

a. 感知系统。感知系统可以采取在线、离线和人工输入方式；感知系统所用测量设备/传感器应该具有可探测性、可识别性、可靠性，易安装，有一定的防护等级和电磁干扰屏蔽能力，有较强的耐用度、鲁棒性、高精度和灵敏性，输出为数字化数据、时序数据/时间基准数据、数据质量指标。

b. 数据系统。数据系统包括数据采集、数据处理和状态监测。数据采集将传感器输出转换为表示物理量和相关信息数字参数(例如时间、校准、数据性质、所用数据采集器、检测器配置)。数据处理执行信号分析，计算有意义的描述符，从原始测量数据得出虚拟检测器的读数；状态监测检索数据是否异常，判定反常范围及数据的归属。

c. 健康评估系统。健康评估系统包括诊断和预测。诊断是分析状态信息，诊断设备的故障/失效，实现故障/失效检测、辨识、定位、早期隔离，包含诊断算法和性能指标。诊断算法须具有基于可测现象与运行数据检测出基于物理特性改变的故障/失效的能力；诊断性能指标须具备较高的及时性、灵敏性、故障/失效辨识能力、鲁棒性、自适应能力和较低的虚警率、漏警率。预测是基于机械当前的状态评估，预测机械未来的健康状态、失效模式。

③辅助决策。辅助决策是基于对船舶机舱机械设备的历史与当前运行状况，以及未来运行状况趋势预测的综合考虑，为船舶机械设备提供合理、有效的维修方案，为船舶机械设备操作、维护等提供实施措施与决策建议。针对视情维护，推荐的维修方案应基于机械设备或部件的危险程度、运行成本、维修成本、备件的可用性及其他因素。

④视情维护。视情维护是通过对设备工作状态和工作环境的实时监测，借助人工智能等先进方法，诊断和预测设备未来的有效工作周期，合理安排设备未来的维修调度时间。视情维护须包含感知和数据获取，数据处理和特征提取、预警，失效/故障诊断，状态监测，预测未来健康概况和失效形式，维修建议等。

复习思考题

1. 按故障的性质分类，船机零件的故障分为哪几种？

2. 什么叫故障？故障发生前有哪些主要征兆？

3. 按故障的原因分类，船机零件的故障分为哪几种？

4. 什么叫故障规律？描述规律故障的曲线称作何曲线？它分为哪几个阶段？各阶段有何特点？

5. 现代维修方式有哪几种？各有何优缺点？如何应用？

6. 为什么要对船机故障进行分类？“柴油机缸套发生拉缸”这一故障，可以将其归到哪些类别？

7. 维修科学主要研究哪些内容？

8. 可靠性指标有哪些？

9. 维修性指标有哪些？

10. 如何做好船机设备的维护保养工作？

11. CCS 规定维护保养包含哪些环节？

12. 简述 CWBT、PMS 编制及实施方法。

13. 简述船舶维修保养管理体系发展历程。

14. 什么是智能船舶？智能船舶的特点是什么？

15. 什么是智能机舱？智能机舱的要求包含哪些？

参考文献

[1] 满一新. 轮机维护与修理[M]. 大连：大连海事大学出版社，2000.

[2] 丁彰雄，田野. 船舶机械修理工艺学[M]. 武汉：武汉理工大学出版社，2013.

[3] 满一新. 船机维修技术[M]. 大连：大连海事大学出版社，1999.

[4] 严立，余宪海. 内燃机磨损及可靠性技术[M]. 北京：人民交通出版社，1992.

[5] 国家市场监督管理总局，中国国家标准化管理委员会. 机械电气安全 机械电气设备 第 1 部分：通用技术条件：GB/T 5226.1—2019[S]. 北京：中国标准出版社，2019.

[6] 刘敏，李玲，鄢锋. 智能预测性维护[M]. 北京：化学工业出版社，2020.

[7] 中国船级社. 智能船舶规范[S]. 北京：中国船级社，2023.

[8] 中国船级社. 船舶智能机舱检验指南[S]. 北京：中国船级社，2022.

[9] 中国船级社. 钢质海船入级规范[S]. 北京：中国船级社，2023.

[10] 中华人民共和国国家质量监督检验疫总局，中国国家标准化管理委员会. 船舶维修保养体系：GB/T 16558.1～7—2009[S]. 北京：中国标准出版社，2009.

拓展资料：

序号	名称	种类
1	轮机维保工作实例	视频
2	故障分类案例 1-1	图文
3	故障分类案例 1-2	图文
4	故障分类案例 1-3	图文
5	故障分类案例 1-4	图文
6	故障征兆案例 1-5	图文
7	故障征兆案例 1-6	图文
8	故障征兆案例 1-7	图文

第2章

修船组织与管理

在辽阔无垠的海洋中，船只如同勇敢的战士，他们穿越风浪，历尽沧桑，为人类文明的进步和繁荣作出巨大贡献。然而时光在指间流转，船只也需要经历修缮与重生。修船业如同一位沉默的“艺术家”，用精湛的技艺使性能劣化或破损的船只重现光彩。虽修理方式各异，但追求安全、质量与效率无异。无论是维护船体结构，还是修复设备系统，修船的原则始终是尊重并保持船只的原有风貌和性能。从制定合理修船计划，到合理配置资源，再到优化客户服务，修船经营管理如同园丁精心照料花朵，始终饱含着对船只的关爱与敬畏，一榔一锤敲出一首优美的交响乐，每个音符每个节拍都承载着修船的节奏与韵律。如何制定并执行修船计划、如何合理分配任务，都是赋予修船生产管理艺术的关键。船舶坞修如同为疲惫的战士疗伤，为船只提供一次重生的机会。而交船试验则是对修船成果的一次全面检验，只有通过严格的交船试验，才能确保船只在新的航程中安全无虞。“旧船重获新生，再度扬帆起航。”在修船的世界里，我们可以看到船只历经沧桑后的华丽转身，还可以见证人类对航海事业的坚定信念与不懈追求。希望大家在接下来的学习中能够深入探讨修船的种类与原则、修船经营管理、修船生产管理、船舶坞修和交船试验等话题，让我们一起共同感受修船的艺术与魅力！

维修是船舶设备维持和恢复其技术状态的重要手段，对船舶维修过程进行科学的组织和管理可以确保船舶安全、可靠和高效运行。本章内容包括修船的种类与原则、修船经营管理、修船生产管理、船舶坞修和交船试验。

2.1 修船的种类和原则

2.1.1 修船的种类

1. 船舶维修工作内容

船舶维修工作对船舶安全、经济航行起着重要的技术保障作用。船舶维修工作包括船舶维护保养(或称技术保养)和船舶修理。

(1)维护保养

维护保养是为了保持船舶机械和设备的技术性能正常发挥所采取的一系列技术措施。航行期间进行适时、充分的船舶维护保养工作是保证船舶机械和设备处于良好技术状态的主要手段,同时也有助于减少船舶修理工程及费用。轮机人员日常管理工作的内容主要是进行维修保养,它对延长船舶寿命、提高营运的经济性和船员的技术水平、保证船舶安全航行等有直接的影响。

轮机人员应按照《1978 年海员培训、发证和值班标准国际公约》(STCW 公约)、《远洋船员职务规则》和《船舶维修保养体系》(即 CWBT 系列标准)等的规定进行工作。主要的维修工作包括:

①值班时,应巡视机舱中所有机器的运转参数和工作情况,对任何机器的运转失常现象进行分析、判断、处理和记录;

②值班轮机员应保证将主推进装置和辅助系统置于经常的监管之下,对机舱和舵机舱按适当的间隔期进行检查,发现故障应予以排除;

③应给予一切机器应有的保养和维修,包括机械、电气、液压、空气系统及其控制装置;

④维护机炉舱、轴系及各种设备的清洁,按时巡回检查,仔细观察、倾听机电设备、轴系的运转情况,如发现异常现象应设法排除,如不能解决,应立即报告轮机长;

⑤如果主机发生故障必须立即停车检修,但应先征得驾驶台同意并即刻报告轮机长,如情况危急时可先停车,同时报告驾驶台和轮机长;

⑥定期进行油、水的检测和处理工作;

⑦按说明书规定要求,按时进行机器零部件的检修、更换;

⑧按 CWBT 的保养计划和进度完成检修工作。

(2)船舶修理

船舶修理是当船舶机械和设备的性能下降、状态不佳或发生故障而失效时,为了保持或恢复其原有的技术性能所采取的技术措施。一般分为船员自修和进厂修理。

①船员自修

船员自修对船员掌握船上的机械和设备的技术状况、及时消除隐患、提高船员修船技能和业务素质十分重要。船员自修可使船舶机械和设备经常处于良好的技术状态，减少进厂修理，从而节约修船经费，缩短修船周期，增加船舶营运时间，有效地提高经济效益。为此必须充分发挥船员自修的积极性，在条件允许的情况下尽可能开展自修工作。自修工作必须严格符合相关技术标准和验船部门的要求，做好测量记录，实行自检、互检和轮机长负责的验收制度。

船员自修工作可分为营运期间的自修和厂修期间的自修两种。

a.营运期间的自修工作

船舶营运期间，船员在完成预防检修计划的前提下，根据船员实力和备件情况完成一部分属于厂修范围的工程，如主机主要部件的拆装、检查、测量、调整间隙和更换备件等。自修工程的范围须遵循公司的规定安排。

船员自修一般不占用营运时间，而是利用船舶停泊的时间。当运输任务繁忙，停泊时间短时，或船上船员偏少时，公司可予以一定的停航检修时间，必要时也可申请船厂或航修站的协助。

b.厂修期间的自修

(a)厂修期间，船员应尽可能多安排一些属于厂修范围的自修工程，对不停航无法解决的项目，如主机吊缸、锅炉清洗等应在厂修期间完成。配合船厂共同完成修船任务，缩短厂修期，节约修理费用。

(b)厂修期间的主要自修项目应在船舶进厂前编制修理单时编入修船计划，并由船技部门审核和检查修理质量。

(c)船员自修时应充分利用船上已有的设备和工具，机务、供应部门要有计划地给船舶配备必要的电动、风动和小型机械化工具。

(d)船员自修所必需的备品、配件和物料，主管部门要给予优先安排，及时供应。

(e)船舶进厂时船员要基本固定，必须调动时要征得机务部门的同意以保持自修力量。

(f)船厂要为自修安排必要的协助加工任务。

(g)自修工程与厂修工程配合，按厂修预计的时间完成自修工程项目。

厂修期间的自修工程与厂修工程不应相互干扰，应保证自修工程的质量和按期完工，并由船舶领导或监修代表予以验收。

②船舶进厂修理

营运船舶的技术状况分为四种类型：

- 技术状况良好：可保证船舶正常营运，符合安全生产条件。
- 技术状况尚好：船舶可正常营运，基本符合安全生产条件。
- 技术状况不良：船舶勉强航行，须经修理才能正常营运。
- 技术状况严重不良：不具备安全生产条件。

随着船龄的增长，由于机械设备的磨损、腐蚀、疲劳和材料的老化等，船舶技术性能不可避免地下降，必须通过有计划地进厂修理才能恢复船舶正常营运、安全航行的技术状况。

营运中，如船舶机械和设备的技术状况不良、发生危及船舶航行安全的严重故障或船舶检验机构规定检验项目不合格等，船员无力进行修理时应进厂修理，以恢复船舶的正常营运，保持船级和满足法定检验的要求。当然，船舶发生意外事故时，更要进厂修理。

在船舶具体维修工作中，通常应采取保养、监控、巡视、检测(查)、定期拆修和定期更换等技术措施。

a. 保养

保养是指为了保持船舶机械和设备的技术性能正常发挥而采取的技术措施。例如，表面清洗、擦拭、通风、充气、添加油液和润滑剂等。

保养工作的适用性准则：消耗性材料的补充必须能降低产品性能的变化率。

b. 监控

监控是指操作人员正常使用设备时，通过检查每天使用的仪表或定期检查有关的仪表来对设备的技术状态进行监督和控制。

监控的目的：发现潜在的故障，防止功能故障，从而保证设备的正常工作。

监控的适用性准则：产品的功能退化是可以探测的，并且有一个可以定义的潜在故障状态；产品由潜在故障发展到功能故障必须经历一定的时间；监控工作必须是操作人员正常职责的组成部分。

c. 巡视

巡视是指操作人员在正常使用设备时，通过定时的、频率较高地监控有关的仪表和检查有关部位的状态等方法，发现可能存在的潜在故障或功能故障，并及时纠正、处理存在的问题。

巡视的目的：预防设备故障的紧急出现，防止和减少紧急停机。巡视是预防故障发生的重要手段，是状态监测(工况监测)的简单形式。

巡视的适用性准则：机器设备必须有某些特征参数(例如温度、压力、振动等)可被用来探明设备的工作状态正常与否；操作人员要有一定的经验和较强的工作责任感。

d. 检测(查)

检测是对设备的有关部位的状态或某些定量参数按计划进行检查，从而发现存在的缺陷，以便及时地修复。

检查按其目的、作用的不同可以分为使用检查和功能检查两类。

(a)使用检查

它是指按计划对产品进行定性的检查或观察。

使用检查的目的：发现产品的隐蔽性故障；保证产品规定的可用性；防止多重故障的发生。

适用性准则:产品的使用状态良好与否必须能够较容易地确定。

(b)功能检查

它是指按计划对产品的某些参数进行定量检测。

功能检查的目的:发现隐蔽的潜在故障,防止功能故障。

适用性准则:产品的功能退化必须是可以探测的;有一个可以定义的潜在故障状态阶段;产品由潜在故障发展到功能故障必须经历一定的时间。

e. 定期拆修

它是指产品使用到规定的时间后进行拆卸修理,使产品恢复规定的使用性能。

定期拆修的适用性准则:产品必须有一个可鉴别的耗损期;产品工作到该耗损期尚具有较大的可靠度;产品必须有可能恢复到规定的状态。

f. 定期更换

它是指产品在使用到规定的时间后予以报废,通过更换同类新产品以恢复其使用性能。

定期更换的适用性准则:产品必须有一个可鉴别的耗损期;产品工作到该耗损期尚存较大的可靠度。

在维修的实际工作中,究竟采用什么样的维修工作类型要视具体情况来定。一般地,确定维修工作类型的有效性需要从安全性、任务性和经济性等方面来进行评价。就安全性而言,是指通过该维修工作类型可以将故障或多重故障的危险降低到可以接受的水平;就任务性而言,是指预防性维修的费用必须低于使用损失和修理费用之和;就经济性而言,是指预防性维修的费用必须低于产生故障后再去维修的费用。

2. 船舶修理的类别

关于修船类别的规定,厂、船各单位还不完全一致。原中国船舶工业公司规定,舰船的定期计划修理分为坞修、小修、中修和大修四类。按交通运输部规定则为航修、小修、检修三种。按航运企业规定,如某(集团)总公司的规定分为航修、计划修理(包括检修)和事故修理。

(1)按交通运输部规定

①航修:船舶航行期间发生的零部件的过度磨损或一般性事故,当影响航行安全而船员又不能自修时,由修船厂或航修站来修理。

②小修:小修的间隔期一般客货船为 12 个月、远洋货船为 12～18 个月。如船舶状况良好并经验船师认可,可延长 6 个月,但不超过 12 个月。

小修的目的是按规定周期结合坞内检验和年度检验对船体、主副机等主要设备进行不拆开或少拆开的重点检验,修复过度磨损件,保证安全航行至下次计划修理。

③检修:在 2～3 个小修后结合特别检验,拆开必要的机器设备,对船体和全船主要设备、系统进行较全面的检查,使主要设备和系统安全运转至下次检修。

除上述厂修类别外,还有事故修理,即海损或机损事故后的修理。其修理规模、范围等依损坏程度和船检机构的意见而定。

(2)按航运企业规定

①航修:属临时性修理,不编制修船计划,主要解决营运中的局部故障。影响航行安全而又不能自修的工程,由船厂或修船队等利用船舶在港期间进行修理,不影响船舶营运。

②计划修理(包括检修):一般每 5 年进行一次,5 年中进行一次特检和一次计划修理。两次计划修理之间进行一次坞修。

③事故修理:船舶发生事故后,应依损坏情况和船舶检验机构的要求进厂修理。如果事故损坏可通过临时性修理取得适航证书,则采用临时性修理,以降低营运损失;如损坏严重,则依当时当地的条件决定修理方案,当此次事故修理与计划修理时间较近时,则应合并进行。

2.1.2 修船的原则

(1)船舶修理应以恢复机械、设备的原有性能为目的,并以船舶的使用年限为重要依据。船舶种类和船龄不同对其修理的要求也不一样。某(集团)总公司对于各类船舶的使用年限规定见表 2-1。

表 2-1 各类船舶的使用年限规定

船舶类别	使用年限(年)
杂货船、多用途船	20～25
散货船、木材船、滚装船、集装箱船和客船	15～20
油船	10～15
化学品船、液化气船和天然气船	8～12

超过上述规定的船舶则为老龄船。对于不同船龄的修理要求:

船龄在 10 年以内的较小船龄的船舶,修理时应达到保持原设计性能;

船龄在 10 年以上的较大船龄的船舶,修理时应达到保证营运安全和计划使用年限;

计划在特检期内退役的船舶,即老龄船舶进行维持性修理,维持船级的最低要求,同时采取适当减载和限制功率的措施,以保证船舶的强度和航行的安全。

(2)远洋船舶应按入级标准进行修理。如未达到原入级要求而修理范围过大,经技术经济论证又不合算时,应按改变入级航区或改为沿海使用的要求进行修理。

(3)保证修船的质量。完成修理单上预定的修理项目,保证修理质量,修理的项目必须达到质量标准,应满足验船规范、修理标准、技术说明书等有关规定,做到牢固可靠、经久耐用、性能良好。修船厂应对修理的质量负责。修船质量保证期,固定件为 6 个月,运动件为 3 个月。

(4)缩短修船时间。修船时间直接影响船舶营运率,是船舶运力的一个重要指标,应努力缩短修理期，减少对船舶营运和利润造成的损失。

(5)降低修船成本。修理费直接影响运输成本，是运输单位的重要经济指标。修船要勤俭节约，重点把主要设备修好，努力降低各类船舶不同类别的修理费限额。

(6)坚持日常保养与计划修理、船员自修与厂修结合的原则。鼓励船员自修，逐年扩大自修范围和确保自修质量。船舶重大修理、设备更新和技术改造项目应进行技术和经济论证，并报公司审批。

2.2 修船经营管理

2.2.1 综述

1. 概念

修船经营管理是指通过采用信息技术，使修船企业市场营销、销售管理、客户服务等经营环节的信息有序地、充分地、及时地在企业内部和客户之间流动，从而实现客户资源的有效利用。其核心思想是把客户群体看作企业宝贵的外部资源，并尽可能地纳入企业的控制范围内，以增加客户价值为中心，有效满足客户的个性化需求，改善客户关系和提高企业的市场竞争能力。现代修船经营管理的有效实施将提高修船企业销售管理效率，通过各种渠道挖掘和识别市场机会，提高客户满意度，保持与客户的良好关系，降低企业运作成本，从而为企业创造长期持续的利润来源。修船经营管理包括市场营销管理、销售管理、客户关系管理等主要环节，其核心是客户关系管理。

2. 修船客户关系管理

修船客户关系管理能够被定义为一种企业模型，这一模型具有识别、预测和理解潜在客户和现有客户的需求，从而提高客户保留度、增长率和利润率，包括一系列用于客户和合作伙伴生命周期的管理业务和技术功能，即从营销和获取客户到客户服务和客户的保留。修船经营管理特别是修船客户关系的管理，是修船企业战略的重要组成部分，对实施企业战略起着关键作用。

3. 修船客户关系管理的主要内容

(1)对国际国内的船东和管理公司、代理公司等进行分类。分类既可按国别地区分类，也可按船型及规模排名来进行分类，可参见《劳埃德船舶登记册》等资料，修船企业只须据此对全球船东客户进行分类，选定目标客户，这也是制定客户战略的主要依据。

(2)根据筛选的客户确定重点目标客户。深入了解客户信息，包括它的船队规模、运营情况、历史演变、管理结构，以往主要修船的区域和重要厂家，进而了解该公司主要机务人员和技术主管的情况，包括他们的主要特点、个人偏好、未来坞修的计划等。

(3)营销计划的制定和实施。在确定了重点目标客户和重点调查研究目标客户之后，重要的工作是实施营销计划，营销计划的实施关键在于对目标客户要有针对性地提供个性化介绍和服务。

例如：某船东如果主要经营的是油轮船队，那么首先需要对客户主力船队的航线有一个大概了解，然后确认客户主要历史修理厂家的选择标准，并针对参照标准，有的放矢地宣传本企业在该方面的优势，以业绩为例证，强调油轮修理各环节的技术控制方法，如清油能力和油舱测爆的安全控制程序等，这是油轮船东十分重视的环节，须详细介绍以赢得客户的信任。作为营销人员必须对本企业承修过的船舶，特别是典型工程的内容要十分清楚，对各种船型的代表性工程情况要了然于胸，对有代表性的各类主要客户资料也要十分熟悉，因为船东之间往往会做一个横向测评，且客户之间的口碑相传作用巨大。

客户访谈是修船营销实施过程中十分重要的环节。访谈中，客户会问大量的问题，比如厂的具体地理位置，所在港口的情况，厂的硬件设施，如船坞、码头、车间的主要情况和配置，材料的来源，备件的处理，主要工程（如换板、除锈和油漆等）的日生产率等，甚至机务人员的住宿交通情况等，作为销售人员都必须能迅速地做出回答，对船东提出的个性化的问题也要认真地回答，并且在访谈过程中要做好记录，因为有些回答可能就是将来商务谈判中承诺的条件，能否成功签订合同取决于对各个环节是否充分重视，特别是一些原则问题的商定。访谈过程中不能及时全面回答的，过后要在充分了解的基础上认真回答，这也是获取客户信任的重要方面。最后可以向客户要近期船舶修理计划，因为这将是下一步工作的重点。

客户关系初步建立后，跟踪近期修理计划，获取修理规格书是关键。一般船东在首次接触和获取初步良好印象后，会将近期所有修理的船舶修理规格书发给船厂，要求报价，当然新客户索要报价以试探性为主，主要是想通过报价了解船厂的主要价格水准、付款方法、修期等。市场营销人员在组织报价的过程中，一定要把访谈过程中承诺的主要方面和客户特别要求的一些方面充分地考虑进去，从而做出恰如其分的针对性评价，这是成功的关键步骤。如果报价完全偏离了当初访谈时承诺的内容，会给客户留下不诚信的印象，非但不利于中标，反而会影响自身的信誉，所以，对新公司的首次报价一定要慎之又慎。

首次报价发出后，因为对客户来说是新目标船厂，客户未必会十分重视，所以市场跟踪就显得十分重要。通过邮件和电话访谈等方式的互动，澄清技术问题，引起客户的关注和重视会使后期的工作更易开展。接下来，客户会就条款为自己争取更多的主动，营销人员一定要结合实际，做出相对合理又合情的反应，即对一些影响修费不十分大的项目，刚合作时可以适当放宽条件，特别是对一些优质的客户，比如不少大船东习惯船舶出厂后审单，审完后一次性付款。对于一般船东来说该条款是不能接受的，但根据船东的不同资质也可以做出适当让步。

营销实施过程中的广告宣传和海事展览会的组织十分重要。要充分重视和精心组织，要扩大企业知名度，提升品牌效应。如在《航海技术》《劳氏日报》《贸易风》《修船和改装船技术》等著名的船运杂志上做一些广告和宣传。当然也可以在目标市场国的主要航运杂志上做广告，这样更具针对性。广告宣传主要侧重于宣传本企业的优势，突出船东关注的船期、质量和价格三大主题。广告宣传的另一种形式是有针对性地定期向目标客户寄送本企业的近期情况介绍，不断强化客户对本企业的认识和了解，以达到客户熟知的目标。海事展览会是修船企业展示企业情况的直观平台，世界上著名的海事展览会有上海海事展、希腊波塞冬海事展、挪威海事展及德国汉堡国际海事展等，国际上与船舶关联的企业和人员都会参加这些海事展，有助于拓展市场。

(4)过程管理。客户，特别是新客户对船厂环境是陌生的。作为客户忠实依靠的市场营销人员，对刚到厂的客户要全面系统地介绍企业情况，进行现场设备设施的具体指认、船厂规则的宣传贯彻、企业流程和组织机构的介绍，并引见给生产总管。在整个修理过程中，要经常性地参与协调解决船东代表碰到的实际问题，从而充分赢得客户的信任。

船舶出厂前的结账是一个重要环节。每个客户在修理船舶之前都有预算。除了要及时就进度产值向客户预报之外，还要通过商量预付款等方式了解到客户的大致预算，对双方友好结账极为有利。结好账其实也是客户关系维护的重要环节，对船东来说，一个较为合理的结账数字是双方巩固长久关系的基础，船厂方面科学合理地根据完工单开好最终的账单，且考虑双方利益谈好账。

(5)客户满意度调查和售后服务。客户离厂之前，市场代表呈上客户满意度调查表。客户评价为较差和差的栏目及备注栏提出的问题要及时落实解答并通过相应的形式回复客户。对于修理和改装过的大工程船舶，要阶段性进行回访，及时了解顾客反馈。对于客户出厂后保修期内返修的项目，要充分重视，且一定要做到及时和保证质量，这是售后服务的灵魂。

(6)客户资料的整理和客户回访。客户资料包括船东代表资料和船舶资料两项主要内容。船东代表资料包括出生年月、爱好、船厂经历、对本厂评价、市场代表主观印象等，有助于跟踪客户，适时营销。船舶资料则主要包括船东的船队概况、主要船型、船名及主尺度、修理的实际需求等，便于有目标地跟踪动态，实施有效营销。客户回访也是非常重要的工作。回访之前一定要把历次修理的情况了解清楚，特别是对最近该公司在本厂修理船舶的情况要更为清楚，对一些客户提出的问题要合理解释，并抱着诚恳的态度听取客户意见和建议。

以上六步是做好客户关系管理的基本步骤和方法，针对不同的客户，要相应采用有效的方法来发展和维护彼此之间的关系，从而真正做到修船管理中的卓越营销。

2.2.2　合同管理

修船合同作为合同的一种，在具备合同的一般条款和内容的同时，还有其特殊性。经营人员要对船方提供的初步工程单进行梳理，并及时发给船体、轮机、电气及涂装工程主管进行工程的初步分解和评审，具体步骤如下：

1. 合同评审

合同评审通常由经营代表会同生产、技术等主要部门一起进行。合同评审时，注意以下要点：

(1)吃透船舶修理的工程单。了解修理工程范围及内容，搞清楚修理工程的复杂程度及技术难点。

(2)明确主线工程。确认重要的和可能会影响船期的节点工程(key point)，同时，根据主线工程和节点工程排出合理的修理计划(repair schedule)，并与船东代表沟通，取得一致意见。

(3)明确技术难点和解决办法。船舶修理工程中，明确技术难点集中在何处，本厂的技术力量、吊运运输及机加工配套能力能否解决问题。如果不行，可否利用外协资源找到相应的解决办法。

(4)对本厂无法满足条件的，外协处理。修船企业难于面面俱到，有时候选择外协是比较好的解决问题的途径，比如说，特殊的加工件、有色金属以及零部件采购等。

(5)价格和周期的制定。修船合同中最重要的就是价格和周期，修船的价格一方面由市场决定，更重要的是要结合行业实际。修理周期的确定一定要考虑到本企业的实际生产能力。

(6)报价的技巧。修船的基本价格一方面由市场确定，另一方面要适当结合企业品牌船东的工程进度要求和本企业的成本构成及目标毛利率进行适当平衡，寻找一个既可以让船东满意接受又可以保证公司盈利的结合点，并把控好报价过程中的弹性部分。

(7)合同的修订、还盘基本条款。在合同的谈判中，船东总会提出一些有利于自己的要求，要结合实际情况考虑是否接受。基本原则是考虑其是否影响合同的主要条款，本企业是否有能力解决，成本会上升多少，有没有其他变通的途径。

(8)风险的规避。如果承接一个项目存在很大的风险，如何规避风险，在合同谈判中要高度重视，委婉地拒绝本企业不能接受的条款。有的条款经过船厂的努力可以执行，应阐述说明让船东在价格或修理周期上做些让步。

2.合同执行

合同的交底：修船合同签订后，经营部门首先要会同船厂的相关部门进行一次合同交底。

(1)参加的部门包括生产部、技术部、外管部、质量部、安全部、各大车间、物资采购部、人力资源部以及后勤保障部门等。

(2)将合同的主要内容和条款向各个部门交代清楚，尤其要强调以下几点：

①图纸由谁负责设计，船检认可的图纸何时到厂，生产图纸出图的节点计划；

②生产部门要有粗的修船计划(尤其是主线工程计划)，技术部根据计划编写相应的采购清单及施工工艺；

③物资采购部门要结合生产节点计划，按照市场情况合理安排相应的物资采购，以确保物资供应的及时和准确；

④外管部要根据目前的外包劳动力情况，考虑有无必要进行人员引进等；

⑤其他部门应结合生产计划，制订本部门的计划，明确在将来施工中可能碰到的问题和难点，核实本部门的设备、设施是否满足生产需求。

3. 合同的变更和修订

船舶进厂后，由工程总管负责勘验工程，如有变更的内容，总管应与经营代表一起商定如何与船东进行合同变更等事宜。例如，由于工程的变化，图纸不能按期到达。此外，天气的影响，工厂生产能力的影响，船东工程范围的变化等，都将对整个价格和周期产生影响，所以在日常工作中一定要形成书面材料，双方签字认可，完成合同的变更和修订，避免最终谈判被动。

2.2.3　经营人员管理

1. 经营部经理/副经理

经营部的经理/副经理是经营工作中的核心人员，负责船舶修理业务的营销、业务结算的审核、合同的签订、客户管理以及售后服务等，对其应有如下基本要求：

(1)较扎实的专业基础。最好有生产线主管、总管的经历，有助于在合同评审时做出符合工程实际的判断。

(2)较好的英语基础。便于与外籍船东进行直接沟通，了解客户需求，解决客户提出的各种问题。

(3)良好的商务素养。作为经营部经理/副经理一定要有较宽的知识面和较好的商务素养，包括谈判技巧、商务礼仪等。

(4)良好的管理能力。除了较好的专业技术和技术能力之外，作为部门负责人，管理能力也非常重要。

对于船舶修理企业来说，经营部是龙头部门，没有很好的管理能力，将无法对企业的成本和利润核算做出准确的经济分析。

2. 经营代表

经营代表也称项目代表，是经营部委派的负责单船日常业务的代表。在船舶中标之前，经营代表负责根据还盘和最终的合同签订船舶确认进厂后整个合同的变更、修订和补充等，包括最后的结账谈判等日常工作。应该说，经营代表在整个经营部具有十分重要的地位，也是单船核算的主体，因此，对经营代表的要求应该包括如下这些要素：

(1)较好的专业技能。最好有在车间做过主管的背景，这样会有助于加深对工程内容的理解，在做报价时，会相对符合实际。

(2)良好的英语基础。经营代表的日常工作都是与船东打交道，如果没有良好的英语基础，就很难适应与国外船东的交流。

(3)对价格体系要了解得十分清楚。只有清楚地了解价格体系，才能使报价具有针对性，从而有利于中标。

(4)一定的国际商务知识。在与国外船东的交往过程中，良好的国际商务素养有助于谈判和日常交流，实现过程营销，从而提高客户满意度。

3. 市场信息员

市场信息员主要负责市场营销的实施，如客户信息的收集、客户档案的建立、修理船舶档案的建立、顾客意见收集、广告策划、同行信息收集等。该岗位对经营部来说是一个信息收集过滤窗口，需要具备较为敏感的市场意识，能够为部门提供丰富和准确的市场信息，以便于经营部经理做出准确的市场判断，从而确保市场的稳定发展。良好的英语表达能力、行业的理解深度和客户关系处理能力，对市场信息员来说非常重要。根据变化的市场行情整理出适时的市场分析报告，则是这一角色的主要任务之一。

4. 商务中心人员

商务中心主要负责船东代表在厂的衣食住行等生活任务的各种安排，包括通信、旅行、文件的收发、船东管理等工作，相当于宾馆的商务中心。

商务中心的人员除了应具有良好的商务礼仪、英语基础之外，还应树立"五星级"服务理念，只有具备了这样的理念，船东才会宾至如归。

2.2.4 客户档案管理

要采用先进的客户软件对客户档案进行管理，在录入数据之前，首先要按照重点客户、一般客户、次选客户对客户进行分类和分级。

重点客户：可以理解为船企的长期客户，对本企业效益影响大、资信好、忠诚度高的客户。

一般客户：相对于重点客户而言，对企业效益影响不大，资信和忠诚度一般的客户。

次选客户：合作过程中出现过违约行为，或者不容易合作的客户。

需要录入的客户数据包括：每艘船的完工报告，船东背景，拥有船舶艘数，注册地，船队构成以及未来的发展趋势，船东的客户等级，船东对工厂的评价建议，甚至现场船东代表的生日、性格嗜好等，客户资料录入越完整就越有利于开展针对性的市场跟踪。

2.2.5 市场管理

1. 新市场的开发

设立市场信息专员，主要负责市场调研新市场和新产品的开发。

(1)收集资料

有很多渠道可用于市场信息的收集，如参加各种海事展览会，进行客户访谈，订阅行业报纸杂志等。特别是航运市场的信息对修船市场有直接影响。只有掌握了丰富和准确的信息才能做出较好的市场分析，从而有利于市场判断和决策。

要积极收集和整理行业信息、媒体资料、经济形势分析、客户信息等大量资料，并通过对重要客户的专访等渠道获取第一手重要信息。

(2)筛选目标客户

基于大量的信息，结合本企业的实际做出信息整理和筛选，确立目标客户并掌握其关键信息。

(3)制定开发方案

针对目标客户的情况，制定有的放矢的开发方案，例如：要修理 LNG 船，就必须从技术、设备设施和施工人员等方面做好相应的准备，并且有具体的材料来佐证，从而让客户对企业的专业水平有充分的信心。

(4)实施办法

一旦项目中标，要对企业的内部情况进行详细分析，特别是生产能力、施工场地、起吊和物流能力、技术力量、管理能力及施工人员大概状况，在此前提下，制定详细施工方案，排定节点计划，成立项目小组等，做好各方面的准备，从而确保新市场、新产品的开发一次成功。

2. 老客户的维护

老客户大都签有修船长期协议，在做好现场船舶修理的同时，要积极地与船东沟通，听取意见，找出问题并及时解决。

(1)根据客户档案主动跟踪

根据客户划分，经常据实梳理客户档案，了解船东的发展和变化，以做出准确的市场评估。

(2)回访(重大工程客户)

对于重大工程的修理改装和修造项目，企业应进行 3 个月至 6 个月的跟踪，了解本企业涉及项目的工作情况，了解客户的想法和建议。

(3)商务礼仪

各国都有不同的风俗习惯及节假日，要结合这些特点，取得与客户的联系。

(4)售后服务

船舶在厂修理过程中，船东会提出各种不同的要求，应结合企业的实际情况给出合理及时的答复，并尽可能满足；船舶出厂后，应依据合同质保约定进行跟踪，更好地为船东服务。

遇见修后问题要及时准确地了解情况，条件许可，要尽可能地到现场勘察。一经确认责任方，应立即采取相应措施予以解决。如果不能到现场勘察的，也要结合实际情况尽快予以答复。切忌拖延或强词夺理，否则会损害客户关系。

2.3　修船的生产管理

修船的组织与实施以及质量管控工作对修理质量、期限、费用，以及厂、船双方关系都有重大影响，应高度重视，认真对待。

2.3.1 修船组织

1. 编制修船计划

修船计划分为年度、季度、月度计划。

年度修船计划:由船技部门在修理年度前的10月底编妥报总公司审批。编制年度修船计划须根据修理间隔期、前一年度和本年度上半年修船实际情况并参考过去的修船记录。计划的主要项目有:修理类别、进厂月度计划、估计修费、计划修船厂及其地址等。此计划不可能很准确,但可作为编制年度财务预算、安排船厂的依据。

季度修船计划:根据船舶营运安排、年度修船计划执行情况及船舶状况由船技部门于季度开始前一个月编妥,允许在年度计划的基础上进行必要的修正。对修船日期、地点须准确确定。季度修船计划经公司批准,报总公司备查。

月度修船计划:修理船舶的执行计划,根据季度修船计划和实际情况编制。要求有更高的准确性,以便于与船厂确定修船事宜。月度计划由船技部门掌握。

2. 编制修理单

船舶修理单上应列出船舶修理工程的项目、程度、范围和要求,它是修船的重要文件和船厂修船的依据,是保证修船计划顺利完成的关键。编制正确的修理单对节约修船经费、缩短修期和提高修船质量均有决定性作用。所以,编制正确的修理单是非常重要的修前准备工作。

(1)编制修理单的依据

编制修理单,确定修理的范围和程度,主要依据以下情况:

①公司的修船计划和规定的修理级别;

②船舶证书上需要船级社检验的项目;

③说明书上所规定的各种设备和部件的检修间隔期;

④船舶在航行中各种机械和设备的技术状况、磨损与损坏规律以及各种测试资料,历次修船记录和有关技术文件等均是编制修理单的重要依据。

(2)修理单的分类和编制

船舶修理单分坞修、甲板、轮机和电气四个部分。

轮机和电气部分的修理单由轮机员编制,大管轮汇总,轮机长审定,经机务部门上船审查校对,进行补充和修正,最后由公司批准。

(3)修理单的内容和编写要求

编写修理单时首先要说明机器类型、功率、气缸直径、行程、转速或者修理设备的制造厂名称、出厂时间、编号、数量和规格、修理部件的材料和性能等。此外需要注意下列要求:

①名称、部位。首先要指出如主机、起锚机等,并注明修理机件的名称、规格。

②损坏情况。说明该修理部位的具体损坏情况,如过度磨损、碎裂、腐蚀,或者变

形等。

③修理要求。提出该修理件的具体修理要求，如换新、光车、校准、调整、研磨等。若完工后需要试验者，应在修理单上说明试验要求。

④材料的规格和数量。需要的材料品种繁多，规格复杂，因此对材料的规格要详细说明，并注明数量。对于特别重要的材料，如尾轴、舵杆等需要厂方提出材料的化学成分和力学性能的说明文件时，也要在修理单上标明。

⑤附带工程。凡与修理施工工程有牵连的其他设备需要拆装而又要厂方施工的，必须在修理单中详细说明。

⑥对平时无法拆检的部件或部位而不能确切决定修理内容的项目，即隐蔽工程要注明“拆检后决定修理内容”字样，但应估计列出须修换部件的名称、规格和数量等。

⑦对要求预制的零部件(包括毛坯)，应在修理单上绘制草图，必要时注明“船上派人测绘图”。

(4)修理单的交付

在修理单上应注明船舶修理类别(因为“航修”“小修”“检修”的修理范围不同)，并注明船舶检验机构要求的修理工程，以便船厂在修理过程中安排验船师进行监督和检验，对修理工程签证或换发船级证书。

编写的修理单应一式三份，其中两份上交公司机务部门，一份留船。船舶“检修”应在进厂前 4 个月将修理单送交公司机务部门审核批准；船舶“小修”应在进厂前 2 个月送交修理单。公司机务部门审核后，将修理单送有关船厂报价，选择修船厂。“检修”船进厂前 3 个月、“小修”船进厂前 45 天将修理单送交修船厂。

3. 修船备件和物料的准备

(1)在编写修理单的同时，根据修船项目的需要，船舶进厂前应备好修船必需的备件。重要部件至少应在半年前提出申请，以便及时订货。对于需要的特殊材料，在选定船厂后应提前通知船厂，以便保证修船进度和节约修理费用。在修理单上可写明备件由船方提供。

(2)对于订货困难需要船厂制造加工的配件应提前向船厂提出，由船厂提前安排制造。在修理单上应写明备件由厂方提供。

(3)在船舶进厂前应备妥施工中可能使用的图纸、资料、专用工具、物料。自修项目的备件也应有计划地分期申请领取。

4. 安全工作

为使进厂修理的船舶得以安全、顺利地完成修理工程，船舶进厂后船舶领导人应及时与船厂联系，了解船厂的安全保卫制度，并向船厂说明船舶有关安全保卫的要求，共同结合实际情况制定出防火、防盗、防冻、防污染等各项具体安全措施，签订协议书，共同遵守下列事项：

(1)凡进厂修理的船舶须经工厂安全、生产、消防等部门共同实地检验，认为合格后方可进厂。

(2)船舶进厂前,必须将易燃易爆物品、有毒物品、弹药等全部卸掉。视工程范围清洗油舱、柜(箱)和管路,并排除易燃易爆气体和有害气体。

(3)修理的船舶如须留用少量油类和易燃易爆物品,应由双方协商同意。该物品必须集中妥善保管,做出明显标记,并将存放位置通知工厂施工员。

(4)船舶进厂后,船方应负责本船的警卫值班、安全防火、清扫工作和配合工厂施工采取有效的防火措施。在动用明火作业的部位,应派专人看守。

(5)与修理工程无关的设备、零部件等,均由船方自行保管保养。

(6)船舶进厂后,应遵守厂方的有关规章制度,船厂人员也应遵守船上的有关规定。

(7)船舶进厂后的安全平时由工厂负责,船方协助,如遇不可抗拒的自然灾害,其造成的一切损失由船方负责,或向保险公司索赔。

修船中万一发生意外灾害事故时,船员要坚守岗位,首先保卫好本船的安全,其次服从船厂统一指挥,共同保护或抢救其他船舶。

5. 监修工作

(1)船东应指派船舶监修师进行监修,负责与船厂联系、确定工程、处理修船中发生的问题,并代表甲方制定和签署文件等。不指派专人监修时,应由轮机长负责监修轮机修理项目。

(2)监修人员负责监督船厂是否按修理单指定的工程范围进行修理,材料、工艺、测量数据及安装质量是否符合技术要求,施工中有无由船厂责任引起的部件及设备的损坏,有无不安全因素等,必要时有权停止其施工并及时向厂方提出意见及做好必要的修理记录。此外监修人员应配合船厂工作,为施工提供方便条件。

(3)对船检要求的项目,厂修工程应由厂方申请验船师检验,自修工程由船方申请。

(4)单项工程修理完工或试验合格后,由轮机长检查认可。凡不符合要求的项目,应由船厂负责解决。双方如有争议,首先进行协商,必要时可申请船检部门仲裁。

(5)全部修理工程完工后(包括各种试验结束后),由双方代表签署本船"完工验收单"作为交船的依据。对质量未达到要求的应用文字注明,并须双方签字。

(6)试验、试航和工程验收根据甲乙双方事先商定的内容和船检的标准进行。如在试验和试航中,船检方及船方提出属船厂修理工程中的缺陷和遗漏,船厂应及时消除和完成;如不属船厂修理工程范围而又需船厂修理时,则按追加工程处理。

(7)船厂应对承修工程的质量完全负责。船厂修理工程的保修期,固定部件为 6 个月,运动部件为 3 个月。

(8)在保修期间,如属船厂工程项目的质量问题,由船厂及时免费修复。如该船在其他港口船厂不便前往修理时,船方可将船厂应负责的项目修妥,然后将其账单交船厂审核,并由船厂支付修理费用。如双方对问题发生的原因有分歧时,应在听取船检部门的意见后协商解决。

6. 船舶监造

对新造船舶的监造是为了保证新造船舶的建造质量,使之达到船舶建造合同的技术要求和船舶建造规范的要求。

在船舶建造期间由船东(船舶公司)派遣一个临时组织机构——驻厂监造组,作为船东代表对新船的建造进行现场监督,对新船质量把关;审查并确认技术施工图、修改通知书,确认船用产品、设备及船舶现场的施工质量等。主要的工作任务有:

(1)驻厂监造组成立之后,应对船厂进行了解和熟悉。制定船体、机电、通导等专业的主管工作的具体内容。

(2)严格细致地审议船舶建造规格书,核对船舶建造的实际情况。

(3)对船厂提交的施工技术图纸、修改通知书等进行审议和确认,并按专业分类保管。

(4)遵守双方签署的新造船舶买卖合同的有关规定,按时参加设备的台架试验、施工质量检验、系泊试验和航行试验等工作。

(5)协助公司做好船员到厂参加接船工作,确保按合同接船。

(6)根据需要参加新船保修工作。

(7)及时向公司汇报新船建造的进展及其质量。新船建成后写好监造报告、监造总结及做好信息反馈工作。

新船建成后,监造组的使命亦即完成。

2.3.2　修船进度管理

船舶修理的五大要素是项目修理工期、质量、安全、价格以及服务。修船管理主要体现在对修理过程的管理,特别是修理工期的管理,修期的长短直接决定船舶的运营效率,修期管控的效果直接影响船舶运行的经济性。

1. 修船项目进度管理

(1)修船项目进度管理流程

修船项目管理按照项目管理生命周期可以划分为启动、计划、实施、控制及收尾五个过程,如图 2-1 所示。项目进度管理是修船厂组织生产任务的主要依据,各个项目环节都要按照制定好的项目进度计划来展开运作,同时还需要对项目进度计划的每一个执行阶段进行密切跟踪,合理的项目进度计划与有效的项目进度控制是项目进度管理实现其在项目整体过程中价值的根本要素。

(2)修船项目进度管理方法

项目进度管理的主要方法包括关键日期表、甘特图、关键路径法及计划评审技术、关键链技术等。

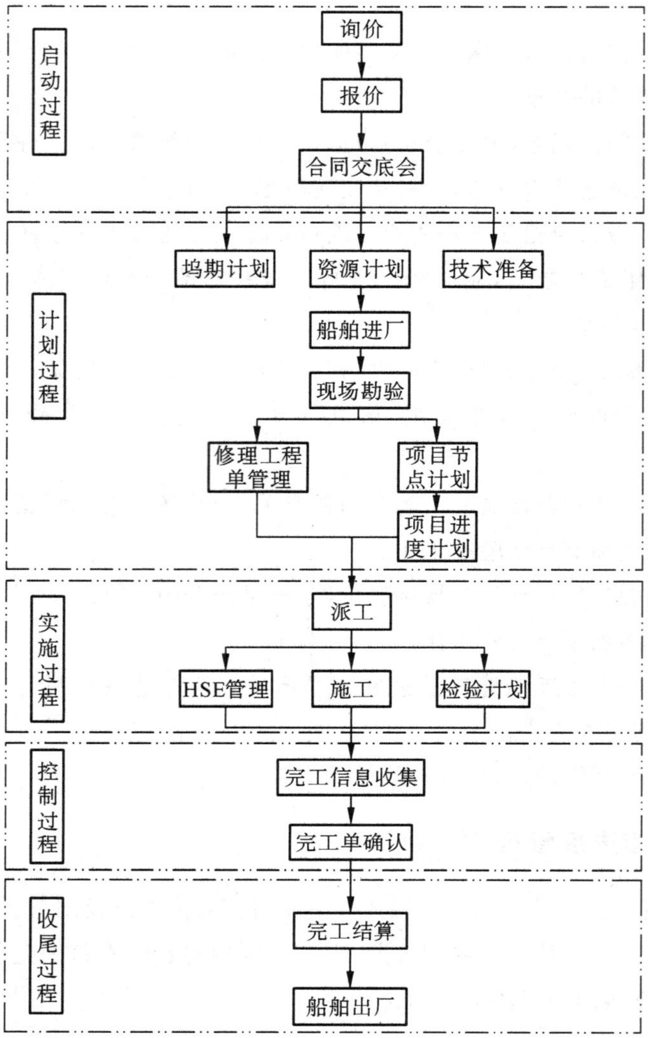

图 2-1 修船项目管理生命周期

①关键日期表

关键日期表是最为传统的一种计划管理方法，关注项目过程中的主要重点活动以及这些活动的起始时间，通过表格的形式将整个项目进度过程呈现出来。关键日期表的主要优势在于其简洁性，但缺陷也非常明显。由于过于简单，它无法很好地表现项目进度的实际状态，对整个项目进度管理的指导力相对不足。因此，在项目进度管理中，关键日期表只是用来对一些比较简单的项目进行计划制定，不具备单独进行项目进度管理的功能。

②甘特图(gantt chart)

甘特图，也称为横道图(bar chart)，主要是通过条形进度条对项目任务之间的逻辑关系以及任务工期进行简单而形象的展示。甘特图的优点主要是方便且直观地展示任务负荷与逻辑顺序，并且可以随时监控项目的实际执行进度，及时发现其与计划进度之间发生的偏差，帮助项目管理者集中精力于项目中滞后的任务；而甘特图的最大缺陷就是其不能在项目计划执行发生重大改变的时候进行相应的改变和调整。

③关键路径法(critical path method,CPM)

关键路径法是时间约束性的项目进度管理工具，主要是在不考虑任何资源限制的情况下，通过项目中每个活动的最早、最晚起始时间与最早、最晚结束时间获得各个项目活动的浮动时间，其中浮动时间小于或等于零的路径定义为关键路径，项目进度安排的弹性大小由活动浮动时间决定。关键路径法的优点是能确定影响项目工期的主要活动并对其进行控制，可以确保项目在规定的时间内完成。但是，在项目的实际执行过程之中，常常会出现一些不确定性的因素，在一定程度上影响项目的进展状况，导致关键路径上的重要活动发生变化。因此，项目管理者通常需要不断地对计划进行调整来应对这种变化，甚至是可能需要重新编制项目进度计划，这给整个项目的进度管理工作带来了极大的挑战。

④计划评审技术(program evaluation and review technique,PERT)

在估计项目任务工期时，由于很少考虑到风险的管理与分析，项目任务工期很难被估算出来，这主要是因为项目进度过程中存在太多的不确定性因素。在实际的应用过程中，PERT 通过引进动态过程来进行概率分布形式的估计，估算项目任务的期望工期，这是 PERT 应用过程的优点。但是，若想保证 PERT 技术的顺利应用，则需要定期对项目进度计划进行检查，在发生偏差现象时及时进行调整改正。因此，项目管理者的实际工作能力以及其对项目周期的检查频率将对 PERT 技术的应用结果产生一定的影响。PERT 也属于一种时间约束性进度管理方法，一般将 CPM 与 PERT 统称为网络计划技术。

⑤关键链技术(critical chain technique)

关键链技术是一种资源约束性的项目进度管理方法，是将约束理论成功应用于项目管理过程中的产物。所谓关键链，是指所有用到关键资源的活动与关键路径上其他活动连接起来，得到一串依存步骤，这些由资源冲突造成的依存路径就是关键链。该技术可以说是约束理论的一种具体应用与发展，它从瓶颈、系统考虑入手，将约束理论核心思想应用到项目管理之中，考虑了系统整体的有效性，强调在管理过程中对不确定性因素进行系统思考。关键链技术是一种将确定性分析和不确定性分析相结合的方法。

2.基于关键链技术的修船项目进度管理

(1)基于关键链的船舶修期管控技术

目前船厂在进行项目进度管理过程中主要使用的是关键路径方法，但是该方法主要是针对项目进度管理中的计划阶段，忽视了项目进度控制的重要性，常常因各种突发性因素不断地对计划进行调整，导致项目进度计划紊乱，最终造成修船项目延期交付。关键链技术作为一种先进的项目管理技术，应用于解决修船项目进度管理问题，能够完善计划编制体系，合理分配资源，有效解决修船项目工期估计过长问题，所设缓冲机制也能为项目进度控制提供保障。

关键链技术应用于船舶修期管控，应注意以下几点：

①从系统的角度考虑修船项目进度管理；

②逻辑关系与资源约束处于同等地位；

③缓冲区大小设置要符合修船项目进度管理实际情况；

④不能忽视资源缓冲；

⑤重视缓冲区管理。

基于关键链的船舶修期管控包括关键路径确定、关键链选择以及缓冲区管理。缓冲区的几种计算方法见表 2-2。

表 2-2 缓冲区的计算方法

方法名称	活动安全时间	缓冲计算方法
C&PM 或 50%法	$\Delta t_i=\frac{1}{2}\times d_i$	$\Delta B=\frac{1}{2}\sum_{i=1}^{n}\Delta t_i$
RSEM	Δt_i（标准差取$\frac{1}{2}\times\Delta t_i$）	$\Delta B=\sqrt{\sum_{i=1}^{n}(\Delta t_i)^2}$
Bias+ RSEM	Δt_i（标准差取$\frac{1}{2}\times\Delta t_i$）	$\Delta B=(1+0-30\%)\times\sqrt{\sum_{i=1}^{n}(\Delta t_i)^2}$
APD	$VAR_i=(d_i)^2\times(e^{\sigma^2}-1)$ 以方差表示活动安全时间	$\Delta B=K\times\sqrt{\sum_{i=1}^{n}VAR_i}$
APRT	$VAR_i=(d_i)^2\times(e^{\sigma^2}-1)$ 以方差表示活动安全时间	$\Delta B=K'\times\sqrt{\sum_{i=1}^{n}VAR_i}$
RD	$RD=\sigma/t_e$ 以标准差与均值的比率表示安全时间的相对大小	活动 RD 分为 A、B、C、D 四类，项目风险分为低、中、高三类，针对活动和风险的类别给出剪切法计算缓冲的百分比

(2)基于关键链技术的修船项目进度管控

①修船项目进度管理流程

为了改进修船项目进度管理模式以缩短项目周期，综合修船项目进度管理流程与关键链技术应用步骤，建立一种基于关键链技术的修船项目进度管理流程，如图 2-2 所示。其应用过程主要分为关键链识别、缓冲区设置和缓冲区管理三个步骤。

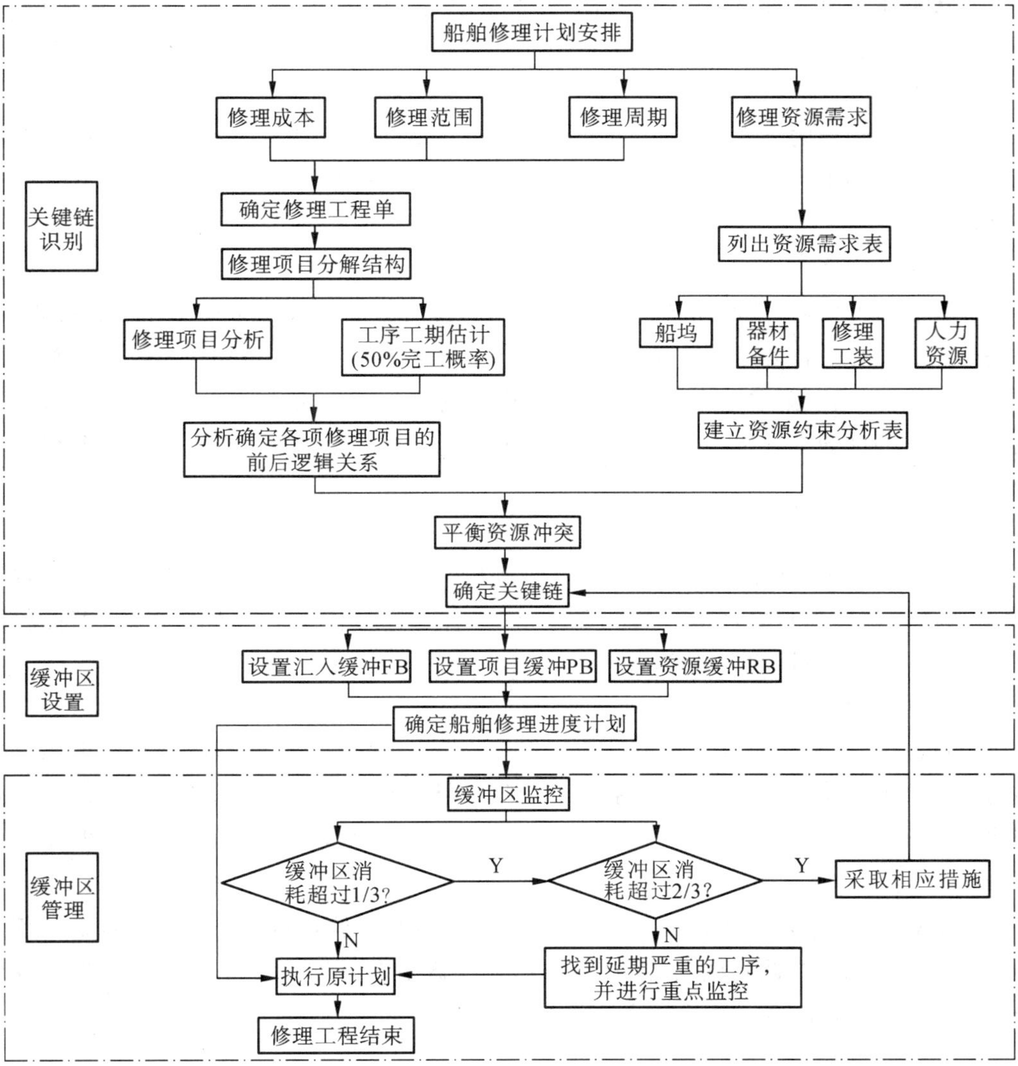

图 2-2 基于关键链技术的船舶修期管理流程

a. 关键链识别

在确定修船项目目标后，根据船东提供的修理工程单绘制修理任务的维修项目工作分解结构(work breakdown structure, WBS)，并按照50%的完工概率来估计修理工期，结合各个修理任务之间的逻辑关系与资源约束，最终绘制出修船项目网络图，确定关键链与非关键链汇入点。

b. 缓冲区设置

关键链技术中主要包括三种缓冲：项目缓冲(project buffer, PB)、汇入缓冲(feeding buffer, FB)及资源缓冲(resource buffer, RB)。首先，为了防止非关键链上的工序任务变动影响关键链，进而导致整个项目进度计划出现偏差，在非关键链汇入关键链的地方设置汇入缓冲来消除这种不良影响；其次，在关键链的末端设置项目缓冲来对整个项目进行保护；而资源缓冲则是项目中关键资源的一个预警机制，以保证关键资源在需要时能够保证可获得性。

确定修船项目的关键链后，根据修船项目进度管理实际改进缓冲区计算方法，在项目网络图中添加 FB 与 PB；并在使用关键资源的重要工序前设置 RB，对整个项目进行缓冲区设置。

c. 缓冲区管理

设置完缓冲区后，按照项目进度计划开始具体实施船舶修理工程。在实施过程中，对缓冲区的消耗进行实时的监控，当出现的追加修理任务消耗的缓冲区超过了全部缓冲区的三分之二，需要采取相应的措施对计划进行调整，必要时需要重新确定关键链；如果没有超过缓冲区的三分之二，则仍然执行项目原进度计划。同时，要重视对资源缓冲的管理。

②关键链识别

在一个船舶等级修理项目中，关键链识别内容主要包括：建立修船项目工作分解结构；确定各个修理项目之间的逻辑关系；对修理任务的具体工期进行估算；平衡资源冲突，确定船舶修理项目的关键链。

a. 建立初始网络计划

根据修理工程单，开展修船项目的工作结构分解，确定各个修理项目。修理项目之间的逻辑关系受技术本身、组织关系、外部制约等因素影响，对于船舶修理而言，各个修理项目之间的逻辑关系可根据修理工程单、项目节点计划以及修船项目来列表并作图说明。

在估算修理工期方面，修理工厂一般根据以往修理经验，再加上安全时间，给出各个修理项目的工期。在此基础上，按照 50% 的完工概率来对各项工期进行估算，即将各个修理项目工期直接削减一半后作为修理项目工期。

b. 平衡资源冲突

关键链技术需要考虑到资源约束关系，主要有两种衡量标准，一种是找出项目中资源利用的峰值，另一种是计算各种资源的利用率。传统的关键链技术理论是依据概率论来处理资源冲突的，对于当前技术状况而言，显然已经不适用了。此处针对船舶修期管控中船坞、器材备件、修理工装、人力资源等关键资源，设计如下的关键链方法：

(a)划分修期项目中各类工序的优先级，将工序按照优先级从高到低依次排列；

(b)确定各工序的依赖关系，明确项目网络中的依赖关系，即赋予搭载联系，按照阶段顺序对各工序的任务进行全排列组合；

(c)为确保关键链上的各工序能够按时完成，必须合理安排工序的任务时间，并确定一个安全时间，以避免任务时间内工序完成概率低的情况，为确保项目稳步进行，须计算出最早开工时间和最晚开工时间；

(d)选取一道工序中最早开工时间及最晚开工时间的差值进行计算，得到一类新的数据，其中差值为 0 的工序即关键链上的一个环节，依照优先级进行重组，可以得到实施项目的关键链；

(e)对实施项目中所有工序进行开工时间的插值计算，综合考虑资源约束情况，得出相应的关键链路线，选取最短的路线作为修期管控项目中的关键路线。

③缓冲区设置

缓冲区的设置是关键链项目管理的核心问题，在解决资源冲突以及处理不确定问题的基础上，重点是确定缓冲区大小。不同领域，缓冲设置方法各异，例如基于对数分布假设的方法、基于项目属性的方法、基于模糊理论的不确定性评估方法等。此处介绍三种适用于船舶修理这种传统而又复杂行业的方法。

a. 汇入缓冲设置方法

考虑船舶修理工程复杂度高、风险大的特点，在传统的根方差法中加入改进因子 α，改进因子与修理工序复杂度、变更风险大小直接相关。

(a)工序复杂度

非关键链上修理项目对非关键链的修理工期具有重要影响，在设置汇入缓冲时，需将非关键链的项目工序复杂度考虑在内。通过修理任务所在路线的复杂程度来体现任务的复杂度。使用 m 表示修理任务所在非关键链的紧前任务的数量，k 表示该条非关键链上的修理项目工序总数，则工序系数

$$\beta = m/k$$

(b)变更风险大小

在船舶修理工程中存在包括潜在故障而产生的大量追加修理任务、资源冲突等不确定因素，在确定非关键链上汇入缓冲区的大小时应将该链的变更风险大小考虑进去。在确定关键链与非关键链之后，由专家根据每条非关键链上的变更风险大小给出相应的变更风险系数，用 θ 表示，其中，$\theta \in (0,1)$，变更风险大小越大，变更风险系数也越大。

修船项目进度管理中的汇入缓冲计算模型为：

$$FB = \alpha \sqrt{\sum_{i \in U} (D_i - d_i)^2}, \alpha = \beta \times \theta, \theta \in (0,1)$$

式中，D_i 为非关键链上每个修理项目 90%完工率下的预估工期；d_i 为非关键链上每个修理项目在 50%完工概率下的预测最短工期；i 为非关键链上的各个工序；U 为非关键链；α 为改进因子；β 为工序系数；θ 为变更风险系数(即该非关键链修理项目追加修理项目的可能性大小)。

b. 修船项目缓冲设置方法

非关键链的工期会对关键链产生影响，甚至在重大风险出现后非关键链可能会取代关键链，而成为新的关键链。对于项目的缓冲时间，使用非关键链修正因子 γ 对传统的根方差法进行改进。

$$PB = \gamma \sqrt{\sum_{j \in V} (D_j - d_j)^2}, \gamma = \frac{\sum_{i \in U} T_i}{\sum_{j \in V} T_j}$$

式中，D_j 为关键链上每个修理项目以 90%完工率进行估计的工期；d_j 为关键链上以 50%完工率进行估计的工期；V 为关键链；j 为关键链上的每个修理项目；γ 为非关键链修正因子；$\sum_{i \in U} T_i$ 为所有非关键链上工序工期之和；$\sum_{j \in V} T_j$ 为所有关键链上工序工期之和。

c. 修船资源缓冲设置方法

在关键链理论中，认为资源缓冲不同于项目缓冲和汇入缓冲，其实质就是一种预警机制，资源缓冲应该是一整套针对项目所需资源进行的系统制度安排，以便使项目进度计划不因资源的可用性而受到影响。

在制定修船项目进度计划过程中，在使用关键资源的修理工序之前加入资源缓冲，提醒相关项目管理人员在该工序开始之前确认关键资源能否到位，以保证修理项目能够按照既定计划如期进行。修船项目实施过程中会导致资源冲突、造成项目延期的主要修船项目相关资源类型以及缓冲设置方法如下：

(a)生产设施资源。主要指泊位、船坞、船体车、机电综合车间及管子加工车间等生产设施资源。这一类资源的调度时间通常较长，因此相应的资源缓冲应该设置在修船项目开始，在开工后立刻对该类资源进行相应的安排。

(b)关键设备资源。修船项目过程中涉及很多大型设备，由于价格高昂，一般修船厂中的相应配置数量有限，如塔吊、汽车吊、高精度切割机、大型车床等大型设备，针对该类资源，将缓冲区设置在相应工序的三到五天前。

(c)稀缺材料资源。在修船项目过程中，一般常用的相关材料的备料都是非常充足的。然而，在很多情况下，船东会对具体修理过程中的某些具体材料的规格、品牌等在修理工程单中做出明确的要求，因此需要在使用这些稀缺资源的工序之前进行资源缓冲区设置，资源缓冲设置位置视实际情况而定。

(d)技术人员资源。修船项目过程中，有很多修理工序需要较高的专业素养的技术人员才能完成，因此应在需要该类技术人员的相关工序前设置资源缓冲，确定其能在计划时间到岗工作。

④缓冲区管理

a. 项目缓冲与汇入缓冲管理

通过对缓冲区的监控从而达到控制修船项目进度的目的。在关键链理论中的三色缓冲区管理方法中只强调对缓冲区的消耗情况进行监控，而实际上在项目进展的不同阶段，缓冲区的消耗情况对整个项目工期的影响程度是有很大区别的。如果在修船项目刚开始缓冲区就被大量消耗，则项目延期的可能性非常大，需要尽快采取相关措施来减少项目延期造成的损失；相反，如果在修船项目即将结束的时候缓冲区被消耗了大半，则属于正常情况，仍然可以保证项目能够如期完工。图 2-3 所示为修船项目进度管理中的缓冲管理图。

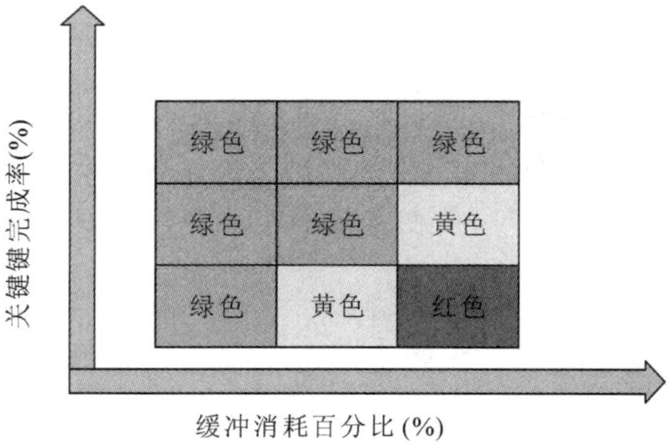

图 2-3　修船项目缓冲管理图

在对修船项目的缓冲区的管理过程中，将缓冲区的消耗百分比与修船项目关键链的完成率相结合后对缓冲区消耗进行实时监控，按照不同的缓冲区消耗情况将整个缓冲区域分为绿、黄、红三种颜色区域，在不同的区域采取不同的措施。

(a)绿色区域。当前修船项目进展状况良好，各个修理任务基本按照原定项目进度计划进行，此时一般不需要采取任何行动。

(b)黄色区域。当缓冲区消耗情况处于黄色区域内时，表示该修船项目有一定的延期风险，此时应该加强对项目实施的监控，找到造成项目拖期的关键工序，进行严密观察，并初步制定相应的风险应对策略。

(c)红色区域。当缓冲区消耗情况处于红色区域内时，则表示当前修船项目延期风险非常大，必须尽快采取加快项目进度的相关措施。

b. 资源缓冲管理

除了对项目缓冲与汇入缓冲的管理，还应该重视修船项目进度管理中的资源缓冲管理。修船项目进度管理中的资源缓冲管理应当贯穿整个修理项目的所有任务，主要有以下要点：

(a)在制定项目进度计划的基础上，编制详细的资源需求及使用计划，同时基于两者的相关性，当主项目进度计划变动时，对资源需求及使用计划予以动态更新；

(b)在船舶修理项目的组织机构中安排专门的资源缓冲经理，负责对项目所需的资源进行统筹管理，对项目资源的可用性负全责，确保不因资源的可用性而影响到整个项目的进度；

(c)梳理项目资源缓冲管理中的各个流程，编制标准化操作单，使项目缓冲管理涉及的各个流程科学化、合理化、标准化，并且建立相应的持续改善机制，以保证资源缓冲管理的业务水平；

(d)将项目资源缓冲管理扩展到资源的设计、生产、制造、运输、仓储保管等全部环节,项目经理要对关键任务资源的全部环节进度情况进行掌握和了解,改变以往粗放的管理方式,确保在项目执行过程中关键资源的可得性;

(e)运用信息手段如修船管理信息系统对项目所需资源进行管理,用信息技术对项目资源管理进行流程再造,提高管理水平。

另外,在整个项目进度过程中,项目管理者应当建立适当的激励机制来保持员工高昂的工作热情,减少拖延症等心理因素对工作行为的影响。要对船舶修理项目的资源缓冲、资源管理提升到一个新的高度,改变传统的粗放型管理模式,使其逐步实现精益化、科学化。

2.4 轮机坞修

船舶长期航行,船体水线以下的船体表面,特别是船底会生锈和生长海藻、贝类等,致使船体水下部分和船底表面脏污和粗糙,这种现象称为污底。显然,船舶污底将会增加船舶航行的阻力,降低航速。此外,船舶发生海损事故时还会产生船体变形或破损,并且还要定期检修海底阀箱、海底阀和舷外各排出阀等。所以,坞修工程主要是船体的除污、除锈和涂漆,船体损坏部位的焊补修理以及各海底阀、轴系、桨和舵的拆检和修理等。

2.4.1 轮机坞修工程的主要项目

轮机坞修工程主要是船舶推进装置、舵和水线下的船舷阀件等的检修。具体项目如下:

1. 海底阀箱的检查与修理

拆下格栅,检查连接螺栓和螺母;钢板敲锈出白,涂防锈漆 2～3 度,箱内锌块换新;如钢板锈蚀严重,必要时应测厚检查;钢板换新后必须对海底阀箱进行水压试验。

2. 海底阀的检查与修理

海底阀、海水出海阀、锅炉排污阀等水线以下的各阀应解体清洁、除锈。阀体在除锈后涂防锈漆 2～3 度;阀及阀座应研磨密封,如锈蚀严重时可光车后再研磨;阀杆填料换新;检查海底阀与阀箱的连接螺栓,锈蚀严重时应换新。

3. 螺旋桨的检查与修理

拆下螺旋桨进行检查,桨叶表面抛光,测量螺距;桨叶如有变形应予矫正和做静平衡试验:如发现桨叶有裂纹和破损,须按螺旋桨修理标准进行焊补和修理。

4. 螺旋桨轴及轴承

当抽轴检查时,应对螺旋桨轴的锥部进行探伤检查,检查铜套是否密封,对滑油密封装置应换新密封圈;锥部的键槽和键应仔细检查,换新时必须与键槽研配;测量轴承下沉量和轴承间隙,检查轴承的磨损情况。

5. 舵系的检查和修理

对舵杆、舵轴承、舵叶、舵梢、密封填料装置进行检查，如发现缺损、碰撞等缺陷，及时进行修复。

具有中国船级社(CCS)船级的船舶，为了保持船级还应按照《钢质海船入级与建造规范》要求定期进行坞内检验、螺旋桨轴和尾轴的检验，检验间隔期一般不超过 5 年。以上两项保持船级检验均须船舶进坞完成，船级检验可以与船舶坞修结合进行。

2.4.2 坞修的准备工作

坞修工程修理费用高，时间短，为了顺利完成各项坞修工程项目和不误坞修期，要求船舶在进坞前做好下列各项准备工作：

(1)认真编制坞修项目修理单，并将修理单提前报公司船技部门审核、报价，以选定坞修的船厂。

(2)船方应预先订购好坞修所需之重要配件，以免延误坞修期或者不能进行抽轴检查。

(3)准备好坞修所需的专用工具。如拆装螺旋桨帽的专用扳手、液压工具，拆装中间轴法兰螺栓的专用扳手，移动中间轴和螺旋桨轴的滑道滚轮，测量螺旋桨下沉量的专用测量工具等。

(4)准备好有关图纸资料。如船体的进坞安排图、螺旋桨图、螺旋桨轴及其轴承图，以及上次坞修的测量记录和检验报告等，提供给船厂和验船师参考。

(5)油船应预先做好烘舱清洁工作。一般船舶的油舱在进行明火作业的修补工作前事先将油料抽尽，并经过洗舱和防爆安全检验。

(6)如需在坞内进行锅炉检验，进坞前应将炉水放尽，以免在坞内烫伤工作人员和影响坞修工程。

(7)与坞修工程师商洽坞修事项。如进、出坞日期，岸电的供应，淡水的供应，冷藏系统冷却水的供应，临时追加项目的可能性等，以及注意事项和内部规则。

(8)所有可移动的物件，如锚、舢板等应放置牢固，必要时可用绳索捆绑牢靠。用紧固装置将尾轴固定，以防进坞拖船时尾轴向后移动。

2.4.3 坞修时轮机部应注意的问题

船舶进坞后，为确保坞修工作顺利进行，应满足下列要求：

(1)船体搁置在墩木上时，倾斜度不得超过 15°(有些情况为 10°)。检查墩木、撑木是否牢靠，船体是否均匀地平卧在墩木上，不允许船体搁置处有悬空现象。发现不正常情况应立即向坞修工程师提出，以便及时改正。

(2)坞水泵干后，必须对水线以下的坞修工程项目逐项认真检查，如有增减项目，应报告坞修工程师。

(3)船员必须遵守船坞内部的规章制度。没有坞长同意,不得将物品、水或燃润料随意移动,不得擅自移动墩木和木撑;不得自行将船上的电线、蒸汽管或水管与厂方接通;不得自行搭跳板和使用炉灶;不得使用船上的卫生设备和将垃圾倒入坞内。

(4)注意防火,各舱室进行明火作业时应指派专人看守。

(5)冬季进坞时应打出不必要的舱内存水和主、副机存水,以防冻裂机器设备。机舱等某些必须保温的场所应按需要保温。

(6)在尾轴或螺旋桨拆卸期间应特别注意不让无关人员乱动有关机件,特别是螺旋桨的锁紧螺母。

(7)所有脚手架要牢靠无误,必要之处应设置安全网,冬季增设防滑设施。尤其在检修海底门时要特别留心各阀及格栅的安装要符合规范要求。

2.4.4 坞修工程的验收

1. 主要坞修项目的修理标准

(1)螺旋桨修理技术标准。

(2)尾轴与尾轴承的装配要求。

(3)尾轴与螺旋桨的装配要求。

(4)尾轴密封装置的装配(橡皮环式)要求。

防蚀衬套经修理光车后外圆尺寸小于标准橡皮环产品要求者应予更换;但光车后尚可继续使用者,应适当收紧橡皮环弹簧以增加唇边压力。

橡皮环凡有下列情况则应换新:橡皮环碎裂损伤,唇边有硬化裂纹,唇边有较严重磨损,橡皮环老化。

装配防蚀衬套和橡皮座体与其相配装部件的两平面应接触良好,不允许漏油。

坞内试压对回油管在水线以上的船舶,以油从回油管回油起继续泵油 3 min。对回油管在水线以下的船舶,泵油压力为轴系中心线至船舶重载水线间距的 1.5 倍,一般不得大于 0.1 MPa。

油压试验时,密封装置不准有滑油泄漏。此刻允许微微转动轴系进行检查。

试车检查首端装置时,允许有滑油渗出以润滑橡皮环唇口,并偶有滑油滴落。

2. 质量检查与验收

坞修中的各种海底阀和出海阀必须解体清洁,研磨完好。阀与阀座的密封面经轮机员检查认可后才能装复。

安装尾轴和螺旋桨时,轮机长应在场监督。

对坞修中的各项修理项目,应按修理单的要求检查修理质量,必要时应做水压试验和运行试验。

3. 测量记录的交验

坞修的测量记录(如尾轴下沉量、螺旋桨螺距测量和静平衡试验、尾轴承间隙、舵承间隙、轴系找正等）和其他年度检验的测量记录，应一式两份提交给轮机长。

2.4.5　出坞检查

出坞前，轮机长应对下列修理工程仔细检查，认可后方可允许出坞：

（1）检查海底阀箱的格栅是否装妥，箱中是否有遗忘的工具、杂物。检查所有海底阀和出海阀是否装妥。

（2）检查舵、螺旋桨和尾轴是否装妥，保护将军帽是否涂好水泥。尾轴密封装置装妥后做油压试验、转舵试验。

（3）检查船底塞及各处锌板是否装好。

（4）坞内放水前应关闭全部通海阀，坞内进水后应检查各通海阀及管路，然后分别开启各阀检查所有管路是否漏水。

（5）坞内进水后对海水系统放空气，使其充满海水。

（6）冷却系统、燃油系统和滑油系统正常工作后，启动柴油发电机，切断岸电，由船上自行供电。

（7）出坞后，待船舶静漂 24 h 以上（即船舶恢复弹性变形后），进行轴线检查。

2.5　交船试验

交船试验包括系泊试验和航行试验，其目的是检验船舶修理质量及其技术性能，以确保船舶机械符合船级的要求，保证船舶安全可靠地航行。

船舶在以下情况下应进行交船试验：

· 特别检验需要；

· 较大范围或重要项目进行修理后；

· 临时检验项目的要求或者验船师认为必要时。

此外，对于新造船舶，更换船东、国籍和航区及长期停航后起用的船舶均应按照各自的要求和内容进行交船试验。

2.5.1　交验项目

根据我国相关行业标准的规定，为了保持船级和营运安全，船舶经修理后须交验和验收。凡由船厂修理项目、厂修期间的自修项目由船方分别向验船师提交检验。对于海损修理项目则由验船师依具体情况决定应提交检验的项目。为了保证船舶修理质量，所提交检验项目的验收依据是业已颁布的有关修理技术标准。现列举轮机交验项目中柴油机和轴系的交验项目，见表 2-3。

表 2-3 柴油机和轴系交验项目

序号	柴油机交验项目	轴系交验项目
1	机座底部垫片及铰孔螺栓接触面	推力面与推力块的接触面、间隙
2	曲轴主轴颈与主轴承接触面、间隙	推力轴承底座垫片接触面
3	主轴承全部安装后曲轴臂距差	推力轴、轴承外观及轴承安装间隙
4	气缸盖本体水压试验	中间轴承底座垫片接触面
5	气缸套、气缸盖安装后紧密性水压试验	中间轴与轴瓦接触面，轴承安装间隙
6	活塞组装后，冷却水腔水压试验	尾轴铜套、套合
7	气缸体冷却水腔水压试验	新换铜套水压试验
8	活塞运动部件在船上安装后校中	尾轴、尾管前后轴承外观、轴承安装间隙
9	十字头轴承和连杆大端轴承安装间隙	尾轴可拆联轴节锥度、接触面及探伤
10	活塞行至上止点时，活塞与气缸盖的余隙	尾轴油封装置外观及安装后油压试验
11	气缸盖安全阀试验	轴系校中
12	废气涡轮增压器油封、气封、轴承间隙	轴系联轴节铰孔精度
13	废气涡轮增压器外壳水压试验	轴系航行试验
14	废气涡轮增压器转子动平衡试验	
15	防爆门防爆装置开启压力	
16	热交换器水压试验	
17	调速器性能试验	
18	码头系泊试验	
19	试车后的曲轴臂距差	
20	航行试验	

2.5.2 系泊试验和航行试验

1. 试验内容

船舶动力装置修理后应进行系泊试验和航行试验，其试验大纲由船方和船厂共同拟定，并经验船师同意。轮机员作为船方代表参加试验。由船方、厂方和验船师共同对试验进行鉴定和验收。对试验中发现的问题应分析研究，协商解决。重大缺陷应在修复后重新试验，局部小缺陷可在使用中观察情况，或限期修复使之符合要求。

试验内容主要包括：

(1)检查主机在各种工况下的运转情况；

(2)检查主、副机运转中有无异常现象；

(3)检查为主机服务的各种系统、辅助设备的运转情况；

(4)检查扫气、增压装置及排气系统的工作情况，检查调速器、操纵和换向装置的灵活性，检查各保安装置的可靠性和各种仪表的准确性等；

(5)检查减速齿轮箱、离合器、轴系等的运转情况；

(6)检查可变螺距螺旋桨的可靠性与灵活性；

(7)发电机、空压机、甲板辅机和锅炉以及消防、压载、舱底水系统等的检查与试验。

2. 试验前的技术准备

船用主柴油机进厂修理后，除对具体修理项目进行检查验收外，还应依规定进行系泊试验和航行试验，即在船舶停于码头和航行条件下对修理过的船用主柴油机进行试车，检查其修理质量和综合技术性能。试验前，应进行以下技术准备：

(1)船用主柴油机的零件修理、部件装配、总装调试、系统安装和仪表检验等质量均应检验合格。

(2)舵叶应在正舵位置，辅机、推进装置、舵机与驾驶台的联系均处于正常状态。

(3)舵机及其操纵系统(包括应急舵)均应经性能试验并合格。

(4)遥控及自动化系统试验合格。按设计要求，柴油机启动、调速、换向、紧急停车等效用试验各进行 2～3 次；操纵时主柴油机自动工作的程序必须准确可靠；按照主机说明书要求试验各控制站之间转换及连锁装置的功能，动作应灵活、准确可靠。

(5)安全装置试验合格。主机的安全装置(紧急停车)，超速保护装置，防爆门，油、水、气的压力保护装置，油、水、气的温度报警装置均须在系泊试验前完成效用试验，要求动作灵敏、准确和可靠，并且试验次数均应不少于 2 次。

3. 船舶主柴油机的系泊试验

系泊试验是在船厂码头进行，故又称码头试验。试验时船舶处于静止状态(船速为零)，主机带动螺旋桨工作，产生最大的转矩和推力，而最高转速仅为额定转速(n_H)的 80%～85%。这是由于受码头堤岸坚固性和系泊状态的限制，主机和轴系推进装置不可能全负荷运转。

系泊试验是在验船师监督之下，为确保船舶具备航行条件对船舶动力装置进行的一次安装、修理质量和工作效用的试验。系泊试验是为航行试验做准备，合格后方可进行航行试验。若系泊试验中发现不正常现象，则应在修复后重新试验。船用主柴油机修理后的系泊试验包括：

(1)磨合试验

①主柴油机更换活塞、活塞环、气缸套或轴瓦等零部件后，应按照柴油机说明书的规定进行磨合试验；或视部件更换种类和修理状况适当磨合，以便为主机负荷试验提供必要的安全保证。

②不具备码头动车条件的，磨合试验可结合航行试验进行。

(2)启动试验

①主柴油机启动试验一般在冷态下进行。柴油机启动时的暖缸温度应按照说明书

的规定调好。

②对修理的船舶主机连续启动不少于 3 次；对新建船舶可换向的主机，利用启动空气瓶的容积，在一次充满空气瓶后，要能连续启动 12 次。试验时应正、倒车交替进行；不可换向的主机应能连续启动不少于 6 次。每次启动均应顺利完成。

(3)换向试验

①主柴油机换向试验应在热态下进行。

②主机(包括遥控操纵主机在内)换向次数不少于 4 次。

③试验时间是从主柴油机自换向操作起至主柴油机反向工作为止。试验时间一般应不超过 15 s。

(4)运转试验

系泊试验的最高转速为额定转速的 80%～85%。如果螺旋桨露出水面而影响主机功率时，应尽可能压载或适当增加试验所用的转速。试验要求见表 2-4。

表 2-4 系泊试验工况与时间

指标	主机转速/(r/min)	试验时间/h	
		主机功率＜370 kW	主机功率＞370 kW
正车	$n_H \times 50\%$	0.25	0.5
	$n_H \times 70\%$	0.5	1
	$n_H \times (80\% \sim 85\%)$	2	2
倒车	$n_H \times (70\% \sim 80\%)$	0.25	0.25

要在各种转速下测取主机的各种参数。运转试验时，应注意主柴油机运转的声音和有无振动、发热、泄漏等情况。

系泊试验后，应按说明书要求检查主轴承、连杆轴承、十字头轴承等处的温度，吊缸检查活塞、缸壁等情况。

(5)舵机系统的试验

①人力舵机及电动舵机的机械传动部分的性能试验。

②液压舵机系统的性能试验。

③舵机的电力拖动效用试验。

4. 船舶主柴油机的航行试验

航行试验是系泊试验的延续。系泊试验中发生的故障和缺陷必须彻底消除，即主柴油机系泊试验合格后方可进行航行试验。其目的是在航行条件下进一步检验船舶动力装置各系统的安装修理质量及运转的稳定性和可靠性，船舶航行的灵活性、操纵性及经济性，以保证船舶航行安全。

(1)主机及附属设备的试验

①启动试验。按照系泊试验的要求进行。

②运转试验。主机运转试验时转速应尽量达到额定值，对于旧船主机，可适当降低要求，但不低于航行中最大负荷时的转速。航行运转试验工况与时间可按表 2-5 进行。

表 2-5 航行试验工况与时间

主机转速/(r/min)	试验时间/h	
	主机功率＜370 kW	主机功率＞370 kW
n_H×80％	0.25	0.5
n_H×91％	0.5	1
n_H×100％	2	2
n_H×85％(倒车)	0.25	0.25

试验应连续进行，中间因故停车不应超过 0.5 h，否则应重新试验。

航行试验时，在额定转速下测取各项参数。各缸的参数要均匀，并应符合下列标准：

各缸压缩压力的差值≤2.5％；

各缸爆发压力的差值≤4％；

各缸指示功率的差值≤2.5％；

各缸排气温度的差值≤5％(中高速机该差值≤7％)。

③最低稳定转速试验。航行试验时应做最低稳定转速试验，试验时间为 15 min，记录转速值。一般低速机最低稳定转速不高于额定转速的 30％，中速机不高于 40％，或按说明书规定。

④换向试验。换向试验进一步验证换向装置的灵活性和可靠性。可按系泊试验要求进行，此外，必要时进行主机遥控和自动化功能检验，做好航行试验记录。

⑤测定主机的指示功率或轴功率，绘出主机实际的推进特性曲线，鉴定主机与螺旋桨的匹配是否合适。

⑥测定主机在 75％负荷及 100％负荷时的耗油量。

⑦可调螺距螺旋桨试验。在额定转速时使螺距角从正满角到负角，或从负满角到正角各进行两次。从操纵开始至负角(或正角)开始实现所需的时间应不大于 15 s。

⑧进行各种自动检测、报警、安全保护、数据记录和处理装置的效用试验。

⑨设有主机遥控装置的船舶，应在各遥控操纵部位进行所有运转工况的各种控制试验以及各控制站的转换试验。

⑩模拟主机自动减载和(或)自动停车的故障，进行自动减载和(或)自动停车的效用试验。

⑪进行紧急停车装置效用试验。

⑫为主机服务的泵、辅助设备、海底阀及其备用设备应交替使用，其使用时间应各占一半。

⑬为主机服务的泵，辅助设备进行自动转换、自动启动的切换试验和轻、重油转换试验，以及重油预热和黏度自动控制设备的效用试验。

⑭减缸试验。

⑮减增压器试验。

⑯振动试验。包括扭转、纵向和轴向振动。测量主机的临界转速，确定转速禁区。

⑰试验结束后，冷态下复测主机曲轴的臂距差，并对主机进行拆检。一般 7 缸及 7 缸以下的拆 1 缸，8 缸及 8 缸以上的拆 2 缸。装复后应在系泊状态下动车复试 0.5 h。

(2)其他试验

其他试验包括锚机试验、舵机试验、起货机试验、锅炉蒸汽量测定及安全阀试验、船速试验、回转试验、惯性试验。

(3)无人机舱船舶的试验

各船级社要求对无人机舱船舶在海上试运行期间进行特殊的运转试验，要点如下：

①主机用驾驶室操纵，在可能的所有功率范围内进行正车及倒车运转试验，同时还要进行正倒车试验和应急停车试验。

②在主机正车及倒车运行中进行操纵部位的切换以及在所有操纵部位进行运转试验。

③在驾驶室操纵时，进行主要泵的自动启动试验，以及在自动启动状态下的停止试验(检验报警及安全装置)。

④一台常用发电装置处于断电状态时，确认备用机组能自动运转，辅机按顺序启动。两台常用发电装置有一台停止，确认能选择切断及备用机组自动运转，而且这些试验要在船舶正常航速航行时进行。

⑤各类机器都试验完了之后，在与正常海上航行相同的状态下进行 6 h 无人机舱运转。

5. 综合要求

(1)主机系泊试验、航行试验中的运转试验(或称负荷试验)应连续进行，因故停机不得超过 30 min，否则应重新试验。

(2)主机系泊试验、航行试验结束后，应按说明书要求检查主轴承、连杆轴承、十字头等的温度。

(3)主机航行试验后，应检查曲轴臂距差，其值应符合《船用柴油机修理安装技术要求》(CB/T 3533—1994)的规定。

(4)在系泊和航行试验中，若发现主机故障和缺陷，在试验后应对其进行检查和予以修复。对重大的故障和缺陷，修复后应重新对主机进行试验。试验的项目及要求由相关各方协商规定。

复习思考题

1. 修船包含哪些种类？
2. 船舶自修和厂修的区别是什么？
3. 修船计划包括哪几种类型？
4. 修船的要素有哪些？
5. 修船管理的生命周期包含哪些？
6. 修船进度管理的方法有哪些？
7. 什么是关键链？
8. 简述基于关键链的修船进度管理流程。
9. 什么是船舶坞修？什么情况下必须进行坞修？
10. 简述船舶交船试验的条件。

参 考 文 献

[1]　满一新. 轮机维护与修理[M]. 大连:大连海事大学出版社，2000.

[2]　丁彰雄,田野. 船舶机械修理工艺学[M]. 武汉:武汉理工大学出版社，2013.

[3]　时凤俊. 现代修船管理[M]. 北京:国防工业出版社,2008.

[4]　李俊亭. 关键链多项目管理理论与方法[M]. 北京:中国社会科学出版社,2016

[5]　姜丽媛. 基于关键链技术的修船项目进度管理研究[D]. 大连:大连理工大学,2016.

拓展资料：

序号	名称	种类
1	修船组织案例 2-1	图文
2	修船组织案例 2-2	图文
3	修船组织案例 2-3	图文
4	修船组织案例 2-4	视频

第3章

船机失效分析基础

师昌绪(1918—2014)，金属学及材料科学家，中国高温合金和新型合金钢的重要奠基人，材料腐蚀与防护领域的开拓者。1980 年当选中国科学院院士，1994 年当选中国工程院院士，2010 年获国家最高科学技术奖。

师昌绪曾在美国取得令人艳羡的科研成就，当师昌绪的合作导师莫里斯·科恩教授得知他想要回到中国时，极力挽留，询问他是不是嫌工资低、职位低？师昌绪不假思索地给出回答："这些都不是我要回国的理由，我是中国人就应该回中国去，现在中国十分落后，需要我这样的人，而美国像我这样的人比比皆是，我在美国发挥不了多少作用。"1955 年回国后，他服从分配进入中国科学院金属研究所工作。为了更好地服务国家，他从原本擅长的物理冶金领域转向研究炼铁、炼钢、轧钢。他说："人生观定了以后，它就永远不会变。我的人生观就是要使祖国强大。"这一爱国者底色贯穿了他默默奉献的一生。之后在党和国家决定大力发展航空航天事业的背景下，师昌绪在一无专家、二无资料的条件下毫不犹豫地接下航空动力空心涡轮叶片的研发任务。他说："我心中无底，但是我知道有答案。答案就是美国做成了，我们一定能做成！"2000 年，我国碳纤维研发几十年来一直"攻而不破"，被工业先进国家"卡脖子"，国防安全受到很大威胁，师昌绪决定要"抓一下碳纤维"。有人认为，这是一块"最难啃的骨头"，劝他"苦海无边，回头是岸"。师昌绪不以为然，将这句话改写为"苦海有边，回头无岸"，并坚持说，"作为一个材料科学家，这个问题不解决，无法面对国人！"即使在生命的最后时刻，国家的科技事业发展依然是师昌绪最惦念的事。

对机械系统及其零部件在使用过程中发生的各种形式失效现象的特征及规律进行分析研究，从中找出产生失效的主要原因及防止失效的措施，称为失效分析。船机零件的工作环境一般比较恶劣，使用过程中受断裂、腐蚀、磨损和变形等失效模式的综合影响，技术性能退化，可靠性降低，本章分别从船机零件的摩擦与磨损、腐蚀和疲劳破坏阐述船机失效分析基础。

3.1　船机零件的摩擦与磨损

摩擦学是研究材料（零件）的摩擦、磨损和润滑的一门科学。机器运转时，机器中具有相对运动的运动副发生配合表面的摩擦是一种不可避免的自然现象。磨损是摩擦的必然结果。润滑则是改善摩擦、减缓磨损的有效方法。

因摩擦引起的磨损是材料主要失效形式之一，它造成的损失是巨大的。根据统计，大约有 80％的零件都是因磨损而报废的。它也是影响船舶机械正常运转和船舶安全航行的主要因素。同时，机械零件之间的相互摩擦也消耗着能源，造成巨大的能源损失。根据资料，世界能源的 1/3～1/2 是以不同的形式消耗在克服机械零件表面相互作用的摩擦上。所以，研究船舶机械的摩擦磨损，寻求减少磨损的措施，达到节省能源、提高船舶使用寿命的目的，是一项非常有意义的工作。

3.1.1　摩擦

摩擦是一种表面效应，两个物体相对运动时所遇到的摩擦阻力主要取决于该表面的状态。具有相互运动零件表面的摩擦、磨损都是表面之间的接触作用导致的。同时，摩擦、磨损与零件配合表面（摩擦表面）的形貌、表面层的结构等表面性能有关。

1. 摩擦表面

（1）摩擦表面的形貌和表示方法

零件表面不论用什么方法加工，不论表面看起来多么平整光滑，在显微镜的观察下，其表面总存在大小不同、高低不等、形状各异的峰和谷。也就是说，从微观的角度看，任何零件表面都是不规则的、起伏不平的，即存在着粗糙度。例如，粗车外圆表面产生 25～100 μm 的粗糙度，抛光或超精研磨的表面产生 0.012～0.1 μm 的粗糙度。各种加工方法的表面轮廓曲线如图 3-1（a）所示。

零件表面的几何形状称为表面形貌。它是由形成表面的加工方法、刀痕切屑分裂时的变形、刀具与表面之间的摩擦、加工系统的振动等决定的。

零件表面形貌由宏观几何形状、表面波度和表面粗糙度（微观几何形状）构成，如图 3-1（b）所示。研究表明，零件的表面形貌与摩擦、磨损直接相关。

宏观几何形状取决于加工设备及刀具刚度、精度，是宏观表面轮廓线与名义几何形状的粗大偏差；表面波度取决于加工系统的振动频率，是表面上周期性重复出现的几何形状误差，介于宏观与微观几何形状之间；表面粗糙度取决于车、铣、刨、磨等加工方式，以及刀具的运动和磨损程度，是微观表面轮廓的几何形状偏差。

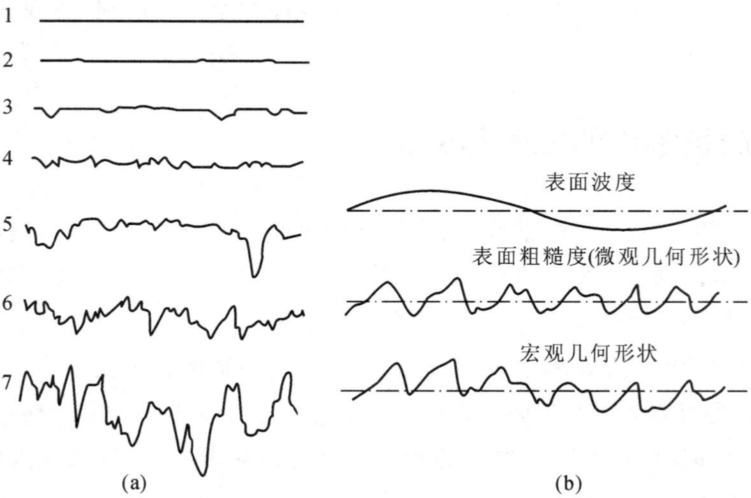

1—理想表面；2—块规表面；3—研磨表面；4—磨削表面；5—铣削表面；6—车削表面；7—钻削表面

图 3-1 加工表面形貌

(a)各种加工方法的表面轮廓曲线；(b)零件表面形貌

从摩擦学的角度讲，表面粗糙度与摩擦、磨损极为相关。零件表面粗糙度直接影响摩擦表面的实际接触面积的大小和实际压强的大小。两个表面接触时，实际接触面积远远小于名义接触面积，仅是名义接触面积的 0.01%～0.1%。零件表面粗糙度直接影响表面的耐磨性、疲劳强度、耐蚀性和配合性质的稳定性。

评定表面粗糙度的指标很多，常用的指标是轮廓算术平均偏差 R_a，如图 3-2 所示，即用表面轮廓在取样长度内各点的平均高度来反映表面粗糙度的大小。轮廓算术平均偏差 R_a 是在取样长度 l 内轮廓表面上各点至轮廓中线（x 轴）的距离（$y_1, y_2, \cdots, y_n$）绝对值总和的算术平均值。

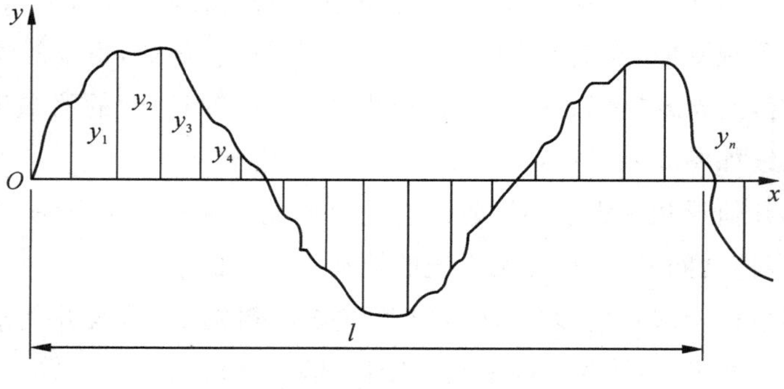

图 3-2 轮廓算术平均偏差的确定

R_a 用下式表示：

$$R_a = \frac{1}{l}\int_0^y |y(x)|\,\mathrm{d}x$$

近似为
$$R_a=\frac{1}{n}\sum_{i=1}^{n}|y_i|$$

表面粗糙度等级分为 14 级，如表 3-1 所示，其等级在表中从左到右依次增大。

表 3-1　表面粗糙度等级符号

表面粗糙度等级符号	100	50	25	12.5	6.3	3.2	1.6	0.8	0.4	0.2	0.1	0.05	0.025	0.012

注：符号中数字的单位为 μm。

(2)金属表面层的结构

完全洁净的金属表面在大气环境中是不存在的。一旦洁净新鲜的表面出现，就会立刻自然地吸附污染物形成覆盖膜。为了描述金属表层结构，可以把经过机械加工的表面自表向里分成外表层和内表层。外表层包括污染层、吸附层、氧化层；内表层即加工硬化层与没有受到影响的金属基体相连，同时各层的厚度也不一样。如图 3-3 所示。

正是由于零件金属表面层在结构上与其基体的不同，使得金属表面的性能与基体也不同。如表面层具有自由能，具有润滑性、吸附能力，能与空气和润滑剂中的氧发生化学作用，表面层金属在机械加工时会产生塑性变形等。

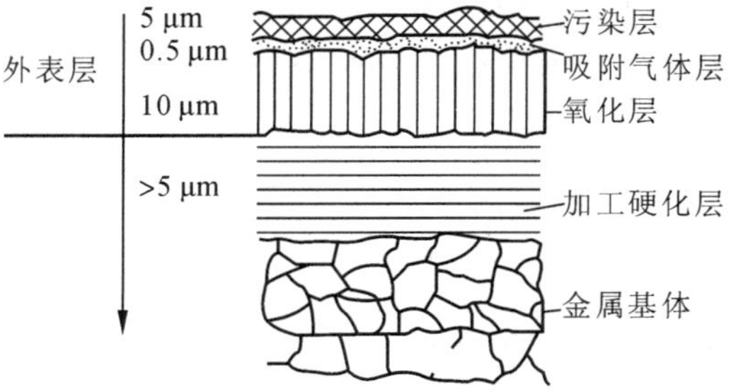

图 3-3　金属表面层结构示意图

2. 摩擦类型

两个物体相互接触，在外力作用下，发生相对运动或具有相对运动趋势时，接触表面之间就会产生切向的阻力和阻力矩以阻止运动，这种现象称为摩擦。所产生的阻力和阻力矩分别称为摩擦力和摩擦力矩。摩擦消耗大量的有用功，产生大量热使物体温度升高并产生磨损。大多数情况下摩擦是一种有害作用，但人类也可以利用摩擦为生产和生活服务。

(1)摩擦的分类

①按摩擦副的运动状态分为静摩擦和动摩擦。

②按摩擦副的运动形式分为滑动摩擦和滚动摩擦。

③按摩擦副的表面润滑状态分为干摩擦、边界摩擦、流体摩擦和混合摩擦等。

干摩擦是指在两个物体的摩擦表面之间没有人为加入任何润滑剂时所发生的摩擦。摩擦系数较大，一般为 0.1～1.5 或更高。

边界摩擦是指在边界润滑条件下，摩擦表面间有一层极薄的润滑油膜时的摩擦。边界油膜的厚度仅为 0.1μm,摩擦系数为 0.05～0.5。

液体摩擦是指摩擦表面间有一层边界膜和流体膜的润滑剂时(若将气体包括在内,则统称为流体摩擦),摩擦表面完全被介质层隔开,不能直接接触,摩擦发生在润滑剂分子之间。摩擦系数最小,仅为 0.001～0.01。

混合摩擦是指摩擦表面间同时存在边界摩擦和干摩擦的半干摩擦,或同时存在边界摩擦与液体摩擦的半液体摩擦。

(2)干摩擦机理

人类从 15 世纪就已开始研究摩擦,提出了各种假说阐明摩擦的本质,但至今未能形成统一的理论。其中比较典型的假说有 4 种:机械啮合说、分子学说、分子机械说和黏着理论等。其中黏着理论目前得到广泛接受。

黏着理论认为运动副零件在相对运动时,两个摩擦表面不可能形成面接触,只在少数微凸起的峰处形成点接触,其实际接触面积很小,仅为名义接触面积的千分之几至万分之几,但要承受摩擦面上的全部载荷,因此,接触点上的应力很大,会产生弹性变形。随着载荷增加,当接触点上的应力达到材料的屈服极限 σ_s 时,接触点处产生塑性变形,如图 3-4 所示。接触点的塑性变形又使实际接触面积增大,并将接触点上的氧化膜压碎,接触点处摩擦副金属分子之间因吸引力和相互扩散而熔合在一起,即在接触点处两种金属黏着,称为冷焊或固相焊合。在未接触部分摩擦表面的峰谷则形成犬牙交错,相互嵌入的状况。

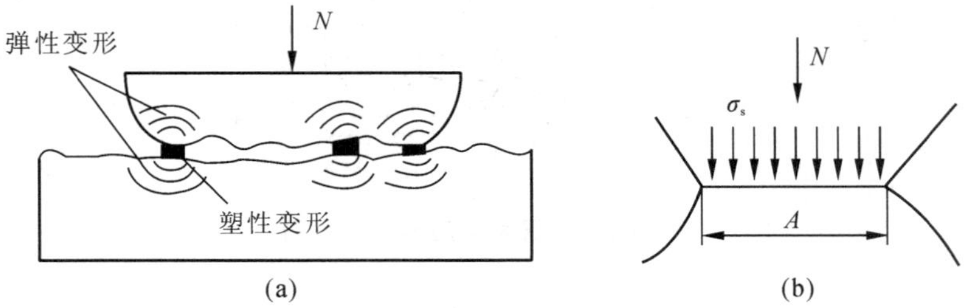

图 3-4 干摩擦表面的接触情况

(a)实际接触情况;(b)单个微凸体接触情况

当配合件继续相互运动时,即在切向力作用下滑动时,冷焊点被剪断,犬牙交错的微凸体被剪断。随后材料又在新的接触点黏着,产生的新的冷焊点又被剪断,直至实际接触面增大到足以承受所加载荷为止。摩擦的过程就是黏着与滑动交替的过程,其结果是造成配合件表面的磨损。

干摩擦后,摩擦表面的金属性质发生很大变化。首先,摩擦表面的塑性变形引起表面层加工硬化和热量释放使表面温度升高,甚至超过基体温度。当温度升高超过金属的再结晶温度时,表面金属的加工硬化消失且发生再结晶;当温度继续升高时,表面金属被软化发生黏结和相变;当摩擦表面继续运动时,接触部分脱开,相变的组织因冷却而被淬火,摩擦表面强度和硬度进一步提高。其次,由于摩擦过程中摩擦表面与周围介质的作用,又会造成表面更大的磨损。例如,空气中的氧会使氧化膜破碎后的裸露金属表面氧化；空气中的水、润滑油中的酸和硫分会使表面腐蚀等。

(3)流体摩擦机理

液体润滑可分为液体动压润滑、液体静压润滑和液体动、静压润滑。在充分润滑条件下，摩擦表面间有极薄的边界膜和一定厚度的流体膜，摩擦发生在润滑剂流体膜内，摩擦系数最小，产生的磨损也最小。利用润滑剂使两摩擦表面隔开的方法有两种：一种是利用摩擦表面的相对运动使润滑剂流体产生楔形油膜或挤压油膜来承受外部载荷并隔开摩擦表面，这种润滑称为流体动压润滑。另一种是利用外部压力将具有一定压力的润滑剂流体不断地打入摩擦表面间使之隔开，这种润滑称为流体静压润滑。例如低速二冲程柴油机十字头销轴承采用静压润滑，Sulzer RTA38/48 型柴油机十字头轴承润滑油压力为 1.2～1.6 MPa。

①液体动压润滑原理

通过摩擦副的相对运动将润滑油带入摩擦表面，由于润滑油的黏性和油在摩擦副楔形间隙中形成的流体动力作用而产生油压，即形成承载油膜，称为液体动压润滑。

在图 3-5 中，可以看到平面平板和曲面板组成的摩擦副具有收敛楔形间隙。曲面板Ⅱ固定不动，平板以滑动速度 u 沿着箭头所示方向相对曲面板Ⅱ移动，同时将润滑油由楔形间隙的大口带向小口，即沿着运动方向间隙逐渐变窄。这时，如果油膜中各个截面的流速沿油膜厚度方向的分布呈三角形变化，则截面 $a—a$、$b—b$、$c—c$ 等处三角形的面积不相等，即在各截面处单位时间内的流量不相等。油进入截面 $c—c$ 的流量将大于通过截面 $a—a$ 的流量，油在流动中受到挤压，楔形间隙中油压逐渐增高，使平板向上抬起。但平板本身的质量和承受的载荷 W 又阻止平板的抬起，与此同时楔形间隙中的油向两端挤压，从而产生压力流动，即截面 $c—c$ 处流速减弱，截面 $a—a$ 处流速增加，如图 3-5 截面 $a—a$、截面 $c—c$ 上的抛物线流速所示。由于油膜中存在压力，所以其具有承受载荷的能力。

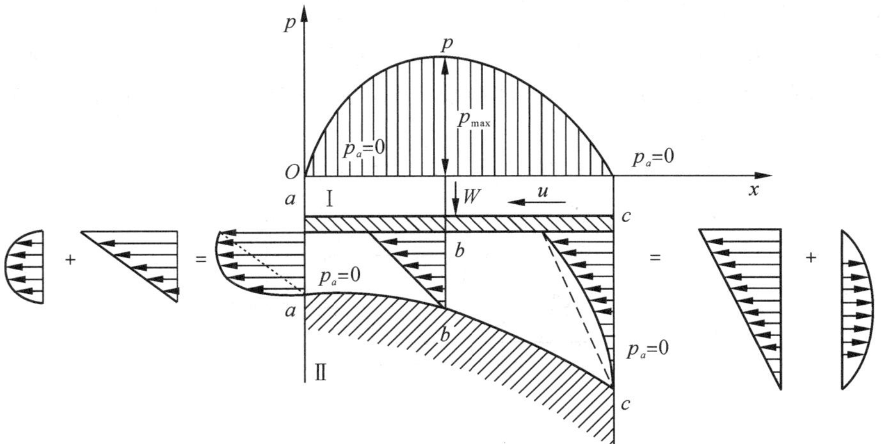

u—平板滑动速度；p—外界的压力；p_a—平板间压力；W—承受的载荷

图 3-5　液体动压润滑原理

滑动轴承副的动压形成过程如图 3-6 所示，轴瓦与轴颈之间存在间隙，在静止时轴颈的中心低于轴承的中心，轴颈与轴瓦的下部直接接触，在轴颈和轴瓦的上部及两侧都形成了弯月形的楔形间隙。轴开始启动时，由于润滑油黏附在轴颈表面随轴一起旋转，油被带入楔形间隙，部分润滑油进入轴颈的下部，见图 3-6(b)。由于润滑油在这里受到轴与轴承接触点的阻碍，油就沿轴向流向轴承的两端。如果油的黏度足够高，则润滑油在轴承间隙中沿轴向流动时就会受到阻碍，必然经过很大的压力降，油才可以流出。这样，当油从弯月形的较大截面流向尖端的较小截面时，就在尖端集结而产生油压，在轴与轴瓦之间便形成特殊的油楔。随着轴的转速加快，进入楔形的油量越来越多，产生的油压也越来越大，轴就在旋转中逐渐抬起，如图 3-6(c)所示，轴颈表面和轴瓦分开，从而在两者间形成具有一定厚度的油膜，但这是一个不稳定的状态。随着油膜厚度增大，当轴的转速达到一定数值时，轴的中心与轴承中心逐渐靠近，见图 3-6(d)，形成液体润滑的稳定的动平衡状态。

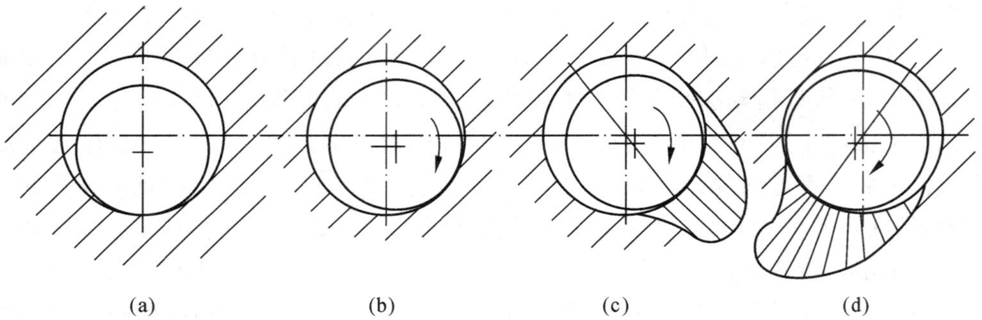

图 3-6　径向轴承动压润滑示意图

(a)轴启动前；(b)轴开始启动；(c)轴逐渐抬起；(d)轴心靠近轴承中心

②液体静压润滑

通过一套液压供油系统和节流阻尼器，将具有一定压力的高压油强行供到摩擦表面的间隙中，使相对运动的两个摩擦表面，在尚未运动之前就被高压油分隔开，从而保证运动副在承受一定载荷的情况下，完全处于液体润滑状态，称为液体静压润滑，如图 3-7 所示。

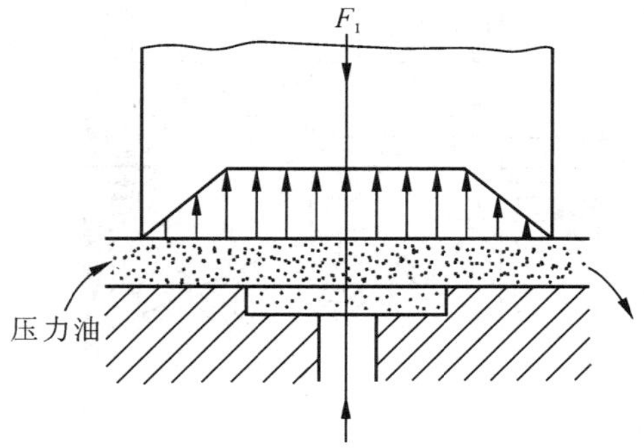

F_1—径向载荷

图 3-7　液体静压润滑原理

液体静压润滑的主要特点:摩擦表面在很宽的速度范围内以及静止状态下都能承受外力作用而不发生磨损。而在液体动压润滑状态下,摩擦表面在低速范围及静止状态下无法形成承载油膜,因此出现半干摩擦,表面产生磨损或其他损伤,寿命缩短。

液体静压润滑的优点有:

a. 启动摩擦阻力小,节能;

b. 使用寿命长;

c. 可适应较宽的速度范围;

d. 抗振性能好;

e. 运动精度高;

f. 能适应各种不同的要求。

但是,它需要专用的液压供油系统及装置,增大了机械设备的占有空间,费用很高,维护和管理比较麻烦,所以它的应用受到了一定限制。

液体静压润滑系统的类型很多,一般按供油方式可分为定压供油和定量供油系统。

③液体动、静压润滑

液体动、静压润滑具备上面两种润滑的优点,克服了它们的不足。其主要工作原理:当轴承副在启动和制动过程中,采用液体静压润滑的方式。当轴承副稳定运转时,可以把静压供油系统停止,而靠动压润滑形成动压润滑膜,仍能保持轴颈在轴承中的液体润滑状态。这种润滑方法从理论上讲是理想的液体润滑。因此,其摩擦系数很低,从而大大延长了轴承的工作寿命,节约了动能消耗。

流体动压润滑是依靠轴承或相对运动表面在运动方向上构成几何收敛楔形而产生的楔形效应。它可在相对运动零件结构上自然形成,如轴与轴承、推力块与推力环在运转时均能形成楔形油膜;将相对运动零件的表面设计成一定的形状以便运转时产生楔形效应,也可以形成楔形油膜。建立楔形油膜后还需具备以下条件,才能实现流体动压润滑:

a. 摩擦表面应具有较高的加工精度和表面粗糙度等级;

b. 摩擦表面间具有合适的配合间隙;

c. 能保证连续而又充分地供给一定温度下黏度合适的润滑油;

d. 相对运动的零件必须具有足够高的相对滑动速度。

船舶机械实际运转中,在启动、停车或不稳定工况运转时,摩擦副难以实现或保持流体动压润滑,因此总会产生磨损。

(4)边界摩擦机理

液体润滑是比较理想的润滑,除了轴承和导轨以外不易实现。在机械运转中,几乎各种摩擦副在做相对运动时都存在边界润滑状态,可以说边界润滑是一种极为普遍的润滑状态。当摩擦副的运动速度很低,而载荷又很大时,即使黏度很大的润滑油也很难在摩擦表面间形成完整的油层。此时,液体润滑膜遭到破坏,但接触面上仍然存在着一层极薄的油膜(厚度约为 0.01 μm),称为边界膜。

边界膜的润滑性能主要取决于摩擦表面的性质以及金属摩擦表面形成的边界膜的结构形式,而与润滑油的黏度关系不大。按边界膜形成结构形式的不同,边界膜分为吸附膜和反应膜两大类。它们的生成条件和作用机理各不相同。

①吸附膜

吸附膜是润滑剂中的极性分子吸附在摩擦表面上所形成的边界膜。吸附膜又分为物理吸附膜和化学吸附膜。

a. 物理吸附膜是润滑油中的极性分子,特别是长链极性分子,在静电吸引力和分子吸引力作用下,能够牢固地吸附在金属的表面而形成的一层吸附膜。物理吸附膜对温度很敏感,当温度上升时,分子活性增大,从而使吸附牢固程度下降。所以,物理吸附膜只能用在工作温度较低、相对滑动速度不高的摩擦副中。但其吸附与脱附是完全可逆的。

物理吸附膜在金属表面的极性分子形成定向排列的分子栅。它既可以是单分子层吸附膜的定向结构,也可以形成多分子层吸附膜的定向结构。当单分子层吸附膜达到饱和时,极性分子紧密排列,分子间的内聚力使吸附膜具有一定的承载能力,有效地防止了两摩擦表面直接接触。摩擦副滑动时,表面的吸附膜如同两个毛刷子相互滑动一样,降低了摩擦系数,起到了润滑作用,如图 3-8 所示。

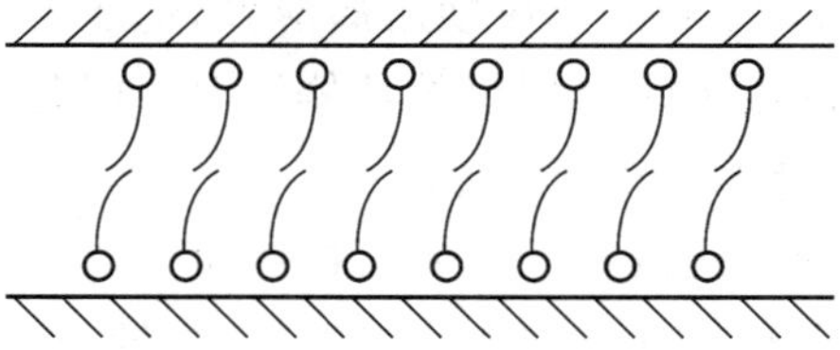

图 3-8 单分子层吸附膜润滑模型

b. 化学吸附膜是极性分子首先物理吸附在金属表面上,然后通过极性分子的有价电子与基体表面的电子发生交换而产生的化学结合力,使极性分子定向排列并吸附在金属表面形成的一层吸附膜。化学吸附膜很薄,但吸附较为稳定。化学吸附需要能量,故随温度升高吸附增强,但温度过高时吸附膜容易脱落。所以化学吸附膜在中等的温度、载荷以及相对滑动速度条件下,具有良好的润滑性能。在温度较高和高速重载的条件下化学吸附膜不易保持。

②反应膜

反应膜分为化学反应膜和氧化膜。化学反应膜是含硫、磷、氯等元素的润滑油添加剂与摩擦表面起化学反应而生成的一层边界膜。氧化膜是金属表面由于结晶点阵原子处于不平衡状态,化学活性比较大,并与氧发生反应形成的一层边界膜。

化学反应膜比吸附膜更耐高温、耐高压、耐高速,具有低剪切强度。因此,其在极压状态下,具有低的摩擦系数(通常在 0.1~0.5),能有效地防止金属表面直接接触,形成稳定的边界润滑状态。在有效的边界润滑情况下,反应膜的厚度为十到数十纳米。

润滑油在边界润滑中降低摩擦和磨损的能力称为润滑油的油性。润滑油的极性越强，极性油膜吸附越牢，油性越好；反之油性越差。通常加入油性添加剂来提高润滑油的油性。

抗磨剂的作用是在边界润滑条件下，在金属表面形成化学或物理吸附的表面膜，以降低摩擦副的摩擦与磨损。典型的抗磨剂有：氧、硫、氯化石蜡、磷和有机铅的化合物。

在高温重载条件下，采用极压添加剂。在边界润滑状态下，一般极压添加剂对油膜破坏有缓和作用，犹如增强油膜强度，故又称为油膜添加剂。

在负荷过高或者有冲击载荷的情况下，反应膜可能局部被压破，这时油中的极压添加剂分子又会在新露出来的那部分金属表面上生成新的反应膜。其实，极压润滑的过程也就是原有的一层极压膜破裂后，又再次建立起新的一层极压膜的过程。这个过程的反复循环使金属表面受到化学腐蚀，所以，在极压润滑时金属的磨损比前面两种吸附膜润滑时要大。

极压润滑大都应用于如汽车齿轮、轧钢设备中的大部分齿轮传动等高速、高温以及重载等工况下。

边界膜的分类、特点、形成条件及适用范围见表3-2。

表3-2　边界膜的分类、特点、形成条件及适用范围

分类		特点	形成条件	适用范围
吸附膜	物理吸附膜	由于分子吸引力使极性分子定向排列，吸附在金属表面。吸附与脱附完全可逆	在（2000～10000）×4.184J/mol的吸附热时形成，在高温时脱附	常温、低速、轻载
	化学吸附膜	由极性分子的有价电子与基体表面的电子发生交换而产生的化学结合力，使金属皂的极性分子定向排列，吸附在金属表面上，吸附与脱附不完全可逆	在（2000～10000）×4.184J/mol的吸附热时形成，在高温时脱附，随之发生化学变化	中等温度、速度、载荷
反应膜	化学反应膜	硫、磷、氯等元素与金属表面进行化学反应，生成金属膜，这种膜的熔点高、剪切强度低，且反应是不可逆的	在高温条件下反应生成	重载、高温、高速
	氧化膜	金属表面由于结晶点阵原子处于不平衡状态，化学活性比较大，与氧气反应形成氧化膜	在室温下无油纯净金属表面氧化生成	只能起瞬时润滑作用

3.1.2 磨损

1. 磨损概念

机器运转过程中，相对运动的摩擦表面物质逐渐发生损耗，使零件尺寸、形状和位置精度以及表面质量发生变化的现象称为磨损。材料损耗包括两个方面：一是材料组织结构及性能的损坏；二是尺寸、形状及表面质量（粗糙度）的变化。零件磨损后将会改变配合件的性质，影响机器的性能和使用寿命。据统计，大约80%的机器零件失效是磨损造成的。船舶机械中，磨损同样是一种常见的故障模式。例如，船舶主、副柴油机的工作可靠性与活塞环-气缸套、曲轴-轴承等重要配合件的磨损有关。

(1)磨损指标

零件磨损后的尺寸和几何形状误差直接影响机器的工作性能和可靠性。在船上的轮机管理工作中，为避免摩擦副在过大的磨损条件下工作，通常定期测量零件来检查和控制其磨损量，使尺寸和几何形状误差在要求范围内，保证配合件的间隙和工作性能。

①磨损量

a. 磨损量 Δ 是用零件摩擦表面的尺寸变化量来衡量的。零件直径方向上的磨损量 Δ：

$$轴\quad \Delta = d_0 - d$$

$$孔\quad \Delta = D - D_0$$

式中，d_0、D_0 分别为轴、孔的名义直径(mm)；d、D 分别为运转一定时间后的轴、孔实测直径(mm)。

b. 磨损率 φ 是指单位时间内零件半径方向上的最大磨损量 Δ_{max}：

$$\varphi = \frac{\Delta_{max}}{t}$$

式中，t 为工作时间(h)。

零件的磨损量和磨损率可以用零件自投入使用至报废时的两次测量值之差来计算，也可以通过任一段工作时间间隔内的两次测量值之差来计算。依测量值计算出的磨损量和磨损率应与机器说明书或有关标准、规范的数值比较，以便判断零件的磨损程度。

②几何形状误差

a. 圆度 t 是指半径差为公差 t 的两个同心圆之间的区域。圆度用于衡量回转件横截面（垂直零件轴线的截面）的几何形状精度，限制回转件横截面的几何形状误差。可采用圆度仪、千分尺或百分表测量零件的实际圆度，即圆度误差 t'。

圆度误差是用被测零件上指定横截面的两个相互垂直的直径差之一半表示的：

$$t' = \frac{1}{2}(D_1 - D_2)$$

式中，t'为指定横截面的圆度误差(mm)；D_1、D_2为指定横截面上两个相互垂直的直径(mm)。

测量并计算出被测零件上数个指定横截面的圆度误差值，取其中最大值 t'_{max}与说明书、标准或规范的给定值 t 比较，判断零件横截面几何形状的变化情况，要求 $t'_{max}<t$。

b. 圆柱度 u 是指半径差为公差 u 的两个同心圆柱面间的区域。圆柱度用于衡量回转件纵截面(包含零件轴线的截面)的几何形状精度，限制回转件纵截面的几何形状误差。可采用圆度仪、千分尺或百分表测量零件的实际圆柱度，即圆柱度误差 u'。

圆柱度误差用被测零件上指定纵截面上数个测量直径中最大直径 D_{max}与最小直径 D_{min}差的一半表示。

$$u'=\frac{1}{2}(D_{max}-D_{min})$$

测量并计算被测零件上两个相互垂直纵截面的圆柱度误差，取其中最大值 u'_{max}与说明书、标准或规范的给定值 u 比较，要求 $u'_{max}<u$。

c. 平面度 υ 是指公差带是距离为公差值 υ 的两个平行平面之间的区域。平面度是用来衡量平面平直的几何精度指标。生产中采用三点法测量，即将被测平面上相距最远三点上的基准靶调成等高，构成一理想平面或称基准平面，测量被测平面上各点至基准平面的距离，以其中最大(或最小)值与基准高的差值作为平面度误差 υ'。此外，还可采用水平仪、拉钢丝线等方法测量。

(2)磨损规律

运动副在运转过程中产生磨损有一定规律。图 3-9 所示为一正常运转运动副的磨损量与其运转时间的关系曲线，即磨损曲线。

磨损曲线反映了新造或修理的零件自投入运转到失效的三个工作阶段的磨损情况。

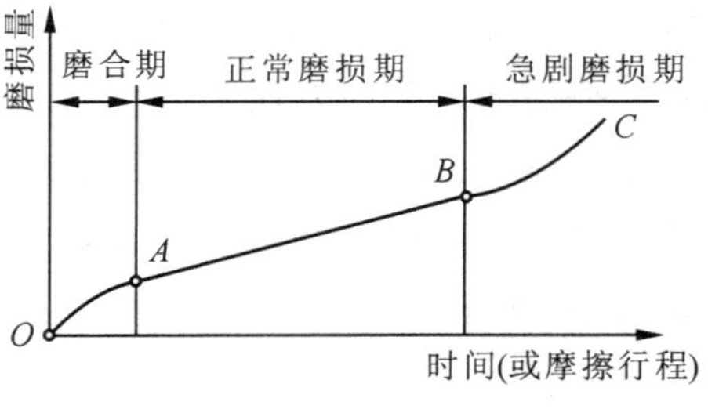

图 3-9　磨损曲线

①磨合期

磨合期又称跑合期，即曲线 OA 对应的工作时间，是机器或运动副初次投入运行时，最初改变摩擦表面几何形状和表面层理化性能的阶段。由于新造零件工作表面的初始粗糙度使运动副配合表面的实际接触面积小、应力大，工作表面将很快磨损。

磨合期是零件运转初期，其特点是时间短，磨损量大，即磨损速度快，这是由于运转初期摩擦表面间的油膜难以建立，即使形成油膜，也往往会被表面上的凸峰和摩擦热所破坏。所以磨合期的特点是时间短而磨损量较大，可使表面粗糙度减少65%～70%。磨合期的作用是使运动副摩擦表面的形貌和性质从初始状态过渡到正常使用状态。通过磨合，可以提高摩擦表面质量，有效地承载；提高机器和运动副的可靠性和延长使用寿命；发现和排除检修和装配中的缺陷；在磨合过程中调整参数和修整机器，使之相互协调，获得最好的动力性和经济性。因此，机器或运动副投入正常运转前应获得良好磨合。磨合期使摩擦表面的形貌和性质从初始状态过渡到正常使用状态，这个过程称为磨合或跑合。

一般来说，磨合期越短，磨合质量越好，机器越早进入正常运转期。所以，磨合良好是机器或运动副能投入正常运转的前提。

a.磨合良好的要求

(a)消除摩擦表面的初始粗糙度，使实际接触面积增大(80%以上)；

(b)运动副工作表面形成彼此适应、贴合的形貌；

(c)建立工作条件下耐久的润滑油膜，使运动副获得稳定、有效的润滑。

b.磨合良好的标志

(a)磨合后的工作表面光滑、洁净和明亮，无加工痕迹和伤损、变色等；

(b)短时间内完成初期有效的磨损；

(c)工作表面的摩擦系数、磨损率和温度均在较低的水平。

磨合是一个非常复杂而又精细的摩擦表面再加工过程，是在诸多不同因素共同作用下进行的，这些因素在磨合过程中不仅难于控制，而且还在不断变化。为此，运动副磨合时采取促进良好磨合的措施实为必要。

c.实现良好磨合的措施

(a)运动副的材料和摩擦表面的初始粗糙度应有利于磨合。运动副的材料应具有良好耐磨性、抗咬合性，或采用摩擦表面的改性处理来提高耐磨性、抗咬合性，以利于运动副的磨合，如采用表面镀铬、喷钼、氮化等工艺。摩擦表面应具有最佳初始粗糙度，以便在短时间内完成磨合。初始粗糙度过大，磨合时磨损速度大，产生过量磨损；初始粗糙度过小，磨合时磨损速度小，磨损量小，磨合时间长。因此，摩擦表面具有合适的粗糙度，既可保证必要的磨损，又能在短时间内完成磨合。

(b)保证良好的润滑。磨合时润滑油品质(如黏度、清净性等)优良和充分连续地供给，有利于油膜的建立与保持。

(c)制定科学合理的磨合程序。磨合时运转时间和负荷分配要有利于磨合。长时间低负荷运转难于达到初期有效的磨损，短时间高负荷运转又易产生过度磨损，二者均难形成正常运转所需的表面形貌。因此，一般采用转速由低到高、负荷由小到大、合理分配运转时间的原则制定磨合程序，以保证顺利磨合。

②正常磨损期

正常磨损期是曲线 AB 对应的工作时间，是机器或运动副磨合后进入正常运转的阶段。由于磨合期的良好磨合使摩擦表面形成适应运转工况的形貌，表面冷硬层形成，硬度提高，磨损显著降低。所以，这个阶段的特点是磨损速度降低，磨损量小且稳定。AB 的斜率越小，磨损也越缓慢，正常运转时间越长。关键是做好运转阶段的维护保养工作，及时排除那些增大磨损的偶然因素。

③急剧磨损阶段

曲线上 B 点以后的线段所对应的工作时间为急剧磨损期。运动副长期运转后，零件的磨损量和几何形状误差均较大，运动副的配合间隙增大，配合性质变坏，以致运转中产生振动、冲击，温度升高，磨损加剧，运动副进入急剧磨损期。此时应立即停机检修，否则将导致事故发生。

2. 磨损机理

摩擦的后果是造成运动副工作表面的磨损，在摩擦过程中，摩擦时的环境因素，如温度、介质、应力、润滑条件等也是影响摩擦表面磨损的重要因素。对机械零件的磨损系统进行分析可以看出，磨损是系统中包括摩擦在内的各种因素共同作用的结果。在摩擦条件下，应力相互作用将会导致表面疲劳磨损和磨料磨损，而材料相互作用将会导致腐蚀磨损和黏着磨损。

(1)黏着磨损

黏着磨损是在润滑条件下产生的一种常见磨损。它是摩擦副相对运动时，在法向载荷的作用下，摩擦表面上某些微小凸峰接触处的金属直接接触形成黏着点(冷焊点)，在随后的运动中黏着点又被剪断，摩擦表面的金属发生转移，不断地黏着、剪断和金属转移形成黏着磨损。

①黏着磨损的类型

根据黏着点与摩擦副材料强度、载荷工况及摩擦表面的破坏程度，黏着磨损可分为轻微磨损、涂抹、擦伤 、撕裂、咬死等类型。

a. 轻微磨损。剪切发生在黏着结合面上，摩擦表面有极轻微的金属转移。黏着点的结合强度低于摩擦副的两种基体金属的强度。

b. 涂抹。剪切发生在距黏着面不远的较软金属表面浅层处，金属脱落并涂抹黏附在较硬金属表面上。黏着点处的强度大于较软金属基体。

c. 擦伤。剪切发生在较软金属的近表层处，在较软金属表面上产生沿运动方向的细小拉痕(拉毛)或较重拉痕(划痕)，这是转移到硬金属表面金属黏着物对较软金属表面的犁削作用。黏着点的强度高于两种基体金属。

d. 撕裂。或称黏焊。剪切发生在运动副之一或双方的表面深处，黏着点的强度高于两基体，肉眼可见金属表面的撕裂、粗糙和明显的塑性变形。

e. 咬死。运动副工作表面黏着面积较大，黏着强度很高，致使运动副不能相对运动而咬死。如柴油机活塞与气缸套咬死，称咬缸。

黏着磨损存在三条规律:材料的磨损量与法向载荷成正比;与滑动距离成正比;与较软材料的屈服点或硬度成反比。

②影响黏着磨损的因素

影响黏着磨损的因素有很多,一是运动副本身的材质与特性,二是运动副的工作条件,如载荷、运动速度、工作温度、润滑条件等。主要因素如下:

a. 摩擦表面的状态。摩擦表面愈洁净,摩擦接触区分子引力的作用增强,愈可能发生表面的黏着。因此,摩擦表面的吸附物、氧化层和润滑剂可有效防止黏着磨损的发生。

b. 摩擦表面的成分和金相组织。一般规律是互溶性越好,黏着倾向越大。同种材料互溶性好,异种材料互溶性差,故同种材料间的磨损比异种材料的磨损大得多。具有密排六方晶格的金属黏着倾向小,而具有体心和面心立方晶格的金属黏着倾向大。材料的硬度增大时,黏着的倾向减小。

c. 载荷与速度的影响。当载荷较轻时,金属表面有氧化膜保护,不会发生黏着。当载荷增加或速度提高,微观接触点上的温度升高,氧化膜遭到破坏,就容易发生严重黏着磨损现象。然而,当载荷较大或速度极高、摩擦表面温度很高时,磨损率反而显著下降,因为裸露出的金属会在高温下迅速生成新的保护膜。

③减少黏着磨损的措施

a. 合理润滑。合理选用润滑剂,保证摩擦表面间形成液体润滑状态,隔离互相摩擦的金属表面是最有效、最经济的措施。

b. 选择互溶性小的材料配对。铅、锡、银、铟等在铁中的溶解度小,用这些金属的合金做轴瓦材料,抗黏着性能极好(如巴氏合金、铝青铜、高锡铝合金等),钢与铸铁配对抗黏性能也不错。多相金属的黏着倾向小,脆性材料比塑性材料的抗黏着性能好。

c. 金属与非金属配对。钢与石墨、塑料等非金属摩擦时,黏着倾向小,用优质工程塑料作耐磨层是很有效的。

d. 适当的表面处理。表面淬火、表面化学处理、磷化处理、硫化处理、渗氮处理、Fe_3O_4 处理以及适当的喷涂处理、提高零件表面的贮油性,都能提高金属抗黏着磨损的能力。

e. 控制摩擦副零件的工作条件。如使柴油机在正常的水温和油温下工作,避免长时间超负荷、超转速、低工作温度运转。

(2)磨粒磨损

运动副相对运动时,硬的粗糙表面或硬的颗粒对软的摩擦表面的微切削、刮擦作用和造成表面材料的损耗称为磨粒磨损,是在润滑条件下的一种磨损。

在工业领域中磨粒磨损是最重要的磨损形式,约占 50%,其在大多数机械中存在,尤其矿山、建筑、粮食加工等机械及行驶沙漠中的汽车发动机等的主要磨损形式都是磨粒磨损。

①磨粒磨损机理

由于运动副两表面硬度不同，若两表面有金属直接接触时，硬表面上的微凸体嵌入软表面使之发生塑性变形，并在相对运动时对软表面进行微切削和犁划。当两表面间存在磨粒，在相对运动时磨粒对表面进行微切削和挤压，使表面产生塑性变形，不断地作用致使表面疲劳破坏。此外磨粒还在软表面上犁出沟槽，形成拉痕，拉痕两侧金属变形并在其他磨粒作用下脱落而成磨屑。

摩擦表面间的磨粒可能来自润滑油中的机械杂质、空气中的灰尘和沙粒，也可能是摩擦表面脱落的磨损产物或腐蚀产物。特殊工作环境中的物质，如矿石粉、面粉、泥沙等也是磨粒。

②影响磨粒磨损的因素

实际的磨粒磨损受到多种因素的综合作用，在很大程度上与运动副材料硬度和组织、磨粒的硬度、磨粒的尺寸和形状等有关。运动副材料的硬度越高，耐磨性越好。磨粒的硬度是决定磨粒磨损的关键因素，一般磨粒硬度较材料的硬度高很多，即使比材料硬度低也会在摩擦表面相对运动中使表面产生磨损。另外，磨粒的尺寸和形状也会影响磨损面积。

a. 金属摩擦面材料的性质

一般情况下，金属材料的硬度越高，耐磨性越好。

材料的硬度反映抵抗磨粒压入的能力，断裂韧性反映抵抗裂纹产生和扩散的能力。材料的硬度和断裂韧性发挥最佳的配合作用，耐磨性才最佳。

若表面材料能以弹性变形的方式去适应磨粒，允许磨料通过而不发生塑性变形或切削作用，则表面材料的破坏可减轻或避免。

b. 磨粒性质

磨粒的硬度越大，磨损率越高。几何形状呈棱角形的磨粒的挤切磨损能力比呈圆滑状的磨粒强。

c. 其他因素

影响磨粒磨损还有许多其他因素，例如摩擦表面相对运动的方式，磨损过程的工况条件等。

③减少磨粒磨损的措施

对船机设备中的许多遭受磨粒磨损的零件，应该选择合适的耐磨材料，优化结构与参数设计；对轴颈与轴瓦、滚动轴承、缸套与活塞、机械传动装置等，应设法阻止外界磨粒进入摩擦副，并及时清除摩擦过程中产生的磨屑。

具体措施为：对空气、油料过滤；注意关键部位的密封；经常维护、清洁、换油；提高摩擦副表面的制造精度；进行适当的表面处理；两接触表面采用一软一硬的材料；在润滑系统、液压系统中装入磁铁、集屑房和滤清器堵塞报警装置；及时清洗各种滤清器及更换滤芯等。

(3)腐蚀磨损

运动副相对运动时，由于摩擦表面金属与周围介质发生化学、电化学和机械作用而使摩擦表面金属损失的现象称为腐蚀磨损。

腐蚀磨损是腐蚀和磨损相互促进共同作用的结果。摩擦表面金属与周围介质发生化学、电化学作用，产生腐蚀产物，摩擦过程中腐蚀产物的脱落形成磨粒构成二次磨粒磨损，新表面又会继续与介质作用而被腐蚀。不断地腐蚀、磨损致使运动副工作表面受到破坏。

腐蚀磨损受到环境、温度、介质、润滑条件、滑动速度和载荷的影响。根据介质的性质、介质与表面的作用及运动副材料性能等的不同，主要有以下几种腐蚀磨损形式：

①氧化磨损

在摩擦过程中，摩擦表面与空气或润滑油中的氧或氧化性介质发生化学反应形成氧化膜，摩擦过程中使之脱落，随之又会生成一层新的氧化膜。氧化膜不断地生成与脱落使运动副零件金属损失的现象称氧化磨损。

除金、铂等极少数金属外，大多数金属表面均能生成氧化膜。运动副材料成分，氧化膜的结构、性质及与基体的结合强度等决定氧化磨损程度。氧化膜性脆，结构疏松且与基体结合较差，摩擦过程中极易脱落，氧化磨损严重。氧化膜韧性好、结构致密且与基体结合牢固，不仅不易脱落还对摩擦表面起保护作用。

防止氧化磨损的主要途径如下：

a. 当接触载荷一定时，应控制其滑动速度，反之则应控制接触载荷；

b. 合理匹配氧化膜硬度和基本金属硬度，保证氧化膜不被破坏；

c. 合理选用润滑油黏度，并适量加入中性极压添加剂。

②特殊介质的腐蚀磨损

运动副相对运动中，摩擦表面与周围的酸、碱、盐等特殊介质作用生成各种腐蚀产物并在摩擦过程中脱落构成腐蚀磨损。这种腐蚀磨损和氧化磨损类似，但比其磨损速度快。在某些介质中也会形成致密、结合牢固的保护膜，使腐蚀磨损速度减小。

腐蚀介质的性质、温度和运动副材料对腐蚀磨损的影响不容忽视。例如，轴瓦材料中的铅、镉容易被润滑油中的有机酸腐蚀，在轴瓦表面生成黑点，逐渐扩展成海绵状空洞，轴与瓦摩擦时呈小块状剥落，使轴瓦损坏。

防止特殊介质中的腐蚀磨损的主要途径如下：

a. 利用某些特殊元素与特殊介质作用，形成化学结合力较高、结构致密的钝化膜；

b. 合理选用摩擦润滑剂；

c. 正确选用摩擦副材料。

③微动磨损

微动磨损是两个紧密接触表面之间发生微小振幅的相对振动所引起的机械化学磨损。如果微动磨损中化学或电化学反应起主要作用则称为微动腐蚀磨损。若微动磨损的同时或其后还受到交变应力的作用产生疲劳损坏则称为微动疲劳磨损。

微动磨损初期，紧密接触两表面上真实接触的微凸体发生黏着，在微动中黏着点被剪切，接触表面金属转移发生黏着磨损。微动摩擦产生的高温使转移金属与新裸露的表面氧化，硬质氧化物颗粒在微动中磨削表面，出现磨粒磨损。当微振应力足够大时，微振磨损处形成表面应力源，出现疲劳裂纹和不断地产生磨屑，出现疲劳磨损。可见微动磨损的机理是复杂的，包含着黏着磨损、腐蚀磨损、磨粒磨损和疲劳磨损，是一种复合型磨损。

微动磨损通常发生在紧配合的轴与齿轮处，汽轮机和压气机的叶片配合处，发动机固定处，受振动的键、花键、螺栓、铆钉等连接件的结合面等。

微动磨损不仅改变零件的形状、尺寸，使表面质量恶化，而且使紧配件松动，甚至引起应力集中导致裂纹和疲劳断裂等。

完全消除微动磨损是不现实的，但将其控制在一定限度内则是完全可能的。减少微动磨损的方法如下：

a. 改进设计。避免微动的根本办法是尽可能减少接触面，如用单一元件代替多元件的组合，或将配合面焊成一体，用焊接代替铆接。对于相对静止而不经常拆卸的配合面可用环氧树脂或其他黏结剂黏在一起。在无法消除微动的情况下，尽量避免在微动界面上的应力集中。

b. 材料的选择。微动磨损常常从黏着磨损开始，因此凡是能抵抗黏着磨损的材料，都对防止微动磨损有利。由同一种金属或晶格类型、电化学性能和化学组成相近的金属及合金组成的摩擦副，易发生黏着。选择材料时，应尽量避免使用性质相同或相近的材料。

c. 采用表面强化工艺。采用各种表面强化工艺，可不改变设计或材料，经济易行。表面强化工艺种类繁多，防微动磨损比较有效的方法有喷丸及滚压强化、渗硫、磷化、渗金属、电镀和化学镀、热喷涂以及离子束强化等。

(4)疲劳磨损

两个接触表面相对滚动或滑动时，在接触区形成的循环交变应力超过材料疲劳强度，使接触表面产生塑性变形和微裂纹，进而扩展、剥落，这种由于材料表面疲劳产生物质损失的现象称为疲劳磨损。疲劳磨损一般指表面接触疲劳磨损。

疲劳磨损是接触表面长期受到交变应力作用的结果。疲劳裂纹一般出现在固体有缺陷的地方，这些缺陷可能是机械加工时造成的，也可能是材料冶金过程中造成的，还可能在金属相之间和晶界之间形成。在摩擦磨损过程中，表面层发生塑性变形和发热，润滑油的作用等对疲劳磨损都会产生重要影响。

疲劳磨损主要发生在齿轮副、凸轮副、摩擦轮传动副及滚动轴承的滚动体与内外座圈之间。其表现为摩擦表面出现大小、深浅不同的麻点状、痘斑状凹坑。结果是使零件在工作中噪声增大、振动增大、温度升高、磨损加剧，严重时失去工作能力。

只要能防止疲劳裂纹形成与扩展的措施都能减少疲劳磨损，具体可以考虑以下几条主要途径：

a. 减少材料中的脆性夹杂物。脆性夹杂物边缘极易产生微裂纹，降低材料的疲劳寿命。硅酸盐类夹杂物对疲劳寿命危害最大。

b. 选取适当的材料硬度。在一定的硬度范围内，材料抗疲劳磨损的性能随硬度升高而增强，轴承钢的抗疲劳的最佳峰值硬度为 HRC62 左右，钢质齿轮的最佳表面硬度为 HRC58～62。此外，确定适当的摩擦副硬度匹配也是减少疲劳磨损的正确途径。

c. 提高表面加工质量。降低摩擦表面粗糙度和形状误差，可以减少凸体，均衡接触应力，提高抗疲劳磨损的能力。接触应力越大，对加工质量的要求也越高。

d. 表面处理。对表面进行渗碳、淬火、表面喷丸、滚压处理等，可使表层产生残余压应力，提高接触疲劳抗力。

e. 润滑。润滑油可使接触区压应力的集中载荷分散。润滑油黏度越高，接触区压应力越接近平均分布。润滑油黏度过低，则容易渗入裂纹，产生楔裂作用，加速裂纹的扩展和材料的剥落。在润滑油中加入适量的固体润滑剂(如二硫化钼)能提高抗疲劳磨损的性能。

f. 提高装配质量。对齿轮和滚动轴承的装配应有严格的要求，保证装配精度，避免局部压力过大或变形。

g. 清洁。要防止灰尘进入摩擦表面之间。对磨损磨粒要及时清除，避免硬磨粒对摩擦表面的磨损和局部应力过大产生压痕。

3.1.3 润滑及润滑剂

1. 润滑材料的分类

润滑就是在相对运动的两机件接触表面之间加入润滑剂，变干摩擦为润滑剂的内摩擦，以达到减小摩擦、降低磨损、延长机械设备使用寿命的目的。为了实现有效润滑，就必须根据摩擦副的工作条件，正确选用润滑材料、润滑方式、润滑装置。

润滑材料按形态大致可以分为四大类。

(1)液体润滑材料。主要以动植物油、矿物油、合成油、水、乳化物和液态金属等作润滑剂，其中矿物油应用最广泛。

(2)半液体润滑材料。它是在液体润滑剂中加入稠化剂而成的半固体膏状物，主要是由矿物油及合成润滑油通过稠化而形成的各种润滑脂和动物脂，以及近年来试制的半流体润滑脂等。

(3)固体润滑材料。它是利用固体粉末、薄膜或复合材料代替润滑油、脂，达到润滑目的。常用的固体润滑材料有无机化合物、有机化合物和金属，如石墨、二硫化钼、聚四氟乙烯、尼龙、铅等。

(4)气体润滑材料。主要是气体，如空气、氧气、氮气、二氧化碳、氦气以及卤素化合物等。

2. 润滑的基本作用

润滑的作用一般可归纳为控制摩擦、减小磨损、冷却降温、密封隔离、阻尼振动、防止腐蚀及保护金属表面等。这些作用是互相依存、互相影响的。

(1)良好的润滑能够保证：

①维持机械设备的正常运转，防止事故的发生，降低维修费用，节省资源；

②降低摩擦阻力，改善摩擦条件，提高传动效率，节约能源；

③减少机件的磨损，延长机械设备的使用寿命；

④减少腐蚀、减轻振动、降低温度、防止拉伤和咬合、提高可靠性。

(2)实施合理润滑的基本要求如下：

①根据摩擦副的工作条件和作用性质，选用适当的润滑剂；

②确定正确的润滑方式和润滑方法，设计合理的润滑装置和系统；

③严格保持润滑剂和润滑部位的清洁；

④保证供给适量的润滑剂，防止缺油和漏油；

⑤适时清洗换油，既保证润滑又要节省润滑剂。

3. 润滑油的主要性能指标

(1)黏度和黏度指数(Ⅵ)

黏度是润滑油的一项非常重要的指标，它反映了润滑油的内摩擦阻力。在选择润滑油时，通常以黏度为主要依据。黏度可以用绝对黏度和相对黏度来表示。绝对黏度又有动力黏度和运动黏度两种表示方法。动力黏度的单位为 Pa · s，运动黏度的单位是 m^2/s。在工程中也用 st（斯）表示运动黏度，斯的百分之一称为 cst（厘斯）。过去国产的润滑油均按 50℃和 100℃时的运动黏度划分油的标号，现在采用 ISO 标准，一律按 40℃时的运动黏度划分油的标号，标号的数值就是润滑油在 40℃时的运动黏度的平均值。

黏度指数(Ⅵ)表示润滑油黏度随温度变化的程度。黏度指数愈高，黏度随温度变化愈小。一般，黏度指数在 80 以上为高黏度指数，小于 35 为低黏度指数。

(2)酸值、水溶性酸或碱

酸值反映了润滑油中有机酸的含量。酸值超标的润滑油易腐蚀金属和使润滑油变质。

“水溶性碱或酸”指能溶于水的无机酸或碱。无机酸主要指硫酸，它对金属有强烈的腐蚀作用。碱对有色金属有腐蚀作用。

强酸值(SAN)表示滑油中无机酸的含量。

总酸值(TAN)表示无机酸和有机酸的总含量。总酸值和强酸值的单位均为 mgKOH/g。

(3)总碱值(TBN)

总碱值表示润滑油碱性的高低。润滑油的碱性是加入碱性添加剂才具有的。

(4)凝点

润滑油在规定条件下冷却到失去流动性时的最高温度称为凝点。它是润滑油在低温下工作的一个重要指标。一般润滑油的使用温度应比凝点高 5～7 ℃。

(5)热氧化安定性和抗氧化安定性

这两个指标都反映了润滑油在使用条件下抵抗空气氧化的能力。热氧化安定性用于高温条件下薄油层的氧化情况,适用于柴油机润滑油。抗氧化安定性用于较低温度下厚油层的氧化情况,适用于液压油和透平油等。

(6)闪点和燃点

润滑油在火焰下闪烁时的最低温度为闪点。闪烁时间持续 5 s 以上的最低温度称燃点,这是衡量润滑油易燃性的尺度。闪点是润滑油的一项安全指标,一般要求润滑油的工作温度低于闪点 20～30 ℃。

(7)其他技术性能指标

如极压性能、机械杂质、流变性、抗磨性和抗水性等多项性能指标。

4. 润滑脂

向润滑油(基础油)里加入起稠化作用的稠化剂,润滑油会被稠化成具有塑性的膏状的润滑剂,称为润滑脂。

(1)润滑脂的技术性能

①滴点。国家标准《润滑脂滴点测定法》(GB 4929—1985)是关于测量滴点的标准,滴点即润滑脂在测定器中受热后,滴下第一滴液滴时的温度。滴点越高润滑脂耐热性越好。

②锥入度。锥入度表征润滑脂的软硬程度。从锥入度计上释放 150 g 的标准圆锥体,以 5 s 后锥体沉入润滑脂试样中的深度(单位为 0.1 mm)来计算锥入度。锥入度越大,则润滑脂越软,压送性越好,但其在重负荷下容易从摩擦表面间被挤出来。锥入度是选择润滑脂时应考虑的一项重要指标。

③稠化剂。稠化剂对润滑脂的性能影响很大,如钙皂稠化出来的钙基脂不耐高温,而钠皂稠化出的钠基脂不耐水湿环境。稠化剂还是润滑脂命名的依据,例如钠皂稠化出来的称钠基脂,钙钠两种皂稠化出来的称钙钠基脂,复合钙基脂则是钙皂再加复合剂稠化的,二硫化钼锂基脂则是用脂肪酸锂皂稠化再加极压添加剂二硫化钼制成。还有合成润滑脂,如合成锂基脂是用合成脂肪酸锂皂作稠化剂。另外,有一类合成润滑脂是以合成润滑油作基础油再加稠化剂制成。

④其他技术性能指标。如机械杂质、蒸发量、储存安定性、含皂量、水淋流失量、相似黏度、氧化安定性、机械安定性、胶体安定性、灰分以及水分等多项指标。

(2)常用润滑脂的性能和用途

目前国内多数企业使用的润滑脂还是以钙钠基等低性能润滑脂为主,这类润滑脂虽相对来说价廉,但性能差,润滑效果不好,换油周期短,其使用结果是耗量大,设备寿命降低,从而降低了设备的作业率,增加了零配件的消耗,从经济角度来衡量是不合算的。而锂基脂的性能则比较好，特别是采用 12-羟基硬脂酸锂皂稠化的锂基脂，滴点较高，抗水性好，对各种添加剂的亲和性也好，尤其是机械安定性优异，而且对金属表面的黏附力较强，其锥入度适中，因而泵送性好，是目前较为理想的一种多用途、长寿命润滑脂。

5. 润滑油添加剂

随着化学工业的发展，出现了由纯矿物油（基础油）和添加剂组成的能满足特定需要的润滑油。润滑油的好坏，很大程度上取决于添加剂。常用的润滑油添加剂有：

（1）清净分散剂

清净分散剂的作用是使固体颗粒呈悬浮状态，稳定地分散在油中而不生成沉淀物和油泥。它本身具有碱性，还可以中和油中的酸性物质，起到防腐蚀作用。这类添加剂使用最多。柴油机润滑油，尤其是气缸油中，清净分散剂添加量高达 25%。

（2）抗氧化抗腐蚀剂

这类添加剂能提高润滑油的抗氧化能力和在金属表面生成保护膜减缓腐蚀。

（3）增黏剂

增黏剂可提高基础油的黏度指数，是重要的添加剂。

（4）油性、极压抗磨剂

油性、极压抗磨剂都能在边界润滑条件下起到减摩作用。

（5）降凝剂

降凝剂可以降低润滑油的凝点，使润滑油在低温下保持其流动性。

（6）防锈剂和消泡剂

防锈剂能起防锈的作用，而消泡剂可以防止润滑油生成稳定的泡沫。

6. 润滑油和润滑脂的选用

近年来，国内一些性能优良的新型润滑油脂和固体润滑材料的问世，解决了设备润滑中的许多难题，值得推广和应用。由于工作条件千差万别，因而必须具体情况具体分析，这里只提出一些原则性的建议。

（1）润滑材料种类的选择

①对多数摩擦副应优先选用润滑油。

②对长期工作而又不易经常换油、加油的部位或不易密封的部位，应尽可能选用润滑脂。

③摩擦面处于垂直或非水平方向要选用高黏度润滑脂或选用润滑脂。

④摩擦表面粗糙，特别是开式齿轮传动应优先选用润滑脂。

⑤对不适于采用润滑脂的地方，如负荷过重或有剧烈的冲击、振动，工作温度范围较宽或温度极高、极低，相对运动速度低而又需要减少爬行现象，真空或有强烈辐射等这些极端或苛刻的条件下，最适合采用固体润滑材料。

近年来的工程实践证明，在许多设备上采用固体润滑材料来代替润滑油可以取得更好的润滑效果。

(2)润滑油和润滑脂的选用原则

①工作环境

在有水或潮湿的环境条件下,应考虑润滑油的抗乳化度和选用抗水性好的润滑脂。灰尘较多的工作环境,尽量用润滑脂,注意防尘和密封。有化学腐蚀气体时要选抗腐蚀性好的润滑油或润滑脂。

②工作温度

工作温度高应选黏度高、闪点高、油性好、安定性强的润滑油或锥入度较小、滴点较高的润滑脂;低温条件下应选黏度较低、凝点低的润滑油或锥入度大的润滑脂;温度变化大时应选耐热性能好、油性好、安定性好、抗腐蚀性好的润滑油。

③负荷大小及负荷特性

一般来说,润滑油的黏度越大或润滑脂的锥入度越小,则油膜承载能力越强,但在重负荷、有振动冲击的情况下,还要求润滑油脂的油性和极压性能要好。

④运动速度

摩擦表面间的相对运动速度越高,润滑油形成油楔的能力越强,应采用黏度较低的润滑油或锥入度较大的润滑脂;运动速度低时应选用黏度较高、油性较好的润滑油或锥入度较小的润滑脂。

(3)润滑油的代用原则

在某种油品供应偶然短缺而又必须保证生产照常进行的情况下才临时采用代用油,同时应尽快恢复原来的油品。润滑油的代用原则如下:

①代用油的黏度应与原用油的黏度相等或稍高;

②代用油的性能应与原用油的性能相近。

高温代用油要求有足够高的闪点、良好的氧化安定性与油性;低温代用油应有足够低的凝点;宽温度范围代用油应有良好的黏温性能(油的黏度随温度变化的特性);含有动植物油的复合油不允许用在循环系统或有显著氧化倾向的地方;对极压的摩擦副,代用油应具有相同或更高的极压性能。

(4)润滑脂的代用原则

通常,代用润滑脂主要考虑锥入度和滴点,代用润滑脂的锥入度应与原用润滑脂相等或稍小,但滴点应更高。在潮湿的环境下,应考虑代用润滑脂的抗水性。代用润滑脂最好是性能更好的润滑脂,如用锂基脂代替钙基脂和钠基脂,用加入了极压添加剂的润滑脂代替未加极压添加剂的润滑脂,而不宜反过来代用。如果原来的润滑脂具有抗极压性而又暂时找不到这样高性能的润滑脂,可考虑在低性能的润滑脂中加入极压添加剂。

7. 润滑方法、装置和应用

习惯上称润滑脂润滑为干油润滑,润滑油润滑为稀油润滑。根据润滑剂供向摩擦副的方式,润滑方法可划分为分散润滑与集中润滑,间歇润滑与连续润滑,无压润滑与压力润滑;根据对润滑剂的不同利用方式,润滑方法可分为流出式润滑和循环式润滑。

除了干油、稀油两种传统的润滑方式外，还有油雾润滑、油气润滑和干油喷溅润滑等方式。通常把干油喷溅润滑归入干油润滑，而将油雾润滑、油气润滑归入稀油润滑。

依据各种不同船舶设备的实际工况，合理选样和设计其润滑方法、装置和系统，对保证它们具有良好的润滑状况和工作性能，保持较长的使用寿命，具有十分重要的意义。

(1)选用润滑方法和装置的原则

①保证润滑的质量和可靠性。要求供应的润滑油均匀、连续，具有一定压力和足够流量，并可按需调节。

②结构简单且经济合理。要尽可能做到标准化、通用化，便于维修和调整，便于检查及更换润滑剂。

③要采用有效的密封和过滤装置来保持润滑剂的清洁，防止外界灰尘、水分进入和因泄漏而污染环境。

④考虑摩擦副的种类及所处的工况条件及其性能。

⑤考虑润滑材料的种类及其性能。

⑥ 考虑润滑方法和供油条件。

⑦ 设置监控装置，以便及时发现润滑故障。

⑧ 在一些特殊场合，注意冷却和加热，保证有合适的润滑剂工作温度。

(2)润滑装置

①稀油分散润滑装置

a. 油孔和油杯。油孔和油杯是在摩擦副上方直接加工出注油孔或装上注油杯的润滑装置。

b. 油环、油链及油轮。油环润滑是靠油环随轴转动把润滑油带到轴上，并被导入轴承中。油链的作用原理与油环相同，由于链的结构特点，带起的油比油环多。油链只能用于低速轴，否则由于离心力和搅拌作用可能造成摩擦副断油。油轮是前两种方式的结合，油轮固定在轴上与轴一起转动，由刮板将油刮下并导入轴承中。

c. 溅油润滑中的甩油器。溅油润滑是让侵入油池中的运动零件将油带起，并导入摩擦副的一种润滑方式。减速箱的润滑就是靠齿轮的轮齿将油带到摩擦副中，并利用离心力将一部分油甩到箱盖上，并使油引入轴承中。还可以在轴上加装甩油盘或甩油片来提高溅油效果。

②稀油集中润滑装置

a. 油泵。稀油站采用的油泵，工作压力一般在 0.3～0.6 MPa，属于低压范围。常用的油泵有齿轮油泵、回转活塞油泵、叶片油泵、螺杆油泵等。某些排量较大的润滑系统也采用离心泵。

b. 滤油器。滤油器的精度是以能通过过滤器的杂质的最大颗粒度 d 为指标，一般分为 4 级：

粗的过滤精度　　$d \geqslant 0.1$ mm；

普通的过滤精度 $d=0.01\sim0.1$ mm；

精的过滤精度 $d=0.001\sim0.005$ mm；

特精的过滤精度 $d=0.0005\sim0.001$ mm。

c. 油流指示器和给油指示器。油流指示器的用途是检查和监督润滑系统管路中润滑油的流动情况。给油指示器是用来观察摩擦部位（如轴承）的给油情况，并调节给油量。

d. 冷却器。稀油循环润滑系统中，目前一般采用板式冷却器。板式冷却器具有结构紧凑、换热面积大、传热效率高、维修方便、使用寿命长等优点，缺点是密封要求高。

e. 油路控制元件。润滑系统油路中常用的阀有安全阀、单向阀、压力操纵阀、电动四通阀等单体控制元件。

f. 油箱。油箱的主要功用是储油。从油箱吸取润滑油送往机器润滑点，润滑油又从机器润滑点流回，在油箱内经过沉淀、油水分离、油与机械杂质分离、消除油内泡沫、发散气体等处理后，以备再用。

③油雾润滑装置

油雾润滑是最近发展起来的一种新型高效能的润滑方式。油雾润滑装置以压缩空气作为动力，使油液雾化，即产生一种像烟雾一样的颗粒度在 2 μm 以下的干燥油雾，然后经管道输送到润滑部位。油雾润滑适用于封闭的齿轮、蜗轮、链条、滑板、导轨以及各种轴承的润滑。我国已试制成功了油雾润滑装置，并已系列化。

④干油润滑装置

干油润滑装置分为干油分散润滑装置和干油集中润滑装置。干油分散润滑方式主要靠人工加脂，使用的装置为手动加脂的旋盖式干油杯和用脂枪加脂的压注油嘴。而干油集中润滑装置由干油站、给油器和干油过滤器等主要部件组成。

干油集中润滑装置：

a. 干油站。干油站是干油集中润滑系统的供脂装置。

(a)手动干油站。手动干油站用于润滑点数不多，又不需要经常供给润滑脂（一般给脂间隔时间为 4 h 以上）的单机设备上，作为单机集中润滑供脂装置。

(b)电动干油站。DXZ 型电动干油站是干油集中润滑系统供给润滑脂的主要润滑设备，一般它是由储油筒、电动柱塞泵及电磁换向阀三大部件组成。

b. 给油器。给油器是干油集中润滑系统中的一个重要元件。它的功用是保证每个需要润滑的摩擦副能够定量供脂。给油器按照供给油脂的管线数分为单线供脂和双线供脂。按供脂时给油器的动作顺序分为顺序式和非顺序式。

c. 干油过滤器。干油过滤器过滤留下的杂质，可定期拧开螺盖，取出滤网筒，进行清洗或者更换。

⑤其他润滑辅助装置

其他润滑辅助装置如润滑监控装置、润滑冷却装置和润滑加热装置等。

(3)滑动轴承润滑的应用

在船舶设备中，大量使用滑动轴承实现动力传输，在使用时必然存在如何正确选择滑动轴承的润滑的问题，即确定轴承的润滑方式、润滑材料以及润滑制度等。

①润滑方式的选择

一般滑动轴承的润滑方式可根据下式中的系数 k 选定，即

$$k=\sqrt{p_m v^2}$$

式中，p_m 为轴颈的平均压力(MPa)；v 为轴颈的线速度(m/s)。

结论：

当 $k\leqslant 6$ 时，可用润滑脂及油脂杯润滑；

当 $6<k\leqslant 50$ 时，用润滑油及针阀油杯润滑；

当 $50<k\leqslant 100$ 时，选择润滑油及油浴或飞溅润滑方式，需用水或循环油冷却；

当 $k>100$ 时，选择润滑油及压力润滑方式。

②润滑油的选择

润滑油黏度的高低是影响滑动轴承工作性能的重要因素之一。因此，应先确定润滑油的黏度，再根据黏度选用合适的润滑油。黏度确定的方法有计算法和经验数据查图表法。通常采用的是经验数据查图表法。

③润滑脂的选择

滑动轴承润滑脂的选择应考虑锥入度、滴点、工作环境以及载荷情况等。具体可以参考表 3-3。

表 3-3　滑动轴承润滑脂的选择

单位载荷/MPa	圆周速度/(m/s)	最高工作温度/℃	选用润滑脂的名称牌号	备注
≤1	≤1	75	3 号钙基脂	在潮湿环境、工作温度 75～120℃ 的条件下，应考虑用钙-钠基脂； 在有水或潮湿、工作温度在 75℃ 条件下，可用铝基脂； 工作温度在 110～120℃ 可用锂基脂； 集中润滑系统给脂时，应选用锥入度较大的润滑脂，压延脂冬夏规格可通用
1～6.5	0.5～5	55	2 号钙基脂	
≥6.5	≤0.5	75	3 号、4 号钙基脂	
1～6.5	0.5～5	120	1 号、2 号钠基脂	
≥6.5	≤0.5	110	1 号钠基脂	
1～6.5	≤1	50～100	2 号锂基脂	
≥6.5	约 0.5	60	2 号压延脂	

④油润滑的润滑制度选择

油润滑的润滑制度可根据滑动轴承的工作条件和润滑方式来确定，可参考表 3-4。

表 3-4 油润滑滑动轴承润滑制度

润滑方法或装置	工作条件	润滑制度
滴油或线芯润滑	在 40℃以上连续工作	2 小时 1 次
	在 20～25℃连续工作	8 小时 2～3 次
	间歇工作	8 小时 1 次
	不经常工作、载荷不大	24 小时 1 次
油环润滑	正常工作条件	5 天 1 次，使用 3 个月全部换油
	繁重工作条件	2～3 天 1 次，使用 1～2 个月全部换油

⑤脂润滑的润滑制度选择

一般根据滑动轴承轴颈的转速、工作温度和工作连续状况来确定加脂的润滑间隔周期，具体可参考表 3-5 和表 3-6。

表 3-5 脂润滑滑动轴承润滑制度参考(一)

工作条件	轴颈转速/(r/min)	润滑周期	工作条件	轴颈转速/(r/min)	润滑周期
偶然工作，不重要的零件	＜200	5 天 1 次	连续工作，工作温度在 40℃以下	＜200	1 天 1 次
	＞200	3 天 1 次		＞200	每班 1 次
间断工作	＜200	2 天 1 次	连续工作，工作温度在 40～100℃	＜200	每班 1 次
	＞200	1 天 1 次		＞200	每班 2 次

注：每班为 8 小时。

表 3-6 脂润滑滑动轴承润滑制度参考(二)

工作条件	润滑周期	润滑方式和装置
重载，间歇工作	每班 1～2 次	旋盖干油杯、压力球阀油杯或集中干油润滑系统
正常温度下，经常运转	每班 1～2 次	
重载，高温下经常运转	每班 2～3 次	
轻载，间歇工作	1～3 天 1 次	
偶尔运转，不经常工作	5～10 天 1 次	

3.2 船机零件的腐蚀

金属与周围介质发生化学、电化学作用或物理溶解产生变质和破坏的现象称为金属腐蚀。金属腐蚀破坏发生在零件表面，逐渐向内部扩展或同时向四周蔓延。腐蚀破坏是船机零件的故障模式之一。

腐蚀是现代工业中极为有害的破坏因素，不仅造成机器、零部件的失效，而且造成大量金属材料的浪费和巨大的经济损失。例如，全世界每年因腐蚀浪费的钢铁约占当年钢铁产量的 10%。此外，腐蚀破坏还带来安全性和资源保护等问题，导致机器设备的突然破坏，严重危及人身安全和使地球上有限资源日渐枯竭，使人类生存受到威胁。

船机设备的腐蚀破坏也很普遍。例如，船体钢板和管路的腐蚀，柴油机气缸盖、气缸套和活塞冷却水腔的电化学腐蚀，活塞顶部和排气阀的高温化学腐蚀，气缸套外表面和螺旋桨桨叶上的穴蚀等。腐蚀的后果，轻者使零件的尺寸和几何形状精度破坏，表面损坏；重者造成零件裂纹、穿孔和断裂。轮机员学习金属腐蚀有关知识的目的在于增强防止腐蚀的观念，加强日常的维护保养工作，减少和防止腐蚀，保证船舶机器的正常运转和延长其使用寿命。

3.2.1　金属腐蚀

1. 金属腐蚀过程

自然界中大多数金属是以金属化合物的形式存在于矿石中，例如铁以 Fe_2O_3 形式存在于赤铁矿石中，而 Fe_2O_3 也是铁的腐蚀产物——铁锈的成分。冶炼金属是消耗能量把矿石中的化合物转变成金属，所以金属比其化合物具有更高的自由能。金属腐蚀是指金属恢复其自然状态，金属释放出能量回到热力学更稳定的自然存在形式——化合物状态，即金属从金属状态自发地变成离子状态，生成氧化物、硫化物等。所以腐蚀过程是金属释放出能量使自身稳定的自发过程，也是冶金的逆过程。金属腐蚀过程释放的能量就是腐蚀的动力，而其他破坏形式，如磨损、裂纹等则要消耗有用功。

(1)腐蚀倾向的热力学判据

自然界中一切自发过程都是有方向性的，都有从自由能高的状态向自由能低的状态转变的趋势。因此，物质变化过程能否自发进行，在化学热力学中采用自由能变化量 ΔG 为判据进行判断，ΔG 表示体系在后一状态下的自由能与体系在前一状态下的自由能之间的差值。当 $\Delta G<0$ 时，伴随着能量的减少，从前一状态向后一状态转变的过程可自发进行，前一状态在热力学上不稳定；当 $\Delta G>0$ 时，表示前一状态向后一状态转变的过程不能自发进行，前一状态为热力学稳定状态。例如，在大气条件下只有金、铂、钯、铱是热力学稳定的金属，其 $\Delta G>0$，在自然界中以单质存在，称为贵金属；铜、汞、银在无氧的情况下，发生离子反应时 $\Delta G>0$，在自然界主要以硫化物形式存在，称为半贵金属；除上述金属外其他金属在离子反应时自由能变化量均为负值，即 $\Delta G<0$，是热力学不稳定金属，称为贱金属，在自然界中一般都是以氧化物或盐类存在于矿石中。

在热力学不稳定的金属中，铝、镁、铬等在适当的条件下能发生钝化而变得稳定，即耐腐蚀。铝、镁、铬在大气中腐蚀倾向大于铁，但腐蚀开始时在其表面上就已生成一层保护膜而使腐蚀几乎停止。而铁表面生成的腐蚀产物疏松，不具保护作用，腐蚀就会较快。还有些热力学不稳定金属在腐蚀过程中生成致密的保护性腐蚀产物膜而耐腐蚀，例如铅在硫酸溶液中、铁在磷酸溶液中、锌在大气中等都会生成耐腐蚀的保护膜。所以，腐蚀虽可自发进行，但可能使腐蚀进展很缓慢，甚至无害。由此看来，腐蚀过程不仅取决于腐蚀反应中自由能的变化量，还取决于腐蚀介质的性质、腐蚀产物在该介质中的稳定性。通过 ΔG 只能了解金属腐蚀的倾向，而不能得知腐蚀速度，而在实际生产中腐蚀速度能更好地反映腐蚀情况。

(2)金属的电极电位

金属与介质接触时，将发生自发腐蚀(自溶解)的倾向，也就是金属变成离子进入介质，所失去的电子留在金属表面。金属离子化程度越大，留在金属表面的电子也越多，使金属表面呈负电并吸引溶液中的正离子靠近金属表面，形成双电层，在界面上产生电位差。所以，金属和溶液界面的电位差称为金属的电极电位。

金属的电极电位越负，表示金属越容易离子化，即不耐腐蚀；金属的电极电位越正，金属越耐腐蚀。

2.金属腐蚀的分类

依金属腐蚀过程的特点可将其分为化学腐蚀、电化学腐蚀。

依腐蚀表面的特征可将其分为全面腐蚀、局部腐蚀。

全面腐蚀是机件整个表面上发生的腐蚀，一般多为全面不均匀腐蚀。局部腐蚀是机件表面上局部发生的腐蚀，而表面上其他部分几乎不发生腐蚀。局部腐蚀较多，危害比全面腐蚀严重，往往会导致机件突然损坏，甚至引发恶性事故。

3.金属腐蚀速度

金属零件被腐蚀后，其质量、尺寸和形状、金相组织和机械能都会发生变化。这些物理和力学性能的变化可以反映金属被腐蚀的程度。通常利用其不同破坏形式的变化率表示金属腐蚀的速度。在均匀腐蚀条件下，采用质量指标、深度指标、容量指标和电阻变化率等表示腐蚀速度。

(1)质量指标

质量指标是把金属零件因腐蚀造成的质量变化换算成相当于金属零件表面在单位时间的质量变化值。

零件因腐蚀导致质量在腐蚀前后不等，其差值为腐蚀前与清除腐蚀产物后的质量之差。当腐蚀产物牢固地沉积在零件表面上时，其差值仍为腐蚀前后质量之差，只不过前者为失重，后者为增重。

$$V^{-}=\frac{W_0-W_1}{S\times t}$$

$$V^{+}=\frac{W_2-W_0}{S\times t}$$

式中，V^{-}、V^{+}分别为失重腐蚀速度和增重腐蚀速度[g/(m^2 · h)]；W_0为零件腐蚀前质量(g)；W_1为清除腐蚀产物后的零件质量(g)；W_2为带有腐蚀产物的零件质量(g)；S 为腐蚀面积(m^2)；t 为腐蚀时间(h)。

(2)深度指标

深度指标是把零件因腐蚀造成的厚度减少量以线性单位表示，并换算成相当于单位时间的值。工程上多用构件的腐蚀深度或减薄的程度来衡量其寿命。此法非常适用于衡量不同密度的各种金属的腐蚀程度。深度腐蚀速度 V_L 可利用失重质量指标进行换算：

$$V_L = \frac{V^- \times 24 \times 365 \times 10}{100^2 \times \rho} = \frac{8.76V^-}{\rho}$$

式中，ρ 为金属的密度(g/cm^3)。

(3)电阻性能指标

用零件腐蚀前后的电阻变化率表示腐蚀速度 V_R。此法特点是测量电阻时不需要清除腐蚀产物，对零件金属无影响，适用于薄和细的零件。

$$V_R = \frac{R_1 - R_0}{R_0} \times 100\%$$

式中，R_0 为零件腐蚀前的电阻；R_1 为零件腐蚀后的电阻。

3.2.2　化学腐蚀

1. 化学腐蚀原理

金属与周围介质(非电解质)直接发生化学作用引起的破坏称为化学腐蚀。化学腐蚀过程中不产生电流。化学腐蚀分为气体腐蚀和有机介质腐蚀。气体腐蚀是指金属在干燥气体中或高温气体中的腐蚀。金属与介质中的氧化剂直接作用后在金属表面生成一层氧化物薄膜，即腐蚀产物。金属能否继续被腐蚀取决于膜的结构及与基体的结合强度。碳钢零件在 560℃以下被氧化成 Fe_2O_3 或 Fe_3O_4，生成结构致密、基体结合牢固的稳定膜，可阻止氧原子的扩散，保护金属不再被氧化；其在 560℃以上被氧化成 FeO，生成结构疏松、与基体结合不牢的膜，氧原子易于穿过氧化膜与金属基体发生化学反应，使膜厚度增加，当达到一定厚度时膜脱落。

金属的高温氧化曾被视为典型的化学腐蚀。近代研究认为：在高温气体中金属最初的氧化属于化学反应，但氧化膜的成长过程则属于电化学机理。因为金属表面的介质已由气相变为既能电子导电又能离子导电的氧化膜。所以，金属的高温氧化不再是单纯的化学腐蚀。

金属在有机介质中也会发生化学腐蚀，有机介质为不导电的非电解质介质，例如有机酸、卤代化合物和含硫的化合物等。实际生产中纯化学腐蚀的现象较少，例如铝在四氯化碳、三氯甲烷或乙醇中，镁或铁在甲醇中，金属钠在氯化氢气体中的腐蚀都属于化学腐蚀。但实际上这些介质中都含有少量水分而不纯，使化学腐蚀变为电化学腐蚀。

2. 柴油机零件的化学腐蚀

柴油机运转时，燃烧室中的高温高压燃气直接与燃烧室组成零件——气缸盖及其上的阀件、气缸套和活塞组件接触，燃气中某些低熔点灰分熔化并附着在零件金属表面上，在高温下发生化学作用使零件表面受到破坏的化学腐蚀，称为高温腐蚀或钒腐蚀。

重油燃烧后产生灰分，灰分是一些氧化物、无机盐和低共熔混合物。重油中含有钒、钠、硫的化合物，燃烧后生成这些元素的氧化物或硫酸盐，如 V_2O_4、V_2O_5、Na_2O 和 Na_2SO_4 等以及低熔混合物。这些物质的熔点较低，例如 V_2O_5 的熔点为 675℃，$Na_2O \cdot V_2O_5$ 的熔点为 640℃，$5Na_2O \cdot V_2O_4 \cdot 11V_2O_5$ 的熔点为 535℃，60% Na_2SO_4 + 40% V_2O_5 的熔点为 330℃。

高温下钢铁零件上附着熔化或软化的钒钠化合物后，由于 V_2O_5 是酸性氧化物，直接与金属接触使其表面上的氧化膜被溶解，裸露的基体金属不断被氧化而形成腐蚀麻点或凹坑，如排气阀盘面上的孔洞。零件金属温度越高，腐蚀速度越快，后果越严重。

柴油机燃用重油为发生高温腐蚀提供了条件，但并非燃用重油就必然发生高温腐蚀，还必须具备以下条件：

(1)零件冷却不良，温度在 550℃以上时，足以使钒、钠化合物处于熔化状态附着于零件表面。

(2)灰分的成分影响腐蚀速度。当灰分中 $w(V_2O_5)/w(Na_2O)\approx 3$ 时，软化温度由 600℃降至 400℃，灰分非常易熔，所以腐蚀速度急剧增加；而 $w(V_2O_5)/w(Na_2O)$ 在 1 左右时，腐蚀速度最小，因为软化温度高于零件的工作温度，所以零件不会发生腐蚀。

3. 防止化学腐蚀的措施

根据化学腐蚀的机理，可在零件表面上覆盖一层保护膜，如镀锡、镀锌、发蓝处理等。

针对排气阀等的高温腐蚀，可选用含钒、钠、硫少的燃油，控制其成分；加强燃烧室零件的冷却，使零件温度在 550℃以下等。

此外，还应注意零件材料的选择，对工作在腐蚀环境下的零件应选用耐腐蚀性强的材料。

3.2.3 电化学腐蚀

金属表面与电解质溶液发生电化学作用产生的破坏称为电化学腐蚀。电化学腐蚀过程中产生电流，这是与化学腐蚀的本质区别。电化学腐蚀是自然界和生产中最普遍和最常见的腐蚀，破坏作用也显著。金属在大气、湿空气、海水、土壤及酸、碱、盐溶液中都能发生电化学腐蚀。在船上，船体和船机发生电化学腐蚀的部位和零部件较多。

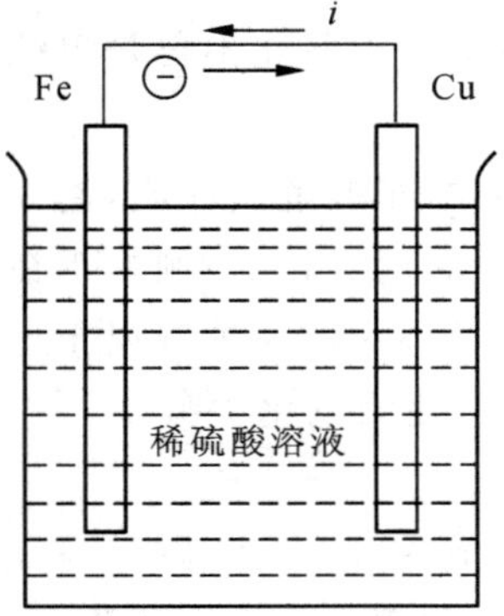

图 3-10 Fe-Cu 电池示意图

1. 电化学腐蚀原理

电池作用原理可以充分说明金属在电解质溶液中的腐蚀过程。图 3-10 的 Fe-Cu 电池示意图中，铁板和铜板分别为阳极和阴极，同装于盛有电解质溶液(如稀硫酸)的容器中，并用导线连接两极。

电池反应发生后导线中有电流通过。电池反应：

阳极氧化反应后铁被溶解 $Fe-2e \longrightarrow Fe^{2+}$

阴极还原反应后放出氢气　$2H^{+}+2e \longrightarrow H_2\uparrow$

所以，电池作用使阳极铁板不断地被腐蚀，溶液中氢离子不断地从阴极获得电子变成氢气逸出。

电化学腐蚀中，腐蚀电池起着重要作用。依电池中电极大小可将其分为宏观电池与微观电池。

(1)宏观电池

宏观电池是由肉眼可见的电极构成的大电池，它引起金属零件或构件的局部宏观腐蚀破坏。

①异金属接触电池

两种具有不同电位的金属或合金相互接触(直接接触或用导线连接)，并处于同一电解质溶液中时，会使电位低的金属不断地被腐蚀，这种电池称为异金属接触电池。两种金属的电位差越大，腐蚀也越严重，例如，Fe-Cu 电池。海水中船的碳钢尾轴与铜质螺旋桨等也构成这种电池。

②浓差电池

同一金属的不同部位与浓度(含氧量或含盐量)或温度不同的介质接触构成的电池称浓差电池。最常见的有氧浓差电池、盐浓差电池和温差电池等。这是一种普遍存在的、危害很大的腐蚀电池，也是造成局部腐蚀的重要原因。

金属与含氧量不同的介质接触，在氧浓度低处金属的电位较低，氧浓度较高处金属的电位较高。例如，铁棒埋于土壤中，因土壤深度不同含氧量不同，氧的浓度不同，则氧的分压不同。浓度越高分压越大，铁棒的电位越高，否则电位越低，于是构成氧浓差电池，使深埋于土壤中的铁棒端腐蚀最严重。

同样，一长铜棒，其两端分别插入浓、稀硫酸铜溶液中，则浸入稀硫酸铜溶液中的棒端电极电位较低为阳极，而棒另一端电极电位高为阴极，铜棒两端电位不同，构成盐浓差电池。

浸于电解质溶液中的金属，其不同部位处于不同温度时构成的电池为温差电池。例如，换热器的高温端比低温端腐蚀严重。

(2)微观电池

微观电池是指金属表面由于电化学不均匀性构成无数微小电极的电池，又称腐蚀微电池。零件金属表面电化学不均匀性是由于金属表面的微观不均匀性引起的，主要有：

①化学成分不均匀性。工业用的金属材料不同程度含有杂质或有偏析，使金属表面化学成分不均匀。金属、杂质、非金属夹杂物的电极电位不同，当有电解质溶液时就会构成无数微小电池，如图 3-11(a)所示。

②金属组织不均匀性。零件金属材料中不同的金相组织和晶体缺陷具有不同的电极电位，在有电解质溶液的情况下就会构成微电池，如图 3-11(b)所示。

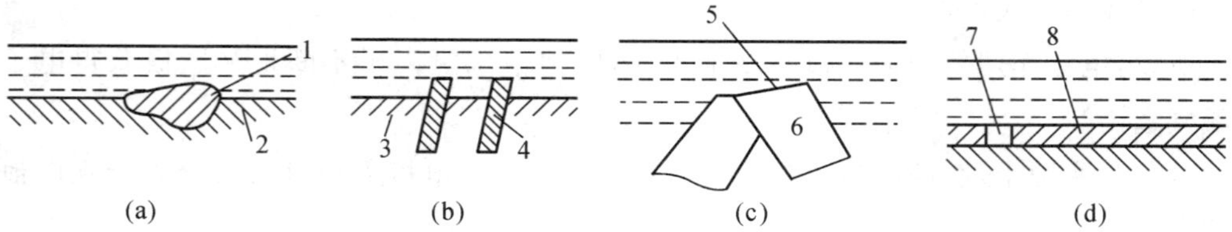

图 3-11 微观电池

(a)基体金属 2 和所含杂质或夹杂物 1 构成微电池;(b)钢中铁素体 3 和渗碳体 4 构成微电池;
(c)钢板弯曲变形处 5 与未变形处 6 构成微电池;(d)无膜表面 7 和有膜表面 8 构成微电池

③物理性质或状态的不均匀性。金属材料冷、热加工后材料各部分的受力和变形不同或物理性质不均匀,在有电解质溶液的情况下构成微电池,如图 3-11(c)中变形大的 5 处电位较低,易被腐蚀。

④金属表面膜不完整。金属表面都有一层氧化膜,当膜破裂、有孔等不完整时,破裂处和有孔处电位较低,易构成微电池的阳极,如图 3-11(d)所示。

2. 极化

如图 3-12 所示的 Zn-Cu 电池,用导线将 Zn 电极和 Cu 电极、电流表 A 和开关 K 连接起来,在开关 K 闭合前,两个电极各自建立稳定的电位,形成电位差,开关闭合瞬间电路流经电流大小显示在电流表上,在已知原电池的内阻和外阻时该值可通过欧姆定律计算求得。但随后发现电流表的数值急剧下降,迅速减小到约为初始电流的 1/30 左右。根据欧姆定律,电流下降只可能是原电池电位差下降了,即当有电流通过后,两电极的电位差将比没有通过电流时要小。这种由于电极上有电流通过而造成电位变化现象称为极化。

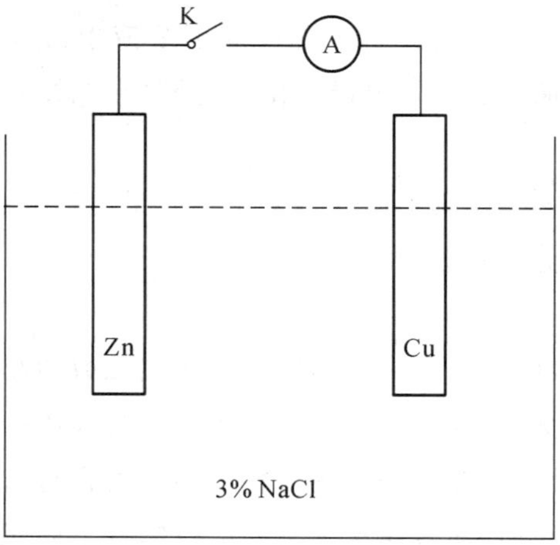

图 3-12 Zn-Cu 在 NaCl 溶液中形成的原电池

(1)极化作用

电流通过时腐蚀电池两极间电位差减小引起工作电流强度降低的现象称为原电池

的极化作用。电流通过时阳极电位向正的方向变化称为阳极极化；电流通过时阴极电位向负的方向变化称为阴极极化。图 3-13 展示了电池电路接通后，两极电位变化的情况。

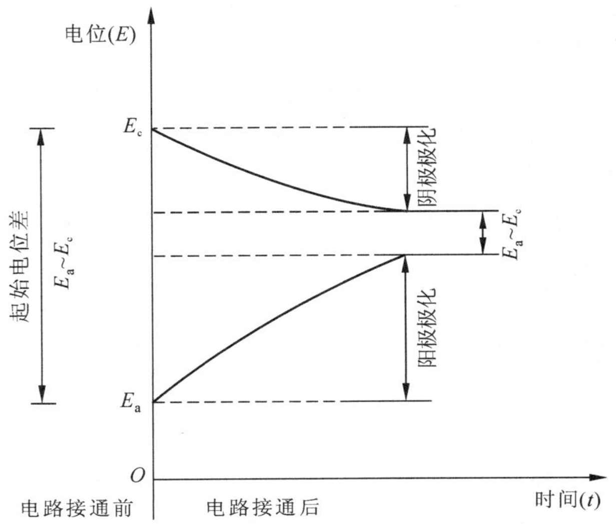

图 3-13　电极极化的电位-时间曲线

极化作用是电池中电子或离子迁移速度与电极反应速度不相等造成的结果。

(2)去极化作用

增大回路中的电流以消除或减弱电极极化的作用称为去极化作用。阳极去极化作用就是消除或减弱阳极极化作用。例如，向溶液中加入络合剂或沉淀剂，使与金属离子形成难离解的结合物或沉淀物，不仅大大降低金属阳极表面的离子浓度，而且还加速金属离子进入溶液，即加速阳极金属的溶解，以进一步形成络合物或沉淀物。所以，阳极极化可以减弱金属腐蚀速度，而阳极去极化则加速腐蚀过程。

凡是能够吸收电子使自身还原的物质，也就是消除或减弱极化作用的物质称为去极化剂。如果溶液中含有使金属氧化的氧化剂时，它可迫使阳极金属进行阳极反应以“索取”其所产生的电子使自身还原，因此氧化剂是去极化剂。

(3)极化作用的意义

腐蚀电池形成后，极化作用立即产生，因而使金属腐蚀速度大大降低。如果没有极化作用，不仅腐蚀速度将比实际的快几十倍，甚至几百倍，而且腐蚀也会不断地进行下去，其后果必然是迅速造成零件的失效。从减缓电化学腐蚀来说，极化作用是有益的。

极化作用很大程度取决于电极材料和溶液成分、pH 值等，而与初始电位差关系不大。为了有效地防止腐蚀，应利用各种极化因素使稳定电位差和腐蚀电流尽可能小。

3. 船上常见的电化学腐蚀

(1)电偶腐蚀

船上的机器零部件或船体构件只要构成异金属接触电池就会发生电偶腐蚀，且较为普遍。例如，螺旋桨与尾轴、离心泵的叶轮与轴等。

(2)氧浓差腐蚀

金属浸入含氧溶液中形成氧电极产生氧浓差腐蚀。溶液含氧浓度越高，氧分压就越大，氧电极电位就越高，为阴极。例如，工程上连接件的结合面缝隙处、气缸套与气缸体下部密封圈的缝隙处，因充气不足或冷却水的停滞使氧浓度低，此处金属为阳极与附近氧浓度高处金属即阴极构成氧浓差电池，发生氧浓差腐蚀。

(3)选择性腐蚀

选择性腐蚀是由微观电池引起的电化学腐蚀，如黄铜制件的脱锌、铸铁气缸套外圆表面石墨化腐蚀(铁素体被腐蚀，仅剩下石墨)等。

(4)应力腐蚀

工程上常用碳钢、不锈钢、黄铜等加工制件，均会由于加工引起的内应力较大而发生微观电化学腐蚀，例如黄铜制件的季裂就是这种应力腐蚀。

(5)海水腐蚀

海水是含盐浓度高的电解质溶液，是腐蚀性最强的天然腐蚀剂之一。海水由于含盐高而成为腐蚀介质，盐分总量为 3.5%～3.7%，在世界大洋中海水的成分和总盐度恒定，内海则因地而异。海水中的盐类主要是氯化物($NaCl$、$MgCl_2$)，其次是硫酸盐($MgSO_4$、$CaSO_4$)。由于海水能离解盐类，所以海水是一种导电性很强的电解质溶液。海水中的大量氯离子，能使零件金属表面的氧化膜遭到破坏，因而海水对大多数金属有很强的腐蚀作用。腐蚀可能是微观电池作用，也可能是宏观电池作用。钢铁在海水中的腐蚀速度为 0.13 mm/a。如果海水流速增高、海水温度升高等还会加速海水腐蚀。

船舶常年航行在海上，在海水与海洋大气包围之中，船体、甲板机械和与海水接触的零部件等受到严重的腐蚀，如船体钢板、螺旋桨、尾轴、舵及甲板机械(起货机、起锚机、绞缆机等)。此外，柴油机的空冷器、冷却器、冷凝器，空气压缩机的机体，各种海水管等都与海水接触，均会受到海水腐蚀。

4. 防止电化学腐蚀的措施

根据电化学腐蚀原理可知，只要破坏产生电化学腐蚀的条件之一，就能有效地阻止腐蚀的发生，这是防止电化学腐蚀的基本原则。另外，由于电化学腐蚀破坏的形式较多，每种破坏形式都有其产生的具体原因和条件，所以防止腐蚀的方法也是多种多样的，根据不同情况选用不同方法。实践中主要有以下几种：

(1)合理选材

根据介质和使用条件，尽量选用相同材料或电位相近的材料或其他耐腐蚀的材料。

(2)阴极保护

利用电化学腐蚀原理使被保护零件成为阴极则可防止腐蚀。一种方法是将被保护零件与外加直流电源的负极相连，用外加阴极电流使阴极电位向负的方向变化，即实施阴极极化保护，阻止腐蚀过程的进行。另一种方法是牺牲阴极保护法，即在被保护零件上安装电位更低的金属使之成为阳极，被保护零件成为阴极而不被腐蚀。例如，在船体钢板上、气缸套外表面上安装锌块。

(3)阳极保护

将被保护零件与外加直流电源的正极相连，用外加电流使阳极电位向正的方向变化，即实施阳极极化，使零件表面生成钝化膜，减缓金属腐蚀速度。

(4)介质处理

除去介质中促进腐蚀的有害成分。例如，锅炉给水的除氧处理；调节介质的 pH 值和改变介质的湿度；在介质中添加阻止和减缓腐蚀的物质，如在柴油机冷却水中添加铬酸盐、亚硝酸盐等无机缓蚀剂，使零件金属表面形成钝化膜，抑制阳极腐蚀。此外，还可在冷却水中添加乳化防锈油。

(5)表面覆盖保护膜

在零件表面上覆盖一层金属或非金属保护膜，使其与腐蚀介质隔开以防止腐蚀。如采用电镀、电刷镀、喷涂或磷化、氧化(发蓝)处理等工艺在零件表面上形成金属膜或非金属膜。

(6)加强维护和管理

对船上容易发生腐蚀的零部件应加强维护管理，防止或减少腐蚀。如船舶动力装置中与海水、淡水和湿空气接触的零件、构件和管系均有发生电化学腐蚀的可能，应加强管理。

①定期进行柴油机冷却水、锅炉水等介质的处理；

②适时更换船体或者钢板上和缸套冷却侧上的防腐锌块；

③选用低硫燃油，若燃用含硫高的燃油时采用与之匹配的碱性气缸油；

④加强润滑油的检验，控制酸值以防止轴承特别是铜铅合金轴承的腐蚀；

⑤机件经碱洗后，一定用清水彻底清洗和涂油保护；

⑥ 适当提高气缸冷却水温度及采用高碱值汽缸油，以减少气缸套的低温腐蚀。

3.2.4　穴蚀

穴蚀是水力机械或机件与液体相对高速运动时在机件表面上产生的一种破坏。穴蚀又称空泡腐蚀，或气蚀。

穴蚀也是一种局部腐蚀，其特征是机件金属表面在局部区域出现麻点或小孔群，呈蜂窝状或呈分散状的孔穴分布。孔穴表面清洁，无腐蚀产物沉积，孔穴直径一般在 1～5 mm，最大可达 30 mm，孔深可在 2～3 mm，随着机器运转时间的延长，这些孔穴逐渐扩大、变深，严重时甚至穿透机件。

船机零件发生穴蚀破坏的除柴油机气缸套外，还有轴瓦、喷油泵注塞、螺旋桨桨叶及离心泵叶轮等。机件穴蚀破坏日益引起人们的关注，尤其是缸套穴蚀已是船用发电柴油机损坏的重要原因，引起国内外学者的重视与研究。

1.柴油机气缸套的穴蚀

一般说来，船用中速和高速筒状活塞式柴油机，特别是高速、轻型大功率柴油机，不论是开式冷却还是闭式冷却，气缸套都有不同程度的穴蚀。有的柴油机投入运转不久，在气缸套外圆表面上出现穴蚀小孔，甚至柴油机运转不足 1 千小时，就因缸套穴蚀穿孔而报废，此时缸套内表面尚未磨损。二冲程十字头式低速柴油机气缸套基本不发生穴蚀破坏。

(1)穴蚀部位

缸套穴蚀发生在湿式气缸套外圆表面上，一般集中在柴油机的左右侧方向，特别是承受侧推力最大一侧的偏上方，冷却水进口、水流转向处和水腔狭窄处对应的缸壁上，缸套下部密封圈附近缸壁。

缸套冷却水腔除了发生缸套穴蚀外，气缸套和气缸体材料的差异及材料内部的各种电化学不均匀性导致的宏观和微观电化学腐蚀。这两种腐蚀同时存在或交替进行均会加重缸套的腐蚀。此外，冷却水(海水或淡水)的水质、含气量、流速等均对穴蚀有影响。

(2)气缸套穴蚀机理

①一般穴蚀机理

关于穴蚀产生的机理论述很多，其中较被普遍接受的一种理论认为：机件发生穴蚀的先决条件是机件浸于液体介质中，并与液体之间有相对运动，或者机件在液体中受到某种能量的传递作用，形成液体中的局部瞬时高压或瞬时高真空。在瞬时高真空区，该局部区域内的液体就会汽化，形成气泡，或是溶于水中的空气以空泡形式从液体中分离出来；而在瞬时高压状态时，空泡、气泡被压缩，泡内气体迅速液化而使气泡溃灭，周围液体急速冲向溃灭处，产生极强的冲击波作用在金属表面，使之受到损伤。由于冲击波的频繁作用，使机件表面金属逐渐剥落。与此同时，金属表面还产生微观电化学腐蚀，两种腐蚀交替进行，共同作用，致使机件穴蚀破坏。因此，气泡被压溃瞬时产生的局部高压和微射流冲击金属是发生穴蚀的力学原因及根本原因，液体的化学或电化学腐蚀作用将加剧这种破坏的过程。

②气缸套穴蚀机理

柴油机气缸套外圆表面与气缸体(或机体)构成冷却水空间，在狭小的环形通道中流动着淡水或海水。柴油机运转时，由于缸套产生高频振动和缸壁的弹性变形使冷却水空间的容积交替地增大和减小，冷却水相应交替地膨胀与被压缩，从而使缸套外壁局部水域产生瞬时高压或低压。瞬时低压时产生气泡，瞬时高压时气泡溃灭，使缸套外圆表面频繁受到冲击和微观电化学腐蚀作用而破坏。

(3)影响缸套穴蚀的因素

实践中并非所有的筒状活塞式柴油机气缸套都发生穴蚀破坏，即使发生穴蚀破坏其程度也各不相同。缸套穴蚀与柴油机的机型、结构、爆发压力、冷却水腔和冷却介质、柴油机的工艺参数等有关。

缸套发生穴蚀的根本原因是柴油机运转中缸套的高频振动，而影响缸套振动的主要因素是缸套与气缸套之间的配合间隙、缸套刚度及侧推力等。此外，冷却水腔结构及冷却水温度与压力等也是影响穴蚀的因素。

①缸套振动

a. 活塞与气缸套之间的配合间隙。活塞在气缸中运动时，活塞对气缸壁的冲击能量的大小取决于活塞质量和活塞在气缸中横摆时的速度。活塞质量固定不变，但速度随着活塞与缸套之间的配合间隙的增加而提高。所以，活塞对缸壁的冲击能量取决于活塞与缸套配合间隙的大小。配合间隙大，活塞横摆加速度大，冲击缸壁能量大，则缸套振动大。

b. 缸套刚度。缸套刚度直接影响缸套的振动。刚度大，受活塞冲击时缸套变形小，振动小，可有效地防止穴蚀。缸套刚度除与其材料有关外，还与缸套壁厚和纵向支承跨距的大小有关，缸壁厚度增加，支承跨距减小，缸套刚度增大。气缸套与气缸体（机体）之间的配合间隙对缸套的刚度亦有影响。如果柴油机缸套与缸体铸成一体，缸套刚度增大，可有效地防止穴蚀。

c. 冷却水腔结构。冷却水腔通道太窄，水流速度增高，容易产生空泡。柴油机设计时要求冷却水腔内水流速度应小于 2 m/s，水腔宽度 t 为 $14\%D$（D 为气缸套内径）或不小于 10 mm，各处均匀一致，水流畅通不形成死水区和涡流区，有利于降低缸套穴蚀。

②冷却水温度与压力

冷却水温度过高将加速腐蚀的进程，但水温也不宜长期过低。实验表明，钢铁和铝等金属材料在淡水温度为 50～60 ℃时穴蚀严重，随着水温的升高，穴蚀破坏减轻。从发挥柴油机的效能和降低腐蚀、穴蚀出发，冷却水腔淡水温度在 80～90 ℃为好。

冷却水压力高可以抑制空泡的形成，减少穴蚀的发生。但冷却水压力提高将使其温度升高而加速穴蚀。

(4)防止缸套穴蚀的措施

目前，防止缸套穴蚀主要从降低缸套振动和提高缸套抗穴蚀能力两方面着手。通常可以采用以下措施：

①选用抗穴蚀能力强的缸套材料。如球墨铸铁的抗穴蚀能力优于普通铸铁等。

②缸套外圆表面覆盖保护层或强化层。如采用镀铬、渗氮、喷陶瓷、涂环氧树脂或涂尼龙等工艺使金属表面与冷却水隔开，或使缸套外圆表面强化，可有效地防止电化学腐蚀与穴蚀。

③在冷却水腔内安装锌块实施阴极保护防止电化学腐蚀。例如 6300 型、8300 型柴油机气缸套外表面安装锌带并坚持定期更换取得防止穴蚀的良好效果。

④在冷却水中加入缓蚀剂。如乳化油缓蚀剂或被膜缓蚀剂可使缸套外表面形成一层较薄的连续保护膜，不仅可以防止电化学腐蚀，而且可以减弱空泡破裂时的冲击波对缸套外表面的冲击作用，从而减轻穴蚀。

在实践中防止或减轻穴蚀的方法很多，选用时依具体机型、结构和产生穴蚀的原因而定，以取得良好预防效果。

2. 燃油系统零件的穴蚀

柴油机燃油系统中的高压油泵柱塞、出油阀、喷油器针阀和高压油管均有穴蚀发生。燃油系统中因喷油需要产生瞬时高压和瞬时低压。喷油终了时，会使系统内油压骤然降低，当该压力低于该处温度所对应的燃油蒸发压力时，燃油蒸发形成气泡，由于周围燃油压力高或遇到下一个高的燃油压力波时，气泡迅速破裂产生巨大的冲击波，从而使系统中的零件受到破坏。此外，随着柴油机强载程度不断提高，燃油喷射压力和喷油率也相应提高，高的喷射压力容易引起二次喷射，使柴油机性能下降，并造成系统的穴蚀。柴油机燃油系统中的穴蚀有以下两种：

(1)波动穴蚀

燃油系统中有高压燃油流动时，会产生并传播压力波，特别是在喷射终了时会使某些部位压力发生很大变化，甚至产生负压而导致气泡产生，高压力时气泡溃灭而产生穴蚀。这种穴蚀称为波动穴蚀。波动穴蚀主要发生在燃油系统高压油管上，并且柴油机低负荷运转时，波动穴蚀较为严重。

(2)流动穴蚀

流动穴蚀主要发生在高压油泵柱塞螺旋槽附近和喷油器针阀截面变化处。在燃油系统中，高压燃油流经通道截面变化处产生强烈节流，压力下降并形成气泡，随后的压力升高又使气泡溃灭而发生穴蚀，称为流动穴蚀。当柴油机高负荷运转时，节流作用的增强使穴蚀更加严重。

燃油系统中不适当的压力波动引起穴蚀，而压力波动主要由于卸载不当引起。减少波动常采用缓冲型出油阀、双锥形针阀、阶梯形螺旋槽柱塞和控制节流等方法。此外，对容易穴蚀部位还可采用保护性措施。

3. 轴瓦和螺旋桨的穴蚀

高速大功率柴油机的铜铅合金薄壁瓦上穴蚀破坏频繁出现。主要发生在主轴瓦和曲柄销轴瓦上油槽和油孔周围，呈条状或树枝状的小孔群状。

轴瓦穴蚀是由于特定条件下流动的润滑油产生气泡和气泡溃灭所致。

在液体动压润滑条件下，轴颈在轴承中不断运转，在转过了轴颈与轴承的最接近点之后，轴颈与轴承两个表面逐渐分离，油膜中的压力下降且可能低于大气压力。此时，溶解在润滑油中的空气就会逸出，形成气泡。在正常稳定负荷下，这些气泡会夹带在油膜里进入高压区而重新溶解到润滑油中。但是，当轴承承受交变负荷时，特别是冲击负荷时，气泡将被吸引到金属表面上并迅速破裂造成冲击，使轴瓦表面产生穴蚀破坏。

防止轴瓦穴蚀的措施，主要从轴瓦材料的选择、轴瓦上油槽和油孔的位置及保证润滑油品质等方面着手。

螺旋桨桨叶的穴蚀破坏是桨的一种较为严重的破坏形式。主要发生在桨叶叶背边缘处，桨叶的0.9R（R为桨叶半径）至叶尖位置较为严重。穴蚀呈蜂窝状孔穴，成片分布，严重时使桨叶边缘烂穿。

桨叶穴蚀亦是空泡作用的结果。当螺旋桨在水中旋转时水流从叶背流过，水流速度增大而压力下降，叶面的水流速度减小压力增大。螺旋桨转速越高，叶背处水流速度越快，压力下降越大，当达到该处水温下汽化压力时水汽化生成气泡，随后气泡移至高压区就会破灭，从而使叶背边缘遭到破坏。

通常在螺旋桨桨叶上涂环氧树脂对防止穴蚀效果较好，但环氧树脂层在螺旋桨高速运转时容易脱落。此外，改进桨叶叶形、降低螺旋桨的设计转速等方法，也可以防止或减轻桨叶穴蚀破坏。

3.3 船机零件的疲劳破坏

零件或材料在交变载荷的长时间作用下产生裂纹和断裂的现象称为疲劳破坏，它是一种普遍而又严重的失效形式，是船机零件故障模式之一。船上常常发生船机零件裂纹和断裂的事故，如主、副柴油机的气缸盖、气缸套和活塞组件的裂纹，曲轴、中间轴或尾轴的裂纹和折断等。船机零件，尤其是主柴油机和轴系零件的裂纹和断裂影响极大，直接危及船舶安全航行，甚至会酿成严重事故，造成生命、财产的重大损失。据统计，生产中因疲劳断裂的零件占断裂零件总数的80％以上。因此，轮机员应了解有关船机零件产生裂纹和断裂的原因，具备防止和减少裂纹的知识。

3.3.1 金属疲劳的概念

1.*疲劳破坏的基本知识*

（1）交变应力

大小和方向随时间发生周期性变化的载荷称为交变载荷，所引起的应力称为交变应力。零件长期在交变的机械应力或热应力下工作，即使最大工作应力小于静载荷下的屈服极限σ_s，但在长期工作后也会产生裂纹或断裂，即产生疲劳破坏。

交变应力在最大应力σ_{max}和最小应力σ_{min}的极限值之间变化。最大应力与最小应力之和的一半称为平均应力σ_m，即：

$$\sigma_m=\frac{1}{2}(\sigma_{max}+\sigma_{min})$$

最大应力与最小应力之差的一半称为应力幅值σ_a，即：

$$\sigma_a=\frac{1}{2}(\sigma_{max}-\sigma_{min})$$

应力从最大应力值变化到最小应力值，再回到最大应力值的过程称为一个应力循环。交变应力变化的特点用循环特征r来表征，它对材料的疲劳强度有直接影响。在一个应力循环中最小应力与最大应力之比称为循环特征r，即：

$$r=\frac{\sigma_{min}}{\sigma_{max}}$$

当 $r=-1$ 时，应力循环为对称循环，即最大与最小应力值相等，方向相反；当 $r=0$ 时，应力循环为脉动循环，即最小应力值为零。除对称循环以外的应力循环皆称非对称循环，包括脉动循环。

(2)疲劳抗力指标

表征零件材料抗疲劳性能的力学参数，主要有：疲劳极限、过载抗力、疲劳缺口敏感度等。

①疲劳极限

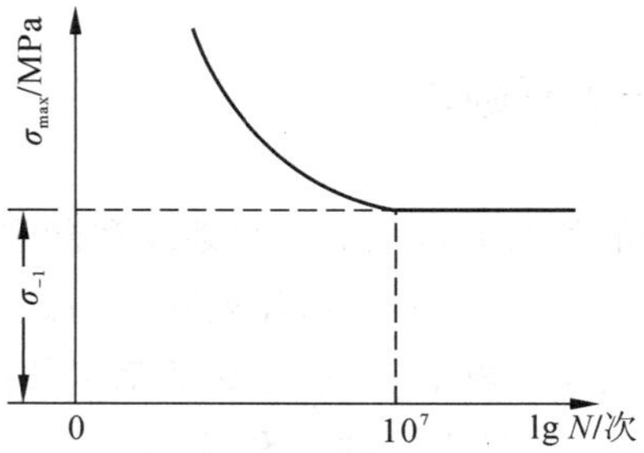

图 3-14　一般的疲劳曲线

在交变载荷作用下材料承受的最大交变应力与断裂前周数之间的关系如图 3-14 所示。由 $\sigma_{max}-\lg N$ 坐标中的疲劳曲线可知，材料承受的最大交变应力 σ_{max} 越大，循环的周数 N 越少，即寿命越短；反之，N 越多，寿命越长。当应力低于某一值时，循环无限次也不会发生疲劳断裂，该应力值称为材料的疲劳极限。材料的疲劳极限(或称疲劳强度)是材料经受无限次应力循环的作用而不被破坏的最大应力，用符号 σ_r 表示，故对称循环应力下的疲劳极限用 σ_{-1} 表示。

材料的疲劳极限是由试验测定。例如，常温下的碳钢、合金结构和铸铁，在 N 达到 10^7 后曲线变为水平线。所以这类材料是以 $N=10^7$ 时不断的最大应力作为疲劳极限。

②过载抗力

机器在运转过程中，常常会出现短时间的过载，相应的零件处于短时间高于其材料的疲劳极限的工作应力状态。例如，柴油机紧急刹车、启动或超负荷运转等。为了保证安全运转对偶然短时间过载，应考虑其对材料的疲劳抗力的影响。

一般来说，适当过载对材料的疲劳性能没有什么影响，因其未能引发材料内部微裂纹的显著扩展。而不适当过载(包括过载的大小和过载循环次数的多少)将会造成过载损伤，降低材料的疲劳极限，导致零件的疲劳破坏。这是由于过载导致材料内部的微裂纹扩展达到了一定尺寸，零件在过载后的正常运转中微裂纹不断扩展导致疲劳断裂。

一般采用疲劳过载抗力来衡量过载工况对零件材料疲劳抗力的影响。过载抗力一般是用通过试验建立的过载损害区和损害界来表示，如图 3-15 所示。图中 cde 为过载损害区，cd 为过载损害界。当零件在过载负荷 σ_i、循环周数 N_a 下工作，即工作点 A 在过载损害区以外时，过载对材料的疲劳极限 σ_{-1} 无影响，短时间过载后恢复正常运转零件也不会发生疲劳破坏；当零件在过载负荷 σ_i、循环周数 N_b 下工作，即工作点 B 进入过载损害区时，过载就会使材料的 σ_{-1} 降低，在恢复正常运转后零件将会发生过早的疲劳破坏，零件的疲劳寿命也会缩短。

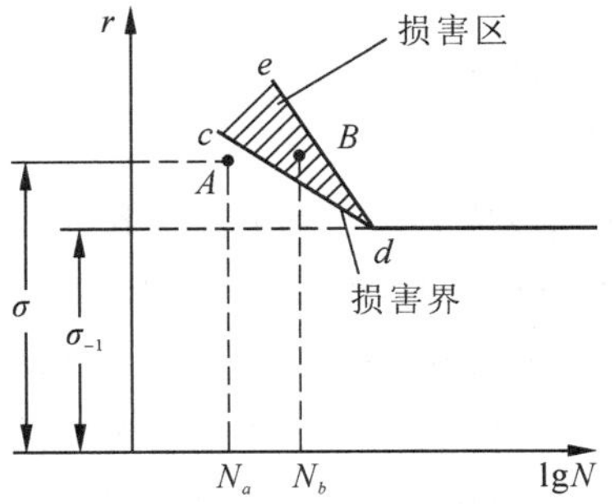

图 3-15　材料的过载损害区和损害界

由图 3-15 可以看出，材料的过载损害区越狭窄，或过载持久线 ed 越陡直，则过载抗力越高。过载持久值表示在零件超过疲劳极限的应力下直到断裂所能经受的最大应力循环周数。由于零件短时间过载不可避免，所以零件选材时宜选用过载损害区狭窄而过载持久线陡直的材料。

③疲劳缺口敏感度

零件上开有键槽、油孔、台阶、螺纹等各种几何形状的缺口时，在使用中就会在缺口的根部产生应力集中，使材料的疲劳强度降低。一般采用缺口敏感度表示疲劳强度降低的程度。缺口敏感度 q 表达式为：

$$q=\frac{K_{\mathrm{f}}-1}{K_{\mathrm{t}}-1}$$

式中，K_{t} 为静力理论应力集中系数；K_{f} 为疲劳应力集中系数。

K_{t} 是试件缺口根部处的最大应力 $\sigma_{\max}$ 与光滑试件横截面上均匀应力 σ 之比，与缺口的几何形状、尺寸及缺口曲率半径有关，与材料性能无关。K_{t} 值可从机械工程手册中查得。

K_{f} 是光滑试件的疲劳极限 σ_{-1} 与缺口疲劳极限 $\sigma_{-1\mathrm{H}}$ 之比，其与缺口的形状、尺寸和材料性能有关。在中等强度范围内，材料强度越高，K_{f} 值越大，一般 $K_{\mathrm{f}} \leqslant K_{\mathrm{t}}$。当 $K_{\mathrm{f}}=K_{\mathrm{t}}$ 时，$q=1$，表示此时疲劳应力集中最严重，缺口最敏感；当 $K_{\mathrm{f}}=1$ 时，$\sigma_{-1}=\sigma_{-1\mathrm{H}}$，则 $q=0$，表示零件虽有缺口但不影响材料的疲劳极限 σ_{-1}，缺口最不敏感。

材料的缺口敏感度 q 在 0 和 1 之间。q 值越小，缺口越不敏感。铸铁对缺口极不敏感，$q<0.1$；一般结构钢对缺口较为敏感，$q=0.55 \sim 0.80$。

(3)疲劳断裂的特征

零件发生疲劳断裂时具有以下特征：

①零件在交变载荷作用下经过较长时间的使用；

②断裂应力小于材料的抗拉强度 σ_b，甚至小于屈服强度 σ_s；

③断裂是突然的，无任何先兆；

④断口形貌特殊，断口上有明显不同的区域；

⑤零件的几何形状、尺寸、表面质量和表面受力状态等均直接影响零件的疲劳断裂。

(4)疲劳破坏的种类

①按零件所受应力大小和循环周数分类

分为高周疲劳和低周疲劳。

高周疲劳为低应力、高寿命的疲劳破坏，应力较低，小于屈服极限，应力循环周数较高，一般超过 $10^6 \sim 10^7$，为最常见的一种疲劳破坏，如曲轴、弹簧等零件的断裂。

低周疲劳为高应力、低寿命的疲劳破坏。应力近于或等于屈服极限，应力循环周数少于 $10^4 \sim 10^5$。例如，压力容器、高压管道、飞机起落架、核反应堆外壳等的裂纹和断裂。零件使用中应力很高，甚至超过材料的 σ_s，但循环周数很少时就发生疲劳破坏。

②按零件工作环境和接触情况分类

分为大气疲劳、腐蚀疲劳、热疲劳、接触疲劳、微动磨损疲劳和激冷疲劳等。

热疲劳是零件受热温度变化引起热应力的反复作用造成的疲劳破坏。例如，柴油机气缸套、气缸盖受热面的裂纹。

腐蚀疲劳是零件在腐蚀性介质中受到腐蚀，并在交变载荷作用下产生的疲劳破坏。

③按应力状态分类

分为弯曲疲劳、扭转疲劳、轴向拉压疲劳和复合疲劳等。

2. 疲劳破坏的机理

(1)疲劳断裂的断口特征

零件或构件疲劳断裂后，其断口形貌呈现了从裂纹产生到裂纹扩展，直至断裂的全过程。可以根据断口形貌特征来分析零件的断裂原因。

图 3-16(a)、(b)分别示出弯曲疲劳断裂和扭转疲劳断裂的宏观形貌，分为三个区域：

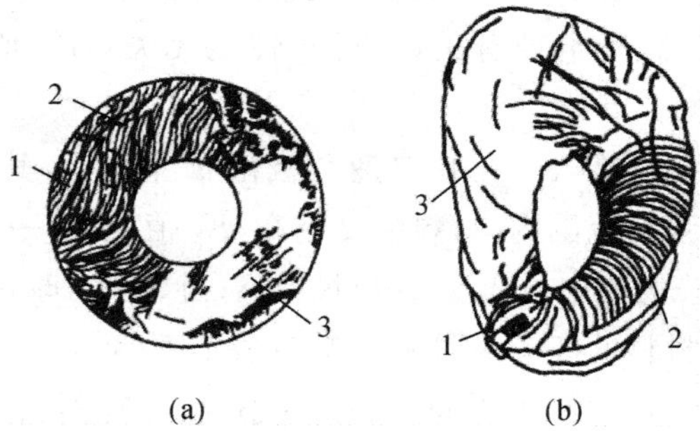

1—疲劳源；2—裂纹扩展区；3—最后断裂区

图 3-16　疲劳断裂的断口形貌特征

(a)弯曲疲劳断口；(b)扭转疲劳断口

①疲劳源。用肉眼或低倍放大镜在断口上可以找到一个或多个疲劳裂纹的开始点，称为疲劳源。疲劳源一般出现在零件表面或近表面处。

②裂纹扩展区。呈光滑状或贝纹状，一般占有较大面积。光滑状是两个断裂表面长时间互相研磨所致；贝纹是负荷变化时裂纹前沿线扩展遗留下的痕迹。贝纹从疲劳源开始后向四周扩展并与裂纹扩展方向垂直。

③最后断裂区。或称脆断区，零件瞬间突然断裂，断口晶粒较粗大，与发暗的裂纹扩展区明显不同。脆性材料呈结晶状，塑性材料呈纤维状。

(2)疲劳断裂的过程

零件疲劳断裂是突然的，没有任何先兆，但是这种破坏形式是在较长时间内逐渐形成的，即零件承受的交变应力最大值小于或等于材料的屈服极限，经过长时间反复作用后首先在零件表面缺陷处产生微裂纹，随后裂纹时而扩展，时而停滞，以致最终断裂。这一断裂过程从疲劳断裂的断口特征的三个区域得到证实。

①疲劳裂纹的形成

疲劳裂纹的裂纹源位于零件表面应力最大处，即有应力集中的部位或零件近表面的材料内部，即材料内部有严重的冶金缺陷或组织缺陷处。

应力集中的部位，如油孔、过渡圆角、台阶、粗大刀痕等，其在交变应力作用下形成微裂纹；零件近表面材料内部由于冶炼和冷、热加工的缺陷，晶体滑移和晶界缺陷等在交变应力作用下也容易产生微裂纹。

②疲劳裂纹的扩展

零件表面或近表面处一旦出现疲劳微裂纹就会在交变应力作用下扩展。疲劳裂纹扩展分为两个阶段，如图 3-17 所示。

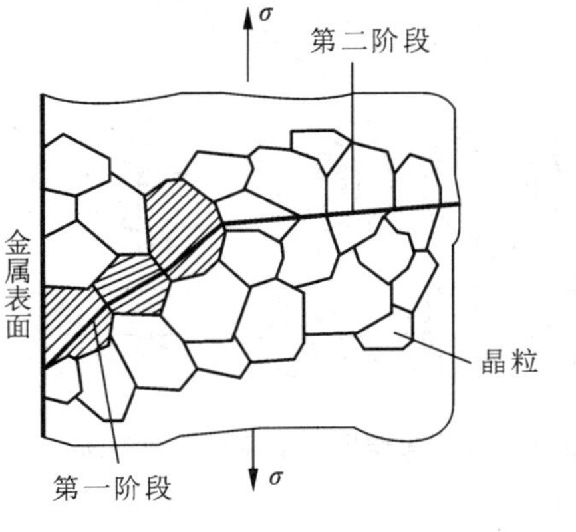

图 3-17　疲劳裂纹的扩展

首先在已形成的微裂纹处，即疲劳源处裂纹沿最大切应力方向（和正应力方向近似成 45°角）向零件内部扩展。扩展的深度较浅，扩展的速度也很小。这是裂纹扩展的第一阶段。

随后裂纹扩展的方向改变，裂纹沿着与正应力垂直方向扩展，即裂纹扩展的第二阶段。此时正应力对裂纹的扩展有着重要作用，使裂纹向零件内部扩展的深度和速度远远超过第一阶段。

在交变的正应力作用下，裂纹时而扩展，时而停滞。零件裂开处的两个面时而闭合，时而分开，以致在两个断面上形成“贝纹状”。裂纹源附近裂纹扩展较慢，两个断裂面长时间相互摩擦与研磨，使断面光滑并有稀疏的贝纹；较远处的裂纹扩展较快，两个断裂面相互研磨时间短，使断裂面粗糙，贝纹细密。

③疲劳断裂

疲劳裂纹扩展到一定深度后，零件实际承载面积减小，当剩余面积承受不了载荷作用时发生突然断裂，断面上出现最后断裂区。

疲劳断口上的三个区域的状况与零件工作时的载荷、应力状态、零件材料性能及加工情况等有关。图 3-18 所示为各种交变载荷作用下轴类零件疲劳断裂的断口形貌示意图。根据断口形貌可以定性分析零件所受载荷、材料性能和寿命等，有助于分析零件疲劳断裂产生的原因。

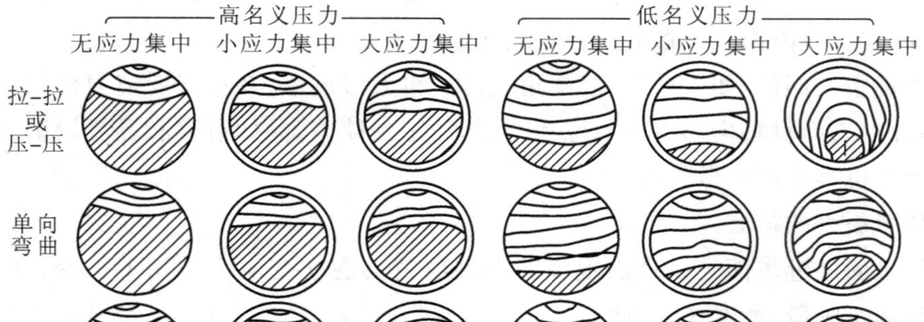

图 3-18　各种交变载荷作用下轴类零件疲劳断裂的断口形貌示意

从图 3-18 中可以看出：

a. 疲劳源大多分布于零件表面，一般有 1～2 个。

b. 疲劳裂纹扩展呈贝纹状时，贝纹细密、间距小，表示材料抗疲劳性能好，疲劳强度高。贝纹稀疏、间距大，表示材料疲劳强度低。

c. 最后断裂区所占面积很大，甚至超过断面的一半，说明零件严重过载；若所占面积较小或小于断面一半，说明零件无过载或过载很小。

在相同条件下,高应力状态零件的最后断裂区的面积大于低应力状态零件的最后断裂区的面积;承受单向弯曲的零件仅有1个疲劳源,承受双向弯曲的零件有2个疲劳源;承受单向弯曲的零件与承受扭转弯曲的零件的最后断裂区的形状不同,后者的疲劳源与最后断裂区的相对位置发生偏转,同时由于零件上缺口应力集中的影响较大,最后断裂面积很小且与零件断面呈同心状。

3.疲劳寿命预测方法

疲劳寿命是指在循环荷载作用下,产生疲劳破坏所需应力或应变的循环次数,即结构在即将失去正常工作能力之前所经历的应力或应变循环次数。疲劳寿命不仅取决于载荷水平、载荷频率、作用次数,还取决于材料抵抗疲劳破坏的能力。

疲劳研究的主要目的之一就是要预测寿命,疲劳寿命预测是为了使材料或结构不失去正常工作的能力。其预测结果是制定维修决策的基础,亦为兼顾材料和结构使用安全性,保障企业经济效益的重要途径之一。

目前处理疲劳问题的力学方法主要有三种:材料力学、断裂力学和损伤力学方法。由于对疲劳机理的认识及相关疲劳理论尚未建立,无论采用哪种方法,都只是对试验结果的总结提炼,所不同的是总结提炼的方法不同而已。由于实际构件的承载形式千变万化,这种完全依靠试验的处理方式,给工程实际应用带来了很大的困难。另外,由于疲劳试验结果具有分散性的特点,还有从概率统计的角度来看待疲劳破坏和处理试验结果的方法。

(1)材料力学方法

材料力学方法不管何时裂纹成核,只关注疲劳断裂的发生点。因此,不论材料有无裂纹,统一用名义应力或名义应变来对试验结果进行处理和总结提炼。除了存在弹性奇异应力场的情况外,疲劳裂纹成核耗费疲劳总寿命的绝大部分。因此,材料力学方法虽然古老,但是仍可以抓住主要问题,它是目前疲劳研究或应用中使用最广泛的方法。

名义应力法是最早提出的疲劳寿命估算方法,该方法基于材料的 S-N 曲线。对于相同材料的不同结构或构件,名义应力法认为只要其危险部位的应力集中系数 K_t 相同,经历的载荷谱相同,则它们的疲劳寿命相同。名义应力法原理简单,计算过程容易掌握,并且目前已积累了较多的经验和数据。但其基本假设与疲劳机理不符,并且实际结构或构件与标准试件之间存在一定偏差,导致疲劳寿命预测结果不稳定,也不够精确,分散性大,限制了名义应力法的推广应用。后来人们发现在低周疲劳中,塑性应变是影响其疲劳寿命的主要因素,因此常用应变-寿命曲线来表征材料的低周疲劳性能,提出了基于应变分析的局部应力应变法。

局部应变法认为疲劳破坏都是从应变集中部位的最大局部应变处首先起始的,对于相同材料的不同结构或构件,若构件所承受的最大局部应力应变相同,则它们的疲劳寿命相同。因此人们考虑利用标准光滑试件的疲劳寿命来估算与局部应力应变数值相等的结构或构件。

Morrow 提出总应变幅等于弹性应变幅与塑性应变幅之和，用总应变表征疲劳寿命的关系式为

$$\frac{\Delta\varepsilon_t}{2}=\frac{\Delta\varepsilon_e}{2}+\frac{\Delta\varepsilon_p}{2}=\frac{\sigma_f}{E}(2N_f)^b+\varepsilon_f(2N_f)^b$$

式中，$\Delta\varepsilon_t$为总应变的变程；$\Delta\varepsilon_e$为弹性应变的变程；$\Delta\varepsilon_p$为塑性应变的变程；σ_f为疲劳强度系数；E 为弹性模量；N_f为疲劳寿命值；b 为疲劳强度指数。目前 Morrow 模型以及该模型的修正模型被研究者们广泛应用于预测材料的疲劳寿命。但使用这些预测模型前均需要进行一系列的疲劳试验才能拟合得到相应的最佳参数进行应用。

(2)断裂力学方法

断裂力学方法不管裂纹如何形核，而是通过人为引入初始疲劳裂纹，或针对设定的裂纹长度，以该裂纹的疲劳扩展来对试验结果进行处理和总结提炼。显然，这种方法只能处理有裂纹的情况，在剩余寿命评估中可以应用，但对原始光滑材料，显然是不适合的。

1921 年 Griffth 从能量的角度出发提出了裂纹体的强度理论，为断裂力学的发展奠定了基础。1957 年，Irwin 根据 Griffith 理论提出裂纹尖端场控制参量——应力强度因子 K 的概念，为线弹性断裂力学和疲劳裂纹的扩展规律的研究奠定了基础。利用断裂力学方法处理疲劳问题的最重要结果是裂纹扩展速率曲线，如图 3-19 所示。图中，$\Delta K=K_{max}-K_{min}$，为应力强度因子变化幅度，K_{th}为裂纹扩展门槛值，当应力强度因子变化幅度小于裂纹扩展门槛值时，裂纹不会扩展。K_{cf}为极限幅度，它对应于最大应力强度因子接近临界应力强度因子 K_{IC}的情况。平均应力(应力比)对疲劳裂纹的扩展速率有显著的影响。

由图 3-19 可知，裂纹扩展速率可以分为：Ⅰ(低速区)，Ⅱ(线性区)，Ⅲ(高速区)。在低速区，裂纹扩展速率为

$$\frac{da}{dN}=C_1(\Delta K-K_{th})^{m_1}$$

式中，m_1为材料常数。系数 C_1及裂纹扩展门槛值 K_{th}均与应力比有关。

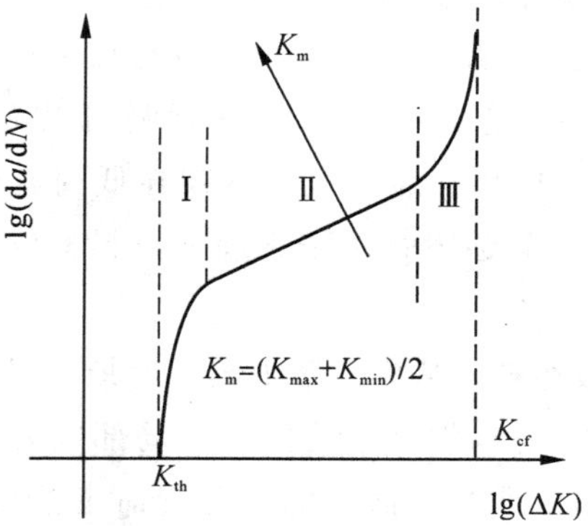

图 3-19 裂纹扩展速率曲线

对于线性区，Paris 在 Irwin 的线弹性断裂力学的基础上，提出了以裂纹尖端场控制参量应力强度因子幅值为参数的裂纹扩展方程：

$$\frac{da}{dN}=C_2(\Delta K)^{m_2}$$

这就是著名的 Paris 定律，它在长裂纹扩展寿命研究方面取得了很大的成功，是工程实际中最为广泛应用的规律。式中，m_2为材料常数，金属材料的材料常数在 2～8 之间（多在 4 附近），而系数 C_2实际上是与应力比有关。

对于高速区，Forman 等提出：

$$\frac{da}{dN}=\frac{C_3(\Delta K)^{m_3}}{(1-R)K_{cf}-\Delta K}$$

式中，m_3为材料常数；系数 C_3与应力比有关；K_{cf}通常等同于材料常数。

(3)损伤力学方法

断裂力学在工程实际中得到了广泛的应用。但是断裂力学的研究基础是假定构件或结构中存在裂纹型缺陷，在对构件或结构进行分析时事先对裂纹的位置和尺寸进行人为假定，具有较强的经验性。疲劳断裂寿命由疲劳裂纹萌生寿命和疲劳裂纹扩展寿命两部分组成，当试件的表面和内部均没有缺陷时，裂纹萌生寿命约占疲劳总寿命 80%，在这种情况下利用断裂力学来预测疲劳寿命就不适合。在这一背景下，损伤力学应运而生并得到了迅速的发展。损伤力学方法通过引入一个过程量——损伤变量来描述疲劳过程，认为疲劳过程是损伤不断演化的过程，而疲劳断裂是该过程的结果。损伤力学的发端被公认为是 1958 年 Kachanov 在研究金属蠕变时所做的工作，他首次提出了连续性因子与有效应力的概念，并利用有效应力给出了损伤演化方程。后来 Robatnov 定义了损伤因子的概念。损伤变量为材料横截面上的有效承载面积与总面积之比，用连续性变量描述材料损伤的变化过程。

考虑材料内部某一截面积 A，去掉损伤部分的面积 A_d，剩下的无损部分的有效承载面积为 $\widetilde{A}$，则：

$$D=\frac{A_d}{A}=\frac{A-\widetilde{A}}{A}$$

显然，$0<D<1$，D 越大，损伤面积越大，有效承载面积越小。$D=0$ 对应于理想材料，$D=1$ 对应于全面受损而无任何承载能力的截面，因此，D 表征了截面的损伤程度。疲劳的过程，可以认为是损伤变量不断增大，乃至其达到某一个临界值 D_C而发生断裂的过程。这种观点在逻辑上符合疲劳的事实，因而已成为解释疲劳的主流方法。根据这一观点，人们只需知道疲劳损伤演化发展的规律，就可以把握整个疲劳的过程。

疲劳损伤演化规律的一般形式可以表示为

$$\frac{dD}{dt}=f(\sigma,D)$$

对上式进行积分，就可得到材料的疲劳寿命。但是给出符合真实疲劳过程的

$f(\sigma, D)$的表达形式比较困难，到目前为止，已有许多研究者对疲劳损伤演化律的具体形式进行了研究，提出了许多损伤演化模型。

3.3.2 影响疲劳破坏的因素

零件材料疲劳强度的大小受诸多因素的影响，外部因素主要是零件的形状、尺寸、表面粗糙度和使用条件等；内部因素主要是材料的成分、组织、夹杂物和表面应力状态等。而疲劳强度是零件设计、选材和制订加工工艺时的重要参数，直接关系到零件的使用寿命。

1. 应力集中

机械零件结构复杂、形状各异，其外表面不可避免地存在台阶、键槽、油孔或螺纹等截面变化；零件内部不可避免地存在冶炼、毛坯加工等带来的缺陷，如杂质、夹杂物、微小裂纹、气孔等，这些部位均会引起应力集中，当应力最大值超过材料的许用应力时就会形成疲劳源，导致疲劳破坏，所以，应力集中是引起疲劳破坏的首要因素。试验表明，零件表面上缺口引起的应力集中使疲劳强度降低，缺口越尖锐，降低越厉害。

2. 表面状态和尺寸因素

零件加工表面状态主要是指表面粗糙度、表面成分和性能的变化、表面残余应力等。表面粗糙度等级越低、表面越粗糙，疲劳强度越低。机械加工使表面高低不平，形成无数微小缺口使疲劳极限降低。相同材料不同加工方法，零件的表面粗糙度不同，其疲劳强度也不一样。例如，钢、铝合金粗车后的疲劳强度较抛光后的低10%～20%。

表面强化处理使零件表面化学成分和组织发生变化，从而使表面的机械性能变化。渗碳、氮化等表面化学热处理不仅提高表面硬度和耐磨性，还可提高疲劳强度。例如，经渗碳或氮化处理的光滑钢试样的弯曲、扭转疲劳极限提高15%～100%；缺口试样经渗碳或氮化处理后疲劳极限提高更大，甚至在230%～300%。柴油机曲轴常采用此种强化工艺。

表面变形强化处理使表面塑性变形抗力增加，在表面层内形成残余压应力，可显著地提高疲劳强度。滚压、喷丸等工艺广泛用来提高零件的疲劳强度。

尺寸因素对材料疲劳极限的影响是随试样尺寸增大，疲劳极限下降，且材料的强度越高其疲劳极限下降得越快，这种现象称为疲劳强度的尺寸效应。尺寸效应是由于疲劳破坏源于零件表面，零件尺寸增加，表面积增加，相应增大表面疲劳破坏的概率。实验时，在试样表面拉应力相等情况下，尺寸大的试样，自表层至中心的应力梯度小，处于高应力区的表层体积大及相应的内部缺陷多，也增加了疲劳破坏的概率。

3. 使用条件

(1)过载和载荷交变频率

过载将造成过载损伤，降低材料的疲劳极限。外加载荷交变频率对疲劳极限的影响，一般在体现交变频率超过10^4次/min(约170次/s)时，频率增加，疲劳极限增加。其他频率范围则影响不大。

(2)使用温度

使用温度升高,材料的疲劳极限降低,温度降低则使疲劳极限增加。但是温度降低会使应力集中敏感系数增加,因此温度下降,材料的疲劳极限增加不大。

温度升高会导致疲劳曲线上的水平部分消失。因此可将规定循环周数的应力作为疲劳极限,称为条件疲劳极限。

(3)环境介质

机器零件的工作环境介质多种多样,其中腐蚀性介质,如酸、碱、盐溶液、海水、潮湿空气等对零件有腐蚀作用。零件在腐蚀介质中工作时的零件表面被腐蚀形成缺口,产生应力集中而使零件材料的疲劳极限下降。

腐蚀介质中材料的疲劳曲线无水平部分,因此具有条件疲劳极限。

4. 材料的成分、组织和夹杂物

在一定条件下凡能使材料的强度提高的因素,一般也可使其疲劳强度提高。如细化晶粒可以提高材料的疲劳强度;结构钢含碳量增加,疲劳强度随之增加。

热处理对材料疲劳强度的影响较材料成分对疲劳强度的影响大得多。同一成分的材料,热处理工艺不同,其所获得的金相组织不同,疲劳强度则有很大的不同。热处理对疲劳强度的影响实质上是显微组织的影响。例如片状珠光体共析钢与粒状珠光体共析钢的疲劳强度分别为239MPa和292MPa。钢中的非金属夹杂物是产生疲劳裂纹的“罪魁祸首”,钢中的夹杂物越少其疲劳强度越高。

3.3.3 高温疲劳与热疲劳

1. 高温疲劳

动力、冶金、航空等设备中,许多零部件是在高温、高压、高应力等极为复杂的条件下工作,并且在运行中这些参数不断变化,因此高温疲劳破坏是其主要失效形式之一。如柴油机的燃烧室零部件、燃气轮机的叶轮或叶片等。

通常把温度高于材料的 $0.5T_m$(T_m是以绝对温度表示的熔点)或温度高于再结晶温度时受到交变应力的作用所引起的疲劳破坏,称为高温疲劳。生产中有许多机器零件是在高温和交变载荷作用下工作。如汽轮机、燃气轮机的叶轮和叶片,柴油机的排气阀等,容易产生高温疲劳破坏。高温疲劳具有以下特点:

(1)高温疲劳的疲劳曲线不出现水平部分,疲劳强度随循环周次增加不断降低。因此,高温下的材料疲劳强度用规定循环周次下的疲劳强度表示,一般取 5×10^7 或 10^8 次。

(2)高温疲劳总伴随蠕变发生,温度越高蠕变所占比例越大,疲劳和蠕变交互作用也越强烈。不同材料显著发生蠕变的温度不同,一般当材料温度超过 $0.3T_m$ 时蠕变显著发生,使材料的疲劳强度急剧降低。例如碳钢温度在300～350℃或更高,合金钢温度在350～400℃或更高时发生蠕变,引起材料的疲劳极限急剧降低。

(3)高温下疲劳极限与蠕变极限、持久极限的关系对高温工作的零件具有重要的意义。实验表明，在较低温度时材料的蠕变极限、持久强度比疲劳极限高，而在高温时材料的蠕变极限、持久强度和疲劳极限均下降。但前两者的下降速度远高于后者，如图 3-20 所示。材料的蠕变极限(随温度变化)曲线 1 与疲劳极限(随温度变化)曲线 2 相交于一点，说明当温度低于此点对应温度时，材料以疲劳破坏为主，高于此温度时以蠕变破坏为主。

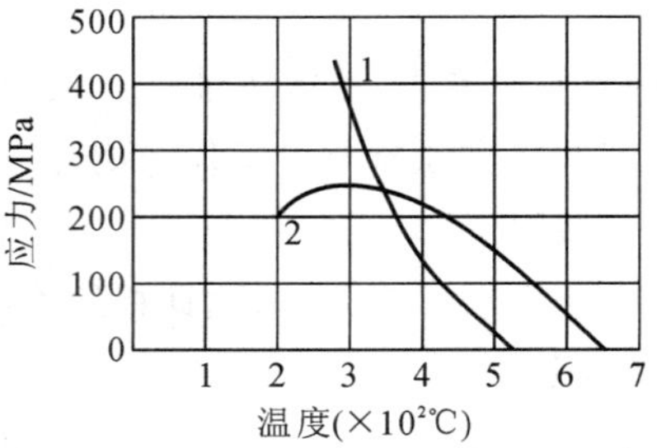

图 3-20　含碳量为 0.15%的碳钢蠕变极限曲线 1 与疲劳极限曲线 2 的关系

此外，高温疲劳对加载频率有较高的敏感性，随着加载频率的降低，材料的疲劳寿命和疲劳极限均会降低。因为加载频率降低相当于延长了载荷作用时间，有利于蠕变损伤的扩展。

2. 热疲劳

(1)热应力概述

零件各部分受热温度不同，产生的变形也不同。材料内部一部分金属对另一部分金属变形的约束或牵制以及零件内外表面的温度不同产生热应力，例如柴油机气缸盖底面，即触火面温度为 400～500℃，冷却面温度为 60～80℃。触火面金属膨胀受到低温冷却面金属的约束不能自由膨胀产生热压应力；低温冷却面金属受高温底面金属牵制产生热拉应力。温差越大，高温面压应力越大，同时气缸盖内外表面的温差热应力也越大。同样，零件上同一截面上温度不均，如气缸盖触火面的中心与边缘，就会在高温的中心部分产生热压应力，在低温面的边缘产生热拉应力。

热应力的大小可用下式表示：

$$\sigma=-k\alpha E(T-T_0)$$

式中，k 为约束系数；α 为材料的热膨胀系数；E 为材料的弹性模量；T 为受热(冷)的温度；T_0为初始温度。

约束系数 k 表示材料受约束的情况。$k=1$，材料受刚性约束；$k=0$，材料自由伸缩，即材料不受热应力；$k>0$ 时，为正约束，即材料在温度升高时，伸长受约束，受压应力。式中负号表示应力与温度变化相位相反。

根据热应力与时间的关系可将热应力分为定常热应力和不定常热应力。

定常热应力是指不随时间变化的热应力。柴油机处于稳定运转时，燃烧室组成零件上的温度可视为不变，处于热稳定状态。柴油机由冷态变为热稳定状态后在燃烧室零件上产生的热应力为定常热应力。

不定常热应力是指随时间变化的热应力。根据热应力变化的频率其又分为高频热应力与低频热应力。柴油机运转时，燃烧室组成零件的触火壁面温度实际上是周期变化的，变化周期与柴油机工作循环的变化周期相同，频率高且壁面受热深度浅。所以，在壁面受热不深的情况下，周期变化的燃气高温作用引起的热应力是高频热应力。零件触火壁面的高频热应力最大，随着深度而减小。柴油机在启动、停车或变工况运行时，燃烧室组成零件的温度也随时间发生动态变化产生不定常热应力。此种不定常热应力变化周期与柴油机运转中启动、停车或工况变化的周期相同，频率较低，属于低频热应力。低频热应力的大小与负荷变化的速度有关。负荷突变将会引起过大的低频热应力，导致零件热疲劳破坏。

(2)热疲劳概述

热疲劳是零件在循环热应力反复作用下产生的疲劳破坏。产生热疲劳必须满足两个条件：一是温度多次循环变化；二是零件热变形受到约束。热疲劳由热循环温差 ΔT 引起，热循环温差 ΔT 产生循环热应力。随着循环次数增加，最大热应力处产生塑性变形和疲劳裂纹。

在热疲劳过程中由于高温引起材料内部组织结构变化，降低了材料的热疲劳抗力；高温促使表面和裂纹尖端氧化，甚至局部熔化，加速热疲劳破坏；零件截面上存在温度梯度，特别是厚壁零件温度梯度更大，在温度梯度最大处造成塑性应变集中，促进热疲劳破坏的发生。

热疲劳裂纹是在受热表面热应变最大区域形成，一般有几个疲劳裂纹源，裂纹沿垂直受热表面方向扩展，并向表面内纵深方向发展。所以零件热疲劳破坏是以受热表面上产生特有的龟裂裂纹为特征。热疲劳裂纹与循环温差、零件表面缺口状态和材料有关。循环温差越大、表面缺口越尖锐，就越容易发生热疲劳。

金属材料的热疲劳抗力不但与材料的导热性、比热容等热力学性质有关，而且与弹性模量 E、屈服极限 σ_s 等力学性能有关，所以导热性差的脆性材料，如灰口铸铁容易发生热疲劳破坏。

提高材料热疲劳抗力的途径主要有：

①尽可能地减少甚至消除零件上的应力集中和应变集中；

②提高材料的高温强度；

③提高材料的塑性；

④降低材料的热膨胀系数。

复习思考题

1. 按照摩擦面间的润滑状态不同，滑动摩擦可分为哪些种类？

2. 在工程中常用金属材料副的摩擦系数是如何得到的？

3. 什么是边界膜？边界膜的形成机理是什么？如何提高边界膜的强度？

4. 零件的磨损过程大致可分为哪些阶段？每个阶段的特征是什么？

5. 根据磨损机理的不同，磨损通常分为哪几种类型？各有什么主要特点？

6. 流体动压润滑和流体静压润滑的滑膜形成原理有何不同，流体静压润滑的主要优缺点是什么？

7. 在润滑油和润滑脂中加入添加剂的作用是什么？

8. 润滑油的主要性能指标有哪些？润滑脂的主要性能指标有哪些？

9. 什么是化学腐蚀？什么是电化学腐蚀？两者的区别与联系是什么？

10. 金属腐蚀的热力学判据是什么？

11. 电化学腐蚀发生的条件是什么？怎样理解在螺旋桨-船体体系中发生的电化学腐蚀？

12. 在轮机管理中，如何减轻电化学腐蚀的影响？

13. 哪些船机零件会发生空泡腐蚀？

14. 什么叫“穴蚀”？影响缸套穴蚀的因素主要有哪些？如何防止和减少缸套产生穴蚀？

15. 为什么二冲程十字头式低速柴油机气缸套基本不发生穴蚀破坏？

16. 什么是疲劳破坏？疲劳破坏可分为哪几种类型？

17. 断口形貌可分为哪几个区域？有何特征？

18. 试阐述疲劳断裂的过程。

19. 影响零件疲劳强度的因素有哪些？

20. 什么是高温疲劳？高温疲劳有哪些特点？

21. 提高材料热疲劳抗力的途径主要有哪些？

参考文献

[1] 满一新.轮机维护与修理[M].大连：大连海事大学出版社，2000。

[2] 丁彰雄，田野.船舶机械修理工艺学[M].武汉：武汉理工大学出版社，2013.

[3] 顾卓明.轮机维护与修理[M].北京：人民交通出版社，2008.

[4] 温诗铸.摩擦学原理[M].北京：清华大学出版社，2018.

[5] 侯文英.摩擦磨损与润滑[M].北京：机械工业出版社，2021.

[6] 王振廷，孟君晟.摩擦磨损与耐磨材料[M].哈尔滨：哈尔滨工业大学出版社，2013.

[7] 中华人民共和国国家质量监督检验检疫总局，中国国家标准化管理委员会.摩擦学术语：GB/T 17754—2012[S].北京：中国标准出版社，2013.

[8] 中华人民共和国国家质量监督检验检疫总局，中国国家标准化管理委员会.金属材料 磨损试验方法试环-试块滑动磨损试验：GB/T 12444—2006[S].北京：中国标准出版社，2007.

[9] 中华人民共和国国家质量监督检验检疫总局，中国国家标准化管理委员会.润滑剂承载能力的测定 四球法：GB/T 3142—2019[S].北京：中国标准出版社，2019.

[10] 润滑剂极压性能测定法（四球法）：GB/T 12583—1998[S].北京：中国标准出版社，1999.

[11] 迟培云.材料腐蚀学[M].哈尔滨：哈尔滨工业大学出版社，2020.

[12] 龚敏.金属腐蚀理论及腐蚀控制[M].北京：化学工业出版社，2022.

[13] 曹楚南. 腐蚀电化学原理[M]. 北京：化学工业出版社，2008.
[14] 林修洲. 腐蚀试验与监测[M]. 北京：化学工业出版社，2023.
[15] 王兆华. 防腐蚀工程[M]. 北京：化学工业出版社，2016.
[16] 中华人民共和国国家质量监督检验检疫总局，中国国家标准化管理委员会. 金属和合金的腐蚀术语：GB/T 10123—2022[S]. 北京：中国标准出版社，2022.
[17] 中华人民共和国国家质量监督检验检疫总局，中国国家标准化管理委员会. 船舶及海洋工程用金属材料在天然环境中的海水腐蚀试验方法：GB/T 6384—2008[S]. 北京：中国标准出版社，2009.
[18] 中华人民共和国国家质量监督检验检疫总局，中国国家标准化管理委员会. 金属和合金 大气腐蚀试验 现场试验的一般要求：GB/T 14165—2008[S]. 北京：中国标准出版社，2023.
[19] 闻邦椿. 疲劳强度与可靠性设计[M]. 北京：机械工业出版社，2015.
[20] 姚卫星. 结构疲劳寿命分析[M]. 北京：科学出版社，2019.
[21] 尚德广. 疲劳强度理论[M]. 北京：科学出版社，2017.
[22] 杨辉. 材料强度与破坏[M]. 武汉：华中科技大学出版社，2021.

拓展资料：

序号	名称	种类
1	学者人物介绍 1	视频
2	学者人物介绍 2	视频
3	磨损事故案例 3-1	图文
4	磨损事故案例 3-2	图文
5	学者人物介绍 3	视频
6	腐蚀事故案例 3-3	图文
7	腐蚀事故案例 3-4	图文
8	学者人物介绍 4	视频
9	疲劳事故案例 3-5	图文
10	疲劳事故案例 3-6	图文

第4章

船机零件的无损检测

应崇福(1918—2011),男,浙江宁波人,超声学家,中国科学院院士,中国科学院声学研究所研究员、副所长,中国声学学会理事长。

1952年获美国布朗大学物理学博士学位后,在强烈的爱国情怀驱使下,应崇福毅然谢绝布朗大学导师丘尔教授的挽留,准备回国,正当他几经周折,刚刚凑够回国旅费时,突然收到了美国移民局发出的禁止出境的通知,渴望归家的强烈情感被现实泼了一盆冷水,他曾赴当地移民局据理力争,但并未改变禁令。布朗大学办公室的人帮助应崇福在丘尔教授的实验室联系了一份临时工作,该工作主要围绕超声展开,他也因此与超声结缘。1955年,应崇福收到禁令解除的通知。梁园虽好,终非久恋之乡,经过一番思想斗争后,他决定回国。他在回国的轮船上给丘尔教授写了一封长信,说明了自己非回国不可的原因:"有一个国家叫中国,这个国家是我的祖国……中国专家很少,用于吸引专家的财富也很少,而且有着许多棘手的难题。如果连我这样的人都不回去直面这些困难,那么还有什么人会去为这个国家服务呢?并且,如果这样一个巨大的国家不能独立自主,整个世界都将无法保持纯洁的良心,无法维持持久的和平。"回国不久,应崇福被分配到中国科学院应用物理研究所晶体组工作。当时所里没有实验室,连基本的试验设备也找不齐,他对国家的需要及今后的发展方向等也都不了解。经历短暂迷茫后的应崇福很快便重拾了信心:"如果能够继续作科研,就算国内没有这个学科我也能重新创建起来,开辟新领域我从来都不害怕。"经过多年的努力,中国的超声事业从无到有,大专院校先后开设了相关专业,各个主要工业部门也都建立了相应的研究机构。1993年,应崇福当选中国科学院院士,此时已经功成名就的他却依然拼劲十足,积极转向国际最前沿的声空化工程领域,发表了数篇论文,取得了一批成果。

应崇福追逐科研事业、追求真理的精神,为他赢得了"声超苍穹、上德若谷"的美誉。他所倡导的"爱岗敬业、爱国奉献的传统;虚怀若谷、海纳百川的胸怀;学术独立、自主创新的理念;严谨求实、追求卓越的精神",一直激励着青年学子踊跃献身于我国超声事业的发展。

船机零件的缺陷是指零件在制造和使用过程中产生的缺陷和损伤。制造中的缺陷是零件材料和毛坯在冶炼、铸造、锻造、热处理和机械加工中所产生的气孔、缩孔、疏松、夹杂和微裂纹等缺陷；使用中产生的损伤，如磨损、腐蚀和疲劳裂纹等。零件表面和内部的缺陷是其在运转中产生损坏的内因，容易导致零件失效和机器损坏。

为了保证船舶动力装置运转的可靠性和船舶航行的安全，检验贯穿于船舶机械的制造、安装和使用过程中。如，船舶机械在制造、安装中进行严格的质量检验，对零件材料进行的无损检验、实现零件的加工技术要求的检验、机器装配要求和在船上安装要求的检验等。入级船舶在建造过程中按照 CCS《钢质海船入级与建造规范》建造和接受验船师的监督与检验。船舶投入营运后 CCS 依规范要求进行保持船级的各种检验。

在船舶条件下轮机员对缺陷零件可进行一般检验；船舶进厂修理时对重要零件的缺陷应进行无损检验。

4.1　船机零件缺陷的一般检验

一般检验是采用一般的、传统的简易方法检验零件的缺陷。在船舶条件下这些简单、方便的检验方法具有一定的精度，故一直被广泛采用。

一般检验采用普通量具检验零件的磨损、腐蚀和运动副的配合间隙等；采用观察法、听响法和液压试验法检验零件表面和内部的缺陷。

4.1.1　观察法

观察法是通过人的眼睛或借助低倍放大镜等辅助工具来观察和判断零件表面有无裂纹和缺陷的方法，用于检验零件表面上的一些细微的和肉眼难以发现的缺陷。检测的准确度取决于检验人员的细心程度和经验。

4.1.2　听响法

听响法是根据敲击零件时发出的声音来判断零件内部和表面有无缺陷的方法。声音清脆表示零件完好或零件与其表面的覆盖层结合良好，无脱壳现象；声音沙哑则表示零件内部或表面有缺陷，或零件与其表面的覆盖层结合不良、局部脱壳等。例如，检验轴瓦的瓦壳与其上瓦衬(耐磨合金层)的结合情况时一般采用此法。

听响法只能定性地判断零件内部和表面有无缺陷，不能确定缺陷的种类、大小和部位，检验的准确度有赖于检验者的经验，并且只适用于小零件。此法简便，灵活，随时可以进行，所以沿用至今。

4.1.3　测量法

测量法是轮机员在船上进行检修和船舶进厂修船时广泛使用的重要检测手段。其利用普通或专用量具测量磨损零件的尺寸和配合件的间隙以及腐蚀情况判断零件的使用性能和确定修理方法。一般采用的普通量具有内、外径千分尺，百分表，内径百分表，塞尺等；专用量具、量仪如专用千分尺、长塞尺、桥规和样板等。

测量法检测精度高，使用方便、灵活，是船上和修船厂不可缺少的检测手段。然而测量精度取决于量具、量仪的精度和轮机员检测技术水平。因此，轮机员应掌握各种量具、量仪的使用方法和维护方法，不断地提高测量技术水平。

4.1.4 液压试验法

对使用中要求具有较高密封性的零件通常进行液压或气压试验。通过检查零件表面有无渗漏现象，来排除表面有无穿透性裂纹等。

试验可用水或油，也可用空气，依有关要求而定。试验压力依零件工作条件而定。新造或修理的零件或重新装配的组件均应进行密封性检查，例如气缸套、活塞等。

液压试验法实质上是在模拟使用条件下对承压零件材料内部缺陷进行检验的一种无损检验方法。试验前，将待检零件上的孔、洞等堵塞，用专用夹具密封零件形成包括检验部位的封闭空腔，注满液体或气体，按要求加压至规定的压力，保持一定时间后观察零件外表面的渗漏情况，以确定零件能否使用。例如，气缸套上部（1/3 气缸全长）是燃烧室组成部分，试验压力为 1.5p_z（最高爆发压力）。四冲程柴油机气缸套内孔全长液压试验，试验压力为 0.7 MPa，保持 5 min 后检验气缸套外表面有无渗漏，如图 4-1 所示。

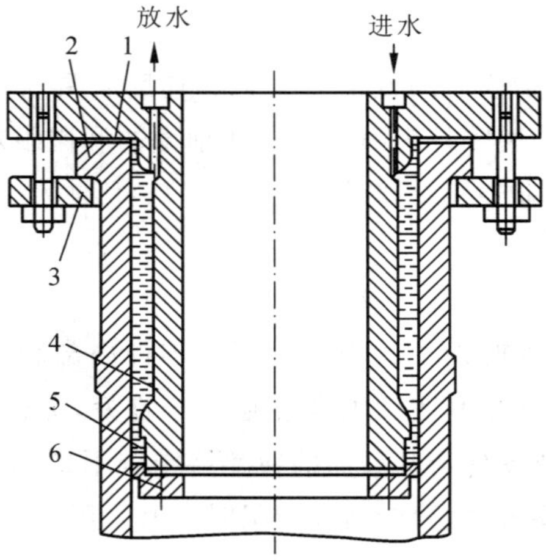

1—密封垫圈；2—气缸套；3—压盖；4—试验夹具本体；5—密封圈；6—压板

图 4-1 柴油机气缸套内孔全长液压试验

液压试验法符合零件实际工作条件，检测准确、可靠，广泛用于新造和修理工作中。《钢质海船入级与建造规范》、《船用柴油机修理技术标准》，或柴油机说明书中对各种零部件的试验压力均有明确规定，如表 4-1 所示。

表 4-1　船机零部件液压试验

序号	项目	试验压力①
1	气缸盖冷却腔	0.7MPa
2	气缸套(冷却腔的全长)	0.7MPa
3	气缸体冷却腔	1.5p,但不小于 0.4MPa
4	排气阀冷却腔	1.5p,但不小于 0.4MPa
5	活塞顶冷却腔(装配活塞杆组成密闭空间后试验)	0.7MPa
6	高压燃油喷射系统 高压油泵体的受压面 喷油器 高压油管	1.5p 或 p+30MPa 取其较小者 1.5p 或 p+30MPa 取其较小者 1.5p 或 p+30MPa 取其较小者
7	液压系统用于驱动排气阀的高压管路	1.5p
8	扫气泵气缸	0.4MPa
9	涡轮增压器冷却腔	1.5p,但不小于 0.4MPa
10	排气管冷却腔	1.5p,但不小于 0.4MPa
11	机带空压机(气缸、气缸盖、中间冷却腔、后冷却腔) 空气侧 水侧	1.5p 1.5p,但不小于 0.4MPa
12	冷却器每一侧②	1.5p,但不小于 0.4MPa
13	机带泵(油、水、燃油、污水)	1.5p,但不小于 0.4MPa

注:①p 是指液压部件的最大工作压力;

②空气冷却器仅需试验水侧。

4.2　船机零件的无损检测方法

在造船工业中建造新船和修理船舶时,无损检测是十分重要的工具。它的主要用途是保证用在船体结构的或修理构件的材料和部件满足预期的质量水平,使船舶的性能符合设计要求。

无损检测是在不损坏被检测对象的前提下,利用材料内部结构异常或缺陷存在所引起的对热、声、光、电、磁等反应的变化,来探测各种工程材料、零部件、结构件等内部和表面缺陷,对缺陷的类型、性质、数量、形状、位置、尺寸、分布及危害程度作出判断和评价,并对其寿命、使用性能、缺陷的发展趋势等进行预测、监控和评价的一种方法。

无损检测的发展经历了三个阶段,即无损探伤(nondestructive inspection,NDI)、无损检测(nondestructive testing,NDT)和无损评价(nondestructive evaluation,NDE),一般统称为无损检测。目前,无损检测技术形成了五种常规的无损检测方法,即射线检测(radiography testing,RT)、超声检测(ultrasonic testing,UT)、磁粉检测(magnetism testing,MT)、渗透检测(penetrate testing,PT)和涡流检测(eddy testing,ET)。

4.2.1 渗透探伤

液体渗透探伤是使用较早的一种检验表面缺陷的方法。液体渗透探伤的原理是利用液体的流动性和渗透性,借助毛细管作用显示零件表面开口性缺陷。

渗透探伤原理简单,操作方便、灵活,适应性强,可检查各种材料和各种形状、尺寸的零件,对表面裂纹有很高的检测灵敏度,但不能检测表面非开口性缺陷和皮下缺陷。按照渗透剂的不同有三种方法。

1. 煤油白粉法

煤油白粉法是一种老式的但很简便的渗透探伤方法,一直沿用至今。以煤油为渗透剂,石灰粉或白垩粉为显像剂。检验步骤如下:

(1)检验时,先将清洗干净的零件浸入煤油中或把煤油涂抹在零件待检表面上,依零件尺寸大小而定;

(2)15～30 min 后,煤油已充分渗入零件缺陷中,取出零件并擦干;

(3)在零件待检表面上涂上一层白粉,干燥后适当敲击零件,使渗入缺陷中的煤油携缺陷中的锈污等复渗于白粉上,呈现出黑色痕迹,将零件表面上缺陷的大小、部位或覆盖层脱壳情况显示出来。

此法简便、实用、经济,但不精确,只能粗略检验。

2. 着色探伤

着色探伤的渗透液中含有红色颜料、溶剂和渗透剂等成分,具有渗透力强、渗透速度快、显像清晰醒目、洗涤性好、化学稳定性好和无腐蚀、无毒或低毒等特点。显像剂常由氧化锌、氧化镁或二氧化铁等白色粉末和有机溶剂组成。显像剂具有悬浮力好,与渗透液有明显的衬度对比,显示缺陷清晰,易于辨别,无腐蚀性等特点。

在着色探伤操作中有浸液法、刷涂法和喷涂法。采用内压式喷罐喷涂检验,操作简单,携带方便,应用灵活。一组内压式喷罐各装有清洗剂、渗透剂和显像剂。检验时,先用清洗剂清洗零件待检表面,然后喷涂一层红色渗透剂并保持一定渗透时间,最后在清洗去渗透剂的表面上再喷涂一层白色显像剂,晾干后在白色衬底上显示出红色缺陷痕迹。

渗透剂渗透时间对检验效果影响很大。时间短,小缺陷难以发现,大缺陷显示不完全;时间长,难以清洗,且检验效率低,一般根据零件材料确定渗透时间。例如铝镁合金铸件约为 15 min;钢的铸、锻件为 30～60 min;塑料、玻璃、陶瓷等非金属材料为 5～30 min。

3. 荧光探伤

荧光探伤是借助残留在零件缺陷内的荧光渗透液在紫外线照射下发出的荧光显示缺陷。

荧光渗透液主要由荧光物质、溶剂和渗透剂组成，具有荧光亮度高、渗透性好、检测灵敏度高、化学稳定性好、易于清洗及无毒、无味、无腐蚀性的特点。荧光物质是在紫外线照射下能够通过分子跃迁产生荧光的物质。通常采用在紫外线照射下发出黄绿色荧光的渗透液，这种颜色在暗处衬度高，人的视觉对其最敏锐。

显像剂常用经过干燥处理的白色氧化镁粉，它具有最高的灵敏度和显示亮度。在荧光探伤操作中，渗透方法主要是浸液法，渗透时间一般为 15～20 min。常用的紫外线灯又称黑光灯，是一种高压水银灯，产生紫外光及可见光，如图 4-2 所示。

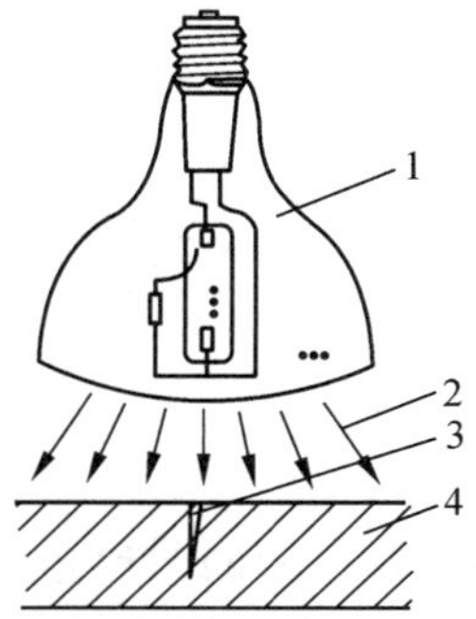

1—黑光灯；2—紫外线；3—缺陷；4—零件

图 4-2　荧光探伤和黑光灯结构示意图

荧光探伤具有灵敏度高、操作简便、使用灵活等优点，但需在暗室中观察，长期受紫外线照射有害健康。

4. 渗透检漏探伤

液体渗透检漏探伤用来探测容器或焊缝有无穿透性缺陷。适用于金属或非金属材料的容器。常用煤油进行渗透检漏。

用煤油作为渗透剂进行检漏时，在容器或焊缝的容易观察的一面涂以白垩粉液，干燥后在另一面涂煤油，观察白垩粉上有无煤油渗透的痕迹。如采用着色或荧光渗透检漏显示效果更好，检测灵敏度更高，但需较长的渗透时间。

4.2.2　磁粉探伤

磁粉探伤或称磁力探伤，是一种表面探伤方法，也是应用最早的无损探伤技术。其具有设备简单、操作容易，检验速度快和灵敏度较高的优点，但仅适用于铁磁性材料。磁粉探伤广泛应用于各种工业生产和修造船工业生产中。

磁粉探伤可以探测材料或零件表面和近表面的缺陷，对检验裂纹、发纹、折叠、夹层和未焊透等缺陷极为灵敏。采用交流电磁化可探测表面下 2 mm 以内的缺陷，采用直流电磁化可探测表面下 6 mm 以内的缺陷。

磁粉探伤设备有固定式、移动式和手提式三种磁力探伤机，显示介质为较细的纯铁磁粉（Fe_3O_4），直接使用干粉灵敏度高，但操作不便；把磁粉和煤油混合成湿粉，使用更方便。

目前研究者已研制成半自动、全自动磁粉探伤机，如曲轴半自动探伤机、钢材自动探伤机。除部分工序外，探伤从零件装夹、磁化、喷粉、退磁等工序全部自动化。此外，水下磁粉检验可对船体水下部分、海上石油钻井平台的水下焊缝和海底管道的缺陷进行检验。

1. 磁粉探伤原理

磁粉探伤是基于铁磁性材料磁导率高的特性来检验缺陷，当表面或近表面存在缺陷的零件在磁场中被磁化后产生漏磁磁场，漏磁磁场吸附磁粉显示出零件表面或近表面缺陷的大小、形状和部位，如图 4-3 所示。

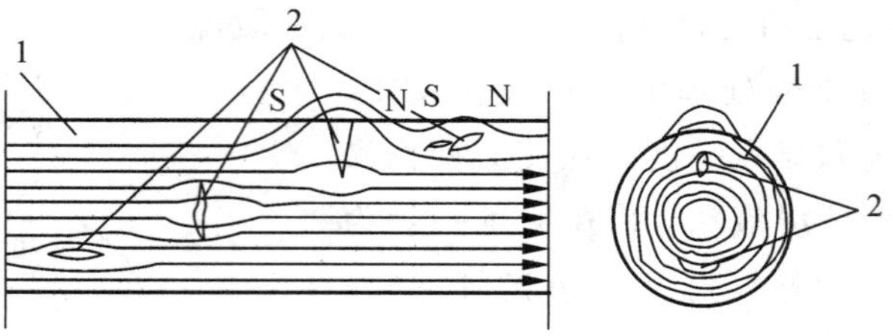

1—零件；2—缺陷

图 4-3 磁粉探伤原理

在磁导率不同的两种介质的界面上，磁力线的方向发生变化。当两种介质的磁导率悬殊时，例如铁和空气，磁力线进入空气时几乎垂直界面，进入空气的磁力线构成漏磁磁场。零件材料内的缺陷大小、方位对磁力线方向改变的角度和漏磁磁场的强度均有很大影响。表面缺陷较大并与磁力线垂直时，漏磁磁场强度最大，最易探伤。随着缺陷与磁力线的夹角变小，最终与磁力线平行时，漏磁磁场强度逐渐减弱至零。当缺陷与磁力线夹角大于 45°时才具有一定的漏磁磁场强度和检验灵敏度。缺陷距零件表面较远，不能形成漏磁磁场时则不能显示缺陷。

2. 磁粉探伤方法

磁粉探伤方法按磁化电流性质分为交流电磁化法和直流电磁化法；按显示介质状态和性质分为干粉法、湿粉法、荧光磁粉法；按磁化方法分为直接通电法、局部支杆法、心轴法、线圈法和铁轭法；按磁场方向分为纵向磁化、周向磁化和复合磁化。

(1)纵向磁化。零件磁化后产生平行零件轴线的磁力线，可以探测与零件轴线垂直或成一定角度的缺陷。采用直流电或交流电通过线圈或铁轭磁化，如图 4-4 所示。

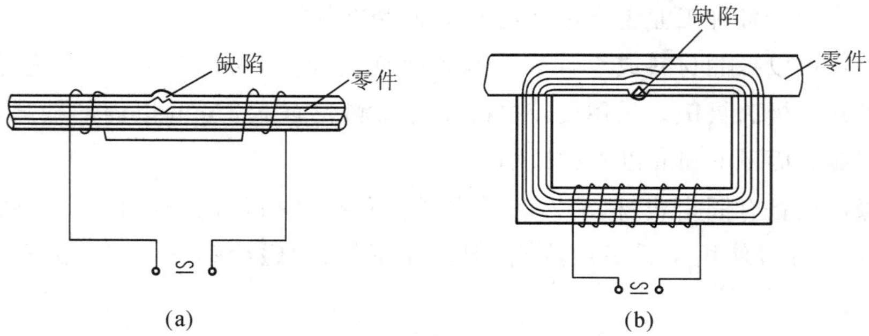

图 4-4 纵向磁化

(a)线圈法；(b)铁轭法

(2)周向磁化。零件直接通电或使穿过零件的心轴通电，使在零件内产生垂直零件轴线的磁力线，可探测轴向缺陷，即平行或近于平行零件轴线的缺陷，如图 4-5 所示。

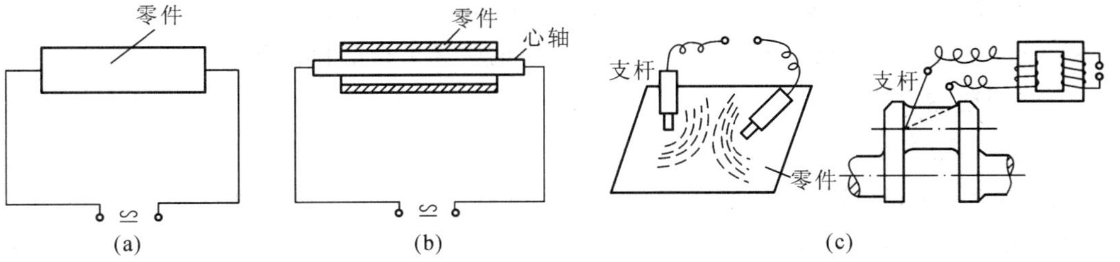

图 4-5　周向磁化

(a)直接通电法；(b)心轴法；(c)支杆法和曲轴探伤

(3)复合磁化。零件通电后同时产生纵向和周向磁力线，可以探测零件上任意方向上的缺陷，如图 4-6 所示。

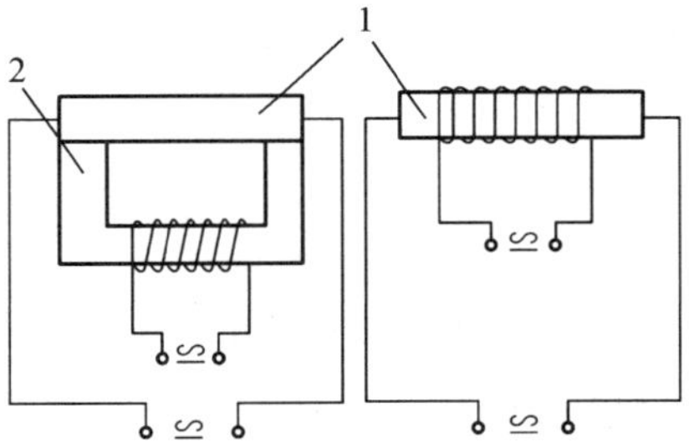

1—零件；2—铁轭

图 4-6　复合磁化

3. 磁化电流

用于探伤的磁化电流可采用直流电或交流电。为了获得强磁场和安全工作，选用低压大电流，一般电压在 12 V 以下，电流则视零件大小按经验公式求得。

直流电磁化产生的磁场强度大，磁力线在零件截面上分布均匀，可探测表面及表面以下 6 mm 处的缺陷。但直流电源复杂，使用不便，退磁困难，所以应用较少。

交流电磁化因集肤效应使产生的磁力线分布于零件的表面层，可探测表面及表面以下 2 mm 处的缺陷，交流电磁化的探测灵敏度高，易于退磁，设备简单，应用广泛。

4. 退磁

由于铁磁性材料的顽磁性使经磁粉探伤的零件内有剩磁，剩磁会使回转零件吸附铁屑而加剧磨损和使仪表工作不正常。

(1)需要退磁和不需要退磁

需要退磁的情况：①剩磁会影响到某些仪器和仪表的工作精度和功能；②剩磁所吸附的磁粉在后续工序，如机加工和表面涂层时，会引起运动部件的磨损；③剩磁可导致切屑黏附在表面，破坏表面精度和使刀具钝化；④在试件尚需电焊时，剩磁会引起电弧偏吹或游离;⑤剩磁会干扰以后的磁粉检测。

不需要退磁的情况有:①后续工序是热处理,试件要被加热到居里温度(对于钢约750℃)以上;②顽磁性低的试件(如低碳钢的容器)在磁化场移去后剩磁场可很微弱;③在一个方向磁化后接着要在另一方向以更强的磁场进行磁化检测。

(2)退磁的方法

①交流电退磁

采用交流电退磁时,试件所承受的退磁场强度其峰值应大于检测时所用峰值,而退磁场的方向应近乎与检测时的方向相同。在试件夹于两接触电极之间通以交流电进行周向磁化、检测后,或用芯棒法进行周向磁化、检测后,可在原位将电流强度逐渐减少至零以退磁。

②直流电退磁

用直流电退磁时,其原理与交流电相同。退磁场的强度应高于检测时所达到的数值,磁场的方向也应与检测时所用方向近乎相同。通过将退磁场换向并逐渐降低强度,重复此作业直至剩磁达到可接受的低值。通常采用的换向频率是每秒钟换向一次,对于去除周向磁场是成功的。

③振荡电流退磁

将一个数值适当大的电容跨接在退磁线圈上,用直流电激励线圈,当电流被切断时,电容-电感-电容组成的振荡电路就以自己的谐振频率产生振荡,振荡电流逐渐地降低到零。

④铁轭退磁

铁轭的线圈中通以交流电放在试件表面并围绕表面移动,然后在铁轭仍处于激励状态时移离试件。用低频换向直流电来代替磁轭中的交流电,按直流电法退磁对于穿透较大的深度更为有效。

(3)退磁中须加注意的问题

①用直流电磁化检测的试件用交流电退磁时,由于交流场有明显的集肤效应,试件深处的剩磁可仍有保持,试件直径大于50 mm时尤其会如此,这种试件必须使用直流电退磁。

②被周向磁化后的试件磁感应线可完全被包围在试件内,难以断定是否退磁,因此,对已经周向磁化了的试件在退磁前,只要可能,须用一个强于周向磁化的磁场进行纵向再磁化,然后按纵向磁化零件进行退磁。

③对于短而粗或球形试件用螺管线圈退磁时,应将数个试件首尾连接以利退磁。

④经过退磁的试件,其剩磁值在试件的任何部位用磁场计测量,一般允许存在$3\times10^{-4}\sim8\times10^{-4}$ T,对精密配合件要求不大于3×10^{-4} T,用磁场强度计测量时不大于240 A/m。

(4)清理

清理可用合适的溶剂、压缩空气或用其他方法来进行。试件应做仔细检查以保证此清理作业已除去了残留在冷却孔、裂缝、通道等处的磁粉,这些磁粉会对试件的使用造成有害的影响。应仔细清除当初为防止磁悬液进入小开口、油孔而使用的塞子或其他遮蔽物。在清理过程中应防止任何可能的腐蚀和损伤。清理后按规定对受检件作出标记。

4.2.3　涡流探伤

涡流探伤是一种探测金属材料零件或构件表面和近表面缺陷的无损探伤方法。涡流探伤是在电磁感应的基础上,利用在交变磁场作用下不同材料产生不同振幅和相位的涡流来检验铁磁性和非铁磁性材料的物理性能、缺陷和结构尺寸等的检验方法。

1. 涡流探伤原理

在电磁感应中,当零件接近一个带有交变磁场的测量线圈时,这个线圈的磁场就会在零件表面产生旋涡状的感应电流,常简称为涡流,如图 4-7 所示。同时根据楞次定律,由涡流产生的磁场总是企图削弱激磁线圈的激磁磁场,故使总的合成磁场小于原来(没有涡流时)的激磁磁场。因此用涡流法探伤时,其测量线圈中的阻抗大小随零件缺陷的存在与否或涡流的大小不同而不同。如果检查的钢管中存在缺陷,测量线圈中的阻抗与无缺陷部分的阻抗就有差别,通过放大器或其他仪器放大和鉴别,就可把存在缺陷的部分指示出来,如图 4-8 所示。

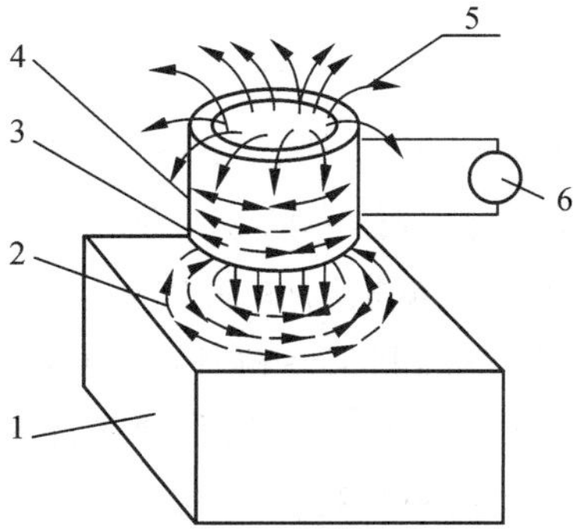

1—工件;2—感生涡流 i;3—激励电流;4—激励线圈;5—交变磁场;6—交流电源

图 4-7　涡流产生原理图

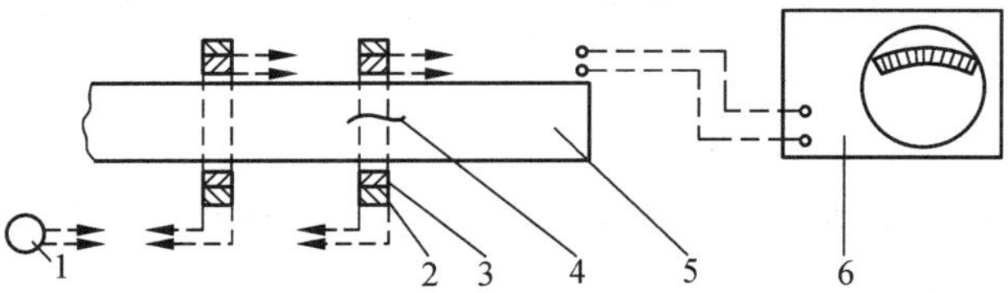

1—交流电源;2—激励线圈;3—测量线圈;4—缺陷;5—工件;6—测量装置

图 4-8　涡流探伤原理图

2. 涡流探伤的特点

①特别适合于薄、细导电材料的检测，而对粗、厚材料只适用于表面和近表面的检测。

②不需要耦合剂，可以非接触进行检测。不过，随着探头到试件表面距离的增大，涡流检测的灵敏度会降低。

③速度快，易于实现自动化。因为涡流检测时并不要求探头与工件接触，所以为实现高速自动化检测提供了条件，尤其在有色金属工厂，如铜管、铝管、锆管的自动化生产线上，可直接应用于在线检测控制产品质量。

④可应用于高温检测。由于高温下的导电试件仍有导电性质，而且涡流检测用的探头线圈不受材料居里点的影响，更重要的是涡流检测可以非接触进行，因而涡流检测已被大量引入高温材料的检测中。

⑤可用于异形材料和小零件的检测。涡流检测线圈可绕制成各种形状，因而可对截面材料形状为三角形、椭圆形等的异形材料进行检测。对于小零件的检测，如小轴、螺母等工件的检测，用涡流法也有其独到之处。

3. 涡流探伤的应用

涡流探伤除探测零件表面内的缺陷（裂纹、折叠、气孔和夹杂）外，还能测量材料的物理量（电导率、磁导率、晶粒度、硬度、尺寸、热处理状态）和零件表面上的镀层、涂层的厚度，无损测量金属箔、板材和管材的厚度、直径等。

4.2.4 超声波探伤

超声波探伤的研究始于 20 世纪 30 年代，20 世纪 50 年代其广泛用于工业领域，20 世纪 60 年代人们研制出高灵敏度和高分辨率的超声波探伤仪，有效地解决了焊缝探伤问题。目前，超声波探伤已成为工业无损检测中应用最广泛的一种方法，适用于各种工程材料和各种尺寸的锻件、轧制件、焊缝和某些铸件，各种机械零件和构件，如船体、锅炉、容器等都可利用超声波进行有效的探伤，可采用手动或自动化方式进行检测。利用超声波探测零件内部的缺陷，也可检测材料的物理性能，如无损检测厚度、硬度、淬硬层深度、晶粒度、残余应力、胶接强度、液位和流量等。

目前，超声波探伤仪的微机化可完成数据与图像处理。例如，全电脑对话式超声波探伤仪可在屏幕上显示回波曲线和检测数据，存储缺陷波形，打印数据、图形资料，编写探伤报告等。

1. 超声波

超声波是一种机械振动波，是超声振动在介质中的传播，实质是机械振动以波的形式在弹性介质中的传播。

声波频率在 16 Hz～20 kHz 为人的听觉范围。频率小于 16 Hz 的声波称为次声波；频率超过 20 kHz 的声波称为超声波。

超声波具有频率高、波长短、传播能量大、穿透力强、指向性好的特点。超声波在均匀介质中沿直线传播，遇到界面时发生反射和折射，并且可以在任何弹性介质(固体、液体和气体)中传播。在工业超声波探伤中，传播介质主要是固体，液体作为耦合剂以减少声能损失，气体则常包含在缺陷(如气孔、缩孔、裂纹等)中。

超声波在介质中的传播方式随振源在介质上施力方向与声波传播方向不同，超声波的波形可分为下列几种：

(1)纵波：质点振动方向和传播方向一致的波称为纵波。它能在固体、液体和气体介质中传播，用于纵波探伤法。

(2)横波：质点振动方向垂直于传播方向的波称为横波。它只能在固体中传播，用于横波探伤法。

(3)表面波：质点的振动介于纵波和横波之间，沿着固体表面传播，振幅随深度增加而迅速衰减的波称为表面波，又称瑞利波。表面波质点振动的轨迹是椭圆，质点位移的长轴垂直于传播方向，短轴平行于传播方向，它用于表面波探伤法。

(4)兰姆波：只产生在有一定厚度的薄板内，在板的两表面和中部都有质点的振动，声场遍及整个板的厚度，沿着板的两表面及中部传播，所以又称为板波。若两表面质点振动的相位相反，中部质点以纵波的形式振动则称为对称型兰姆波；若两表面质点振动的相位相同，中部质点以横波的形式振动则称为非对称型兰姆波。兰姆波可检测板厚及分层、裂纹等缺陷，还可检测材料的晶粒度和复合材料的黏合质量等。

2. 超声波探伤概述

(1)超声波探伤原理

超声波探伤是利用超声波通过两种介质的界面时发生反射和折射的特性来探测零件内部的缺陷。

超声波探伤方法按波的传播方式分为脉冲反射波法和透射波法。脉冲反射波法是利用脉冲发生器发出的电脉冲激励探头晶体产生超声脉冲波。超声波以一定的速度向零件内部传播，遇到缺陷的波发生反射，得到缺陷波，其余的波则继续传播至零件底面后发生反射，得到底波。探头接收发射波、缺陷波和底波，放大后显示在荧光屏上，如图 4-9 所示。

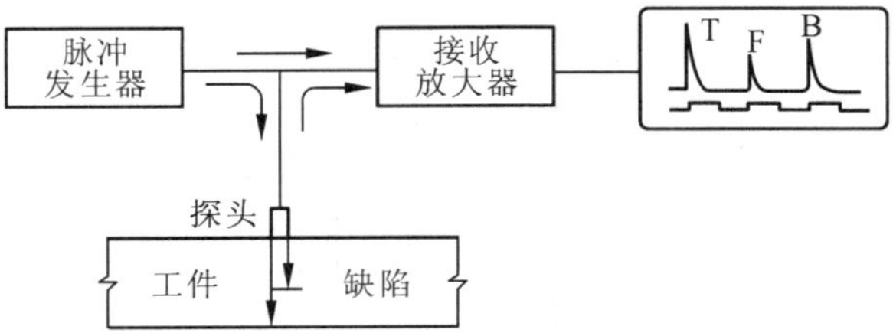

T—发射波；F—缺陷波；B—底波

图 4-9　超声波脉冲反射波法探伤原理

由发射波、缺陷波和底波在时间基线上的位置求出零件内缺陷的部位。依缺陷波的幅度判断缺陷的大小，具体方法有当量法、定量法等。对于缺陷的性质则主要依缺陷波的形状及其变化，结合零件的冶金、焊接或毛坯铸、锻工艺特点，以及参照缺陷图谱和探伤人员的经验来判断。

超声波探伤常用频率在 0.4～5 MHz 之间。较低频率用于检测粗晶材料和衰减较大的材料；较高频率用于检测细晶材料和要求高灵敏度处。特殊要求的检测频率可在10～50 MHz。

(2)换能器

俗称探头，是产生和接收超声波的装置。工业上产生和接收超声波的方法很多，主要有压电式、电磁式等。超声波探伤中主要采用压电式换能器。

换能器主要由压电晶体组成。晶体有石英、酒石酸钾钠、硫酸锂等；压电陶瓷有钛酸钡、钛酸铅等。利用石英、钛酸钡的正压电效应产生超声波，逆压电效应接收超声波。压电晶体在交变电压作用下，在晶体厚度方向产生伸缩变形，产生与交变电压频率相同的机械振动，即产生超声波。当把高频振动(超声波)作用在晶体上，在晶体的两个电极之间产生与超声波频率相同、强度与超声波成正比的高频电压，即接收超声波。

依结构和使用波形不同，探头分为直探头、斜探头等。直探头为可发射和接收纵波的单探头。斜探头为可发射和接收横波的双探头。探伤时，为了使探头与零件接触良好减少声能损失和提高探伤灵敏度，在探头与零件接触表面之间涂以耦合剂，耦合剂多采用机油。

3. 超声检测方法

超声检测适应性强、检测灵敏度高、对人体无害、使用灵活、设备轻巧、成本低廉、可及时得到探伤结果，适合在车间、野外和水下等各种环境下工作，并能对正在运行的装置和设备进行检测和诊断。

(1)接触法

接触法就是探头与零件表面之间经一层薄的耦合剂直接接触进行探伤的方法。耦合剂主要起传递超声波能量的作用。图 4-10 为接触法示意图。此法操作方便，但对被检零件表面粗糙度要求较严。直探头和斜探头(包括横波、表面波、板波)都可采用接触法。

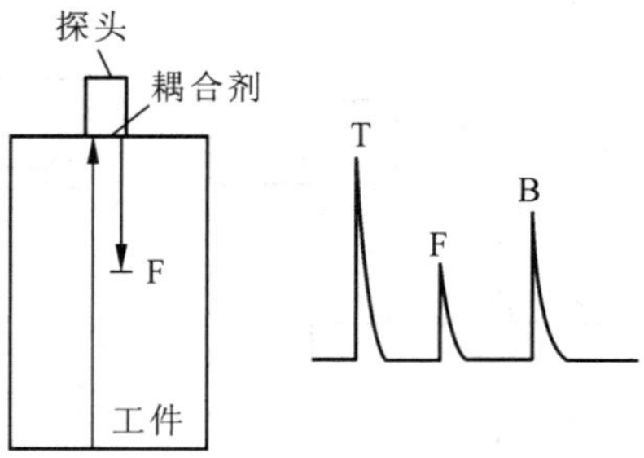

T—发射波；F—缺陷波；B—底波

图 4-10 接触法探伤

(2)液浸法

液浸法就是将探头与零件全部浸入液体,或探头与零件之间局部充以液体进行探伤的方法。液体一般用水,故又称水浸法。用液浸法纵波探伤时,当超声束达到液体与零件的界面时会产生界面波,如图 4-11 所示。

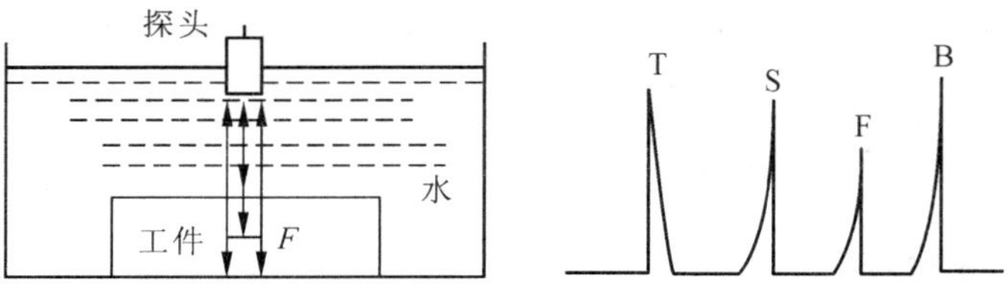

T—发射波;S—界面波;F—缺陷波;B—底波

图 4-11　液浸法探伤

(3)脉冲反射波法

纵波脉冲反射法又分为一次脉冲反射波法和多次脉冲反射波法。一次脉冲反射波法前文已介绍,原理如图 4-9 所示。由发射波、缺陷波和底波在时间基线上的位置,即可求出缺陷的部位。由缺陷波的幅度可判断缺陷的大小。当缺陷面积大于声束截面时,声波全部由缺陷处反射回来,底波会消失。当零件中无缺陷时,只有发射波和底波。

多次脉冲反射波法是以多次底波为依据进行探伤的方法,如图 4-12 所示。此种方法适用于检测结构致密性较差的零件。当零件中无缺陷时,荧光屏上出现呈指数曲线递减的多次反射底波。当零件内有吸收性缺陷(如疏松等)时,声波在缺陷处衰减很大,反射底波的次数减少,甚至消失,由此可以判断有无缺陷及缺陷严重程度。

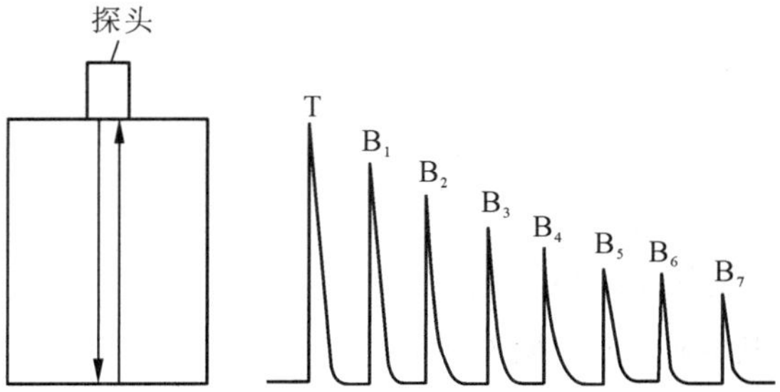

图 4-12　多次脉冲反射波法

(4)穿透法

穿透法就是使用时将两个探头分别置于被测试件相对的两个侧面上,一个探头用于发射超声波,另一个探头用于接收透射到另一个侧面的超声波,并根据所接收超声波的强弱来判断零件内部是否有缺陷。若零件内无缺陷,超声波穿透零件后衰减较小,接收到的超声波较强;若超声波传播的路径中存在缺陷时,超声波在缺陷处就会发生反射或折射,并部分或完全阻止超声波到达接收探头。这样,根据接收到的超声波能量的大小就可以判断缺陷的位置及其大小。

4. 超声波探伤的特点

超声波探伤迅速，灵敏度高，可探测 5～3000 mm 厚的金属或非金属材料的构件，设备简单，操作灵活、方便，探测范围广，对人体无害。但对零件表面粗糙度有一定要求，一般要求粗糙度等级高于 Ra6.3 μm，表面清洁、光滑，与探头接触良好。由于零件表面一段距离内的缺陷波与初始波难以分辨，难以探测缺陷，所以这段距离称为盲区。盲区的大小因超声波探伤仪不同而异，一般为 5～7 mm 。超声波探伤中对缺陷种类和性质的识别较为困难，需借助一定的方法和技术。

4.3.5 射线探伤

射线探伤是利用射线探测零件内部缺陷的无损探伤方法。X 射线、γ射线、中子射线在辐射时沿直线前进，在穿过物质的过程中，由于受到物质的散射和吸收作用，强度逐渐减小，强度减小的程度取决于被通过部位的材质、厚度、存在缺陷的性质和射线的种类。因此，在被检测零件的另一面显示或测量穿透射线的强度及其分布，即可发现和判别缺陷。若利用透过零件后的不同强度的射线使胶片感光，再经暗室处理得到射线底片，用射线底片来显示这种强度分布，并对底片观察，发现缺陷，判断缺陷的大小、性质及分布情况，这就是常用的射线照相法检测。

1. 射线的特性

X 射线和 γ 射线均为电磁波，波长范围均在 0.001～1 nm 之间，比可见光的波长短、频率高、穿透力强，其具有以下特性：

(1)不可见，以直线传播；

(2)不带电荷，不受电场和磁场的影响；

(3)能穿透物体并被物质吸收而使自身强度衰减；

(4)能产生光化学作用，使胶片感光；

(5)能使物质电离，使某些物质产生荧光；

(6)能产生生物效应，对生命细胞有杀伤作用。

2. 射线探伤原理

射线探伤方法有射线照相法、射线透视法(荧屏显示)和工业射线电视法。目前生产中广泛应用射线照相法。

射线照相法探伤是利用物质在密度不同、厚度不同时对射线的吸收程度不同(即射线的衰减程度不同)就会使零件下面的底片感光不同的原理，实现对材料或零件内部质量的照相探伤。当射线穿过密度大的物质，如金属或非金属材料时，射线被吸收得多，自身衰减的程度大，使底片感光轻；当射线穿过密度小的缺陷(空气)时，则被吸收得少，衰减小，底片感光重。这样就获得反映零件内部质量的射线底片，如图 4-13 所示。

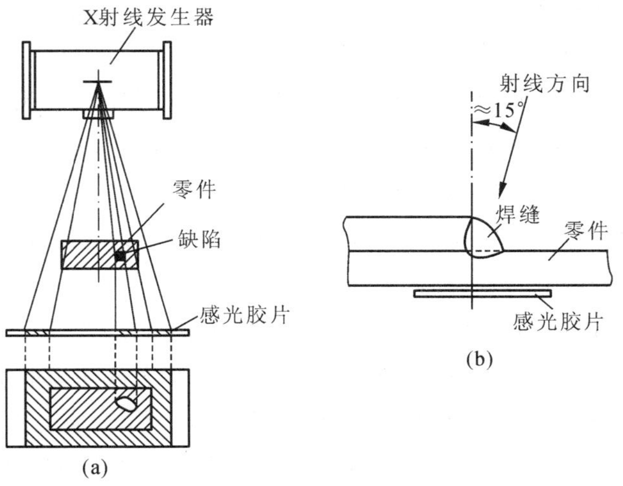

图 4-13　射线探伤原理及实例

(a)原理示意图;(b)搭接焊缝探伤

3. 射线探伤的特点

(1)可直接观察零件内部缺陷的影像,对缺陷进行定性、定量和定位分析;

(2)探测厚度范围大,从薄钢片到厚度在 500 mm 以内的钢板,但薄钢片的表面缺陷(如表面发纹、疲劳裂纹等)较难探测;

(3)设备复杂、昂贵,检验费用高;

(4)射线对人体健康有害,其设备应加防护措施。

射线探伤适用于所有的材料,可检验金属、非金属材料内部质量,探测铸件、焊接件内部的缺陷,如检测船体焊缝的质量。

目前,射线探伤在高能射线、图像显示和自动检测等方面有很大进展,尤其是工业 CT,即 X 射线计算机层析摄影技术的应用,对提高探伤精确性等极为重要。

4.2.6　声发射探伤

声发射无损检测技术是 20 世纪 60 年代发展起来的一种探测材料或构件内部缺陷和进行质量评定的新技术。

1. 声发射检测原理

材料或构件受外力作用时,引起内部缺陷处或微观结构不均匀处产生应力集中,进而导致裂纹的产生和扩展。这是一种应变能的释放过程,其中一部分能量是以弹性应力波的形式快速释放,称为声发射。声发射的频率范围从次声、可听声至超声,大多数金属材料声发射信号频率范围在 100～500 kHz 之间。声发射持续的时间很短,一般在 $10e^{-8}$～$10e^{-4}$ s 之间。由于声发射信号中包含着材料内部缺陷和应变的信息,所以,声发射检测通过接收声发射的信号,进行处理、分析后判断材料内部的缺陷位置和性质。

2. 声发射检测的特点

(1)检测时需对待检件施加力的作用。

(2)是一种动态检测,利用加载状态下待检件内部缺陷活动发出的声波信号来探测缺陷,是缺陷主动参与检测;而其他无损检测技术则是静态的,是用外加信号检测缺陷。

(3)操作简便,可大面积探测和监视缺陷状况。

(4)除极少数材料外,金属和非金属材料在一定条件下均有声发射现象,所以此种探伤方法基本不受材料限制。

(5)不仅可探测缺陷,而且可了解缺陷的形成和预测其发展。

声发射无损检测技术自 1964 年美国对导弹舱第一次成功检验后,受到各国重视。我国自 1973 年后陆续研制多种声发射检测仪,并应用于压力容器检测及研究工作中。现在这种检测技术已广泛应用于大型结构设备,如核反应堆压力容器、石油化工大型容器、航空和航天的燃油箱、海洋石油钻井平台、大桥、地铁等的安全检测。目前研究者正在声发射机理、检测方法等方面进行深入的研究,并把信号处理器、计算机分析仪、应用软件、大容量存储器、声监控器、屏幕显示器和快速打印机等组合成一体,形成声发射检测系统,使声发射探测技术更加先进和快速。

4.2.7 综合探伤法

随着科学技术的发展,无损探伤技术不断地提高,新的探伤方法不断出现。在生产实践中,如何合理选用探伤方法进行经济而又有效地检测,这是无损探伤工作中的关键。

1. 各种探伤法比较

(1)被检零件的材料。磁粉探伤仅适用于铁磁性材料,而其他探伤法则适用于各种材料。

(2)探伤的深度。磁粉探伤、渗透探伤和涡流探伤适用于表面或近表面;超声波探伤、射线探伤和声发射适用于检测零件内部缺陷。

(3)探伤的灵敏度。超声波探伤具有很高的灵敏度;射线探伤、磁粉探伤、涡流探伤和荧光渗透探伤有比较高的灵敏度。

(4)探测设备。射线照相法设备昂贵,检测费用高;液体着色渗透法最简单。

2. 各种探伤法的选用

实践中应在充分了解各种无损探伤方法的前提下,根据零件检测部位、检测质量的要求和经济性进行全面分析,合理地选用探伤方法,达到相互配合,准确、可靠和经济地进行检验。

在修造船中,中国船级社(CCS)在《钢质海船入级与建造规范》中对船舶柴油机、锅炉、螺旋桨等零件毛坯的无损探伤方法均有具体规定,如表 4-2 所示。

表 4-2　船机零件毛坯无损探伤

毛坯	缸径 D 或轴径 d/mm	零件名称	无损探伤
锻件	所有尺寸	连杆	磁粉探伤
	$D>400$	气缸套、活塞顶、活塞杆、凸轮轴驱动齿轮、整锻曲轴、全组合式与半组合式曲轴	
	$d<250$	尾轴、螺旋桨轴、中间轴、推力轴	
	$D>400$	活塞、连杆	超声波探伤
	所有尺寸	活塞顶、气缸套	
	$d>250$	尾轴、螺旋桨轴、中间轴、推力轴、涡轮机的主轴，整锻转子、叶轮、叶片等，锅炉锻造筒体、联箱	
铸件	—	柴油机机座、活塞顶、气缸套、尾柱、舵、螺旋桨轴架	磁粉探伤、超声波探伤
		曲轴	超声波探伤
		曲轴（所有表面最终热处理前、表面精加工后）	磁粉探伤
		涡轮机壳体	
		螺旋桨、桨叶根部表面	
		图纸指定部位、组装时焊接部位、可能有严重缺陷的部位	超声波探伤
		钢管（锅炉管、过热器管及锅炉、压力容器、船舶和机械压力管系）	液压试验，或用超声波探伤或涡流探伤代替

4.2.8　船机零件的缺陷评价

无损评价，不仅仅是简单对检测结果进行等级划分，而是要建立判定依据，判定零部件制造质量验收准则和服役过程中的使用寿命评价准则。随着自动化、物联网和大数据技术的广泛应用，无损检测领域也将开启新的局面。在关键零部件半自动化、自动化的基础上，引入物联网、大数据和人工智能等新技术，形成在线监测平台，获得海量的数据，如何从数据中挖掘有用信息，快速、准确识别设备健康状况成为新的难题。而且检测参数设置不合理、波形重叠、图像质量差等问题也一直困扰着检测人员，影响到检测结果的可靠性。深度学习可构建深层次模型，以非监督式学习对深度神经网络进行预训练，学习数据中的特征，以监督式学习对深度神经网络进行微调，优化对特征的表达，最后将隐藏在大量数据中的信息和知识挖掘出来。

深度学习擅长对模糊数据、非线性数据和随机数据的处理，特别适用依赖工程实践经验的无损检测问题。将深度学习与导波散射理论相结合，实现缺陷定量化重构，可消除模型误差和环境噪声对定量精度的影响。通过深度学习分析关键零部件失效过程中的大量监测数据，建立缺陷与剩余寿命之间的关联关系，提高评价的准确性。机器学习可将传统依赖检测人员专业知识的波形识别、图像分析、性能预测等任务交给计算机，提高检测结果的客观性和准确性，为实现智能化的检测与评价奠定了坚实的技术基础。因此，基于物联网实时数据传输和大数据分析将成为零件无损检测的发展趋势。

4.3 船机零件的无损检测应用实例

为了保证船舶及其动力装置运转的安全性与可靠性，船舶机械在制造与修理过程中均须进行严格质量控制，轮机工作人员严格按中国船级社(CCS)的有关要求检验把关。轮机员对船舶机械运转过程中产生的损伤与可能存在的隐患通过各种无损检测方法进行检测，以便有计划地进行维修与保养，防止故障的产生。超声波检测(UT)、磁粉检测(MT)和渗透检测(PT)是常见的技术措施，它们能实现大型机械的原位检测，保证检测结果的高灵敏度与可靠性，在实际工作中的作用尤为突出。以下是一些无损检测技术在船机修造中应用的研究实例。

4.3.1 柴油机曲轴疲劳裂纹的检测

柴油机曲轴是重要的船机零件，在工作过程中承受巨大交变弯曲应力和扭转应力，截面变化部位易产生疲劳裂纹，图 4-14 所示为某船舶曲轴断裂示意图。

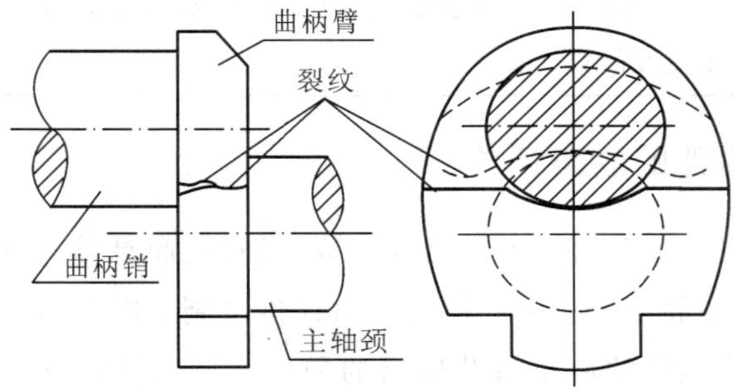

图 4-14 曲轴断裂示意图

为了防止此类事故的发生，轮机人员在船机制造与修理过程中协同验船部门用超声波探伤仪(也可采用数字化超声波探伤仪)进行检验，其性能指标应符合《A 型脉冲反射式超声波探伤仪 通用技术条件》(JB/T 10061—1999)的规定。探伤频率 22.5 MHz，晶片直径 20～28 mm，探头上可使用软保护膜。由于接触面很多是圆弧形，为得到良好耦合，避免误判，应选用透声性好、附着力强的黏稠状黄油或自调黏稠状化学浆糊。曲轴的检测范围为图 4-15 所示的曲柄销、曲轴轴颈及曲臂等部位。

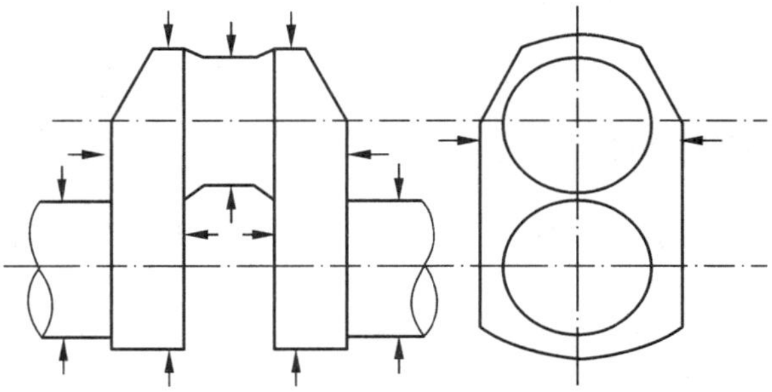

图 4-15　曲轴超声波检测范围

实践证明，对曲轴进行超声波检测可有效地控制曲轴制造与修理质量，确保柴油机运行的安全性和可靠性，提高船舶营运经济效益。

4.3.2　柴油机重要螺栓的原位检测

柴油机重要螺栓有贯穿螺栓、地脚螺栓及连杆螺栓等，它们在柴油机运转过程中承受着巨大的交变应力。这些螺栓虽在制造过程中均经过严格检验，但受长期交变应力的作用容易产生疲劳裂纹，一旦发生疲劳断裂，造成的后果特别严重。连杆螺栓是连接连杆大端轴承座与轴承盖的重要螺栓，它承受装配时的预紧力和运转时的交变作用力，一旦产生疲劳断裂，将会引发柴油机的破坏性事故，这种事故会波及气缸盖、气缸套、活塞和连杆的损坏，甚至将机体打坏。所以，对柴油机重要螺栓绝对不能掉以轻心。

柴油机重要螺栓若全部采用停机、拆卸、检验和组装等工艺流程会长时间地影响生产，影响效益。若因为生产任务紧而迫使检查间隔期延长，这对于安全生产极为不利，为此，人们希望对它们进行原位检测。实践中采用磁力和渗透等方法来检查螺栓的各圆角、螺纹之间以及螺纹与螺杆之间的过渡区有无裂纹。一旦发现裂纹，螺栓与螺母应成对换新。图 4-16 所示为利用磁粉探伤检测出具有裂纹的螺栓，在螺纹与螺杆过渡处存在裂纹。

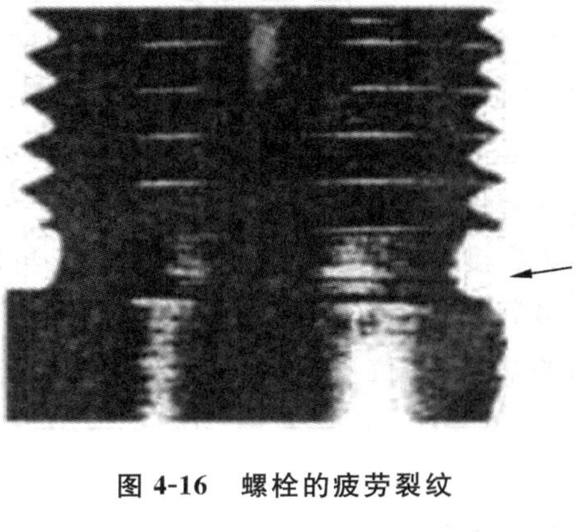

图 4-16　螺栓的疲劳裂纹

在役柴油机重要螺栓定期探伤防止了螺栓在使用中突发重大断裂事故，实现了安全生产，提高了航行可靠性和经济效益。

4.3.3 柴油机轴瓦的无损检测

船用柴油机曲轴主轴承、曲柄销轴承、十字头销轴承和活塞销轴承均为滑动轴承，船舶的中间轴轴承、尾轴轴承以及推力轴轴承也都采用滑动轴承。这些轴承一般是以优质铸铁铸成轴承盖与轴承座，然后在内表面浇铸巴比特合金（铅基或锡基巴氏合金）轴瓦而成。轴瓦合金层与轴承座、盖之间由于受到长期交变载荷作用会产生微裂、发裂、龟裂、脱壳以及剥落等缺陷。对于轴瓦表面在使用中产生的微小裂纹只要加强管理，适当调整载荷分配是可以防止微裂进一步迅速转变为龟裂或剥落等严重的疲劳损伤，延长轴承的使用寿命。

为及时发现轴瓦表面的微裂纹，有效控制其发展，可在现场采用渗透法探伤。由于轴瓦合金为非磁性材料，其表面裂纹为薄层开口性缺陷，所以用溶剂去除型喷罐式着色探伤剂（如 HD 系列着色探伤剂）的检测灵敏度完全可以保证检验的质量要求。

检验前，先用铝合金试块或镀铬试块对渗透探伤剂和检测工艺进行检验。依据清洗、施加渗透剂、清除多余渗透剂、施加显像剂、观察及评定缺陷的工作程序对轴瓦进行检测。通过检验不仅可以确定开口缺陷的存在及其长度，而且根据所显示的痕迹颜色的深浅可判定缺陷的深度。

船用柴油机的轴瓦以及各种中间轴和尾轴的轴瓦通过渗透探伤，不仅延长了轴承使用寿命，更重要的是保护了与之配合的贵重的曲轴和中间轴，使其不受损伤，这具有重要实际意义和巨大经济价值。

4.3.4 某船冷水机组的无损检测

某船舶空调系统使用 6 台冷水主机，在经过 10 年的运行使用后进入中修阶段，拟通过涡流探伤方式确定螺杆机组蒸发器和冷凝器的换热管（铜合金管）损伤状况，以确定下一步维修计划。由于船舶进坞中修，涡流探伤执行前已具备条件对设备进行排水、清洗换热管、吹扫换热管内壁及干燥作业。涡流检测可以很容易检测出铜合金管外表面和近表面的缺陷，但在对管进行涡流检测之前，必须预先制作与被检管具有相同或相近的规格牌号、热处理状态、表面状态和电磁性能的标准样管。用制作好的标准样管来调节涡流检测仪器的灵敏度以及确定评定标准。

检测前可根据涡流渗透深度公式进行检测频率的预选，再对已加工好的标准样管进行测试，进一步修正参数，最后找出频率、相位、增益等参数的最佳值。在最佳情况下，取得标准样管上的人工缺陷的幅度、相位及深度等参数，并以这些参数作为检测标准对待检管进行实际检测。

1. 检测工作安排

检测前，制订工作计划，主要包含以下几个关键步骤：铜管的清洗及吹干、标准样管和检测探头的制作、涡流测试仪的调试校准、标准曲线制作、数据采集与判断决策、疑点信号的分析、检测结果数据统计分析、结论及建议、机组复位开机。

2. 检测结果数据采集和分析

(1)检测数据采集统计

受检测的冷凝器共有 203 根热交换铜管，蒸发器共有 340 根热交换管，机组冷凝器内部有 2 块支撑板，加上 2 块管板可将冷凝器换热铜管均匀分成 3 段，为了准确定位缺陷位置以方便数据统计分析，把离测试位置最近的一段标记为位置 1，共有 609 个位置点。损伤幅度值是与样管的通孔值做比较得出的关于损伤面积的一个比较值。损伤深度比值是和铜镍管壁厚相比较得出的数据。另外，对于不能确定信号是由缺陷产生的情况，用内窥镜加以验证确认。换热管损伤标记表如表 4-3 所示。通过对检测数据进行现场采集和统计分析，共发现冷凝器的 184 根换热管存在损伤，其中严重损伤 94 处，较重损伤 55 处，一般损伤 27 处，轻微损伤 8 处，分别占冷凝器换热管总数的 46.30%、27.09%、13.30%、3.94%；其中无明显损伤管道 19 根，占换热管总数的 9.36%；发现蒸发器的 340 根换热管中有 70 根存在鼓包现象，因鼓包较严重涡流探头无法通过，不能测试；有 18 根存在微鼓包现象，微鼓管的鼓包较小，涡流探头能通过并测试，分别占蒸发器换热管总数的 20.59%、5.29%。另外发现 4 根存在一般损伤，3 根存在严重损伤。

表 4-3　换热管损伤标记表

损伤深度范围	损伤系数值范围	损伤情况
损伤深度≥60 mm	损伤系数≥10000	严重损伤
40 mm≤损伤深度＜60 mm	4000≤损伤系数＜10000	较重损伤
20 mm≤损伤深度＜40 mm	1000≤损伤系数＜4000	一般损伤
1 mm≤损伤深度＜20 mm	10≤损伤系数＜1000	轻微损伤

(2)检测数据结果分析

通过对检测数据和损伤特征进行观察分析，可以发现：冷凝器换热管的主要损伤为化学腐蚀，其实际损伤情况可以结合内窥镜加以验证。冷却水中沉积物造成换热器铜管表面不同部位上的供氧差异和介质浓度差会导致局部腐蚀，Cl^- 等活性离子能破坏金属或合金表面的钝化膜，增进腐蚀，水中的溶解氧引起腐蚀电池的阴极去极化，导致金属腐蚀加剧。另外，循环冷却水中的悬浮物、泥沙等固体颗粒硬物对冷凝器入口端换热管的冲击、摩擦，致使换热器铜管减薄。

蒸发器换热管的主要损伤是鼓包。机组水温控制过低，导致蒸发器膨胀阀出口局部蒸发温度过低，使该部位偶尔有部分结冰情况而造成换热管产生鼓包。个别换热管可能在支撑板位置有磨损情况，对于部分异常波形有待后续进一步研究和验证。

3. 检测结果及处理建议

根据以上对检测数据的分析和损伤的排查验证，机组冷凝器换热管损伤主要为腐蚀及冲击损伤,冷凝器换热管管壁较厚,内部支撑板的强度较高,可以承受拔管及二次胀管的受力,在更换换热管后可以继续正常使用,建议对冷凝器进行换管处理。蒸发器换热管的损伤主要是内壁的机械损伤,该机组蒸发器使用时间比较长,换热管存在微量变形,且靠近入口位置大量存在向内鼓包形式的损伤,加上蒸发器的折流板厚度较小,拔管时将反复受力,容易造成变形、孔径变大等状况,更换新管后在换热管与损伤的折流板接触位置,极易在短时间内再次出现机械损伤,建议整体更换蒸发器。

4.3.5 TC128 船用钢焊接缺陷的无损检测与成因分析

为了保证焊接构件 TC128 船用钢的产品质量,提高焊接产品的生产率,需要运用无损检测技术研究焊接构件产生焊接缺陷的成因,并对焊缝进行有效的评价。焊接材料为 TC128 船用钢板,长度为 600 mm,宽度为 175 mm,厚度为 14 mm,共 4 块钢板(1#、2#、3#、6#);选用的焊丝为 H08MnA,焊剂为 HJ431。选用埋弧自动焊机 MZ630,输入电压为 380 V,频率为 50 Hz,电流为 450 A,电压为 30 V,焊接速度 50～60 cm/min。将两块 TC128 钢板置于埋弧自动焊焊接平台,焊件接口开设 X 形坡口,埋弧自动焊焊接构件时,焊丝与焊剂之间的电弧,完全淹没在 40～60 mm 厚的焊剂层下燃烧,靠近电弧区的焊剂在电弧热的作用下被熔化成颗粒状,熔化的焊剂把电弧和熔池金属严密地包围住,使之与外界空气隔绝;焊丝不断地送进电弧区,并沿着焊接方向移动,电弧也随着相应移动,继续熔化焊件和焊剂,形成了大量的液态金属与液态焊剂,待冷却后最终形成了焊缝与焊渣。

1. 超声检测技术的应用

选用 GE700 数字型超声波探伤仪和斜探头,以机油为耦合剂均匀涂刷在待检测钢板的表面。接通超声波探伤仪电源,校准探伤仪,按照待测 TC128 船用板的尺寸规格,设置相应的参数,斜探头沿着焊缝外侧表面平行匀速缓慢移动,并同时观察超声波探伤仪窗口上波形的变化情况,最终确定焊缝缺陷存在的位置,如图 4-17 所示。由图 4-17(d)可知 6# 钢板左侧存在部分缺陷,为了准确地评定缺陷的影响,运用 X 射线检测技术进一步确定缺陷的尺寸和类别。

2. X 射线检测技术的应用

射线检测是指运用 X 射线或 γ 射线穿透试件,以胶片作为记录信息器材,可对缺陷部位精确定位并获得较为直观图像的无损检测方法。检测过程中,对待检测钢板的焊缝进行 100% 的射线检测,胶片照相质量需保证 A 级以上,焊缝及焊接接头的检测质量确保在Ⅱ级以上为合格。

待检测 TC128 船用板的尺寸规格为 600 mm×175 mm×14 mm,而标准射线胶片的尺寸为 300 mm×80 mm,故需要在每块待测船用板上平行放置两张 X 射线胶片。将待检测船用板置于射线检测室,在每块钢板的表面放置好两张胶片和金属丝型像质剂,钢板通过 X 射线照射感光后,在暗室中 20℃条件下,将胶片置于显影液中显影 5 min,取出

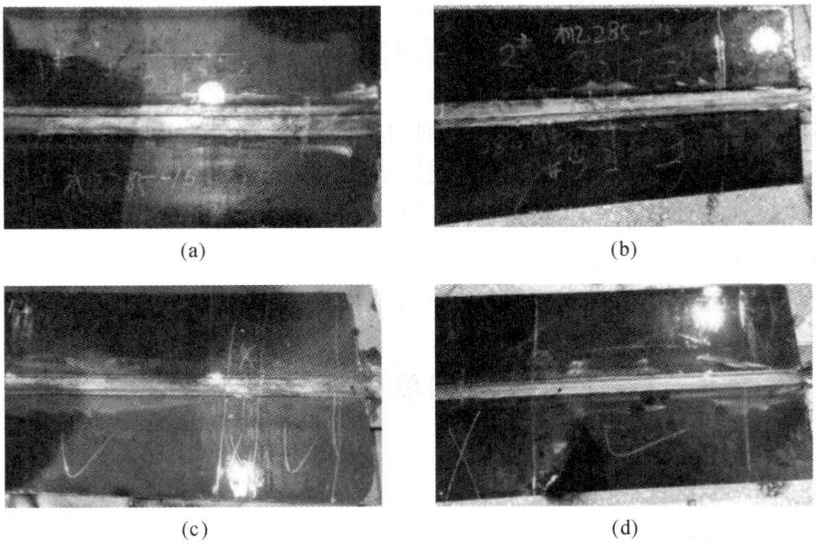

图 4-17　超声检测结果

(a)1# 钢板;(b)2# 钢板;(c)3# 钢板;(d)6# 钢板

显影后的胶片置于清水中冲洗,将冲洗后的胶片置于定影液中定影 15 min;将定影后的胶片置于清水中冲洗,最后将胶片置于阴凉处晾干。在观片灯下观看晾干后的胶片可知,6# 钢板焊缝内存在分散的圆形黑点及几何形状不规则的黑带,根据焊接接头常见缺陷的形状特征,判定为气孔和夹杂。

3. 焊接缺陷产生成因及预防措施

TC128 船用板经过埋弧自动焊焊接完成后,对焊接钢板先后进行超声检测和 X 射线检测,检测发现,6# 钢板上有许多分散的圆形黑点和几何形状不规则的黑带,根据焊缝缺陷规则判断为气孔和夹杂。

(1)气孔产生成因及预防措施

焊接过程中焊剂吸潮或不干净焊剂中的水分、污物和氧化铁屑等都会使焊缝产生气孔,该水分可通过焊前烘干消除,通常防止焊剂吸收水分的最好方法是正确地储存和保管焊剂;焊接过程中,由于焊剂覆盖不充分使电弧外露导致卷入空气而形成气孔,因而需要采取适当的措施防止焊剂脱落;焊接过程中,溶入高温液态金属中的气体在冷却过程中将以气泡的形式溢出,当熔渣黏度过大时,气泡无法通过熔渣,即被阻挡在金属中形成气泡,因而可采取调整焊剂的化学成分,改变熔渣的黏度的预防措施;焊接过程中,因焊弧磁偏吹也会在焊缝中造成气孔,因而焊接钢板时,尽可能采用交流电源;工件焊接部位被污染,焊接坡口及其附近的铁锈、油污或其他污物在焊接时易产生大量气体而形成气孔,因而在焊接钢板前需要予以清除。

(2)夹杂产生成因及预防措施

夹杂(夹渣)就是残留在焊缝中的熔渣,夹杂的存在会降低焊缝的强度和致密性。产生夹杂的原因主要是焊缝边缘有氧割或碳弧气刨残留的熔渣;坡口角度或焊接电流太小，或焊接速度过快。在使用酸性焊条时，由于电流太小或运条不当形成“糊渣”；使用碱性焊条时，由于电弧过长或极性不正确也会形成夹杂。进行埋弧焊封底时，焊丝偏离焊缝中心，也易形成夹杂。

埋弧自动焊时，焊缝夹杂的产生与焊剂的脱渣性能和工件的装配情况、焊接工艺有关。当对接焊缝装配不良时，易在焊缝底层产生夹杂；当焊缝宽度不能超出坡口边缘也容易造成夹杂。因而，防止产生夹杂的措施是，正确选取坡口尺寸，认真清理坡口边缘，选用合适的焊接电流和焊接速度，运条摆动要适当。多层焊时，应仔细观察坡口两侧熔化情况，每一焊层都要认真清理焊渣。封底焊渣应彻底清除，埋弧焊要注意防止焊偏。

复习思考题

1. 什么是船机零件的缺陷？船机零件缺陷的一般检验有哪些方法？
2. 什么是无损检测？
3. 渗透探伤的方法有哪些？
4. 零件磁粉探伤后为何要进行退磁处理？如何退磁？
5. 工件磁化有哪些方法？请绘图予以说明。
6. 试述超声波探伤的原理与特点。
7. 试述射线探伤的原理与特点。

参 考 文 献

[1] 满一新. 轮机维护与修理[M]. 大连：大连海事大学出版社，2000.
[2] 丁彰雄，田野. 船舶机械修理工艺学[M]. 武汉：武汉理工大学出版社，2013.
[3] 顾卓明. 船机零件的无损检测技术[J]. 无损检测，2001，23(12)：526-529.
[4] 杨建东，马超，陶飞. 涡流探伤在某船冷水机组故障检测中的应用研究[J]. 机电信息，2020(17)：103-104.
[5] 管亚军，周运武，常国富. 基于无损检测技术对 TC128 船用钢焊接缺陷产生成因的研究[J]. 化学工程与装备，2016(11)：207-209.

拓展资料：

序号	名称	种类
1	故障排查案例 1	图文
2	故障排查案例 2	图文
3	故障排查案例 3	图文
4	故障排查案例 4	视频
5	故障排查案例 5	图文
6	故障排查案例 6	图文

第5章

船机故障诊断技术

2017年12月5日，由我国自主研制的全球第一艘通过英国劳埃德船级社和中国船级社认证的智能船舶"大智"号在上海正式交付使用，标志着我国智能船舶的建造技术达到了世界领先水平。

该船开创了全新的船舶设计、建造、运营理念，突破了全船数据安全共享、设备健康评估、智能辅助决策、船岸一体化等技术难关，实现了船舶智能集成信息平台、智能运行与维护系统、智能航行系统等关键核心系统的自主研制和集成应用。

在"大智"号船体内一共安装了超过350个拥有不同功能的探测点，可以对船舱内的温度、湿度、结构状态等随时进行监控。这艘船拥有一颗智慧的"大脑"，也就是它的智能航行系统，可以获取船舶自身以及海洋洋流等方面的信息和数据，可以提供省时、省油、舒适和低综合成本等航线。此外，智能运行与维护系统还能够实时评估船舶设备的健康状况，提前发现潜在的安全隐患等问题。

随着科学技术与生产的发展，船用机械设备的工作性能越来越好，工作强度越来越大，自动化程度和生产效率越来越高。与此同时，设备的结构也越来越复杂，各部分的关联越来越密切，往往稍有故障，轻则导致停机，重则机毁，损失巨大。

机械故障是指机械设备(系统、结构)在它应达到的功能上，降低或丧失了工作效能的现象，即在功能上达不到技术要求，丧失或部分丧失了它所要求的规定性能或状态。对船舶机械进行动态监测和故障诊断是实现船舶现代预防维修的最佳方式——视情维修方式的先决条件，是现代轮机管理的重要内容。

船机故障诊断是在应用一般机械诊断技术的同时，针对船舶机械特点研制专门用于船上的故障诊断装置或监控系统。船机故障诊断技术是一种在基本不拆卸、不解体机器的条件下，

采用一定的检测手段，了解和掌握机器在运行过程的状态，根据数据和经验的积累，

确定其整体或局部正常或异常，能早期发现故障及其原因，并能预报故障发展趋势的技术。船舶柴油机运转状态下的性能参数（如温度、压力转速）、零件尺寸变化、振动和噪声、润滑油中的磨损产物等均可作为故障诊断的检测信息，分析处理这些信息获得用于识别状态的特征参数，进而对故障的部位、原因和后果等作出正确的诊断。船机故障诊断是机械诊断技术从应用范围角度划分的一个分支，它是根据船舶领域特定需要而形成的一门学科技术。

所谓船机故障诊断技术就是利用现代科学技术和仪器，根据机械设备外部信息参数的变化来判别机器内部的工作状况或机械结构的损伤状态，确定故障的性质、程度、类别和部位，并研究故障产生的机理。机械故障诊断学是20世纪六七十年代产生并发展起来的一门综合性边缘学科。一方面，随着现代设备的日趋大型化、复杂化、自动化和连续化，设备一旦发生故障，给生产和质量以至生命财产安全造成的影响极大，为使设备保持正常运行状态所花的维修费用在企业经营费用中也占了很大的比重，因此，为使这一占有重要地位的设备维修工作更加高效而科学，就必须对维修对象——设备的劣化，故障状态、故障部位及其原因有正确的了解。另一方面，信息传感技术、信号处理技术以及现代测量技术等相关学科的发展，特别是电子计算机技术的飞速发展，为设备故障诊断提供了极大的技术支持，从而使实现上述需要成为可能。

船机故障诊断的历史和人类对船舶设备的维修方式是紧紧相连的。20世纪以前，由于那时的船舶结构简单，维修费用也低，因此船舶诊断完全没有引起人们的重视，对船舶的维修方式基本上是事后维修，即某部分运行出现问题后再进行故障分析和维护。20世纪以后，随着船上设备本身技术水平和复杂程度的提高，设备故障对船产生了显著影响。20世纪60年代以后，海难事故频发，人们开始意识到定期维修的弊端，开始变定期维修为预知维修，即在船舶正常工作中就开始进行检测，预先发现潜在故障因素，及早采取措施，防止突发性故障的发生，而且避免了失修和过剩维修，经济效益也十分可观。这种维修方式很快被大多数船舶公司所认同，船舶故障诊断技术很快发展了起来。近年来，随着监测手段和传感技术的不断发展，船舶故障诊断技术朝着智能化方向不断前进，发展为应用诊断技术定量地掌握设备状态来预知未来影响，并逐渐进入综合维修管理阶段。

关于船机故障诊断的定义，没有明确的概念，从发展的观点说明则比较合适。其有三个阶段，第一是船上状态监测（condition monitoring）；第二是船上状态监测与故障诊断（condition monitoring and fault diagnosis）；第三是现代船舶管理（modern management），即把监测和诊断融入现代企业的信息管理系统（management information system，MIS）之中，这是船机故障诊断技术发展的最高阶段，预示着该领域的发展方向。目前，船机故障诊断技术大致处于第二阶段的完善和向第三阶段的过渡时期。

需要指出的是船机故障诊断技术是一门交叉性很强的应用技术，它的发展和其他许多学科的发展密切相关。特别是近年来，随着计算机技术、人工智能技术和小波理论的发展，船机故障诊断技术也得到了很大的发展。

5.1 故障诊断和状态监测

任何零部件都有它的寿命周期,因而故障是客观存在的,设备的故障是指设备在规定时间内、规定条件下丧失规定功能的状况。设备的故障诊断则是发现并确定故障的部位和性质,寻找故障的起因,预报故障的趋势并提出相应的对策。船机故障诊断技术是在船机运转状态下,采用一定的检测手段获取有关信息(如船舶柴油机运转状态下的性能参数、零件尺寸变化、振动和噪声、润滑油中的磨损产物等)来判断、识别其内部的技术状态,以便有效地防止和减少故障,最大限度地缩短停机停航时间。

5.1.1 船机状态信息

船机状态恶化就会产生相应于状态变化的各种信息,并显示出来。这些信息主要有以下三种类型。

(1)机械信息:机械状态恶化产生运转状态变化的信息,其中直接与功能有关的信息有力、压力、扭矩、转速等;其他运转状态信息有振动、声音、温度等。

(2)电磁信息:主要有电流、电压、电磁感应密度、导磁等信息。

(3)化学信息:机械状态恶化产生的气、液、固体等信息,例如排烟、磨损产物、润滑油变质等信息。

5.1.2 故障诊断过程

设备工况监测与故障诊断的具体过程分为信号采集、状态监测、故障识别等阶段。

故障诊断过程主要包括以下三个阶段的工作:

1.信息采集

首先要选择易测和准确反映故障的信息,其次是选用采集信息的仪器。通常选用传感器采集信息,依测量信息参数的不同有不同的传感器,如温度、压力或振动传感器。故障信息可选用连续监控方式或定期(定时)停机检测方式获取,同时可直接测定或间接测定。

2.信息分析处理(数据处理)

或称特征提取。把原始、杂乱的信息进行处理,获取反映故障最敏感的性能参数。在现代故障诊断技术中,大多采用专门的电子仪器或计算机对所采集的信息进行分析处理,获取反映状态又易于识别的特征信息。

3.状态识别、判断和预测

根据特征参数,参照相应规范,运用各种知识和经验,对机器状态进行识别,对早期故障进行诊断,对故障的部位、原因和程度作出判断,对其发展趋势进行预测,为确定维修决策提供技术依据。识别的方法主要有对比、分类、聚类、辨识和推理等。

以上是以状态信息为基础进行故障诊断，故可称之为基于信息的故障诊断。由于采集的信息总是针对信息的局部而非整体，诊断过程中应用的检测手段和诊断方法多是简单的组合，信息处理与计算机仅用于数据的处理等，所以这些故障诊断是有局限性的，非智能型的。

国内的故障诊断方法，概括起来可分为三大类：基于信号处理的方法、基于解析模型的方法、基于知识的方法。基于知识的诊断方法，其主要思想是在知识的层次上，以知识处理技术为基础，实现辩证逻辑与数理逻辑的集成、符号处理与数值处理的统一、推理过程与算法过程的统一。通过在概念和处理方法上的知识化，实现设备故障诊断智能化。此方法不需要对象的精确数学模型，且具有某些智能特性，是一种很有生命力的方法，因此也称为智能故障诊断方法。基于知识的故障诊断方法可以分为：专家系统故障诊断方法、模糊逻辑故障诊断方法、神经网络故障诊断方法、故障树故障诊断方法、基于案例推理故障诊断方法等。

将先进的传感技术、信息处理技术与船机设备诊断领域专家的丰富经验和思维方式相结合形成船机设备故障诊断专家系统。专家系统实际上是人工智能计算机程序系统，其利用大量专家的专门知识、经验和方法解决所遇到的复杂的现场故障诊断问题。所以，称这种诊断为基于知识的故障诊断，作为一种智能诊断方法，其是故障诊断的发展方向。

5.1.3 故障诊断技术的应用

机械设备状态监测与故障诊断技术是自 20 世纪 60 年代中后期以来发展起来的一门新兴学科。在诊断技术的理论及应用研究方面，美、日及欧洲的一些发达国家一直走在世界的前列。美国在这方面开发得最早，将故障诊断技术比较成功地应用在航空、航天、军事及机械等工业领域；日本在钢铁、化工、铁路等民用工业部门的诊断技术方面发展很快，并具有较高的水平；英国、瑞典和挪威等在某些仪器诊断方面有特色或处于领先地位；丹麦在振动监测诊断和声发射检测仪器方面有较高的水平。我国对故障诊断技术的研究和应用相对起步较晚，1986 年在我国召开了第一次机械设备故障诊断技术国际会议。1987 年 5 月中国振动工程学会故障诊断学会成立，从 1986 年起每两年召开一次全国性的故障诊断学术会议。

在应用方面，1983 年冶金部将宝钢集团有限公司和太原钢铁(集团)有限公司作为开展诊断技术研究的试点单位；水电行业以大机组为重点，开展机械设备故障诊断的研究。此外，机械工业在现场建议诊断和精确诊断方面，航空工业在研制诊断仪器方面，核工业在进行反应堆故障诊断和寿命预测方面，铁道部门在进行内燃机车油的光谱、铁谱分析和电力机车诊断方面，以及交通部门在实施汽车不解体检测等方面的工作都是卓有成效的。

船舶机械中主要的大型往复式和旋转式机械，受船舶长期航行在海上和独特的工作环境的制约，故障诊断技术应用尚不够广泛。目前主要采用性能监控、振动分析和油液监测等故障诊断技术。在船舶上应用故障诊断技术可有效地防止和减少故障，最大限度地缩短停机停航时间，降低航运成本。目前船上主要对机舱中的重要设备和那些经常发生故障的关键部件采用故障诊断技术，例如，船舶主柴油机、活塞组件、曲轴和轴承等。

5.2 柴油机性能参数分析法

性能参数分析，又称性能检测，是船机故障诊断的关键性技术。其是通过各种传感器或仪器仪表获取机械设备的各项性能参数，经过有效的数据处理、分析和比较之后，再对其运转状态进行判断。此种方法早在蒸汽轮船运输时代就广泛采用，轮机管理人员要了解主机和各种辅助机械设备的运转情况，通常会用“听、摸、看、闻”等方法，然后通过分析及与经验案例的对比判断机器的运转状态。如：用手触摸高压油管感觉油压的脉动，进而判断高压油泵的工作情况；听空压机运转时的声音，判断空压机是否处于稳定的工作状态。这些直观的方法对于判断设备的运行状态而言，尤为简单、直接、有效。

在现代船舶主机的管理中性能参数分析方法被广泛应用于零件、设备、系统等的监控。根据监控手段的数据处理方法的不同，主要分为以下两种：

5.2.1 图示法

在相同的稳定工况下，利用船舶设备上的仪表或便携测量工具，定时定位采集性能参数，进而加以对比分析。一般确定几个关键性的参数，测取3～4个参数并绘制在同一坐标系下。通过分析数据中的异常值，了解设备的运行状态，进而判断出故障的来源。例如对船舶主机而言，轮机员可以选取如下几个参数进行分析：

1. 气缸压力

即四行程发动机压缩终了时的压力。在一定的压缩比、转速和正常热状态下，它与机油黏度、气缸活塞组配合的技术状况、配气机构调整的正确性和气门、气缸垫的密封性有关。所以测量气缸压力，可以诊断气缸、活塞组的磨损情况，活塞环、气门、气缸垫密封性是否良好和气门脚间隙是否调整适当等。

2. 转速降

即发动机在一定转速时，单缸断火或切断供油时的转速降。测试转速降参数，应以技术状况良好的发动机为基础，取其一定转速下每缸断油时转速降平均值为基数，然后以同样转速测定被测发动机各缸转速降并与所测基数相比较，即可判明各缸转速降是否平衡、某缸的点火状况、气缸与活塞组的配合情况和气门密封性情况等。

3. 废气

废气分析可反映燃料的燃烧质量，气缸压缩是否良好、点火是否良好或点火是否正时。当废气中CO成分增加，而发动机又是中速运转时，说明供油系调整不当。废气分析一般用来配合其他诊断仪具分析和推导故障产生的具体原因。

4. 发动机功率

发动机功率是发动机技术状况参数。当发动机不能发出最大功率和最大扭矩时，即说明供油、冷却等系统及曲柄连杆机构等有故障。测试发动机功率，有助于了解发动机全面状况和系统地诊断故障所在，以及判别发动机调整是否正确。

5. 发动机异响和振动的声级、声压、振幅及振动加速度

发动机各摩擦副的磨损、配合间隙的增加或某部分的松动和损伤，均会造成异响和振动。各类异响和振动均有一定的声级、振幅和振动加速度。而这些参数的测定，可以用来分析故障所在。

6. 发动机温度

发动机温度可以作为发动机不解体诊断时的辅助测量参数。发动机温度除表明冷却系的技术状况以外，尚可反映气缸活塞组间隙是否得当、点火时间是否正时、燃烧室是否积碳、配件相位是否失准等。

图示法性能参数监测所获取的数据均是由人工采集的，且数据的分析和比较工作相当繁重，需要轮机管理人员具有较高的专业技术知识。但是该法对于降低机械设备运营成本、合理延长零部件及机器的使用寿命均有显著成效。

5.2.2 监测装置及系统

在机械设备上安装专用传感器，再利用计算机构成监测装置或监控系统。各个传感器所获取的性能参数通过计算机记录、分析和处理后，进行故障判断。该法可以较大地减轻轮机管理人员的工作负荷，分析过程主要是由计算机完成，故对数据处理的分析程序的准确性、时效性和可靠性有较高要求。

活塞环磨损监测装置(SIPWA)是利用安装在气缸扫气口处的传感器检测特制的顶环——第一道活塞环外圆面上镶嵌的一圈非磁性材料的楔形环带。当顶环通过扫气口时，传感器测量楔形环带宽度的变化，实现对活塞环径向磨损的监控，并显示于屏幕上，如图 5-1 所示。当燃油净化不良时，顶环磨损增大，SIPWA 给出警示，轮机员及时采取措施。

应用计算机自动监测和诊断故障的性能监控系统可以对整个柴油机动力装置进行监控，也可以对机器、零部件的工作过程进行监控。例如 PAC 监控系统可对动力装置中发动机运转、废气涡轮增压器运行、活塞环工作状态、气缸的润滑和磨损、气缸热负荷、燃烧和喷油系统等进行监控，DMC 监测系统可对缸内燃烧和喷射过程进行监控。

柴油机瞬时转速信号中蕴含着丰富的运动状态的信息。利用转速信号在线检测柴油机运行状态和进行故障诊断，是近年来柴油机故障诊断技术中最具实用价值的课题和研究热点之一。理论和实践证明，利用瞬时转速信号可以监测柴油机某缸出现不正常状态或故障。

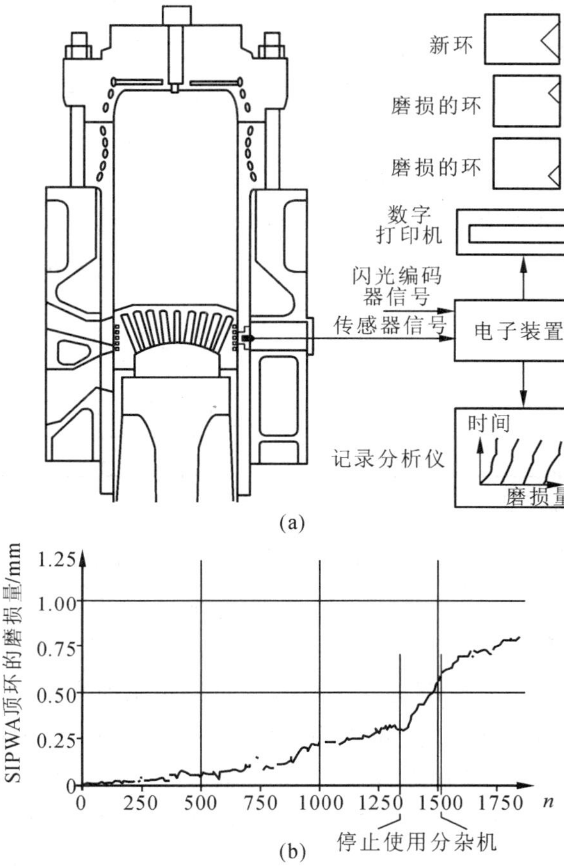

图 5-1　Sulzer 柴油机活塞环磨损监控

(a)原理;(b)磨损量曲线

图 5-2 所示为 16V240ZJB 型机车柴油机的瞬时监控系统。为了分析瞬时转速波动的情况并将故障定位,同时可以输出和保存状态和故障信息。监测系统具备以下基本功能:

(1)采集瞬时转速信号和上止点信号功能;

(2)较强的信号处理能力和数据处理能力;

(3)实时显示和报警功能;

(4)信号寻出和数据通信功能。

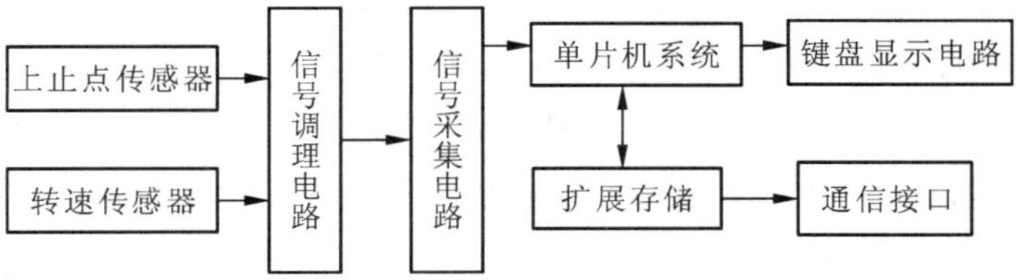

图 5-2　16V240ZJB 型机车柴油机的瞬时监控系统

为了采集瞬时转速信号并利用其中的状态信息分析柴油机的运行情况，系统的 A/D 转换电路需具备较高精度和采集频率，这对单片机直接控制采样的系统有一定难度。因此系统采用独立的信号采集电路，完成上止点和转速信号的采集控制，如图 5-3 所示。该电路为一个可编程控制采样频率的 A/D 转换控制电路。时钟信号通过分频控制电路产生控制采样频率的同步脉冲；控制电路通过接口电路接受单片机的采样频率设置指令和采样控制指令，并按要求的频率控制 A/D 转换和数据的缓存，数据缓存器暂存 A/D 转换的结果，完成数据的快进慢出的功能，实现系统数据传递的速度匹配。

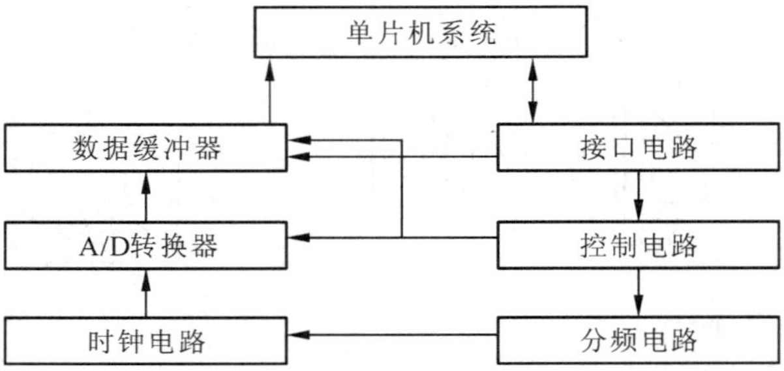

图 5-3　信号采集流程

系统程序主要包括：监控程序、采样程序、信号分析和数据处理程序、故障诊断程序、键盘监控和显示报警程序、通信管理程序。其诊断程序原理流程为：系统定时监测柴油机工况，在给定工况下采集瞬时转速信号并进行故障分析。因此程序将柴油机实际工况作为故障分析的锁定条件。采样完成后，首先读入瞬时转速信号进行信号处理，然后分别在时域和频域进行计算和分析，得出时域和频域特征波形和参数，并通过固化在系统中的故障诊断专家系统进行综合诊断。最后进行故障定位分析并输出诊断结果。

5.3　振动分析法

机械振动是普遍存在并作为衡量设备状态的重要指标之一。凡是运行中的机械系统（不管它多么精密）都存在程度不同的振动。有些机械系统的振动幅值甚微，振动频率很高，人们用感官很难感觉振动的存在，只有用仪器测量才能揭示其真实面目。机械系统状态完好时，其振动强度在一合理的范围内波动，当机械系统出现异常时，会出现振动强度加大、振动性质变化的现象。机械振动意味着有振动源的存在，振动源又大都与机械系统的设计、材料、使用等方面的缺陷相对应，如制造误差、零件间的相互滚动及摩擦、回转件的不平衡或冲击等，随着机械系统工作时间的延长，零件的磨损使零件间配合性质变化、表面材料剥落、裂纹出现且扩展等，都会使振动加剧，有时还会引起共振，导致机械系统状态的迅速恶化。由于机械系统的振动信号中携带着大量机械系统运行状态的信息，因此可以通过掌握各种机械振动现象和机理，测量、分析并破译这些信息，在不解体的情况下，对机械系统的状态进行检测，分析其潜在故障，诊断机械系统故障的程度和部位。

5.3.1　振动参数

机械系统的振动形式是多种多样的，所以从时域上显示的振动波形多种多样，几乎找不到振动形态完全相同的两个振动。造成这种情况的内在原因在于决定振动的基本要素不同。构成一个确定性振动有 3 个基本要素，即振幅、频率和相位。

1. 振幅

振动幅值表征机械振动的强度和能量。振动幅值有三种特征量，即振动的位移、速度和加速度。根据不同的需要，对振幅值可以有不同的描述方法，通常以峰值、平均值和有效值表征。对于简谐振动，三者之间的关系如图 5-4 所示。

(1)峰值

X_P表示振幅的单峰值。在实际振动波形中，单峰值表示振动瞬时冲击的最大幅值。X_{P-P}表示振幅的双峰值，又称峰-峰值，它反映了振动波形的最大偏移量。

(2)有效值

X_{rms}表示振幅的有效值，它表征了振动的破坏能力，是衡量振动能量大小的量。ISO 相关标准规定，振动速度的均方根值，即有效值为“振动烈度”，作为衡量振动速度的一个标准。

正弦波的有效值、峰值与平均值之间有如下关系：

$$有效值=0.707\times峰值=1.11\times平均值$$

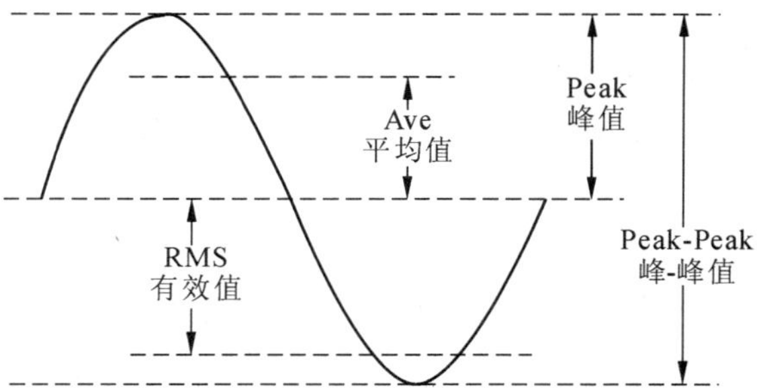

图 5-4　简谐振动的幅值

2. 频率

振动每重复发生一次所需的时间称为振动的周期。每秒振动的次数称为频率，频率是振动的重要特征之一。不同的结构、不同的零部件、不同的故障源，则产生不同频率的机械振动，因此频率分析是设备振动诊断中的重要手段。

3. 相位

振动信号的相位，表示振动质点的相对位置。不同振动源产生的振动信号都有各自的相位。相位相同的振动，可使振幅叠加，产生严重的后果；相位相反的振动引起振动互相抵消，起到减振的作用。

相位测量分析在故障诊断中亦有相当重要的地位，一般用于谐波分析、动平衡测量、识别振动类型和共振点等方面。

5.3.2 振动测量的内容

依振动频率不同配置相应的传感器，并安装在合适的测量点处采集振动信号。对应于低、中、高频振动信号分别选用位移、速度、加速度传感器，一般加速度传感器应用最为普遍。

1. 信号处理

利用信号分析仪处理采集的振动信号，除掉原振动波形中无意义而又有害的波，并加工成便于精密分析的信号，进而提取机器故障的振动信号。信号处理是振动监测技术的核心。

2. 状态识别

根据提取的故障信息频谱，参考有关故障的振动频谱对机器状态作出判断，并对故障原因进行分析。

3. 诊断决策

依故障诊断的结果确定防止或消除故障的对策，预测机器状态变化的趋向等。

振动检测主要是通过测量机械设备或结构的振动参量及系统的动态特性等，实现机械状态的监控和故障的诊断及识别。

5.3.3 测振传感器

测振传感器是用来测量振动参量的传感器，根据所测振动参量和频响范围的不同，习惯上将测振传感器分为振动加速度传感器、振动位移传感器和振动速度传感器三大类。

1. 涡流式位移传感器

涡流式位移传感器是利用转轴表面与传感器探头端部间的间隙变化来测量振动的。它的优点是灵敏度高、频响范围宽、测量范围大、抗干扰能力强、不受介质影响、结构简单以及非接触测量等，适合于测量转子相对于轴承的相对位移，包括轴的平均位置及振动位移。

图 5-5 所示为涡流式位移传感器的工作原理图。在传感器的端部有一线圈，线圈中有频率较高（1～2 MHz）的交变电压通过。当线圈平面靠近某一导体面时，由于线圈磁通链穿过导体，使导体的表面层感应出涡流 i_2，而 i_2所形成的磁通又穿过原线圈。这样，原线圈与涡流“线圈”形成了有一定耦合的互感。耦合系数的大小与二者之间的距离及导体的材料有关。在传感器的线圈结构与被测导体材料确定之后，传感器的等效阻抗以及谐振频率都与间隙的大小有关。涡流式位移传感器将位移的变化线性地转换成相应的电压信号以便进行测量。为了实现位移测量，还必须配备一个专用的前置放大器，一方面为涡流式位移传感器提供输入信号，另一方面提取电压信号。

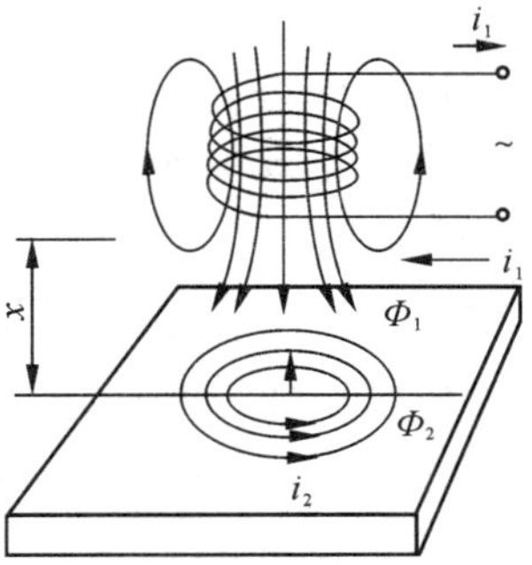

图 5-5　涡流式位移传感器的工作原理图

2.磁电式速度传感器

磁电式速度传感器是测量振动速度的典型传感器,具有较高的速度灵敏度和较低的输出阻抗,能输出较强的信号功率,常用于旋转机械的轴承、机壳、基础等非转动部件的稳态振动测量。

磁电式速度传感器的工作原理如图 5-6 所示。其主要组成部分包括线圈、磁铁和磁路。磁路里留有圆环形空气间隙,而线圈处于气隙内,并在振动时相对于气隙运动。磁电式速度传感器基于电磁感应原理,即当运动的导体在固定的磁场里切割磁力线时,导体两端就产生感应电动势。感应电动势(传感器的输出电压)与线圈相对于磁力线的运动速度成正比。

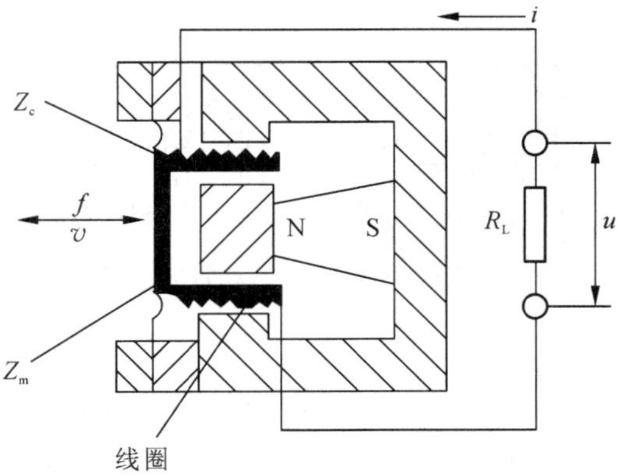

f—振动力;v—振动速度;Z_c—线圈阻抗;Z_m—膜片阻抗;i—感应电流;R_L—测量电路输入电阻;u—感生电动势

图 5-6　磁电式速度传感器的工作原理

磁电式振动速度传感器的优点是不需要外加电源,输出信号可以不经调理放大即可远距离传送,这在实际长期监测中是十分方便的。此外,由于磁电式振动速度传感器中存在机械运动部件,它与被测系统同频率振动,不仅限制了传感器的测量上限,而且其疲劳极限造成传感器的寿命比较短。在长期连续测量中必须考虑传感器的寿命,要求传感器的寿命大于被测对象的检修周期。

3. 压电式加速度传感器

压电式加速度传感器是利用晶体的压电效应原理制成的传感器，它输出的电荷量与它的壳体所承受的加速度值成正比。压电式加速度传感器由于其体积小、频响宽、相频特性好等优点，是目前使用最普遍的传感器。

常用的压电式加速度传感器的结构如图 5-7 所示。图 5-7(a)～(c)所示为受压型的压电式加速度传感器。每个加速度传感器有两个或多个装在一个相当大的质量块 M 下的压电片 P，并通过强弹簧 S 压紧在一个相当厚的金属基座 B 上。在一定频率范围内，压电片所呈现的电荷量将和加速度传感器所承受的加速度成正比。外缘固定型压电式加速度传感器[图 5-7(a)]的弹簧与壳体紧固在一起，这种构造的基座、壳体是弹簧质量系统的一部分，因而外界温度、噪声和试件变形都将通过壳体、基座的变形而影响加速度传感器的输出。中间固定型压电式加速度传感器[图 5-7(b)]是将质量块、压电块和弹簧装在一个中心架上，它可以有效地克服上述缺点。倒置中间固定型压电式加速度传感器[图 5-7(c)]的中心架不直接固定在基座上，可以避免基座变形所造成的影响，但是其基壳壁成为"弹簧"的一部分，因而其共振频率比较低。

图 5-7(d)所示为剪切型的压电式加速度传感器，其压电材料 P 制成圆筒状，并黏结在中心架上，其外圆周黏结一个圆筒状的质量块 M。当加速度传感器沿其轴线振动时，压电材料将受到剪切变形而呈现电荷。这种结构可以较好地避免外界条件变化的影响，并有利于结构的小型化。

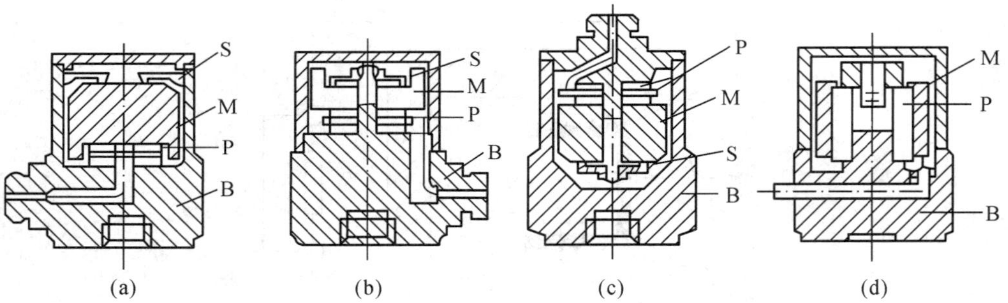

图 5-7 压电式加速度传感器的构造

(a)外缘固定型；(b)中间固定型；(c)倒置中间固定型；(d)剪切型

由于压电式传感器的输出电信号是微弱的电荷，而且传感器本身有很大内阻，故输出能量甚微，这给后接电路带来一定困难。为此，通常把传感器信号先输到高输入阻抗的前置放大器。经过阻抗变换以后，方可用于一般的放大、检测电路将信号输给指示仪表或记录器。目前，制造厂家已有把压电式加速度传感器与前置放大器集成在一起的产品，不仅方便了使用，而且也大大降低了成本。

5.3.4 振动信号的分析

振动信号的分析方法，可按信号处理方式的不同分为幅域分析、时域分析以及频域分析。信号的早期分析只在波形的幅值上进行，如计算波形的最大值、最小值、平均值、有效值等，后又进而研究波形的幅值的概率分布。在幅值上的各种处理通常称为幅域分析。信号波形是某种物理量随时间变化的关系，研究信号在时间域内的变化或分布称为时域分析。频域分析是确定信号的频域结构，即信号中包含哪些频率成分，分析的结果是以频率为自变量的各种物理量的谱线或曲线。不同的分析方法是从不同的角度观察、分析信号，使信号处理的结果更加丰富。

1. 信号的时域统计分析

信号时域分析是通过信号的时域计算信号的均值、均方值、方差等统计参数。信号的时域分析很简单，用示波器、万用表等普通仪器就可以进行分析。

(1)信号类型

信号时域分析(波形分析)的一个重要功能是根据信号的分类和各类信号的特点，确定信号的类型。然后再根据信号类型选用可行的信号分析方法。图 5-8 所示为 3 种不同特征的信号。

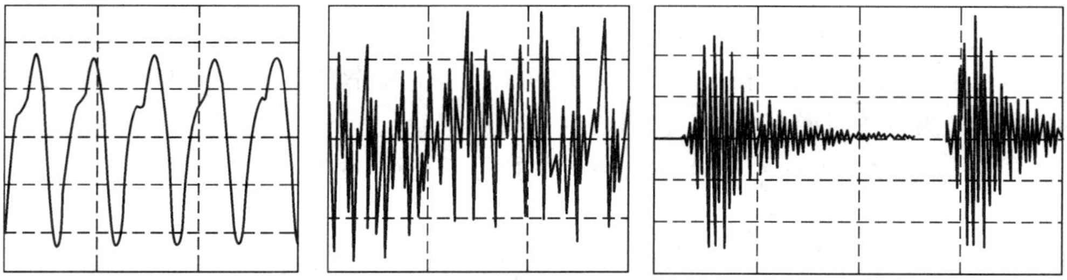

图 5-8　3 种不同特征的信号

(2)周期

对周期信号来说，可以用时域分析来确定信号的周期，也就是计算相邻的两个信号波峰的时间差。

(3)均值

均值 $E[x(t)]$ 表示集合平均值或数学期望值。基于随机过程的各态历经性，可用时间间隔 T 内的幅值平均值表示，即

$$\mu_x = E[x(t)] = \frac{1}{T}\int_0^T x(t)\,\mathrm{d}t$$

均值表达了信号变化的中心趋势，或称之为直流分量。

(4)均方值

信号 $x(t)$ 的均方值 $E[x^2(t)]$ 或称为平均功率，其表达式为

$$\psi_x^2 = E[x^2(t)] = \lim_{T\to\infty}\int_0^T x^2(t)\,\mathrm{d}t$$

该值表达了信号的强度，其正平方根值，又称为有效值，也是信号的平均能量的一种表示。在工程信号测量中一般仪器的表头值显示的就是信号的均方值。

(5)方差

信号 $x(t)$ 的方差定义为：

$$\sigma_x^2 = E[\{x(t)-E[x(t)]\}^2] = \lim_{T\to\infty}\frac{1}{T}\int[x(t)-\mu_x]^2\,\mathrm{d}t$$

2. 信号的幅值分析

信号的幅值分析包括信号的幅值概率密度函数和幅值概率分布函数，它反映了幅值信号落在不同强度区域的概率情况。

(1)概率密度函数

随机信号的概率密度函数定义为

$$p(x)=\lim_{\Delta x\to 0}\frac{P[x<x(t)\leqslant x+\Delta x]}{\Delta x}$$

对于各态历经过程

$$p(x)=\lim_{\Delta x\to 0}\frac{1}{\Delta x}\left[\lim_{T\to\infty}\frac{T_x}{T}\right]$$

式中，$P[x<x(t)\leqslant x+\Delta x]$ 表示瞬时值落在增量 Δx 范围内可能出现的概率；$T_x=\Delta t_1+\Delta t_2+\cdots$ 表示信号瞬时值落在 $(x,x+\Delta x)$ 区间的时间；概率密度 $p(x)$ 是信号 $x(t)$ 的幅值 x 的函数；T 为分析时间。

图 5-9 显示了一个样本信号 $x(t)$ 的波形和 $p(x)$ 的计算方法。

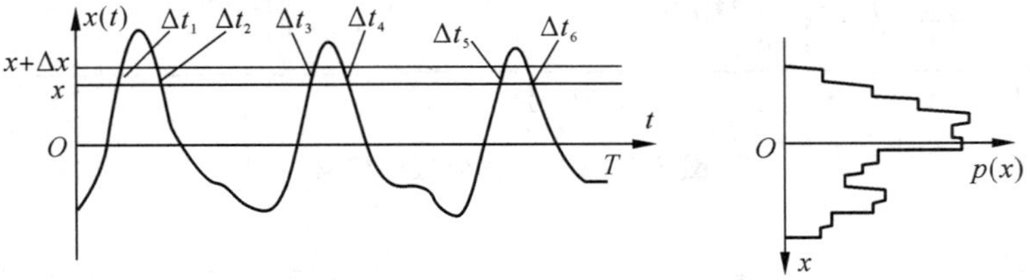

图 5-9 概率密度函数的计算

(2)概率分布函数

概率分布函数是信号幅值不大于某值 R 的概率，其定义为

$$F(x)=\int_{-\infty}^{R}p(x)\,\mathrm{d}x$$

概率分布函数又称为累积概率，表示了落在某一区间的概率，也可写为

$$F(x)=p(-\infty<x\leqslant R)$$

3. 信号的频谱分析

信号频谱分析是采用傅里叶变换将时域信号 $x(t)$ 变换为频域信号 $X(f)$，从而使复杂信号分解为有限或无限个频率的简谐分量。时域信号 $x(t)$ 的傅里叶变换为：

$$X(f)=\int_{-\infty}^{\infty}x(t)\mathrm{e}^{-\mathrm{j}2\pi ft}\,\mathrm{d}t$$

式中，$X(f)$ 为信号的频域表示；$x(t)$ 为信号的时域表示；f 为频率。

信号的时域描述只能反映信号的幅值随时间的变化情况，除只有一个频率分量的简谐波外，一般很难明确揭示信号的频率组成和各频率分量的大小。例如，图 5-10 所示为一受噪声干扰的多频率成分周期信号，从信号波形上很难看出其特征，但从信号的功率谱上却可以判断，并识别出信号中的四个周期分量及其大小。信号的频谱代表了信号在不同频率分量处信号成分的大小，它能够提供比时域信号波形更直观、更丰富的信息。在许多场合下，用信号的频率来描述事物的特征也更简洁和明确。

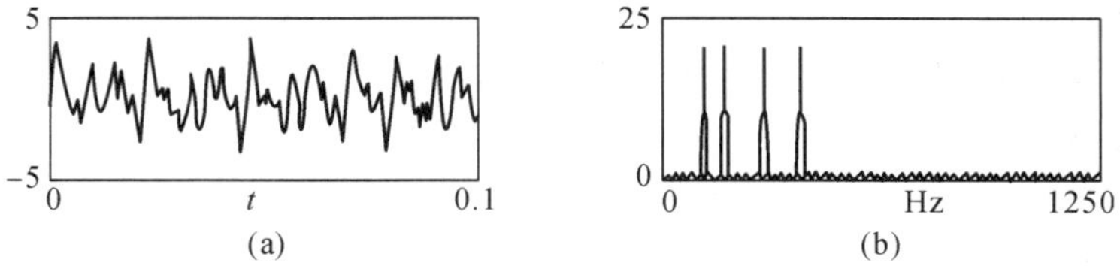

图 5-10　受噪声干扰的多频率成分周期信号波形和频谱

(a)信号波形；(b)信号功率谱

5.3.5　振动监测的应用

振动监测所用的振动信号测试分析仪种类繁多，分为简易型、半精密型和精密型，并且有通用与专用之分。简易型检测仪为便携式，体积小、质量小、携带方便、操作简易，并能快速显示测试结果，价格便宜。如便携测振仪、冲击脉冲计等。精密型测试仪器测量精度高，抗干扰能力强，现场采集信号和进行分析，但不能立即获得测试结果，操作复杂，价格较贵。精密测试仪包括传感器、放大器、记录仪和信号分析仪。

采用振动信号来检测和判断机械设备的状态具有以下很多优势：适用于各种类型、各种工况的设备，可以有效诊断出早期故障，信号测试与处理简单直观、结果相对可靠等。由于振动信号测取方便，诊断速度快，并且不局限于液体润滑的零部件，在零部件定位方面有很大的优越性。许多机械设备在带故障运行时都伴随振动和冲击，振动和冲击也常常反映了机械的故障。因此，利用振动信号进行船舶检验可以更多地从理论上判断设备是否处于正常状态，是对传统检验方法的一个新的补充。目前，振动信号处理技术已成功地应用于旋转机械和往复式机械的故障诊断中，并已取得极大的经济效益。在主要的船舶动力装置——柴油机的故障诊断方面，已有的研究工作表明，柴油机的振动信号中包含了关于柴油机工作状态的大量有用信息，通过对所采集的振动信号的处理，可以更加完善柴油机的检验，保证柴油机运行的可靠性。

近年来，振动信号处理技术不断突破发展，推陈出新，在实际应用中也有很多的成功实例。目前可以利用振动分析设备对船用设备实现检验的系统或机器有：

1. 通用推进系统

对齿轮传动涡轮推进装置，在试图确定系统内是否有过大运动时，可测量机器的前后振动偏差和振动频率。振动偏差和振动频率也是主推力轴承、推力基座和船内底支撑结构刚度的重要测量指标。通过测量涡轮箱和涡轮轴、减速齿轮及推力轴承组的相对及绝对振动位移，可测定和评估推进涡轮齿轮组花键及其耦合的运动。振动分析为柴油机和往复式蒸汽机推进系统的超长跨距振动提供了一个有效测量手段，对蒸汽轮机或汽轮机推进系统的持续状态监测，可早期识别出要发生的故障。

2. 轴系和螺旋桨

舷外艉轴也是推进系统的一部分，对其振动测量可用于分析其结构刚度及添加撑木或其他轴支撑件的效果。以同样方式，可检测出导致螺旋桨、主轴和推进系统其他回转部件运转不良的失衡、失中以及轴承间隙过大等。

3. 风机设备

由马达或涡轮驱动的风机，风机的空气动力振动、失中和磨损可以用振动分析法检测出来。泵和压缩机是类似的高速机械，振动分析可有助于延长它们的寿命和避免运行故障。

4. 马达、发电机、分油机及类似旋转机械

可对船上所有的电动马达、分油机和发电机进行振动分析，并与已制定的允许振动标准相比，得出机械状态的概况。失衡、电励振动、轴承磨损和机械失中等故障是很容易检测出来的。对大型关键电力机械，要积累一定的振动信号数据，可用于预防性维修计划。

5. 船用燃气轮机及柴油机

在采用工业汽轮机或航空燃气轮机的船舶上，振动测量可确定其最大振动范围，也可找出汽轮机的振源。对船用柴油机，像飞轮和涡轮压气机这样的机器组件是可以实现振动分析动平衡的。

6. 齿轮及其驱动

振动分析可揭示齿轮啮合、齿形、齿空间、同心度及其转轴平衡的状态。转轴弯曲和齿轮箱失中也可以通过振动分析查找出来。这些故障可在没有机器解体和物理检测的条件下检测出来。

5.4 油液监测技术

柴油机运转过程中，即便各运动副处于良好的液体润滑状态也不可避免地产生摩擦热和磨损。润滑油的温度升高使其理化性能逐步下降，更重要的是容纳了大量的磨损产物——金属颗粒和其他污染微粒。润滑油中的金属磨粒成分、颗粒大小和多少与摩擦副的工作情况密切相关。因此，润滑油中的金属磨粒是摩擦副技术状态的外部信息。油液监测技术是通过采集船机设备润滑油样，利用各种分析手段检测油样的性能和其所携带的反映摩擦副技术状态的磨损微粒，获得油样性能参数值和磨粒的成分、尺寸、形貌和数量等信息，以定性和定量地判断船机设备的磨损状态及预测其发展趋势。

油液监测技术是一种有效的船舶机械系统工况监测和故障诊断方法。但对油液监测不能仅认为是润滑油分析和磨粒分析的简单组合，而应视为是利用润滑剂（或工作介质）这一信息载体，对船舶机器的摩擦学系统所产生的故障实施诊断的方法与技术。润滑油监测技术包括润滑油理化性能检测和磨损微粒的分析。根据润滑油理化性能的变化，检测船机设备的润滑状态和由此引起的故障；根据磨粒分析判断磨损部位和程度，诊断磨损故障。油液监测技术的监测过程包括取油样，理化性能检测和磨粒分析，取得检测数据、分析诊断等步骤。油液监测技术包括理化性能检测和油样磨粒分析两种。

5.4.1　理化性能分析

1. 经验法

经验法是一种定性简易检测方法。轮机员在日常的轮机管理中，经常通过观察润滑油的颜色、闻气味、用手捻搓等了解润滑油的黏度和金属屑、污染物及乳化变质等的情况，粗略判断油的质量和摩擦副的磨损程度。

2. 滤纸法

滤纸法是测定油品理化性能常用的简易定性分析法。取油样滴于滤纸上，待其充分扩散后观察纸上的油滴斑痕图像，并与新油试样图像比较。油渍越黑表明油越脏。中心黑点较小、色较浅和四周黄色油渍面积较大，表明滑油尚可使用；黑点较大，呈黑褐色、均匀无颗粒，表明滑油已变质，应换油。

3. 常规化验法

常规化验法是船机润滑油普遍采用的一种定期定量指标检测方法。对船用柴油机润滑系统每隔3～4个月取样一次进行定量分析。主要检验项目有：黏度、闪点、酸值、总碱值、水分和机械杂质等。具体检验方法按有关规定由专门化验部门进行。根据化验指标的变化情况综合分析在用油的质量，并对摩擦副状态进行粗略判断。

总之，润滑剂是参加机械设备运转的一部分，它的性能正常与否，本身就说明了机械是否存在故障。按照设计要求定期对润滑剂的性能进行检测，就是掌握机械设备运转状态的重要手段。

5.4.2　油样磨粒分析

通过监测油样中磨粒的成分、含量、尺寸、形貌等来定性、定量地评价被监测的船舶机械和设备的磨损状态，诊断故障的类型、部位、程度和原因，并预测故障的发展趋势。近年来，油液监测技术发展迅速，光谱分析是其中最为成熟、可靠的先进监测技术。

1. 光谱分析

光谱分析是利用原子和分子的发射与吸收光谱进行物质的化学组成及含量分析的物理方法。它可以有效地监测机械设备润滑油中所含磨损颗粒的成分及其含量的变化，也可以准确地检测润滑油中添加剂的状况以及润滑油污染度和变质的程度。

(1)发射光谱分析

利用物质受电能或热能激发后辐射出的特征谱线来判断物质组成的方法,称为原子发射光谱分析。用于油液分析的大多数原子发射光谱仪(AES)是转盘电极直读原子发射光谱仪(RDE-AES)或等离子体原子发射光谱仪(ICP-AES)。其差异主要在于对油样激发方式的不同。

Spectroil M 型原子发射光谱仪工作原理如图 5-11 所示,它由激发装置(源)、入口狭缝、光栅(或棱镜)、光电系统等部分组成。光谱仪的激发光源采用电弧,一极是石墨棒,另一极是缓慢旋转的石墨轮。石墨轮的下半部浸在盛有被分析油样的油样盒中,当石墨轮旋转时,把油样带到两极之间,电弧穿透油膜使油样中的微量金属元素受激发出特征辐射线,特征辐射线经入口狭缝射到光栅,经光栅分光,各元素的特征辐射线由出口狭缝引出,照到相应的光电倍增管上,由光电倍增管接收辐射信号,将光能变为电能,再经电子线路的信号处理,便可直接检测出油样中各元素的含量。使用 Spectroil M 型油料分析光谱仪只需一个油样、一次激发便可测出数十个元素值。由于分析速度快、操作简便,其已在油液监测技术领域普遍采用。

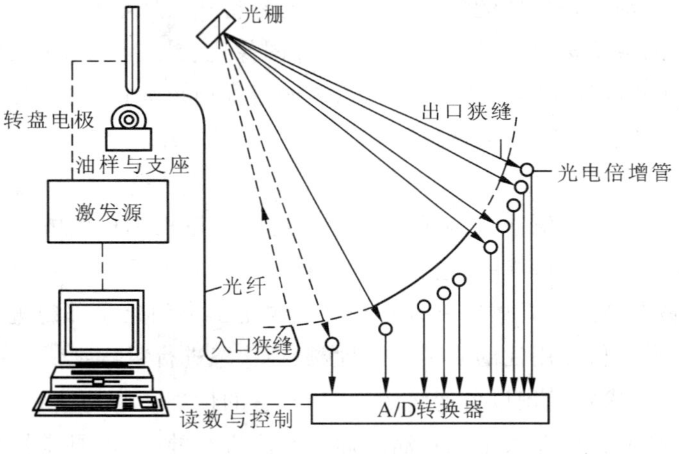

图 5-11 Spectroil M 型原子发射光谱仪的工作原理

(2)原子吸收光谱分析

原子吸收光谱分析是通过测量试样所产生的基态原子蒸汽对被测元素辐射的特定波长单色光的吸收能力,确定试样中该元素的浓度。图 5-12 所示为火焰原子吸收光谱仪的基本构成。它是在能发出某种元素单色光的空心阴极灯和分光镜之间建立火焰,油样用泵打入火焰,油样中相应元素的原子被激发后,吸收了空心阴极灯所发出的同色光的能量,通过测量原子蒸汽对辐射光的吸光度,便可测出油样中该元素的含量。原子吸收光谱技术受周围环境的干扰影响较小,分析精度及可靠性较高,但是一种空心阴极灯只能分析一种元素,不能同时检测多种元素,分析速度慢,操作比较麻烦。

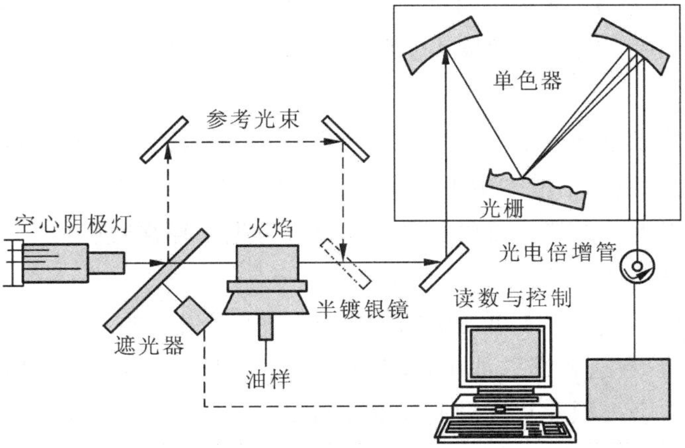

图 5-12　火焰原子吸收光谱仪的基本构成

(3)红外光谱分析

润滑油性能的好坏主要取决于基础油和各种添加剂的性质。润滑油的劣化和失效主要是由于添加剂在摩擦热的作用下发生了氧化、酸化、降解而相应生成了氧化物、酸化物、硝化物、树脂、积碳等有害物质，导致基础油和添加剂的化学成分及分子结构发生了变化。这些变化均属化学变化，一般的理化分析是无法检验的，而利用红外光谱检验是最直接、最有效也是最快捷的方法。红外光谱分析的主要原理是不同的化合物的分子结构不同，在红外光谱上都会出现特定位置的吸收峰，通过典型峰位和峰面积的积分计算即可对油品的某些特性进行定量的或半定量的分析。

在油液的红外光谱分析中，对反映机器状态有意义的润滑油性质常用指标主要有硫酸盐含量、羧酸盐含量、抗磨剂损失、抗氧剂损失、积碳污染水平等。图 5-13 所示为主要润滑油红外光谱分析指标的基本吸收特性。

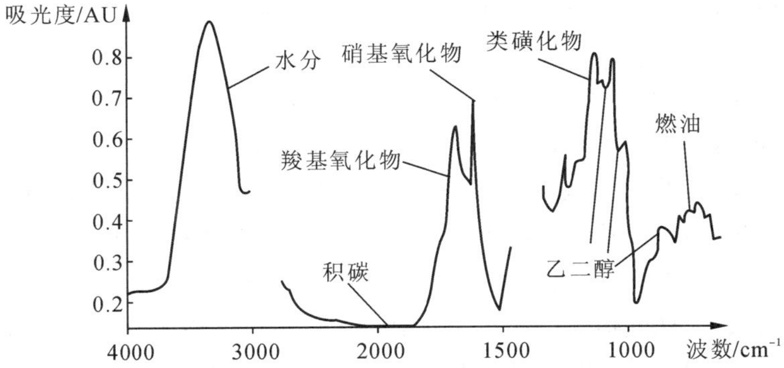

图 5-13　主要润滑油红外光谱分析指标的基本吸收特性

一般来说，油液中某些元素含量偏高，则材料中含有该元素的零件可能磨损。如对柴油机来说，滑油中铁微粒较多，缸套、曲轴、凸轮部件、摇臂等都有可能是故障部位；如果铬微粒也较多，则缸套、活塞环的可能性就比较大了；铜、铅的含量较多，很有可能是来自连杆轴承和曲轴轴承等处。诊断人员必须对机械的结构和材料有清楚的了解，才能进行有效的诊断。

为了减少油液光谱分析中的人为因素和提高检测准确性，针对具体设备及其不同的工作条件，经反复实验确定滑油中不同元素其浓度的允许值是很关键的工作。另外掌握使用期间元素浓度上升的趋势可以判断机器有没有发生异常磨损。

2.铁谱分析法

磨损是机器运行过程中不可避免的现象，也是机器失效的主要原因。对于有润滑油的摩擦副，磨损颗粒会进入润滑油中，铁谱技术就是利用高梯度强磁场的作用将机械系统摩擦副中产生的磨损颗粒从润滑油液中分离出来，并使其按照尺寸大小依次沉积在一显微基片上而制成铁谱片，然后置于铁谱显微镜或扫描电子显微镜下进行观察；或者按照尺寸大小依次沉积在一玻璃管内，通过光学方法进行定量检测，以获得摩擦副磨损过程的各类信息，从而分析机械系统的磨损机理和判断磨损的状态。

应用铁谱技术分析机械系统的磨损状态，主要是从以下四个方面来进行的：

(1)根据主要磨粒的形成、颜色和尺寸等特征来判定机械系统(及有关零部件)所处的磨损阶段以及相应阶段发生的磨损类别(如疲劳、剥落、腐蚀等)及其磨损的程度；

(2)根据磨损量(即磨损曲线)对机械系统的磨损程度进行量的判断；

(3)根据磨损严重性，确定机械系统磨损的剧烈程度；

(4)根据磨粒的材质成分来判断机械系统磨损的具体部位及磨损零件。

铁谱仪是运用铁谱技术获取磨损微粒的硬件，迄今已研究开发出多种类型。其中，运用比较广泛的有以下四大类：分析式铁谱仪、直读式铁谱仪、旋转式铁谱仪、在线式铁谱仪。除此之外，采用相同原理但工作方式有所不同的还有磨粒定量仪、气动式铁谱仪、铁量仪等。各类铁谱仪分别各具特点和相应的使用范围。直读式铁谱仪操作简单、迅速，可以较快地获得油样中磨粒浓度的分析结果，适于现场使用作出简单诊断。

①分析式铁谱仪

分析式铁谱仪是由铁磁装置、低稳排量的微量泵(或称蠕动泵，排量为 0.25 cm^3/min)、输油导管和玻璃基片组成，如图 5-14 所示。抽取油样并进行浓度和黏度稀释处理后由微量泵将其输送到铁磁装置的高梯度磁场上方玻璃基片上，油样沿倾斜玻璃基片向下流动，油样中的磨粒在磁力、重力和液体黏性阻力作用下，按磨粒尺寸大小依次沉积排列于基片上，润滑油流入容器中。用四氯乙烯溶剂清洗基片，清除残油并使磨粒固定于基片上而成为铁谱片。这样就将磨粒从润滑油中分离出来。在铁谱片上首先沉积大磨粒，然后磨粒依尺寸逐渐减小。大磨粒尺寸大于或等于 5 μm，较小磨粒尺寸小于 1 μm。最后在铁谱显微镜下观察和分析铁谱片上磨粒的形貌、大小、成分等，进而揭示船机设备的磨损形式、原因和程度。

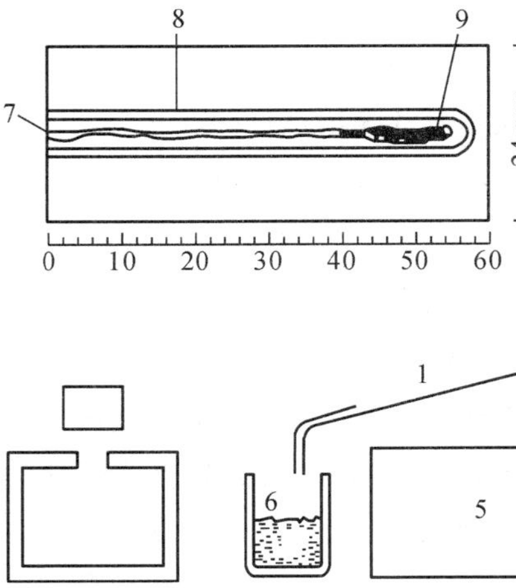

1—玻璃基片；2—微动泵；3—导管；4，6—容器；5—铁磁装置；7—出油口；8—限油挡；9—进油口

图 5-14　分析式铁谱仪工作原理

②直读式铁谱仪

直读式铁谱仪的结构原理与光路测量系统如图 5-15 所示。其由光敏元件、磁铁、光导纤维、光源（白炽灯）、接油杯（废油瓶）、沉积管以及其他辅助机构等组成。油样在虹吸现象的作用下流入沉积管，在沉积管的下部有一高强度、高梯度磁场，油样中的铁磁性颗粒受重力、浮力以及磁力三者的综合作用，在随着油样流过沉积管的过程中，将会在沉积管内有规律地沉积下来。其中的大颗粒沉积在入口处，而较小的颗粒则离入口处较远。

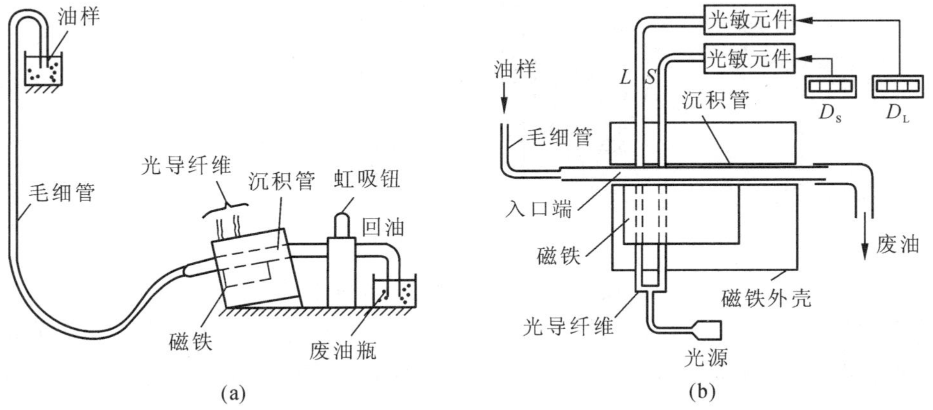

图 5-15　直读式铁谱仪的结构原理与光路测量系统

传统的直读式铁谱仪在沉积管的入口处和离入口处 5mm 的地方各装有一个光伏探测器，分别作为大颗粒（D_L）和小颗粒（D_S）的光密度读数监测。光伏探测器的输出电压与其所受光强有关，而铁磁性颗粒在沉积管中的沉积将会削弱来自光导纤维的光强。由于光导纤维的匀光作用，使得光伏探测器所接收到的光强改变量与铁磁性颗粒的挡光面积成正比，在一定的条件下，挡光面积又与磨屑体积之间有某种较稳定的对应关系，即光

伏探测器的输出与磨屑体积有关，可表达为：

$$U_{OUT}=f(V)$$

式中，V 为磨屑面积；U_{OUT} 为光伏探测器的输出电压。

这样，通过光伏探测器输出电压的变化就能感知油样中铁磁性颗粒的体积。

与其他类型的铁谱仪相比，直读式铁谱仪具有如下的性能特点：

a. 结构简单，价格便宜(约为分析式铁谱仪的 1/4)；

b. 制谱与读谱合二为一，分析过程简单便捷；

c. 读数稳定性、重复性较差，随机因素干扰影响大；

d. 只能提供关于磨屑体积的信息，不能提供关于磨屑形貌、磨屑来源的信息，因而信息量有限，常用于油样的快速分析和初步诊断。

3. 颗粒计数

颗粒计数是评定油液中固体颗粒(包括机械磨损颗粒)污染程度的一项重要技术。它是对油液中的颗粒进行粒度测量，并按预选的粒度范围进行计数，从而得到有关颗粒粒度分布方面的重要信息。通过与标准指标对比，获得对油液污染度的评价。

遮光型颗粒计数器是目前应用最为广泛的一种自动颗粒计数器，其主要技术是采用遮光型传感器。图 5-16 所示为遮光型传感器的原理。

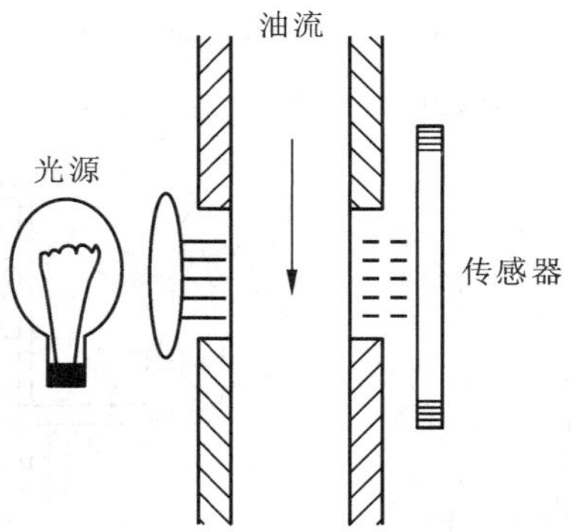

图 5-16 遮光型传感器的原理

从光源发出的平行光束通过传感区的窗户射向一光电二极管。传感区部分由透明的光学材料制成，被测液体试样沿垂直方向从中通过，在流经窗口时被来自光源的平行光束照射。光电二极管将接收的光能转换为电信号，经前置放大器传输到计数器。当流经传感区的油液中没有任何颗粒通过时，前置放大器的输出电压为一定值。当油液中有一个颗粒进入传感区时，一部分光被颗粒遮挡，光电二极管接收的光量减弱，于是输出电压产生一个脉冲，计数一次。由于被挡的光量与颗粒的投影面积成正比，因而输出电压脉冲的幅值直接反映颗粒的尺寸。

传感器的输出电压信号传输到计数器的模拟比较器，与预先设置的阈值电压相比较，当电压脉冲幅值大于阈值电压时，计数器即计数。通过累计脉冲的次数，即可得出颗粒的数目。计数器设有若干个通道，如 6 个或 12 个通道，分别对应不同的粒度区间。如一般六级（即 6 通道）分为：>2 μm，>5 μm，>15 μm，>25 μm，>50 μm，>100 μm。传感器的输出信号同时传输到这些通道。根据传感器的标定曲线，预先将各个通道的阈值电压设置在与要测定的颗粒尺寸相对应的值上。这样，每一个通道对大于本通道阈值电压的脉冲进行计数，因而计数器就可以同时测定各种尺寸范围的颗粒数。这样测量结果会按照 ISO 或 NAS 污染度等级标准在手持显示屏上显示出来，并储存在仪器配置的计算机内。

4. 磁塞法

磁塞是一种带有磁性探头的检测器，将其安装到滑油管路中适当部位，吸附滑油中磨损产物、腐蚀产物和疲劳破坏的金属鳞片等。定期取下磁头，收集其捕捉到的金属屑，在光学或电子显微镜下观察金属屑的形貌、尺寸，分析判断故障部位和程度，如图 5-17 所示。

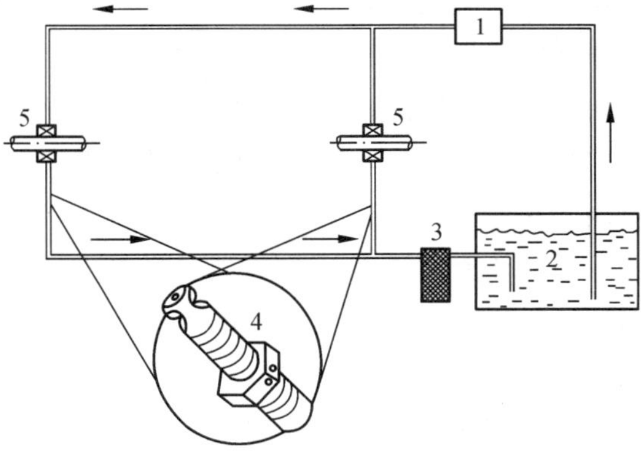

1—油泵；2—油箱；3—滤器；4—磁塞；5—轴承

图 5-17　润滑系统中的磁塞安装位置

磁塞分为普通磁塞和电磁塞，其中电磁塞吸附量达到规定值时可自动报警。磁塞法适用于铁磁性材料，磨粒尺寸为 25～400 μm。磁塞法设备简单、成本低、使用方便。

5.5　红外监测技术

船机设备在运转过程中，温度是最基本的工作性能参数之一，零部件的温度变化直接与其工况和故障有关。由于设计、制造等环节产生的缺陷以及摩擦、绝缘等方面的异常，动力装置的热力和电工设备会存在缺陷或故障，从而在工作过程中表现为异常发热，反映到设备外表面则为温度场的异常分布。因此，进行温度监测可及时判断船机设备工况以保证安全可靠运转。

温度监测方法分为采用温度计的接触式测量和通过接收热辐射能量的非接触式测量。红外监测就是温度监测中的非接触式测温技术之一。使用红外测温仪、红外成像仪等设备进行红外监测，具有非接触、响应快、在线且监测区域大、效率高等优点，因此已被广泛用于船舶动力装置及设备的监测中，有助于尽早发现和消除动力装置及其设备的事故隐患。

太阳光是由红、橙、黄、绿、青、蓝、紫七种可见光组成，波长在 0.3～0.76 μm 之间。在红光和紫光以外有不可见光红外光和紫外光。可见光与不可见光均是电磁波，红外光是介于可见光与微波之间的电磁波，波长在 0.76～1000 μm 之间。

研究物质结构可知，构成物质的原子、分子都在热运动，并且不时地改变其能量状态。当能量状态由高级向低级跃迁时会辐射出电磁波，电磁波以光子形式将能量带走。

物体表面温度与其辐射功率的关系由斯特藩-玻尔兹曼定律给出，即物体辐射强度与其热力学温度的 4 次方成正比。所以物体辐射强度随温度升高而显著增加。自然界中，任何高于绝对零度(－273℃)的物体都是红外辐射源。通过探测物体的红外辐射强度了解物体表面温度，进而诊断故障。因此，红外检测技术就是利用物体的红外辐射能量与其表面温度的关系实现非接触测量温度的技术，并通过温度变化测定物体内部的缺陷。

红外测温仪是最轻便、最直观、最快速和最价廉的表面测温仪器，分为红外点温仪和红外线温仪，可用指针或数字显示。目前国内产品测温范围有 0～500 ℃和 800～1500 ℃。美国远程红外测温仪可测 100 m 内物体的温度，其测温范围为 －20～200 ℃。

红外热成像系统是利用红外传感器、光学成像物镜和光扫描系统非接触接收被测物体红外辐射信号，将其转变成电信号后放大、处理进行显示。将人眼看不见的与被测物体表面热分布对应的实时热像图转变成可见的电视图像或照片。国产便携式红外热像仪测温范围为 0～150 ℃，美国照相扫描温度计能扫描、比较、测定并拍摄实景和温度分布曲线，测温范围达 1000 ℃。红外检测技术具有以下优点：

①非接触测温，减少影响测温精度的因素和用于因距离、动态、高温、不安全等难以接触物体表面的测温；

②测温速度快、显示直观、携带轻便、价格低廉；

③测温灵敏度高，能区别微小温度(0.01～0.1 ℃)；

④测温范围广，一般为－50～2000 ℃。

5.5.1 表面温度限值法

将测量结果与国家标准和行业标准规定的各类设备的允许温度限值进行比较。当被测设备外表面温度达到或超过允许温度限值时，应立即停止运行并安排检查。

5.5.2　相对温差法

相对温差法可有效减小因设备负荷和环境温度不同对红外监测结果造成的影响。在环境温度较低尤其是设备负荷较小的情况下，设备外温并未超过允许值。但是大量的事实表明，此时的外表面温度场不能真实反映该设备是否存在缺陷或故障。因此，在设备负荷增大或环境温度上升后，可能会发生设备故障。

5.5.3　相同设备比较法

对于某一设备，当没有可依据的法定标准进行监测和故障诊断时，可采用相同设备对比的方法进行判断。如果怀疑某一设备存在故障隐患，可利用与其型号相同的设备，在相同运行环境和相同负荷条件下，对比测得的数据，进而发现是否存在缺陷或故障。对于同一设备，可比较不同部位测得的温度，在此基础上进行分析，从而有助于判定故障性质并对其实施定位。

5.5.4　历史数据对比法

对同一设备在不同时间监测得到的数据进行对比，发现它们的温度差异，从而能及时判断设备故障或缺陷随时间的发展演变情况，该方法对设备故障或缺陷的早期诊断具有重要意义。对于不同时间测得的数据，应将其换算到相同的测量条件进行比较，从而准确掌握故障或缺陷的起因和发展变化情况，并判断它是属于新出现的、已有的还是未发展的故障或缺陷。

5.5.5　热像特征判别法

设备出现异常发热现象时，虽缺陷或故障通常发生在其内部，但会在其外表面反映出来。虽然不能直接测量缺陷或故障部位的温度，但是内部发热受外部环境变化的影响较小，并可通过传导、对流、辐射等热传递方式，与发热部位周围材料进行热交换，从而引发周围材料的温度升高，特别是与发热部位毗邻的金属导体温升更为显著。基于此，可根据缺陷或故障部位周围材料的温度变化及设备外表面温度分布异常进行综合分析，诊断缺陷和故障。

5.5.6　热像特征判别法

在无内部、外部故障的正常运行状态下，设备具有稳定的外表面温升和温度分布，这时测得的红外热像就是该设备在正常运行状态下的特征红外热像。而一旦设备出现某种内部或外部的缺陷或故障时，故障异常发热必然将通过传导等传热方式改变设备外表面的温升和温度分布，这时测得的热像就是该设备在特定故障下的特征红外热像。因此，可通过对比设备外表面的红外热像特征，判断设备是否存在缺陷或故障。根据外表面温度场的空间分布判别缺陷或故障的性质、部位，根据温升的大小判别缺陷或故障的严重程度。一般使用传热反问题、模式识别、人工神经网络、信号处理等反演方法进行缺陷或故障的分类识别。

5.6 船舶动力机械的远程监测与故障诊断

除上述主要故障诊断技术外，在故障诊断中还常采用逻辑诊断法和故障树诊断法。随着计算机技术的高速发展与普及，计算机应用于各种故障诊断技术中，对采集的信息进行分析处理、比较、诊断和报警、存储和显示等，从而促进了故障诊断技术的发展，出现了各类计算机监测和诊断系统，如振动监测系统、油液监测系统等。

针对船舶具有的离岸、流动作业和可靠性要求高的特点，根据船舶动力机械的基本构成，在船舶机舱自动化系统的基础上，运用多信息融合技术，将振动、性能参数和油液等监测方法集成于船舶动力机械主要机电设备(如柴油机、齿轮箱和液压装置等)的运行监测中，基于有线及无线通信网络建立了船舶动力机械运行保障的远程诊断系统，其总体构成如图 5-18 所示。在这一系统中，船载监测诊断子系统的主要功能是现场实时监测与诊断，以保证船舶动力机械的正常运行。实验室诊断子系统是在实验室研究平台的基础上，针对船载监测诊断子系统发出的需求，利用实验室的分析设备对船舶动力机械潜在的故障进行深入分析，达到识别和预测的目的。维修决策支持子系统是船舶使用单位的机务管理部门依据监测、诊断结果和生产安排以及维修准备等情况，进行维修工程决策的支持系统。这一体系的建立，使传统上相互隔离的现场生产、故障分析和维修决策等环节集成为有机的整体，从技术上保证了船舶动力机械的可靠性。

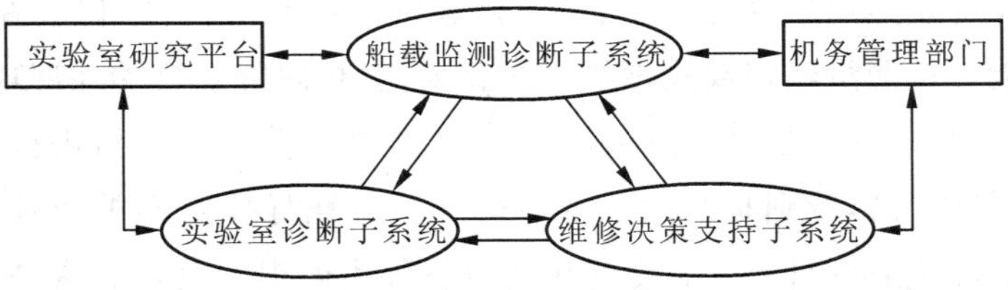

图 5-18 船舶动力机械远程监测与诊断系统的总体构成示意

船舶动力机械远程监测与诊断系统采用的主要监测方法包括振动监测、油液监测、性能参数监测等方法，图 5-19 是船舶动力机械远程监测与诊断系统结构示意。被监测对象为分布在机舱的主机、辅机及其液压系统等装置，监测参数来自船舶机舱自动化系统的温度、压力等热力参数，以及瞬时转速、振动和油液监测等传感器的参数。所有的监测结果可以通过安装在船舶驾驶室的远程无线通信模块实时传送到岸上的船舶机务管理中心和实验室诊断中心。

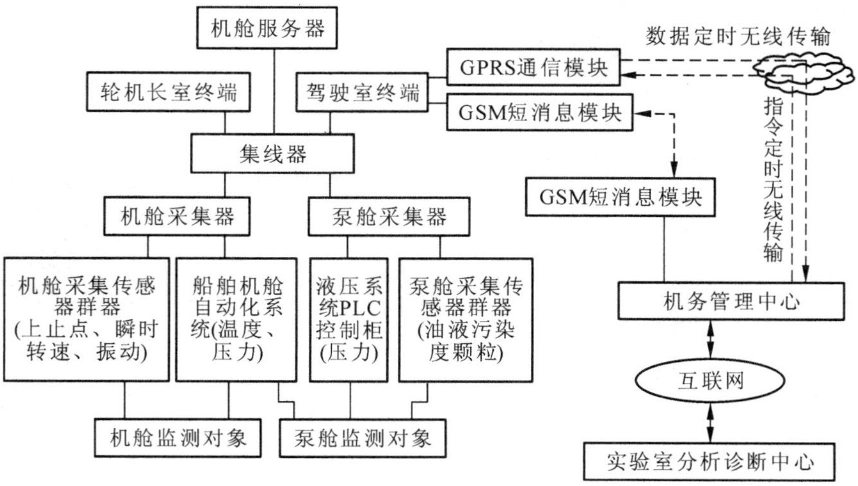

图 5-19　船舶动力机械远程监测与诊断系统的结构示意

复习思考题

1. 船机的状态信息包括哪几方面?
2. 故障诊断过程包括哪几阶段?
3. 性能参数分析的具体方法是什么? 有什么优缺点?
4. 性能参数的比较方法有哪几种?
5. 性能参数监测的实施方法有哪些?
6. 柴油机性能参数监测包括哪些内容?
7. 如何利用振动监测发动机状态?
8. 常用的油液分析方法有哪些?
9. 磨粒监测的方法有哪些? 各有什么优缺点?

参考文献

[1]　满一新. 轮机维护与修理[M]. 大连:大连海事大学出版社,2000.

[2]　顾卓明. 轮机维护和修理[M]. 北京:人民交通出版社,2001.

[3]　杨其明. 油液监测分析现场实用技术[M]. 北京:机械工业出版社,2006.

[4]　TOMS L A, TOMS A M. Machinery Oil Analysis-Methods, Automation & Benefits [M]. Park ridge:Society of Tribologists and Lubrication Engineers(STLE),2008.

[5]　杨其明. 磨粒分析——磨粒图谱与铁谱技术[M]. 北京:中国铁道出版社,2002.

[6]　萧汉梁. 铁谱技术及其在机械监测诊断中的应用[M]. 北京:人民交通出版社,1993.

[7]　吴炎庭,袁卫平. 内燃机噪声振动与控制[M]. 北京:机械工业出版社,2005.

[8]　顾海明,周勇军. 机械振动理论与应用[M]. 南京:东南大学出版社,2007.

[9] 杨志伊，郑文. 设备状态监测与故障诊断[M]. 北京：中国计划出版社，2006.
[10] 金鑫，任献彬，周亮. 智能故障诊断技术研究综述[J]. 国外电子测量技术，2009，28(7)：30-32.
[11] 李大鹏. 船舶动力装置红外监测的组织与实施[J]. 中外船舶科技，2018(3)：6-13.

拓展资料：

序号	名称	种类
1	全球首艘智能船舶交付	视频
2	故障诊断案例 5-1	图文
3	故障诊断案例 5-2	图文
4	故障诊断案例 5-3	图文
5	故障诊断案例 5-4	图文
6	故障诊断案例 5-5	图文

第6章

船机维修过程

LNG 船是专门用于运输液化天然气的船舶,其核心设备包括低温储罐和管道系统等密封系统。因为需要应对极端的储藏和运输条件,LNG 船设计、建造和检验标准远高于普通船舶。我国在 LNG 船建造上入局较晚,直到 2006 年 2 月,《国务院关于加快振兴装备制造业的若干意见》发布,提出在船舶工业领域,将重点发展 LNG 运输船等大型高技术、高附加值船舶,国内造船企业才在国家政策支持下进军 LNG 船制造。1997 年,沪东中华造船(集团)有限公司开始投入研发第一艘 LNG 船。2002 年,沪东中华与法国阿尔斯通公司达成协议,共同在中国生产建造 LNG 船。2004 年,沪东中华引进国外专利和设计技术,开始了 LNG 船的建造工作,并逐步将国外技术转化为自己的技术,这一过程十分艰难,例如在 LNG 船的殷瓦钢焊接中,有 10%的部分需要手动焊接,这对工人的技能和素质提出了极高的要求。2008 年,我国首艘国产 LNG 船“大鹏昊”问世,打破了长久以来日韩企业在 LNG 船上的垄断。此后,我国在 LNG 船舶建造能力上取得了长足的进步,逐步形成了以沪东中华、大船重工、江南造船、招商海门和江苏扬子江船业为主的多个大型 LNG 船建造企业集群。2022 年,中国船舶集团累计获得大型 LNG 运输船订单 49 艘,金额逾 100 亿美元,占全球份额从 2021 年的不足 7%升至近 30%。这些订单不仅数量多,而且结构多元化,反映了中国船舶工业在 LNG 船建造领域的实力不断提升。

船舶机械损坏后,应及时安排维修工作,使机器恢复使用性能。依据机器的大小、在船舶动力装置中的作用,以及损坏的形式、范围、程度等的不同,亦即修理工程量的不同,可以采用不同的修理方式,包括船员自修、进厂修理等。船员自修,通常是在不影响船舶航行的原则下,完成船舶机械的故障排除和维修;进厂修理,是指按规定周期有计划地进入船厂内完成维修工程。无论采用哪种维修方式,船机维修过程都包括:航行勘验、拆卸、清洗、检测、确定修理方案及修理、装复、试车和系泊试验、航行试验等内容,同时检测

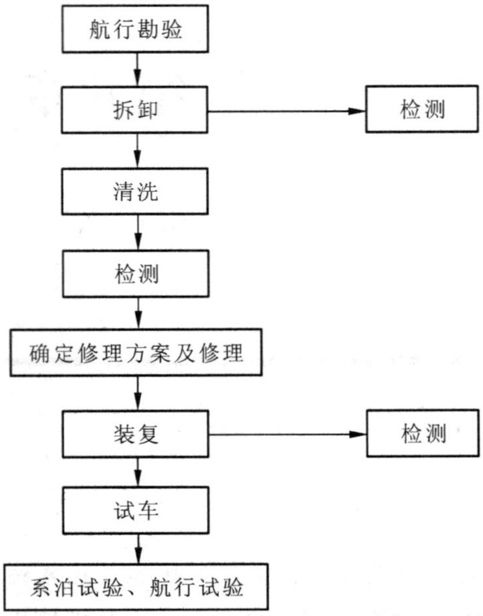

图 6-1 船舶维修过程

工作贯穿于修理前的拆卸、修理和修理后的装复过程中。图 6-1 所示为船舶维修过程。

对于船员自修工程项目，通常是通过航行中对机器运转情况的观察和必要的检测来了解和确定故障部位、零部件损坏性质、程度等；对于厂修项目则要进行船舶进厂前的航行勘验。航行勘验是在船舶进厂前，通过相应的测量、勘查和检验工作，掌握船机技术状况和故障情况，确定维修内容和维修范围，做好修船准备，并为以后交船验收和维修质量评价提供依据。进厂修理的工程项目除机舱内、外的船机修理工程外，还有坞修工程，如船体、轴系、螺旋桨和舵等修理项目。

本章将介绍维修过程中有关拆卸、专用工具和物料、清洗等内容，以便对船机维修过程有一个全面清晰的认识。

6.1 船机拆验

船舶机械修理前拆卸及其相关检验工作是其维修过程的开始阶段，也是修理前的重要准备，直接关系到修理质量、修理时间和修理费用。拆卸是指将机器的运动部件从其固定件上拆下来，对机器进行局部或全部的解体。在拆卸的同时，对机器进行检验、测量，了解机器的技术状况，掌握故障的性质、范围和程度，找出故障的根源。因此，不论是自修还是厂修，对任何损坏的机器进行修理，均应做好修前的拆卸及检验工作。

6.1.1 船机拆卸原则和拆卸技术

1. 拆卸前的准备工作

拆卸前，为了保证拆卸工作的顺利进行，需要做好相应的准备工作，主要包括拆卸工具的准备、备件和物料的准备、起重设备的准备等。

(1)拆卸工具的准备

船机拆验需要准备的拆卸工具包括通用和专用工具、通用和专用量具等。

通用工具包括：

①各种规格和尺寸的扳手：开口扳手、活络扳手、梅花扳手、套筒扳手、扭力扳手等；

②各种规格和材料的锤子：铁锤、铜锤、木槌和橡皮锤等；

③各种规格和尺寸的钳子：克丝钳、鲤鱼钳、老虎钳、尖嘴钳和管子钳等；

④其他钳工工具：钢锯、锉刀、螺丝刀、丝锥、板牙和冲子等。

专用工具包括：主轴承下瓦工具、吊装活塞的工具、拆装螺栓的液压拉伸器、拆装活塞环的扩张器等。

通用量具，包括塞尺、内外径千分尺、内径百分表、百分表、游标卡尺、钢直尺、卷尺和平尺等。

专用量具，包括臂距表、桥规、专用长塞尺和样板尺等。

(2)备件和物料的准备

备件的准备应根据不同的机型，按照其说明书和相关部门的要求来进行，以免造成备件不够或备件浪费的情况。物料应根据实际拆卸工作的需要进行，包括纸板、垫料、填料、木塞、棉纱、油料等。

(3)起重设备的准备

在拆卸过程中，对一些大而且重的零部件需要用起重设备进行吊运，如行吊、手动葫芦、千斤顶、撬杠等。

2. 拆卸原则

拆卸的准备工作完成之后，就可以在预定拆卸时间进行拆卸。拆卸过程必须遵循以下原则：

(1)确定拆卸范围。不要随意扩大拆卸范围。因为不必要的拆卸势必破坏机件良好的配合精度或改变已磨合部位的相对位置，从而加大零件损伤和安装误差。

(2)保证拆卸顺序正确。不同的机器结构，其拆卸和安装的顺序也不相同。如果不了解机器的结构特点随意拆卸，会对机器设备造成损伤破坏。因此，在拆卸之前应仔细阅读说明书，掌握机器的结构特点，按照要求进行拆卸。一般来说，拆卸机器应从上到下、从外到里；先拆附属件、易损件，后拆主要机件；先拆部件，再将部件拆成零件。

(3)保证零件原来的精度。拆卸过程中应保证不损伤零件，不破坏零件的尺寸精度、形状与位置精度，特别是配合件的工作表面应当保护好。如遇特殊情况，允许在保护大件、重要件精度的前提下牺牲小件、不重要件。如：活塞环黏着在环槽中，可将活塞环损坏，分段自环槽中取出，但要保护环槽不受损。

(4)保证正确装复机器。拆卸之前，应考虑到拆后的装复工作，保证正确装复机器。因此，拆卸过程中，对拆下的零部件要做记号，系标签。对零件连接部位的相对位置做记号，将拆下的零件系标签，对正确、顺利地装配和防止零件损坏非常重要。重要的或精密的部件不要在现场拆解，应标明所属的标签，送船上专门工作室或船厂车间解体修复，例如，柴油机喷油泵和喷油器应在船上油泵实验间或船厂车间解体，由于精密偶件不可互换，应系好标签，切勿混乱。

3.拆卸技术

为保证拆卸工作的顺利进行，须关注以下技术要点：

(1)零件及设备的保护。从机器上拆下的仪表、管子等零部件应系标签，分门别类地妥善放置与保管，不可乱丢乱放。精密零件和零件配合表面尤其应慎重放置与保护。机器拆卸后，为了防止异物落入固定件上的孔口、管系的管口，造成损伤和后患，应用木板、纸板、布或塑料膜等将孔口、管口堵塞或包扎。

(2)记号和标签。拆卸过程中，为避免零件混淆或丢失，应对拆下的零部件系标签，注明其所属部件、次序，同时做好标明各零部件之间相对位置的记号。

①在做记号前，应先检查在零部件的相对位置处有无记号。对于旧机器来说多数已经做过记号，如果重复做记号将造成混淆，如记号不清晰则应重新打上。

②可采用油漆、点冲或号码冲在零件连接处做记号，但不要打在零件的精加工面上。

③对于不熟悉的机器可采用画图、拍照片等方法显示零部件的装配关系。

④如果检修过程较长，应妥善保管拆下的零件，并保护好记号。

(3)过盈件的拆卸。对于具有过盈配合的配合件，例如齿轮与轴、柴油机上的气阀导管与导管孔、活塞销与销座等，为保证拆卸的顺利进行，应使用专用工具、随机专用工具或采用适当加热配合件的方法，切勿硬打硬砸，损伤零件。

(4)螺栓的拆卸。拆卸螺栓时，应注意以下几点：

①柴油机气缸盖螺栓、主轴承螺栓等一般采用双头螺栓，螺栓的一端旋入机件。拆卸时，不需将双头螺栓从机件上拆下。

②拆下的螺母、螺栓等应套装于原位，以免丢失。

③生锈螺母拆不下时，可采用以下方法：先将螺母上紧 1/4 圈，然后反向旋出；轻轻敲击振动生锈螺母周边；在螺母和螺栓之间灌入煤油或喷松动剂，浸泡 20～30 min 后旋出；用喷灯均匀加热螺母，使之受热膨胀后旋出；以上诸方法均不奏效时，用扁铲将螺母破坏取出。

④若螺栓断于螺纹孔中，可采用以下方法将断头螺栓取出：在露出的断头螺栓顶面锯出小槽，用螺丝刀旋出；锉平露出的断头螺栓两侧面，用扳手拧出；在断头螺栓上焊一折角钢杆或螺母，将断头螺栓旋出；在断头螺栓顶面钻孔攻丝(反向螺丝)和拧入螺钉，拧出螺钉将断头螺栓带出；选用直径小于断头螺栓根圆直径 0.5～1.0 mm 的钻头，将螺栓钻掉，再用与原螺栓螺距相同的丝锥将螺纹孔中残存断头螺栓除去，但应不损坏原螺纹孔的精度。

(5)拆卸安全。为保证人身和机器的安全，在拆卸中应注意以下几点：

①严格遵守操作规程，选用适当的工具，防止人身事故和损坏零件，如不可任意加长扳手以免扭断螺栓。

②注意吊运安全，严格遵守吊运规程，严禁超重吊运，吊运捆绑要牢靠且不损伤零件、仪表，吊运操作稳妥等。

③防止事故和损伤。拆不下来的机件，不可硬拆，以免损伤机器；检修过程较长时，应采取措施防止拆下的零件变形和生锈。

6.1.2　船机拆卸过程中的检测

在拆卸前、拆卸中进行检验和测量，查明故障、分析和诊断故障原因，为制订修理方案提供重要依据。

1. 拆卸前的检测

拆卸前的检测主要是指拆卸前对船机设备在运转过程中的检测，如了解主机工况，记录各项性能指标，检查主机运转的平稳性，有无振动，启动换向操作是否灵敏，有无水、气、油的泄漏现象等。通过船机设备的日常运转情况，观察了解其故障现象，确定船机运转状况和性能变化，明确船机设备存在的故障。

2. 拆卸中的检测

拆卸中的检测主要指拆卸中对船机设备进行的检验和测量。船机拆卸过程中，对拆开的配合件工作表面进行观察，从配合件表面的氧化、变色、拉毛、擦伤、腐蚀、变形和裂纹等现象判断故障的部位、范围和程度。测量零件的绝对尺寸、磨损量、几何形状误差和配合间隙等，判断零件的磨损、腐蚀或变形程度。例如，测量气缸套内径、曲轴外径的绝对尺寸，测量轴承间隙、曲轴臂距差和活塞顶形状等。必要时对重要的零件进行无损检测，以查明零件的内在损伤，如裂纹等。

6.2　维修工作中的工具和物料

船机维修过程中需要进行机器和部件的拆卸、测量和安装等工作。为了顺利、迅速和方便地拆、装和测量，除需要大量的通用工具（如各类扳手、钳子、手锤、虎钳、车床、钻床等）和通用量具外，还需要针对某些机器的结构特点和装配特点配备专用工具和专用量具。同时，为保证设备在检修后达到规定的技术要求，确保机器、零部件安装的密封性、连接的紧固性和调节装配精度等，也需要不同材质的物料辅助，以恢复其使用性能。本节对主要的专用工具、专用量具和物料作简要介绍。

6.2.1　主要专用工具

1. 液压拉伸器

液压拉伸器又称专用高压油泵，是螺栓的专用拆装工具。由于它能较为准确地控制预紧力，因此船上中、低速柴油机的气缸盖螺栓、贯穿螺栓、主轴承螺栓和底脚螺栓等均

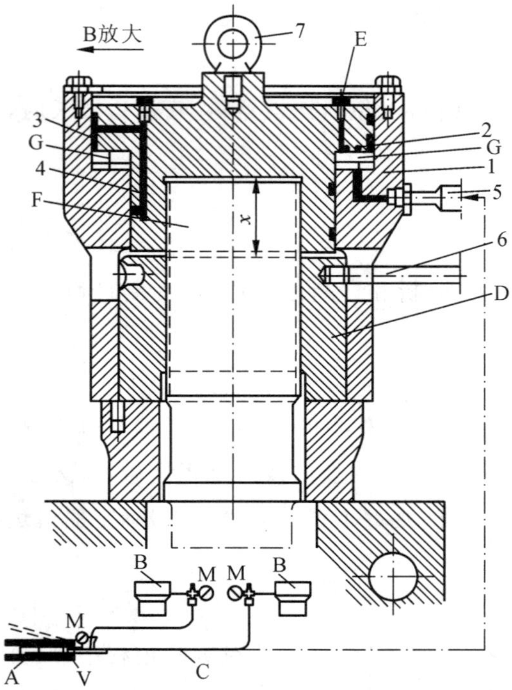

1—液压油缸；2—液压活塞；3，4—上、下密封圈；5 —接头；6—杆子；7—吊环；A—高压油泵；B—液压拉伸器；C—高压软管；D—间隔环；E—放气螺钉；F—螺栓；G—高压油空间；M—压力表；V—释放阀；x—上紧螺母后，螺栓露出长度

图 6-2　液压拉伸器结构件图

普遍采用。液压拉伸器由手动高压油泵、液压拉伸器、高压软管和压力表等组成，如图6-2 所示。

(1)液压拉伸器的结构和原理

液压拉伸器是由液压油缸、液压活塞、间隔环等构成，其工作原理是利用螺栓材料本身的弹性变形，借助油压使螺栓受拉伸长、变细(直径减小)，使螺母和压紧面之间出现间隙，然后轻易地将螺母旋到预定的位置上或将螺母拆卸下来。

(2)使用方法

使用时，将液压拉伸器安装在螺栓上，通过接头与高压软管连接上紧螺母的方法：用扳手上紧螺母，并测量螺栓外露长度 x 并记录数值；安装液压拉伸器；手动泵油，使高压油自接头进入液压活塞下部空间，驱除空气后上紧放气螺钉使油缸封闭，在油压作用下液压活塞上行并带动螺栓使其伸长，在螺母上方出现间隙；待压力表显示达到要求的油压时，用杆上紧螺母，再次测量和记录螺栓外露长度 x_1，螺栓伸长量 $\Delta x_1 = x_1 - x$ 应与说明书规定值相符；依上述方法第二次上紧螺母，求出螺栓伸长量 Δx_2 并使其符合说明书规定值。

(3)液压拉伸器的管理

在使用过程中，应按说明书规定的油压泵油，任何情况下均不得超过规定油压的10％，也不得超过螺栓的最大拉伸量；使用前，应检查下密封圈，如有损坏应及时更换，安装时注意不可损伤密封圈；使用后，应释放油压，使液压活塞复位；液压系统中的所用液压油必须是纯净的液压油或透平油(如 SAE20 等)，绝不可使用系统滑油或气缸油，因为滑油不仅黏度大，而且是碱性的，易使密封圈损坏；液压拉伸器不使用时，应仔细涂抹油脂保存于干燥的地方，以备再用。

2. 盘出主轴承下瓦的专用工具

拆装主轴承时，应先松脱主轴承螺母，拆去主轴承盖、上瓦和垫片后，在不吊起曲轴的情况下将下瓦自主轴承座中盘出或装入，因此需要专用盘瓦工具。

(1)盘瓦的准备工作

确定盘瓦时的转车方向：对于厚壁瓦，由于磨损不均导致瓦口两端厚度不等，应先测量瓦口两端的厚度，若两端厚度相等则转车方向可随意；如两端厚度不等，则转车方向应从薄的一端向厚的一端转动，即从厚的一端将下瓦拔出。对于薄壁瓦，由于在瓦口一端设有防止轴瓦转动和移动的定位唇，转车方向应从有定位唇的一端将下瓦拔出。

检查下瓦结合面：若下瓦的结合面上装有定位的止动销时，盘瓦前应先拆除止动销。

松开该道主轴承两边的螺母：为使下瓦转出过程中因曲轴的稍微抬高而便于下瓦盘出，盘瓦前，应先松开该道主轴承两边的主轴承螺母。

(2)盘瓦的方法

①利用主轴颈上的油孔盘瓦：一般中、小型柴油机和某些大型低速柴油机多利用主轴颈上的油孔盘瓦。在油孔中插入销钉，盘车转动曲轴，销钉随主轴颈转动将下瓦拔出，如图 6-3(a)所示。

②利用中空的曲柄销颈盘瓦：将直角形专用工具上的螺栓顶撑在曲柄销中心孔中并锁紧，盘车时直角形工具随之转动并拨动下瓦使之转出。

③在曲柄臂上安装专用工具盘瓦：利用图 6-3(b)中的专用工具 7，将其安装在曲柄臂的外侧靠近曲柄销处。盘车时，工具 7 随曲轴转动并从其尖端部分将下瓦拔出。

④用钩形专用工具盘瓦：将图 6-3(c)中的钩形工具紧贴在下瓦端面的凸缘上，使工具的钩头钩住下瓦瓦口的一端面上，工具的另一端上的销子紧贴曲柄臂。转车时，曲柄臂带动钩形工具转动将下瓦转出。

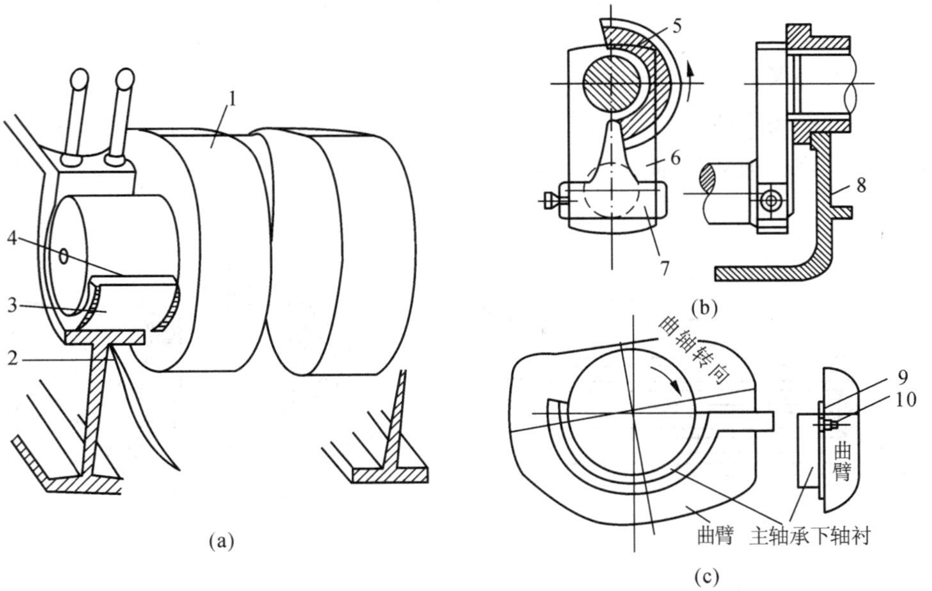

1—曲轴；2—压力油管接头；3，5—下瓦；4—销子；6—曲柄臂；7—专用工具；8—机座；9—钩形工具；10—卡销

图 6-3　盘出主轴承下瓦的工具

(a)利用销子盘出下瓦；(b)用固定在曲柄臂上的工具盘瓦；(c)用钩形工具盘瓦

3. 活塞环拆装专用工具

为方便活塞环的拆装，应采用专用的拆装工具，将活塞环装于活塞环槽中或自环槽中拆卸下来，如图 6-4 所示。由于活塞环具有一定的弹性，需用力将开口撑大装于槽中。若用力过小开口达不到一定开度，难于安装；若用力过大易使活塞环变形或折断。小型柴油机活塞环可采用细绳或图 6-4(a)的专用工具，大型柴油机活塞环采用图 6-4(b)的专用工具。

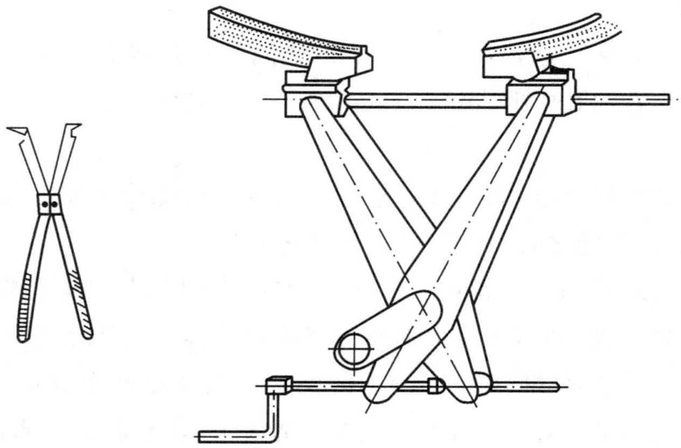

(a) (b)

图 6-4 活塞环拆装专用工具

(a)小型柴油机拆装环专用工具；(b)大型柴油机拆装环专用工具

4. 活塞组件装入气缸的专用工具

活塞环全部装入活塞环槽中后，由于活塞环的弹力较大，将带环的活塞装入气缸较为困难。为了避免损坏活塞环，保证顺利安装，应采用锥形导套将其导入气缸中，如图 6-5(a)所示。

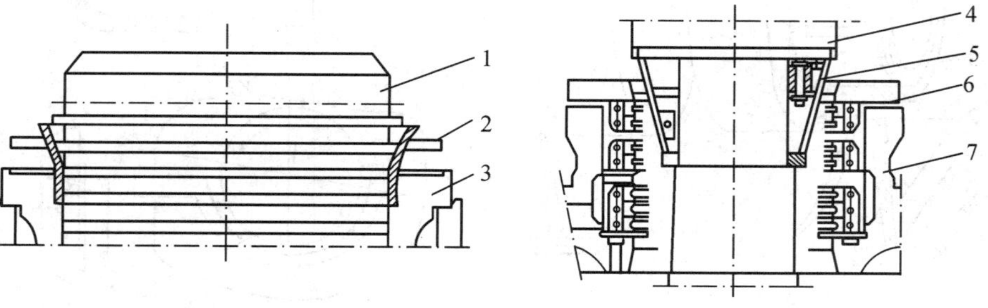

(a) (b)

1—活塞和活塞环；2—锥形导套；3—气缸套；4—活塞杆；5—两半式锥形体；6—填料；7—气缸体

图 6-5 安装活塞组件专用工具

(a)锥形导套；(b)两半式锥形体

为了避免安装活塞组件时活塞杆碰坏填料函中的刮油环和密封环，应在活塞杆上安装两半式锥形体，将活塞杆导入填料函孔中，如图 6-5(b)所示。活塞杆下端螺纹亦应包扎好，以免碰坏。

6.2.2　主要专用量具

1. 臂距表

臂距表是一种特殊的百分表，测量精度为 0.01 mm，是测量曲轴臂距值时使用的专用量具。在表的背面安装重锤，以使测量时百分表盘面始终朝上，便于读数。当曲轴曲柄臂张开，臂距值增大时，表的指针向正值或读数增大方向转动；当曲柄臂收拢，臂距值减小时，表的指针向负值或读数减小方向转动。表盘上的示值数值随测杆的伸长和缩短（即所测量包容尺寸的增大和减小）而增加和减小，如图 6-6 所示。使用臂距表时应注意以下几点：

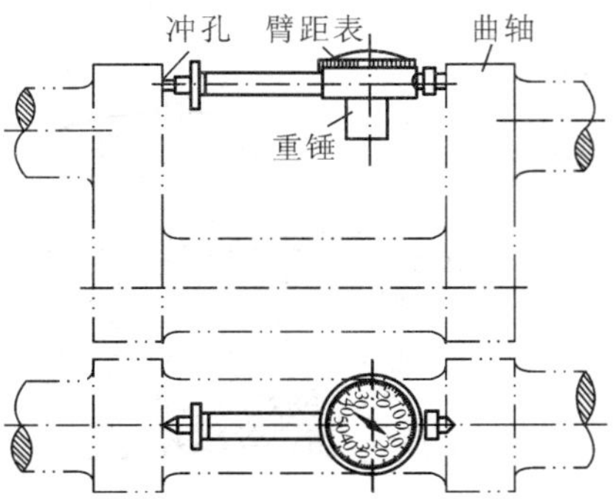

图 6-6　臂距表及其安装

（1）安装臂距表前，必须将盘车机合上并指派专人看守盘车机；

（2）盘车使曲柄销处于适当位置后再安装臂距表，保证盘车一圈测出所有值；

（3）安装臂距表时，应调整好臂距表的量杆长度，使臂距表具有合适的压缩量；

（4）根据曲轴曲柄臂距值的设计尺寸组装表的量杆长度；

（5）装表时，仔细查找曲柄臂内侧冲孔并清洗，然后将表的量杆两端牢固地插入孔中，以防测量中脱落将表摔坏；

（6）测量前，先将表的大指针调整到表盘上的零位，并使表盘上小指针有 2～3 mm 的压缩量，以保证测量中曲柄臂张开时表不会脱落；

（7）测量完毕，应将臂距表自曲轴上取下并进行清洗，以备下次使用。

2. 桥规

桥规用于测量曲轴的桥规值和主轴颈下沉量，进而了解主轴承下瓦的磨损情况。桥规是随机专用量具，其构造随机型不同而异。新造柴油机在台架上测量桥规值并标记在桥规上或提供给船方作为以后检测的依据。

使用桥规进行测量时，将桥规置于机座上平面并贴紧，用塞尺测量桥规基准面与主轴颈之间的距离，如图 6-7(a)所示。目前各大型柴油机采用带有测深尺的桥规，在主轴承两端测量而无须拆装主轴承，图 6-7(b)所示为 Sulzer RTA 型柴油机桥规。

3. 量缸表

量缸表是一种专用内径千分表或百分表。为方便缸径测量，大型柴油机一般都随机配有专用量缸表。内径百分表按构造可以分成带中心支架和不带中心支架两种，如图6-8所示。量缸表由表头和表架组成，表头可以是百分表和千分表，表架由连接管和测量端组成。常使用带中心支架内径百分表的表架，如图 6-9 所示。测量端有可换测头 1 和活动测头 2。测量内孔时，孔壁使活动测头 2 向左移动，从而推动摆动块 3，将推杆 4 向上推，于是推动百分表的推杆。内径百分表从孔内取出后，在弹簧 5 的作用下，活动测头复位。

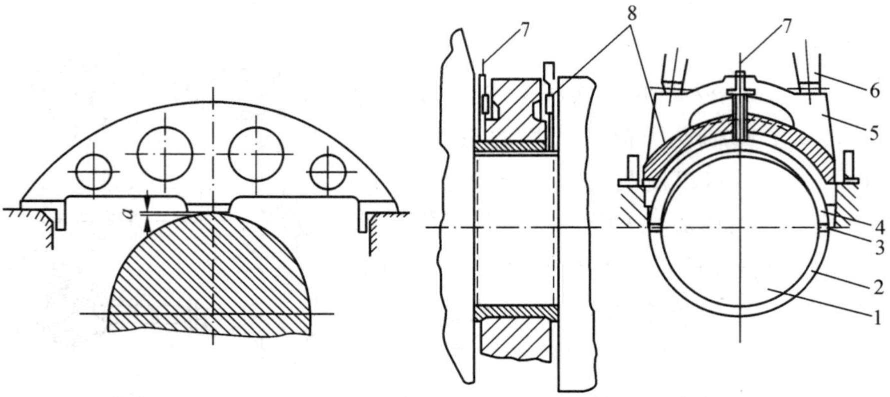

(a) (b)

1—曲轴；2—主轴承下瓦；3—垫片；4—主轴承上瓦；5—轴承盖；6—撑杆螺栓；7—测深尺；8—桥规

图 6-7 桥规和桥规值的测量

(a)桥规；(b)Sulzer RTA 型柴油机桥规

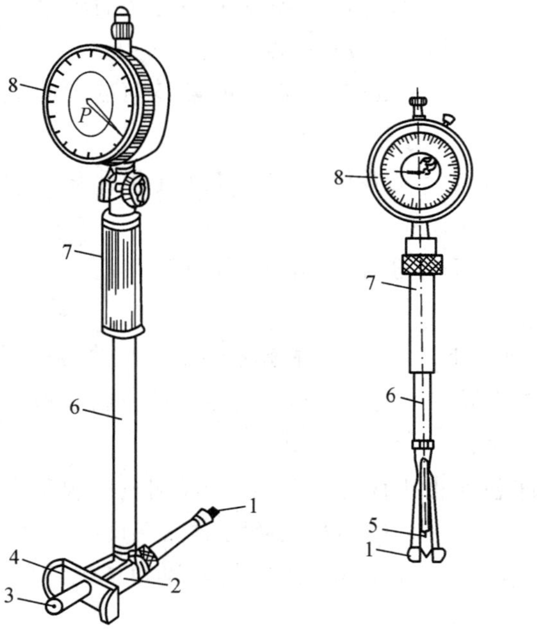

(a) (b)

1—可换测头；2—中心支架；3—活动测头；4—本体；5—测杆；6—连接管；7—绝热套；8—百分表

图 6-8 内径百分表

(a)带中心支架的内径百分表；(b)不带中心支架的内径百分表

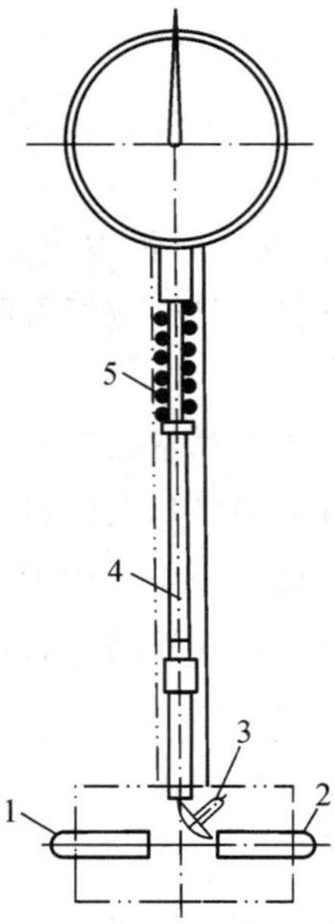

1—可换测头；2—活动测头；3—摆动块；4—推杆；5—弹簧

图 6-9 内径百分表的表架

(1)测量前的准备

测量前,须先进行内径量表的装配和调试。调试方法如下:

①按所要测量的缸径选用合适的可换量头,选择可换量头的方法是使要测的缸径值在活动量头与可换量头两端距离的量程内,将可换量头外螺纹端装入滚花螺母后拧入三通管的螺孔中,旋动可换量头,调整到量头间距比缸径公称值大 1～2 mm 为宜,拧紧滚花螺母可换量头。

②百分表装到表杆上,使百分表指针有 0.5 mm 左右的读数,将固定百分表壳的坚固螺栓适当拧紧。

③调整好外径千分尺。擦净外径千分尺的两测量面,使用随尺提供的校准棒,检查外径千分尺微分筒"0"刻度线是否与固定套筒上的水平线重合,同时保证微分筒边缘与固定套筒上的"0"线的右边缘恰好相切。如果零位校准不对,要重新调整。调整方法是,先松开固定套筒上的顶丝,用随外径千分尺带来的专用小扳手,插入固定套筒"0"线背面的小孔,扳动固定套筒,使固定套筒水平线和微分筒的"0"刻线对准合乎要求,然后紧固顶丝。将外径千分尺两测量面距离调至缸径的公称尺寸,锁住微分筒保持此距离。

④用内径量表测量调好缸径值的外径千分尺,转动百分表面使大指针对"0",记下百分表小指针的读数。

(2)缸套内径的测量

①用右手握住内径量表表杆,左手两指将表的定心架压在缸套壁面,使可换量头进入缸内。

②将定心架放在要测量的部位,右手握住表杆前后稍作摆动。这样,可换量头沿缸套母线略作上、下移动。观察表杆摆动时表面大指针的偏转,应使表杆向表针转动的减值(所量值减小)方向摆动,到表针刚要反转时,表杆立即停止摆动,这时百分表的读数为内径的相应尺寸。记下百分表上的读数,与气缸直径的规定数值或上次测量数值进行比较,可得到该测量部位的实际尺寸或相对磨损量。根据同一缸套不同部位的测量结果,可计算缸套的圆度和圆柱度。

③测量值读数要根据大指针离开"0"位的格数和指针偏转方向来决定。百分表大指针每偏转 1 格为 0.01 mm,偏差的正负可在测量前用手按动量头观察大指针的转动方向来确定:用手按动量头,若大指针顺时针转,则当表杆在缸内摆动时,指针按反时针方向偏转,距"0"的格数为缸径比公称值的增大量,即实际测量尺寸为正偏差;反之,指针按顺时针方向偏转,距"0"的偏转格数为缸径比公称值的减少量,为负偏差,注意不可搞反。

④测量注意事项:

a. 不许用百分表、内径量表、千分尺测量粗糙表面或有明显凹凸不平的表面和毛坯件,不许将零件强行推入百分表触针的下端,也不能让百分表受剧烈振动或撞击,以免造成损坏。

b. 使用内径量表或千分尺的过程中,要严防水、油和灰尘渗入表内,测量杆上也不要加油，免得沾有灰尘、杂物和油污进入表内，影响表的灵活性。

c. 在观察表的读数时，视线应与表盘相垂直。因为指针与表盘之间有一段距离，视线歪斜时，会造成读数误差。

⑤内径量表使用完毕后，应从表杆上卸下百分表、可换量头、螺母等，擦干净后置于产品盒内，妥善保存，防止随意碰撞而损坏。

6.2.3 检修物料

1. 检修物料的分类

船机检修时需要各种材质的物料来完善拆卸后的修理装配工作，达到机器设备所要求的密封性、坚固性和可靠性。用于检修工作的物料根据材质可分为金属类(包括金属材料和金属制品)、非金属类和化学品。

金属材料主要指碳钢和合金钢制成的板材、管材等，紫铜、黄铜和青铜，铝合金等；

金属制品主要指由金属材料制成的螺栓、螺母、管接头、开口销、垫圈和焊接材料等；

化学品主要指化学试剂、清洁剂、药品等；

非金属物料指一些垫料、填料和涂料。

船机检修中，大多数的垫料和填料在重新装配时都需要更换。

为了满足柴油机和机械部件密封性的要求，防止漏水、漏油或漏气，在固定件与固定件或固定件与运动件的接触表面一般都采取密封措施。密封的方法主要有两种：

(1)采用高精度的精加工表面作为零件的配合面，使零件连接后形成精密配合，例如高压油泵中的柱塞与套筒、喷油器中的针阀与针阀体等。

(2)在零件连接表面间安放具有弹性的垫料或填料，例如，气缸盖与气缸套之间用垫片来达到气密的要求；有的离心泵泵轴与泵壳、水润滑尾轴管装置中的尾轴与尾轴管之间用填料来密封水等。

2. 垫料

垫料是用来保证固定连接面之间密封性的材料。一般把垫料直接加在两个连接平面之间。根据材质的硬度，垫料分为软垫料和硬垫料，其性能与用途如表 6-1 所示。垫料在使用中为了保证获得要求的密封效果应注意以下几点：

(1)垫料的形状、尺寸应与固定连接面的形状、尺寸吻合，例如，两半式厚壁轴瓦结合面处的垫片不能过大，以免划伤轴或阻碍润滑油的分布；管子法兰垫片内孔不能小于管子内径，更不能忘记垫片开孔，否则不仅影响流量，而且还会将油、水、气路堵死。

(2)固定连接面之间安装垫片后，各个螺栓上紧时应均匀用力，以免垫片位置错动。

(3)为增加垫片与连接面的接触紧密性，可与涂料配合使用，例如，石棉纸板垫片上可涂抹石墨油膏；纸板垫片可涂机油或石墨粉；橡皮垫片可涂滑石粉；铅板垫片可涂油漆等。

(4)垫料厚薄的选择取决于连接面之间的间隙、接触面积的大小和连接面的表面粗糙度。尺寸大、粗糙度等级低的应选用厚垫料，压力高的应选用薄垫料。垫料厚薄选用不当将直接影响装配尺寸和机器性能，例如气缸垫的厚薄将影响气缸的压缩比。

表 6-1　垫料分类表

垫料类型	品名	原料与加工方法	性能	用途
软垫料	石棉纸板	石棉纤维与耐热橡胶的混合物，高压制成	耐高温、绝热性好，可承受 1.6～2.5MPa 压力	用于高温连接部位，不宜与油类接触
	橡胶板	橡胶制成	柔软，有弹性，不耐高温，遇油类膨胀	用于冷却水管路上
	软木板	橡树类树皮经加压制成	弹性和密封性好，易剪切，耐油，不耐压	用于检查孔盖板处
	压缩纸板（或纸板）	造纸原料加压制成	质地坚实，耐一定温度，耐高压，耐油	用于油、水空气管路连接处
硬垫料	紫铜片	铜皮经退火制成铜片或铜包石棉垫	硬度低、易压合、耐高温	用于空气及油管路，气缸垫
	铝板		硬度低、易压合、耐高温	用于气缸垫
	铅板		软、易压合、耐高压，但氧化铅有毒	用于启动空气管路

3. 填料

填料装于填料函中，填充相对运动零件之间的间隙，用来保证具有相对运动表面之间密封性的材料。填料的选择要求摩擦阻力小，并不损伤零件，如水泵、油泵的填料函中经常采用棉质、麻质填料。常用填料的性能与用途如表 6-2 所示。

表 6-2　填料分类表

填料品名	原料与加工方法	性能	用途
棉质填料	棉纤维或棉绳浸于油脂中煮沸浸透而成	有弹性、柔软和不易硬化	用于机油泵、水泵的填料
麻质填料	麻浸于润滑油脂中煮沸而成	易硬化而失去弹性，组织粗糙，引起较大摩擦，易发热	用于温度和压力均不高的机构
石棉填料	石棉绳浸于油脂中煮沸浸透，再涂以石墨粉而成	紧密、润滑，摩擦小且耐高温，长期使用易失去弹性变硬，应定期更换	用于温度和压力均较高的机构

6.3 清洗

清洗是设备维护保养的基础工作。机器拆卸后应对其零件进行清洗，除去零件表面上的油垢、积碳、铁锈等污物，便于对零件的检查、测量、修理和装配。管系冲洗是清除系统中带入、残存和沉积的杂质污垢，保持管系清洁，以保持润滑油的品质，保证机器的正常运转。为了减小清洗对零件的损伤和腐蚀作用，保证零件工作表面的精度，要求清洗工作迅速、彻底和安全。

6.3.1 零件的清洗

船机长期运转，从上面拆下的零件表面附有油垢、积碳和铁锈等。为清除这些污垢，常用的清洗方法有：油洗、机械清洗和化学清洗，或者针对零件上不同的污垢采取除油垢、除积碳和除锈等方法。

1. 常规清洗（油洗）

常规清洗是指利用有机溶剂，如汽油、柴油或煤油溶解零件表面上油污的一种手工清洗方法。清洗时，先将零件浸泡在油中，用抹布或刷子除去零件上的油污。此种方法操作简单，易于实现，使用灵活。对于清洗油污积垢不严重的零件，常规清洗效果又快又好，因此被船上和船厂广泛采用，但对积碳、铁锈和水垢无效。采用常规清洗时应注意防火，尤其汽油挥发，容易引起火灾。常规清洗浪费油料较多，修理成本较高，一般用于清洗小型或比较精密的零件。

2. 机械清洗

机械清洗是指利用毛刷、钢丝刷、刮刀、竹板、砂布或油石等进行人工刷、刮、镶和磨等机械摩擦、切削的作用来清除零件表面沉积较重的积碳、铁锈和水垢等，再用柴油或汽油清洗干净。常用于清洗柴油机燃烧室的零件。机械清洗操作简便，使用灵活，适用范围广，对清除零件表面积垢十分有效，广泛用于船上和修船厂，但容易损伤零件表面，产生划痕与擦伤，且劳动量大。

3. 化学清洗

化学清洗是指利用化学药品的溶解和化学作用，清除零件表面上的油、油脂、污垢、漆皮、积碳、水垢和氧化物等的一种清洗方法，如热交换器的清洗。用于化学清洗的清洗剂主要有以下三种：

(1)碱性清洗剂

碱性清洗剂通过碱性清洗液对零件表面油污的皂化作用和乳化作用，有效地清除零件表面上的油、油脂污垢、油脂的高温氧化物、漆皮等附着物。根据零件材料的不同，可以采用不同配方的清洗剂，常见的有苛性钠（NaOH）、碳酸钠（Na_2CO_3）、磷酸钠（Na_3PO_4）和硅酸钠（Na_2SiO_3）等。为了增强清洗效果，一般需加温浸泡、搅动等，零件清洗后用热水冲洗掉表面上的残留碱液，然后吹干。

根据零件材料不同选用不同的配方，常用的碱性清洗剂配方见表 6-3。清除钢质零件表面油污、积碳和漆皮可采用强碱性清洗剂，而铸铁、铝和铜等制件可采用中、弱碱性清洗剂清洗。

表 6-3 常用碱性溶液配方 单位：g

工件类别	配方	苛性钠	碳酸钠	磷酸三钠	肥皂	硅酸钠	重铬酸钠	液态肥皂	水(kg)
钢铸铁件	1	100						2	1
	2	7.5	50	10	1.5				1
	3	20		50		30			1
铝质品	1		10				0.5		1
	2		4			1.5			1
	3					1.5		2	1

（2）酸性清洗剂

酸性清洗剂利用酸性清洗液与水垢、金属氧化物如铁锈发生强烈的化学反应后，使其溶解或脱落从而达到清洗的目的。酸性清洗剂常用无机酸或有机酸配制而成。无机酸的主要成分是盐酸、磷酸或硫酸和其他添加剂。有机酸以氨基磺酸为主剂，对金属的腐蚀性相对小些。

（3）合成洗涤剂

合成洗涤剂是近年发展起来的一种新型清洗剂。对于机舱中不同的机器及其不同的脏污有不同的清洗剂，常见的有以下几种：

①“奥妙能”（AMEROYA1）全能清洁剂：全能清洁剂是一种中性多功能水溶性清洗剂，完全溶于水，无异味和无腐蚀性，但有刺激性，室温下可以迅速清除零件表面上的油污、铁锈、积碳和氧化物等，在 60～80 ℃下清洗效果更好。全能清洁剂常用来清洗涡轮增压器、热交换器、泵和管系等设备。使用时应戴保护镜和手套，避免与眼睛、皮肤和衣物等接触。

②SNC2000 除碳剂：除碳剂具有很强的溶解力，可溶解油、油脂，能渗透和软化积碳（烟灰、泥垢等），但不能溶解积碳，须积碳软化松动后用水冲掉。较小零件一般浸泡 4～8 h，可使积垢完全溶解与松动；零件上积垢严重时，可在加热至 55～60℃的除碳剂中浸泡 24 h（最长）后，用水冲掉或用刷子刷洗，再用压缩空气吹干。大型固定件可刷洗清除积碳。表 6-4 中列出几种常用清洗剂。

表 6-4 几种清洁剂的特性、使用方法及用途

名称	特性	使用方法	用途
多用途油污清洁剂(DEGREASER AP)	溶于水,使用安全,不需水冲洗,清洗时间短	擦抹和喷刷,纯清洁剂可与海水、淡水混合使用	用于清洗舱底各类油、油泥,清除零件表面油污
快速清洁剂(QUICK SEPARATING DEGREASER)	可溶性乳化清洁剂,具有特殊的清洁特性,快速分解,不损伤零件	用淡水或海水稀释。注意勿与眼睛、皮肤接触,勿吸入肺部	用于清除机舱、舱底等处的污油
“奥妙能”净油机叶片清洁剂(DISC CLEANER)	完全溶于水,无腐蚀性,使用安全	室温浸泡或加热至50~60℃使用更佳,最后用清水洗净零件	清除净油机叶片上的碳渣等沉积物
“奥妙能”油和油脂清洁剂(DRAW OIL AND GREASER REMOVER)	中性,无毒,不损伤零件	未经稀释或以稀释清洁剂刷、抹零件脏污表面,最后用水冲洗干净	清除机器、零件、工具和甲板、舱壁的油、油脂等脏污

使用清洗剂应注意安全和防污染。国际海事组织(IMO)海上环境保护委员会经多次讨论研究,通过了“船舶机舱处所洗涤用的清洗剂”报告,从保护海洋环境的角度规范清洗剂使用。使用清洗剂时应注意以下几点:

①根据清洗目的选用清洗剂,使用前应认真查看商标和产品说明书。

②选用清洗剂时应选择对人体健康无害的清洗剂,对部分易燃的清洗剂,在使用、贮存时严格按照说明书的要求操作。

③船用清洗剂应满足下列安全因素:闪点大于 61 ℃;不含苯、四氮化碳、四氯乙烷、五氯乙烷和其他有毒成分的化学品。

④清洗时,工作场所应通风良好,要求佩戴保护器具,以减少与皮肤和呼吸道的接触。

⑤乳化型清洗剂使用后不允许将其排入舱底或机器处所,因为许多清洗剂都会引起油水混合物乳化,或者几种不同品种的清洗剂同时排入机舱舱底,可能产生永久性乳化状油污水混合物,使得分离设备不能正常运转,从而造成海洋环境污染。

6.3.2 管系的清洗

柴油机启动投入运转前,不论是在造机厂、船厂还是船上,都应该注意柴油机的各种油系统如主润滑系统、凸轮轴滑油系统和燃油系统的清洁,尤其是润滑油系统的清洁最

为重要。通常，柴油机的主滑油系统采用标准润滑油进行清洗，燃油系统采用柴油进行清洗。

1. 准备工作

主滑油系统清洗前首先应清洗主柴油机的内部和链条箱的内部等，可以利用连接到主滑油管上的软管进行冲洗；然后清洗主柴油机外部管路中的污物，通过滤器和分油机进行清除。柴油机外部滑油管路清洗，应注意一定要与其内部滑油管路分开，绝不允许清洗外部管路的油液流经主机。

2. 管口的堵塞

堵住连通到曲柄箱的各主轴承的滑油支管，使滑油不能进入各主轴承、链条箱轴承和喷嘴、推力轴承和十字头轴承、纵振和扭振减振器、力矩平衡器和增压器轴承。图 6-10 为 MAN-B &W 柴油机主滑油系统清洗时管口堵塞示意。图中①、②分别为装于主轴承、伸缩套管和十字头轴承的盲板法兰。盲板法兰结构如图 6-11 所示。

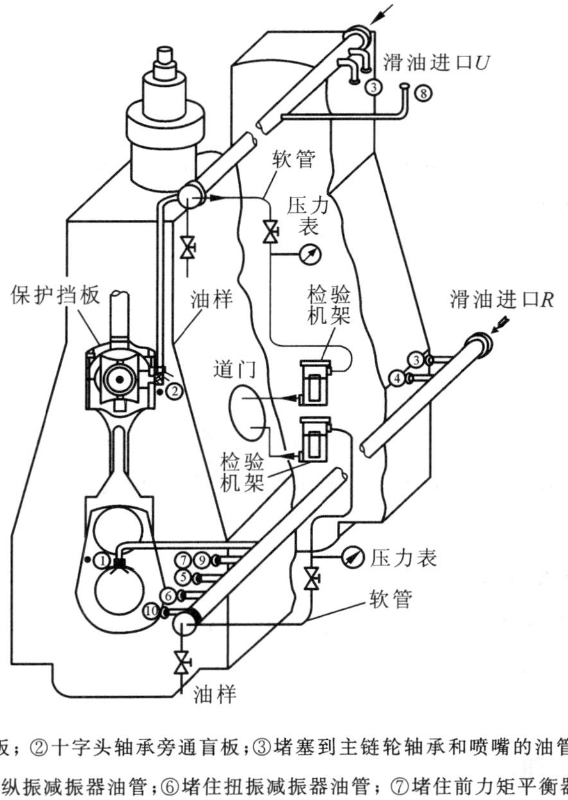

①主轴承滑油旁通盲板；②十字头轴承旁通盲板；③堵塞到主链轮轴承和喷嘴的油管；④堵塞到推力轴承的油管；⑤堵住或旁通纵振减振器油管；⑥堵住扭振减振器油管；⑦堵住前力矩平衡器驱动轮的油管；⑧堵住或旁通增压器油管；⑨堵住液力张紧轮的油管；⑩堵住 PTO-PTE 动力齿轮的油管

图 6-10　MAN-B&W 柴油机主滑油系统清洗时管口堵塞示意

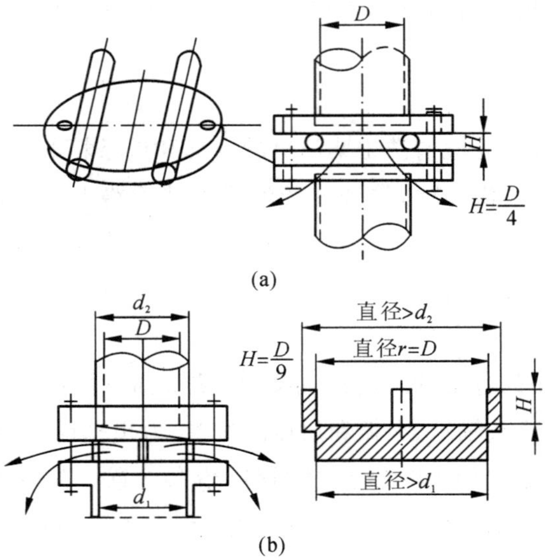

图 6-11 盲板法兰结构

(a)装于主轴承油管;(b)装于十字头轴承油管

3. 保护十字头轴承

由于十字头轴承上盖设计成开式,为防止污物落入轴承,在主机安装过程中和整个清洗过程中均应将其盖住。

4. 振动或敲击管系

清洗期间,为了使沉积于管壁上的污垢松动,采用便携式振动器或手锤敲击管子,然后清除脱落的污物。

5. 清洗油柜和管端

清洗时应注意清洗油柜和管端,因为滑油中的颗粒和污物会沉淀在油柜底部和管端,如果不被清洗,当柴油机运转时,沉淀在油柜底部的颗粒、污物与油再次掺混,滤器就会频繁堵塞。

6. 润滑油的温度和流速

清洗时,应将润滑油加热至 60～65℃为宜。同时,为了使管系内润滑油的充分扰动,润滑油应以一定的流速流经主滑油系统。

6.4 船机装配

船舶机械经拆卸、检验和清洗,对损坏的零件进行修复或更换后,需要对其进行装复和调试,以恢复其原有的功能。船机装配是把拆卸下来的各个零件按照技术要求、装配规则和一定的装配方法装成部件,再把这些部件按一定的次序和要求总装成一部完整的机器。例如，船舶主、副柴油机在检修中包括以下部件的装配：气缸盖部件的装配、气缸套的装配、活塞组件的装配、活塞杆填料函的安装、筒状活塞与连杆的装配、十字头式柴油机的活塞运动部件的装配、气缸盖的安装和主轴承的安装等。

6.4.1　船机装配的要求

装配直接关系到柴油机运转的可靠性、经济性和使用寿命，因此装配质量要求较高。装配工作的主要技术要求应达到正确配合、可靠固定和运转灵活，其具体要求如下：

(1)保证各相对运动的配合件之间的正确配合性质，符合要求的配合间隙；

(2)保证机件连接的可靠性；

(3)保证各机件轴心线之间的正确位置关系；

(4)保证定时、定量机构的正确连接；

(5)保证运动机件的动力平衡；

(6)确保装配过程中的清洁。

6.4.2　船机装配方法

零件装配时，可以是原件装配，也可以是更换零件或者是更换加工的配制件进行装配。一般原件装配较为简单，若为更换零件或者是更换加工的配制件进行装配则需要采用一定的装配方法才能满足装配要求。

1. 调节装配法

采用调节某一个特殊的零件，如垫片、垫圈等来达到装复的目的，例如，用增减厚壁轴瓦结合面之间垫片的厚度来保证轴承间隙；还可以采用移动连接机构中某一零件的方法达到装配精度，例如，气阀间隙的调节，气阀定时和喷油定时的调整等。

2. 机械加工修配法

采用机械加工修配法恢复配合件的形状、间隙和使用性能，例如，采用修理尺寸法、尺寸选配法、镶套法等使配合件恢复配合间隙和使用性能。

3. 钳工修配法

钳工修配法是指采用钳工修锉、刮研或研磨等方法达到装配精度，例如，换新轴瓦后为了满足轴与瓦的配合要求，需要对轴瓦进行拂刮。

6.4.3　船机装配的主要工作

(1)清洁工作。装配前，应将零件彻底清洗干净，尤其是配合面上的瑕疵与脏污等，同时清除零件上的毛刺、尖角。

(2)结合面的修刮。对连接件的结合面进行必要的修锉与拂刮，以保证连接件的紧密贴合，例如，气缸套与气缸体的结合面的修刮。

(3)对有过盈配合的配合件采用敲击、压力装配或热套合装配、冷套合装配。

(4)液压试验。采用液压试验检验零件或系统的密封性,如对气缸套、活塞的水压试验。

(5)对各部件、配合件及机构进行试验、调整和磨合运转等。

(6)进行机器的装复,并作整机检验与调试,以检验整机的技术性能和修理质量。

6.4.4 装配时的注意事项

(1)熟悉机器的构造和零件之间的相互关系,以免错装或漏装。

(2)有相对运动的配合件的配合表面和零件工作表面应保证其干净、清洁,不允许有擦伤、划痕和毛刺等。

(3)零件的摩擦表面和螺纹,如气缸套内表面、活塞和活塞环外圆面等,应涂以清洁的润滑油,防止生锈。

(4)装配过程中应检查各活动部件的灵活性,避免因卡阻造成返工。

(5)注意装配的方向性。例如装在活塞上的刮油环刮刃尖端应在下方,才能将气缸壁上多余的润滑油刮下,若装反了就会向上刮油,增强了压力环的泵油作用,使大量滑油进入燃烧室。

(6)旧的金属垫片,如完好无损,可退火软化后继续使用;而纸质、软木、石棉等非金属垫片则一律换新。

(7)重要螺栓如有变形、伸长、螺纹损伤和裂纹等均应换新。安装固定螺栓的预紧力和上紧顺序均应按说明书或有关规定操作。

(8)对规定安装开口销、锁紧片、弹簧垫圈、保险铁丝等锁紧零件的部位,均应按要求安装,锁紧零件的尺寸和规格亦应符合要求。

(9)安装过程中,如需锤敲击,一般应采用木槌或软金属棒敲击,且不能敲打零件工作表面或配合面。

复习思考题

1.船机拆卸原则是什么?

2.船机拆卸过程中的检测包括哪些内容?

3.简述液压拉伸器的结构和原理。

4.主轴承下瓦盘瓦的方法有哪些?

5.简述缸套内径的测量过程及注意事项。

6.简述管系的清洗的过程。

7.简述船机装配的要求。

8.简述船机装配的方法。

参考文献

[1] 满一新. 轮机维护与修理[M]. 大连:大连海事大学出版社,2000.
[2] 丁彰雄,田野. 船舶机械修理工艺学[M]. 武汉:武汉理工大学出版社,2013.
[3] 顾卓明. 轮机维护与修理[M]. 北京:人民交通出版社,2008.

拓展资料:

序号	名称	种类
1	船机维修案例 6-1	图文
2	船机维修案例 6-2	图文
3	船机维修案例 6-3	图文
4	船机维修案例 6-4	图文
5	船机维修案例 6-5	图文
6	船机维修案例 6-6	视频
7	船机维修案例 6-7	视频
8	船机维修案例 6-8	视频

第7章

船机零件的修复工艺

船机零件修复工艺的发展历史可以追溯到20世纪初，当时船机制造业开始重视零件的修复，以减少新零件的制造和购置，从而降低维修费用和时间。随着科技的发展，船机零件的修复工艺也在不断进步，从最初的手工修复到现在的数字化修复，修复工艺已经发生了翻天覆地的变化。

在20世纪初，船机零件的修复主要是依靠手工操作，比如敲击修复法、机械加工修复法等。这些方法虽然简单，但是修复质量和效率都有很大的局限性。到了20世纪中叶，随着科技的发展，出现了各种新型的修复工艺，如电火花修复、激光束修复等，大大提高了零件修复的效率和精度，同时也降低了修复成本。到了21世纪，数字化修复技术开始逐渐普及。数字化修复技术结合了计算机技术、传感器技术、机械加工技术等多种技术，可以实现高精度、高效率的修复。同时，数字化修复技术还可以对修复过程进行实时监控和优化，大大提高了修复质量和效率。

综上所述，船机零件的修复工艺已经经历了从手工修复到数字化修复的发展历程，随着科技的不断进步和新材料、新工艺的出现，未来的修复工艺将更加高效、精确和经济。

船机零件发生磨损、腐蚀和裂纹等损坏而失效时，可以采用各种修复工艺使其中大部分零件恢复原有功能重新投入使用。近年来，随着现代表面工程技术及再制造技术在船机零件修复中的广泛运用，它能将零件的尺寸恢复及表面功能强化有效地结合起来，使修复后的船机零件比新件具有更优的表面使用性能和更长的使用寿命。因此，针对船机零件的不同损伤形式及失效机理选用合适的修复工艺对其进行有效的修复，不仅能恢复零件的尺寸及提高零件的表面性能，延长零件的使用寿命和节约维修经费和时间，而且还能达到节材、节能及环保的效果，同时提高了船舶的营运效益。轮机员应该充分了解在修船工作中的各种修复方法、最佳修复工艺的选择和修复质量，才能经济和有效地完成修船工作。本章将介绍几种先进的和常用的船机修复工艺。

7.1　船机零件的修复

7.1.1　零件修复的意义与原则

船舶机器经过长时间的正常运转或发生故障都会使零件产生不同形式和不同程度的损坏而失效。针对零件的具体损坏情况选用合适的修复工艺进行有效修复，不仅使已损坏或将报废的零件恢复使用功能、延长使用寿命，尤其可在缺少备件的情况下解决应急之需。除此以外，零件修复还具有以下几点重要意义：

(1)可以减少机舱备件数量，从而提高资金利用率，有利于生产的发展；

(2)减少新零件的购置或制造，不仅大幅度降低修船费用，而且可缩短修船期；

(3)促进修复工艺的发展和修理技术水平的提高。

轮机员在选用修复工艺进行零件修理时，应从质量、费用和时间三方面综合权衡而定，具体应满足以下要求：

(1)应使修复费用低于新件制造成本或购买新件的费用，即应满足：

$$\frac{S_{修}}{T_{修}}<\frac{S_{新}}{T_{新}}$$

式中：$S_{修}$ 为修复旧零件的费用(元)；$T_{修}$ 为零件修复后的使用期(月)；$S_{新}$ 为新零件的制造成本或购买新零件的费用(元)；$T_{新}$ 为新零件的使用期(月)。

一般情况下，如修复费用小于或等于 2/3 新零件制造成本或购买新零件费用，就认为是经济的，此种修复工艺是可取的。

(2)所选用的修复工艺必须能够充分满足零件的修复要求。

(3)零件修复后必须保持其原有技术要求。

(4)零件修复后必须保证具有足够的强度和刚度，不影响使用性能和使用寿命。重要零件修复前应作必要的强度计算等。

(5)零件修复后的耐用度应至少能维持一个修理间隔期。例如，中、小修范围的零件，修后应能使用到下一个中、小修期。

7.1.2　磨损零件的修复原则和磨损极限标准

船舶机器上有相对运动的配合件，由于工作条件不同将产生不同的磨损情况。当磨损较严重但尚未达到磨损极限，或达到磨损极限但有合适的修复手段可以使其恢复使用，或虽应报废但无备件而必须采用修复工艺使之继续使用时，应进行修复。

有相对运动的配合件磨损后，不仅零件尺寸、形状等发生变化，而且配合件的配合间隙增大，工作性能下降。配合件修复后应使配合间隙恢复到原设计要求，以恢复其工作性能。因此配合件磨损后依照以下原则进行修复。

(1)改变配合件的原设计配合尺寸,恢复配合件原设计配合间隙值,从而恢复其工作性能,如采用修理尺寸法、尺寸选配法等修复工艺;

(2)恢复配合件的原设计配合尺寸,恢复配合件原设计配合间隙值,从而恢复其工作性能,如采用热喷涂、电镀等修复工艺。

船机运转过程中,对有相对运动的配合件按机器使用、保养说明书的要求或船舶检验部门的要求,定期进行磨损检测,或依据运转情况进行磨损检测。例如主、副柴油机的活塞与气缸套、曲轴主轴颈与主轴承、曲柄销轴颈与连杆大端轴承等配合件的磨损测量。测量后计算出的磨损量、磨损率和几何形状误差等磨损指标,与标准比较后作出判断。磨损指标是否达到或超过极限值,磨损零件是否应该修理或换新等需要有权威的磨损极限标准作为判断的依据。船机零件的磨损极限标准可根据造机厂提供的船用柴油机或其他船用机器的使用和保养说明书中的规定确定,或按船舶航运管理部门与船舶检验部门颁布的技术标准执行。

7.1.3 修复工艺的选择

1. 修复工艺的种类

目前我国修船厂普遍使用的船机零件修复工艺方法如表 7-1 所示。

表 7-1 船机零件常用修复工艺

修复工艺	主要方法	适用范围
机械加工修复	修理尺寸法、尺寸选配法、附加零件法、局部更换法等	磨损、腐蚀
塑性变形修复	冷校法、热校法、加热-机械校直法	变形
手工修复	拂刮、修锉、研磨	磨损、腐蚀
黏接修复技术	有机黏接、无机黏接	磨损、腐蚀、裂纹、断裂、装配
金属扣合工艺	强固扣合法、强密扣合法、加强扣合法	裂纹、断裂
热喷涂技术	氧-乙炔火焰喷涂、等离子喷涂、电弧喷涂、超音速火焰喷涂、爆炸喷涂、冷气动力喷涂等	磨损、腐蚀
电镀技术	有槽电镀、电刷镀	磨损
焊补修理	焊接、堆焊、激光熔覆	磨损、腐蚀、裂纹、断裂

2. 修复工艺的选择

船舶进厂修理时,针对零件损坏形式合理选择修复工艺是提高修船质量、降低修船费用、加快修船速度和缩短修船时间的有效措施。选择修复工艺时,应根据零件修理的要求和修复工艺的特点全面考虑。选择修复工艺的原则如下:

(1)修复工艺对零件材料的适用性好

任何一种修复工艺都不可能适用于所有的材料,有其使用的局限性。应根据待修零件的材料选用适合的修复工艺。表 7-2 所示为常用修复工艺对常用材料的适应性。

表 7-2　常用修复工艺对常用材料的适应性

序号	修理工艺	低碳钢	中碳钢	高碳钢	合金结构钢	不锈钢	灰铸铁	铜合金	铝
1	镀铬	+	+	+	−	−	+		
2	镀铁	+	+	+	+	+	+		
3	气焊	+	+		+		−		
4	手工电弧堆焊	+	+	−	+	+	−		
5	埋弧堆焊	+	+						
6	振动电弧堆焊	+	+	+	+	+	−	+	+
7	钎焊	+	+	+	+	+	+	+	+
8	热喷涂工艺	+	+	+	+	+	+	+	+
9	有机黏接修复技术	+	+	+	+	+	+	+	+
10	塑性变形修复	+	+						
11	金属扣合工艺	+	+	+	+	+	+		

注:"+"为修理效果良好,"−"为修理效果不好。

(2)修复工艺应满足要求的修补层厚度

船机零件磨损程度不同,要求恢复原设计尺寸时所需增加的厚度不同,而各种修复工艺所能达到的修补层厚度各异,所以亦应根据修复零件的要求来选择修复工艺。表 7-3为常用修复工艺的修补层厚度。

表 7-3　常用修复工艺修补层厚度

序号	修复工艺	修补层厚度范围 / mm
1	镀铬	0.01～0.2
2	滚花	0.01～0.2
3	钎焊	0.03～5.0
4	振动电弧堆焊	0.03～10.0
5	手工电弧堆焊	0.1～10.0
6	镀铁	0.2～2.0
7	黏补	0.2～10.0
8	埋弧堆焊	0.5～10.0
9	热喷涂	0.5～5.0
10	镶套	3.0～10.0

(3)零件结构、尺寸对修复工艺无影响

零件的尺寸、结构并非适用任何修复工艺,甚至使某些修复工艺无法进行。例如孔径太小的零件无法进行热喷涂,壁厚太薄的零件不能采用扣合工艺等。

(4)修复工艺应保证零件的修理质量

零件修复后,零件材料的强度、修补层强度、修补层与零件的结合强度等能否满足修理要求是检验修理质量的重要指标,也是选择修复工艺的最主要的依据。

(5)修复工艺对零件变形和材料性能无显著影响

在常温或温度不高的条件下,某些修复工艺对零件变形和材料性能几乎没有影响。但在高温下,如热喷熔及堆焊时零件容易变形,甚至会使零件材料的组织与性能发生变化,这时必须考虑修复温度对零件变形及使用性能的影响。

7.2 机械加工修复法

船机零件产生磨损、腐蚀等损坏后可以采用机械加工方法进行修复。此法虽然改变了零件的尺寸,但是能够使其具备所需的几何形状和配合间隙,从而可以恢复其使用性能。常用的方法有:修理尺寸法、尺寸选配法、附加零件法、局部更换法、成套更换法和换位法。

7.2.1 修理尺寸法

具有相对运动的配合件磨损后配合间隙增大,甚至超过极限间隙值,这导致零件工作性能变差。修理尺寸法是对配合件中较重要的零件或较难加工的零件进行机械加工,消除其工作表面的损伤和几何形状误差,使之具有正确的几何形状和新的基本尺寸——修理尺寸。依此修理尺寸,制造与之配合的另一零件,使二者具有原设计配合间隙值。例如,柴油机曲轴主轴颈过度磨损后,在保证轴颈强度要求下,光车主轴颈,根据光车后的尺寸重新配制主轴瓦使其具有原有的轴承间隙。

孔的修理尺寸大于孔的基本尺寸,轴的修理尺寸小于轴的基本尺寸。修理尺寸等于磨损件实测尺寸加上(或减去)为消除缺陷所需的最小加工余量。通常确定零件修理尺寸的方法主要有两种:

1. 最小加工余量原则

最小加工余量原则就是使零件的修理尺寸等于实际测得的尺寸减去(或加上)为消除缺陷或损伤所需要的最小加工余量。而与之相配合的另一零件的修理尺寸等于上述修理尺寸加上(或减去)配合间隙值。例如,柴油机曲轴轴颈偏磨后,首先采用最小加工余量进行光车修理,再按此尺寸浇铸新的轴瓦。这种方法的特点是加工余量最小,能最大限度保证零件的强度和性能,延长零件的使用寿命,但因这种方法大多是采用单件生产,修理时间较长,费用也较高。

2. 分级修理原则

分级修理原则就是把需修理的零件按预先规定好的分级修理尺寸进行机械加工，而与之相配合的零件可以按相应的分级修理尺寸预先成批生产，制成备件。一般这时零件的加工量要大于最小加工余量。例如，船用柴油机的活塞环槽磨损后，可将活塞环槽按某一级的修理尺寸进行车削加工，消除环槽表面磨损缺陷后，换上相应的分级修理尺寸等级的加厚活塞环。这种方法特点是将单件、小批量的零件尺寸修理引向中、大批量生产，使维修时间大幅缩短，提高了修理质量与经济效益。但在制订零件分级修理尺寸时，各级修理尺寸间隔数值的大小应在零件强度允许的范围内根据零件的配合间隙、磨损情况、加工条件等因素综合考虑确定。如每个柴油机活塞环槽修理后采用的加厚活塞环最多不能超过两个，否则将影响活塞环槽的强度。

选择分级修理尺寸的原则：当一对组合零件磨损后，为了恢复它们的几何形状，用精加工的方法扩大（或缩小）一个零件的直径尺寸时，也要相应地扩大（或缩小）另一个零件的直径尺寸，而每次扩大或缩小的尺寸应成等差数列。

凡是采用修理尺寸的零件，必须考虑修理后零件的机械强度是否满足要求，必要时应进行强度校核，重要零件须参照有关规范校核，若确定修理尺寸已使零件的强度不合要求，则要考虑使用其他方法修复。

修理尺寸法简单、经济，可延长零件的使用寿命，在修船厂中广泛应用。但由于此法使零件失去原有的互换性，由此给备件供应带来困难。

7.2.2　尺寸选配法

集中一小批相同机型的已过度磨损的配合件，分别进行机械加工消除配合表面的缺陷和几何形状误差，再按原配合间隙值重新配合成对，组成一些具有不同基本尺寸但具有相同配合间隙的新的配合件，此种方法称为尺寸选配法。例如柴油机喷油泵和喷油器中的精密偶件就可采用此法修理。

此法简单、方便、经济，可使一部分已报废的配合件重新投入使用。但它的缺点是必须有一小批配合件，数量太少则不易组成新的配合件。

7.2.3　附加零件法

零件过度磨损后，将磨损的工作表面进行机械加工，使之具有正确的几何形状，并在其上附加具有工作表面基本尺寸的衬套，此种方法称为附加零件法。例如，气缸盖上阀孔的镶套修理。

采用附加零件法应保证零件机械加工后的强度要求，附加的零件壁厚不能过薄，衬套材料应与零件材料具有相同的热膨胀系数等。一般应使衬套材料与零件材料相同，采用热套法或压入法安装衬套。

附加零件法可恢复零件的原设计尺寸，也可加工成修理尺寸，使之恢复配合性能，延长使用寿命。由于影响修理质量的因素较多,因此使用时应慎重。

7.2.4 局部更换法

零件局部磨损或损伤严重时,在能够保证零件机械强度的前提下,从零件上去除该损伤的部分,并按损伤部分应有的正确几何形状和尺寸精度制造这一部分的新件,再用焊接或其他方法将新件与零件余留部分牢固地结合在一起,此种方法称为局部更换法。如活塞顶发生严重裂纹,可将顶部裂纹处车削去,并车削出矩形螺纹,另外按车削去的部分配制相同材料的塞头 3,并将其旋入活塞 1,如图 7-1 中(b)所示。旋入时要旋紧,然后用压板 2 固定或用三只均布的止动螺钉 4 将塞头牢固地固定在活塞上,如图 7-1(a)所示。

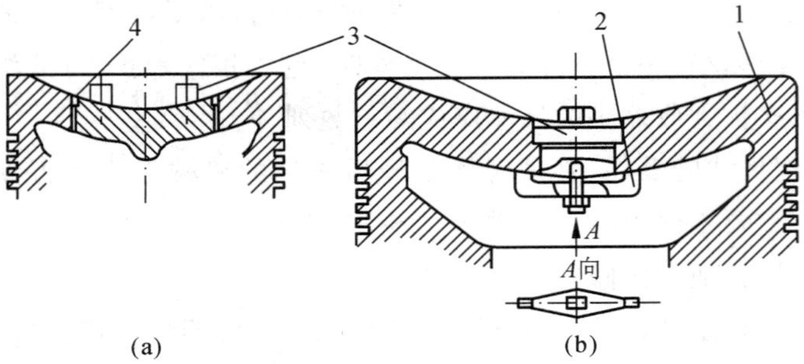

1—活塞;2—压板;3—塞头;4—止动螺钉

图 7-1 活塞顶部裂纹修复

如果活塞是铸钢的,则可将整个顶部割去,然后依割去部分的形状用同样的材料重新制作一只,并用焊接法连接,如图 7-2 所示。焊后应进行热处理和必要的加工,以达到使用技术要求。

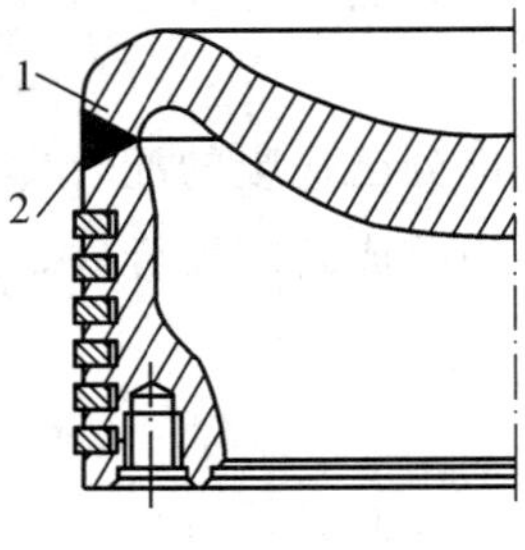

1—新活塞顶;2—焊缝

图 7-2 活塞顶部换新用焊接连接

7.2.5 成套更换法

为了缩短修理时间,拆下有严重磨损或损伤零件的部件或设备,迅速换上备件继续运转,称之为成套更换法。设备或部件经修理后作为备件使用或供同类机型的船舶使用。例如柴油机运转中高压油泵柱塞-套筒偶件咬死，立即换上备用油泵，而损坏的油泵经修理后作为备件使用。

7.2.6　换位法

换位法是将零件的磨损(或损坏)部位转动一定角度或翻转重新安装，利用零件未磨损(或损坏)的部位来恢复零件的工作能力。这种方法只是改变磨损或损坏部分的位置，不修复磨损表面。船机修理过程中，此法经常用来修理磨损的键槽、螺栓孔和齿轮等。例如，承受单向力的齿轮磨损后，可以翻转重新安装，使得未磨损的齿面继续工作。又如，轴、孔中的键槽损坏后，可以转位后重新加工键槽后继续使用。总之，利用调头或转向方法来重新使用的零件必须构造对称或经过简单加工后即可满足使用要求。

7.3　电镀工艺

电镀工艺是利用电化学加工原理在金属或非金属零件表面上镀覆一层金属的过程。它既是一种修复工艺，又是一种强化工艺。它可以修复磨损严重的零件使之恢复原设计尺寸和改善零件工作表面的性能，如提高耐磨性、耐蚀性等。电镀工艺广泛应用于修船，例如活塞环槽、缸套镀铬、曲轴镀铁等。近年来电刷镀(无槽电镀)的应用进一步扩大了电镀工艺在修船领域中的应用。

7.3.1　电镀

电镀分为有槽电镀和无槽电镀(电刷镀)。有槽电镀是以被镀零件作为阴极，欲镀金属作为阳极，并使阳极的形状符合零件待镀表面的形状。电镀槽一般采用不溶金属或非金属，如铅、铅锑合金、塑料等。电解液是所镀金属离子的盐溶液。

电镀使用直流电源。电镀时，阳极金属失去电子变为离子溶于电解液中，即发生氧化反应；阴极附近的离子获得电子而沉积于零件表面，即发生还原反应。根据电镀质量、镀层厚度等的不同，电镀时所选用的电流密度、电解液的温度、电镀时间等工艺参数不同。严格控制电镀工艺参数是获得优良镀层的关键。目前船机零件常选用镀铬和镀铁来修复或强化零件工作表面。

1. 镀铬

镀铬时，零件作为阴极，采用铅锑合金作阳极，用铬酐(CrO_3)和硫酸(H_2SO_4)制成电解液盛于电镀槽中进行电镀。

(1)镀铬工艺

①镀前准备工作。首先对被镀工件表面进行机械加工，使其具有正确的几何形状和一定的尺寸；其次去被镀表面的除油脂和污物，以提高镀层与零件表面的结合强度；再次将不镀表面包扎上绝缘材料。

②配制电解液。使其工作温度保持在 55～65 ℃之间。

③镀铬。根据要求的铬层性质和厚度选用电镀工艺参数进行电镀。

④镀后的热处理。对于较重要的零件，当镀铬层厚度超过 0.1 mm 时应进行去氢热处理，清除内应力以提高镀铬层的韧性和与零件表面的结合强度。

⑤镀铬表面的机械加工。一般采用磨削加工来达到要求的尺寸和几何形状精度。

(2)镀铬工艺的特点

①镀铬是在低温 55～65 ℃范围内进行的，对零件材料的组织和性能(包括热处理状态)无任何影响，不会产生变形、开裂等缺陷。

②镀铬层与零件基体金属的结合强度高，甚至超过本身晶间结合强度，这与零件镀前准备工作质量密切相关。

③镀铬层的硬度和强度高。铬层的硬度一般可达 400～1200 HV，加热到 300～500 ℃时铬层硬度几乎不变。铬层的强度随其厚度变化，镀层越薄强度越高，镀层厚度为 0.1 mm 时，σ_b＝500～600 MPa，当铬层厚度增至 0.5 mm 时，σ_b＝160～300 MPa。这是由于镀铬过程中晶体组织转化和氢气渗入使铬层产生很大的内应力，使脆性增大，并随厚度增加而增大。

④镀铬层具有很高的化学稳定性，在大气中能够长时间保持光泽。

⑤铬层的硬度高，摩擦系数小，具有较高的耐磨性，可使零件的耐磨性提高 2～50 倍。

⑥铬层的允许厚度为 0.1～0.5 mm，一般控制在 0.25 mm 以内。

⑦铬的沉积速度较低，生产率低而成本高。镀铬过程中有大量气体逸出，带出铬酸，危害人体皮肤、眼睛和呼吸道，因此镀铬车间必须通风良好。

(3)耐磨镀铬层的种类

耐磨镀铬层用于提高零件表面耐磨性，延长使用寿命和用于修复磨损、腐蚀的零件。按铬层结构分为两种：

①硬质镀铬层。铬层硬度高，耐磨性好，具有一定的韧性。改变电镀工艺参数可获得灰色(无光泽)镀铬层、光泽镀铬层和乳白色镀铬层。其工艺参数和镀铬层性能如表7-4 所示。

表 7-4 各种硬质镀铬层工艺参数和性能

种类	工艺条件	镀铬层性能
灰色镀铬层	电解液温度低(35～40 ℃)，电流密度较高	硬度高(1200 HV)、脆性大、结晶组织细小，有较少的网状裂纹，表面光亮
光泽镀铬层	电解液温度和电流密度均为中等	硬度较高(800～1200 HV)、脆性小、结晶组织细小，有较少的网状裂纹，表面光亮
乳白色镀铬层	电解液温度较高(>65 ℃)，电流密度较低	硬度低(400～700 HV)、韧性较好、裂纹很少或没有，化学稳定性较高，能承受较大变形，表面呈乳白色

硬质镀铬层适用于润滑条件较好，承受负荷不大的零件表面。新造零件镀层厚度一般在0.15～0.25 mm之间，修复零件镀层厚度一般不超过0.5 mm。硬质镀铬广泛应用于修船中，如修复柴油机、压缩机的曲轴和高压油泵柱塞等。一般仅对配合件之一镀铬。

②松孔镀铬层。铬层表面呈网状沟纹或多孔状，能够贮存润滑油。当零件工作时，如果供油不足，润滑油会从零件表面镀层孔隙中流出分布在工作表面各处，从而改善润滑条件，降低零件的磨损。

松孔镀铬层的耐磨性取决于网纹的密度、深度和宽度。网纹的形成方法有：机械松孔法，即预先在被镀表面上用机械方法（如铣削、喷丸或滚压）形成小孔或凹坑，然后再镀铬；周期换向松孔法，它是镀铬过程中每镀15 min后将阴、阳极进行短时间交换，实施阴极处理后再继续镀铬。

松孔镀铬层适用于润滑不良、承受较大负荷的零件。一般用来提高这种工作条件下零件的耐磨性。柴油机气缸套松孔镀铬层厚度一般为0.15～0.25 mm，活塞环为0.10～0.15 mm。表7-5和表7-6所示分别为气缸套和活塞环松孔镀铬层厚度选择。

表7-5 气缸套松孔镀铬层厚度选择

气缸直径/mm	铬层总厚度/mm	
	柴油机转速 >500 r/min	柴油机转速 ≤500 r/min
≤100	<0.30	
100～200	0.30～0.40	0.35～0.45
200～300	0.40～0.50	0.45～0.55
300～400	0.50～0.60	0.55～0.65
400～500		0.65～0.75
500～600		0.75～0.85

注：铬层总厚度为气缸直径方向上铬层厚度之和。

表7-6 活塞环松孔镀铬层厚度选择

活塞环直径/mm	单面铬层厚度/mm	铬层径向偏差/mm
45～90	0.10～0.14	≤0.04
90～185	0.14～0.18	≤0.04
185～350	0.18～0.25	≤0.04

2. 镀铁

(1)镀铁工艺

目前生产中广泛采用不对称交直流低温镀铁工艺。它是在常温的氯化亚铁水溶液中，以工业纯铁或低碳钢板作阳极，零件为阴极，依次通过不对称交流电起镀、不对称交流电过渡镀和直流电镀，使零件表面上牢固地沉积一层高硬度镀铁层的工艺。

一般工业用交流电为正弦波交流电，是由两个大小相等方向相反的半波组成。电镀时采用此种交流电，一个半波使零件呈阴极极性沉积镀层，另一半波则使零件呈阳极极性把镀层（甚至基体）电解除掉。因此对称交流电不能进行电镀。不对称交流电是使两个半波不等，较大半波进行电镀获得镀层，较小半波电解镀层，沉积的镀层总比电解掉的多。所以，在开始镀前10～20 min内，采用不对称交流电起镀，可以使镀层晶粒细小均匀，表面较平滑，内应力较相同电流密度下的直流电镀层小，结合强度也较直流电镀层高得多。结合强度可达 450 MPa，镀层不易脱落。起镀时有效电流密度 $J_{有效}$ 及不对称比 β 应满足一定条件。

正、负半波电流密度之差，称为有效电流密度 $J_{有效}$，即

$$J_{有效}=J_{正}-J_{负}$$

式中：$J_{正}$ 为正半波电流密度（A/dm^2）；$J_{负}$ 为负半波电流密度（A/dm^2）。

正、负半波电流密度之比称为不对称比 β，即

$$\beta=J_{正}/J_{负}$$

当 $1<\beta\leqslant1.3$ 时，获得较小内应力的镀层；β 增加为 6～8 时，镀层的内应力和硬度均增大；当 $\beta>8$ 时，镀层的硬度不再增加。

起镀时，$\beta=1.3$，均匀改变 β 值，4～5 min 内增至 8，再镀 5～10 min，使应力与硬度均匀增加，以防内应力骤然增加造成镀层内脱层。这一阶段为过渡镀，为直流电镀作准备。

过渡镀后，在不断电的情况下把交流电转为直流电进行电镀。最后进行热处理和机械加工等镀后处理。

(2)镀铁的工艺特点

①电解液温度低，通常是在 20～40 ℃起镀，对零件材料的组织与性能无影响，也不会产生变形和裂纹等缺陷。

②铁镀层与基体的结合强度高，可达 450 MPa。

③铁镀层的硬度高，耐磨性好，最高硬度可达 63～65 HRC。

④沉积速度快，为 0.60～1.00 mm/h，生产率高，镀铁的镀厚能力强，镀层厚度可达2 mm 以上。

⑤电流效率高，可达 90%或以上，耗电少。

⑥电解液容易配制，成本低，有害气体少，对环境污染小。

(3)无刻蚀低温镀铁

在低温镀铁工艺中需要进行阳极刻蚀处理，即零件镀铁前，以铅板作阴极、零件作阳极，在 30%的工业硫酸电解液中通以直流电，电解处理零件被镀表面。其目的是采用电解方法除去零件表面的氧化膜并生成钝化膜，保护纯净的零件表面在空气中不被氧化。刻蚀处理后立即冲洗零件表面残酸，但这不仅污染环境，若残酸带入电镀液中还会降低镀铁质量。为了克服阳极刻蚀处理的缺点和简化工艺，出现了无刻蚀镀铁新工艺，使镀铁工艺有了新发展。

无刻蚀镀铁工艺是以 Fe^{2+} 为主，在经过电化学活化处理的钢铁零件表面上沉积，形成金属键结合与微晶结构的高强度的镀铁层。

无刻蚀镀铁工艺过程：零件在镀前的表面活化处理是采用盐酸水浸洗的方法，腐蚀除去零件待镀表面的氧化膜，中和去除碱性水膜，形成酸性水膜。然后将零件放入电镀槽中，先进行对称交流电活化处理，再进行不对称交流电起镀和过渡镀等。与刻蚀镀铁

相比较，无刻蚀镀铁工艺省去了硫酸阳极刻蚀处理，减少了工序，简化了工艺，减少了设备和降低了污染，从而保证了镀铁的质量和降低了成本。无刻蚀镀铁的镀层结合强度高、耐磨性更好，质量稳定可靠，成品率高。

目前，无刻蚀镀铁已广泛应用，尤其在修复磨损失效的柴油机曲轴方面成果显著，修复曲轴长度可达 4 m 或以上，使大批报废曲轴重新投入使用，节省了大量经费。此外，镀铁还用于修复其他磨损、腐蚀的零件，如精密偶件、缸套等。

7.3.2　电刷镀

电刷镀又称快速电镀、涂镀，是一种无电镀槽的快速电镀工艺。它是始于 20 世纪 50 年代美国的一种修复电镀废品的镀覆技术，20 世纪 70 年代广泛用于飞机、船舶、机车、电子、机械、化工乃至文物修补和艺术装饰上。

1. 电刷镀原理

电刷镀也是基于电化学加工原理在零件工作表面上快速沉积金属形成镀层的工艺。刷镀不需电镀槽，只需将零件与直流电源的负极相接，镀笔与正极相接。刷镀时，将蘸满电镀液的镀笔在零件表面上移动，即用镀笔涂刷零件工作表面。在电场作用下，电镀液中的金属离子向零件表面迁移，并从表面获得电子后沉积其上形成镀层。所以，电刷镀是一种设备和工艺大为简化的电镀，如图 7-3 所示。

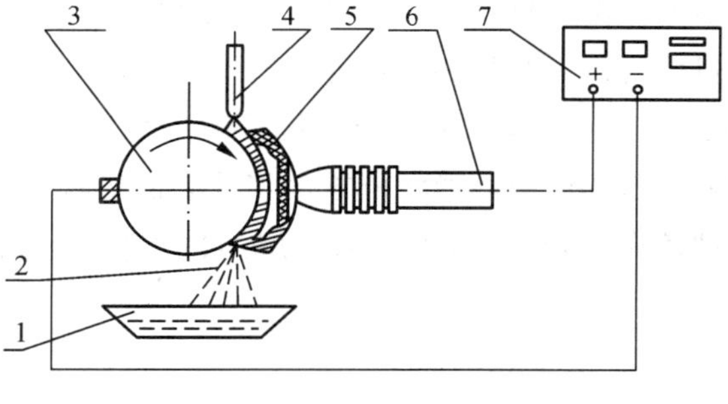

1—集液容器；2—电解液；3—零件；4—输液管；5—阳极和包套；6—镀笔；7—电源

图 7-3　电刷镀示意图

2. 电刷镀工艺特点

(1)设备简单，不需镀槽。电刷镀取消电镀槽，扩大了应用范围，取消了对零件尺寸的限制，大小件均可镀，尤其是对拆卸和运输难的大型零件可原地刷镀修复。

(2)简化了电镀工艺。零件上不需镀的部位不需包扎绝缘，节省材料和辅助工时。

(3)镀层与零件表面结合强度高。由于电刷镀镀层是在电化学和机械(镀笔与零件表面摩擦)作用下沉积在彻底清洁的零件表面上，所以结合强度高于有槽电镀。

(4)镀层厚度可以精确控制，并可实施均匀或不均匀镀层的电镀，即在同一零件上刷镀不同厚度的镀层。镀后一般不需加工，可直接使用。

(5)镀层沉积速度快，生产率高。由于电镀液的离子浓度高，电刷镀时零件与镀笔相对运动均有利镀层的沉积，比有槽电镀的沉积速度快5倍以上。

(6)电镀液温度低，对零件无影响，不会产生变形和裂纹等。一般电镀液温度约50 ℃。

(7)污染小，操作方便，工艺灵活，适用材料广泛。常用的金属材料均可采用此项技术。

3. 电刷镀设备

电刷镀设备主要由电源、镀笔及回转台组成。

(1)电源

电刷镀的主要设备是专用电源，采用无级调节电压的直流电源；常用电压范围为0～30 V。刷镀电源一般还应满足以下几点要求：

①电源应带有安培小时计或镀层厚度计，以显示电镀零件所消耗的电量或零件镀层厚度。

②电源应设有正、负极性转换装置，以满足电镀、活化、电净等不同工艺的要求。

③电源应设有过载保护装置。当负载电流超过额定电流的5%～10%，或正、负极短路时，应能快速切断主电路，以保护电源和被镀零件不受损坏。

(2)镀笔

镀笔是电刷镀的主要工具，是由手柄和阳极组成的。阳极为镀笔的工作部分，石墨和铂铱合金是理想的不溶性阳极材料，其中石墨应用最多，只有在修复划伤、小沟槽及狭窄的棱面时，由于阳极尺寸极小才用铂铱合金阳极。采用石墨阳极时在其外部包扎脱脂棉包套，目的是吸附和贮存电镀液，防止两极直接接触产生电弧烧伤零件表面和防止石墨粒子脱落污染电镀液。石墨阳极的形状依被镀零件表面形状而定。目前，为了提高沉积效率、降低成本，当被镀表面较大时，可根据镀层的种类采用铁板、镍板或铜板直接制成可溶性阳极。

(3)回转台

回转台用于刷镀回转体的工作表面，可用旧车床改装，须增加电刷等导向机构。

4. 刷镀液

电镀溶液是获得优质镀层和高生产率的关键。根据用途不同刷镀液可分为：

(1)表面预处理溶液：为了提高镀层与零件基体的结合强度，不仅用一般的方法清洗零件表面，还必须进行严格的电化学处理，即进行电净处理和活化处理，因此须使用电净液和活化液。

①电净液：在电净液中用电解的方法清除零件表面上的油膜和杂质污物称为电净处理。电净液为无色透明的碱性溶液，－10 ℃不结冰，腐蚀性小，可长期存放。零件经电净处理后用清水冲洗。

②活化液：在活化液中用电解的方法除去零件金属表面的氧化膜称为活化处理。处理后零件表面露出金属光泽，有利于镀层与其结合牢固。活化液是无色透明的酸性溶

液，腐蚀性小，可长期存放，循环使用。

(2)金属刷镀溶液：电刷镀溶液是在被镀零件表面上沉积镀层金属的溶液，其金属离子含量高，并以有机络合物形式存在，因此稳定性好。电刷镀溶液一般分为酸性和碱性两大类。酸性溶液较碱性溶液的离子沉积速度快1.5～3倍，但绝大多数酸性溶液不适于材质疏松的金属材料，如铸铁，也不适用于不耐酸腐蚀的材料，如锡、锌等。碱性和中性溶液有很好的适用性，可获得细小晶粒的镀层，在边角、狭缝和盲孔等处有很好的均镀能力，无腐蚀性，通常在各种材料零件上镀覆。

金属刷镀溶液根据用途又可以分为底层溶液、夹心层溶液及功能性金属溶液。

5. 电刷镀工艺

电刷镀工艺过程，包括表面预加工、除油、除锈、电净与活化处理、刷镀底层、镀尺寸镀层与工作镀层及镀后清洗等。

(1)表面预加工：除去毛刺、不平度、疲劳层等，使粗糙度 $Ra<2.5\ \mu m$。

(2)除油、除锈：采用砂布打磨除锈，用汽油、丙酮等除油。

(3)电净处理：目的是进一步除去微观上的油污。对于有色金属和对氢敏感的超高强度钢，电净时工件接正极，使表面阳极溶解；对于钢、铁等材料，电净时工件阴极上产生氢气泡，使表面的油污去除、脱落。

(4)活化处理：去除工件表面的氧化膜、钝化膜或析出的碳元素、微粒黑膜，活化后用水冲洗。根据活化液的种类，工件可接阳极或阴极。

(5)刷镀底层：须先用特殊镍、碱铜或低氢脆镉等溶液预镀一薄层底层，厚度为2～5 μm，以提高结合强度，对于不同的材料工件可选用不同的涂镀底层。

①特殊镍底层：适用于钢、铝、铜、不锈钢、铬及镍材料和高熔点金属等。

②碱铜底层：适用于难镀的金属如铝、锌或铸铁等。

③低氢脆性镉：适用于对氢特别敏感的超高强度钢。

(6)镀尺寸镀层和工作镀层：电刷镀工作镀层的厚度一般不超过0.3～0.5 mm，镀层厚度增加内应力加大，容易引起裂纹和使结合强度下降，乃至镀层脱落。但用于补偿零件磨损尺寸时，需要镀层厚度较大，为避免因厚度过大使内应力增加，采用组合镀层，即先在零件表面上镀打底层，再镀补偿尺寸的尺寸镀层，其间镀上不超过0.05 mm厚度的夹心镀层，最后镀工作镀层。

(7)镀后清洗：冲洗后用压缩空气吹干，并涂以防锈油或防锈液。

6. 电刷镀的应用

电刷镀现已在工业上获得了广泛的应用，主要表现在如下方面：

(1)恢复磨损零件的尺寸精度与几何精度。

(2)填补零件表面的划伤沟槽、压坑：如机床导轨、压缩机的缸体、活塞、液压的油缸及柱塞等。

(3)补救加工超差产品：当大型零件局部加工超差在半径方向小于0.2 mm时，采用电刷镀补救，时间短，经济性好。

(4)强化零件表面：如在模具型腔表面刷镀 0.01～0.02 mm 的非晶态镀层，可以使寿命延长 20%～100%。

(5)提高零件表面导电性：在电解槽汇流铜排接头部位镀银，可减少电阻，降低温升，在大型计算机的电路接点处电刷镀金处理，能降低接触电阻，防止金属氧化造成的断路。

(6)提高零件的耐高温性能：Co-Ni-P-Nb 非晶态镀层的晶化温度可达 320 ℃，在 400～500 ℃高温下，镀层由非晶态向晶态转变后，同时析出第二相组织，由此提高镀层的高温磨损的性能。

(7)改善零件表面的钎焊性：难钎焊材料表面刷镀铜、锡、银、金等，以改善零件表面的钎焊性。

(8)减小零件表面的摩擦系数：选用铟、锡、铟锡合金及巴氏合金等镀层，能使摩擦系数下降，镀 0.6～0.8 μm 的铟镀层时不仅能降低摩擦系数，而且能防止黏着磨损，加入 MoS_2、石墨等微粉，镀层具有自润滑功能。

(9)提高零件表面的防腐性：在零件表面可刷金、银、镍、铬、锌、镉等，以提高零件的防腐性。

(10)装饰零件表面：在金属制品、首饰上镀金、银涂层及在秦兵马俑上刷镀青铜，可达到装饰及仿古效果。

目前我国修船业已普遍采用电刷镀修复船机零件。可修复磨损、腐蚀和机械加工超差的零件。例如修复活塞杆、增压器转子轴、电机转子轴、水泵轴和尾轴衬套等。某船厂采用电刷镀修复因加工不慎超差 0.18 m 的直径为 720～800 mm、长 5 m 的尾轴铜衬套，仅用半天时间完成，不仅节省工时、材料和费用，而且挽救了零件，保证船舶如期下水。

7.4 热喷涂工艺

热喷涂技术作为一种新的表面防护和强化工艺在近 30 多年里得到了迅速的发展。在这个时期，热喷涂技术由早期制备一般的装饰性和防护性涂层发展到包括产品失效分析、表面预处理、喷涂材料和设备的选择、涂层系统设计和涂层后加工等在内的热喷涂系统工程。现在热喷涂技术已成为材料表面科学领域中一个十分活跃的独立学科。目前在船机零件的制造、修理及再制造过程中，热喷涂不仅是一种修复工艺，而且是一种表面强化工艺，能为船机零件表面提供具有耐磨、耐蚀、耐热、抗氧化等不同性能的涂层，已广泛应用于柴油机排气阀、曲轴、气缸盖、气缸套、活塞、活塞环等零件的制造及修理中。

7.4.1 热喷涂原理和特点

1. 热喷涂原理

热喷涂是利用热源将喷涂材料加热到熔化或半熔化状态，借助于焰流或外加的推力将熔滴雾化或推动熔粒成喷射的粒束，以一定速度喷射到经过制备的基体表面形成某种功能的涂层。

热喷涂过程如图 7-4 所示，一般经历四个阶段：喷涂材料被加热熔化；熔滴雾化；高速飞行；与基体表面的碰撞变形及淬冷凝固。在产生碰撞瞬间，颗粒的动能转化成热能传给基材，并沿预处理的凹凸不平表面产生变形，变形的颗粒迅速冷凝并产生收缩，呈扁平状黏结在基材表面。喷涂的粒子束接连不断地冲击基材表面，产生碰撞—变形—冷凝收缩的过程，变形颗粒与基材表面之间，以及颗粒与颗粒之间互相交错地黏结在一起，从而形成涂层。

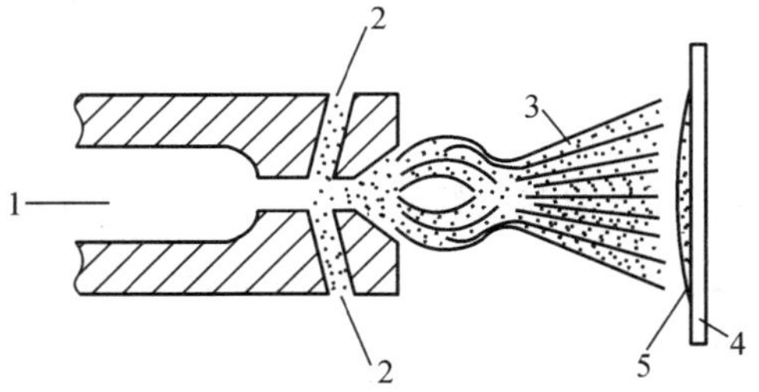

1—热源；2—喷涂材料；3—熔化的粒子；4—基体；5—涂层

图 7-4　热喷涂过程示意

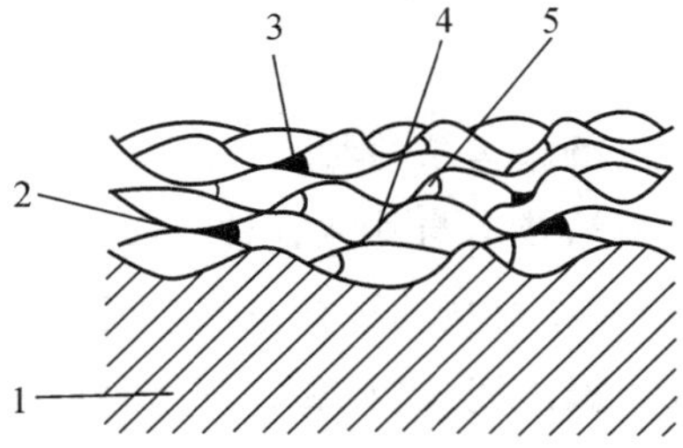

1—基体；2—层间界面；3—氧化物夹杂；4—粒子间界面；5—气孔

图 7-5　喷涂层的结构示意

涂层的形成过程决定了喷涂层的结构，它是由无数变形粒子互相交错呈波浪式堆叠在一起的层状组织结构，如图 7-5 所示。在喷涂过程中，由于熔融的颗粒与喷涂工作气体及周围空气进行化学反应，使得涂层中含有一定的氧化物。在涂层形成过程中颗粒的陆续堆叠和部分颗粒的反弹散失，在变形粒子之间不可避免地存在一部分孔隙或空洞。因此，喷涂层是由变形粒子、气孔和氧化物夹杂所组成。涂层中氧化物夹杂的含量及涂层密度，取决于热源、喷涂材料及喷涂条件。

涂层经过适当的后处理，其结构会发生变化。例如：涂层经过重熔处理，就消除了涂层中的氧化物夹杂和孔隙，层状结构成为均质结构，涂层与基体表面的结合状态也发生了变化。

2. 涂层的结合机理

涂层的结合包括涂层与基体表面的结合及涂层中粒子与粒子的结合。前者的结合强度称为结合力，后者的结合强度称为内聚力。目前，一般认为涂层中颗粒与材料表面之间的结合以及粒子之间的结合机理相同，均属“物理-化学”结合，包括以下几种类型。

(1)机械结合。熔融状态的喷涂粒子在与基体表面碰撞时，其变形粒子与基体表面的凹凸粗糙面机械地咬合，这种结合被称为“抛锚效应”，例如等离子或氧-乙炔喷涂陶瓷材料时，涂层和基体的结合就属于机械结合。

(2)物理结合。涂层与基体表面的黏附是由范德瓦耳斯力所引起的。

(3)化学或显微冶金结合。当基体表面被高温微粒熔化和与它们发生反应而形成金属间化合物时，其涂层和基体表面的结合称为化学结合。当喷涂粒子与基体表面原子形成互相扩散时，就称为显微冶金结合。

一般来说，涂层与基体表面的结合以机械结合为主。

3. 热喷涂工艺的种类

目前还没有标准的热喷涂分类法，一般主要根据热源分类。应用于热喷涂的热源类型有气体燃烧火焰、气体放电、电热及冷气动力等。

根据热喷涂所采用的热源和喷涂材料的种类不同，热喷涂方法主要有：线材火焰喷涂、粉末火焰喷涂与喷熔、爆炸喷涂、超音速火焰喷涂、电弧喷涂、等离子喷涂、冷气动力喷涂等。

4. 热喷涂工艺的特点

热喷涂技术与其他各种表面技术相比，有许多自身的特点：

(1)喷涂材料的选择范围广泛，它几乎包括所有的固体材料，如金属及其合金、各种陶瓷及金属陶瓷、塑料和各种类型的复合材料等。

(2)选择合适的工艺方法几乎能在任何固体材料表面上进行喷涂。

(3)一般不受施工场所的限制，既可以在室内喷涂，又可以现场施工。

(4)一般不受工件尺寸及形状限制，既可对大型构件进行大面积喷涂，也可以对工件进行局部喷涂。

(5)喷涂层厚度可从 0.05 mm 至几毫米。喷熔层的最小厚度为 0.3 mm，一步法喷熔层厚度一般不大于 2 mm；二步法每次喷熔层厚度为 0.6～1.0 mm，可多次实施获得较大厚度的喷熔层。

(6)除喷熔外，热喷涂工艺对基体材料不产生热影响，它不会影响基体金属的金相组织和机械性能。

(7)能使涂层具有耐磨、耐蚀、耐氧化、耐高温、隔热、导电、绝缘、密封、减磨、辐射及电子发射等不同功能或使涂层具有复合功能。

(8)热喷涂的生产率高，对于大多数热喷涂工艺方法，其生产率可达每小时数千克，有的方法甚至可达每小时数十千克。

(9)与其他堆焊方法比较，火焰喷熔层和等离子喷熔层的冲淡率较低，而且表面成形平整、光滑、加工余量少，节省合金材料。

(10)废旧件采用热喷涂修复后，还能比新件具有更高的性能和更长的使用寿命。

热喷涂也存在一定的局限性，主要表现为：

(1)一般热喷涂涂层的结合强度及密度受到一定限制。喷涂层与零件表面主要为机械结合，结合强度低，一般为 10～100 MPa，抗冲击性能差。喷熔涂层与零件表面为冶金结合，结合强度高，一般为 300～700 MPa。

(2)对于喷涂面积小的工件，沉积效率低、不经济。

(3)一般喷涂方法操作环境较恶劣，要求采取劳动保护和环境保护措施。

(4)难以对涂层质量进行非破坏性检查。

7.4.2　热喷涂的主要方法

1. 线材火焰喷涂

线材火焰喷涂的基本原理如图 7-6 所示，喷枪通过气阀分别引入乙炔、氧气和压缩空气，乙炔和氧气混合后在喷嘴出口处燃烧，不断送进的丝材被氧-乙炔火焰加热熔化，然后，由通过气帽的压缩空气将其雾化成粒子，并被喷射到基体表面形成涂层。

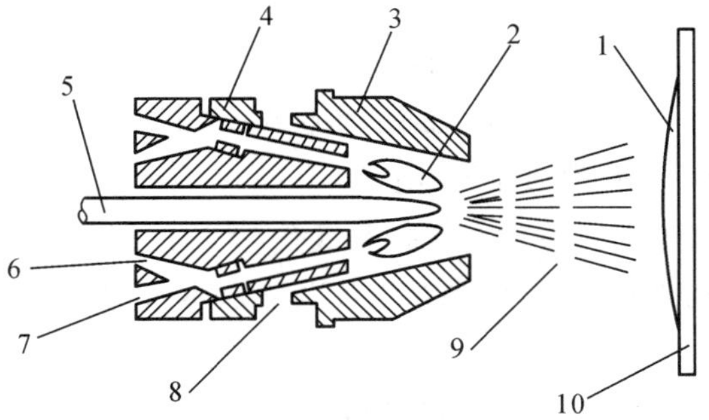

1—涂层；2—燃烧火焰；3—空气帽；4—气体喷嘴；5—线材或棒材；
6—氧气；7—乙炔；8—压缩空气；9—喷涂射流；10—基体

图 7-6　线材火焰喷涂原理示意

典型的线材火焰喷涂设备包括氧气及乙炔供给系统、压缩空气供给系统、线材盘架、气喷枪等。喷枪是氧-乙炔丝材喷涂的核心设备，内装有驱动机构，用以将喷涂材料通过喷嘴中心孔连续地送入火焰。驱动轮由电机或空气涡轮来驱动，其转速可以调节，以适合喷涂不同熔点材料调节送丝速度的需要。

线材火焰喷涂方法简便，设备简单，火焰温度低，气流速度不高，因而颗粒打击力小，涂层致密度较差，孔隙率为 10%～15%，涂层的结合强度为 10～30 MPa。涂层中含有一定量的氧化物。

目前，国内大多用于制备锌、铝长效防护涂层，不锈钢、镍铬及有色金属防腐涂层，碳钢、铬钢恢复尺寸涂层以及耐磨涂层等。在船舶修造中，主要应用于船舶钢结构的防腐及轴类零件及合金轴瓦的修复。

2. 粉末火焰喷涂及喷熔

(1)粉末火焰喷涂

粉末火焰喷涂的基本原理如图 7-7 所示，喷枪通过气阀分别引入燃料气(主要采用乙炔)和氧气，经混合后从喷嘴喷出，产生燃烧火焰。合金粉末在高速氧气流的带动下由喷嘴射出，经过燃烧火焰时被加热到熔化或半熔化状态，并高速撞击在已预处理的基体表面上，沉积为喷涂层。

粉末火焰喷涂的典型设备主要由氧气及乙炔供给系统和喷枪组成，粉末可以装在与喷枪构成一体的粉斗内，也可由送粉器通过管道送入。目前国内常有的粉末火焰喷涂枪

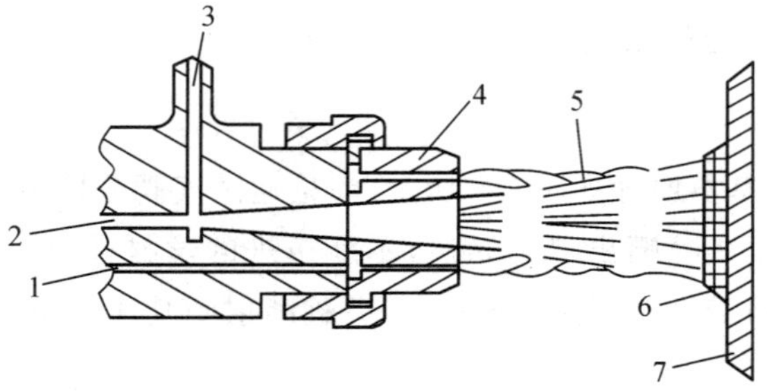

1—氧-乙炔混合气；2—送粉气；3—喷涂粉末；4—喷嘴；5—燃烧火焰；6—涂层；7—基体

图 7-7 粉末火焰喷涂原理示意

有:SPH-E 型及 SPH-E2000 型喷涂枪、Cp-1000 型和 Cp-3000 型亚音速喷涂枪。

粉末火焰喷涂层含有一定量的氧化物及气孔,涂层的孔隙率一般为 5%～20%,并混杂有少量变形不充分的颗粒,涂层的黏结强度及涂层本身的强度都比较低。粉末材料可以是纯金属粉、合金粉、复合粉、陶瓷粉、金属陶瓷粉或者是这些粉的组合粉。粉末喷涂中使用最广泛的是"自熔性"合金粉。将自熔性合金涂层采用火焰、电感应、电炉或激光加热到熔点,会形成无孔隙的重熔层,即喷熔层。喷熔层与基体会形成冶金结合。

粉末火焰喷涂广泛应用于机械和化工容器、辊筒表面制备耐蚀、耐磨涂层。对喷枪喷嘴部分作变动后,可用于喷涂塑料粉末,制备防腐涂层。在船机零件的修造中应用于船机轴类零件的修复。

(2)粉末火焰喷熔

在粉末火焰喷涂过程中或涂层形成后,采用火焰对金属基体和涂层加热,使涂层在基体表面熔融,并和基体产生扩散或互熔,形成与基材冶金结合的喷熔层,称为粉末火焰喷熔。它所使用的设备、喷枪等均与粉末火焰喷涂相同,所不同的只是工艺过程。零件喷熔前的预处理只需将零件表面清洗和进行预热,预热温度为 200～250 ℃,喷熔时可采用一步法或两步法工艺。

①一步法喷熔

一步法火焰喷熔时,边喷边熔、粉末喷涂与熔化一步完成,故称一步法。每次喷粉厚度为 0.2～0.3 mm。喷涂与粉末熔化交替,速度应适当,过快涂层不能全部重熔,过慢会产生过烧和合金元素烧损等缺陷。

一步法喷熔厚度一般不大于 2 mm,它广泛应用于小零件或精密零件的修复,也可用于大、中零件的边角或局部的修复。

②两步法喷熔

两步法火焰喷熔时,喷涂与熔化分为两步进行,先喷后熔。喷熔时,先将零件待喷表面全部喷涂金属,然后停喷,用火焰使涂层重新熔化。每次喷涂厚度为 0.6～1.0 mm,一次喷涂层不可过厚,要求涂层厚的零件采用二次喷涂达到要求厚度。重熔温度可达 1000 ℃,零件表面虽未被熔化,但零件表层与涂层交界处被熔化了的涂层所溶解,金属元素相互扩散与渗透，使交界处构成新的组织，形成表面合金层。这是固态金属被液态合金溶解所形成的牢固的冶金结合，因此喷熔层与零件表面结合强度高。但是零件温度很高，变形较大，故喷熔后应缓慢冷却或进行退火处理。

火焰粉末喷熔工艺适用于修复磨损、腐蚀的零件或同时承受冲击载荷的零件，例如柴油机气阀与阀座、挖泥船的铰刀等。

3. 等离子弧喷涂及喷熔

图 7-8 所示为等离子喷涂原理示意，在阴极和阳极（喷嘴）之间产生一直流电弧，即非转移弧。该电弧把导入的工作气体加热电离成高温等离子体并从喷嘴喷出形成等离子焰。粉末由送粉气体送入等离子射流后被熔化、加速、喷射到已预处理的基体材料表面形成涂层。等离子喷熔也称等离子粉末堆焊，这种工艺除在喷枪中形成等离子弧（非转移弧）外，在喷枪与零件间同时存在着另一个电弧（转移弧），此弧使零件表面局部熔化，并使送入喷枪等离子束中的粉末熔化，并与基体冶金结合，形成所需性能的堆焊层，如图 7-9 所示。

等离子喷涂与喷熔设备，主要包括喷枪、送粉器、整流电源、供气系统、水冷系统及控制系统。喷枪实际上是一个等离子弧发生器，是喷涂设备中最关键的部件，它集整个系统的电、气、粉、水于一体，主要由阴极、阳极（喷嘴）、进气道与气室、送粉道、水冷密封与绝缘以及枪体所组成。送粉器是用来贮存喷涂粉末和按工艺要求向喷枪输送粉末的一种装置，主要有自重式送粉器、刮板式送粉器、雾化式送粉器、电磁振动式送粉器、鼓轮式送粉器等。等离子喷涂采用的整流电源有饱和电抗器式或硅整流电源、可控硅型电源、直流发动机电源。

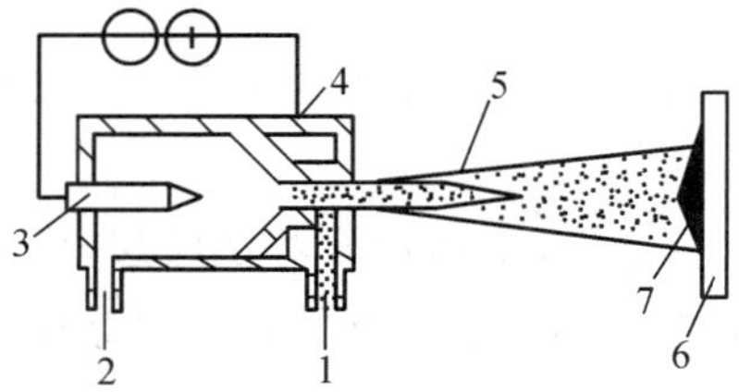

1—喷涂粉末；2—工作气体；3—阴极；4—阳极；
5—等离子射流；6—基体；7—喷涂层

图 7-8　等离子喷涂原理示意

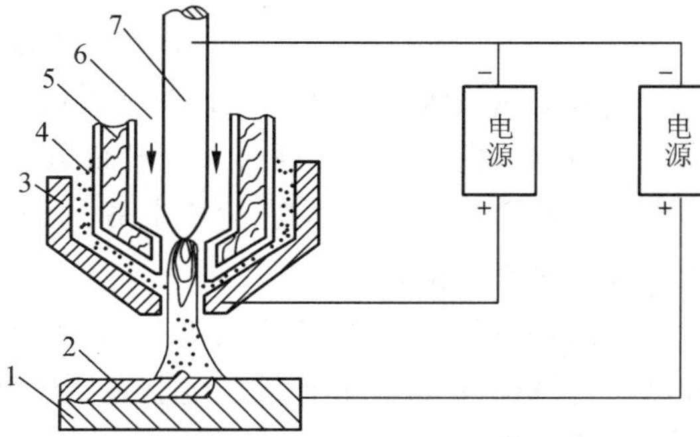

1—工件；2—涂层；3—前枪体；4—粉末；
5—冷却水；6—工作气体；7—枪上阴极

图 7-9　等离子喷焊原理示意

由于等离子弧温度高，能量集中，焰流速度高，粉末熔化效果好，能得到等离子焰流的快速加速，因此等离子喷涂层组织细密，氧化物夹杂和气孔率较低，气孔率可控制到 2%～5%。涂层与基体的结合及粒子之间的结合除以机械结合为主外，可以产生微区冶金结合和物理结合。等离子喷熔实际上是一种异种金属的熔合焊，形成的喷熔层无气孔、无氧化物夹杂、与基体呈冶金结合，具有优良的耐磨、耐腐及抗氧化性能。

等离子喷涂主要用于制备质量要求高的耐蚀、耐磨、隔热、绝缘、抗高温和特殊功能涂层，在船机零件中主要应用于制备柴油机燃烧室热障涂层及耐磨、防腐涂层。等离子堆焊主要应用于气阀涂层、阀座涂层的制备。

4. 电弧喷涂

电弧喷涂是将两根被喷涂的金属丝作为自耗性电极，利用其端面产生的电弧作热源来熔化金属丝材，用压缩空气进行雾化的热喷涂方法，图 7-10 是其喷涂原理示意。喷嘴端部呈一定角度的连续送进的两根金属丝，分别接直流电源的正负极。在金属丝端部短接的瞬间，由于高电流密度，使两根金属丝间产生电弧，电弧的高温将两根丝材的端部同时熔化。由电弧发生点的背后喷射出的压缩空气使熔化的金属脱离并雾化成微粒，在高速气流的作用下，这些微粒喷射到基体表面上而形成喷涂层。

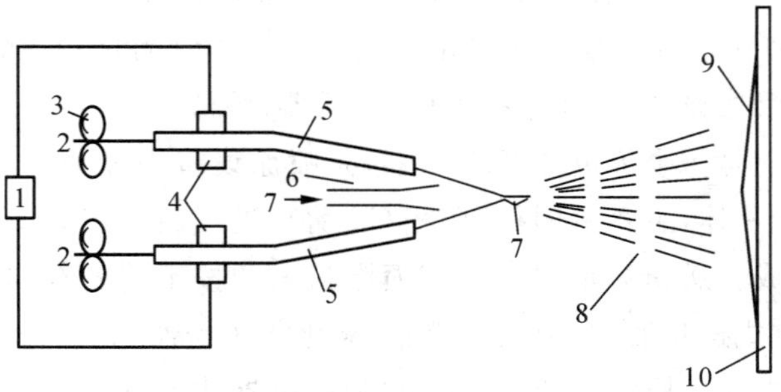

1—直流电源；2—金属丝；3—送丝滚轮；4—导电块；5—导电嘴；
6—空气喷嘴；7—电弧；8—喷涂射流；9—涂层；10—基体

图 7-10 电弧喷涂原理示意

一般电弧喷涂设备由整流电源、控制装置、喷枪、送丝装置、压缩空气供给系统等组成。压缩空气供给系统和线材火焰喷涂相同。

电弧喷涂具有热效率高、生产率高、喷涂成本低、涂层结合强度高以及可以方便地制备伪合金涂层等特点。

目前，电弧喷涂已广泛应用于喷铝、喷锌长效防护涂层，不锈钢耐磨蚀涂层，恢复尺寸涂层，导电涂层以及其他涂层的制备中。电弧喷涂可应用于船舶钢结构防腐涂层及轴类零件耐磨涂层的制备。特别是近年来高速电弧喷涂的发展及应用使涂层质量得到了进一步提高，应用范围更加广泛。

5. 爆炸喷涂

爆炸喷涂的原理如图 7-11 所示，将一定比例和流量的乙炔和氧气引入内径为 25 mm 的水冷枪筒内，与同时引入的喷涂粉末混合，通过火花塞瞬间引爆，枪筒内的温度突然上升到 3300 ℃以上，气体燃烧运动的速度超过音速的十倍，形成冲击波，爆炸的热能将喷涂粉末加热到熔融或半熔融状态，并使熔粒加速到 2 倍音速喷出，撞击到基体表面形成涂层，此后将氮气引入枪筒内置换，直到下一个爆炸过程开始，喷涂频率为每秒 4～8 次。

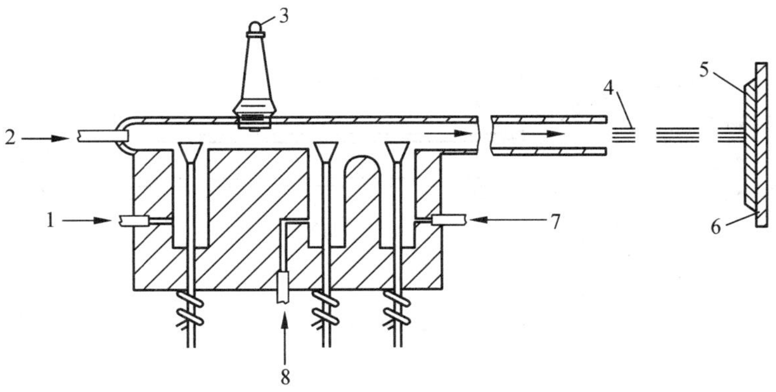

1—氮气；2—粉末；3—火花塞；4—喷涂射流；5—涂层；6—基体；7—氧气；8—乙炔

图 7-11　爆炸喷涂原理示意图

由于爆炸喷涂产生的冲击波使熔融粒子的飞行速度超过2倍音速，与基材表面碰撞的能量大，因而可以获得优质涂层，涂层具有如下特点：

(1)涂层结合强度高。它与基材的结合力比等离子喷涂涂层高，尤其是WC-Co涂层与基材的结合力比等离子喷涂涂层高2倍以上。

(2)涂层硬度高。爆炸喷涂WC-Co涂层的断面硬度比等离子喷涂涂层高50%以上。

(3)气孔率低。爆炸喷涂WC-Co涂层气孔率一般只有0.5%。

目前爆炸喷涂主要用于制备优质耐磨涂层，特别适合于船机零件中WC-Co、Cr_3C_2-NiCr等金属陶瓷涂层的制备。

6. 超音速火焰喷涂

根据燃烧室形式的不同，超音速火焰喷涂(HVOF)喷涂设备的主要类型有Jet-Kote、Diamond Jet、Top Gun、CDS、HV2000、JP-5000、JP-8000和Aerospray。在HVOF技术中，喷涂枪是产生稳定的高速火焰的必要保证，它主要由三部分组成：供氧气与燃料混合后燃烧的燃烧室，将焰流加速到超音速的Laval喷嘴和使喷涂材料粒子得到充分加热加速的等截面长喷管。JP-8000喷枪结构如图7-12所示，其工作原理为：进入燃烧室内的液体燃料如煤油，经雾化与氧气混合和点燃，发生剧烈膨胀，此膨胀气体流经Laval喷嘴时，受喷嘴的约束作用形成超音速高温焰流，喷涂材料粒子在超音速高温焰流的作用下，得到加热和加速后喷出。由于以超音速飞行的颗粒撞击到基体表面时会更加平展，所以HVOF喷涂涂层的结合强度、密度和硬度都非常高。高速和相对较低的温度是HVOF热喷涂工艺方法最重要的两个特征。

近几年来，HVOF热喷涂涂层在耐磨、抗氧化、耐腐蚀和机械零件修复等领域得到了较广泛的应用，尤其适合于制备碳化物(WC-Co、Cr_3C_2)涂层和耐蚀涂层，它已应用于船舶柴油机曲轴、气缸套及阀门的制造和修复中。

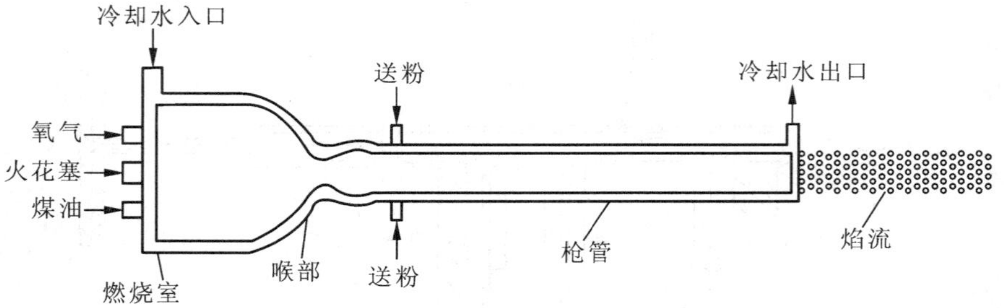

图 7-12 JP-8000 喷枪结构

7. 冷喷涂

冷喷涂(又称冷气动力喷涂)技术是一种基于高速粒子固态沉积的涂层制备方法。它是以高压气体作为加速介质和喷涂粉末形成超音速气-固两相流,喷涂粒子在完全固态下碰撞基体,经过剧烈的塑性变形而沉积形成涂层。冷喷涂系统的基本配置示意如图7-13所示,包括高压气源、送粉器、加热器和喷管。高压气源产生的高压气体进入两个通道,分别为工作气体(主气)和送粉载气。高压工作气体(1.5～5 MPa)用于加速粉末颗粒,通常需要通过加热器预热(100～1000 ℃)以增加颗粒流速,同时通过预热工作气体可以控制粉末颗粒的温度,一方面颗粒受热提升了变形能力,另一方面气体温度要低于材料的熔点,确保粉末颗粒在喷涂过程中不会熔化。高压载气经过送粉器携带粉末颗粒进入喷枪,和工作气体构成气固两相流汇聚于收敛-扩散型 Laval 喷嘴中产生超音速射流,根据喷嘴几何形状、工作气体种类、进气压力与温度、颗粒大小与密度等因素的不同,颗粒速度波动范围大概为 500～1000 m/s,因此颗粒能产生较大的塑性变形而沉积于基体表面形成涂层。

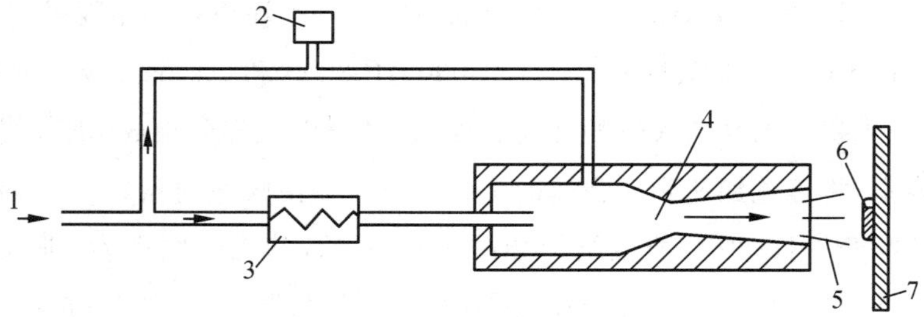

1—高压气源;2—送粉器;3—加热器;4—Laval 喷管;5—喷涂射流;6—涂层;7—基体

图 7-13 冷喷涂系统基本配置示意

不同于传统热喷涂技术固有的熔化-凝固过程,冷喷涂过程不采用任何高温火焰,不需加热与熔化粉末,涂层的形成完全靠固体颗粒的高能撞击所产生的变形而生成。在冷喷涂过程中金属颗粒几乎不会产生氧化、分解和相变,在制备新型涂层材料如纳米、非晶等温度敏感材料涂层方面具有明显优势;并且粒子速度高,使得冷喷涂涂层更为致密,且涂层内部为残余压应力,有利于制备厚涂层。

冷喷涂有如下技术特点:

(1)冷喷涂基体表面的温度低于 150 ℃,不会使基体产生内应力,无变形和相变;

(2)涂层无热应力,可以喷涂厚涂层,厚度可达到 10 mm;

(3)涂层结合强度高(30～100 MPa),内聚力大(30～100 MPa);

(4)涂层致密,孔隙率低(小于 5%),导热导电性强;

(5)冷喷涂喷出的粒子流截面小而狭窄,且定向性好,可以喷涂局部表面;

(6)一台设备可以喷涂多种粉材(铝、铜、锌、镍、铅、锡和巴比特合金等),并可制备多种功能性涂层(抗磨损、耐腐蚀、减摩、耐热、密封、导电、防黏着等)。

冷喷涂在船机零件制造和再制造的应用范围如下:

(1)耐腐蚀涂层:在船机零件上制备阳极性防腐层(Zn、Al 及其合金),或喷涂阴极金属(如 Ni 及其合金等)。

(2)耐磨、减摩涂层:在船舶机械制造中喷涂金属陶瓷和减摩合金涂层。

(3)功能涂层:在科学研究领域中制备非晶涂层、生物材料涂层、纳米结构涂层等。

(4)喷涂成型:在船机零件制造中直接喷涂 Al、Cu、Ni 及其合金制造成型部件。

(5)零件再制造:在船舶维修中,喷涂 Al、Cu、Ni 及其合金修复船机零件。

7.4.3　热喷涂材料

热喷涂材料按其使用形式的不同可分为粉末材料和线丝材料两大类;按使用功能和制造方式可分为非复合材料和复合材料;按组成成分可分为金属及合金、自熔性合金、复合材料、陶瓷和有机塑料等几种。

1. 热喷涂线材

(1)非复合喷涂线材

非复合喷涂线材是指只用含一种金属或合金的材料制成的喷涂线材。这些线材是用普通的拉拔方法制造的,应用最普遍的非复合线材有铝及铝合金喷涂丝、锌及锌合金喷涂丝、铜及铜合金喷涂丝、锡及锡合金喷涂丝、铅及铅合金喷涂丝、镍及镍合金喷涂丝、铜喷涂丝及铁合金喷涂丝。

(2)复合喷涂线材

复合喷涂线材是把两种或两种以上的材料复合而制成的喷涂线材,复合喷涂线材中大部分是增效复合喷涂线材,即在喷涂过程中不同组元相互发生放热反应生成化合物,反应热与火焰热相叠加,提高了熔滴温度,到达基体后会使基体局部熔化产生短时高温扩散,形成显微冶金结合,从而提高结合强度。

目前常用的复合方法有丝-丝复合、丝-管复合、粉-管复合、粉-皮压结复合及粉-黏合剂复合,最常用的放热型喷涂复合线材是 Ni-Al 喷涂丝,此外还有 Al-Cr,Al-Nb,Al-Ta,Al-B,Al-Ni-WC,NiCr-Al,Al-Ni-Al_2O_3,Al-Ni-SiC 等线材。

利用组元的放热反应,再加入其他强化组可制成自结合一步喷涂丝,这类复合丝有不锈钢-Ni/Al 丝、Ni-Al-Mo 丝、Cu-Al 丝等。

2. 非复合型热喷涂粉末

(1)金属及合金粉末。常用的金属都可以用水雾法、气雾法或其他方法制成粉末，大量应用的合金粉末主要是 Ni 基、Fe 基、Co 基及 Cu 基合金粉末，自熔合金粉末在热喷涂中得到了广泛的应用，其制造可以采用机械破碎法、元素组合法、雾化法等，最常用的是雾化法。

(2)陶瓷粉。陶瓷粉主要是指氧化物、氮化物、硼化物、碳化物和硅化物粉。常用的陶瓷粉有 Al_2O_3、ZrO_2、TiO_2、WC、Cr_3C_2。

(3)混合粉。把金属、合金、陶瓷喷涂粉以不同的比例相互混合起来，可得到各种混合粉。其中金属或合金与陶瓷组成的混合粉也称为金属陶瓷粉。这些混合粉虽然配制方便，但是由于被混合粉末的密度等物理性能的差异，这种混合粉一般不均匀，容易造成涂层偏析，使用效果不好。

(4)高聚物粉。高聚物涂层具有美观、耐蚀的性能。其粉末有热塑性和热固性两类，热塑性的有聚乙烯粉和尼龙粉；热固性的应用最广的是环氧树脂粉末。

3. 复合型热喷涂用粉末

复合粉技术和产品的发展是热喷涂技术的重要突破，为涂层性能的提高和优化设计开辟了宽广的领域。复合粉按结构可分为包覆型粉和组合型粉。

包覆型粉是由一种或几种成分作为外壳，均匀连续或星点间断地包覆由一种或几种成分组成的核心的粉体。它的制造方式有气相沉积法和液相沉积法，包覆粉的类型有：Ni/Al，Al/Ni，Ni/石墨，Ni/硅藻土，Ni/MoS_2，Ni/Al_2O_3，Ni/WC，Ni/Cr_3C_2，Ni/Cu，Ni/Cr，Ni/Cr_2O_3，Ni/尼龙，Ni/聚四氟乙烯，Co/WC，Cu/石墨，Cu/Cr，NiCu/Cr_3C_2。

组合型粉是把几种金属粉末、合金粉末、陶瓷粉末等按不同比例混合起来，使之成为一种成分均匀、不产生偏析的混合物。其制造工艺可以采用热扩散法、共还原法、烧结破碎法、混合团聚法。其中广泛应用的是混合团聚法。组合型粉末类型有：Ni-Cr-Al，AlSi-聚苯酯，Ni-Al，Co-WC，NiCr-Al，Al-Mo-不锈钢及 Al-Mo-合金钢等。

7.4.4 热喷涂工艺过程

热喷涂工艺过程一般包括表面预处理、预热、喷涂及涂层后处理四个阶段。

1. 表面预处理

为使涂层与基材很好地结合，基材表面必须清洁且粗糙。因此，在喷涂之前对基材表面进行净化和粗化处理是十分重要的一步，其处理质量直接影响到涂层的质量好坏，也往往关系到整个工艺的成败。

净化和粗化的方法有多种，方法的选择要根据涂层的设计要求及基材材质、形状、厚薄、原始表面状态及施工条件而定。

(1)净化处理。净化处理的目的是除去工件表面所有的污垢，如氧化皮、油渍、油漆及其他污物。净化处理中的关键是除去工件表面和渗入其中的油脂。常用的方法有溶剂清洗、碱液清洗和加热脱脂等。

(2)粗化处理。粗化处理的目的是增加涂层和基材表面之间的接触面,使净化处理的表面更加活化,提高涂层的结合强度。同时,基材表面粗化还可改变涂层中残余应力的分布。粗化处理的方法有喷砂、机械加工法、电拉毛及喷涂自黏结材料作结合底层等。

2. 预热

预热的目的是消除工件表面的水分和湿气,提高喷涂粒子与工件接触时的界面温度;减少因工件热膨胀造成的涂层应力,避免涂层开裂,提高涂层与基材的结合强度。预热温度取决于工件的大小、形状和材质及喷涂材料的热膨胀系数。一般情况下预热温度控制在 60～120 ℃之间。

预热的方法可以采用氧-乙炔火焰加热,也可以用电炉、高频炉加热。

3. 喷涂

制备好的工件表面要在尽量短的时间内进行喷涂。喷涂工艺参数要根据涂层种类、喷枪性能和工件的具体情况而定。对于不同的喷涂方法都有相应的喷涂参数。控制喷涂参数的目的是提高喷涂速率,增大涂层的致密度,提高涂层的结合强度,得到高质量的涂层。

4. 涂层后处理

喷涂后得到的涂层有时不能直接使用。对于防腐涂层,为了防止介质进入涂层到达基材须进行封孔处理。封孔剂应根据工作环境介质的性质、成本等因素来考虑。

对于承受高应力载荷或冲击磨损的工件,要对喷涂层进行重熔处理,使疏松多孔、与基材主要靠机械结合的涂层变为与基体是冶金结合的致密喷熔层。

有尺寸精度要求的工件要进行机械加工,由于喷涂层本身的一些特性,决定了它与一般金属材料不同的加工特点。喷涂层有微孔,不利于散热,而涂层本身的强度较低,不能承受很大的切削力。并且,涂层中又有很多较硬的硬质点,对刀具的磨损很快,因此喷涂层一般难以加工。所以,必须选用合理的加工方法和相应的工艺参数,才能保证机械加工的顺利进行和所要求的尺寸精度。

7.4.5　热喷涂在船机零件中的应用

热喷涂目前获得了越来越广泛的应用,其应用的工业领域包括航天航空、机械、电子、冶金、能源、交通、石油、化工、食品、轻纺等,并在高新技术领域也得到了应用。

由于应用热喷涂技术能缩短船舶的维修周期、减少零部件的备件、成本低、零件使用寿命长、经济效果显著,近年来在船舶机械修复中得到了日益广泛的应用,如表 7-7 所示。尤其适合于缺少备件的进口零部件的修理,它已应用到柴油机气阀、曲轴、各种水泵轴及电机轴、缸盖阀座、巴比特合金薄壁轴瓦、气缸套、尾轴护套、尾轴、活塞及舵杆等零件的修理上,同时应用到活塞环、燃烧室等零部件的强化上。

表 7-7 热喷涂技术在船舶零部件强化及修理方面的应用

零部件名称	工艺方法	涂层用途	涂层材料
柴油机气阀	火焰或等离子喷熔	耐磨、耐蚀	Ni、Co 基合金
曲轴等轴类零件	火焰、电弧喷涂	耐磨	Ni 基、Fe 基合金
缸盖阀座	火焰或等离子喷熔	耐蚀、耐磨	Ni、Co 基合金
活塞环	火焰或等离子喷涂	耐磨	Mo、Mo 基合金等
尾轴	火焰、电弧喷涂	修复	Ni/Al
尾轴护套	火焰、电弧喷涂	耐磨蚀	铜、不锈钢
合金薄壁轴瓦	火焰喷涂	耐磨	巴比特合金
耐磨衬套	火焰、电弧喷涂	耐磨	铁基合金
燃烧室	等离子喷涂	绝热	NiCrAl、ZrO_2
气缸套 密封环涂层	HVOF 或等离子喷涂 爆炸喷涂	耐磨蚀 耐磨	WC-Co、钼基合金 WC-Co
摇臂	火焰喷熔	耐磨	镍基合金
舵杆	火焰或电弧喷涂	耐磨	铁基或镍基合金

7.5 焊补工艺

焊补工艺包括焊接和堆焊两种工艺，是船机零件的修理方法之一。焊补工艺能有效地修理裂纹和断裂的零件，修复严重磨损、腐蚀和烧蚀的零件。可采用手工电弧焊或气焊实施焊接或堆焊。

焊补工艺具有成本低、工时少、效率高，堆焊层与零件基体结合强度高的特点。但焊补时零件温度高，易产生变形和裂纹。因此，为了保证修理质量，对焊补工艺要求严格，要求焊前预热，焊后退火。

7.5.1 焊接

焊接是通过加热或加压，或同时加热加压的方法，使两个金属件连接达到原子间的冶金结合，形成永久性连接的一种工艺。焊接方法依施加能量不同分为熔焊和压焊两大类：

(1)熔焊是用加热使金属熔化的方法进行焊接，根据加热的热源不同有气焊、电弧焊、电渣焊、铝热焊、等离子弧焊、电子束焊、激光焊等。

(2)压焊是用加压或同时加热和加压的方法进行焊接，依加压形式的不同有接触焊、摩擦焊、超声波焊、爆炸焊等。

修船厂一般选用气焊和电弧焊修理损坏的零件，例如应急焊接断裂的曲轴和曲轴裂纹、焊接修理螺旋桨桨叶裂纹等。

7.5.2　堆焊

堆焊是用熔化焊条的方法在零件磨损或腐蚀的表面上熔敷一层或多层金属的工艺方法。堆焊一般采用熔焊。堆焊工艺适用于修补零件大面积磨损和腐蚀破坏，或补偿较大的尺寸偏差以恢复零件原有尺寸。为了保证堆焊修理的质量应注意以下几点：

(1)零件预处理：堆焊前，零件待修表面应清除油污、锈痕，露出金属光泽。

(2)预热：依零件材料和焊条确定预热温度。

(3)焊条的选择：依据零件材料和对表面性能的要求选择焊条。

(4)堆焊工艺选择：堆焊时，采用分段多层堆焊法或逐步退焊法。分段多层堆焊法是把长焊层分成若干短焊层，然后分段一层层堆焊；逐步退焊法是把长焊道分成若干段短焊道，每段由后向前焊，如图 7-14 和图 7-15 所示。以上两种方法在堆焊时零件受热均匀，可大大降低热应力和热变形。

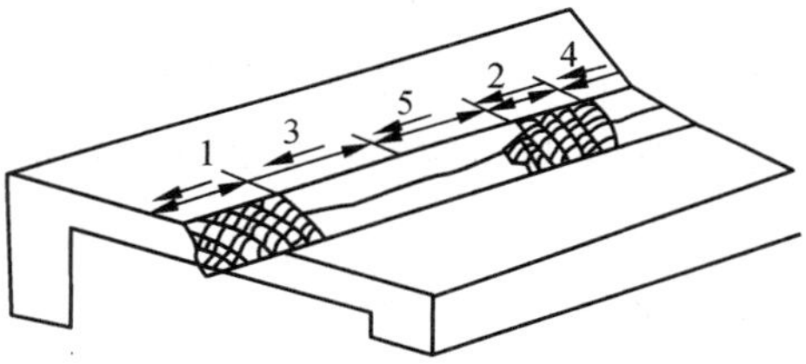

图 7-14　分段多层焊示意

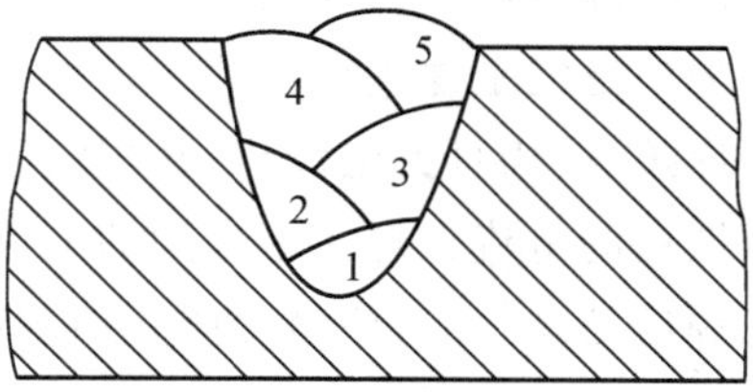

图 7-15　堆焊顺序

多道焊堆焊时，各焊道应有一定的重叠；多层焊堆焊时，焊层之间依焊道方向呈 90°重叠。

(5)焊层后处理：零件堆焊后进行消除应力的低温退火和机械加工。

7.5.3　铸铁零件的焊补

1. 铸铁零件难以保证质量的原因

铸铁零件的焊补修理工艺要求高、操作难度大，零件焊补后容易产生裂纹，难以保证质量。铸铁零件焊补难以保证质量的主要原因：

(1)铸铁含碳量较高，一般为 2.5%～4.0%，焊补时铸铁熔化后冷却，由于冷却速度较快易产生白口(Fe_3C)，硬度高、脆性大，且白口收缩大；铸铁塑性很低，而焊补时热应力很大，铸铁中含有较多的硫、磷，一般含硫 0.02%～0.2%、含磷 0.01%～0.5%，不仅引起脆性，而且促进白口，这些都会造成焊补后零件产生裂纹。

(2)铸铁中的碳主要以片状石墨形式存在，焊补时石墨被高温氧化生成 CO 气体，使焊缝金属易产生气孔或咬边。

(3)铸铁作为摩擦零件使用时，铸铁组织中会浸透油脂，一般难以除去，焊补时在焊缝中产生气体，形成气孔。

(4)铸铁零件在铸造时产生的气孔、缩松、砂眼等也容易造成焊补缺陷。

铸铁零件采用手工电弧焊的焊补方法主要有热焊法、半热焊法和冷焊法。冷焊法是铸铁零件整体温度不高于 200 ℃时进行焊补的方法。冷焊法的特点是方法简便，焊补速度快，零件变形小，修理质量较高；其缺点是易产生淬硬组织而出现白口，因此对焊补技术要求较高，工艺要求严格，防止产生裂纹和气孔。

2. 铸铁件焊补修理的具体工艺

(1)铸铁零件裂纹的冷焊修理工艺

①确定裂纹部位后在裂纹两端前方 3～5 mm 处钻止裂孔，依零件壁厚度决定止裂孔直径大小。

②在裂纹上开坡口。

③预热：用氧炔焰对施焊部位烘烤，预热温度为 200 ℃左右，它还能对油污不大的零件除油，有效地防止裂纹的产生。

④选择焊条：依据零件材料和要求选择焊条。国产铸铁冷焊用的电焊条种类很多，使用较为广泛的是镍基铸铁焊条。焊条直径越细越好，并且按说明要求使用。

⑤焊接：选用直流电焊机，常用细焊条低电流施焊，以减少基体金属的熔化量。一般冷焊铸铁用的电流较焊接钢件用的电流小 10%～25%。

⑥焊后处理：焊后应缓冷防止出现白口或采用低温退火处理。

(2)磨损铸铁零件的堆焊修理

①采用短段热焊法：对焊段进行 600～700 ℃预热，趁热堆焊，然后预热下一个焊段和堆焊，其余类推，每个焊段长度在 25～40 mm。由于焊前预热温度高，能够及时彻底除净吸附在零件表面上的油脂，因此焊缝内不会产生气孔。采用短段热焊法修复磨损件时，零件的整体温度仍较低，故仍属冷焊法范畴。

②以气焊预热，电焊施焊，预热施焊交替进行，协调配合。并且对焊后部分采用缓冷保温等措施，以获得优良的堆焊修复质量。

(3)铸铁件的钎焊修复

采用比基体金属熔点低的金属材料作钎料，将焊件和钎料加热到高于钎料熔点，低于母材熔点的温度，使液态钎料润湿基体金属填充接头间隙并与基体金属相互扩散而连接焊件的方法称为钎焊。

钎焊分为硬钎焊和软钎焊。钎料熔点高于 450 ℃的钎焊称为硬钎焊；钎料熔点低于 450 ℃的钎焊称为软钎焊。常见的硬钎焊有铸铁件的黄铜钎焊，软钎焊有铸铁件的锡铋合金钎焊。

小型铸铁件或大型铸铁件的局部多采用黄铜钎焊。钎焊时，利用氧炔焰加热基体金属与熔化钎料，因基体金属虽处高温但未熔化，所以接头处不会产生白口，也不会产生裂纹。

钎焊的修复过程包括清洗修复部位，除去油污、铁锈等；选钎料和钎剂；调整火焰，用弱氧化焰进行钎焊,并在焊后机械加工。

黄铜钎焊修复铸铁件的缺点是钎料与母材颜色不一致。

7.5.4 再制造(翻修)

目前,利用堆焊工艺对损坏的零件进行再制造的工艺方法(翻修)获得广泛应用,它不仅使零件恢复使用性能,且宛如新造,还可根据要求堆焊特殊金属材料使零件具有特殊的理化性能和优良的机械性能。船用主、副柴油机的活塞、活塞杆、气缸盖、排气阀、阀座和机架,船用螺旋桨等均可进行再制造(局部或整体翻修)。这种采用堆焊方法对零件进行再制造的工艺方法适用于钢、铸铁、铜、铝等有色金属及其合金。以下简要介绍柴油机铝活塞和铸铁活塞头的再制造工艺。

1. 柴油机铝活塞再制造工艺

(1)清洗除污:用清洗剂除去铝活塞表面的油污和积碳。

(2)检验:检测活塞外圆、环槽及各有关尺寸,测量活塞烧蚀及损坏情况。

(3)粗车:将活塞欲修理的部位、环槽、顶部和外圆进行粗车加工,车去黑皮,清除裂纹等。

(4)探伤:将活塞顶部、环槽和外圆等部位打磨干净,然后进行着色探伤,检查有无裂纹,如发现裂纹应继续车削除去。

(5)预热:将铝活塞均匀加热至 120～150 ℃。

(6)堆焊:采用铝焊丝对环槽、顶部、外圆及缺损部位进行氩弧堆焊,留 2～3 mm 的加工余量,焊后缓冷。

(7)精车:严格按图纸要求进行精车,使活塞的尺寸、位置精度和粗糙度达到图纸规定要求。

(8)检验:进行活塞各部位的尺寸、位置精度测量。

最后清除残留焊渣及毛刺,抛光和包装,使已损坏的铝制活塞成为崭新的新制活塞。

2. 铸铁活塞头的再制造

大型铸铁活塞头再制造工艺基本上与上述工艺相同。在清洗、检验、粗车和探伤后进行 100～200 ℃的预热,先用手工电弧焊在活塞头上的裂纹和气孔等处堆焊,然后用自动电焊机堆焊,并留 3～4 mm 加工余量,缓冷至常温再精车加工活塞头部,达到图纸要求的尺寸和形状精度后,在环槽的上、下表面镀铬 0.20～0.30 mm,并进行磨削,使环槽具有要求的尺寸精度,最后进行修整、检验等。

7.6 激光熔敷技术

激光是一种高亮度、高方向性、高单色性和高相干性的新型光源,激光技术自 20 世纪 60 年代初问世后很快得到了实际应用,随着激光器的不断完善和发射功率的提高,激光加工技术得以飞速发展。激光加工具有一系列优点：可实现无接触式加工；能量密度高、可加工的材料范围广；热影响区小、工件变形少；指向性好，便于导向、聚焦；生产效率高，易于实现自动化。因此，激光加工技术在材料表面改性方面受到高度重视，并已在不少产品上取代传统的表面技术，成为表面工程和零件再制造中发展最快的技术领域之一。

7.6.1 激光熔覆的原理及特点

激光熔覆是采用激光束加热熔覆材料和基材表面，使所需的特殊材料熔焊于工件表面的一种新型表面改性技术。与常用的堆焊及等离子喷熔等技术相比，激光熔覆技术具有一系列突出的特点：

(1)熔覆层组织细小、致密，覆层的硬度更高，耐蚀性、耐磨性更优；

(2)覆层与基体为冶金结合；

(3)熔覆层稀释率低(5%～8%)，可用较薄的覆层实现所需的性能要求；

(4)激光束功率密度大，加热温度高，熔覆材料的选择范围更宽；

(5)热影响区小，基体温度低，工件变形少；

(6)覆层质量稳定，易于实现自动化生产。

7.6.2 激光熔覆设备

激光熔覆设备主要由激光发生器、导光系统、激光加工机及控制系统和辅助装置组成。

1. 激光发生器

激光发生器有多种类型，用于激光加工的激光器主要有快速轴流 CO_2激光器、横向流动 CO_2激光器、掺钕钇铝石榴石(YAG)激光器、半导体激光器、钕玻璃激光器、红宝石激光器、准分子激光器、高功率 CO 激光器等。目前在激光熔覆中使用较多的激光器主要是横向流动 CO_2激光器、半导体激光器和 YAG 激光器。

2. 导光系统

激光束从激光器窗口输出被传输到工件之间必须配套的一系列元器件，如图 7-16 所示。在这个过程中，激光束将根据工件的形状、尺寸及加工要求而被测量(并反馈控制)、传输、放大、整形、聚焦、瞄准，最终实现激光加工。导光系统包括光束质量监控设备、光闸系统、扩束望远镜系统(实现高质量的远距离传输)、分光系统、可见光同轴瞄准系统、光传输转向系统和聚焦或整形系统。

3. 激光加工机及控制系统

激光加工机分为通用加工机和专用加工机，通用加工机又有龙门式、铣床式和机器人等几种类型。机器人激光加工机柔性好，适于大型三维零件的加工。这类加工机导光系统复杂，常用于光纤传输的 YAG 激光加工系统。根据加工工件的要求，加工机须有足

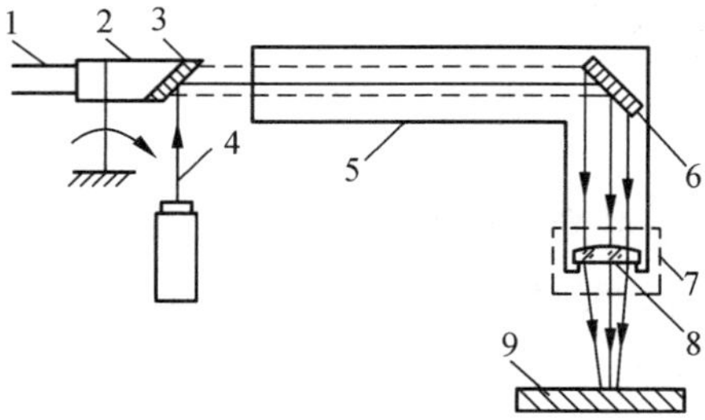

1—激光束；2—光闸；3—折光镜；4—氦氖光；5—光束通道；
6—折光镜；7—光束处理装置；8—聚焦透镜；9—被加工工件

图 7-16 激光导光系统示意

够的承载能力、运动与定位精度以及多方位运动的自由度。

激光加工机的控制系统主要包括工作台数控系统、功率检测系统、观察处理过程的电视接收系统、激光功率控制系统、气压测量及补偿控制冷却系统、光闸控制系统、安全机构及其他功能控制系统，其目的是保证激光加工过程能可靠、稳定地进行。

4. 辅助装置

辅助装置包括防止激光反射的遮光装置，保护操作人员的屏蔽装置，保护镜片或防止工件氧化的吹气、排气装置，送粉器及水冷系统等。

7.6.3 激光熔覆材料

激光熔覆材料的选择范围比较广泛，主要有如下三大类：

(1)金属及合金：Ni 基、Co 基、Fe 基、Cu 基合金等。

(2)金属陶瓷：Ni 基、Co 基、Fe 基、Cu 基合金与 WC、TiC、SiC 等组成的金属陶瓷。

(3)陶瓷材料：主要有 Al_2O_3 基、ZrO_2 基陶瓷等。

目前，激光熔覆大部分还是沿用热喷涂的材料体系，主要有镍基、钴基、铁基自熔性合金和金属陶瓷等类型。

激光熔覆材料的选择，主要考虑使用性能及工艺性能等因素。一般来讲，镍基合金适用于要求局部耐磨、耐热腐蚀及抗热疲劳的零件，所需的激光功率密度较高。钴基合金适用于要求耐磨、耐蚀、抗热疲劳、高温强度要求较高的零件。铁基合金大多数用于要求局部耐磨的零件，且需激光功率较低。陶瓷涂层用于热稳定性、化学稳定性要求较高的高温耐磨、耐蚀或表面磨损特别严重的零件。

激光加热的条件不同于热喷涂，因而借用热喷涂合金常常带来一些问题，特别是覆层开裂倾向较大，尤其是在激光器输出功率还不太高的情况下。因此，近年来已开始开发激光熔覆专用合金材料，主要是通过降低材料中硼、碳等元素的含量，或是改变合金元素的强化方式，以提高材料的抗开裂性能，通过实际应用，取得了很好的效果。

7.6.4 激光熔覆工艺

1.激光熔覆工艺方法

按熔覆材料的供给方式,激光熔覆可分为预置式激光熔覆和同步送粉式激光熔覆。

预置式激光熔覆是先将熔覆材料预置于基体表面的熔覆部位,然后用激光束扫描熔化熔覆材料和基体表层来实现,预置材料可以是丝、板、粉等状态,最常用的是合金粉末。材料的预置可采用热喷涂和黏接等方法进行。热喷涂方法预置的涂层均匀、效率高、不易剥落,但粉末利用率较低,操作程序较复杂。黏接预置法是采用清漆、水玻璃、纤维素、酒精松香溶液、异丙基醇、透明胶等作黏结剂,与合金粉末调成膏状,预涂于熔覆部位并烘干。黏接法经济、方便,但该法存在预置层易剥落,导热性差,需消耗更多的激光能量,黏结剂的分解易对熔覆层造成污染和气孔等缺陷,较难实现大面积涂覆。

同步送粉是一种较理想的供料方式,这种方法的工作示意见图 7-17,其特点是由送粉器经送粉管将合金粉末定量地直接送入工件表面的激光辐照区。粉末到达熔区前先经过激光束被加热到红热状态,落入熔区后随即熔化,随基材移动和粉末的连续送入,形成熔覆带。这种方式均匀、可控,具有良好的可靠性和重复性。送粉器的种类较多,既有气动式,也有自重式,近年来还出现了同轴送粉装置,可在不同的场合下应用。

2.激光熔覆工艺参数

激光熔覆工艺参数包括激光输出功率、光斑尺寸、扫描速度及送粉速度或预置层厚度等。输入的激光能量以合金粉末充分熔化、基材熔化适当为准,实际工艺参数与基材的成分、预热状态、熔覆材料的种类等因素有关,一般以熔覆层的接触角 θ 的大小进行评价(图 7-18),接触角越大,熔覆材料熔化越充分,稀释率也越高。当 $\theta<90°$时,基材未熔化,熔覆材料的熔化状况也不好,熔覆层与基体未焊合。

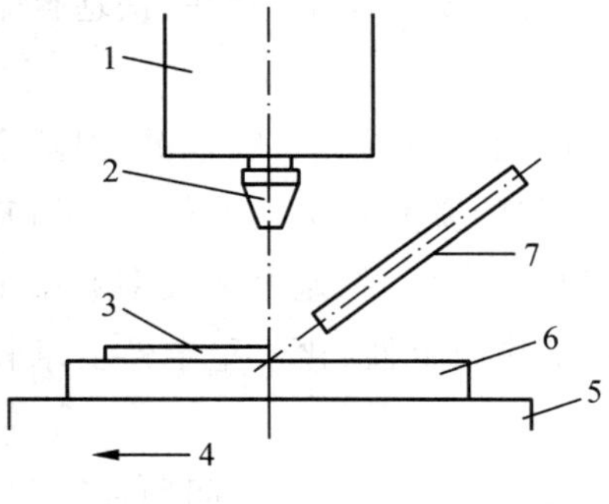

1—聚焦镜;2—出光口;3—熔覆层;4—运动方向;5—工作台;6—试样;7—粉末输送管

图 7-17 同步送粉激光熔覆示意

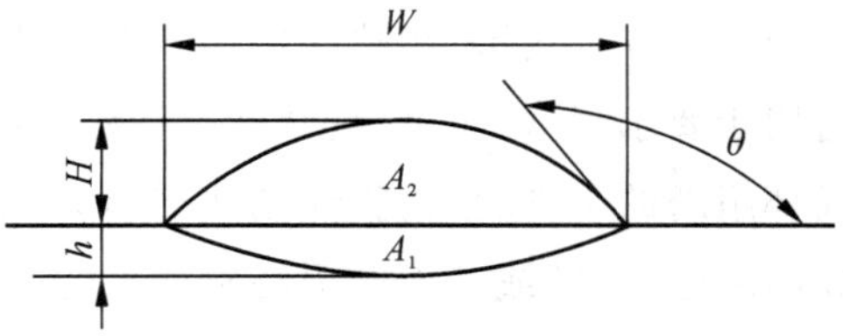

H—熔覆层高度;W—熔覆层宽度;θ—接触角;h—基材熔深;A_2—熔覆层横截面积;A_1—基材熔化区截面积

图 7-18 单道激光熔覆层横截面示意

3. 稀释率

稀释率是指在激光熔覆过程中，由于基材元素的混入而引起的熔覆层合金成分的变化，用基材合金在熔覆层中所占的百分比表示。激光熔覆优于其他熔焊技术的一个很重要指标就是稀释率低。因此，在进行激光熔覆处理时，必须充分考虑稀释率的变化。

4. 大面积及厚覆层的激光熔覆

随着更大功率的激光器及宽光斑光束整形装置问世，进行面积较大、覆层较厚的激光熔覆处理变得更加方便，但即便如此，要获得上述熔覆层仍需要进行多道或多层熔覆才能办到。在需要熔覆层较厚的情况下，可通过两种途径实现：一是采用较小光斑，每道熔覆层较厚，然后进行搭接。由于每道熔覆层较厚，搭接后形成的沟槽较深，平整度较差，但前一道熔覆层受到的热冲击较小，出现裂纹的倾向也较小。二是采用较大光斑，每道熔覆层较薄，然后再进行第二层或第三层熔覆。这种方法获得的熔覆层表面平整性较好，但由于第二层熔覆时对前一层形成热冲击容易造成熔覆层开裂，特别是使用耐热冲击性能较差的 Ni 基合金时应特别注意。

7.6.5　激光熔覆层组织与性能

1. 激光熔覆层组织

激光熔覆层的截面分为三个区域：合金化区、热影响区和基体。合金化区的组织为树枝状或胞状的铸态组织，由于激光熔覆冷却速度快，这些组织细小致密，因合金材料各异，枝晶内弥散着细小的化合物，同时，树枝晶界也有析出相。当冷却速度提高时，组织更加细小，共晶数量增多，而共晶中析出的化合物量相对减少。

合金化区与基材间有一结合带，结合带存在是熔焊加工与喷涂处理的主要区别，激光熔覆处理稀释率低，结合带也较窄，其宽度与熔覆层厚度有关，一般应控制在 100 μm 以内。

热影响区组织与激光相变硬化相似，但在激光熔覆时应尽可能抑制马氏体的出现，因为出现硬度较高的淬火层会降低熔覆层的结合强度，还容易造成熔覆层开裂。

2. 激光熔覆层性能

激光熔覆层优良的性能主要体现在高硬度、高耐磨性和高耐蚀性方面。激光熔覆可以大幅度提高材料的硬度和耐磨性，而且熔覆材料中有许多强化相，这种性能提高的幅度非常明显，特别是一些添加 WC 等陶瓷相的熔覆层，硬度可达 1000 HV，耐磨性提高数倍。激光熔覆钴基和镍基等合金，能显著提高材料的耐腐蚀性。

7.6.6　激光熔覆的应用

随着激光熔覆技术的不断发展，在船舶机械零件的制造、修复及再制造中，激光熔覆得到了越来越广泛的应用。例如柴油机排气阀密封面和气缸盖阀座采用激光熔覆钴基合金及镍基合金后，与等离子喷熔相比，不仅使用寿命得到了提高，而且合金粉末节约

50%以上。船舶机械设备中的轴类零件采用激光熔覆修复后不仅恢复了原始尺寸、提高了零件的使用寿命，而且由于基体温度低，避免了工件变形的产生。目前激光熔覆在柴油机增压器叶片、燃气轮机叶片及阀门等零件上得到了广泛应用。

7.7 金属扣合法

金属扣合法修复技术是借助高强度合金材料制成的扣合连接件(如波浪键)，在槽内通过产生间隔性变形把零件的裂纹或断裂处连接起来，使之恢复使用性能的一种修复方法。该方法适用于不易焊补的钢件、不允许产生变形的铸件以及有色金属件，尤其对大型铸件的裂纹或折断面的修复效果更为突出。

7.7.1 金属扣合法的特点

1. 金属扣合工艺的特点

金属扣合工艺修理零件的裂纹和断裂具有可靠的修理质量和较高的经济性，主要具有以下特点：

(1)金属扣合工艺在常温下完成修理，零件不变形，也不会破坏零件原有的形状、尺寸及位置精度；

(2)修理质量可靠，能够保证零件所要求的强度和密封性等；

(3)工艺简单，操作灵活和快速，所以成本低、效率高、经济效益好；

(4)不需要特殊设备，依靠一般的工具即可完成修理，并且可以原地(现场)修理，无须拆卸零件。

2. 金属扣合键的材料

作为金属扣合时的连接件，即扣合键的材料一般要求具有强度高、塑性和韧性好、冷作硬化性能好等特点。材料冷加工塑性变形后强度大大提高，且不发脆；受热零件所用的扣合键材料的热膨胀系数应略低于或等于零件的热膨胀系数。一般可以选用1Cr18Ni9、1Cr18Ni9Ti等低碳镍铬不锈钢，冷变形后其强度可提高50%；也可选用普通低碳钢如10#、15#、20#钢等，冷变形后强度可提高10%～20%。高温零件(如气缸盖)可选用含镍量高并与零件材料热膨胀系数相近的Ni36、Ni42等高温镍基合金，此种材料热膨胀系数与铸铁相近，或选用10#、15#、20#钢。密封螺栓材料的选用要求与扣合键一样。

7.7.2 金属扣合法的种类

金属扣合法可分为强固扣合法、强密扣合法、加强扣合法和热扣合法，在修理中应针对船机零件损坏的不同情况、技术要求和具体条件来选用。

1. 强固扣合法

强固扣合法又称波浪键扣合法。该法是在垂直于裂纹方向或折断面的方向上，按要求加工出一定形状和尺寸的波形槽，如图 7-19 所示；然后将用高强度合金材料制成的形状、尺寸与波形槽相吻合的波浪键镶嵌入槽中，键与槽之间有 0.1 mm 的间隙，在常温下铆击波浪键使之产生塑性变形而充满槽腔。这样，由于波浪键的凸缘与槽的凹洼相互紧密扣合，将开列的两部分牢固连接成一体。此法适用于壁厚 8～45 mm、一般强度要求的船机零件。

波浪键的形状和尺寸如图 7-20(a)所示。其中颈宽一般取 $b=3\sim6$ mm，其他尺寸可按经验公式求得：

$$d=(1.2\sim1.6)b$$

$$l=(2.0\sim2.2)b$$

$$t=(1.0\sim1.2)b$$

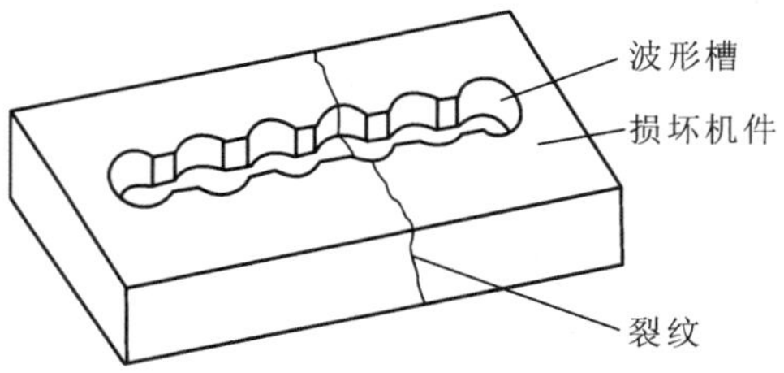

图 7-19　强固扣合法

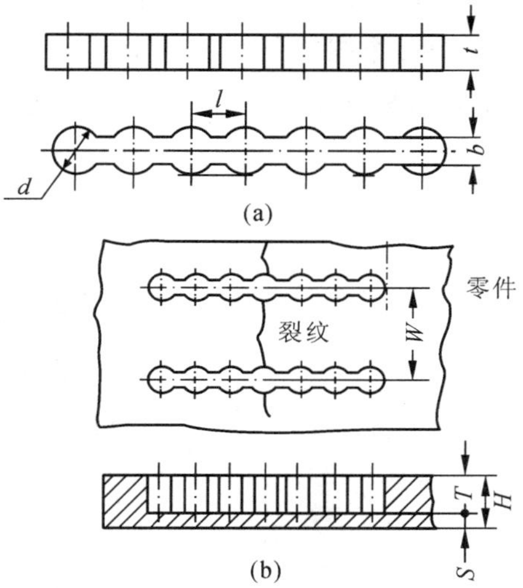

图 7-20　波浪键与波形槽的形状和尺寸

(a)波浪键；(b)波浪槽

波浪键的凸缘个数一般取 5、7、9 个。如果条件允许，尽量选取较多的凸缘个数，以使最大应力远离裂处，但是凸缘过多会增大波浪键修整及镶配工作难度。

小型槽的形状与尺寸与波浪键一致，只需使二者配合间隙保持在 0.1～0.2 mm，槽深 T 依零件壁厚 H 而定，一般 $T=(0.65\sim0.75)H$，并根据槽深度放入一层或多层波浪键，波形槽尺寸、形状如图 7-20(b)所示。

零件裂纹上波形槽间距 W 可依经验法或计算公式确定。承受载荷不大的普通铸铁零件，波形槽间距可为颈宽 b 的 5～6 倍，即 $W=(5\sim6)b$。承受较大载荷的高强度铸铁件，可依波浪键和零件材料的强度计算波形槽的间距 W，即

$$W=\frac{b(H-S)}{H}\left(\frac{\sigma_R}{\sigma_b}+1\right)$$

式中，S 为零件上开波形槽后剩余的壁厚(mm)；H 为零件壁厚(mm)；b 为波浪键颈宽

(mm)；σ_R为波浪键铆击后的抗拉强度(MPa)，通常取铆击前的抗拉强度的1.5～1.7倍；σ_b为零件材料的抗拉强度(MPa)。

波浪键扣合工艺过程包括：

(1)在零件上裂纹两端钻止裂孔，防止裂纹扩展；

(2)设计并在零件裂纹处画出波形槽位置线；

(3)利用专用钻模和工具加工出波形槽；

(4)将波浪键镶嵌入波形槽中(可预先在槽中涂抹胶黏剂)，铆击波浪键使之充满槽腔。

2. 强密扣合法

强密扣合法或称波浪键-密封螺钉法，是在上述强固扣合法的基础上，再沿裂纹钻孔、攻丝和旋入涂有胶黏剂的密封螺钉。所有密封螺钉彼此重叠，即当第一个密封螺钉装入后，钻削第二个螺钉孔时，使其切入第一个螺钉，两个螺钉有0.5～1.5 mm的重叠。沿裂纹长度装满密封螺钉后用砂轮打磨平整，如图7-21所示。

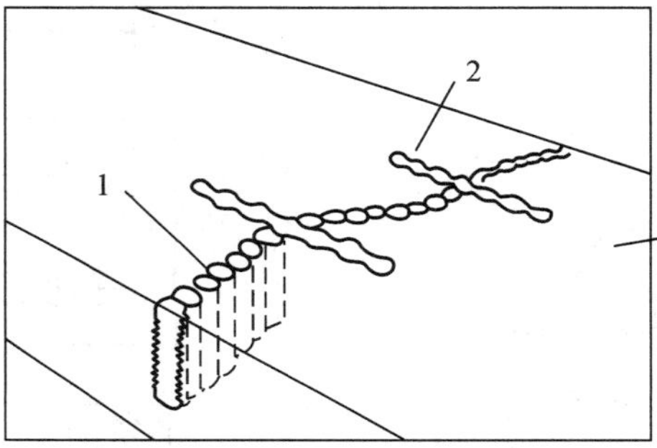

1—密封螺钉；2—波浪键；3—零件

图7-21 强密扣合法

在裂纹上可安装密封螺钉，也可安装密封圆柱销。前者适用于承受低压的有裂纹的零件，后者则适用于承受高压的有裂纹零件。密封螺钉可选用M3～M8规格；圆柱销直径可选用3～8 mm，长度均与波浪键的厚度相同。此外，它们的材料一般与波浪键相同，但不重要的零件也可选用低碳钢或紫铜等较软材料。

强密扣合法不仅满足零件的强度要求，而且满足零件的密封性要求，所以可用来修理有密封要求的裂纹零件，例如承受高压的柴油机气缸套和气缸盖、压力容器等。

3. 加强扣合法

对承受较高载荷的厚壁的船机零件，若只采用波浪键扣合而其修复质量得不到保证时，可以采用加强扣合法。该方法是在垂直裂纹或折断面的修复区上加工出一定形状的空穴，然后将形状和尺寸与之相同的加强件嵌入其中。在机件与加强件的结合线上拧入或镶入缀缝栓，使加强件与机件得以牢固连接，并使载荷均匀分布于更大的面积上。此法适用承受高载荷且壁厚大于45 mm的机件。缀缝栓的中心布置于结合线上，使缀缝栓一半嵌入加强件，另一半嵌入机件，相邻两缀缝栓彼此重叠 0.5～1.5 mm，如图 7-22 所示。缀缝栓材料与波浪键相同，其尺寸可参照波浪键凸缘 d 及波形槽深 T。加强件的形状可以根据载荷性质、大小、方向不同而设计成楔形、十字形、X 形、长方形等，如图 7-23 所示。

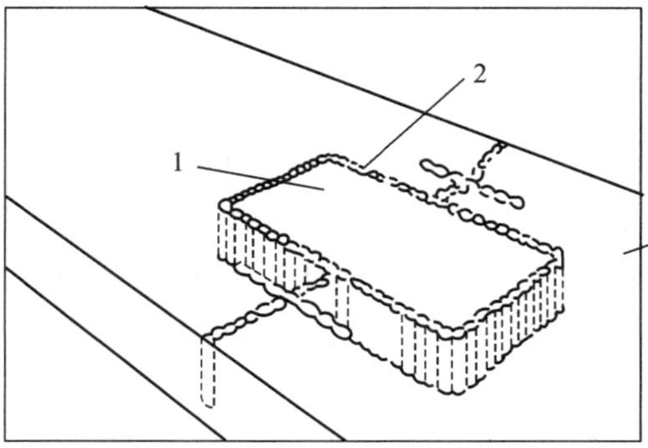

1—矩形加强块；2—圆柱销；3—零件

图 7-22　加强扣合法

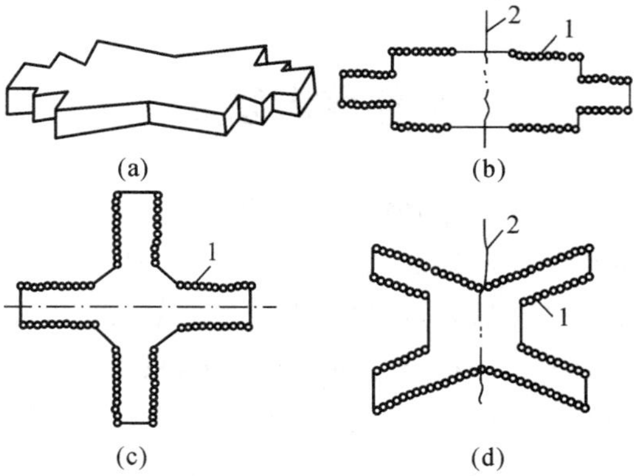

1—缀缝栓；2—裂纹

图 7-23　加强件的形式

4. 热扣合法

热扣合法是利用金属材料热胀冷缩的特性修复零件裂纹的方法。将一定形状和尺寸的扣合键加热至一定温度后，放入零件裂纹处已加工好相应形状与尺寸的键槽内，当扣合键冷却产生收缩时，将零件上裂纹拉紧形成一体，使零件恢复使用功能，如图 7-24 所示。

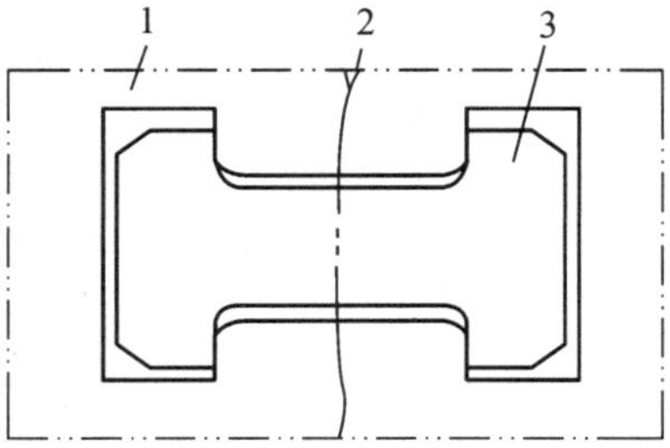

1—零件；2—裂纹；3—工字形扣合件

图 7-24　热扣合法

扣合键的形状与尺寸根据机件上裂纹的部位、形状和安装的可能性等进行设计，例如可设计成圆环形、工字形等。扣合键的加热最低温度可经计算求出，并要求实际加热温度比计算温度高 100～200 ℃。热扣合法应用于修复大型、重型设备，如大型飞轮、齿轮和重型设备的机体等。

7.7.3　金属扣合法的应用

金属扣合法作为修理裂纹与断裂的方法在船机零件的修理中被广泛应用，尤其是对于难于焊补的铸钢件和铸铁件，不允许有变形的零件等，它是一种最佳的修理方法。例如，船用主、副柴油机的机座、机架、气缸体、气缸套和气缸盖以及各种机械的壳体和螺旋桨等的裂纹均可用此法来修理。此外，金属扣合法与胶黏剂配合使用后不仅可以增加连接强度，还可以有利于保证被修复零件的密封性。

7.8 塑性变形修复

塑性变形修复法是利用金属或合金的塑性变形的性能，使零件在一定外力作用下改变或恢复零件的原有几何形状和尺寸而不被破坏的修复方法。当某些零件发生磨损或塑性变形后，可通过塑性变形修复法恢复零件表面原来的尺寸和形状。塑性变形修复法实质上是一种压力加工的方法，只不过压力加工的对象不是零件毛坯，而是失效的零件，如变形的曲轴、螺旋桨桨叶等。

船机零件在长期使用中，由于受到弯曲、扭转等应力作用产生塑性变形，例如柴油机曲轴的弯曲变形和连杆的弯曲、扭转变形，如图 7-25 所示。另外，零件在使用过程中还会因受到机械碰撞而变形，如船舶螺旋桨桨叶打在缆绳上或礁石上而使桨叶弯曲变形。零件产生变形将影响其工作性能而失效，但零件产生变形的程度在一定的范围内可以采用适当的方法校正，使之恢复原状后可以继续使用。

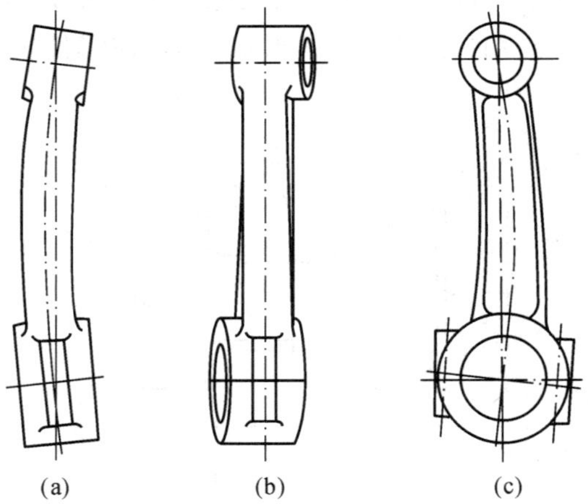

图 7-25 连杆变形

(a)弯曲变形；(b)扭转变形；(c)平面内弯曲变形

利用塑性变形修复零件一般有校直法、镦粗法、扩张法、挤压法及压延法。

7.8.1 校直法

1. 冷校法

对于材料塑性较高、变形程度不大或尺寸较小的变形零件可用冷校法进行修复。冷校法是基于反变形原理，即使零件变形部件产生相反的变形，从而使之正形。由于材料的弹性变形会使反变形程度减小，所以反变形程度应较原变形程度适当增大，达到消除变形、恢复原有形状的目的。冷校法常用的方法有敲击法和机械校直法。

(1)敲击法

用锤子人工敲击零件变形部位的背面，使之产生反向变形。根据零件材料性能、形状尺寸和变形程度等的不同可分别选用木槌、铜锤或铁锤和相应的锤击力度进行敲击。敲击时，不可在一处多次敲击，应移动地敲击，每处敲击 3～4 次。

此法校正变形的效果稳定，对零件的性能(如疲劳强度)影响不大。例如小型曲轴的弯曲变形采用敲击法进行校直。用铁锤敲击曲柄臂内侧或外侧，使变形的曲轴轴线发生变化达到校直，如图 7-26 所示。螺旋桨桨叶变形不大时亦可用此法校正。

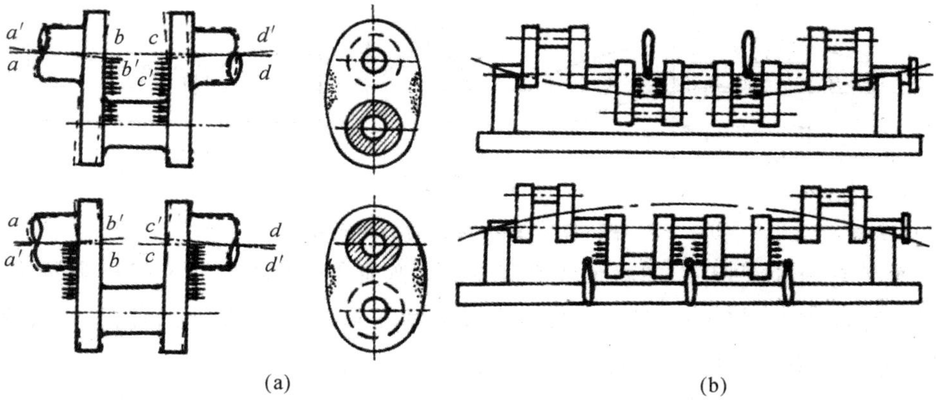

(a)$a'b'$、$c'd'$—校直前主轴轴线位置；(b)ab、cd—校直后的主轴轴线位置

图 7-26　敲击法校直曲轴

(2)机械校直法

机械校直法或称静载荷法，一般是在压床或专用机床上进行变形零件的校直，用于校正弯曲变形不大的小型轴类零件。例如小型曲轴，用 V 形铁在曲轴两端或弯曲部位附近的两个主轴颈处支承曲轴，并将弯曲凸面朝上，用压力机或千斤顶加压使之产生反向变形，且较原弯曲变形量大，保持压力 1～2 min 后卸载。如此数次施压可消除变形，曲轴得以校直，如图 7-27 所示。此法也可校正变形不大的螺旋桨桨叶。

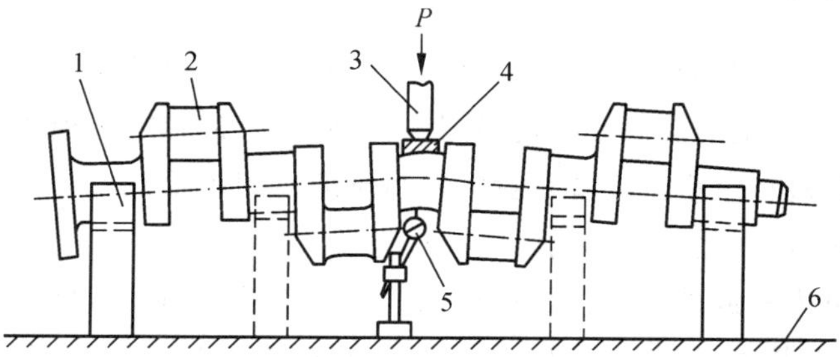

1—V 形铁；2—曲轴；3—压力机；4—铜皮或铅皮垫片；5—百分表；6—平台

图 7-27　机械法校直曲轴

经此法校直的零件内有残余应力，采用低温退火也难以完全消除，会在以后的使用中再度变形。此外，由于校直后轴上截面变化处（如过渡圆角）塑性变形较大，产生较大的残余拉应力，使疲劳强度降低。

2. 热校法

热校法是利用金属材料热胀冷缩的特性校正变形零件。通常是在轴弯曲凸面进行局部快速均匀加热，零件材料受热膨胀，使轴的两端向下弯曲，即轴的弯曲变形增大。当冷却时，由于受热部分收缩产生相反方向的弯曲变形，从而使轴的弯曲变形得以校正。图 7-28 所示为轴类零件的加热校直。

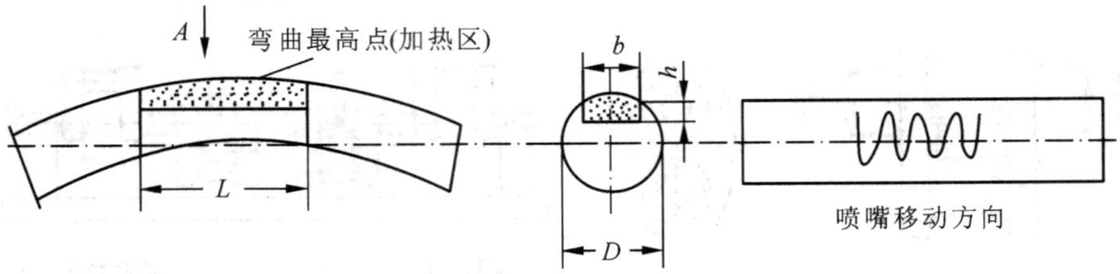

图 7-28 轴类零件的加热校直

加热校直轴时，采用氧-乙炔焰或喷灯在最大弯曲变形的轴颈 1/6～1/3 圆周上加热，使加热温度在 250～550 ℃，且自变形最大处向两端降温加热；加热后保温、缓冷至室温时，检测弯曲变形的变化。一般需经数次加热才能校直。

此法适用于弯曲变形较大的零件，并且对工人的操作技术和经验要求较高。

3. 加热-机械校直法

此法为加热法与机械校直法的联合运用，适用于弯曲变形较大的零件。可先采用机械校直法使零件产生一定的相反方向的变形，再用加热法局部加热校直。也可先加热后加压进行校直。

螺旋桨桨叶弯曲变形较大时，将叶片弯曲变形处加热后，再用千斤顶或用上紧夹具螺母加压的方法使桨叶形状慢慢复原。

7.8.2 镦粗法

镦粗法是借助压力来减小零件的高度，增大零件的外径或缩小内径尺寸的一种方法，主要用来修复有色金属套筒和圆柱形零件。例如，当铜套的内径或外径磨损时，在常温下通过专用模具进行镦粗。设备一般可采用压床或用锤手工敲击，作用力的方向应与塑性变形的方向垂直，如图 7-29 所示。

镦粗法可修复内径或外径磨损量小于 0.6 mm 的零件，对必须保持内外径尺寸的零件，采用镦粗法补偿其中一项磨损量后，再用其他的修复方法来保证另一项恢复到原来尺寸。

用镦粗法修复零件，零件被压缩后的缩短量不应超过其原高度的 15%，对于承载较大的零件，则不应超过其原高度的 8%。为保证镦粗均匀，其高度与直径之比不应大于 2，否则不宜采用这种方法。

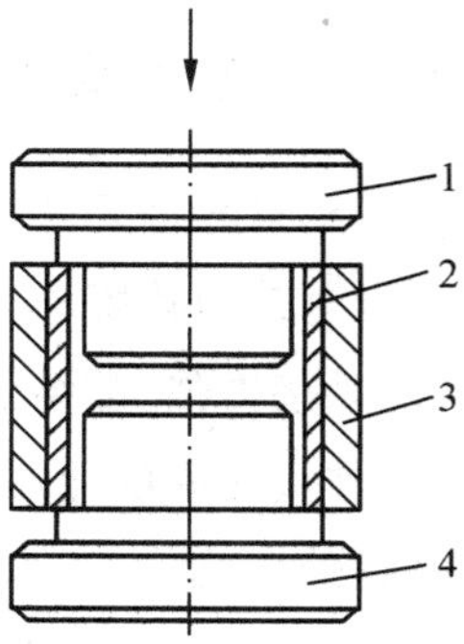

1—上模；2—铜套；3—轴承；4—下模

图 7-29　镦粗法修复铜套

7.8.3　扩张法

扩张法的原理与挤压法相同，所不同的是零件受压向外扩张，以增大外形尺寸，补偿磨损部分，主要应用于外径磨损的套筒形零件。根据具体情况可做简易模具和在冷或热的状态下进行，使用设备的操作方法都与前种方法相同。

例如，空心活塞销外圆磨损后，一般用镀铬法修复。但若没有镀铬设备时，可用扩张法进行修复，活塞销的扩张既可在热态下进行，也可在冷态下进行。扩张后的活塞销，应按技术要求进行热处理，然后磨削其外圆，直到达到尺寸要求。

7.8.4　挤压法

挤压法与扩张法正好相反，它是利用模具挤压外径来缩小内径尺寸的一种修复方法。例如，修复轴套可用图 7-30 所示的模具进行。把轴套 2 放在外模 1 的锥形孔中，利用冲头 3 施加压力使轴套 2 的内径缩小。被缩小后的轴套外径，可用金属喷涂、镀铜或镶套等方法修复。挤压法主要用于筒形零件内径的修复。

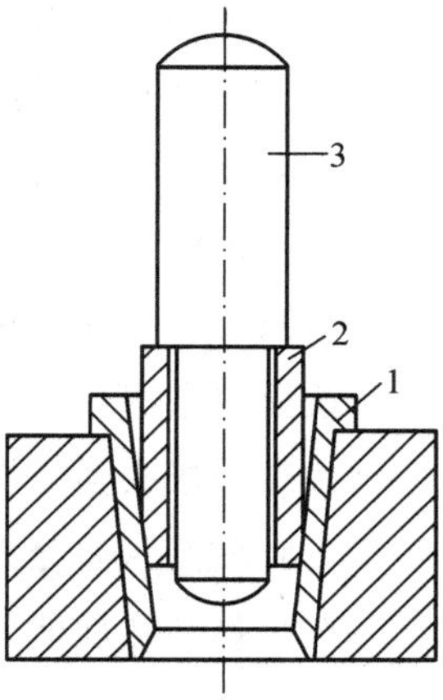

1—外模；2—轴套；3—冲头

图 7-30　挤压法修复轴套

7.8.5　压延法

压延法又叫模压法。它是把零件加热到 800～900 ℃之后，立即放入到专用模具中，在压力机的作用下使上模向下移动，达到零件成形的一种方法。例如圆柱齿轮齿部磨损后，可在热态下把齿轮通过压延使齿部胀大，然后加工齿并进行热处理。

7.9　黏接修复技术

利用胶黏剂把相同或不同的材料或损坏的零件连接成一个牢固的整体，使损坏的零件恢复使用性能的方法称为黏接修复技术。用胶黏剂修复破裂的船机零件成功地解决了某些用其他方法均无法修复的零件的维修问题，从而挽救了大量的零件，使之恢复使用，延长了寿命。另外，利用胶黏剂还可以进行装配工作和使相互接触的零件具有密封性能，使船舶建造和修理工作中的某些装配工艺大大简化，劳动强度大幅降低，生产率显著提高。目前，黏接修复技术广泛地应用于修、造船生产。

7.9.1 有机黏接修复技术

1. 有机黏接修复技术的特点

有机黏接与传统的铆接、键连接、螺纹连接和焊接等工艺方法相比，具有以下特点：

(1)黏接力强、黏结强度较高，但不如焊接和铆接；

(2)黏接时温度低，固化时收缩小，所以黏接后零件不会产生变形和裂纹，也不破坏零件材料的性能；

(3)黏接后胶缝耐腐蚀、耐磨和具有密封性，有的胶缝还具有隔热、防潮和防震的性能；

(4)黏接技术不受零件材料的限制，相同或不同的金属或非金属材料均可黏接，同时不会增加零件质量；

(5)工艺简单，操作方便、灵活，成本低，生产率高；

(6)有机胶黏剂不耐热，一般在 50 ℃以下使用，有的也可在 150 ℃以下长期使用，某些耐高温的胶黏剂也只能在 300 ℃左右使用；

(7)得到的零件抗冲击性能和抗老化性能差。

2. 有机胶黏剂的种类

用有机胶黏剂可以黏接各种材料，例如金属与金属、金属与非金属、非金属与非金属等。有机胶黏剂的品种繁多，分类方法也很多，主要分类方法有：

按原料来源分，有天然胶黏剂、合成胶黏剂。

按黏接接头强度特性分，有结构胶黏剂、非结构胶黏剂。

按胶黏剂状态分，有液态胶黏剂、固体胶黏剂。

按胶黏剂热性能分，有热塑性胶黏剂、热固性胶黏剂。

3. 有机胶黏剂黏接工艺

胶黏剂黏接零件的方法是把胶黏剂均匀涂抹在零件断裂面上或两个零件的结合面上，并在接头处施加一定的力，使之牢固黏接在一起。为了保证黏接质量，应按一定的黏接工艺进行操作。只有准确、严格地完成每一道工序，才能获得牢固的黏接。图 7-31 所示为黏接工艺流程。

(1)设计和制作黏接接头

胶黏剂黏接接头的力学特征是具有较强的抗拉和抗剪强度，但是抗弯曲、抗冲击及抗剥离强度较低。因此，在设计黏接接头时应尽量使接头承受或大部分承受与黏接面垂直方向上的应力或剪切应力，避免承受弯曲应力和剥离力。制作接头时，在结构上应尽量增大黏接面面积，提高黏接效果。例如采用斜接、台阶式搭接、套接、嵌接、凹型对接等等。若条件允许时，可以采用黏-铆、黏-焊、黏-螺纹连接等复合形式接头。

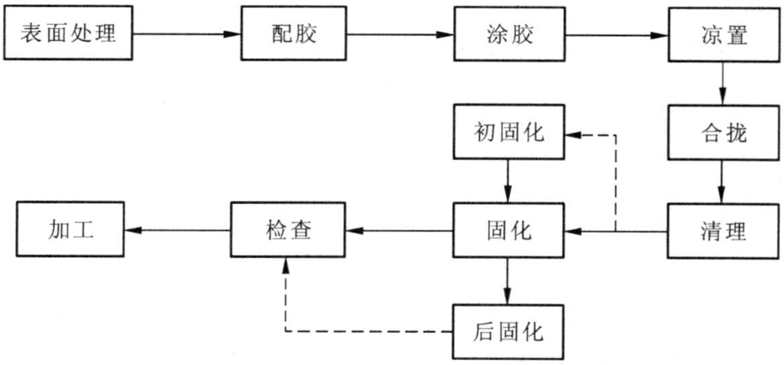

图 7-31　黏接工艺流程

(2)黏接面处理

黏接面的清洁是实现牢固黏接的重要环节。黏接前必须对黏接面进行认真仔细的清洗。对普通工件,可先用棉纱等擦拭表面,再用汽油等有机溶剂进行脱脂去油,然后进行除锈及氧化处理,并使表面粗糙化,再用溶剂擦拭除油后即可进行黏接。如果要求黏结强度很高、耐久性很好,或黏接铝、铜、不锈钢等,应在完成上述表面处理步骤之后,用酸蚀法、阳极刻蚀法等进行表面活化处理,处理完毕用清水冲洗并干燥后再进行黏接。

(3)配制胶黏剂

大部分的有机胶黏剂都是配制好的,可以直接使用。还有一些胶黏剂是需要现场临时配制的,配制时应严格按规定的条件、配方、配比及调制程序进行。有些胶黏剂的成分是易燃有毒的,操作时,应注意通风,防止中毒、发生火灾等。

(4)涂胶、凉置

经过预处理的表面应尽快涂上胶水。按胶黏剂状态(液态、糊状、胶粉等)不同,可用刷、刮、喷、浸等方法。涂胶时应使胶水涂遍整个黏合面,且厚度均匀,厚度范围在 0.05～0.20 mm 为宜。

对含溶剂的胶黏剂在涂胶后须放置一定时间,待溶剂基本挥发后再进行黏接,否则固化后胶层结构松散、有气孔,从而使黏结强度下降。

(5)固化

胶黏剂固化是通过一定方式使涂于黏接面上的胶黏剂变为固体,并具有一定的强度,从而达到连接的目的。

固化工艺有三个重要参数,即温度、压力、时间。不同胶黏剂的固化条件不同。对室温固化的胶黏剂若适当提高固化温度可缩短固化时间、提高固化强度;固化时施加一定压力有利于胶黏剂的扩散渗透和黏接面的紧密接触,并利于气体排出等。胶黏剂若须加热,其温升和冷却均须缓慢,以防应力及变形。

(6)质量检验与加工

检查黏接层有无翘起、剥离、夹空等现象。可对黏接件进行钳工加工和机加工。

4. 有机胶黏剂的选用

有机胶黏剂可以黏接各种材料，例如金属与金属、金属与非金属、非金属与非金属等。黏接质量与胶黏剂的选用合理与否关系极大，所以，选用胶黏剂应注意以下几点：

(1)被黏接物的状况

选用胶黏剂时应首先掌握被黏接物的种类、性能、表面状态、裂纹缝隙大小和修复要求等情况。

(2)胶黏剂的性能特点

不同的胶黏剂其性能也有很大差异。如黏度、黏结强度、使用温度、收缩率、线胀系数、耐蚀性、耐水性及抗老化性能等。

(3)黏接目的、受力情况和工作环境

若黏接的要求是密封时应选用密封胶；若要求连接牢固，则应选用高强度胶黏剂；受力较大的黏接要选用结构胶黏剂，反之可选用非结构胶黏剂；长期受力的黏接件选用热固性胶黏剂，以防蠕变破坏；作用力频率小或为静载荷，可选用刚性胶黏剂，如环氧胶，作用力频率高或冲击载荷，可选用韧性胶黏剂，如酚醛-丁腈胶、改性环氧胶；受力比较复杂的黏接件，选用由综合强度及性能好的弹性体和热固性树脂组成的胶黏剂，如环氧-丁腈胶等；耐高温、耐老化好的胶黏剂有有机硅、聚酰亚胺、酚醛-环氧、无机胶等；耐冷热循环工作条件的胶黏剂有硅橡胶胶黏剂、环氧-酚醛胶、聚酰亚胺胶等；耐水耐湿热、抗老化性能好的胶黏剂有酚醛-丁腈胶；对于大型设备，必须用室温固化胶黏剂等。

此外，还要考虑黏接工艺实施的可能性、经济性与胶黏剂的来源等情况。

7.9.2 有机胶黏剂在船机上的应用

1. 用于修理损坏的船机零件

(1)修理松动的过盈配合件

具有过盈配合的轴、孔零件，因长期使用产生微动磨损，造成配合松动而影响使用性能。例如齿轮与轴的配合松动将影响传递运动。采用在轴颈表面压花、镶套或电镀的方法都难以有效地修复，而且工艺复杂、成本高。采用有机胶黏剂修理效果好，工艺简单，成本低。

采用厌氧胶可修理船用发电机轴与滚动轴承的配合松动、离心泵轴与叶轮的松动等。

(2)修理腐蚀损坏的零件

由于电化学腐蚀造成的柴油机气缸套、气缸体的损坏，各类舱室和隔舱壁的破坏；由于穴蚀造成的螺旋桨桨叶损坏、气缸套外圆表面损坏等，均可在腐蚀面积大，但深度较小并且尚未危及零件强度的情况下采用有机胶黏剂进行修理。例如某油船 Sulzer RND76 型主机的第二、第三缸的气缸体内壁上的数条深 5 mm、宽 10 mm、长 800 mm 的腐蚀凹坑，采用有机胶黏剂修理，修补时间短，费用低，质量可靠，经 0.4 MPa 水压试验无渗漏。

(3)修补裂纹零件

柴油机气缸盖进气阀孔壁裂纹，船舶管系的裂纹、漏洞，油柜和水柜的裂纹或焊缝开裂等均可采用有机胶黏剂进行修补。

2. 用于船机装配工作

(1)主柴油机机座的安装

主机机座在机舱中定位后，在机座与底座(底板)之间各要求位置上安装一定厚度的铸铁垫块，并在工艺上要求铸铁垫块上、下平面分别与机座下平面和底座(或固定垫块)上平面紧贴，色油沾点在 25 mm×25 mm 面积上不少于 2～3 点。然而，研刮铸铁垫块劳动强度高，工作量大，耗时多，效率低。

为了改进机座安装工作，采用有机胶黏剂进行机座安装或采用塑料垫块代替铸铁垫块。

图 7-32 所示为用有机胶黏剂安装机座。安装时，使铸铁垫块的厚度较要求尺寸小 0.5～1.0 mm，不须研刮垫块，只须在垫块上、下表面和地脚螺栓孔涂以环氧树脂胶黏剂安装垫块和固定机座，不仅节省金属材料，更主要的是简化机座安装工艺，减轻了劳动强度和提高了效率。

采用塑料垫块代替铸铁垫块，使机座安装工作更加简化和快速，缩短工时、加快修造船速度。图 7-33 所示为 Sulzer RTA58-84 型柴油机机座安装采用的环氧树脂垫块。

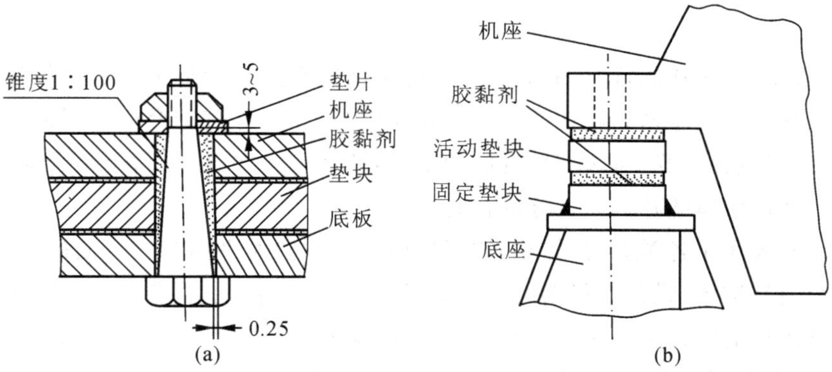

图 7-32　用有机胶黏剂安装机座

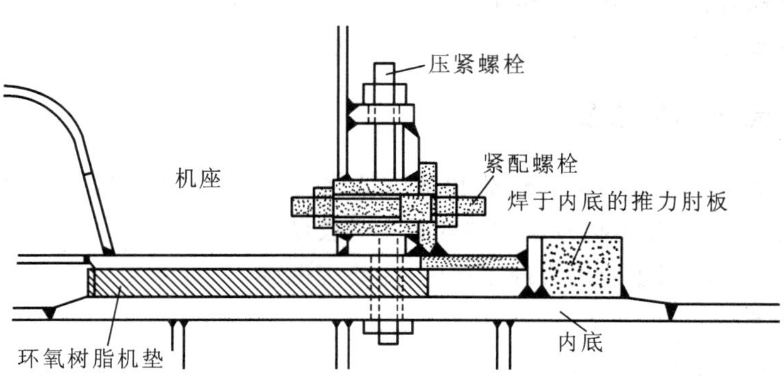

图 7-33　Sulzer RTA58-84 型柴油机机座安装采用的环氧树脂垫块

(2)螺旋桨与尾轴的装配

为了简化螺旋桨与尾轴的安装，对于沿海和内河的中、小型船舶的螺旋桨与尾轴可采用环氧树脂黏接，省去键槽和大量的研刮工作，如图 7-34 所示。

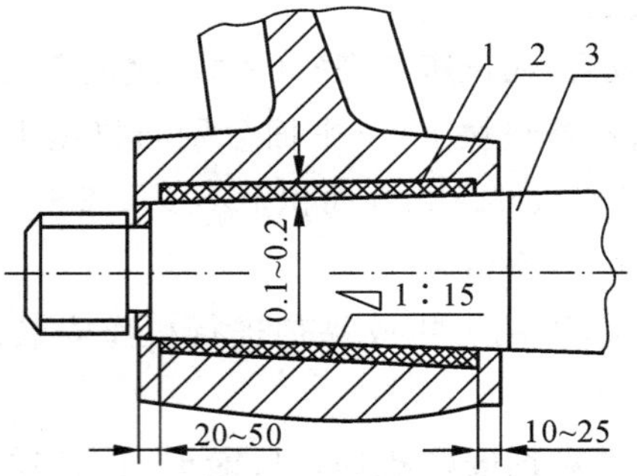

1—环氧树脂黏结剂；2—螺旋桨；3—螺旋桨轴

图 7-34 螺旋桨轴与螺旋桨胶合结构

(3)用作密封垫片

船舶机械设备的密封传统上采用静密封固体材料，如紫铜、橡皮、石棉、纸箔及白漆-丝麻等。这些固体垫片与零件之间接触面不平，不能相互吻合，故密封性差。固体垫片材质不致密、安装时易错位、过度压缩、老化和腐蚀等还易造成泄漏，引起油、水、气的外溢。

自 20 世纪 60 年代起，国外开始使用高分子液态密封胶代替传统的固体垫片作为连接件的密封材料。液态密封胶在常温下呈黏稠液态，涂在零件结合面上形成一层具有黏性、黏弹性的可剥性薄膜，可填充结合面的不平，达到完全吻合，黏附于结合面上，因弹性好而耐压。所以液体垫片具有良好的密封性。

液态密封胶用于各类泵、齿轮箱、空气压缩机等的法兰平面和结合面的密封；用于柴油机气缸套与气缸体、道门与机架的结合面；用于高压油管、水管和蒸汽管的接头和振动较大的锁紧螺母的防松上。例如，MAN 型柴油机气缸盖上、下部(上部为铸铁材料、下部为耐热钢)结合面间不密封，冷却水泄漏，采用 609 密封胶修理后取得了良好的效果。又如风镐接风口螺母在 50 MPa 工作压力、40～50 次/min 的振动频率下工作，螺母上紧后 2～3 d发生松动，在相同工作条件下采用厌氧胶加强连接可使其连续工作 100 d 不松动。

7.9.3 无机黏接修复技术

无机胶黏剂是由无机的酸、碱、盐和金属氧化物、氢氧化物等构成的具有黏结性能、应用广泛的胶黏剂，可分为磷酸盐类和硅酸盐类胶黏剂。

无机胶黏剂广泛用于船机修理工作中，如修理断轴、气缸体和箱盖的裂纹，增压器涡轮端壳体腐蚀等。

1. 无机黏接修复技术的特点

(1)无机胶黏剂大多是由固、液两相物质混合而成的一种黏性糊状物，且通常是水溶性的物质，毒性小，无公害，不燃烧。

(2)无机胶黏剂适用温度范围广，可在－183 ℃～3000 ℃范围内工作，耐热性能好。

(3)无机胶黏剂耐油、耐辐射，不老化，但不耐酸、碱，耐水性差。

(4)无机胶黏剂可在室温下固化，基本不收缩，稍有膨胀。

(5)采用无机胶黏剂进行套接、槽接黏接时黏结强度高，但不适宜平接黏接。

(6)无机胶黏剂脆性大，不抗冲击，黏接后的零件拆卸困难。

(7)无机胶黏剂的原料易得，价格低廉，黏接工艺简单，使用方便、灵活。

2. 氧化铜无机胶黏剂

氧化铜无机胶黏剂是磷酸盐类胶黏剂的一种，是由正磷酸、氧化铜粉和氢氧化铝按一定的比例和一定方法调制而成的，现用现配。

氧化铜无机胶黏剂的熔点为 950 ℃，耐低温可达－183 ℃，可长时间在 500 ℃下工作，短时间在 700～800 ℃工作，具有较宽的温度范围，这是有机胶黏剂无法相比的，并且具有较高的热稳定性、高绝缘性，耐油，但不耐酸、碱，黏结强度较低，脆性较大。

氧化铜无机胶黏剂适用于受力不大、不需拆卸的紧固连接，用于修补高温下工作的零件，可代替焊接、铆接及过盈配合等连接方法，如用于气缸体与气缸套配合面上大面积铸造缺陷(砂眼)的修补，修理船舶管系腐蚀漏洞、增压器涡轮端壳体腐蚀等。

7.10　研磨技术

研磨是精密和超精密零件精加工的主要方法之一，它是在精加工(如精车、精磨或精铣加工)后的超精加工。研磨加工可使零件获得极高的尺寸精度、几何形状和位置精度，最高的表面粗糙度等级，以及提高配合精度。零件的内外圆表面、平面、圆锥面、斜面、螺纹面、齿轮的齿面及其他特殊形状的表面均可以采用此种方法进行加工。船舶主、副柴油机燃油系统中的柱塞-套筒偶件、针阀-针阀体偶件、出油阀-出油阀座偶件三对精密偶件的内外圆表面、圆锥面、平面在制造时都需要采用研磨进行精加工。在针阀-针阀体配合锥面磨损和柴油机的进排气阀配合锥面磨损后均需要采用研磨技术进行修复，使配合面恢复密封性能。

进行研磨的零件材料可以是经淬火或未经淬火的碳钢、合金钢、硬质合金，也可以是铸铁、铜及其合金等有色金属材料，或玻璃、水晶和塑料等非金属材料。

研磨技术是进行精密零件修理的有效方法，尤其是在备件缺乏、时间紧迫的情况下，此法尤为重要。例如，主、副柴油机的喷油器故障大多是针阀-针阀体偶件的锥面配合不良引起的，轮机人员须经常进行针阀偶件的研配工作。所以，研磨技术在船上轮机工作中是克服精密设备短缺、延长零件寿命、节省修理费用和保证船舶正常航行的有效工艺，轮机人员应该掌握研磨技术。

7.10.1 研磨原理及参数

研磨是使零件与研磨工具在无强制的相对滑动或滚动的情况下，通过加入其间的研磨剂的微切削和研磨液的化学作用，在零件表面生成易被磨削的氧化膜，从而加速研磨过程。所以研磨加工是机械、化学联合作用完成的精密加工。影响研磨质量及研磨效率的主要参数包括：

1. 零件与研磨工具的相对运动

零件与研磨工具不受外力的强制引导，以免引起偏差和缺陷；运动方向周期变换，以使研磨剂均匀分布在零件表面上并加工出纵横交叉的切削痕，均匀研磨零件表面；研磨表面上各点相对于研磨工具表面的滑动路程相等，以达到均匀切削。

2. 研磨压力

在实际应用的压力范围内，研磨效率随压力增加而提高。研磨压力取决于零件材料、研磨工具材料和外界压力等因素，一般通过试验确定。常用的压力范围为 0.05～0.3 MPa，粗研宜取 0.1～0.2 MPa，精研宜取 0.01～0.1 MPa。研磨压力过大，研磨剂磨粒被压碎，切削作用减小，表面划痕加深，研磨质量降低；压力过小则研磨效率大大降低。

3. 研磨速度

研磨速度影响研磨效率，一定条件下，研磨速度增快将使研磨效率提高。研磨速度取决于零件加工精度、材质、质量、硬度、研磨面积等。一般研磨速度在 10～150 m/min。速度过快，产生的热量较多，引起零件变形、表面加工痕迹明显等质量问题，所以精密零件研磨速度不应超过 30～60 m/min。一般手工粗研往复次数为 30～60 次/min，精研为 20～40 次/min。

4. 研磨时间

研磨初期，因研磨剂磨粒锋利，微切削作用强，零件研磨表面的几何形状误差和粗糙度得以较快纠正。随着研磨时间的延长，磨粒钝化，微切削作用下降，不仅零件精度不能提高，反而由于热量增加使之下降。粗研时间取决于研磨剂的切削性能，为提高研磨效率，当研磨剂磨粒钝化，研磨效果差时应立即更换研磨剂。精研时间一般为 1～3 min，超过 3 min 研磨效果不显著。

所以，粗研时选用较粗的研磨剂、较高的压力和较低的速度进行研磨，以期较快地消除几何形状误差和切去较多的加工余量；精研时选用较细的研磨剂、较小的压力和较高的速度进行研磨，以获得精确的形状、尺寸和最高的表面粗糙度。

7.10.2 研磨膏

研磨膏（或称研磨剂）是由研磨粉和油溶性或水溶性辅助材料所组成。使用时，需用研磨液稀释后才能进行研磨。研磨粉是具有一定粒度的磨料。油溶性辅助材料有分散剂(煤油、机油)、载体(柏子油、凡士林油等)及着色剂、防腐剂等;水溶性辅助材料有分散剂(丙三醇等)、载体(十六醇、硬脂酸等)及着色剂、防腐剂等。

1. 磨料

磨料的研磨性能与磨料的种类、粒度、硬度和强度有关。常用的磨料有以 Al_2O_3 为主要成分的各种刚玉(棕刚玉、白刚玉和铬刚玉)、以 SiC 为主要成分的各种碳化硅(黑碳化硅、绿碳化硅、立方碳化硅)、碳化硼和 Cr_2O_3 等。磨料的粒度是指磨料颗粒的尺寸大小,研磨加工一般使用粒度号为 100 以上的磨料,称为研磨粉。研磨加工常用的磨粒粒度号及其所能达到的表面粗糙度分别如表 7-8、表 7-9 所示。

表 7-8　常用磨料粒度范围

加工方法	粒度	应用
粗研磨 精研磨	100～240 240～W14	一般零件的研磨
粗研磨 半精研磨 精研磨	W14～W10 W7～W5 W5 以下	精密零件、量具、刃具的精密研磨

表 7-9　常用磨料加工能达到的表面粗糙度

加工方法	磨料粒度	能达到的表面粗糙度/μm
粗研磨	240～280 280～W40	*Ra*0.20
半精研磨	W28～W20 W20～W14 W14～W10	*Ra*0.10 *Ra*0.05 *Ra*0.025
精研磨	W7 W5	*Ra*0.012 *Ra*0.006

磨料的硬度是指磨料表面抵抗局部塑性变形的能力。研磨加工就是利用磨粒与零件材料的硬度差来实现的,所以磨粒硬度越高,切削能力越强,研磨性能越好;磨料的强度是磨粒承受外力不被压碎的能力。磨粒强度越高,切削力越强,使用寿命越长,研磨性也越好。若金刚石的研磨能力为 1.0,则碳化硼为 0.5,绿刚玉为 0.28,黑碳化硅为 0.26,白刚玉为 0.12,棕刚玉为 0.10。

2. 研磨膏

研磨膏分为油溶性和水溶性两大类。油溶性研磨膏使用时需用航空汽油、煤油或机油等研磨液稀释。油溶性研磨膏可使加工表面获得极高的粗糙度等级和精确尺寸。水溶性研磨膏使用时需用水、甘油等研磨液稀释。研磨液需具有一定的黏度和稀释能力,以黏吸磨料和使之均匀;具有较好的润滑和冷却能力及具有化学活性和无腐蚀性,以加速研磨的化学作用。

研磨膏是一种重要的表面光整加工材料,除船用外,广泛用于仪表、仪器、光学玻璃镜头、量具、金相试片和精密零件的精研磨和抛光。常用的有氧化铬、氧化铝、碳化硼、碳化硅、氧化铁等研磨膏。常用研磨膏的品种、规格和应用范围见表 7-10。

表 7-10　常用研磨膏的品种、规格及应用范围

产品名称	颜色	磨料代号	粒度范围	应用范围
氧化铬研磨膏	深绿	Cr_2O_3	W3.5 以下	金属镀件的精抛和钢件的最后抛光
氧化铁研磨膏	深红	Fe_2O_3	W3.5 以下	贵金属如金银制品、有机玻璃和玻璃制品的抛光
棕刚玉研磨膏	棕色	A	60～280	普通碳钢、合金钢、可锻铸铁、硬青铜的研磨
白刚玉研磨膏	白色	WA	60～W1	淬火钢、高速钢、轴承钢、不锈钢等的研磨和抛光
绿碳化硅研磨膏	浅绿	GC	60～W5	铜、铝等有色金属，硬质合金，玻璃等的研磨和抛光
碳化硼研磨膏	褐黑色	BC	60～280	硬质合金、陶瓷、宝石、光学玻璃等的研磨和抛光

注：除磨粒、磨粉（粒度 60～280）为软膏外，微粉和超微粉均为硬膏。

研磨分为粗研、半精研、精研三种。精密零件的粗研可选用 W14～W10 的氧化铝研磨膏；半精研选用 W7～W5 的氧化铬研磨膏；精研和偶件互研时选用 W5 以下的氧化铬研磨膏。

7.10.3　研磨工具

研磨是精密和超精密加工方法，是精密零件加工制造的最后工序，也是精密零件的修复方法。研磨时，零件与研具表面接触并作相对运动，研具的几何形状精度直接影响零件表面的加工精度。因此，对研具要求较高，不仅制造精度要高，而且耐磨。

研具分手工研具和机械研具。按研具工作表面形状分为研磨平板、研磨尺、研磨盘、研磨棒、研磨套和研磨环等；按研具的用途分为平面、外圆、内孔、锥面、球面、螺纹、齿轮等研具。研具的材料一般常用灰铸铁、低碳钢、铜、铝、铅、木材、丝绸和皮革等。

零件外圆或内孔研磨时，分别用机床夹持零件或研磨棒，使之按一定转速回转，然后用手握住研磨套或零件，涂上研磨膏使磨粒随研磨具做往复和回转运动进行研磨切削。

配合件配合面磨损、腐蚀用研磨进行修复时，则采用配合面上涂研磨膏使之相对运动相互研磨，即互研。

7.10.4　船机零件的研磨修复

船上柴油机的进、排气阀和阀座，燃油系统精密偶件等的配合面磨损失效后，一般由轮机人员进行研磨，自修恢复其使用功能。

1. 平面研磨修复

船机零件工作表面或其他配合面为平面的配合件，当平面发生磨损或腐蚀时，如果零件尺寸较小和研磨要求不太高，可以在研磨平板上手工研磨修复。研磨平板的尺寸由研磨件的形状和大小来决定。研磨分为粗磨和精磨。粗磨在刻槽的平板上进行，精磨在光滑的平板上进行。

研磨前，先将零件加工表面和平板清洗干净，然后在平板上均匀涂一层薄的研磨剂。

把工件需要研磨的表面贴在平板上，一般以旋转和直线移动相结合的方法，按 8 字形轨迹沿平板的全部表面进行研磨。研磨时，压力应均匀，以免工件过热变形。如果工件过热，就得停止研磨，等工件冷却后再研磨。研磨一段时间以后，将零件转动一定角度再继续研磨。一般圆形零件转 120°，方形零件转 90°，矩形零件转 180°，目的是研磨均匀。

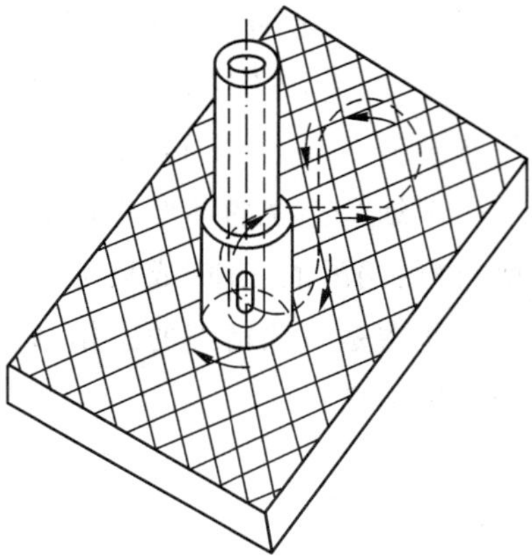

图 7-35　高压油泵筒套端面的研磨

套筒端面密封不良的研磨修复，就是在铸铁平板上进行的。研磨时，在平板上涂以极少量的金刚砂研磨剂，用手轻轻握住套筒进行研磨，工件的运动轨迹呈“8”字形，如图 7-35 所示，并按图中箭头所示来回移动，同时还须按时把工件调转 120°。只有这样才能使工件损耗均匀，不会产生倾斜。直到平面上的伤痕磨去后，再用煤油把套筒和平板上的研磨剂洗净，然后在平板上滴上几滴机油磨 1～2 min，最后再与相应的配合平面互研即可。

船舶上的空压机阀片、制冷压缩机阀等修理时均须采用平面研磨。

2. 锥面的研磨

研磨圆锥形表面是船舶机修中经常进行的工艺操作，因为船舶上这类船机件很多，如旋塞，一般阀门、安全阀，柴油机进、排气阀和喷油嘴等。各种阀的结构部位都应有良好的密封性，以保证不漏气、不漏水和不漏油。为了达到密封的要求，正确地掌握研磨方法是必要的，现简要介绍柴油机进、排气阀和油嘴针阀的研磨工艺。

柴油机进、排气阀的阀面和喷油器针阀偶件的锥面配合面磨损、腐蚀后，在船上条件下采用互研方法进行修复。

(1)气阀研磨

气阀拆出后，如发现锥形面上有麻点或局部变黑，就必须研磨。研磨时是否先粗磨后细磨，这要根据阀和阀座的表面情况来决定。如果表面损伤轻微，只用细磨即可。研磨时，首先在阀的表面均匀涂一层研磨剂，装上气阀：一方面用适当的力压紧，另一方面通过手柄将气阀左右旋转(即采用旋磨与撞击相结合的方法)。研磨时应注意旋转数次之后，将气阀转到一个新的位置，以免研磨剂集中而将气阀磨得凹凸不平。研磨一段时间后，应将气阀取下擦净，重涂研磨剂(从粗号、中号至细号)再磨。这样一直磨到阀面上有一圈黝黑色光圈和没有细小纹路为止，然后把研磨剂用煤油洗净，再用机油研磨，使配合更加紧密。研磨好后的气阀可用软铅笔画上线条进行检查，中间没有间断和光亮的细线痕迹即可。

(2)喷油嘴针阀研磨

针阀研磨主要是阀锥面研磨，首先应洗净擦好并在针阀导向柱表面涂上少许润滑油进行润滑，再在针阀阀锥面上均匀地点上几点研磨剂，然后将针阀放入针阀体内，用手轻轻压住，并进行旋转和轻轻地敲击，使锥形阀面互相研磨。随着阀面的磨出（磨出密封阀线宽度为 0.3～0.5 mm），再把针阀取出洗净后，用滑油进行相互研磨，直到针阀阀锥面上出现细窄光亮的环形密封带为止。研磨中，根据针阀阀锥面磨损情况可先用研磨膏互研，再用润滑油互研，或只用油互研。最后进行雾化试验以检验针阀密封性。

研磨是一项精细的工作，研磨中的清洁尤为重要，并应细心、耐心地研磨，操之过急，则效果不良。

复习思考题

1. 机械零件的修复原则有哪些？
2. 零件的修复工艺选择应考虑哪些因素？
3. 修理尺寸法中修理尺寸的确定方法有哪几种？各有何特点？
4. 采用附加零件法修理时，应注意哪些问题？
5. 试分析船机中哪些零件可采用修理尺寸法修复，为什么？
6. 金属扣合修复法有哪几种？各适用于哪些场合？
7. 对波浪键的材料有什么要求？常用的有哪些材料？
8. 波浪键-螺钉扣合密封法中，对密封螺钉材料有什么要求？
9. 铬的特点、镀铬层的性质及用途是什么？
10. 试述松孔镀铬的目的及其形成方法。
11. 镀铁工艺及铁镀层的特点是什么？
12. 试述涂镀的原理、特点及应用范围。
13. 试述热喷涂的原理及特点。
14. 试述等离子喷涂和喷熔的原理及特点。
15. 试述氧-乙炔焰喷涂和喷熔的原理及特点。
16. 试分析热喷涂涂层的结构特征。
17. 热喷涂预处理的目的是什么？有哪些方法？
18. 试述电弧喷涂的原理、特点及应用范围。
19. 主要堆焊方法有哪些？它们有什么特点？
20. 铸铁零件焊补有什么特点？试述其分类及工艺特征。
21. 试述激光熔覆技术的原理及特点。
22. 激光熔覆的工艺方法有哪些？它们有什么特点？
23. 零件校直法有哪些？它们有什么特点？
24. 环氧树脂黏结剂的主要性能是什么？在船机零件中哪些地方使用？
25. 无机黏结剂的成分、主要性能及使用场合是什么？
26. 试述研磨加工原理。影响研磨质量及研磨效率的主要参数有哪些？

参 考 文 献

[1] 满一新. 轮机维护与修理[M]. 大连：大连海事大学出版社，2000.

[2] 魏海军. 轮机维护与修理[M]. 大连：大连海事大学出版社，2018.

[3] 张记超. 轮机维护与修理（英文版）[M]. 大连：大连海事大学出版社，2019.

[4] 丁彰雄，田野. 船舶机械修理工艺学[M]. 武汉：武汉理工大学出版社，2013.

[5] 范世东，田野. 轮机维护与修理[M]. 武汉：武汉大学出版社，2012.

[6] 李新和. 机械设备维修工程学[M]. 北京：机械工业出版社，1999.

[7] 王丽芬，刘杰. 机械设备维修与安装[M]. 2 版. 北京：机械工业出版社，2019.

[8] 易春龙. 电弧喷涂技术[M]. 北京：化学工业出版社，2006.

[9] 章学来. 轮机工程基础[M]. 北京：人民交通出版社，2009.

[10] 史晓敏. 船机设备维修技术[M]. 北京：北京大学出版社，2008.

[11] 戴武. 轮机维护与修理[M]. 北京：北京理工大学出版社，2014.

拓展资料：

序号	名称	种类
1	检修工艺案例 7-1	图文
2	检修工艺案例 7-2	图文
3	检修工艺案例 7-3	图文
4	检修工艺案例 7-4	视频
5	检修工艺案例 7-5_1	视频
6	检修工艺案例 7-5_2	视频

第 8 章

船机典型零部件的检修

1892 年，德国工程师狄塞尔设想到，如将吸入气缸的空气高度压缩，使其温度超过燃料的自燃温度，再用高压空气将燃料吹入气缸，使之着火燃烧，这将是一种新式的机器。经过不懈的努力研究和实验，他于 1897 年成功地制造了一台能安全运转的狄塞尔柴油机。为了纪念这位发明家，柴油的英文 Diesel 就源自他的姓氏。1898 年，柴油机首先用于固定式发电机组，1903 年用作商船动力，1904 年用于舰艇。1913 年第一台以柴油机为动力的内燃机车制造成功。1920 年左右柴油机开始用于汽车和农业机械。

科学技术的发展，经历了漫长而崎岖的道路。在科技发展过程中，许多杰出的科技发明家为人类的文明立下了丰功伟绩，也为当今柴油机的发展奠定了雄厚的基础。世界在创新中不断前行，让我们共同期待更多的创新与发明。

本章主要以柴油机典型零部件为对象，对其常见的损坏形式、检验方法和修理方法等作简要介绍，以作为轮机员在船上自修或进厂修理时的参考。

8.1　气缸盖的检修

8.1.1　气缸盖的作用和工作条件

气缸盖是柴油机的固定件和燃烧室的组成部分。气缸盖上安装喷油器、启动空气阀、安全阀和示功阀等。筒状活塞式柴油机气缸盖上还装有进、排气阀，二冲程直流扫气式柴油机气缸盖上装有排气阀。此外，气缸盖内部有各种气道和冷却水空间。船用柴油机气缸盖的结构形式繁多，随机型而异，但共同特点是结构复杂、孔道较多、壁厚不均。

气缸盖的工作条件极其恶劣。气缸盖底面为触火面，直接与高温、高压燃气接触，承受较高的周期变化的机械负荷与热负荷、燃气腐蚀与冲刷，产生很大的机械应力与热应力。冷却面承受机械应力与腐蚀。气缸盖螺栓预紧力使气缸盖受到压应力，在气缸盖截面变化处还会产生应力集中。气缸盖常见的损坏形式有底面和冷却侧表面的裂纹、冷却侧表面的腐蚀、气阀座面和导套的磨损等。

8.1.2　气缸盖的疲劳破坏

1. 气缸盖底面疲劳裂纹

气缸盖的底面是燃烧室的一部分，直接与燃气接触，受高温高压燃气的反复作用。柴油机运转过程中气缸盖底面在其工作条件下可能产生高温疲劳、蠕变和热疲劳破坏。

气缸盖底面即触火面在高温下高压燃气作用使底面发生弯曲变形产生机械压应力，并随柴油机工作循环周期重复变化。一般情况下，气缸盖底面温度在 400～500 ℃，有时可能超过 $0.5T_m$(灰铸铁的熔点)。当气缸盖冷却不良时就会超过 $0.5T_m$，从而引起高温疲劳破坏。当底面温度超过 $0.3T_m$时，底面产生显著蠕变，从而使底面性应力大大降低。

气缸盖底面和冷却面的温差可达 300～400 ℃，在底面和冷却面分别产生压、拉热应力，在柴油机停车或负荷突降时会使气缸盖底面压应力进一步降低、消失，甚至产生残余拉应力。另外，柴油机运转过程中零件长期受到高温作用，使材料的疲劳极限下降，所以低频热应力过大时就会在气缸盖底面产生疲劳裂纹。因此，当气缸盖底面产生裂纹时不能简单地视为热疲劳裂纹，因为底面裂纹可能是热疲劳裂纹，也可能是高温疲劳裂纹或蠕变裂纹，或者是三者共同作用产生的裂纹。但是当发现龟裂裂纹时，则可断定为热疲劳裂纹。

2. 气缸盖冷却面疲劳裂纹

气缸盖冷却侧分布着环形或其他形状的冷却水通道，在通道筋的根部产生机械疲劳裂纹，并向触火面扩展。裂纹是气缸内最大爆发压力引起的周期性脉动应力作用的结果。

气缸内最大爆发压力作用在缸盖底面上使其发生弯曲变形，在冷却面上产生最大拉应力。当冷却水通道筋的根部过渡圆角过小或者存在铸造缺陷时，在这些应力集中的部位就会产生裂纹或使铸造缺陷裂纹扩展，以致在周期脉动应力作用下裂纹自冷却面向触火面逐渐扩展，最终使缸盖裂穿。

零件在腐蚀介质和交变载荷共同作用下产生腐蚀疲劳破坏。由于腐蚀与疲劳加速零件上的裂纹形成与扩展，所以是更严重的破坏。气缸盖冷却面在冷却水中不可避免地产生微观电化学腐蚀；冷却面局部区域的冷却水还可能处于沸腾状态，使冷却水中可溶性盐类的酸根离子 Cl^-、SO_4^{2-} 等与冷却面金属发生电化学腐蚀；当冷却水中溶解一定量氧时，冷却面金属被氧化，水温越高，氧化腐蚀越严重。在以上腐蚀条件下零件材料的疲劳强度显著下降，在气缸中燃气的循环交变应力作用下产生腐蚀疲劳破坏。

8.1.3 气缸盖裂纹产生的部位、原因、检验及修理

1. 气缸盖裂纹产生的部位

(1)气缸盖底面裂纹

裂纹一般产生在气缸盖底面阀孔的边缘过渡圆角处和阀孔之间，即有应力集中的部位。具体裂纹部位将随机型、气缸盖结构和材料的不同而异。

Sulzer RD 和 RND 型柴油机气缸盖裂纹大多发生在中央小缸盖底面上喷油器孔、启动阀孔和安全阀孔周围的过渡圆角处，且沿径向扩展；在大缸盖底面上产生圆周向裂纹，如图 8-1(a)所示。目前，柴油机气缸盖多为钻孔冷却结构，冷却效果较好，一般较少产生裂纹。

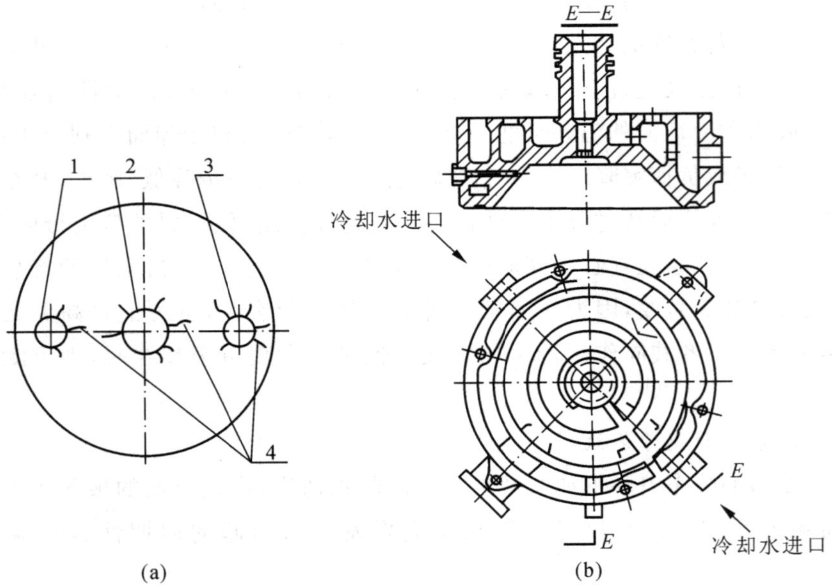

1—安全阀孔；2—喷油器孔；3—启动阀孔；4—裂纹

图 8-1 气缸盖底面裂纹

(a)RD 型柴油机小缸盖底面裂纹；(b)6ESDZ76/160 型柴油机气缸盖裂纹

船用四冲程柴油机气缸盖结构复杂，底面上分布着进排气阀孔、喷油器孔和示功阀孔等，气缸盖的强度被严重削弱，且由于各处壁厚不等、温度不均，以致在底面上孔之间、阀座面上容易产生径向裂纹，裂纹大多自中央的喷油器孔向周围其他孔扩展，如图8-1(b)所示。

(2)气缸盖冷却侧裂纹

由于下半部缸盖冷却水侧有环形冷却水道，裂纹多发生在冷却水道的环形筋根部有应力集中处，裂纹沿圆周方向向深度(即向触火面)扩展，乃至裂穿，如图 8-2 所示。

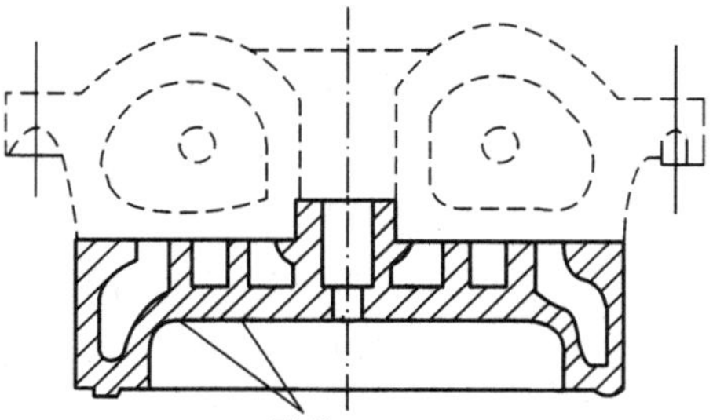

图 8-2　MAN 型柴油机气缸盖裂纹

B&W 型柴油机气缸盖，是由耐热合金钢制成的整体式结构，其下部呈锥形，可插入气缸套上部的喇叭口中，两者装配后使气缸盖冷却水腔位置下移，增强了燃烧室的冷却效果，改善了机件的受热状况，从而防止了裂纹发生。当紧固力过大时，缸盖受弯曲应力较大，故在抗弯截面较小的部位容易产生裂纹。此外，还会在冷却水腔的底部和阀孔上产生裂纹。如图 8-3 所示。

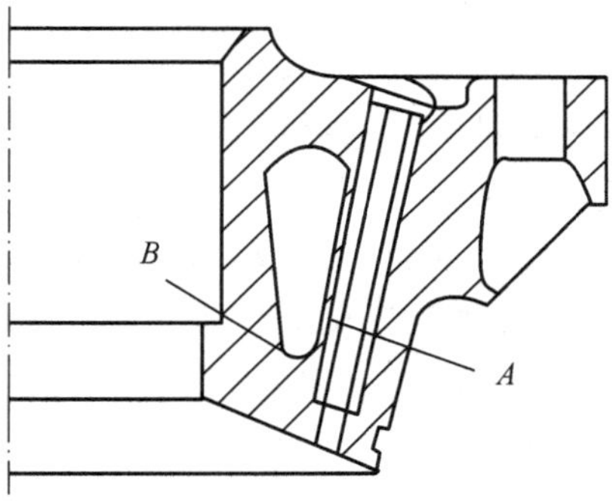

A—阀孔；*B*—冷却水腔

图 8-3　B&W 型柴油机气缸盖裂纹

2. 气缸盖产生裂纹的原因

气缸盖产生裂纹的根本原因是热应力和机械应力周期作用引起的热疲劳、机械疲劳或高温疲劳，或者是综合的疲劳破坏。在柴油机运转过程中气缸盖产生裂纹的直接原因是轮机员的操作管理不当，维修保养不良。而设计不合理、材料内部缺陷和加工制造问题不是首先要检查的，因为，一般说来制造厂对这些问题均已妥善解决，其产品也是久经考验的。

(1)操作管理的影响

柴油机运转中操作管理不当，如零件高温下急冷，冷态下急剧加热，或缸套过热，都会使缸套产生很大的热应力。如冬天柴油机启动前未充分暖缸；频繁地启动、停车；启动后急剧增加负荷，停车时过早地中断冷却水循环，使机件散热不良或局部加热；喷油不正常，造成雾化不良，造成燃烧温度过高；长时间超负荷；冷却水控系统结垢严重致使导热不好等都会造成热应力过大而使缸盖产生裂纹。

(2)维护保养不良

轮机员未能按照说明书维修保养大纲的要求定期进行吊缸检修，不能及时发现问题和加强保养；在柴油机长期运转的情况下，对冷却水不进行投药处理或处理不当致使冷却水腔积垢严重，影响零件散热产生过大的热应力；安装气缸盖时未按照说明书的要求上紧气缸盖螺栓或各螺栓受力不均，使气缸盖产生过大的附加应力等。

所以，轮机员在轮机管理工作中应按照规定操作、保养，不使零件因管理不正确产生过大的机械应力或热应力而损坏，这也是衡量轮机员业务素质和技术水平的标准。

3. 气缸盖裂纹的检验

气缸盖裂纹通常在下列各种检验中可以被发现：

(1)根据中国船级社(CCS)的规范规定：营运船舶每5年进行一次保持船级的特别检验，其中对柴油机气缸盖及其阀件等进行打开检验；

(2)按照主、副柴油机说明书维修保养大纲的要求检修气缸盖及其阀件等；

(3)新造、修理的气缸盖或怀疑有裂纹的气缸盖采用观察法粗检，采用无损探伤如渗透探伤、磁粉探伤、超声波探伤和水压试验法等进行精检，判断气缸盖上有无裂纹。

另外，航行中可根据下列现象判断燃烧室组成零件有无穿透性裂纹：

(1)柴油机运转中，轮机员可根据气缸或活塞冷却水压力表指针波动或膨胀水柜水位上下波动判断零件有无穿透性裂纹。因为当气缸盖或气缸套有穿透性裂纹时，燃烧室中的高压燃气就会沿裂缝进入冷却水腔，使冷却水系统的压力升高，压力表指针的读数增大和膨胀水柜水位升高；当气缸排气后压力低于冷却水压力，冷却水自裂缝进入气缸大量漏泄，造成冷却水压力急剧降低，压力表指针的读数和膨胀水柜水位则迅速降低。此外，还可根据冷却水温升高，淡水消耗量增加，扫气箱有水流出，膨胀水柜的透气管有气泡冒出和冷却水中有油星等现象进一步判断。至于是燃烧室中哪个组成零件裂穿则需进一步检查。

(2)柴油机启动前进行转车和冲车时，轮机员应打开示功阀观察有无水汽或水珠喷出。如有水汽或水珠喷出，表明燃烧室零件有穿透性裂纹或喷油器冷却水泄漏。此类情况应进一步检查和处理，否则缸内积水较多直接启动就会造成水击事故。

(3)曲柄箱(或循环油柜)中滑油量不正常增多或滑油中水分明显增加，或滑油迅速乳化变质，均表明由于燃烧室组成零件有穿透性裂纹使冷却水大量混入。

(4)吊缸检修时，轮机员应认真仔细观察各个零件，如发现活塞、气缸套或气缸盖工作表面有锈痕，或活塞顶部积水等，说明燃烧室组成零件有穿透性裂纹。

4. 气缸盖裂纹的修理

气缸盖上的穿透性裂纹和关键部位的严重裂纹都必须采用换新办法处置。如果船上无备件则只能采用封缸办法，实行减缸航行的应急措施。

为了延长气缸盖的使用寿命，须对缸盖上的裂纹进行修理。修理前先进行无损探伤查明裂纹的部位、尺寸和深度等，然后再根据缸盖材料、结构选用下列不同的修理方法：

(1)裂纹微小时采用锉刀、油石和风砂轮等工具打磨裂纹处予以消除，经无损探伤或水压试验检验合格后继续使用。否则，继续打磨、检验。若裂纹较深且为壁厚的 3%以上时，停止打磨改用其他方法修理或报废换新。

(2)金属扣合法。气缸盖底面和其他部位的裂纹采用金属扣合法修理，不仅可保证零件的强度要求，还可满足密封性要求。

(3)焊补。当裂纹较小时先铲去裂纹再焊补。为了获得良好的焊补质量，应制定严格的焊补工艺和选用合适的焊补方法。

(4)镶套修理。对于孔壁上的裂纹，如气缸盖上的进、排气阀孔壁和喷油器孔壁的裂纹采用镶套修理，如图 8-4 所示。此法效果好，可使零件继续使用 2 年以上的时间。衬套的材料一般为不锈钢或青铜，衬套端部与阀孔底部间垫以紫铜垫片以增强密封性。

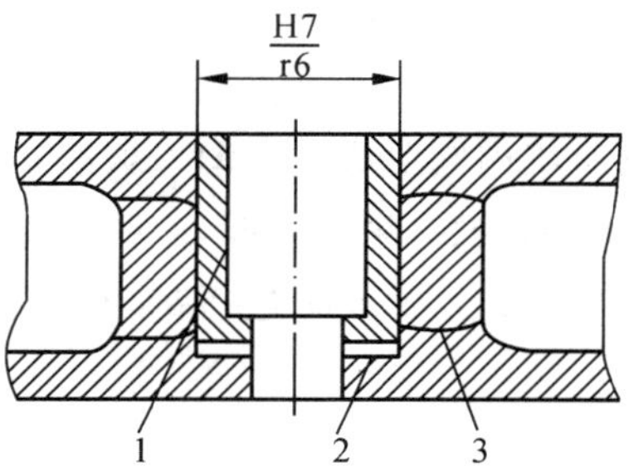

1—衬套；2—紫铜垫片；3—裂纹

图 8-4　气缸盖阀孔裂纹镶套修理

(5)胶黏剂修理。对于气缸盖、气缸套上的裂纹或铸造缺陷(砂眼)，依其部位和工作条件选用有机或无机胶黏剂进行修理。

(6)覆板修理。气缸盖外表面裂纹可采用覆板修理。修理时，先在裂纹两端钻止裂孔，涂胶黏剂(如环氧树脂)后将钢板覆盖其上，用螺钉将钢板固紧在气缸盖上。

以上修理气缸盖裂纹的方法亦可用于修理其他有裂纹的零件，应依零件的具体情况选用。修理后，对有密封性要求的零件进行液压试验以检验修理质量。例如，对气缸盖进行 0.7 MPa 压力的水压试验。

8.1.4　气缸盖气阀座面的检修

气缸盖上的进、排气阀长期工作使阀座面产生磨损、烧伤和高温腐蚀，破坏了阀与阀座的密封性，并影响柴油机的工作性能。

1. 气阀座面磨损的检修

气阀座面磨损后阀线变宽、中断或模糊不清，气阀关闭不严，产生漏气。原因是高温下阀座面不断受到撞击，座面金属产生塑性变形和表面拉毛；高压下阀与阀座的配合面产生微小相对运动使之磨损，当配合面间有炭粒和金属屑等机械杂质时磨损更加严重。

(1)气阀与阀座的研磨

在船上条件下,大型低速柴油机气阀磨损后用随机专用磨床研磨修复,座面亦用专用工具研磨。中、高速柴油机进、排气阀与阀座的配合面磨损后可采用手工研磨修复。对于铸钢气缸盖座面磨损严重时,允许采用堆焊修复。中、小型柴油机气阀配合面磨损较轻时采用互研,将气缸盖拆下,底面朝上放于平地上,气阀插于阀孔中,用橡皮碗吸住阀盘底平面,并在阀与阀座配合锥面间放入少量研磨剂或机油进行互研;阀座面磨损较严重时先机械加工座面或更换座圈后再与阀互研。

对于中、小型柴油机气阀与阀座互研后密封性的检查方法有以下几种:

①在气阀锥面上用铅笔每隔 3～5 mm 画一条线,然后将阀装入阀座,压住阀盘并转动 90°。取下气阀观察其上的铅笔线,若全部被擦掉,表明密封性良好,研磨质量高。

②将气阀装入阀座,手动使之起落数次敲击阀座,若座面上呈现一连续光环,表明气阀与阀座密封性良好。

③将气阀装入阀座,在阀座坑内阀盘底面上倒入煤油,5 mm 后擦净煤油并迅速提起气阀,观察配合面上有无渗入煤油,没有煤油渗漏,表明密封性良好。

上述检查均是在气缸盖底面朝上放置时进行的,检查配合面密封性是研磨的后续工作。

(2)气阀座的铰削

如果气阀座磨损凹痕或麻点比较严重时,可在研磨前先用锥形铰刀进行修复。手用气阀铰刀是成套专门工具。每套包括 15°、30°、45°、75°等几种锥角铰刀,每种锥角又有粗铰和精铰两种,并配有铰刀导杆作为铰削时的安装基准,如图 8-5 所示。

用铰刀修整阀座的步骤大致如下:

①用柴油将气阀导管内表面清洗干净,然后根据阀锥角度选用 30°或 45°铰刀,并与导杆组合。将导杆插入导管孔中不许有太大的松动,以保证铰削后的阀锥面与导管同心。铰削以人力进行。有时阀座表面又硬又光,铰时铰刀打滑。此时可用什锦铁刀在阀座圈阀线面上锉出一些周向细槽口,再用铰刀铰可便于铰刀刀刃吃进,并铰去表面的冷作硬化层。

②在阀座表面涂以色油,以新的或经修整过的气阀与阀座研合 1～2 周,再从阀锥面色油分布情况判别气阀与阀座接触环带的宽度和位置。接触环带过宽,密封性差,而且流阻增大。如位置偏低且宽,则用 15°锥角铰刀修正。如位置偏高且宽,则用 75°锥角铰刀修正,如图 8-6 所示。直至接触环带宽度达到要求(1.5～2.5 mm)并使气阀安装后阀盘底面与缸盖底面距离符合规定。

③最后先用细凡尔砂,后用机油进行气阀与阀座互研。

当阀座工作面上凹痕的最大深度超过 2 mm 时,手工铰削法太费工时,宜用车床光车,然后再与经过修理的气阀互研。

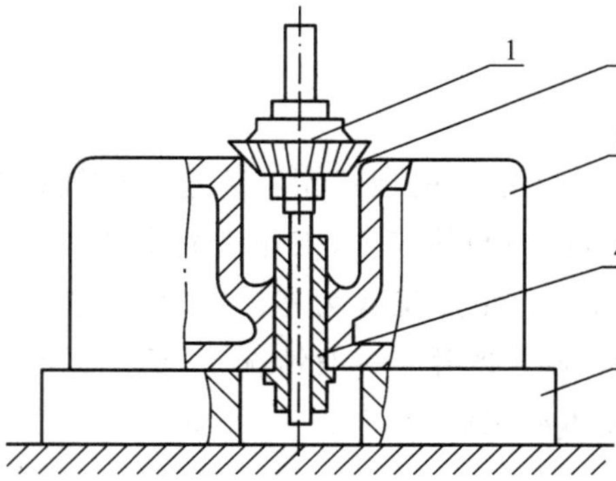

1—铰刀；2—阀座；3—气缸盖；4—心杆；5—垫块

图 8-5　铰阀座示意图

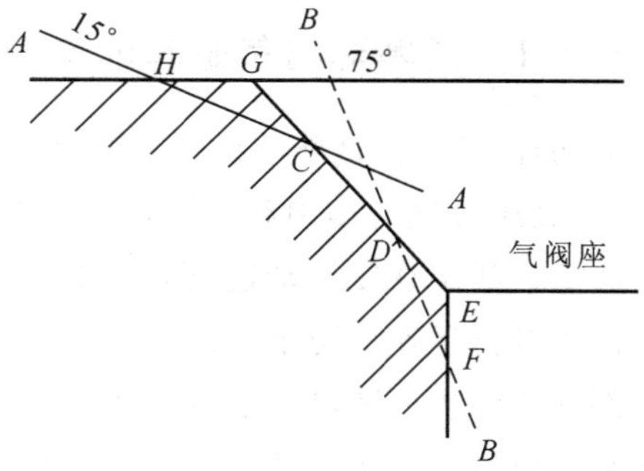

图 8-6　阀线宽度的铰削修正

2. 气阀座面烧伤、腐蚀的检修

烧伤和腐蚀大多发生在排气阀座面上，主要是由于座面的变形、磨损、积碳和座面裂纹等引起气阀关闭不严，高温燃气泄漏使阀座过热和金属元素烧损；或因阀座过热和燃用重油发生高温钒腐蚀，阀座面产生麻点、凹坑，甚至局部烧穿。

阀座面上的腐蚀和烧伤的麻点、凹坑可机械加工消除，然后用专用磨床修磨，或采用堆焊、喷焊工艺修复。阀座面的腐蚀、烧伤可用机加工或手工铰削修复，大型柴油机的排气阀座面也可采用堆焊、喷焊修复。损伤严重时应更换座圈。

修复后，气阀与阀座配合面上的阀线宽度应符合表 8-1 规定。

表 8-1　阀线宽度　　单位：mm

阀盘端面直径	＜50	50～75	＞75～125	＞125～175	＞175～250	＞250
阀线宽度	2.0	2.5	3.0	4.0	4.0	4.0～6.0

8.2　气缸套的检修

气缸套是柴油机重要而又易于损坏的零件。目前，船用大型低速二冲程柴油机主要采用长冲程或超长冲程直流扫气的换气形式，其气缸套较长（$S/D=2.5\sim4.2$，S 为冲程，D 为缸径），中下部有一圈气口；老式弯流扫气的气缸套下部有两排气口。四冲程柴油机筒形气缸套结构简单，有干式、湿式之分。

气缸套上部内表面是燃烧室的组成部分，直接受到燃气的高温、高压和腐蚀作用，与活塞组件的相对运动使其承受侧推力和强烈的摩擦，气缸套外圆表面与气缸体内壁组成冷却水腔，受到穴蚀和电化学腐蚀作用。常见的气缸套损坏形式有：内圆表面的磨损、腐蚀、裂纹和拉缸；外圆表面的穴蚀和裂纹。

根据中国船级社对营运船舶保持船级的特别检验要求，对船舶主、副柴油机气缸套进行打开检验；柴油机说明书维修保养大纲要求 8000 h 对气缸套进行一次检修，此外每当吊缸时均应检测气缸套的损坏情况。

8.2.1 活塞环与气缸套的摩擦形式

活塞环-气缸套是柴油机中一对重要的具有往复运动的运动副。活塞环与气缸套受到高温、高压燃气的作用和冲刷，产生很大的机械应力与热应力；工作表面受到腐蚀与严重的摩擦。活塞往复运动速度在行程中点附近最大，止点位置为零。所以，在恶劣的工作条件和较低运速情况下，难以形成理想的液体动压润滑。一般情况下，活塞只有在行程中部其工作表面才易于实现液体摩擦，形成液体动压润滑，而在上、下止点附近工作表面间则形成极薄的边界油膜，实现边界润滑。

柴油机气缸中的高温不利于液体油膜建立。因为高温使润滑油黏度降低或氧化变质，使活塞头部变形影响正常配合间隙，使缸壁上已形成的油膜蒸发、氧化和烧损。形成油膜的有利条件：行程中点运动速度最大；已形成的油膜在下一个行程被更新之前暴露在高温中的时间极短，仅有几分之一秒；现代气缸油中的添加剂使润滑油的抗氧化安定性大大提高，增强了高温下保持油膜的能力。

8.2.2 活塞环与气缸套的磨损

1. 气缸套正常磨损

柴油机的技术状态和使用寿命很大程度上取决于气缸套的磨损情况。在正常工作条件下气缸套磨损是不可避免的。一般只要气缸套的磨损量在允许范围之内（最大允许磨损量为 0.4%～0.8%缸套内径），气缸套就处于正常工作状态。

(1)气缸套正常磨损的标志

气缸套正常运转工况下正常磨损的特征是最大磨损部位在气缸套上部，即活塞位于上止点时第 1、2 道活塞环对应的缸壁处，并沿缸壁向下磨损量逐渐减小，气缸内孔呈喇叭状。气缸套左右舷方向的磨损大于首尾方向的磨损。图 8-7(a)为气缸套正常磨损后缸壁纵向形状和磨损量示意。

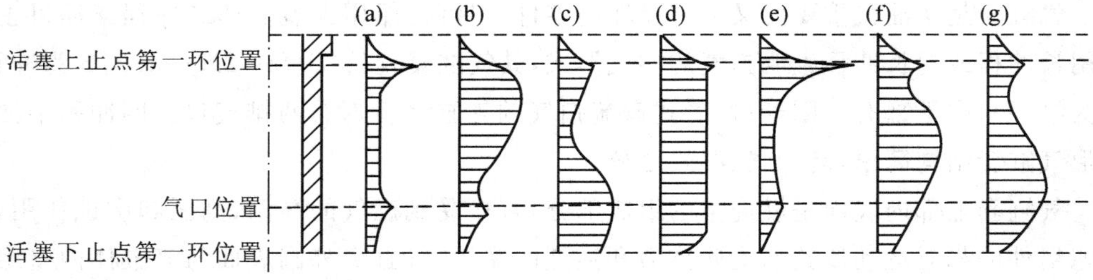

图 8-7 气缸套磨损后纵截面形状和磨损量的示意

正常磨损的参数：

圆度误差、圆柱度误差、内径增量(缸径最大增量)小于说明书或有关标准的规定值；

缸套磨损率：铸铁缸套小于 0.1 mm/kh，镀铬缸套在 0.01～0.03 mm/kh 之间；

气缸工作表面清洁光滑，无明显划痕、擦伤等磨损痕迹。

(2)正常磨损原因

①处于边界润滑部位的局部金属直接接触引起的黏着磨损，或因过薄的油膜被工作表面的尖锋刺破，或因高温、速度低等使油膜未能形成或遭破坏。

②进入气缸的新鲜空气中的灰尘，燃油或滑油燃烧生成的各种氧化物、碳粒和灰分，润滑油中的机械杂质及运动副的摩擦产物等均会引起磨粒磨损，且以气缸上部最为严重。

③燃油中硫分的燃烧产物对缸壁的硫酸腐蚀。由于活塞在上止点时第 1 道环对应缸壁处含酸量最大，为缸套下部的 4 倍，造成缸套上部严重的腐蚀磨损。气缸上部燃气温度与压力对硫酸露点的影响，使上部凝结较多的酸。

2. 气缸套的异常磨损

(1)异常磨损的特征

①气缸套和活塞环的磨损率均很高，大大超过正常磨损率。一般铸铁缸套磨损率大于 0.1 mm/kh，活塞环磨损率大于 0.5 mm/kh。

②缸套工作表面脏污，有明显的划痕、擦伤、撕裂等拉缸和咬缸现象，或者缸壁表面变蓝，有明显的烧灼现象。缸套工作表面形貌和金相组织发生变化。

③异常磨损的磨损产物颗粒较大。一般正常磨损的磨屑直径小于 1 μm，而异常磨损的磨屑直径为 25～30 μm。

气缸套异常磨损在吊缸检修时可以直观判断，或通过测量缸径计算出的磨损率、内径增量(或圆柱度误差)和圆度误差等来判断。

图 8-7(b)～(g)所示为缸套异常磨损后纵截面形状和磨损量的示意。

图 8-7(b)、(c)、(d)为典型的异常磨粒磨损。图 8-7(b)为缸套上部因新气携大量尘埃进入气缸和燃烧不良产生大量积碳引起的磨损。图 8-7(c)为润滑油中机械杂质过多，筒状活塞式柴油机缸套润滑自下向上布油，造成下部严重磨损。图 8-7(d)为上述两种因素并存时造成的严重磨损。

图 8-7 (e)为缸套异常黏着磨损。特点是活塞位于上止点时第 1 道活塞环对应缸壁磨损异常增大，甚至出现大面积拉伤的拉缸现象。

图 8-7 (f)、图 8-7(g)是典型的腐蚀磨损。图 8-7(f)是燃油含硫量高或柴油机经常冷车启动使缸套上部腐蚀磨损严重，磨损量为正常磨损量的 1～2 倍。腐蚀产物脱落引发二次磨粒磨损，使缸套中部磨损加重，磨损量为正常磨损的 4～6 倍。图 8-7(g)是冷却水温过低导致的缸套下部严重腐蚀磨损。

以上各种情况是典型的，原因是单一的，然而实船柴油机缸套磨损情况则是复杂的，原因是多方面的。轮机员在分析缸套异常磨损原因时应依实际运转工况全面考虑，具体分析。

(2)异常磨损的原因

船舶航行期间，柴油机气缸套发生异常磨损主要是工作中的问题引起，在分析原因时应首先分析工作参数和维护管理工作对磨损的影响，这是研究问题的起点，解决问题的方向。

①燃油和燃烧的质量

燃油中的含硫量是气缸套产生腐蚀磨损的重要原因，燃油中含硫量超过0.7%～1.0%时，磨损急剧增大。因为含硫量增加使硫酸凝结温度(即露点)升高，在气缸工作条件下容易发生腐蚀。含硫量高的燃油燃烧时生成较多的碳粒，并促进积碳的形成，加重磨粒磨损。

燃油中灰分含量高时，燃烧后生成金属氧化物或金属盐，增大缸套的磨粒磨损。

船用低速柴油机燃用低质燃料油对缸套的磨损较燃用低硫柴油高2～3倍。燃料油中的没有除掉的极硬的硅酸铝颗粒，严重增大了缸套的磨粒磨损。

燃油燃烧不良，如燃烧不完全、后燃等均会使碳粒增加，磨损加重。

②冷却水温的管理

气缸套冷却水温控制不佳会使缸套磨损增大。一般来说冷却水出口温度过低，使缸壁温度过低，硫酸腐蚀加重；冷却水出口温度过高，缸壁冷却不良，温度较高，致使缸壁上油膜蒸发，滑油氧化，积碳严重，导致黏着磨损。同时，缸壁温度过高不仅热负荷增加还影响活塞环的散热，使环的磨损加重。

实践证明，适当提高缸套冷却水出口温度，使缸套表面温度高于露点，可有效地防止腐蚀，减小磨损。一般出口温度控制在85～95℃时缸套磨损量较小。

③润滑油的管理

活塞环与缸套工作表面间的边界油膜极薄，它有赖于润滑油中极性团的物质。合适的润滑油或含有极性添加剂的润滑油能够形成承受较高负荷的边界油膜。润滑油的其他品质，如抗氧化安定性、残炭值等也利于气缸润滑。

柴油机燃用低质燃油时，气缸油的碱值应与其匹配，以中和燃油燃烧时产生的酸，有效地降低腐蚀磨损。

因此，润滑油品质不良或不适，碱值不当或轮机员对润滑油管理、使用不当，如油压不足，断油，润滑油长期使用不化验、不更换以致滑油变质等，均会引起缸套异常磨损。

8.2.3 气缸套磨损检修

新造气缸套内孔具有一定的尺寸精度、几何形状精度和粗糙度等级。一般几何形状的加工误差，如圆度误差和圆柱度误差应在0.015～0.045 mm，粗糙度在Ra0.4～1.6 μm。气缸套安装到气缸体上后几何形状误差增大，圆度误差和圆柱度误差应控制在0.05 mm以内。柴油机运转时，活塞运动部件在缸套内做往复运动使缸套内圆表面产生不均匀磨损，壁厚减薄，圆度误差和圆柱度误差大大增加。通常，当缸套磨损量超过(0.4%～

0.8%)D (D 为缸径)时,燃烧室就失去密封性。所以,气缸套过度磨损会使其工作性能变坏,柴油机功率下降和导致其他零件的损坏。

轮机员应该依照说明书的要求和柴油机的运转情况对气缸套磨损进行检测,掌握和控制气缸套磨损状况,防止发生过度磨损。气缸套内孔磨损标准如表 8-2 所示。

表 8-2　气缸套内孔磨损极限　　单位:mm

气缸套内径	内径增量	圆度、圆柱度
85～200	0.60	0.10
>200～300	1.00	0.15
>300～400	1.50	0.23
>400～500	2.00	0.28
>500～600	3.00	0.35
>600～700	4.00	0.45
>700～800	5.00	0.60
>800～900	5.70	0.65
>900～1000	6.40	0.70
>1000～1100	6.80	0.75

大型低速柴油机铸铁气缸套的正常磨损率应小于 0.1 mm/kh,镀铬气缸套正常磨损率在 0.01～0.03 mm/kh。

1. 气缸套内圆表面磨损测量

目前,无论是在船上还是在船厂检测气缸套内圆表面的磨损情况均是利用一般的量具,如内径千分尺、内径百分表或随机专用内径百分表。通过测量缸径,计算圆度误差、圆柱度误差或内径增量,磨损率,并与说明书或有关标准进行比较,最后作出能否继续使用的判断。

(1)测量部位

测量气缸套内径是在沿气缸套纵向几个确定的测量点的横截面上测量首尾方向(y—y,即平行曲轴方向)和左右方向(x—x,即垂直曲轴方向)的气缸直径,如图 8-8 所示。

中、小型四冲程筒形活塞式柴油机如无测量用的定位样板又缺少说明书等资料时,可参考以下四个位置进行缸套磨损测量:

①当活塞位于上止点时,第一道活塞环对应的缸壁位置;

②当活塞位于行程中点时,第一道活塞环对应的缸壁位置;

③当活塞位于行程中点时,末道刮油环对应的缸壁位置;

④当活塞位于下止点时,末道刮油环对应的缸壁位置。

还可以根据气缸套磨损规律在以下部位测量缸径:

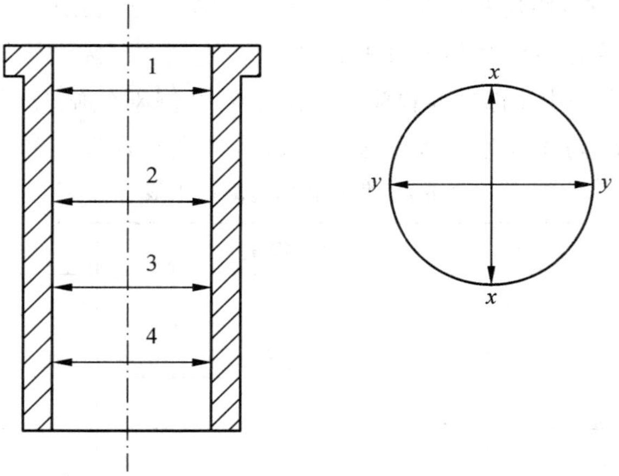

图 8-8 气缸套测量位置

①活塞位于上止点时，第一道活塞环对应的缸壁位置；

②第一道环分别在活塞行程的 10%、50%和 100%的位置；

③第一道环在距气缸套下端 5～10 mm 的位置。

除上述规定点外，还可依气缸套长短和要求，在气缸套上适当部位增加测量点。

大型二冲程柴油机气缸套磨损测量部位一般在柴油机说明书中有明确规定，并有随机测量用的定位样板。测量时，只须将样板分别安放在气缸套的首尾方向和左右方向的位置上，依样板上的定位孔确定的各测量截面，测量其相互垂直的两个缸径。图 8-9 所示为 Sulzer RTA38/48 型二冲程柴油机气缸套测量位置。

(2)测量、记录与计算

测量时应准确记录各测量点的数据，依此数据计算出各横截面的圆度并求出最大圆度；计算出首尾、左右两个纵截面的圆柱度并找出最大圆柱度；计算出内径增量；与上一次测量比较，确定两次测量的间隔时间以便计算出这一段时间内缸套的磨损率。

将计算出的最大圆度、最大圆柱度或最大内径增量与说明书或标准比较，以确定磨损程度和修理方案。

2. 减少气缸套磨损的途径

船舶主、副柴油机运转期间，减小气缸套磨损、防止产生异常磨损的重要措施就是加强维护管理，主要从以下途径实现：

(1)加强燃油和燃烧的管理

燃油质量及其燃烧质量直接影响缸套磨损。加强燃油品质的选择和净化处理可有效地防止和减小腐蚀磨损和磨粒磨损。对目前船上广泛使用的低质燃油的缺点(黏度高、杂质和硫分大等)采取相应措施，以减小其所引起的各种磨损。保证燃油的完全燃烧，防止和减小因燃烧不良引起的磨损。

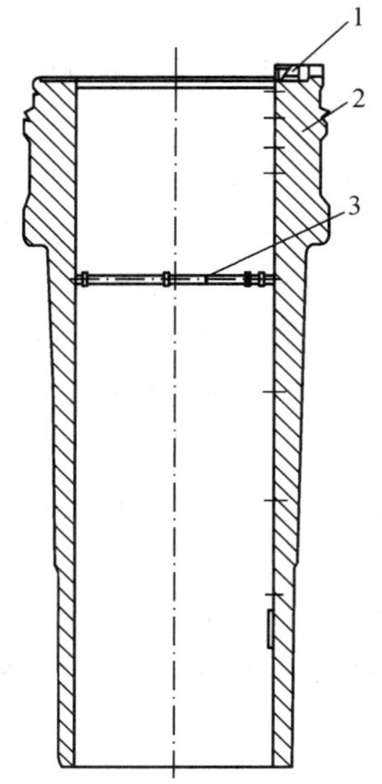

1—样板；2—气缸套；3—内径千分尺

图 8-9　Sulzer RTA38/48 型二冲程柴油机气缸套测量位置

(2)保证良好的气缸润滑条件

加强气缸润滑的日常管理，对润滑油品质的选择、净化处理、定时定量供给、定期化验和换油及供油设备维护和保养等均应认真按规定要求进行。

(3)注意气缸套冷却水温度

冷却水温过高或过低均会加剧缸套的磨损。加强冷却水的管理，定期进行水处理、注意水温的变化和及时调节水温保持要求的温度范围等。

(4)保持活塞与气缸套之间的正常配合间隙

活塞运动装置具有良好的对中性是其正常运转的重要工艺条件。据统计，在气缸套过度磨损原因中因装置不正引起的约占 1/3。因此，应定期吊缸检测，调整活塞与气缸之间的配合间隙，保证活塞装置的良好对中性，以减小磨损和防止敲缸、拉缸等故障。

3. 气缸套磨损的修复

(1)轮机员自修

当气缸套磨损后各项指标均未超过说明书或标准的要求，只是气缸套内圆表面有轻微拉痕或擦伤时，可在船上由轮机员自修予以修复。

①轻微纵向拉痕(宽小于或等于 0.2%D、深小于或等于 0.05%D、数量小于或等于 3 条，D 为缸径)可用砂纸或油石打磨，使拉痕表面光滑后继续使用。当气缸套内圆表面纵向拉痕超过上述规定时，则应送厂采用机加工方法予以消除或减轻。

②较轻擦伤(深度小于 0.5 mm)时可采用油石、锉刀或风砂轮等手工消除，使表面光滑后继续使用。

(2)造船厂修复

气缸套产生较大拉痕、擦伤、磨台和过度磨损时应拆下气缸套送船厂修复,主要方法有:

①镗缸修复。气缸套内圆表面产生较大拉痕、擦伤和磨台,或者气缸套的圆度、圆柱度超过标准,但内径增量尚符合标准时,采用机械加工(即镗缸)方法消除表面损伤和几何形状误差,但镗缸后的内径增量仍应在标准之内。

②修理尺寸法。当气缸套内径增量超过标准时,在保证气缸套壁厚强度的前提下进行镗缸,消除气缸套内圆表面的几何形状误差和拉痕、擦伤、磨台等损伤,再依镗缸后的缸径配制新的活塞组件,以恢复气缸套与活塞之间的配合间隙。

③恢复尺寸法。当气缸套内径增量超标时,先镗缸消除气缸套内圆表面的几何形状误差和表面损伤,再根据气缸套壁厚要求增加的厚度可选用镀铬、镀铁或镀铁加镀铬的工艺,也可采用喷涂工艺,恢复气缸套原有的直径和与活塞之间的配合间隙。

气缸套修复后装机正常运转前必须进行磨合运转,按说明书要求或视修理状况进行。

8.2.4 活塞环与气缸套的磨合

柴油机或运动副在投入正常运转之前应进行磨合,这一过程绝对不可省略。活塞环与气缸套磨合不良就投入运转,必然会产生严重的黏着磨损,不磨合就更不具备正常运转的条件,所以,磨合运转是决定柴油机工作寿命的重要阶段。

一台新造柴油机在制造厂台架试验时进行磨合运转。装船后,配合精度、工作参数等都可能发生变化,所以开航前还须进行严格的磨合运转。船舶营运中主、副柴油机的运动副损坏后成对更换或只更换其一时,在投入正常运转前也需要进行磨合运转。

柴油机吊缸检修中更换气缸套或活塞环时,在投入额定(使用)负荷运转之前均须进行磨合运转。活塞环与气缸套良好磨合,消除表面的初始粗糙度。形成适于工作条件下保持油膜的形貌,如图 8-10 所示。若磨合不良,可能在运转初期甚至磨合期中发生拉缸事故,如有的新造船舶在重载试航时产生磨合拉缸,致使船舶不能如期出厂投入营运。

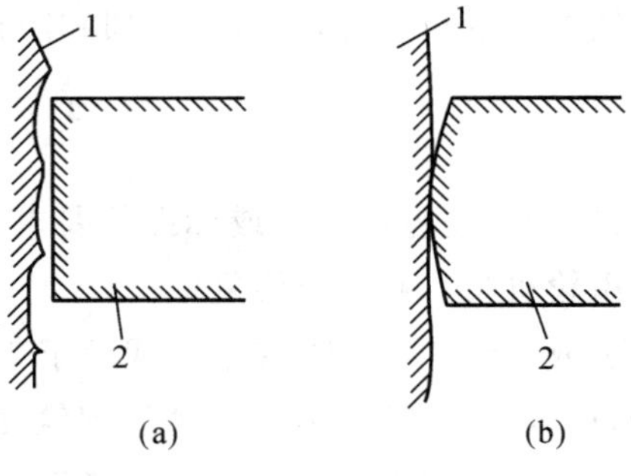

1—气缸套;2—活塞环

图 8-10 活塞环与气缸套表面形貌

(a)未经磨合表面;(b)磨合后的表面

1. 活塞环-气缸套磨合良好的标志

活塞环-气缸套磨合运转后，可盘车从气口观察或吊缸检查，如具有以下情况视为良好磨合：

(1)缸壁表面润湿、光亮、清洁、无油污和积碳，或油污不严重且易清除；

(2)工作表面无明显磨损、拉痕等；

(3)环表面上有一圈发亮的磨合带，环在环槽中活动自如。

如果情况恰与上述相反，则表明磨合不良，甚至会出现磨合拉缸的严重情况。

2. 实现活塞环-气缸套良好磨合的关键

影响磨合质量的关键是管理和工艺方面的因素。

(1)润滑

磨合运转中的润滑不仅应有利于油膜的形成和保持，还应有利于磨合。为此，对气缸润滑油的黏度、总碱值及注油量等均应注意。

理想的油膜应均匀地覆盖在整个气缸工作表面上，充分润滑气缸和充分中和缸壁上的酸，避免局部磨损增大。低黏度气缸油具有良好的均布性和散热性，有利于磨合。

磨合运转实质上是一个加速磨损的过程，在短时间内获得初期有效的磨损和用较短的时间完成磨合。为了满足上述要求，气缸油总碱值应与燃油含硫量匹配，以充分中和缸壁上的硫酸，降低腐蚀磨损。燃用重油时磨合运转应选用低碱值气缸油，以加速磨损。如选用高碱值气缸油则易发生拉缸故障，碱值越高拉缸发生率越大。因为高碱值气缸油降低磨损，延长磨合期，当负荷增大时摩擦表面金属黏着而产生拉缸。图 8-11 所示为磨合时气缸油碱值对拉缸的影响。

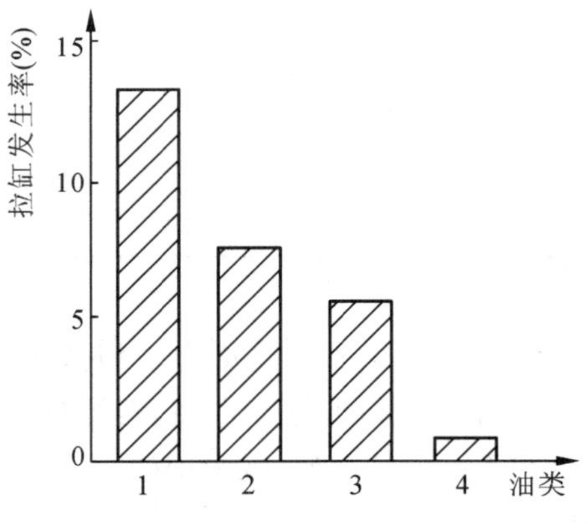

1—SAE40-50，TBN40-70；2—SAE40，TBN9-12；3—SAE40，TBN40；4—高级润滑油，TBN9-12

图 8-11　磨合时气缸油碱值对拉缸的影响

实践证明，低速二冲程柴油机在磨合过程中不同运转阶段选用不同碱值气缸油可获得良好磨合效果。磨合初期选用不含碱性的纯矿物油，随后选用中度碱值气缸油，最后使用高碱值气缸油。图 8-12 为某造机厂柴油机磨合时气缸油分段选用情况。

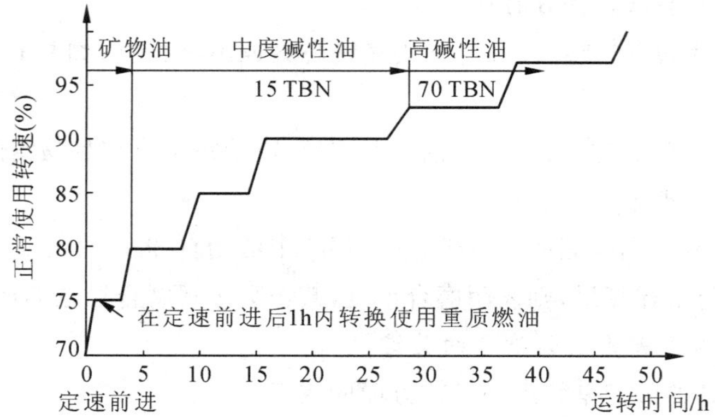

图 8-12 某造机厂柴油机磨合时气缸油分段选用情况

磨合时应加大气缸油注油量，有利于油膜形成，改善活塞环与气缸的密封性，清除摩擦表面上的积碳污物。磨合开始后 24 h 内以最大极限供油量磨合运转，以后按程序逐渐减少注油量，最后恢复正常运转时的注油量。表 8-3 所示为 Sulzer RTA 型柴油机磨合程序和供油率。

表 8-3 Sulzer RTA 型柴油机磨合程序与供油率

定距桨主机		变距桨主机		气缸油供油率	
额定转速(%)	磨合时间/h	额定功率(%)	磨合时间/h	左缸/(kW·h)	右缸/(kW·h)
约 70	1	约 30	1	3	2.2
约 75	1	约 40	1	3	2.2
约 80	1	约 50	1	3	2.2
约 85	2	约 50	2	2.5	1.8
约 90	3	约 75	3	2.5	1.8
约 90	6	约 85	6	2	1.5
	10		10	1.5	1.1

(2)摩擦表面形貌

活塞环和气缸套的工作表面形貌要有利于磨合。通常活塞环和气缸套的材料均采用耐磨铸铁。为了提高表面的磨合性和抗拉缸性能，对零件表面进行改性处理，使零件工作表面覆盖一层耐磨和有利于磨合的金属，或者对零件表面采用特殊的加工方法使之具有适于磨合的初始粗糙度。

活塞环外圆表面采用磷化、氧化、镀锡或镀铜等工艺，在表面上分别形成一层磷化膜、氧化铁膜或镀层，来改善环表面的初期磨合性能和抗拉缸性能。此外，还可在环外圆表面喷钼，使表面的抗拉缸性能更好。

气缸套内圆表面采用磷化处理、松孔镀铬等工艺，使在表面形成多孔的磷化膜或铬镀层，可提高磨合效果和抗拉缸性能。缸套内圆表面采用珩磨加工或波纹切削，使表面形成具有最佳初始粗糙度的特殊形貌，保证必要的磨合磨损和要求的磨损速度。图 8-13 所示为 RD 型柴油机气缸套内圆表面波纹切削后的特殊螺纹形貌。

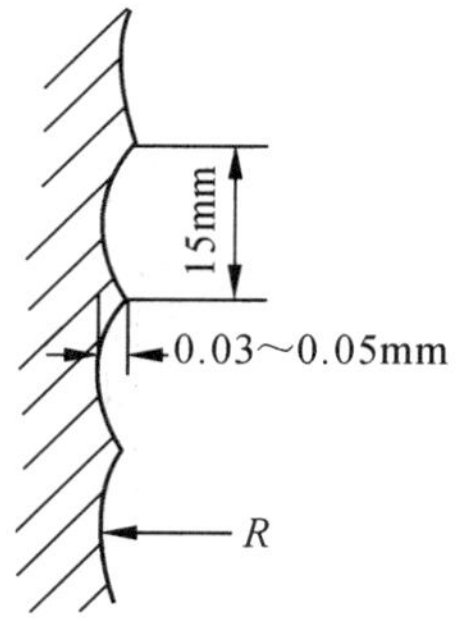

图 8-13　RD 型柴油机气缸套内圆表面波纹切削形貌

(3)科学合理的磨合程序

磨合运转时要求负荷、转速和运转时间的分配必须科学合理，这样才能顺利完成磨合。低负荷下长时间运转，气缸套表面很难达到初期有效磨损，延误投入正常运转时间，很不经济；短时间高负荷下(额定负荷)运转，容易造成过度磨损，产生漏气或拉缸。为了在较短时间内使工作表面达到初期有效磨损，在适合工作条件下保持油膜的表面形貌，应按照一定的原则制订磨合运转时转速与时间分配或负荷与时间分配的磨合程序。磨合程序应依照转速由低到高、负荷由小到大、运转时间分配合理的原则制订。

制订磨合程序时定距桨主机应按转速-时间分配、变距桨应按负荷或功率-时间分配进行磨合运转，如表 8-3 所示。

8.2.5　气缸套裂纹的检修

柴油机气缸套裂纹损坏虽然比气缸套过度磨损的数量少，但是在大缸径，强载的中、低速柴油机的气缸套中是常见的损坏形式。气缸套裂纹大多为热疲劳和机械疲劳等破坏。引起疲劳裂纹的原因与气缸套的结构、材料、毛坯缺陷及维护管理等有关。在船上工作条件下，维护保养不良、管理不当往往是产生裂纹的直接原因。一般来说，气缸套裂纹总是发生在结构设计不合理、强度较差和有应力集中的部位。常见的气缸套裂纹部位主要有：

1. 气缸套冷却侧裂纹

在气缸套外表面上部支承凸缘的根部多发生周向裂纹，严重时扩展到气缸套内表面，即裂穿，甚至整个圆周上裂纹连通，造成支承凸缘以下部分气缸套脱落的严重事故，如图 8-14(a)所示。国产 9ESDZ43/82 型柴油机、B&W 型高增压柴油机气缸套均有发生此种损坏。

产生这种裂纹的原因多为设计不合理，支承力点布置不当，致使气缸套受力后在其支承凸缘根部产生过大的弯曲应力，加之凸缘根部过渡圆角太小引起应力集中，在气缸套凸缘根部必然产生裂纹。后经过改进，即改变支承力点位置，减小或消除弯曲应力、增大凸缘根部圆角半径和控制气缸盖螺栓预紧力等措施，使气缸套产生此种裂纹的情况得到改善。

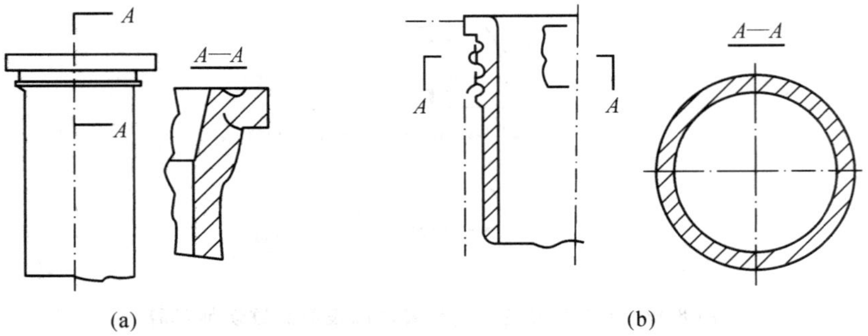

图 8-14 气缸套外表面裂纹

(a)外部凸缘根部裂纹；(b)冷却水道根部裂纹

气缸套冷却侧因流通设计结构不良使冷却水流速过高，局部过度冷却引起过大的热应力，再加上流道圆根处如有应力集中，在气缸套冷却侧就会产生裂纹，并向内圆表面扩展，造成气缸套内圆表面上部产生纵向裂纹，如图 8-14 (b)所示。

此外，当二冲程柴油机气缸套有内铸冷却水管时，会产生纵向裂纹，甚至裂至内圆表面。这是由于气缸套铸造时，内铸冷却水管与气缸套之间熔合不良或因冷却水压力波动，也可能因冷却水处理不佳发生腐蚀等导致。

目前，新式二冲程柴油机的气缸套均为钻孔冷却，冷却效果好，热应力很小，能有效地防止裂纹的产生。

2. 气缸套内圆表面裂纹

二冲程柴油机气缸套内圆表面上部纵向裂纹或龟裂严重时会扩展到冷却侧。这是由于冷却水侧结垢较厚或有死水区时，会使气缸套局部过热产生裂纹，或者由于过大的交变热应力导致出现热疲劳裂纹。裂纹始于气缸套内圆表面，经过较长时间后裂穿。此外，如果燃油黏度过高或喷射压力较大，使燃油喷射距离加长，炽热的火焰侵袭气缸套内圆表面造成局部过热时，也会使气缸套内圆表面上部产生裂纹，如图 8-15(a)所示。

气缸套排气口附近的裂纹是由于排气温度过高，排气口附近金属过热所致。此外，拉缸会使内圆表面产生纵向裂纹和气口处产生裂纹，如图 8-15(b)、(c)所示。

3. 气缸套裂纹的修理

航行中气缸套内表面产生有一定间隔的少量纵向裂纹的，可采用波浪键和密封螺丝扣合法修理，效果较好。例如某轮主柴油机 2 号缸的气缸套内圆表面产生 2 条长约 260 mm的纵向裂纹，采用此法修理后继续使用了 2 年以上。当裂纹较严重或已裂穿时，应换新气缸套。航行中气缸套裂纹严重又无备件时，采用封缸措施实行减缸航行。

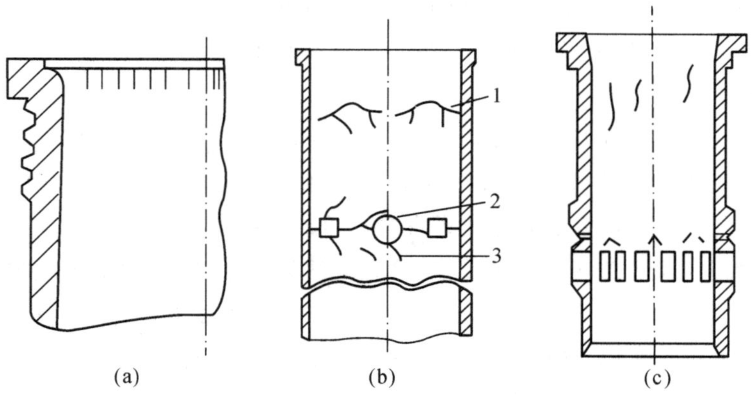

1—布油槽；2—观察孔；3—裂纹

图 8-15　气缸套内圆表面裂纹

8.2.6　拉缸

拉缸是柴油机活塞组件与气缸套配合工作表面相互剧烈作用(产生干摩擦)，在工作表面上产生过度磨损、拉毛、划痕、擦伤、裂纹或咬死的现象，拉缸是在有润滑条件下产生的不同程度的黏着磨损。拉缸轻时，使气缸套、活塞组件受损，严重时会造成咬缸的恶性机损事故。近年来，随着柴油机增压压力和单缸功率的提高，气缸套和活塞组件的热负荷和机械负荷增加，再加上柴油机燃用高黏度劣质燃油等使拉缸事故更易发生。

1. 拉缸的主要症状

(1)柴油机运转声音不正常，发出“吭吭”声或“嗒嗒”声；

(2)柴油机转速下降乃至自动停车，这是因为气缸内摩擦功大增；

(3)曲柄箱或扫气箱冒烟或着火，这是由于缸套和活塞组件温度升高，使曲柄箱或扫气箱空间加热，油或积油蒸发成油气，当活塞环黏着或断环失落时使燃气泄漏以致着火；

(4)排烟温度、冷却水温度和润滑油温度均显著升高；

(5)吊缸检查可以发现气缸套和活塞环、活塞工作表面呈蓝色或暗红色，有纵向拉痕，气缸套、活塞环，甚至活塞裙异常磨损，磨损量和磨损率很高，远远超过正常值。

2. 柴油机拉缸种类

一般柴油机拉缸事故多发生在运转初期的磨合阶段和长期运转以后。根据拉缸发生的时间和损伤特点分为以下两类：

(1)柴油机运转初期的磨合拉缸

这种拉缸事故发生在新造或修理后的柴油机磨合阶段，损伤部位在气缸套和活塞环工作表面，严重时波及活塞裙外表面。有关磨合拉缸的问题已在第二章介绍，不再赘述。

(2)柴油机运转中的拉缸

这种拉缸事故发生在柴油机稳定运转较长时间(数千小时)以后，拉缸使活塞裙外表面烧伤、磨损和气缸套内上止点附近壁面严重磨损及产生气口筋部裂纹。铸铁气缸套与铝合金活塞发生拉缸时,可使活塞材料熔化并与气缸套表面焊接。

3.拉缸的工艺原因

柴油机出现拉缸事故的根本原因是气缸套与活塞环工作表面间的油膜变薄或遭到破坏。当油膜变薄或局部破坏失去油膜时,使气缸套和活塞环配合表面的金属直接接触,发生黏着磨损,进一步发展和恶化即形成严重的拉缸事故。

使润滑油膜变薄和破坏的因素较多,除润滑油品质不佳、供油不足或中断、气缸套冷却不良、缸壁过热、超负荷等因素外,柴油机制造与安装精度和使用中的精度降低也是不容忽视的重要因素。所以,还应从工艺上分析产生拉缸的原因。

(1)气缸套与活塞环工作表面的粗糙度不合适容易引起运转初期的磨合拉缸

气缸套和活塞环的表面粗糙度对磨合过程有很大影响。表面初始粗糙度等级过低,表面太粗糙,难以在较短的时间内完成良好的磨合;若表面初始粗糙度等级过高,表面太光洁,难以存油而使金属直接接触,造成黏着磨损。新造或经修理的气缸套内表面粗糙度应符合下列要求:

高速柴油机　　不超过 $Ra0.8\ \mu m$

中速柴油机　　不超过 $Ra1.6\ \mu m$

低速柴油机　　不超过 $Ra3.2\ \mu m$

(2)活塞运动装置对中不良引起拉缸

新造柴油机活塞运动装置与气缸套对中性差,即安装精度低,或者由于长期运转使导板、滑块、轴承等磨损破坏了活塞运动部件在气缸中的正确位置,活塞在气缸中往复运动时产生摆动和敲击气缸,油膜被破坏导致拉缸事故。例如某油轮主机修理后试车时发生第一、五缸拉缸事故,起因是活塞运动装置对中不良。表 8-4 示出第一、五缸活塞与气缸套间隙测量值。该筒状活塞式柴油机的第一、五缸首尾方向上出现零值,表明活塞在气缸中向首端倾斜。

表 8-4　活塞与气缸套间隙　　单位:mm

缸号		第一缸		第五缸	
测量部位		首	尾	首	尾
上止点	上	0.51	0.83	0.46	0.91
	下	0.20	0	0.31	0
下止点	上	0.46	0.89	0.51	0.84
	下	0.20	0.02	0.28	0

活塞与气缸之间的配合间隙反映二者的对中情况,配合间隙过大、过小或分配不均都会导致拉缸。间隙过大,运转时产生燃气下窜,破坏油膜;间隙过小,金属直接接触甚至黏着,当活塞往复运动时产生拉缸;间隙分布不均,活塞运动部件在缸中倾斜,往复运

动时产生摆动敲缸，破坏油膜，产生拉缸。

4. 防止拉缸的工艺措施

(1)保证活塞运动装置良好的对中性

新机在船上安装时应保证安装质量，保证活塞运动部件与固定件之间要求的配合间隙符合说明书或规范要求，从而使其具有良好的对中性。运转中的柴油机应加强维护管理，减少导板、轴承等的磨损，加强定期检测及时发现失中现象，防止由于对中不良导致的拉缸。

(2)气缸套内圆表面采用波纹加工或珩磨加工

采用波纹加工或珩磨加工气缸套，不仅使其内圆表面具有合适的粗糙度，而且在表面上形成网状沟纹。这种网状沟纹的表面减少了活塞环与气缸套的接触面积，提高了单位面积压力，加速磨合；由于沟纹可以贮油，有利润滑，尤其缺油时沟纹内的油可以补充，从而可以防止拉缸的产生。通常大型柴油机气缸套采用波纹加工，首先进行波纹切削，使表面呈波纹状，然后再进行珩磨，将波纹顶部磨去 15%，这样的表面结构磨合效果更佳，拉缸发生率大大降低，如图 8-16 所示。中、小型柴油机气缸套则采用珩磨加工或振动加工，以形成良好的抗拉缸表面。

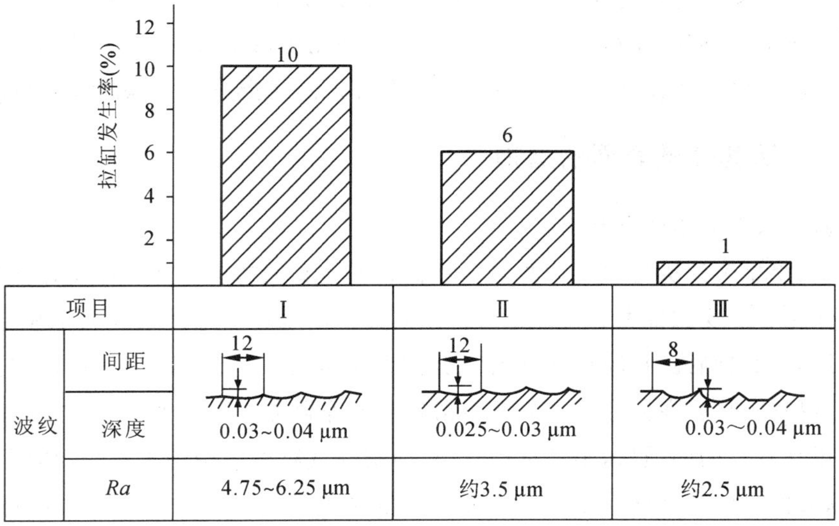

图 8-16　气缸套内表面加工与拉缸发生率的关系

(3)气缸套内圆表面强化处理

气缸套内圆表面采用松孔镀铬、喷钼、离子氮化处理等工艺来提高表面的耐磨性、抗咬合性，以提高缸套的抗拉缸性能。

(4)活塞环外表面强化处理

采用镀锡、镀锌、镀铅等工艺，在活塞环外表面上镀覆一层 5～10 μm 的金属，可加快活塞环与缸套的磨合,提高配合面的密封性,减少由于窜气破坏油膜引起的拉缸事故。活塞环外表面喷钼,可以提高抗咬合性能和提高耐磨性,钼的熔点高达 2640℃,喷铝层多孔且孔分布均匀,贮油性好。

5. 拉缸时的应急措施

航行中,柴油机一旦发生拉缸事故,轮机员应沉着冷静地分析情况,积极设法采取可行的应急措施。根据拉缸程度、海域或航道情况、柴油机结构特点等按说明书指导或自行决定采取何种应急措施。例如,当拉缸尚不严重,海面情况不允许停车检修或者距目的港(或任何港口)较近时,可采取简单的减缸航行措施;拉缸较为严重——发生咬缸或自动停车时,虽距目的港较远,但海面平静则可停车吊缸修理;若无备件,可采用完全减缸航行。

8.3 活塞的检修

8.3.1 活塞的作用和工作条件

活塞是柴油机的主要运动机件之一,燃烧室的组成部分。活塞工作时承受着很大的机械应力和热应力,同时还承受着摩擦。因此,在使用中活塞容易损坏,特别是高速柴油机的活塞。活塞的主要损坏形式有:外圆表面及环槽的磨损、裂纹和破裂,顶部烧蚀等。

8.3.2 活塞外圆表面的磨损

1. 活塞外表面磨损部位与检测

一般中、小型柴油机的筒形活塞裙部外表面容易发生磨损。这是由于运转中活塞裙部起导向作用和承受侧推力。大型十字头式柴油机活塞运动部件的运动是靠导板、滑块起导向作用和承受侧推力,况且活塞与气缸之间的间隙较大,所以正常运转中活塞外圆面是不会磨损的,只有在活塞运动装置不正和拉缸等异常情况下才会发生磨损。

活塞裙部外表面磨损后,裙部直径减小,活塞与气缸的间隙增大,活塞横截面产生圆度误差、纵截面产生圆柱度误差。这些都直接影响活塞的工作性能和柴油机的功率。

在船上是通过测量活塞直径来检验活塞的磨损程度。通常采用外径千分尺、游标卡尺进行测量。测量部位为活塞的上部、中部和裙部的外径,有承磨环的活塞应测量每道环的外径。测量每一测量点的横截面上相互垂直的两个直径:平行曲轴方向的直径和垂直曲轴方向的直径。将测量值记录在表格中,计算出每个横截面的圆度、纵截面的圆柱度,以其中最大值与说明书或标准比较,以确定活塞的磨损程度。表 8-5 所示为活塞裙部外圆磨损极限。

表 8-5　活塞裙部外圆磨损极限　单位：mm

气缸直径	筒形活塞裙部圆度、圆柱度	十字头活塞裙部圆度、圆柱度
＜100	0.10	—
＞100～150	0.12	—
＞150～200	0.12	—
＞200～350	0.15	0.30
＞350～400	0.20	0.30
＞400～500	0.25	0.38
＞500～550	0.30	0.45
＞550～600	—	0.50
＞600～650	—	0.60
＞650～700	—	0.65
＞700～750	—	0.75
＞750～800	—	0.85
＞800～850	—	0.95
＞850～900	—	1.05
＞900～950	—	1.15
＞950～1000	—	1.25
＞1000～1050	—	1.35
＞1050～1100	—	1.40

2. 活塞外圆表面磨损的修复

活塞裙部外圆表面磨损不太严重时，采用光车裙部外圆，消除几何形状误差。光车后仍满足表 8-4 所列活塞与气缸间隙时可继续使用，否则依活塞材料不同采用不同的对策。铝活塞直接换新；铸铁活塞采用热喷涂、镀铁等工艺恢复尺寸；铸钢活塞采用镀铁、堆焊金属等恢复尺寸。承磨环过度磨损、严重拉伤或松动时应换新。

8.3.3　活塞环槽的磨损

1. 环槽磨损的原因

活塞环槽端面磨损是活塞常见的损坏形式，尤其以铝合金活塞为多。环槽端面磨损首先是由于环在环槽中的相对运动，包括环在环槽中往复运动(即环上、下运动)、环的径向胀缩运动、环在环槽中的转动和扭曲运动。其次是由于新气中的灰尘硬质颗粒、燃气中的炭粒，尤其是燃用重油时的更大更坚硬的碳粒，这些硬质颗粒在环与环槽端面之间形成磨粒加速环槽端面的磨损。此外，如果燃烧室的高温使活塞头部和环槽变形、材料性能下降、环与环槽端面间的油膜破坏时，则环槽磨损更加严重。

环槽端面磨损使其与环的配合间隙增大，这将使活塞环的密封性下降而漏气，使压缩压力和爆发压力降低，同时进入环背面的燃气增多，高压燃气将环压向缸壁致使环容易折断。环槽端面磨损使环槽截面形状由矩形变为梯形或出现磨台，且以第一、二道环槽磨损为重为快，如图 8-17 所示。一般活塞环槽端面的磨损率小于 0.01 mm/kh 为正常磨损。

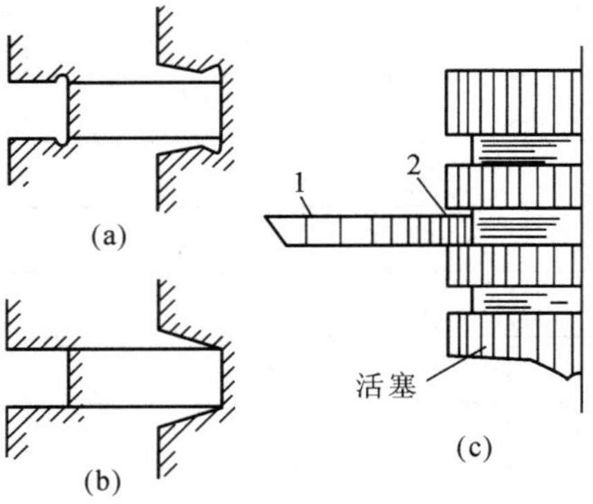

1—测量样板；2—测量处

图 8-17 活塞环槽磨损及测量

2. 环槽磨损的测量与修复

环槽磨损程度是利用样板和塞尺测量环槽高度的变化来确定的。样板是以新活塞的环槽高度为准制作的，也可以用一只新活塞环作为样板。测量时，将样板水平插入环槽并紧贴环槽下端面，用塞尺测量环与环槽上端面之间的距离，即环与环槽的配合间隙，称为平面间隙或天地间隙。测量值与说明书或标准比较，当测量值超过极限值时，说明环槽严重磨损，应予以修复。根据环槽端面磨损情况可选用以下方法修复：

(1)光车或磨削环槽端面，依加工后的修理尺寸配制相应加大尺寸的活塞环，保证平面间隙符合原有要求。采用此法将会使槽脊厚度(环槽之间的轴向高度)减小，强度降低。为了不使槽脊过分减薄，要求槽脊减薄量不得超过原槽脊设计厚度的 20%～25%。同时要求同一活塞上不得有两个环槽采用此法修复。因为如果同一活塞上各道环槽均采用此法修复时，由于各环槽的修理尺寸不同，新配制的各道活塞环尺寸不同。一只活塞上有多种规格的活塞环将给备件供应和管理带来麻烦。

(2)光车环槽端面或采用喷焊、堆焊、镀铬等工艺恢复环槽原有尺寸。例如，MAN-B&WL60MC/MCE 型柴油机的活塞环与环槽最大平面间隙超过 0.7 mm 时，可采用恢复尺寸的方法修复环槽端面，使平面间隙值恢复到 0.4～0.45 mm。

(3)环槽端面镶垫环恢复环槽原有尺寸。低速柴油机钢制活塞的环槽端面严重磨损时，可采用镶垫环的方法修复：首先光车环槽端面，消除几何形状误差，然后在环槽下端面镶耐磨垫环来恢复环槽原有尺寸和平面间隙。图 8-18 所示为活塞环槽镶垫环。

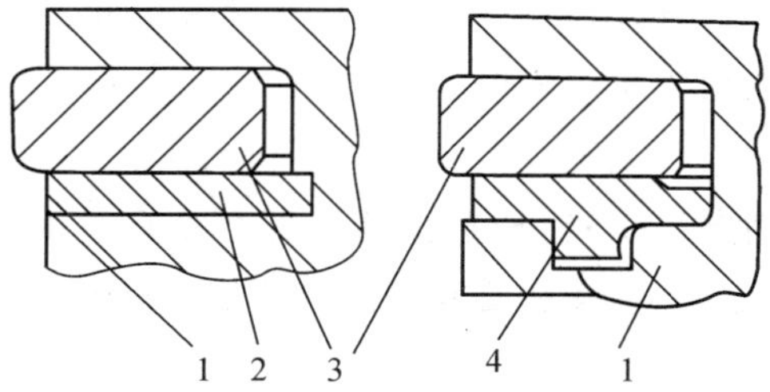

1—活塞;2—死垫环;3—活塞环;4—活垫环

图 8-18 活塞环槽镶垫环

采用焊接工艺将垫环焊在环槽下端面上形成永久性连接,这种垫环称为死环,这种方法称为镶死环法。此法连接牢固,使用中垫环不会脱落,但垫环磨损则难以修复。

采用过盈配合将垫环镶在环槽下端面上,称为镶活环法。由于垫环不固定在环槽端面上,便于再度磨损后更换垫环,但垫环容易松动脱落到气缸内引发事故。

8.3.4 活塞组件的拆卸与测量

1. 活塞、连杆组件的拆卸

活塞、连杆是柴油机中主要受力运动件,拆卸前应首先清除气缸内(尤其是气缸上部边缘处)积碳,避免在吊出活塞时,由于积碳的阻卡而松动气缸套,然后按下列步骤拆卸。

(1)拆卸连杆大端

①转动曲轴,使准备拆下的活塞位于气缸内上止点的位置。

②由曲柄箱道门处认准连杆大端轴承上下盖之间的记号,以备安装时参考。

用专用扳手从曲柄箱道门两边拧松连杆螺栓的固紧螺帽。

为了避免当连杆螺帽拆下后连杆大端轴瓦盖跌落于曲柄箱内造成机件损坏,在螺帽拆下前应用木方垫在连杆大端轴承盖下方,然后均匀拧松两边的连杆螺栓,使大端瓦轴承盖平稳地落在木方上,由曲柄箱道门取出。

(2)吊缸

①在活塞顶装上专用提升工具,利用手拉葫芦吊起活塞连杆组件。

起吊活塞连杆组件时,注意连杆大端轴承的上瓦不要跌落到曲柄箱内,从曲柄箱道门取出。

活塞连杆组件起吊,切勿擦伤气缸套内壁,也勿使连杆摆动而碰坏活塞裙部。

②拆出活塞连杆组件后,连杆轴承、连杆螺栓应装于连杆上,并小心保护连杆轴瓦(避免擦伤)。将组件平稳地放置在木板垫上,以备进一步拆检、清洗和测量。

(3)拆卸活塞销

目前柴油机几乎均采用浮动式活塞销,它的两端用弹性卡簧定位。拆卸时,将活塞放置平稳,用内卡簧钳首先拆下活塞两端的定位卡簧。然后用手锤垫上木块由活塞销的一端敲击，将活塞销从另一端推出。活塞销取下时注意方向位置不要弄错，连杆与活塞、活塞销等零件分别整齐地摆放在木垫板上。

(4)拆卸活塞环

活塞环的拆卸应使用专用工具，如扩张器等。在没有专用工具时，一般可用麻绳或铁丝弯成环形，套在拇指上，分别挂在活塞环开口两端，缓慢地用力使活塞环张开后进行拆装。

张开活塞环时，应尽量使它在能拆卸的条件下张开得小些，否则很易折断或使活塞环受到损伤，使之很快疲劳断裂。

拆下的活塞环应按次序放置好以备检查，不要弄乱次序或随意乱放。

2. 活塞销与连杆小端轴承间隙的测量

连杆小端和活塞销相连接，小端轴承孔中装有轴承衬套，通常用铝青铜或锡青铜制成。

连杆小端衬套磨损后与活塞销的装配间隙可用厚薄规进行检查，用如图 8-19 所示的方法进行。连杆小端衬套磨损后与活塞销的装配间隙超过所规定的极限值时，小端衬套应予换新。

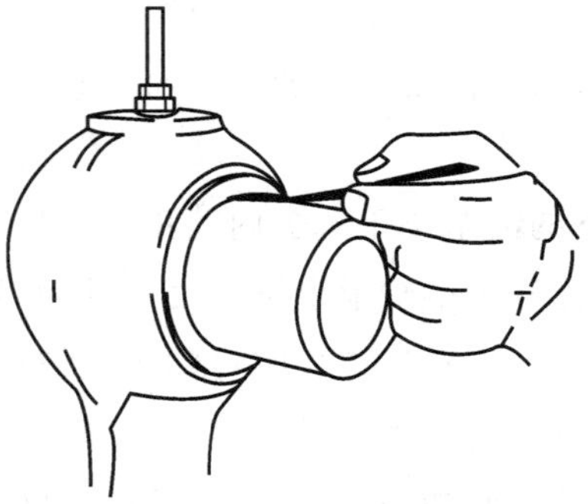

图 8-19 连杆小端轴承装配间隙测量

8.3.5 活塞顶部烧蚀的检测

1. 烧蚀原因

首先，由于活塞顶部直接与燃气和火焰接触，温度很高，尤其当喷油定时不正、喷油器安装不良或冷却侧结垢时使顶部局部过热，温度更高；其次，由于柴油机燃用的重油中含钒、钠过多，就会在活塞顶部温度在 550℃以上的部位产生高温腐蚀。同时，活塞材料过热时发生氧化、脱碳而使其化学成分变化。在以上因素综合作用下，活塞顶部金属产生层层剥落使顶部厚度逐渐减薄，出现钒腐蚀的麻点或凹坑，大小、深浅不一地分布于活塞顶部，这种现象称为活塞顶部烧蚀。严重时可使顶部烧穿。

活塞顶部烧蚀使顶部厚度减薄、强度降低，甚至影响气缸压缩比，降低柴油机的工作性能。

2. 烧蚀测量和修复

活塞顶部烧蚀的程度可用活塞顶部样板和塞尺进行测量，图 8-20 所示为 MAN-B&W S/L 60MC/MCE 型柴油机活塞顶部烧蚀的测量。

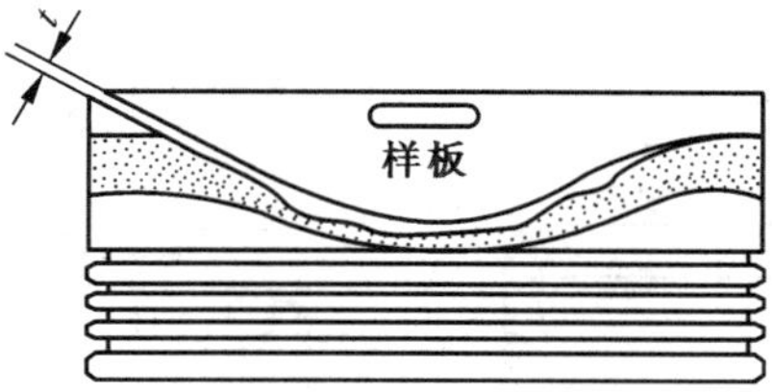

图 8-20　MAN-B&W S/L 60MC/MCE 型柴油机活塞顶部烧蚀的测量

测量时，将样板置于活塞顶部，用塞尺测量样板与活塞顶部之间的最大间隙 t。测量时，还应使样板绕活塞轴线转动，每转 45°测量一次，取其中最大值 t。当 t 超过 15 mm 时应换新活塞。在缺乏备件或应急情况下可采用以下措施：

(1)改变活塞的安装位置。当烧蚀尚不太严重，而且活塞结构又允许的情况下，改变活塞安装角度。例如，B&W 型柴油机活塞顶部烧蚀部位对应于喷油器喷油方向，燃油在此部位集中燃烧和采用冷却效果不良的油冷，致使该部位产生烧蚀。由于活塞结构允许，在产生不太严重的烧蚀时将活塞安装位置转过 90°，使烧蚀部位避开喷油方向继续使用。

(2)焊补修理。烧蚀严重时(最大烧蚀厚度接近规定值时)可采用堆焊工艺进行修补，焊后进行机械加工恢复活塞顶部形状。

(3)换新。当活塞顶部最大烧蚀厚度超过说明书规定值或使活塞顶部厚度减至设计厚度的一半时应将活塞报废换新。

8.3.6　活塞裂纹

1. 活塞头部触火面裂纹

活塞头部触火面裂纹是指在活塞顶面产生的径向或圆周向裂纹、起吊孔边缘裂纹及第一道环槽根部裂纹，如图 8-21 所示。

活塞头部裂纹主要是热应力引起的，同时还有机械应力的作用。柴油机运转时，活塞顶部温度分布不均：顶部中央或边缘温度最高，铸钢活塞温度可达 450 ℃，铝活塞温度在 300～375 ℃，顶面冷却侧和第一道环槽附近温度在 200 ℃左右。在正常工作条件下，活塞头部各处存在着温差应力和高压燃气作用的机械应力等，而且这些应力又都是周期性的，当喷油定时不正、燃油雾化不良或火焰直接触及活塞顶面时就会造成局部过热，引起过大的热应力；当柴油机超负荷运转或活塞顶部冷却不充分时也会引起热应力。过大的热应力会引起裂纹。柴油机频繁启动、停车也会引起热疲劳裂纹。

活塞顶面裂纹还会是冷却不充分、活塞顶面散热不良所致。例如水冷活塞冷却侧结垢严重或活塞顶面积碳严重时就会使活塞顶面局部过热，导致裂纹。通常，结垢层或积

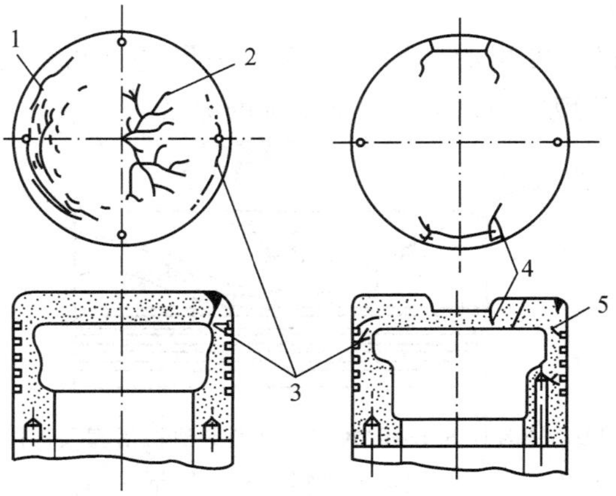

1—周向裂纹；2—径向裂纹；3—冷却侧裂纹；4—顶部尖角处裂纹；5—环槽裂纹

图 8-21 活塞头部裂纹

碳层超过 0.5 mm 时，就会使因过热产生裂纹的可能性急剧增大。所以，为防止裂纹产生，柴油机应定期吊缸检修，加强冷却水的定期处理等维护保养工作。

活塞顶面的起吊孔边缘和第一道环槽根部会因应力集中产生裂纹。

2. 活塞冷却侧裂纹

活塞顶面冷却侧、筒状活塞的活塞销座处产生裂纹更是屡见不鲜。主要是过大的机械应力引起的，同时这些部位还会由于设计不良、材质不佳和毛坯制造缺陷等出现应力集中而加速裂纹的产生。

活塞裂纹可通过观察或着色探伤进行检查。钢质、铝质活塞的顶部裂纹较轻时，可采用焊补工艺修理，钢质活塞顶部裂纹严重时采用局部更换。出现活塞环槽根部裂纹、活塞上穿透性裂纹及无法修理的冷却侧裂纹时应将活塞报废换新。

8.3.7 活塞的验收

船上购置的成品活塞或专门配制的活塞在装机前必须进行检验，确保质量合格和装机后的正常运转。

所购置的成品活塞是按照柴油机制造厂的备件编号册订购，由厂家供应，不需专门验收审查，厂家负责产品质量。除此之外购置的成品活塞或配制活塞均应对其材料成分、性能、尺寸、形状和位置精度、表面粗糙度等进行验收。

1. 材料成分和机械性能符合原设计要求

由供应商和制造厂提供活塞材料成分、机械性能检验报告单，轮机员应认真审核。

2. 活塞的尺寸、形状、位置精度和表面粗糙度等均应符合设计图纸的要求

轮机员除对活塞尺寸、形状和表面粗糙度做一般性检验外，还应对活塞的位置精度进行平台检验。活塞位置精度的技术要求及其检验方法如下：

(1)活塞销孔中心线与活塞中心线应垂直，垂直度误差要求不大于 0.025 mm/

100 mm。检验时，将活塞置于平台 4 上，则活塞中心线垂直于平台 4。当活塞销孔中心线与平台 4 平行时，表明活塞销孔中心线与活塞中心线垂直，测量 l 长度内百分表的读数差即为垂直度误差，如图 8-22(a)所示。

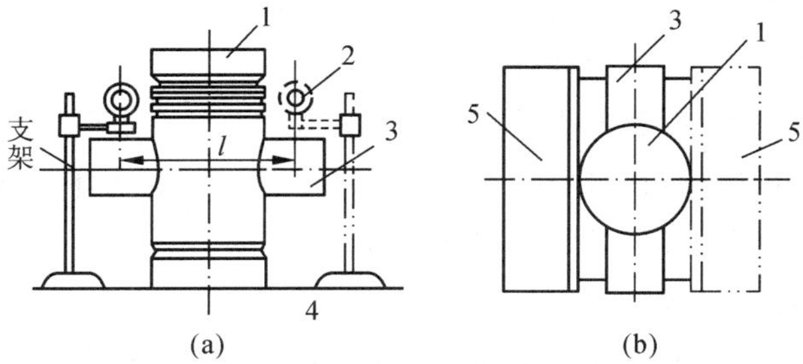

1—活塞；2—百分表；3—心轴；4—平台；5—立式平台

图 8-22　活塞位置精度的检测

(a)垂直度检测；(b)位置度检测

(2)活塞销孔中心线应与活塞中心线相交，其位置度要求为：活塞直径小于 200 mm 时位置度应不大于 0.10 mm，活塞直径大于 200 mm 时位置度应不大于 0.20 mm。检验时，将销孔插有心轴 3 的活塞 1 垂直平台 4 放置，用内径千分尺分别测量立式直角平台 5 紧贴活塞左、右侧时与心轴的距离。两侧距离平均值差的一半即为位置度误差，如图 8-22(b)所示。

(3)活塞环槽平面应与活塞中心线垂直，垂直度应不大于 0.02 mm。检验时，用百分表沿环槽端面转一周，其平面跳动量即为环槽平面与活塞中心线垂直度误差。

(4)活塞顶面形状的检验 。用样板和塞尺检验活塞顶面形状，要求符合图纸要求。

8.4　活塞环的检修

活塞环是柴油机燃烧室的组成零件之一，具有保持活塞与气缸套之间有效密封的作用和将活塞热量传递给气缸壁的散热作用，以及调节气缸润滑油的作用。活塞环又是柴油机的易损零件，主要损坏形式有：过度磨损、折断、黏着和弹力丧失等。活塞环的工作性能直接影响气缸和柴油机的工作性能。为此，应定期地通过扫气口检查和判断其工作情况。

8.4.1　活塞环的工作状况及其检查方法

通过扫气口检查活塞环等零件是获取柴油机运转过程中气缸工作信息的直接、简便和经济的方法。

1. 检查方法

(1)准备。柴油机停车后一段时间，拆除扫气箱上操纵侧的气缸观察孔盖板，清洁观察孔。借助一长柄强光灯泡伸入缸中进行观察。此工作应由两人配合进行,一人观察,一人记录观察情况。

检查中应使冷却水或冷却油保持循环,以便检查有无泄漏:关闭主启动阀和启动空气分配器,并啮合盘车机;盘车使活塞处于下止点,并由此位置开始检查。为了观察清楚和判断正确,必须把零件工作表面擦拭干净。

(2)观察部位。观察时,盘车使活塞上行至扫气口下方,自观察孔观看检查气缸壁和活塞头部;当活塞上行通过扫气口时,清洁并查看活塞头、活塞环和活塞裙工作表面;活塞继续上行,查看气缸套下部和活塞杆的情况。

2. 观察活塞环的工作状况

活塞环在气缸中有以下几种可能出现的状况,观察时应细心观察、分析和判断。

(1)活塞环良好工作状态:活塞环与气缸工作表面光亮、湿润,环在环槽内活动自如,无过度磨损痕迹,环的棱边可能尖锐但无毛刺。

(2)活塞环表面有局部轻微擦伤,且对应棱边尖锐有毛刺,对应缸壁也有轻微磨损。

(3)活塞环表面上有纵向拉痕,是燃油中硬质颗粒造成的。

(4)活塞环槽内如积碳较厚和较硬使环黏于环槽中,将会造成气缸密封不良。此时可用木棒触动活塞环检查其是否黏着及黏着的程度。

(5)活塞环裂纹或折断,亦可用木棒触动进行判断。

(6)活塞环漏气,使环表面干燥发黑,且缸壁上有大面积干燥发黑表面。

(7)活塞头、头几道环和环槽内有带颜色(稍白、黄、褐色等)的灰状堆积物,是气缸油中碱性添加剂导致,可引起缸套严重磨损。

(8)润滑情况:观察缸壁和环上油膜是否充分,除第一道环外其他环的棱边上应有润滑油。气缸套内表面上的白色或褐色部分,是硫酸引起的腐蚀磨损。

8.4.2 活塞环的磨损检测

活塞环随活塞在气缸内做往复运动,使活塞环外圆工作表面磨损,环的径向厚度减小,活塞环的工作开口即搭口间隙增大;活塞环在环槽内运动,使环的上、下端面磨损、环的轴向高度减小,环与环槽的间隙即平面间隙增大。通常,柴油机正常运转时活塞环的正常磨损率在 0.1～0.5 mm/kh 之间,活塞环的寿命一般为 8000～10000 h。

正常磨损的活塞环沿圆周方向各处磨损均匀,并仍与缸壁完全贴合,所以,正常磨损的活塞环仍具有密封作用。但实际上,活塞环外圆工作表面多为不均匀磨损。

柴油机运转时,如活塞环迅速产生较大的不均匀磨损,磨损率超过正常值,表明活塞环发生异常磨损。活塞环异常磨损大多是维护管理不良造成的。例如活塞环换新后磨合不良甚至不进行磨合就投入使用工况运转;柴油机长时间超负荷运转;润滑油品质不佳或供油不充分;燃用劣质燃油、燃烧不良和冷却不足等。第一道活塞环的工作条件尤为恶劣,高温燃气使缸壁温度过高、滑油氧化、润滑条件变坏导致其异常磨损;高温使活塞头和环槽过热变形，破坏环与环槽配合也会发生异常磨损。

活塞环磨损可通过以下测量来判断：

1. 搭口间隙测量

搭口间隙是活塞环处于工作状态时的开口大小，它是活塞环工作时的热胀间隙。搭口间隙过小会使活塞环受热膨胀，搭口间隙消失，环两端对顶，严重时引起拉缸、环卡死和折断；搭口间隙过大会使燃气漏泄。所以说明书或相关标准中规定了搭口间隙的最小值（装配值）和极限值，如表 8-6 所示。

表 8-6　活塞环平面间隙和搭口间隙　　单位：mm

气缸直径 D		气环											
		二冲程								四冲程			
		平面间隙				搭口间隙				平面间隙			
		顶部两根		其余		顶部两根		其余		顶部两根		其余	
		装配	极限	装配	极限	装配	极限	装配	极限	装配	极限	装配	极限
筒形活塞式柴油机	≤150	0,15	0.25	0.10	0.25	0.005D	0.015D	0.004D	0.015D	0.10	0.20	0.08	0.20
	>150～225	0.30	0.35	0.15	0.35					0.15	0.30	0.12	0.30
	>225～300	0.35	0.40	0.30	0.40					0.20	0.35	0.16	0.35
	>300	0.30	0.50	0.25	0.50					0.25	0.45	0.30	0.45
十字头式柴油机	>400～550	0.20	0.40	0.14	0.40	0.0075D	0.25D	0.006D	0.025D				
	>550～700	0.27	0.60	0.17	0.50								
	>700～850	0.34	0.30	0.30	0.30								
	>850	0.45	0.90	0.40	0.90								

气缸直径 D		气环				油环							
		四冲程				二冲程				四冲程			
		搭口间隙				平面间隙		搭口间隙		平面间隙		搭口间隙	
		顶部两根		其余									
		装配	极限	装配	极限	装配	极限	装配	极限	装配	极限	装配	极限
筒形活塞式柴油机	≤150	0.006D	0.015D	0.004D	0.015D	0.05	0.25	0.003D	0.015D	0.035	0.20	0.003D	0.015D
	>150～225					0.06	0.35			0.05	0.30		
	>225～300					0.08	0.40			0.065	0.35		
	>300					0.09	0.50			0.075	0.45		

活塞环外圆面磨损后，径向厚度减小，环的直径 d 减小，但弹力使环仍紧贴缸壁。所以，环的直径胀大与缸径 D 相等，活塞环搭口间隙增大，由 δ 变为 δ'，如图 8-23 所示。

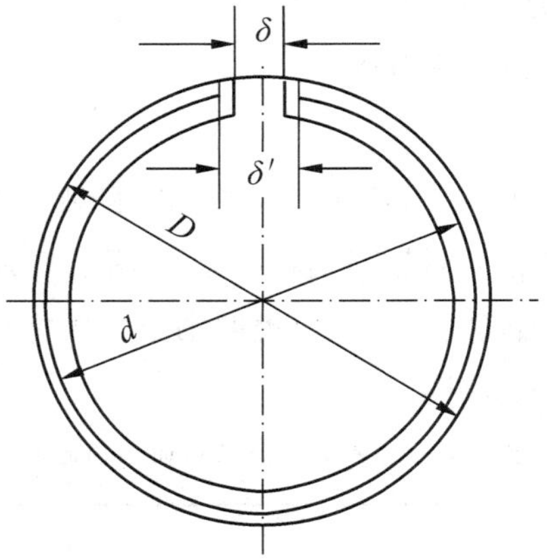

图 8-23 活塞环外圆面磨损与搭口间隙的关系

测量搭口间隙的方法：

(1)测量前，先将活塞自缸中吊出，取下活塞环并清洗环和气缸。

(2)将环依其在活塞上的顺序依次放入缸套下部磨损最小部位或缸套上部未磨损部位，并使环保持水平。

(3)用塞尺依次测量各道活塞环的搭口间隙。

(4)将测得的搭口间隙值与说明书或标准进行比较。超过极限间隙值时，说明活塞环外圆表面已过度磨损，应予以换新。

一般要求活塞环搭口间隙值大于或等于装配间隙，小于极限间隙。

2. 平面间隙测量

平面间隙俗称天地间隙，它是活塞环紧贴环槽下端面时环与环槽上端面之间的间隙。当活塞环与环槽端面磨损后将使端面配合间隙增大。平面间隙过小使环热膨胀受阻和影响环在环槽中的运动；平面间隙过大会使燃气泄漏。说明书和标准中规定了平面间隙的最小值(即装配值)和最大值(即极限值)，如表 8-6 所示。

测量平面间隙的方法依活塞环尺寸大小分为两种，但不论哪种方法在测量前均须先将活塞自气缸中吊出，取下活塞环并分别清洗环和环槽，然后再测量平面间隙。

(1)大尺寸活塞环的平面间隙测量：将环依次装入各道环槽中，使环的下端面与环槽下端面紧贴，用塞尺沿圆周或在圆周上几点处测量平面间隙。

(2)小尺寸活塞环的平面间隙测量：因活塞环的尺寸和质量较小，测量者可一手持环，将环水平局部插入环槽，并使环与环槽下端面紧贴，另一手用塞尺在环与环槽的圆周上对应几处测量，如图 8-24 所示。

实测的平面间隙值应与说明书或标准比较，使之大于或等于装配间隙，小于极限间隙。当实测平面间隙大于极限间隙值时，应修复环槽或换新活塞环；实测间隙变小说明环槽变形或因脏污影响测量的准确性。通常第一道环的平面间隙较大，其他环依次减小。

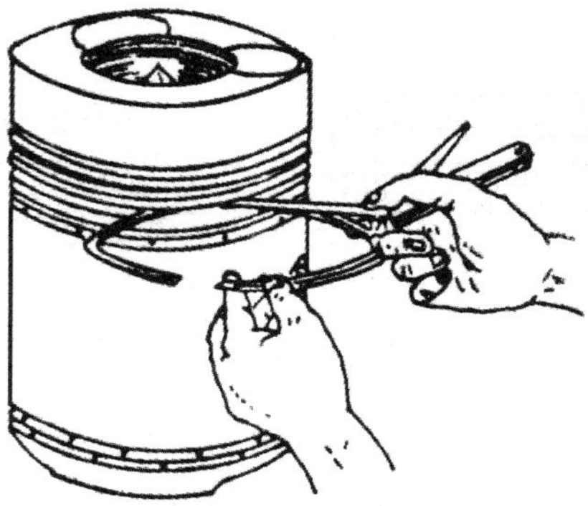

图 8-24　活塞环与环槽平面间隙的测量

3. 活塞环径向厚度测量

活塞环外圆磨损使其径向厚度减小,所以径向厚度也是衡量活塞环磨损的参数。采用外径千分尺进行测量。依柴油机说明书规定,当活塞环径向厚度小于某定值时换新活塞环。例如,MAN-B&W S/L 60MC/MCE 型柴油机活塞环的径向厚度最小值为 17 mm 时换新活塞环(设计值为 20 mm)。

8.4.3　活塞环折断的原因

活塞环折断是活塞环常见的损坏形式之一。一般多是第一、二道活塞环容易发生折断,断裂部位多在搭口附近。活塞环可折断成几段,也可能呈粉碎状,甚至失踪。活塞环折断会使气缸磨损加剧,二冲程柴油机的断环可能被吹至排气管或扫气箱中,乃至吹入增压器涡轮端打坏涡轮叶片,造成严重事故。

活塞环折断的原因很多,除材料缺陷、加工质量差外,主要是使用中维护管理不良和装配质量差所致。

1. 搭口间隙过小

搭口间隙小于装配间隙时,运转中活塞环受热温度升高,由于搭口处金属膨胀无充分的余地,使搭口两端对顶产生弯曲,通常是在搭口附近折断。高增压柴油机燃烧室温度更高,如果搭口间隙过小更易折断。

2. 环槽积碳

燃烧不良、缸壁过热使润滑油氧化或烧损均会使气缸中积碳严重。环槽下端面上的积碳较软时,活塞环在环槽中仍可活动和保持与气缸的密封性;当积碳严重时,环活动受阻,环与缸壁强力作用,刮下的滑油和金属屑混合,并在泄漏燃气作用下在环槽下端面上形成局部的坚硬积碳。活塞环下面有局部的坚硬积碳,上面受到周期性燃气压力作用,使活塞环产生弯曲疲劳折断,如图 8-25(a)所示。活塞环一处折断后燃气泄漏量增加,环槽积碳更加严重,加上活塞横摆时的冲击使环多处折断,呈多段状或碎块状,环槽和气缸的磨损更加剧烈。

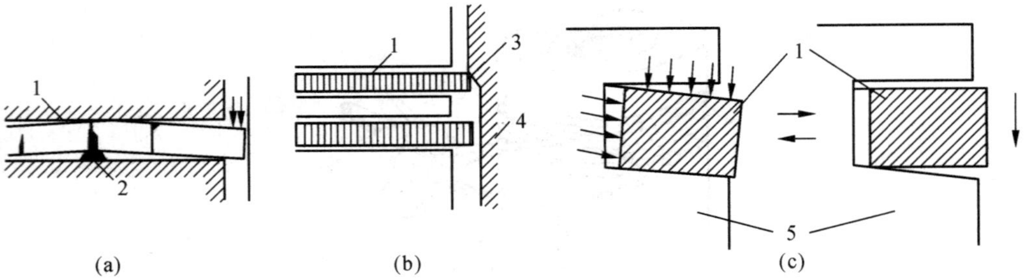

1—活塞环；2—积碳；3—磨台；4—气缸套；5—活塞

图 8-25 活塞环的折断

(a)环槽积碳断环；(b)缸套磨台断环；(c)环槽磨损断环

3. 气缸套磨台

活塞组件与气缸套长期相对运动使气缸套磨损后在缸套上部出现磨台。当活塞上行至上止点时，第一道活塞环碰撞磨台受到冲击而折断，如图 8-25(b)所示。

4. 环槽过度磨损

环槽下端面过度磨损后呈倾斜状。当活塞在上止点附近时，燃气压力作用使环紧贴于倾斜的环槽下端面上，活塞环产生扭曲变形。随着活塞下行，燃气压力下降，环的扭曲变形程度减小而逐渐恢复水平状态。活塞环周期性地扭曲以致水平变形而疲劳折断，如图 8-25(c)所示。

5. 活塞环挂住气口

二冲程柴油机经常会发生活塞环挂住扫、排气口使环折断的损坏。由于活塞环开口部位张力最大，受热变形大，而气缸套上气口之间的筋受热容易变形，当活塞运动时环与气口相遇，只要环开口处稍微接住气口就会使环折断。

6. 活塞环径向胀缩疲劳

当活塞环弹力不足或缸套过度磨损时，活塞环与气缸壁不能紧贴，即不能保持气密，以致高压燃气泄漏将环压入环槽。当活塞下行时气缸内燃气压力降低，活塞环又从环槽内弹出。活塞环不断地径向胀缩以致疲劳折断。

8.4.4 活塞环黏着

活塞环黏着(或称固着)，是环槽内充满油污和积碳使活塞环不能自由运动的现象。活塞环固死在环槽内使其失去密封作用，引起窜气、功率下降、活塞环折断和缸套磨损加重等故障。通常第一、二道环容易黏着，严重时活塞上所有的环均会发生黏着。

活塞环黏着大多是活塞和气缸套过热、润滑油过多和燃烧不良等造成的。过热的活塞、缸套使润滑油氧化或烧焦，燃烧不良使缸中积碳严重，以致大量油污和积碳填满环槽使环不能运动。

检查活塞环是否黏着可以从扫气口观察和用木棒触动活塞环来判断。还可以从活塞环的表面变黑情况来识别环是否发生黏着，因为环黏着时引起燃气下窜而将黏着的环表面变黑。

黏着的环应报废换新活塞环。首先应将环从环槽中取出，一般来说不易取出。采用木棒轻轻敲击活塞环使之松动，或先用煤油浸泡使积碳变软后再用木棒敲击使之松动，最后用专用工具将环取出。取环时切勿用扁铲、凿子等工具，以免损伤环槽。

防止活塞环黏着的关键是要防止气缸过热和润滑油过多，尤其防止多余的润滑油进入气缸上部。大型二冲程柴油机采用气缸注油器注油润滑，注油量可调节故环黏着现象较少。但是由于缸径大，功率高，燃烧室温度高，如果活塞冷却不良就会使活塞头部变形，环槽随之变形，致使环卡死在环槽内，如图 8-26 所示。为防止环卡死在环槽里采用加强活塞冷却和适当增大平面间隙的措施。

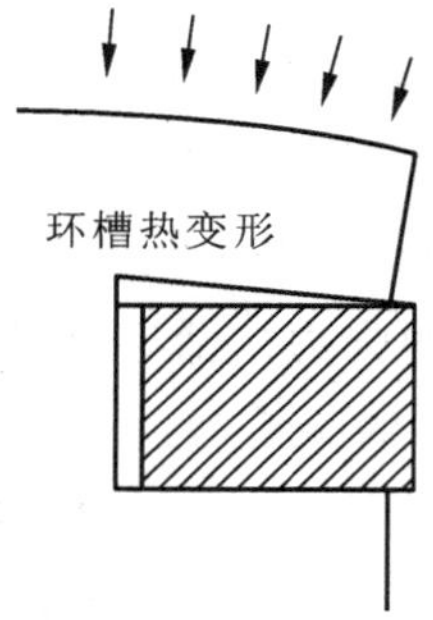

图 8-26　环槽变形使环卡死

8.4.5　活塞环弹力的检查

1. *活塞环的弹力*

把活塞环装入未经磨损的气缸内，环靠弹力压在缸壁上，由此产生的径向压力分布为正圆形，亦即活塞环实际弹力的分布状态。活塞环的密封作用、使用寿命与其径向压力分布有关。通常有三种径向压力分布的活塞环：等压环、苹果形压力环和梨形压力环，如图 8-27 所示。等压环主要用于四冲程中速柴油机；苹果形压力环用于二冲程柴油机，特别是二冲程大型船用柴油机；梨形压力环适用于高速柴油机，由于梨形压力环装入气缸后开口处压力较高，即使磨损后开口处仍保持一定的径向压力，具有很好的密封性。

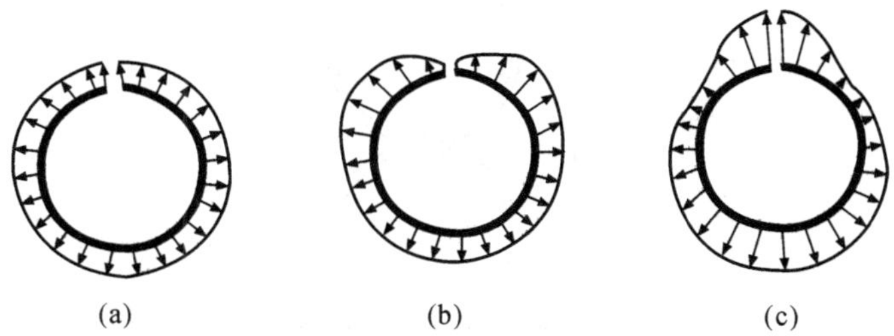

图 8-27　活塞环径向压力分布形式

(a)正圆形压力分布；(b)苹果形压力分布；(c)梨形压力分布

柴油机运转时，处于工作状态的活塞环径向压力是环本身弹力、气体压力和环受热变形产生的附加径向弹力之和。附加弹力是活塞环在气缸内受高温产生热膨胀，使环在自由状态下曲率半径增加，但在气缸限制下产生径向应力，即附加径向弹力。活塞环开口间隙只给予环受热后圆周向热膨胀的余地，而没有考虑径向变热膨胀的影响，以致附加径向压力使搭口两端局部压力过大，容易引起擦伤和挂住气口、窜气等。为此，目前国外采用减少活塞环直径和冷态开口处有少许漏光等方法减少热变形附加径向压力。

经过长期使用活塞环产生不均匀磨损或由于过热、黏着和疲劳等使其弹力部分或全部丧失，也就是径向压力降低或消失，造成活塞环的密封作用下降或消失。

2. 检查弹力的方法

在船上对活塞环弹力的检查方法有以下几种：

(1)测量活塞环自由开口。活塞环自由开口指活塞环在自由状态下开口间的距离，其大小直接影响环的弹力。在弹力范围内，开口越小弹力也越小；反之，弹力越大。所以，可改变自由开口大小来调节环的弹力。活塞环的弹力受其材料和加工方法的限制。一般活塞环自由开口 a_0 与环直径 D 的关系为：

$$a_0=(0.10\sim0.13)D$$

实测活塞环的自由开口 $a_{实测}<a_0$ 或小于新环的自由开口，表明活塞环的弹力下降；若明显减小，表明活塞环弹力丧失。

(2)吊缸检修时，清洗自活塞上取下的活塞环，人为使其自由开口闭合或扩大一倍，松开后测量变形后的自由开口大小。若变形后的开口增大量超过 10% a_0 时，表明活塞环的弹力过小。

(3)对比法是用新旧环的弹力对比检查弹力的方法。如图 8-28 所示，将新旧环竖立在一起，用力使环开口闭合，如旧环开口已闭合，而新环还有一定间隙时，表明旧环弹力不足。

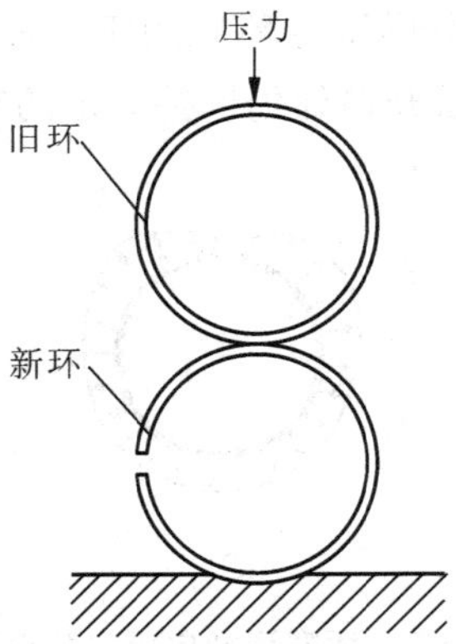

图 8-28 对比法检查活塞环弹力

(4)吊缸后,将活塞环和气缸分别清洗干净,将环装入气缸并用手推动。一般正常弹力的活塞环是不容易装入气缸的,装入缸中也难以用手使之移动。如果旧环易于装入缸中且轻轻触动环即沿缸壁移动,表明活塞环弹力过小。

活塞环弹力部分或全部丧失时应换新活塞环。但在无备件的情况下可采用应急方法暂时恢复环的部分弹力。具体做法是用小锤敲击活塞环内圆表面。自搭口对面部位开始重敲,然后逐渐向两侧敲击,用力逐渐减小,使环的开口增大,弹力增加。但应注意,不可用力过大,以免将环敲断。

8.4.6　轮机员配换活塞环工艺

活塞环是易损件,损坏后一般采用换新处理。所以在船上轮机员配换活塞环是经常性的检修工作。为了保证装配质量,在配换活塞环时应注意以下问题。

1. 新环的检查

使用活塞环的备件前应对其进行必要的检查:

(1)外观检查。首先清洗新环表面的油脂和锈痕,仔细观察活塞环有无变形和表面碰伤、裂纹等损坏。一般新环上有"直径×宽×高"的尺寸标记和上、下端面标记,镀铬端面应为下端面。如无标记,应测量活塞环尺寸及确定下端面。

(2)测量搭口间隙和平面间隙。间隙过小时应分别修锉搭口两端和环的上端面,切不可修锉下端面,并防止修锉时损伤环表面和使其产生变形。

(3)测量环的径向厚度和环槽深度。要求环的径向厚度比环槽深度小 0.5～1.0 mm,可修锉环的内圆表面使其符合要求。

(4)检查环的弹力。可通过测量活塞环自由开口来检查环的弹力。

2. 新环的修配

(1)修锉搭口。为了防止活塞环搭口两端锋利的棱边刮伤缸壁及挂住气口,应将搭口两端修锉成较大圆角,一般圆角半径为 3～5 mm,如图 8-29(a)所示。目前,有的新环在制造时已将搭口修锉好,故安装前不需修锉。

(2)修锉上、下两端的棱边。为了减少气缸的磨损和擦伤及有利润滑,应修锉活塞环上、下端棱边的尖锋和毛刺。

(3)新环检查后为保证各种间隙值而提出的修配工作。

3. 新环的安装

(1)活塞环安装在活塞环槽中应采用随机专用工具将环的开口扩大,如图 8-29(c)所示。如无专用工具可用结实的绳子套在环开口两端,手拉扩大开口,如图 8-29(b)所示。切勿使开口过大,以免使环变形或折断。

(2)应把新环装在第一、二道环槽中,旧环装在其他环槽中。既便于新环磨合又能发挥旧环的密封作用。一般情况下,不应一次更换所有旧环,更不可因一环损坏更换所有

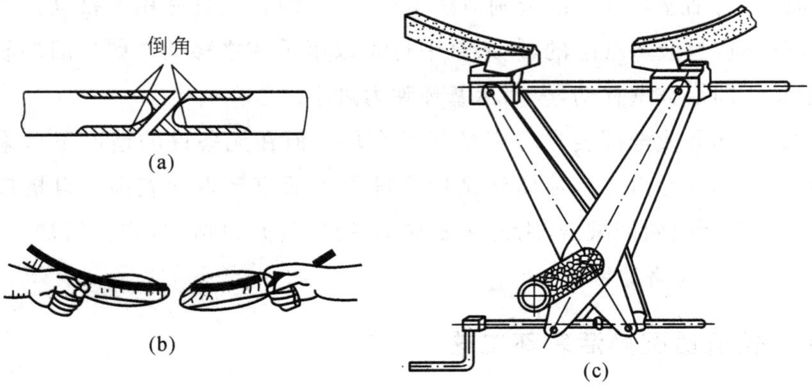

图 8-29 修锉活塞环搭口及环的安装

(a)修锉搭口;(b)简易装环法;(c)专用工具装环法

旧环。

(3)装到活塞上的各道环的开口位置应错开,切勿使开口在同一位置,以免燃气下窜。

(4)装好环的活塞在未吊入缸中之前,应放于木板上妥善保管,以免活塞和活塞环的工作表面受到损伤,这对小型柴油机尤为重要。

4. 新环的磨合运转

活塞环换新后必须经磨合运转才能投入使用工况运转,一般需经 20～24 h 磨合运转。例如 MAN-B&W S/L 60 MC/MCE 型柴油机换新环后的磨合运转程序为:在 2～4 h 内转速逐渐增加至最大转速的 80%;保持 80%最大转速运转 6 h;在 12～14 h 内转速继续增加至全速,并且逐渐增加负荷,总计磨合 20～24 h。在磨合期间应使气缸油供油量达最大值。

8.4.7 活塞环的验收

当活塞环备件难于订购而需要活塞环制造厂或修船厂制造时,对其生产的活塞环产品应进行验收:

(1)活塞环的尺寸、形状和位置精度及表面粗糙度应符合图纸要求。

(2)活塞环的材料、金相组织和硬度等机械性能应符合以下要求:

①材料:活塞环的材料可用 HT250、HT300 或合金铸铁。

②金相组织:在细片状珠光体基体上均匀分布着细直片状或卷曲状的小片石墨,磷共晶体呈断续块状分布。分散的细小铁素体晶粒不超过试片总面积的 5%。

③硬度:在 HB180～HB250 之间,同一活塞环上硬度差不超过 HB20。要求活塞环硬度比缸套硬度高 HB10～HB20,目的是既保护缸套不被很快磨损又保证活塞环有较长的寿命。

(3)活塞环外观检查。活塞环表面不允许有气孔、裂纹、疏松、夹杂、飞边和毛刺等缺陷，环两端面及内圆面上允许有一定大小的气孔。

(4)活塞环弹力检查。活塞环自由开口值应为(0.10～0.13)D(D 为活塞环直径)。

(5)活塞环密封性检查。采用漏光法检查：将环装入气缸中未磨损部位，在环下面用强灯光照光，要求一处漏光弧度不超过 30°，几处漏光弧度总和不超过 90°，且搭口附近 30°范围内不允许漏光，以保证活塞环工作表面与缸套工作表面紧密贴合，从而使气缸燃烧室有较高的密封性。

8.5　活塞销、十字头销、活塞杆与活塞杆填料箱的检修

8.5.1　活塞销的检修

活塞销是筒状活塞与连杆的连接件，它的作用是把活塞所承受的气体力和活塞的往复运动惯性力传递给连杆。活塞销在连杆小端轴承中做摆动运动。

因此，活塞销在工作中承受周期性并具有冲击性的弯曲作用力和表面受到摩擦与磨损。活塞销的结构简单，一般为中空的圆柱体。为了满足工作要求，活塞销的材料一般选用低碳钢(如 15＃钢、20＃钢)、合金渗碳钢(如 20Cr、$12CrNi_3$ 等)并经表面渗碳、淬火和低温回火处理，使之表面硬度高、耐磨性好，心部具有较高的韧性。

活塞销的主要损坏形式是磨损和裂纹。

1. 活塞销的检测

(1)活塞销的磨损测量

采用外径千分尺沿活塞销轴线方向Ⅰ、Ⅱ、Ⅲ三个部位进行测量，如果活塞销与连杆小端轴承配合面较长，可增加两个测量部位Ⅳ、Ⅴ，如图 8-30 所示。测量每一部位横截面上两个相互垂直的直径 D_1、D_2，并计算出圆度误差和圆柱度误差，要求其最大圆度误差和最大圆柱度误差符合表 8-7 的规定。

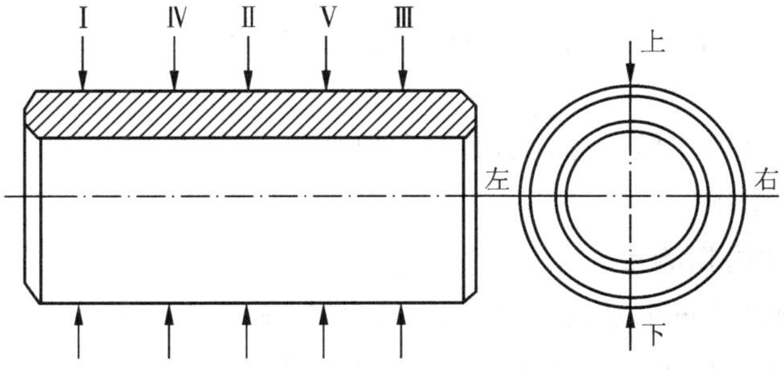

图 8-30　活塞销及其磨损测量部位

表 8-7 活塞销磨损极限 单位：mm

活塞销直径	圆度、圆柱度	活塞销直径	圆度、圆柱度
＜50	0.03	＞175～200	0.06
50～75	0.04	＞200～225	0.07
＞75～100	0.04	＞225～250	0.07
＞100～125	0.05	＞250～275	0.08
＞125～150	0.05	＞275～300	0.08
＞150～175	0.06		

(2)活塞销裂纹检测

活塞销虽小但它是一个极为重要的零件，其上微小的裂纹可引起活塞销断裂，进而引起活塞运动部件打坏机体的严重事故(俗称连杆伸腿的波及性事故)，为此对活塞销应进行：

①外观检查。通过观察活塞销表面检查其表面有无擦伤、过热氧化变色、渗碳层剥落和表面裂纹等缺陷。

②磁粉探伤。对活塞销进行磁粉探伤，检查其表面有无裂纹。工作表面不允许有裂纹和横向发纹，但允许有数量不多于 5 条的纵向发纹(同一截面上不多于 2 条)。

2. 活塞销的修理

活塞销外圆表面过度磨损可采用镀铬、镀铁或其他方法修复。要求镀铬前活塞销表面粗糙度为 Ra1.6 μm，镀铬层厚度不应大于 0.5 mm，镀后机械加工。

活塞销出现表面裂纹和渗碳层剥落应报废换新。

8.5.2 十字头销的检修

十字头部件由十字头销和滑块组成，是十字头式柴油机所特有的部件。它的作用是连接活塞组件与连杆，构成活塞运动部件，并把活塞的气体力和惯性力传递给连杆。十字头销一般选用优质碳钢($40^{\#}$ 钢、$35^{\#}$ 钢)或合金调质钢 (40Cr、35CrMo)锻造而成。十字头销为短粗的中空圆柱体，刚性好，工作表面粗糙度等级高，一般在 Ra0.20 μm 以下。

柴油机运转时，十字头销承受周期性弯曲作用力，并具有冲击性，十字头销颈表面受到摩擦与磨损。

十字头销的主要损坏形式是表面磨损和裂纹。

1. 十字头销的检测

(1)十字头销的磨损测量

采用外径千分尺测量十字头销颈 A、B 的直径，如图 8-31 所示。计算其圆度、圆柱度误差，并应符合表 8-8 的规定。十字头销颈圆度误差过大(即失圆)容易引起十字头轴瓦的裂纹。

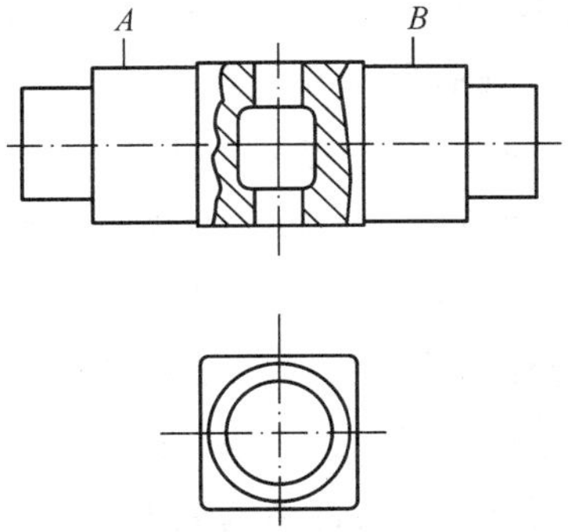

图 8-31　十字头销及其磨损测量部位

表 8-8　十字头销颈直径磨损极限

单位:mm

十字头销直径	150～200	>200～250	>250～300	>300～350	>350～400	>400～450	>450～475	>475
圆度、圆柱度	0.06	0.07	0.08	0.09	0.10	0.12	0.14	0.15

(2)十字头销位置精度检验

十字头销颈中心线与活塞杆孔中心线应垂直、相交。测量垂直度和位置度,要求垂直度偏差应不大于 0.15 mm,位置度偏差应不大于 0.50 mm。此项检验应在车间平台上进行。

(3)十字头销颈裂纹检验

①外观检查:检查十字头销颈工作表面、过渡圆角附近有无裂纹、较深的拉痕等损伤。一般不允许有裂纹、拉痕等。过渡圆角附近表面不允许有发纹,其他表面不允许有横向发纹,只允许有个别的纵向发纹。

②磁粉探伤:必要时做无损探伤检查。

2. 十字头销颈的修理

(1)十字头销颈外圆表面过度磨损后,可采用镀铬工艺修复。要求铬层厚度在 0.20～0.3 mm。镀前外圆表面粗糙度小于 $Ra1.60$ μm,镀层表面不允许有麻点、发纹等缺陷。

(2)十字头销颈圆柱度误差超过规定时,可采用机械加工方法修复。

(3)十字头销颈外圆表面、过渡圆角附近表面产生裂纹并超过规定要求时,应报废换新。

8.5.3　活塞杆填料函的检修

活塞杆填料函是安装在气缸体底板(或称横隔板)中心孔内的密封装置,具有密封气缸扫气空气、刮除活塞杆上的油污和将气缸与曲柄箱分隔开的作用。

1. 活塞杆填料函的结构

活塞杆填料函是由上、下两部分组成的。上部填料函用来密封扫气空气不使其漏入曲柄箱和刮除活塞杆上的油污,以免进入曲柄箱污染润滑油。污油集中在气缸体的倾斜的底板上，可定期用装于气缸体上的旋塞排放。下部填料函用以防止曲柄箱中飞溅润滑油被活塞杆带入气缸。图 8-32 所示为 Sulzer RTA 38/48 型柴油机活塞杆填料函装置。上部刮油环 3 可刮去活塞杆上的油污，密封环 4 用来密封气缸中的扫气空气，防止其泄漏。下部填料函中的第一组刮油环再一次刮除活塞杆上的剩余油污并通过 *SR* 孔排放，其余 3 组刮油环则把曲柄箱中飞溅到活塞杆的润滑油刮下来并经 *OR* 孔流回曲柄箱，但不会与曲柄箱中的润滑油混合和污染润滑油。填料函中的刮油环 3、密封环 4 及下部 4 组刮油环均是由三段扇形块组成，并各用两道拉紧弹簧 3*a*、5*a* 箍紧压在活塞杆上。所以，检查或更换填料函中的环时不需要拆卸活塞装置。

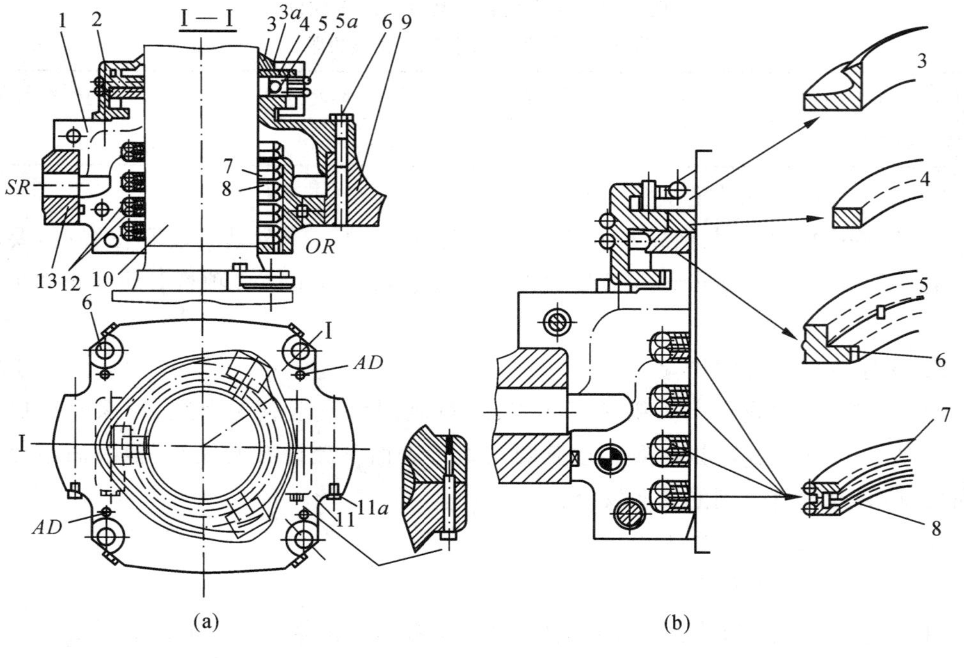

1—两半式壳体；2—锁紧块；3—刮油环；3*a*—用于 3 的拉紧弹簧；4—密封环；5—导环；5*a*—用于 5 的拉紧弹簧；6—螺栓；7、8—刮油环；9—气缸体；10—活塞环；11—螺栓；11*a*—单耳止动垫圈；12—拉紧弹簧；13—O 形密封圈；*AD*—螺栓孔

图 8-32 Sulzer RTA 38/48 型柴油机活塞杆填料函装置

2. 活塞杆填料函检修

由于活塞杆与填料函长时间地进行相对往复运动和环的径向运动，使刮油环、密封环的内圆面产生磨损、划痕、擦伤和端面磨损，致使各部位的环与环槽的配合间隙发生变化。当各部位的间隙接近或超过说明书规定值时，填料函将失去其原有的功能。

当刮油环和密封环过度磨损使规定的间隙接近或超过最大值或环内表面产生划痕、擦伤等损坏时均应换新环。对活塞杆填料函的检修应注意以下两点：

(1)每次吊缸检修活塞时均应拆下活塞杆填料函进行检查，发现严重磨损的零件或有怀疑的零件均应换新。由于活塞的检修间隔期是 10000 h，只有在下一次检修活塞时才能再次拆下填料函进行检修，所以每次吊缸必须检修填料函，以保证其处于良好技术状态。

(2)活塞杆填料函的拆、装应按说明书规定的顺序和要求进行，并保证各部位的配合间隙符合要求。

8.6 曲轴的检修

曲轴是柴油机的重要零件。曲轴的作用是把活塞的往复运动变成曲轴的回转运动，汇集并输出各缸功率等。曲轴形状复杂、刚性差，其质量占整台柴油机质量的 7%～15%，造价占柴油机造价的 10%～20%。曲轴的技术状态直接影响柴油机的正常运转、船舶的安全航行和经济性。所以应加强曲轴的维护保养，减少损伤，尤其应减少曲轴的磨损，控制曲轴的变形和防止曲轴断裂。

曲轴的主要损伤有：磨损、腐蚀、裂纹和断裂、红套滑移等。对曲轴的变形和断裂可通过测量曲轴臂距差予以控制。

8.6.1 曲轴和轴承的摩擦磨损

1. 摩擦形式

(1)主轴颈与主轴承的摩擦

柴油机运转时，曲轴主轴颈与主轴承之间形成楔形油膜，实现液体动压润滑，运动副在液体摩擦状态下工作，如图 8-33 所示。在正常运转状态下达到工作转速时，楔形间隙内油膜压力的合力与外载荷平衡，轴颈在其一偏心平衡位置运转。轴颈中心的平衡位置随工况而变化，油膜厚度随之变化。

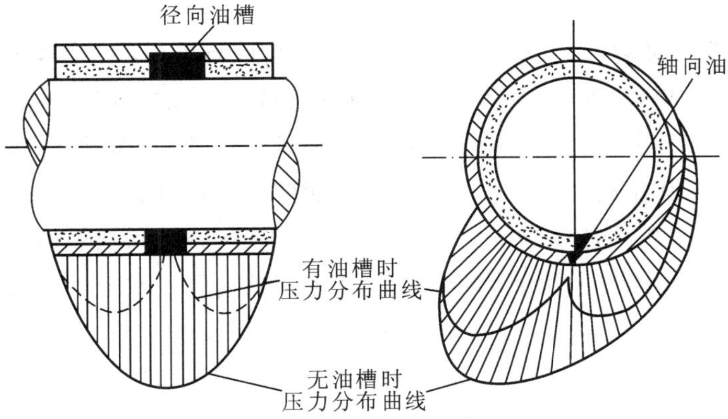

图 8-33　主轴承液体动压润滑油膜及其承载力的分布

一般曲轴转速越高就越容易形成楔形油膜，但转速过高摩擦功也越大，轴承温度升高使润滑油黏度下降，油膜受损；转速太低则油膜难于形成。柴油机启动时运动副处于半干摩擦状态，所以频繁启动、停车使主轴承磨损加快。轴瓦上的油孔和油槽的部位、油槽的深度与宽度比、油孔和油槽上的过渡圆角等均对供油和油膜承载力的分布有很大影响。如果在轴瓦上油膜对应部位开有油槽则使其承载力下降，所以一般不在主轴承下瓦、连杆大端轴承上瓦上开油槽。

(2)曲柄销颈与连杆大端轴承的摩擦

连杆大端轴承随曲柄销做回转运动，同时曲柄销颈相对于大端轴承转动。在大端轴承中，由于轴承孔径大于曲柄销轴径，当大端轴承上瓦压在曲柄销颈上时，在曲柄销颈下方出现月牙状间隙。随着曲轴转动，黏附于曲柄销颈上的润滑油被带入月牙状间隙中形成楔形油膜，实现液体动压润滑。

2. 曲轴和轴承的磨损

(1)曲轴轴颈磨损特点

柴油机长期运转使曲轴主轴颈和曲柄销颈产生不均匀磨损，使轴颈直径减小、几何形状精度降低，产生圆度和圆柱度误差，有时也出现凸台。

一台柴油机曲轴上的各主轴颈和各曲柄销颈的磨损不同，且曲柄销颈磨损较主轴颈磨损大。这是曲轴各轴颈在运转时受到各缸不同的交变的气体力、往复惯性力和离心力，以及它们所引起的弯矩和扭矩作用的结果。直列式柴油机曲轴的连杆大端轴承负荷大于主轴承负荷，所以曲柄销颈的磨损相对于主轴颈的磨损也大。V 形柴油机曲轴则恰好相反。

曲轴轴颈周向不均匀磨损产生圆度误差，是柴油机工作循环使曲轴轴颈回转一周时在圆周方向受到大小和方向变化的力的作用产生的不均匀磨损所致；曲轴轴颈轴向不均匀磨损产生圆柱度误差，是曲轴轴颈受到气体力和运动部件质量作用产生弯曲应力，及活塞运动部件安装不良或失中等使在轴颈长度方向受力不均，产生的轴向不均匀磨损所致，一般以曲柄销颈为重。

不均匀的磨损程度取决于柴油机的类型、气缸数目与排列顺序、曲柄夹角以及发火顺序等。对于四冲程柴油机，曲柄销内侧即靠近曲轴轴心线的一侧，磨损比其外侧(即远离曲轴轴线的一侧)要大些。这是由于四冲程柴油机在运转时，曲轴在一个工作循环中，只有在燃烧冲程内，其曲柄销外侧才受到作用力而使之磨损，而在其余三个冲程期间，由于连杆大端所产生的惯性离心力大大超过往复运动部分的重力，从而使连杆出现与曲柄销脱离的倾向，这使得连杆大端轴承经常压在曲柄销的内侧。在这种不等速运动的惯性力引起的摩擦力作用下，曲轴销内侧磨损较大。主轴颈受力方向与曲柄销受力方向相反，所以在靠近曲柄销一侧，主轴颈磨损也较大；而二冲程柴油机曲柄销的磨损情况与四冲程柴油机相反，即曲柄销外侧比内侧磨损大些，而其主轴颈的磨损则是远离曲柄销的一侧大，这是因为爆发压力远比离心力大，因此曲柄销外侧所受的摩擦力较大。

(2)曲轴轴颈磨损表面

轴颈产生圆柱度误差，一般是曲柄销比主轴颈磨损严重，通常磨成锥形。曲柄销磨损产生圆柱度误差的主要原因有：

①活塞连杆部件安装不正，使曲柄销在全长上所受的压力不均匀；

②连杆或曲轴的弯曲与扭曲以及缸套的轴向偏斜使曲柄销在全长上受的压力不均匀；

③滑油孔中的滑油在离心力和压力作用下，使其中的硬质点夹杂物多集聚在轴颈的一端，如图 8-34 所示。

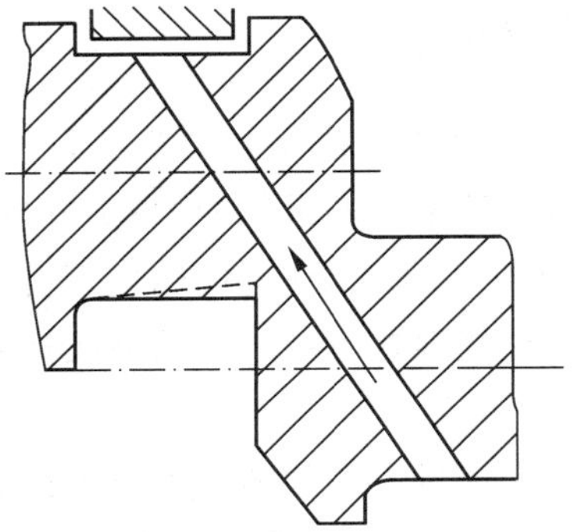

图 8-34　曲轴销磨成锥形

主轴颈的磨损情况要比曲柄销复杂一些，因为它受前后曲柄销的综合影响。但曲柄销的磨损比主轴颈快，这是因为曲柄销的工作状况比主轴颈差。主轴颈仅做单纯的回转运动，且润滑条件好，易形成油膜；曲柄销运动较复杂，润滑条件差，不易形成油膜，加上惯性力的影响，因而磨损较快。轴颈磨成凸台的示意图如图 8-35 所示。

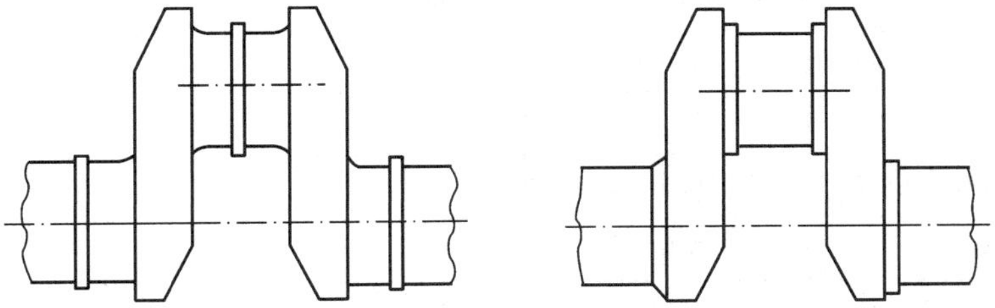

(a)　　　　(b)

图 8-35　轴颈磨成凸台示意图

①形成图 8-35(a)中所示的凸台形状是轴承中部有环形油槽所致。由于凸起部分没有与轴承减摩合金发生摩擦，故没有磨损，凸起部分常为正常的圆柱形。

②形成图 8-35(b)中所示的凸台形状是因为连杆大端轴承长度与曲柄销不一致，曲柄销未磨损部分就形成凸台。

下列情况会加剧轴颈的磨损：

①润滑油品质不良。如润滑油中含酸量过多，使轴颈受侵蚀性腐蚀磨损；润滑油抗

热性差，或因冷却不良，在高温下油质变稀，不易形成油膜；润滑油量不足、油泵不良或油路阻塞不畅，使油压下降；润滑油过滤不良，使灰砂、金属屑等进入润滑油内，并进入轴颈与轴承之间的间隙内；等等。

②工艺不当。如轴颈表面粗糙度不恰当，其数值过大或过小，而无论哪种情况，对摩擦均产生不利影响；装配时，轴承间隙过小或过大，前者使润滑油流量小，后者会加大轴颈的振动撞击，使润滑油被挤掉，因而均不易形成油膜；轴瓦材料选择不当；曲轴未调整平衡，振动较大处轴承润滑油局部压力急剧且波动地增加，造成杂质嵌入轴瓦，加快了轴承和轴颈的磨损等。

8.6.2 曲轴轴颈的磨损检修

圆度和圆柱度是衡量曲轴轴颈磨损程度的主要参数。圆度误差过大使轴与轴瓦的配合间隙变化，破坏润滑油膜，降低轴承的承载能力；圆柱度误差过大使轴承负荷轴向分布不均，引起活塞运动装置的失中。所以，新造曲轴应符合图纸上尺寸、几何形状精度要求；运转中磨损的曲轴圆度、圆柱度误差应符合说明书或标准的规定。

1. 曲轴磨损的测量

采用外径千分尺或游标卡尺测量主轴颈和曲柄销颈的直径，分别计算它们的圆度误差、圆柱度误差并与说明书或表 8-9 比较，判断磨损程度。

表 8-9 曲轴主轴颈和曲柄销颈磨损极限 单位：mm

轴颈直径	转速＞500 r/min 筒形活塞式柴油机				转速＜500 r/min 筒形活塞式柴油机				十字头式柴油机			
	主轴颈		曲柄销颈		主轴颈		曲柄销颈		主轴颈		曲柄销颈	
	圆度	圆柱度	圆度	圆柱度	圆度	圆柱度	圆度	圆柱度	圆度	圆柱度	圆度	圆柱度
＜75	0.03	0.03	0.03	0.035	—	—	—	—	—	—	—	—
75～100	0.035	0.035	0.035	0.04	—	—	—	—	—	—	—	—
＞100～125	0.035	0.035	0.035	0.04	—	—	—	—	—	—	—	—
＞125～150	0.04	0.04	0.04	0.04	—	—	—	—	—	—	—	—
＞150～175	0.05	0.05	0.05	0.05	0.05	0.05	0.05	0.05	—	—	—	—
＞175～200	0.05	0.06	0.05	0.06	0.06	0.07	0.06	0.07	—	—	—	—
＞200～225	0.06	0.07	0.06	0.07	0.07	0.08	0.07	0.08	0.08	0.08	0.09	0.09
＞225～250	0.07	0.08	0.07	0.08	0.08	0.08	0.08	0.09	0.09	0.09	0.10	0.10
＞250～275	0.07	0.08	0.08	0.08	0.08	0.09	0.08	0.10	0.10	0.10	0.11	0.11
＞275～300	0.08	0.09	0.09	0.09	0.09	0.10	0.09	0.10	0.10	0.10	0.11	0.11
＞300～325	0.08	0.09	0.09	0.10	0.09	0.10	0.10	0.11	0.11	0.11	0.12	0.12

续表 8-9

轴颈直径	转速>500 r/min 筒形活塞式柴油机				转速<500 r/min 筒形活塞式柴油机				十字头式柴油机			
	主轴颈		曲柄销颈		主轴颈		曲柄销颈		主轴颈		曲柄销颈	
	圆度	圆柱度	圆度	圆柱度	圆度	圆柱度	圆度	圆柱度	圆度	圆柱度	圆度	圆柱度
>325～350	0.09	0.10	0.10	0.11	0.10	0.11	0.11	0.12	0.12	0.12	0.13	0.13
>350～375	—	—	—	—	0.11	0.12	0.12	0.13	0.12	0.12	0.13	0.13
>375～400	—	—	—	—	0.12	0.12	0.13	0.14	0.13	0.13	0.14	0.14
>400～425	—	—	—	—	0.13	0.14	0.14	0.15	0.14	0.14	0.15	0.15
>425～450	—	—	—	—	—	—	—	—	0.15	0.15	0.16	0.16
>450～475	—	—	—	—	—	—	—	—	0.16	0.16	0.17	0.17
>475～500	—	—	—	—	—	—	—	—	0.17	0.17	0.18	0.18
>500～525	—	—	—	—	—	—	—	—	0.18	0.18	0.19	0.19
>525～550	—	—	—	—	—	—	—	—	0.19	0.19	0.20	0.20
>550～575	—	—	—	—	—	—	—	—	0.20	0.20	0.21	0.21
>575～600	—	—	—	—	—	—	—	—	0.20	0.20	0.21	0.21
>600～650	—	—	—	—	—	—	—	—	0.21	0.21	0.22	0.22
>650	—	—	—	—	—	—	—	—	0.21	0.21	0.22	0.22

(1)测量曲柄销直径

进厂修船时，柴油机解体后可在船上或车间测量。航行期间在船上测量曲柄销直径则需拆除活塞连杆装置。测量步骤如下：

①将待测曲柄销转至上止点或下止点位置并进行清洗；

②按图 8-36(a)所示的三个截面位置，即曲柄销颈两端分别距曲柄臂 10～30 mm 的两个截面及其中央截面，测量每个截面内的垂直与水平方向的直径，并记录读数；

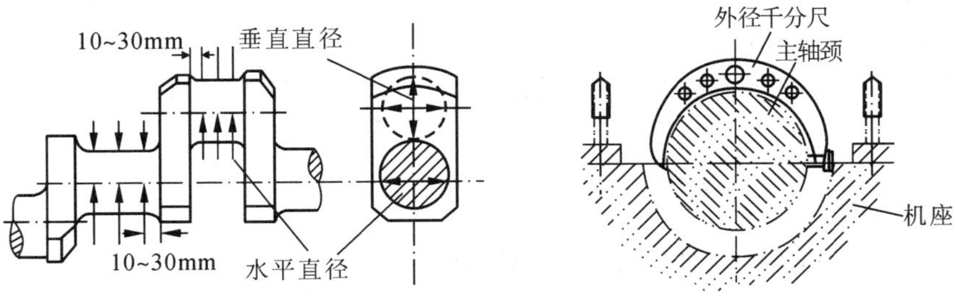

(a)　　　　(b)

图 8-36　曲轴轴颈测量

(a)测量位置；(b)在船上测量主轴直径

③计算每个截面的圆度误差和两个纵截面内的圆柱度误差，取其中最大值；

④查出标准值并与误差的最大值比较，作出磨损程度的判断。

(2)测量主轴颈直径

测量主、副柴油机各道主轴颈直径须拆去主轴承螺栓、上盖、上瓦和盘出下瓦，最后清洗主轴颈。测量步骤如下：

①将 1 号缸曲柄销或待测主轴颈相邻任一曲柄销转至上止点位置。

②按图 8-36(a)所示的三个截面位置，测量每个截面内垂直和水平方向的直径。可采用图 8-36(b)的随机专用外径千分尺或通用外径千分尺测量，并记录读数。

③计算各横截面的圆度误差和各纵截面的圆柱度误差。

④查出标准。

⑤取圆度误差和圆柱度误差的最大值与标准比较，作出磨损程度的判断。

2. 曲轴磨损的修复

(1)修理尺寸法

在保证曲轴强度和几何形状精度、位置精度的前提下，选用最小的加工余量进行车削或磨削曲轴轴颈。轴径减少量大于 $0.01d$(d 为轴径)时应进行强度校核。依修理尺寸配制轴瓦，保证恢复原配合间隙值。

曲轴在厂修理时，可在专用曲轴车床、磨床上加工或在车间平台人工锉削修理。在船上可采用装配机原地车削或磨削，也可以人工锉削。无论哪种方法均应保证轴颈圆度、圆柱度和表面粗糙度符合要求，尤其对人工锉削更要严格检测。

(2)恢复尺寸法

采用镀铬、锻铁等工艺恢复曲轴轴颈原有尺寸。目前国内成功地采用无刻蚀锻铁工艺修复大批各类曲轴，尤其可满足要求较大厚度镀铁层的曲轴。

3. 减少曲轴磨损的途径

在船舶条件下，减少曲轴磨损的途径主要有：

(1)柴油机应避免过载和频繁地启动、停车；运动副相对运动速度不宜长时间过低或过高。

(2)注意保持润滑油的品质，避免润滑油污染变质，及时清洗润滑油滤清器、更换滤芯等；尤其避免出现润滑油中断或油温过高的情况。

(3)轮机员注意按要求检查运动副的间隙和几何形状误差的情况，一旦发现超差，应及时采取措施。

(4)柴油机检修时，注意保证运动部件的装配质量。

8.6.3 曲轴轴颈擦伤与腐蚀的检修

曲轴轴颈表面的划痕、拉毛和擦伤等主要是润滑油中的机械杂质或磨损产物引起的。轴颈表面的腐蚀凹坑、锈斑、烧伤等是润滑油中含水分和酸过多产生的电化学腐蚀或漏电等杂散电流引起的静电腐蚀造成的。

当擦伤、腐蚀不严重，尚未影响轴颈的尺寸和几何精度时，一般可采用人工原地修磨予以消除。

1. 较浅伤痕

采用油石打磨消除伤痕后再用砂纸打光，如图 8-37(a)所示。

2. 较深伤痕

采用油光锉轻轻修锉，消除伤痕后再用砂纸打磨光，如图 8-37(b)所示。

3. 轻微擦伤

采用麻绳或布条敷细砂纸(0 号或 00 号)缠于轴颈，人工往复拉动磨去伤痕，如图 8-37(c)所示。

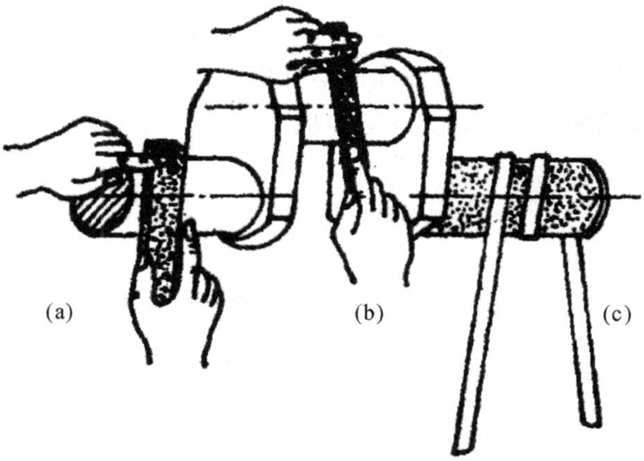

图 8-37　轴颈表面擦伤、腐蚀的修复

(a)油石修磨；(b)油光锉修锉；(c)砂纸打磨

当轴颈表面有轻微擦伤和几何形状误差时，可采用专用磨光夹具进行修磨，如图8-38 所示。其中图 8-38(a)适用于小型柴油机曲轴；图 8-38(b)、(c)适用于大、中型柴油机曲轴。

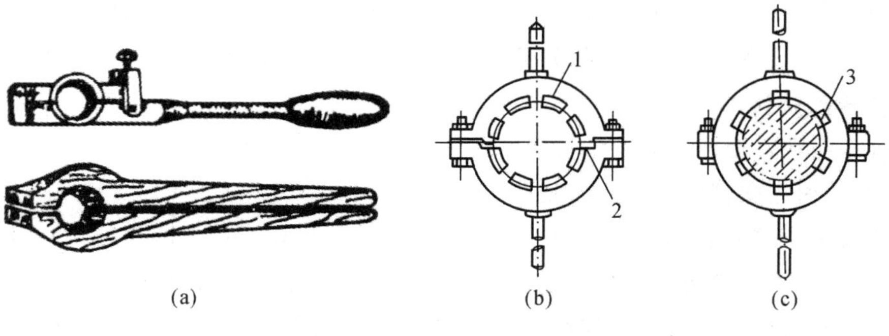

1—铅条；2—垫片；3—羊毛毡

图 8-38　轴颈专用磨削工具

曲轴轴颈修磨前，应用黄油将轴颈上的油孔堵塞，以免脏物落入其中。修磨时注意不要破坏轴颈的几何形状精度。由于修磨量很小，不会影响轴承间隙，但其几何形状误差和表面粗糙度应符合标准要求。

8.6.4 曲轴的疲劳破坏

曲轴裂纹和断裂属于高周低应力疲劳破坏，其断裂应力甚至仅为1/3屈服极限，循环周次一般为10^6～10^7。依曲轴产生裂纹的交变应力的性质不同，主要有以下三种疲劳裂纹：弯曲疲劳裂纹、扭转疲劳裂纹和弯曲-扭转疲劳裂纹。

1. 弯曲疲劳裂纹

曲轴的弯曲疲劳裂纹一般发生在主轴颈或曲柄销颈与曲柄臂连接的过渡圆角处，或逐渐扩展成横断曲柄臂的裂纹，或形成垂直轴线的裂纹，如图8-39中1所示。弯曲疲劳试验表明，过渡圆角处的最大应力出现在曲柄臂中心对称线下方。应力沿曲轴长度方向的分布是在中间和端部的曲柄有较大的弯曲应力峰值。因此，曲轴弯曲疲劳裂纹常发生在曲轴的中间或两端的曲柄上。

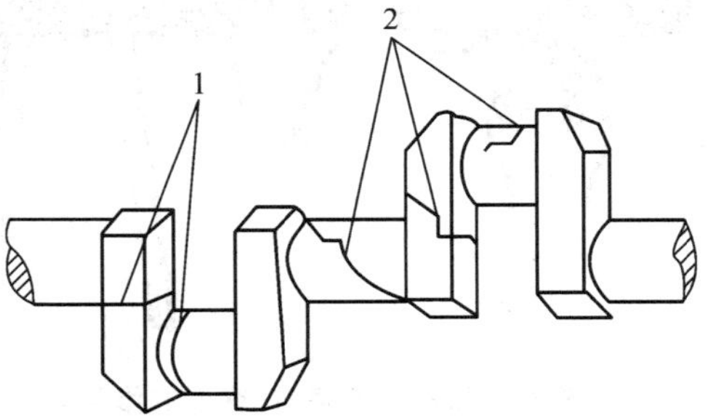

1—弯曲疲劳裂纹；2—扭转疲劳裂纹

图8-39 曲轴的疲劳断裂

曲轴弯曲疲劳破坏通常是在柴油机经过较长时间运转之后发生。因为长时间运转后柴油机的各道主轴承磨损不均匀，使曲轴轴线弯曲变形，曲轴回转时产生过大的附加交变弯曲应力。此外，曲轴的曲柄臂、曲柄箱或轴承支座（机座）等的刚性不足，柴油机短时间运转后，也会使曲轴产生弯曲疲劳破坏。典型的弯曲疲劳断口如图3-16(a)所示。

2. 扭转疲劳裂纹

曲轴在扭转力矩作用下产生交变的扭转应力，存在扭振时还会产生附加交变扭转应力，严重时会引起曲轴的扭转疲劳破坏。

扭转疲劳裂纹一般发生在曲轴上应力集中严重的油孔或过渡圆角处，并在轴颈上沿着与轴线成45°的两个方向扩展。这是因为轴颈的抗扭截面模数较曲柄臂的小，所以扭转疲劳裂纹多自过渡圆角向轴颈扩展，而很少向曲柄臂扩展。但若同时存在较强的弯曲应力，则裂纹也可自圆角向曲柄臂扩展，造成曲柄臂弯曲断裂，如图8-39中2所示。

通常扭转疲劳裂纹发生在曲轴扭振节点附近的曲柄上。发生扭转疲劳裂纹的时间一般是在柴油机运转初期和曲轴的临界转速位于工作转速范围内时。扭转疲劳断裂的断口如图 3-16(b)所示，断面与轴线相交成 45°，断面上的裂纹线近似螺旋线。

3. 弯曲-扭转疲劳裂纹

曲轴的疲劳破坏还可能是弯曲与扭转共同作用造成的。主轴承不均匀磨损常常造成曲轴上产生弯曲疲劳裂纹，继而裂纹在弯曲与扭转的共同作用下扩展、断裂，最后断裂面与轴线成 45°，断口形貌如图 8-40 所示，断面上自疲劳源起约 2/3 的面积为贝纹区，呈暗褐色；剩余 1/3 的面积为最后断裂区，断面凹凸不平，晶粒明亮。圆形波纹状纹理是弯曲疲劳造成的，放射状纹理是扭转疲劳造成的，两种纹理交织成蛛网状。弯曲-扭转疲劳裂纹有时也呈以弯曲疲劳为主或以扭转疲劳为主的破坏形式。因此在具体情况下，应根据断面上的纹理、裂纹方向和最后断裂区进行分析判断。

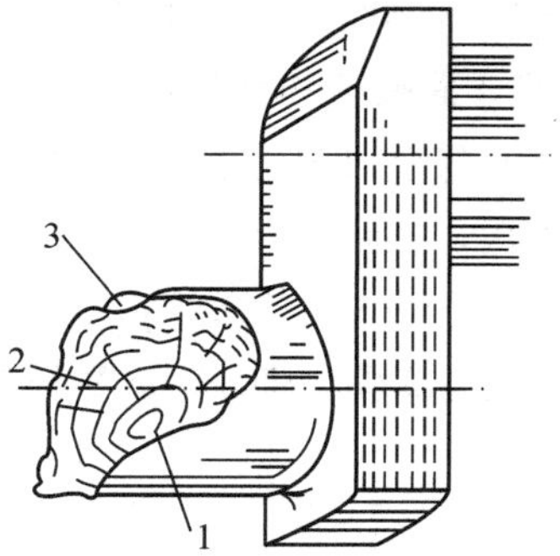

1—裂纹源；2—裂纹扩展区；3—最后断裂区

图 8-40　弯曲-扭转疲劳断裂

生产实践中，曲轴的弯曲疲劳破坏远远多于扭转疲劳破坏。其主要原因是曲轴弯曲应力集中系数大于扭转应力集中系数，曲轴的弯曲应力难于精确计算和控制。因为柴油机运转中曲轴的各道主轴承磨损是难于计算和控制，由磨损所引起的曲轴变形和附加弯曲应力也就难于计算和控制，而曲轴的扭转应力可以通过计算准确掌握，并可采取有效的减振措施予以平衡，只要避免柴油机在临界转速运转和扭转应力过载，曲轴的扭转疲劳破坏就会相应减少。

4. 防止或减少疲劳破坏的措施

防止或减少船机零件的疲劳破坏，从根本上就要消除或降低零件上的应力集中和附加应力，即消除或减少疲劳裂纹源和降低交变应力。具体措施要从零件的结构设计和制造方面着手，对于轮机员来说则要从轮机管理方面来减少船机零件的疲劳破坏。

(1)结构设计方面

对于零件上截面变化处，如孔、键槽、过渡圆角、螺纹等处要注意截面变化不可突然，孔的边缘、过渡圆角处应圆滑，表面要光洁，例如曲柄过渡圆角半径不应小于曲柄销颈直径的 5%，否则就会产生严重的弯曲应力集中。

(2)制造方面

①提高零件毛坯质量。毛坯制造缺陷,如铸件、锻件和焊接件中的气孔、缩孔、夹杂、微裂纹等缺陷引起应力集中,尤其缺陷位于零件截面变化处则更加危险,容易形成裂纹源。

②提高零件加工表面精度。零件加工表面粗糙度等级低,太粗糙,应力集中严重,容易导致裂纹。例如要求曲轴工作表面粗糙度为 $Ra1.6 \sim 0.4\ \mu m$,非工作表面为 $Ra12.5\ \mu m$,以降低应力集中程度。

③提高零件表面疲劳强度。在零件工作表面层形成压应力状态,可有效地提高零件表面的疲劳强度。实验证明,室温下表面具有残余压应力,可减少或抵消零件所受的拉应力,阻止疲劳裂纹的产生和扩展。

采用渗碳、渗氮、碳氮共渗等表面化学热处理可有效地提高零件的表面疲劳强度。例如球墨铸铁曲轴渗氮处理可使弯曲疲劳强度提高 20%~29%。

采用喷丸、滚压等表面强化工艺也可显著提高零件表面的疲劳强度。喷丸、滚压等工艺使零件表面产生冷加工硬化,从而产生很大的压应力。例如零件表面粗糙度为 $Ra\ 12.5 \sim 3.2\ \mu m$,经滚压后提高为 $Ra\ 0.4 \sim 0.2\ \mu m$,大大提高了疲劳强度。曲轴过渡圆角滚压,可使钢曲轴疲劳强度提高 20%~70%,球墨铸铁曲轴提高 50%~90%。滚压强化工艺广泛用于大型零件上。

(3)轮机管理方面

加强对主、副柴油机的管理,尤其加强曲轴的维护保养,对减少曲轴的疲劳破坏,延长曲轴的使用寿命和保证柴油机的正常运转十分重要。

①定期检测曲轴臂距差,监控曲轴轴线状态和监控主轴承下瓦的磨损情况,防止曲轴的弯曲疲劳破坏;

②加强主轴承润滑,定期检测主轴颈与主轴承的配合间隙,防止轴承下瓦过度磨损;

③避免柴油机在转速禁区持续运转;

④加强扭振减振器的维护管理,保证其在运转中处于良好的工作状态。

8.6.5 曲轴裂纹与断裂的检修

1. 裂纹的检验

中国船级社规定,锻钢和铸钢的曲轴毛坯均要进行无损探伤检验。

曲轴锻钢件所有加工表面均应进行磁粉检验,并严格检查整锻曲轴的主轴颈、曲柄销颈与曲柄臂连接处过渡圆角,半组合式曲轴的曲柄销颈表面、曲柄销与曲柄臂连接过渡圆角处。曲轴锻钢件还应进行超声波检测。曲轴铸钢件应进行超声波探伤,曲轴所有表面均应进行磁粉探伤,在最终热处理和精加工后分别进行。

对于新购成品曲轴或修理的曲轴依具体情况进行着色探伤、磁粉探伤或超声波探伤,以检查曲轴表面和内部的缺陷状况。

2. 曲轴裂纹和断裂的修理

(1)裂纹较小时用修磨除去裂纹，并将裂纹部位修整光洁，与其他表面之间过渡圆滑，最后经着色探伤或磁粉探伤确认裂纹消失，否则应继续打磨和探伤。当打磨至规定深度仍有裂纹时，则停止打磨，依具体情况改用其他办法处理。此项工作应有验船师的监督和认可。

(2)裂纹较深时换新曲轴，组合式和半组合式曲轴可采用局部换新办法处理。

(3)曲轴断裂时换新曲轴。如果航行中曲轴断裂，尤其是主柴油机曲轴断裂应采用应急焊接修理。设法将断裂曲轴焊接成一体维持柴油机运转，抵达港口后再进行彻底修理。例如，某船发电柴油机曲轴断裂，断裂部位如图 8-41(a)所示。时逢船上其他发电柴油机也状态不良，于是采用应急焊接修理。如图 8-41(b)所示，在断裂的曲柄臂之间焊上 100 mm×100 mm×120 mm 的钢块 2，曲柄臂两侧焊上 200 mm×200 mm×25 mm 的钢板 1，使断轴连成一体，对该缸进行封缸，维持柴油机运转。

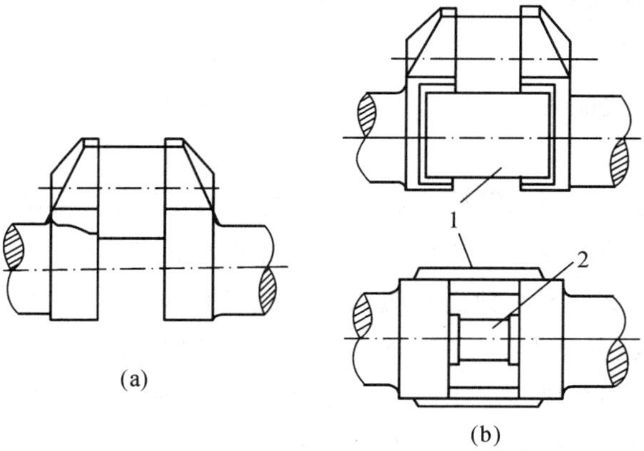

1—钢板；2—钢块

图 8-41　曲轴断裂应急修理

8.6.6　曲轴红套滑移的修理

1. 曲轴红套

红套又称热套，是实现零件过盈配合的一种工艺。利用金属材料的热胀冷缩的特性把轴和孔牢固地连接在一起。

大型柴油机的曲轴为全组合式或半组合式，采用红套工艺把主轴颈、曲柄销颈分别与曲柄臂或主轴颈与曲柄连接成一体。曲轴红套工艺是把曲柄臂上小于轴颈直径的孔加热，使孔胀大超过轴的直径，将轴顺利地插入孔中，待冷却后孔径收缩恢复原值而与轴颈牢固地连接在一起。

冷态轴大孔小，二者直径的差值为过盈量。为了使曲轴传递一定扭矩，红套时必须有一定的过盈量，使曲柄臂孔对主轴颈或曲柄销颈产生足够的紧固力。过盈量过小，曲轴传递扭矩时轴与孔就会松动，原有套合位置发生变化，即发生红套滑移；过盈量过大，过大的紧固力使轴孔配合面产生塑性变形甚至裂纹，降低传递扭矩的能力。中国船级社规定，组合式曲轴红套过盈量 δ 限制在最小过盈量 δ_{min} 和最大过盈量 δ_{max} 之间。

中国船舶行业标准中曲轴红套过盈量 $\delta=(1.4/1000\sim1.8/1000)d$（$d$ 为红套配合处的轴颈）。英国劳埃德船级社推荐曲轴红套过盈量 $\delta=(1/550\sim1/700)d$。

为了产生一定过盈量须将曲柄臂上的孔加热至一定温度（依理论计算求出）。一般在保证足够过盈量的前提下使加热温度尽量低一些。例如，7ESDZ75/16U 型柴油机曲轴，主轴直径为 635 mm，红套过盈量为 0.97～1.10 mm，计算得出红套时理论加热温度为 226～242℃。

曲轴红套时应保证以下技术要求：

(1)曲柄间轴向距离（即主轴颈的长度）和曲轴轴向长度应符合图纸要求；

(2)曲柄夹角符合要求；

(3)主轴颈与曲柄销颈的平行度符合要求。

2. 曲轴红套滑移

组合式或半组合式曲轴的主轴颈与曲柄臂套合处相对位置发生错动的现象称为曲轴红套滑移。

曲轴红套滑移将直接影响滑移曲柄以后的各缸的定时、燃烧和功率。滑移方向即滑移曲柄相对主轴颈转动的方向不同将使曲柄夹角增大或减小。

曲轴红套滑移主要由于曲轴受到过大的冲击扭转作用。过大的扭矩超过了曲柄臂对主轴颈的紧固力，就会产生松动和相对转动。航行中螺旋桨打到礁石、缆绳、冰块或气缸中发生咬缸、水击、超负荷等，都会产生过大的扭矩；曲轴红套质量不佳，如过盈量太小、加热温度不足、配合表面太粗糙或不清洁等均会使紧固力不足，即使正常运转也会产生滑移。

3. 曲轴红套滑移的检查

曲轴发生红套滑移时的征兆：柴油机气缸定时不正，严重时有后燃、冒黑烟现象；柴油机剧烈振动；停车后再不能启动等。

在船上，轮机员可把红套时所划的曲柄臂中心线（即曲柄对称线）或曲柄臂上的安装臂距表的冲孔作为检查红套滑移的标志，检查它们相对主轴颈纵向垂直平面位置的变化便可确定滑移的方向和角度。

4. 曲轴红套滑移的修理

(1)航行中曲轴发生滑移时，若滑移角度不大，可重新调整定时降低负荷运转，待到港后进行修理。

(2)滑移不重时在港进行原地修理。采用加热曲柄臂（如用乙炔焰）或冷却主轴颈（如用液氮、液氢）的方法，并对曲柄臂施加扭矩使之反向转动滑移角度后复位。

(3)进厂修理采用更换主轴颈和重新进行红套修复。

8.6.7　曲轴臂距差

曲轴是一个结构复杂、刚性差的重要零件，容易产生弯曲变形，即便自重也可使其产生弯曲变形。新造柴油机曲轴安放在机座主轴承上，因各道主轴承孔中心在同一直线上，坐落于主轴承上的曲轴轴心线也呈直线状态。经长时间运转，其他情况正常，仅各道主轴承下瓦产生不同程度磨损，各道主轴承中心不等高，坐落其上的曲轴其轴线发生弯曲变形，引起曲轴产生附加弯曲应力。因此，柴油机正常运转情况下，曲轴轴线状态主要取决于主轴承下瓦的高低；反之，曲轴轴线状态也反映了各道主轴承的高低，也就是反映了各道主轴承下瓦的磨损情况。

1. 曲轴臂距差的概念

(1)曲轴的变形

运转中的柴油机主轴承高低不等使坐于其上的曲轴产生弹性变形，整根曲轴的变形为宏观的整体变形，在每个曲柄上的变形为局部的微量变形。曲柄微量变形是曲柄臂之间的距离在曲轴回转一周中产生的微量变化。

(2)运转中的曲柄

研究曲轴变形时，为了便于分析曲柄的微量变形，简化问题，对运转中的曲柄进行以下假定：

①主轴颈与曲柄臂之间为刚性连接，夹角为 90°，并保持不变；

②主轴颈、曲柄销颈和曲柄臂均为刚性件，运转中形状不变；

③曲柄销颈与两曲轴臂之间夹角 α、β 不仅相等且变化相同，即保持 $\alpha=\beta$，如图 8-42 所示。

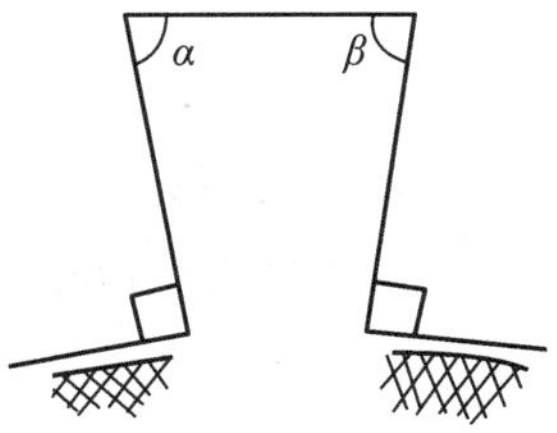

图 8-42　对运转中曲轴的假定

(3)曲柄微量变形、曲轴整体变形与主轴承高低的关系

当曲轴发生整体变形时，即发生轴线的弯曲变形时，分析曲轴的任一曲柄微量变形。

如图 8-43(a)所示，当曲柄的两个主轴承低于相邻主轴承时，该曲柄的两个主轴颈轴线向下弯曲呈塌腰形。此时，将曲柄销转至上止点位置时，曲柄的两臂张开，臂距增大；曲柄销转至下止点位置时，曲柄的两臂收拢，臂距减小。同样，将曲柄销分别转至左、右水平位置时，曲柄臂距亦有相同变化。

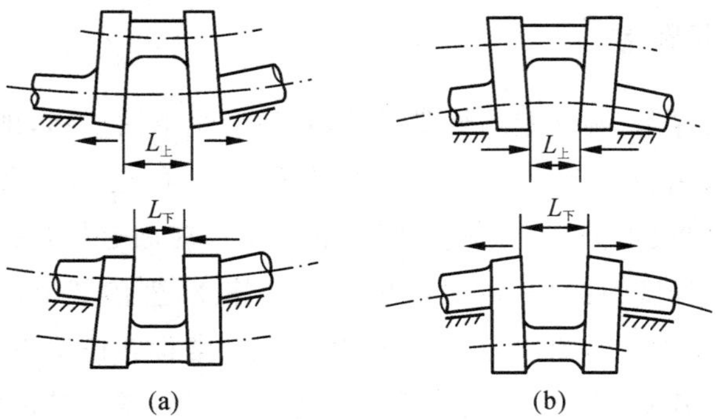

图 8-43 主轴承高低对曲柄轴线和臂距的影响

(a)主轴承低时轴线呈塌腰形;(b)主轴承高时轴线呈拱腰形

如图 8-43(b)所示,当曲柄的两个主轴承高于相邻主轴承时,该曲柄的两个主轴颈轴线向上弯曲呈拱腰形。此时,将曲柄销转至上止点位置时,曲柄的两臂收拢,臂距减小;曲柄销转至下止点位置时,曲柄的两臂张开,臂距增大。

同样,将曲柄销转至左、右水平位置时,曲柄臂距亦有相同变化。

运转中的柴油机曲轴因主轴承高低不等而产生整体变形。曲轴回转一周时,曲轴上的每个曲柄都会随之产生不同的微量变形,曲轴整体弯曲变形越严重,曲柄的微量变形也越大。曲轴在装合状态下的整体变形即轴线弯曲度,难以直接测量,然而曲柄的微量变形是可以直接测出的。所以,可通过测量曲柄臂距的微量变化来了解曲轴整体的轴线状态。

曲柄的两个曲柄臂之间的距离大小称为臂距值,用 L 表示,俗称拐档值。曲轴回转一周中,曲柄销分别在上、下止点位置或左、右水平位置时,曲柄的臂距值之差称为臂距差,俗称拐档差,用符号 Δ 表示:

$$\Delta_{\perp}=L_{上}-L_{下}, \qquad \Delta_{-}=L_{左}-L_{右}$$

式中:$\Delta_{\perp}$、Δ_{-} 分别为垂直平面、水平平面内的臂距值(mm);$L_{上}$、$L_{下}$ 分别为曲柄销在上、下止点位置时的臂距值(mm);$L_{左}$、$L_{右}$ 分别为曲柄销在左、右水平位置时的臂距值(mm)。

根据图 8-43 可以得出:

$$\Delta_{\perp}=L_{上}-L_{下}>0 \qquad \text{(a)}$$

$$\Delta_{\perp}=L_{上}-L_{下}<0 \qquad \text{(b)}$$

结论:在垂直平面内,当曲柄的两个主轴承较低,曲轴轴线呈塌腰形或下弧线弯曲,即呈"∪"形时,该曲柄的臂距差 $\Delta_{\perp}$ 为正值;当曲柄的两个主轴承较高,曲轴轴线呈拱腰形或上弧线弯曲,即呈"∩"形时,该曲柄的臂距差 $\Delta_{\perp}$ 为负值。这种关系从表 8-10 中可清楚地看出。

表 8-10　臂距差、轴线状态与主轴承位置的关系

图形	臂距差 $\Delta_{\perp}$	$\Delta_{\perp}$ 与轴线状态和轴承位置的关系
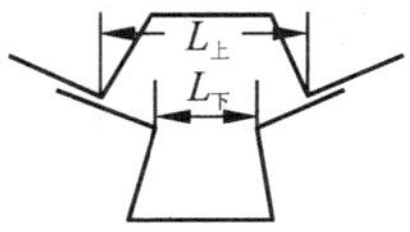	+	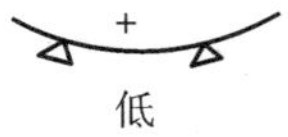
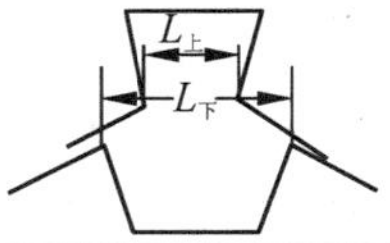	−	

同样，在水平平面内亦可得出：当曲柄的两个主轴承位置偏右，曲轴轴线呈右弧线弯曲，即呈“)”形时，该曲柄的臂距差 Δ_{-} 为正值；当曲柄的两个主轴承偏左，曲轴轴线呈左弧线弯曲，即呈“(”形时，该曲柄的臂距差 Δ_{-} 为负值。

曲轴臂距差值的大小表明曲轴弯曲变形的程度；臂距差值的符号表明曲轴轴线弯曲变形的方向。

(4)测量臂距差的目的

柴油机运转中各道主轴承产生不均匀磨损，引起曲轴的整体与局部的变形。曲轴回转一周中，曲柄臂的时张时合的微量变形，使曲柄销颈与曲柄臂连接处的过渡圆角部位产生时拉时压的交变应力。曲轴长期运转使之因无数次的重复变化而产生疲劳裂纹或断裂。微量变形越大，臂距差值越大，表明曲轴的弯曲变形越严重和附加弯曲应力也越大，当超过材料的许用应力时，曲轴就会产生裂纹或断裂。

测量曲轴臂距差就是为了了解和控制曲轴的变形和主轴承的磨损状况，以防止曲轴的疲劳破坏。所以，在轮机管理中轮机员应重视主、副柴油机曲轴臂距差的变化，按照要求定期检测、分析，使臂距差值控制在说明书或规范的极限值以内，也就是把曲轴变形控制在弹性变形范围之内，切勿产生塑性变形。所以，曲轴臂距差值关系到曲轴的使用寿命。

2. 曲轴臂距差的测量

(1)测量点

测量曲轴臂距值是采用专门的量表——臂距表(图 6-6)。

测量前，根据曲轴臂距大小组装好臂距表量杆，并装于曲柄臂上的冲孔中，如图 8-44 所示。

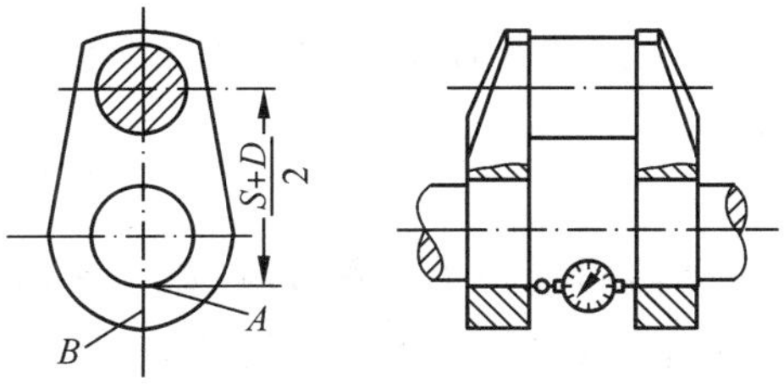

图 8-44　臂距表安装位置

曲轴臂距值测量点一般均设在距曲柄销中心线$(S+D)/2$处(S为活塞行程,D为主轴直径)。为了便于迅速、准确地装表,一般在制造曲轴时在曲柄臂内侧中心对称线上$(S+D)/2$处打上冲孔,即图中A点,作为固定的测量点。有的大型柴油机为了便于测量或避开轴孔套合处,将测量点设在曲柄臂下边缘B点。由于曲柄臂中心对称线上各点距曲柄销中心线的距离不等,当曲轴回转时曲柄臂张开或收拢使中心对称线上各点的臂距值不等,距曲柄销中心线越远的点,臂距值变化量越大。所以B点的臂距差大于A点的臂距差,即$\Delta_B>\Delta_A$。目前国内外均以$(S+D)/2$为测量点制订臂距差标准,不适用于其他测量点测出的臂距差。所以,只有将Δ_B换算成Δ_A值后方可使用标准。可按下式换算:

$$\Delta_A=\Delta_B\frac{OA}{OB}$$

式中:OA为测量点A至曲柄销中心线的距离(mm);OB为测量点B至曲柄销中心线的距离(mm)。

(2)测量条件与要求

为了测量准确,应尽量消除影响测量精度的因素,准确地反映曲轴轴线状态。要求在以下条件下进行测量:

①在柴油机冷态下进行测量。柴油机热态是指停机时的状态。柴油机停机后立即测量,机件热态使臂距表的测量值不准确,且随着温度的不断降低先后测量时的温度影响不同,所以测量值不稳定。而冷态,即环境温度下,测量值准确、稳定,也便于操作。

②夜间、清晨或阴雨天气时测量。海水、气温直接影响船体变形,进而影响曲轴臂距差。轮机员测量曲轴臂距差时应注意环境温度的影响,避免船舶在太阳暴晒下测量。

③船舶装载条件相同的情况下测量。船舶装载条件不同船体变形不同,如空载与满载时的曲轴臂距差不同。为了便于比较,应在相同的装载条件下进行测量。通常新造船舶和修理船舶都在空载条件下测量臂距差。

对测量的要求:

①一次装表完成全部测量。臂距表安装后,应完成曲轴回转一周中各要求位置臂距值的测量,测量过程中不允许改动臂距表的位置。通常曲轴臂距差的测量位置是随柴油机安装完善程度而异。当曲轴未装活塞运动装置时,测量0°、90°、180°、270°四个位置的臂距值,可自其中任一位置装表完成全部测量;当曲轴已安装活塞运动装置时,测量195°、270°、0°、90°、165°五个位置的臂距值,自195°位置装表完成全部测量。

②柴油机正车回转进行测量。测量曲轴臂距差应按柴油机正车运转方向进行,使测量值符合实际情况,精度高。

(3)测量与记录

臂距表在曲柄臂冲孔装妥后即可测量。测量时,盘车使曲轴正车回转一周,分别测量曲柄销在上、下止点位置和左、右水平位置的臂距值,从臂距表读出测量值,并记录在专门表格中。

①曲轴未装活塞运动装置，曲轴回转一周，测量曲柄销转至 0°、90°、180°、270°四个位置的臂距值和记录读数。

②曲轴已装活塞运动装置，由于曲轴转至下止点时，活塞运动装置的位置恰好居中，不能安装臂距表和测量下止点的臂距值。故生产中用曲柄销位于下止点前后各 15°（以表不碰连杆为准）位置，如图 8-45 所示，即 195°和 165°位置的臂距值 $L'_{下}$ 和 $L''_{下}$ 的平均值 $(L'_{下}+L''_{下})/2$ 代替下止点 A(180°)位置的臂距值 $L_{下}$，所以 $L_{下}=(L'_{下}+L''_{下})/2$。盘车至 195°处装表，并将表的指针调至零值后依次测量 195°、270°、0°、90°、165° 五个位置的臂距值和记录读数。

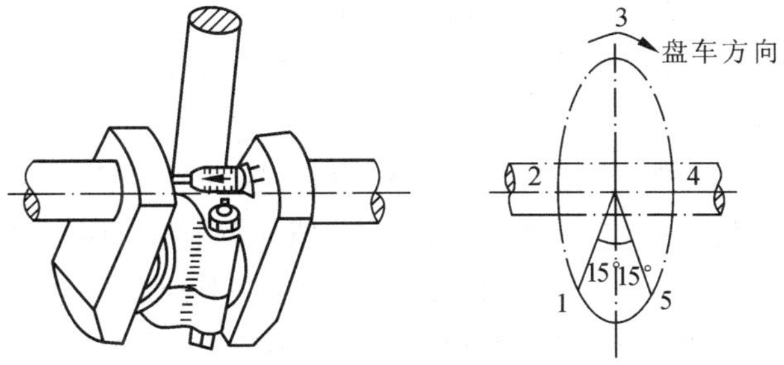

图 8-45 有连杆运动部件时臂距值的测量

现场记录测量读数按所选用的基准不同有两种方式：以曲柄销位置为准记录臂距值和以臂距表位置为准记录臂距值。如图 8-46 所示。

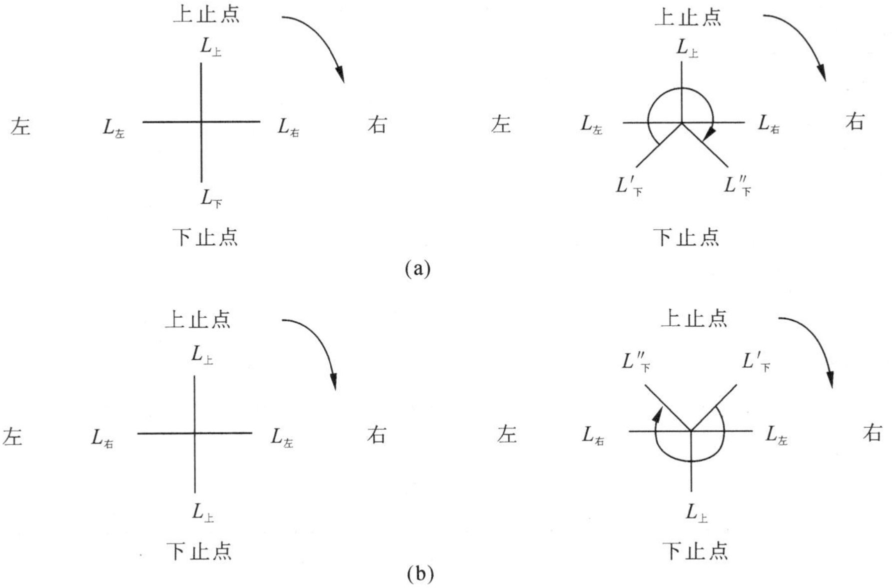

图 8-46 记录臂距值

(a)以曲柄销位置为准；(b)以臂距表位置为准

以上两种记录方式不同，但基本概念不变，均按公式 $\Delta_{\perp}=L_{上}-L_{下}$、$\Delta_{-}=L_{左}-L_{右}$，

计算结果相同。

曲轴臂距差的精度与臂距表的精度、表的安装精度、读数误差和测量技术等有关。可用以下方法检验测量精度:将测得的上、下止点臂距值之和与左、右水平臂距值之和比较,二者差值的绝对值在 0.03 mm 内,即$|(L_{上}+L_{下})-(L_{左}+L_{右})|<0.03$ mm,表明测量基本准确。如果几次测量结果均超过 0.03 mm,表明曲轴存在严重变形。

必须指出,以上检验方法便是测量者用来粗略判断自己测量的准确性,而非衡量臂距差的标准,切勿混淆。

(4)曲轴臂距差标准

测量曲轴臂距差后,应对所测数值进行分析和判断。分析曲轴弯曲变形程度和变形方向,判断臂距差是否超过标准,确定主轴承高低和对其处理等。分析和判断的依据就是柴油机说明书和有关标准。

①柴油机说明书。曲轴臂距差随柴油机机型、结构、尺寸和计算方法不同而异。各类柴油机说明书中均对其曲轴臂距差测量方法、安装值和极限值有明确规定。MAN-B&W 型柴油机测量点在$[(S+D)/2-10]$ mm 处,表 8-11 所示为其冷态时的标准。

表 8-11 MAN-B&W 型柴油机曲轴臂距差标准 单位:mm

机型	对于新机或刚修理过的主机的正常值		须重新对中的推荐值		最大的允许值	
	1*	2	1	2	1	2
L50MC/MCE	0.17	0.34	0.45	0.51	0.68	0.68
S50MC/MCE	0.23	0.46	0.61	0.69	0.92	0.92
L60MC/MCE	0.20	0.40	0.54	0.61	0.81	0.81
S60MC/MCE	0.27	0.55	0.73	0.82	1.10	1.10
L70MC/MCE	0.24	0.48	0.63	0.71	0.95	0.95
S70MC/MCE	0.32	0.64	0.85	0.96	1.28	1.28
L80MC/MCE	0.27	0.54	0.72	0.81	1.08	1.08
S80MC/MCE	0.36	0.73	0.97	0.10	1.46	1.46
K80MC/MCE	0.24	0.48	0.64	0.72	0.96	0.96
L90MC/MCE	0.30	0.60	0.81	0.92	1.22	1.22
S90MC/MCE	0.27	0.54	0.72	0.81	1.08	1.08

注:1—正常值;

2—曲轴上装有扭振减振器、调频轮、弹性联轴节等时,首尾两个曲柄的允许值;

*—也用于判断曲轴变形测量的正确性。

②中国船级社规定。《海上营运船舶检验规程》(1984)中规定了曲轴臂距差测量点在$(S+D)/2$处。曲轴与轴系连接后冷态下的臂距差标准如表 8-12 所示。

表 8-12　曲轴与轴系连接后冷态下的臂距差标准　　单位：mm

状况	Δ/S(每米活塞行程的臂距差)	
经修理试车后	≤0.125	
营运中允许范围	0.125～0.25	>0.25 应限期修理
最大极限	<0.30	>0.30 应立即停机修理

③中国修船标准。《船舶柴油发电机组原动机修理技术要求》(CB 3364—1991)、《船用柴油机曲轴修理技术要求》(CB/T 3544—1994)分别对船舶副柴油机和船舶主柴油机曲轴臂距差作出规定。

CB 3364—1991 规定，曲轴臂距差测量点在$(S+D)/2$处。曲轴与发电机连接后冷态臂距差标准：正常值不大于 $0.000125S$，即 $1.25S/10000$；修理中飞轮端控制值不大于 $0.00015S$，即 $1.5S/10000$；飞轮端如为弹性联轴节可适当放宽至不大于 $0.000175S$，即 $1.75S/10000$。

CB/T 3544—1994 规定，船用主柴油机整体式和组合式曲轴臂距差应符合图 8-47 的要求。

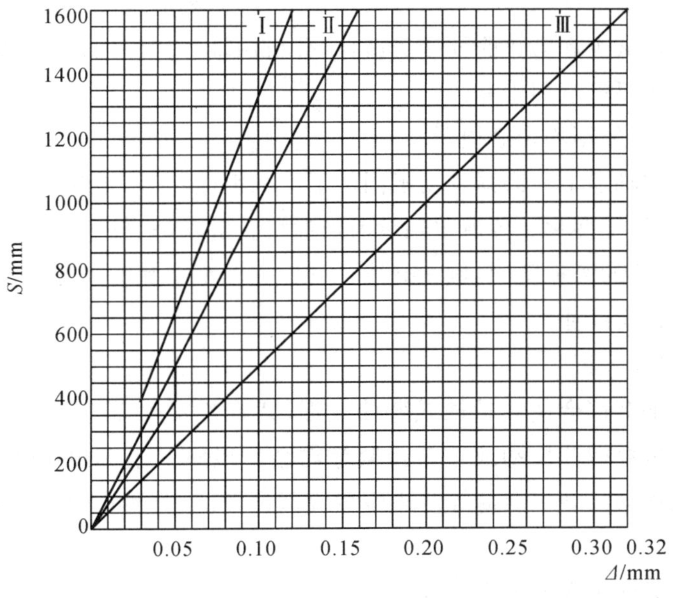

图 8-47　曲轴臂距差标准

图 8-47 中横坐标表示曲轴臂距差 Δ，纵坐标表示柴油机冲程 S，臂距差测量点在$(S+D)/2$处。Ⅰ线左上方为在车床或平台上测量的最佳值；在Ⅰ、Ⅱ线之间为曲轴安装中的优良值；在Ⅱ、Ⅲ线之间为柴油机运转中的合格值；Ⅲ线为柴油机运转中的最大允许值。

④新造、修理和营运船舶柴油机曲轴臂距差的测量

测量曲轴臂距差是对船舶大、中型柴油机曲轴状态的重要技术检验，而对活塞行程小于 200 mm 的小型柴油机曲轴则不必检验，因其曲轴刚性较好。除此之外，不论是制造、安装、修理和运转中的柴油机此项检验均必不可少，且各自在不同的情况下进行测量。

a. 新造柴油机。台架组装试验期间和在船上安装期间进行多次测量。例如，在机座安装后、活塞运动部件安装后、主机与轴系或副机与发电机连接后等。

b. 主、副柴油机进厂修理。根据修理规模、类别的不同合理地安排测量。通常在修理前、在曲轴与轴系或发动机脱开后、拆去飞轮后、拆去活塞运动装置后、松开贯穿螺栓和修理后安装过程中的相应情况下测量曲轴臂距差。

c. 营运期间。按照说明书规定或船级社要求的各种检验中的规定进行测量。此外，柴油机吊缸检修时或发现问题时应进行测量。

d. 特殊情况。当船舶发生搁浅、碰撞等海损事故后或船体刚性差的船舶每次装载后，以及主轴瓦拂刮或换新、贯穿螺栓或底脚螺栓重新预紧后等情况下均应进行测量。

3. 影响曲轴臂距差的因素

影响营运船舶主柴油机曲轴臂距差的因素很多，影响的情况也各不相同。了解和掌握这些影响因素对减少和防止曲轴疲劳破坏，分析曲轴损坏原因，以及修理、安装等都有很重要的意义。主要影响因素有：

(1)主轴承下瓦的不均匀磨损

机座上各道主轴承下瓦磨损程度不同使下瓦的高度不等，坐落其上的曲轴轴线发生弯曲变形，臂距差发生变化。各道主轴承因柴油机各缸功率、轴承负荷及轴承间隙、润滑方式等的不同，下瓦的磨损不同，也无规律，所以，主轴承下瓦磨损使曲轴轴线状态、臂距差和方向的变化也无规律。

(2)机座变形和下沉

机座变形和下沉都会使曲轴轴线弯曲变形、臂距差发生无规律的变化。船体变形、机座地脚螺栓和贯穿螺栓松动或重新预紧等均会使机座产生无规律的变形。柴油机机座与底座间垫铁松动或磨损变薄等使机座相应部位下沉，可用小锤敲击垫铁检查地脚螺栓、垫铁有无松动。

新造船舶主柴油机在船上安装或船舶进厂修理时，不允许用调节地脚螺栓或贯穿螺栓预紧力来调整曲轴臂距差。

(3)船舶装载的影响

船体如弹性梁，受力产生变形，船体刚性差则变形就更加严重。货船装载不同船体变形不同，曲轴轴线状态和臂距差也会随之变化。船体刚性随船龄增加不断降低，曲轴变形和臂距差变化也会随之增大。

机舱、货舱在船上的位置不同，其装载对船体变形和曲轴臂距差的影响程度也不同。

中机舱船舶：机舱位于船中部或靠近中部，货舱分布于机舱前后。装载后船体中部上拱，曲轴轴线朝拱腰形变化，臂距差向负值增大方向变化。如果空载时臂距差为负值，轻载或满载时负值继续增大；如空载时臂距差为正值，轻载或满载时正值减小向负值变化。

尾机舱船舶：机舱位于船尾，如油船，船舶装载后的影响与中机舱船舶基本相同，只是影响程度轻些，仅波及曲轴首端曲柄，臂距差也是朝负值增大方向变化。

营运船舶应科学合理地配载，对于刚性差的船舶尤为重要。因装载引起船体过大变形，以致在每次装载后须测量曲轴臂距差，以检验船体和曲轴变形情况。当臂距差超过规定值时须重新配载，重新装货。

船厂在新造船舶时，主机安装中采用反变形安装工艺，即安装曲轴时有一定的预变形，以克服船体结构带来的无法避免的影响，如中机舱船舶，安装曲轴时使其轴线具有塌腰形状态，以抵消装载后船体上拱变形的部分或全部影响。

(4)活塞运动装置和爆发压力的影响

活塞运动部件的自重使曲轴轴线朝塌腰形变化，对大型柴油机的影响较为明显，如表 8-13 所示。船用二冲程柴油机气缸爆发压力较高，目前最高已达 15 MPa，通过活塞连杆作用于曲轴，使曲轴轴线朝塌腰形变化，且以曲柄销位于上止点时影响最大。以上两种因素均使曲轴轴线朝塌腰形变化，臂距差值朝正值增大方向变化。

表 8-13　活塞运动装置对曲柄臂距差 $\Delta_\perp$ 的影响　　单位：mm

缸号	1	2	3	4	5	6(尾)
活塞运动装置安装前 $\Delta_\perp$	−0.015	−0.015	−0.03	−0.065	−0.04	−0.02
活塞运动装置安装后 $\Delta_\perp$	−0.005	−0.005	−0.015	0	+0.01	+0.01

(5)飞轮的影响

飞轮装于曲轴尾端，使曲轴尾部轴线朝拱腰形变化，臂距差值向负值增大方向变化，而对曲轴其他曲柄的影响自尾向首逐渐减小。飞轮越重影响越大，对中小型柴油机的影响也较大。安装曲轴时亦可采用反变形工艺以减小飞轮的影响。

(6)轴系连接误差的影响

船舶主柴油机曲轴与轴系采用法兰刚性连接，轴系安装误差直接影响曲轴尾端轴线状态和臂距差的变化。要求曲轴尾端法兰与第一节中间轴首端法兰连接误差：偏移值不大于 0.1 mm，曲折值不大于 0.1 mm/m，以使曲轴尾端臂距差符合要求。

由于轴系安装误差较大，当轴系轴线高于曲轴轴线、两法兰呈下开口时，连接后使曲轴尾端轴线呈塌腰形，臂距差朝正值方向增大，如图 8-48(a)所示；当轴系轴线低于曲轴轴线、两法兰呈上开口时，连接后使曲轴尾端轴线呈拱腰形，臂距差朝负值方向增大，如图 8-48(b)所示。

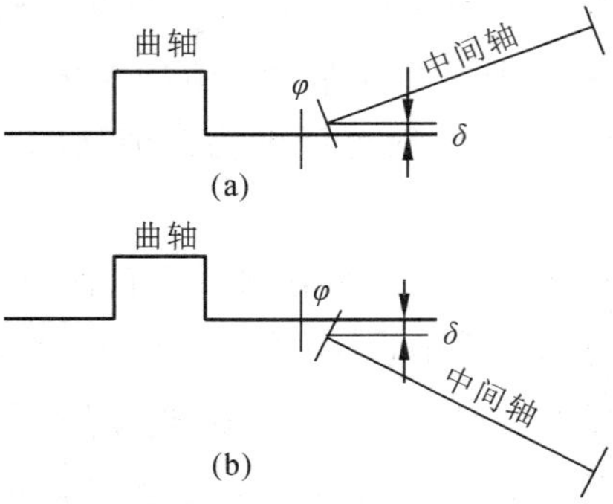

图 8-48 轴系连接误差对臂距差的影响

此外,大气、海水温度和船舶进坞坐墩等对船体变形和臂距差的影响,主轴承安装质量对臂距差的直接影响等在轮机管理工作中均应予以注意。

船舶航行期间应将曲轴臂距差始终控制在要求范围内,一旦超过标准应及时进行复测、全面分析和采取措施,以防造成曲轴裂纹和断裂的事故。

8.6.8 主轴承高度的判断方法

曲轴在柴油机中的重要性,不仅因其作用大、造价高,还因为它是活塞运动部件的安装基础。曲轴的轴线状态直接影响活塞运动部件的对中性和柴油机的正常运转。由于曲轴过大的弯曲变形会引起附加弯曲应力增大,导致曲轴产生裂纹和断裂,而柴油机正常运转中曲轴轴线弯曲变形主要是主轴承下瓦不可避免的磨损造成的。因此,了解和控制主轴承下瓦的磨损、确定各道主轴承的高低,就成为了解和控制曲轴轴线弯曲变形的关键。判断主轴承高度可采用以下几种方法:

1. 分析法

利用臂距差、轴线状态和轴承位置的基本关系,分析判断主轴承高度。

当测得臂距差 $\Delta_{\perp}>0$,表明该曲柄轴线呈塌腰形状态,两主轴承低于相邻轴承;若 $\Delta_{\perp}<0$,表明该曲柄轴线呈拱腰形状态,两主轴承高于相邻轴承。

利用上述基本关系判断主轴承高低是最基本的方法,可以根据臂距差迅速作出判断,生产中普遍应用。

2. 桥规法

(1)桥规值的测量

桥规值是将桥规置于机座上平面上,桥规的测量基准面至所测主轴颈的距离。采用随机供应的桥规进行测量,如图 6-7 所示。

测量前,拆去主轴承上盖、上瓦等,清洗主轴颈和机座上平面,按说明书要求的位置或按上次测量时曲轴的位置,即将曲轴首(尾)曲柄转至上止点位置进行测量,或使所测主轴颈相邻曲柄销分别在 0°、90°、180°、270°四个位置进行测量,取其平均值。

测量时,将桥规置于机座上平面并紧贴,用塞尺测量桥规基准面与主轴颈之间的距离，如图 6-7 所示。柴油机出厂时的桥规值在一定时间内有效，当换新主轴瓦或机座变形修理后应重新测定桥规值。

(2)主轴颈下沉量的测量

柴油机长期运转后主轴颈和主轴承下瓦均会产生磨损，以致使主轴颈相对于机座上平面的位置发生变化，一般来说主轴颈下沉，并使桥规值增大。由于各道主轴颈及其下瓦的磨损量不同，各道主轴颈下沉量不同。由于主轴颈硬度较高，磨损量很小，故可忽略不计。这样主轴颈的下沉量就等于主轴承下瓦的磨损量。所以，主轴承下瓦的磨损量可以用柴油机运转一段时间的前后两次测量的桥规值的差值来表示。

(3)利用桥规值作垂直平面内的曲轴轴线状态图

桥规值反映了曲轴各道主轴颈相对于机座上平面的位置，亦即反映了整根曲轴的轴线相对于机座上平面的状态。所以可以利用桥规值作出垂直平面内的曲轴轴线状态图。作图步骤如下：

①首先画一水平线 OO，代表机座上平面；

②在 OO 线上等距画出垂线 1，2，…，8，代表各道主轴颈(或主轴承)的中线；

③分别在各道主轴颈中线上自 OO 线向下截取相应的桥规值长度 $a_1,a_2,\cdots,a_8$，连接各线段的端点，即得到垂直平面内的曲轴轴线状态图，如图 8-49 所示。

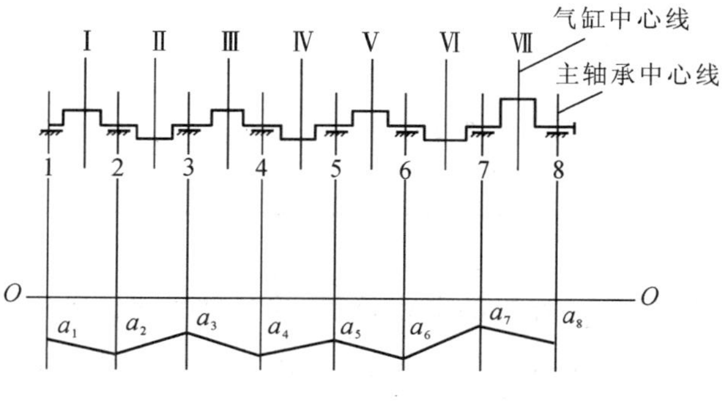

图 8-49　利用桥规值作曲轴轴线状态图

从图 8-49 中可看出曲轴轴线状态和各道主轴承的高度，其中第六道主轴承位置较低，说明该轴承下瓦磨损严重；第七道主轴承位置较高，其下瓦磨损轻微。通过拂刮位置较高轴承的下瓦和更换磨损严重的轴承下瓦来调整曲轴轴线状态。

3. 臂距差法

根据曲轴臂距差值直接判断主轴承位置高低或利用臂距差值作出曲轴轴线状态图，依图判断各主轴承位置的高低。具体方法有多种，现介绍以下几种：

(1)经验判断法

我国修船厂根据多年生产实践经验总结出一套判断曲轴各主轴承位置高低的规律，不需作图，直接依所测得的臂距差值进行判断。现列举以下几点于表 8-14 中。

①曲轴自由端曲柄或拆去飞轮端的曲柄，当臂距差为“＋”值，一般表示端部 1# 主

轴承较相邻 2# 主轴承位置高；当臂距差为“－”时，则表示端部 1# 主轴承较相邻 2# 主轴承位置低。

②若曲轴相邻两曲柄臂距差均为“＋”时，表示中间 2# 主轴承位置最低，臂距差越大中间轴承位置越低；若曲轴相邻两曲柄臂距差均为“－”时，表示中间 2# 主轴承位置最高，臂距差越大则位置越高。

表 8-14 经验判断法举例

	Δ_1 符号	判断端部主轴承高低	曲柄轴线状态
1	＋	1# 高于 2#	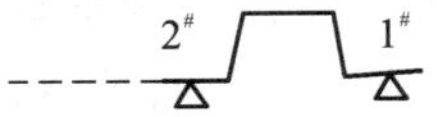
2	－	1# 低于 2#	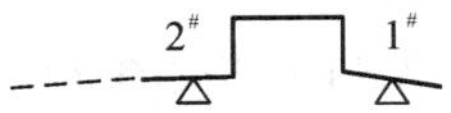
3	＋	2# 最低	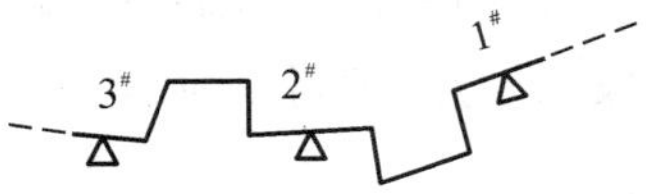
4	－	2# 最高	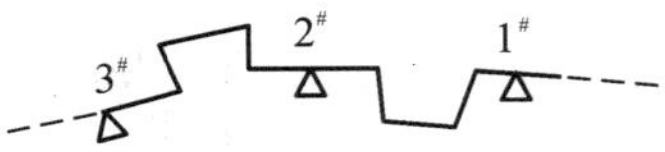

(2)简单作图法

利用曲轴各曲柄在垂直平面内的臂距差 $\Delta_\perp$ 作出曲轴轴线状态图，来判断各主轴承位置的高度。现以一台 7 缸柴油机为例作图，其臂距差 $\Delta_\perp$ 列于表 8-15 中。

表 8-15 7 缸柴油机曲柄臂距差 单位：mm

曲柄号	Ⅰ	Ⅱ	Ⅲ	Ⅳ	Ⅴ	Ⅵ	Ⅶ(尾)
臂距差 $\Delta_\perp$	＋0.12	＋0.02	＋0.14	－0.17	－0.12	＋0.07	＋0.05

作图步骤如下：

①画出横坐标，并在其上等距画出各缸中心线(即曲柄中心线)Ⅰ，Ⅱ，…，Ⅶ和各道主轴承中心线 1，2，…，8；画出纵坐标，令其表示臂距差 $\Delta_\perp$，且在原点 0 以上为负值，原点 0 以下为正值。

②将各缸的曲柄臂距差 $\Delta_\perp$ 分别标于各缸中心线上。

③连接各缸中心线上的点，所得折线 $O_1O_2O_3O_4O_5O_6O_7$ 便近似表示垂直平面内的曲轴轴线，但未包括首、尾两端主轴轴线状态，如图 8-50 所示。

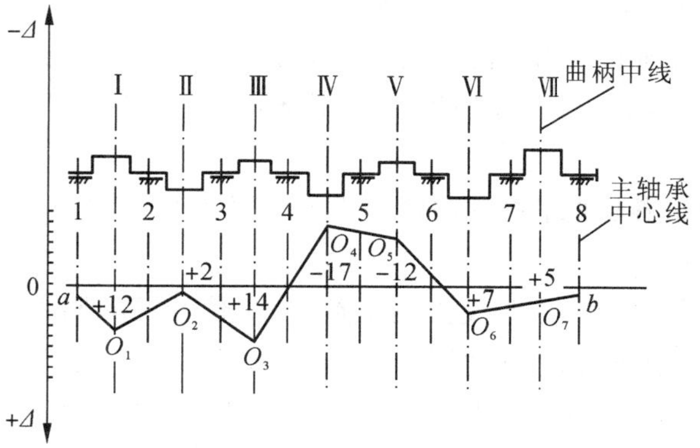

图 8-50　曲轴轴线状态简单作图法

④用经验法中第一条关于曲轴两端轴承位置与臂距差的关系作为补充，得知第 1、8 道主轴承分别高于第 2、7 道主轴承，即 a 点高于 O_1，b 点高于 O_7 点。连接 aO_1、O_7b，则获完整的曲轴轴线 $aO_1O_2O_3O_4O_5O_6O_7b$。

从图 8-50 可以看出，第 5 道主轴承位置最高，第 2、7 道主轴承位置最低。

(3)MAN-B&W 型柴油机作图法

MAN-B&W 型柴油机制造厂对其所生产的柴油机曲轴轴线状态的作图方法如下(仍以上述 7 缸柴油机为例)：

①画出 7 缸柴油机各缸曲柄中线Ⅰ，Ⅱ，…，Ⅶ，如图 8-51 所示；

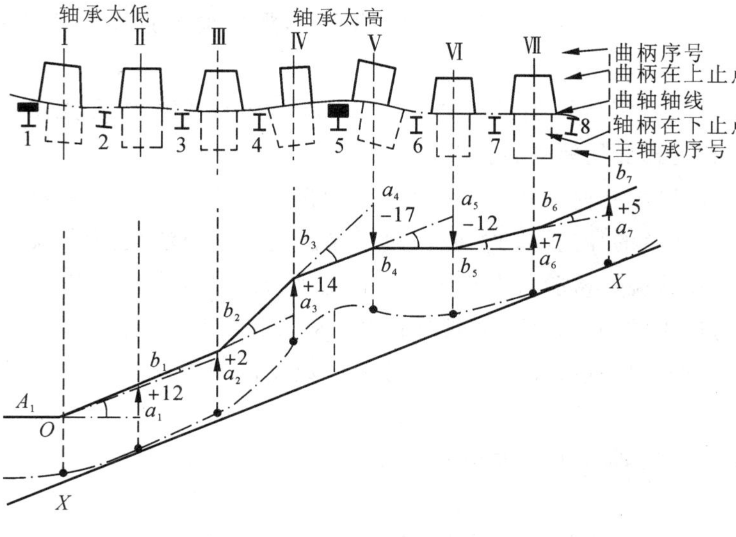

图 8-51　MAN-B&W 型柴油机曲轴轴线状态作图法

②在第 1 道主轴承下方画出任意方向的线段 A_1，图中选取水平方向；

③令线段 A_1 与第 1 缸曲柄中线相交于 O 点，延长与第 2 缸曲柄中线交于 a_1 点，自 a_1 向上截取 $a_1b_1=+0.12$ mm，即将第 1 缸曲柄臂距差值$+0.12$ mm 标于曲柄中线Ⅰ上；

④连接点 O、b_1 并延长与第 3 缸曲柄中线交于 a_2 点，向上截取 $a_2b_2=+0.02$ mm；

⑤连接点 b_1、b_2 并延长与第 4 缸曲柄中线交于 a_3 点，依此类推作图；

⑥连接点 b_5、b_6 并延长，与曲柄中线Ⅶ右边补画的一条曲柄中线相交于 a_7，截取 $a_7b_7=+0.05$ mm；

⑦连接 b_6、b_7 后获得垂直平面内曲轴轴线——$Ob_1b_2b_3b_4b_5b_6b_7$ 折线，将此折线修整圆滑，符合实际的曲轴状态。

作图过程中，正值臂距差应自交点向上截取，负值臂距差则自交点向下截取。依以上方法亦可画出水平平面的曲轴轴线状态图。

为了确定各道主轴承高度，需要确定该曲轴轴线相对应的基准线，以其相对于基准的距离判断各道主轴承的位置高低，可按以下几种方法确定基准线：

①利用桥规值作基准线。过首、尾端主轴承中点画出主轴承中线分别与曲轴轴线相交于一点，自该点分别向上截取线段等于各自的桥规值。连接首、尾桥规值线段终点的直线即为基准线。它相当于机座上平面，依其确定各道主轴承位置，准确、合理。

②以曲轴轴线上位置最低的两道主轴承处的连线作基准线。图 8-51 中以第 2、7 道主轴承的连线 XX 作为基准线，各主轴承位置均高于 XX 基准线，第 5 道主轴承最高，即磨损量小，此法简便、合理。

③用首、尾主轴承中线与曲轴轴线的交点连线作为基准线，此法简便，为近似方法。

8.6.9 曲轴的验收

在监修监造时，应重视新造或修理的曲轴质量，严格检查验收。为了保证曲轴的质量应严格进行以下检验：

(1)新造曲轴应由制造厂提供材料成分、机械性能、金相组织和无损探伤等检验报告，造船厂应进行无损探伤等复验。

(2)曲轴尺寸精度、几何形状精度和表面粗糙度等级检验，应符合图纸要求。

(3)主轴颈与法兰的径向跳动检验。为了保证主轴颈与法兰同轴，新造和修理的曲轴应进行径向跳动检验。检验可在车床或平台上进行。平台检验时用 V 形铁支承曲轴，用百分表测量每段主轴颈首、尾两个截面上的跳动量和法兰上的跳动量。曲轴回转一周时，同一直径对应两个位置(0°、180°)的百分表读数差值即为径向跳动量，此值应符合规范要求。

(4)曲柄销颈与主轴颈平行度检验。可在平台上进行新造或修理曲轴的平行度检验，如图 8-52(a)所示。

曲轴置于平台 V 形铁上，调整曲轴使与平台平行。转动曲柄销至上止点，用百分表测量曲柄销颈上相距 l 的两点的相对值 a、b，然后将曲柄销转至下止点，测量对应两点的相对值 c、d，则曲柄销颈与主轴颈的平行度误差 Δ 为：

$$\Delta=\frac{(a-b)+(c-d)}{2l}$$

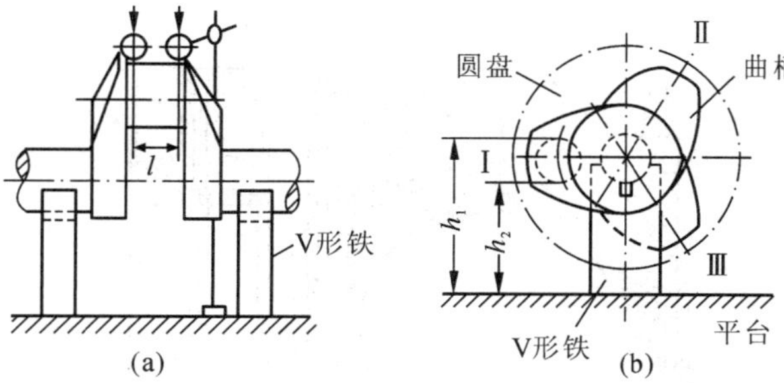

图 8-52　曲轴相对位置精度检验

(a)曲柄销颈与主轴颈平行度检验；(b)平台画线法检验曲柄夹角

用同样方法测量水平平面内的平行度误差。此外，还可采用水平仪等方法检验。曲柄销颈与主轴平行度误差应不大于 0.15 mm/m。

(5)曲柄夹角的检验。新造曲轴或发生红套滑移、扭转变形的曲轴修理前后均应检验曲轴的曲柄夹角。主要有平台画线法和光学象限仪法等。

平台画线法如图 8-52(b)所示。将曲轴置于平台 V 形铁上，使其轴线平行平台。将曲柄Ⅰ转至左(或右)水平位置，测量曲柄销颈上最高点和最低点至平台的距离 h_1、h_2，二者平均值 h 即为该曲柄销颈中心线至平台的距离，将此高度 h 用画针画于预先装在曲轴法兰端面的圆盘上。同样，将曲柄Ⅱ、Ⅲ的曲柄销颈中心高分别投影于圆盘上，分别连接圆盘中心与各投影点的连线，用量角器测量出三个圆心角的数值即三个曲柄夹角的大小，并应符合图纸要求。

(6)曲轴臂距差检验。可在车床或平台上测量新造或修理的曲轴臂距差。

(7)曲轴的平衡试验。曲轴的不平衡质量将导致柴油机工作不平稳，产生振动和噪声，甚至引起其他零部件的损坏。所以，新造或大修后的曲轴应进行平衡试验。一般中、低速柴油机曲轴进行静平衡试验，高速柴油机曲轴进行动平衡试验。大型低速柴油机曲轴在制造时对尺寸公差、质量和重心位置等控制极为严格，使其静不平衡最小，所以制成后不需进行静平衡试验。

8.7　轴承的检修

8.7.1　滑动轴承轴瓦的结构形式

船用柴油机曲轴的主轴承、曲柄销轴承、十字头销轴承和活塞销轴承等均为滑动轴承。滑动轴承是由轴承座、轴承盖和上、下轴瓦等构成的，如图 8-53 所示。轴瓦由瓦壳和瓦衬(耐磨合金层)组成。常见滑动轴承轴瓦的结构形式有以下三种：

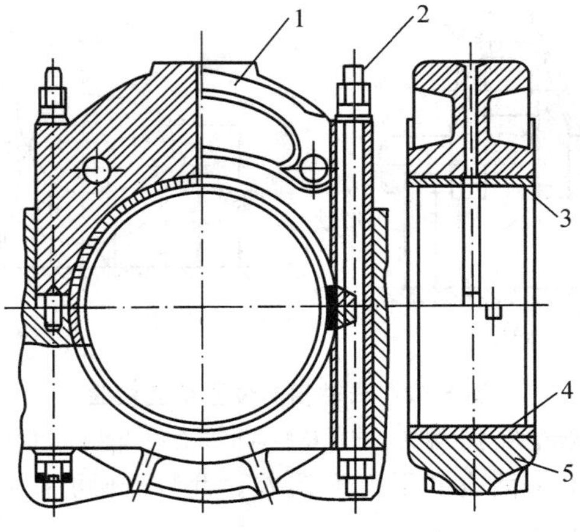

1—轴承上盖；2—螺栓；3—上瓦；4—下瓦；5—轴承盖

图 8-53 滑动轴承的结构

1. 两半式厚壁轴瓦

轴瓦厚度 t 较大，一般 $t \geqslant 0.065D$（D 为轴承直径），合金层厚度为 3～6 mm。瓦壳的材料可选用青铜、黄铜或铸钢，目前广泛采用钢瓦壳。瓦衬的材料主要采用锡基或铅基巴比特合金。

此种轴瓦壁厚、刚度大，可以保证轴承孔的尺寸精度和几何精度。在上、下瓦结合面之间有调整垫片，用以调整轴承间隙。轴承损坏后可以重浇合金或拂刮修复。厚壁轴瓦广泛应用于中、低速柴油机和一些辅机的轴承上。

2. 两半式薄壁轴瓦

轴瓦厚度 t 较小，一般 $t=(0.02 \sim 0.065)D$（D 为轴承直径），各种材料的合金层厚度如表 8-16 所示。通常瓦壳的材料采用低碳钢，瓦衬的材料有铜铅合金、铝基轴承合金等。薄壁轴瓦广泛应用于中、高速柴油机，大型低速柴油机十字头轴承，甚至有的柴油机主轴承和曲柄销轴承也改用薄壁轴瓦。

表 8-16 薄壁轴瓦合金层厚度 单位：mm

合金层材料	合金层厚度
锡基、铅基轴承合金	0.25～0.5
铜基轴承合金	0.4～0.8（烧结） 0.4～0.8（连续浇注） 0.4～1.0（离心浇注）
铝基轴承合金	0.3～0.9

薄壁轴瓦刚度低，容易变形。轴承孔的尺寸和几何精度由轴承座和瓦壁厚度加工精度来保证；轴瓦的互换性好，装入轴承座孔后不允许修刮，损坏后也不能修复，只能报废换新。

3. 整体衬套式轴瓦

通常采用青铜或低碳钢制成套筒式，或在衬套内表面上浇 0.4～1.0 mm 厚的耐磨合金层。中、小型柴油机连杆小端轴承、摇臂轴承广泛采用锡青铜或铝青铜衬套式轴瓦。

此外，轴瓦还按金属的层数分为单层、双层、三层和四层轴瓦。单层轴瓦是由一种合金制成的整体衬套式；双层轴瓦为钢瓦壳上浇注或压上减摩和抗咬合的轴承合金层；三层轴瓦或称三合金轴瓦是在双层轴瓦上再镀覆一层极薄的表面镀层，以改善表面性能或抗疲劳性能，例如镀覆 0.02～0.04 mm 的铅、锑、铟等；四层轴瓦是由钢瓦壳、高疲劳强度的轴承合金层、表面性能良好的轴承合金层和表面镀层组成的。

8.7.2　轴承的损坏形式

轴承是船用主、副柴油机或其他辅机的易损件，在每年的机损事故中居首位。轴承损坏主要是轴瓦上的耐磨合金层的损坏。其主要损坏形式有：过度磨损、裂纹和剥落、腐蚀和烧熔。

1. 轴瓦的过度磨损

柴油机运转一段时间后使主轴承下瓦、十字头轴承下瓦和曲柄销轴承上瓦产生过度磨损。轴瓦的过度磨损将会使轴承间隙增大，引起冲击和加剧磨损。轴瓦过度磨损主要与维护管理不良有关，具体表现如下：

(1)润滑油净化不良，含机械杂质和水分较多；

(2)轴颈表面的粗糙度等级太低、几何形状误差过大和曲轴变形等；

(3)柴油机启、停频繁和长时间超速、超负荷运转；

(4)其他日常维护不善，甚至违章操作等。

以上各点不是使得轴承润滑油膜不能建立，就是由于磨粒、轴颈表面状态不良或过大的轴承负荷破坏已形成的油膜，造成轴瓦的异常磨损。

2. 轴瓦的裂纹和剥落

裂纹和剥落主要发生在巴比特合金厚壁轴瓦上。最初由于种种原因在轴瓦工作表面产生微小疲劳裂纹，随着柴油机的继续运转轴瓦上的裂纹逐渐扩展、延伸，以致使轴瓦上的耐磨合金呈片状脱落，即剥落。造成轴瓦裂纹和剥落的原因主要与轴承受力、轴承合金性能及维护管理等因素有关。

(1)巴比特合金的疲劳强度低，在交变载荷作用下容易产生疲劳裂纹；

(2)轴颈的几何形状误差过大和轴瓦过度磨损都会使轴瓦受到过大的冲击负荷，致使轴瓦产生裂纹；

(3)柴油机超负荷使轴承负荷过大造成轴瓦裂纹；

(4)轴瓦浇铸质量差，如合金层与瓦壳结合不良或二者之间嵌有异物等，在交变载荷作用下使轴瓦裂纹和合金层剥落；

(5)龟裂是巴比特合金轴瓦容易产生的疲劳损坏，如十字头轴瓦的龟裂就较为严重，目前虽然对十字头轴承和连杆小端的结构进行了各种改进，但是龟裂仍时有发生。

柴油机运转时轴瓦受到周期性交变负荷作用，特别在轴承负荷过大和轴向负荷分布不均匀时，使轴与瓦之间难以建立连续而又分布均匀的润滑油膜，以致局部产生金属直接接触，经过一段时间运转后，在轴瓦表面上局部产生细微裂纹，称为发裂。发裂在柴油机台架试验时就可能产生。实践证明，轴瓦产生发裂后仍可继续运转很长时间，直至发展成龟裂报废，图 8-54 所示为十字头轴瓦的龟裂。

图 8-54 十字头轴瓦的龟裂

轴瓦发裂后，继续运转时润滑油就会渗入裂缝中，在轴承负荷作用下润滑油无处溢出而形成油楔，使发裂扩展、延伸并彼此连接成封闭网状。所以，当轴瓦承受过大的轴承负荷或轴向负荷分布不均匀时，就会使轴瓦上产生发裂，在油楔的作用下扩展成许多封闭的裂纹，称为龟裂。当龟裂面积较大并扩展至轴瓦端面或合金剥落时，应报废换新。

3. 轴瓦腐蚀

轴瓦的腐蚀包括电化学腐蚀和漏电引起的腐蚀。润滑油中含水或滑油氧化、燃气或燃油的混入使润滑油变质都会使轴瓦工作面产生宏观或微观电化学腐蚀麻点。船上的杂散电流是电器漏电引起的，它使轴瓦内外表面产生局部麻点的静电腐蚀。

4. 轴瓦烧熔

轴瓦合金烧熔是滑动轴承常见的严重损坏。轴承间隙过小、润滑油油压不足或失压使油膜不能建立，轴颈表面太粗糙或几何形状误差过大等会破坏油膜。油膜不能建立或被破坏均使轴与瓦的金属直接接触，干摩擦产生高温使合金熔化。

8.7.3 轴承的检测

1. 滑动轴承的安装要求

为了保证滑动轴承安全可靠地运转，轴承的安装质量和与轴的配合最为重要。在安装过程中应符合下列要求：

(1)轴瓦与轴承座孔的配合面应贴合良好

安装轴瓦时以下瓦的安装最为关键，应使下瓦外圆面与轴承座孔内圆面贴合紧密和均匀接触，用 0.05 mm 塞尺插不进。配合面贴合紧密，运转时轴瓦工作可靠，不会产生变形和裂纹，利于散热。

①厚壁轴瓦下瓦的安装

下瓦装入轴承座内其配合面贴合情况可用在瓦座面涂色油后与轴瓦互研进行检查。若瓦背色油沾点少，说明接触不良。采用铜锤敲击或修锉瓦背，但绝不允许修锉轴承座面。要求在 25 mm×25 mm 面积内沾点不少于 3 点，即小型柴油机的瓦背与瓦座接触面积不少于 85%，大、中型柴油机不少于 75%。

②薄壁轴瓦的安装

薄壁轴瓦与轴承座的紧密贴合是通过轴瓦与轴承座孔的过盈配合来实现的。由于轴瓦装入轴承座孔内，上、下瓦结合面均高出轴承座结合面 δ，也就是轴瓦外圆周长较座孔周长大 4δ，如图 8-55 所示。当螺栓上紧前，在轴承剖分面处有 2δ 的间隙；当螺栓上紧后，间隙消失，借助薄壁轴瓦的弹性变形和过盈量使轴瓦紧压在轴承座孔中，二者配合面紧密贴合。薄壁轴瓦在自由状态下具有一定的弹性，所以在瓦口（结合面）处产生弹性变形，使瓦口处直径较轴瓦名义直径增大，二者之差为瓦口的扩张量。《船用柴油机主轴瓦、连接轴瓦修理技术要求》(CB/T 3535—1994) 对瓦口扩张量的推荐值为：无翻边瓦为 0.3～1.0 mm；翻边瓦为 0.1～0.4 mm。轴瓦内孔尺寸越大，轴瓦壁越薄，弹性越好，扩张量应取上限。

(2)轴颈与轴承下瓦应在一定的角度内均匀接触

柴油机主轴颈与主轴承下瓦的接触角应在机体中心线两侧 40°～60°范围内均匀接触，如图 8-56 所示；曲柄销颈与连杆大端轴承上瓦的接触角应在连杆中心线两侧 60°～90°范围内均匀接触。

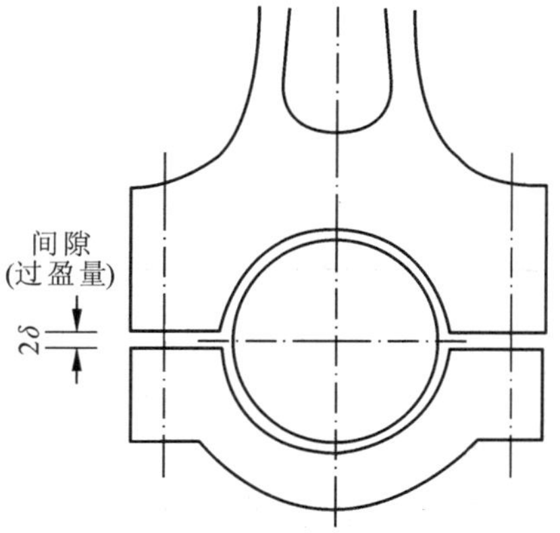

图 8-55　薄壁轴瓦与轴承座孔的过盈配合

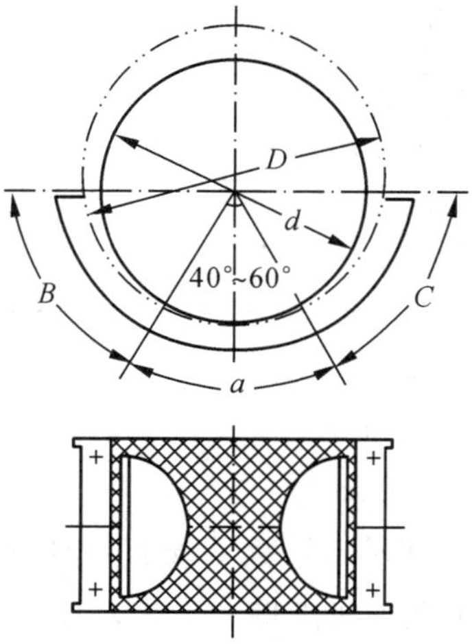

图 8-56　曲轴轴颈与轴瓦的接触角

(3)轴承间隙应符合要求

轴与轴瓦之间的径向最大配合间隙称为轴承间隙。合适的轴承间隙是形成润滑油膜实现液体动压润滑的重要条件。轴承间隙过小，油膜不能建立，轴与瓦的金属直接接触，产生大量热，以致合金熔化；间隙过大，润滑油流失和产生冲击，使轴瓦合金层产生裂纹、碎裂。所以要求轴与轴瓦之间的轴承间隙 δ 在安装间隙 $\delta_{安}$ 和极限间隙 $\delta_{极}$ 之间，即：

$$\delta_{安} \leqslant \delta < \delta_{极}$$

柴油机说明书和柴油机修理技术标准中对主轴颈与主轴承、曲柄销颈与连杆大端轴承的轴承间隙均有具体规定。表 8-17 所示为柴油机主轴承间隙。

表 8-17 柴油机主轴承间隙 单位：mm

轴颈直径	十字头式柴油机		筒形活塞式柴油机（转速＜500 r/min）		筒形活塞式柴油机（转速＞500 r/min）			
					锡基轴承合金		铜铅合金	
	装配间隙	极限间隙	装配间隙	极限间隙	装配间隙	极限间隙	装配间隙	极限间隙
≤100	—	—	—	—	0.06～0.08	0.20	0.08～0.10	0.20
＞100～125	—	—	—	—	0.08～0.11	0.25	0.10～0.12	0.25
＞125～150	—	—	—	—	0.11～0.15	0.30	0.13～0.16	0.30
＞150～200	—	—	0.14～0.18	0.30	0.16～0.20	0.40	0.17～0.28	0.40
＞200～250	—	—	0.18～0.22	0.40	0.20～0.24	0.50	0.24～0.28	0.50
＞250～300	0.17～0.21	0.40	0.22～0.26	0.50	0.24～0.28	0.60	—	—
＞300～350	0.21～0.25	0.50	0.26～0.30	0.60	—	—	—	—
＞350～400	0.25～0.30	0.60	0.30～0.34	0.70	—	—	—	—
＞400～450	0.30～0.35	0.70	0.34～0.38	0.80	—	—	—	—
＞450～500	0.35～0.40	0.80	—	—	—	—	—	—
＞500～550	0.40～0.45	0.90	—	—	—	—	—	—
＞550～600	0.45～0.50	1.00	—	—	—	—	—	—
＞600～650	0.50～0.55	1.10	—	—	—	—	—	—
＞650～700	0.55～0.60	1.20	—	—	—	—	—	—
＞700	0.60～0.65	1.30	—	—	—	—	—	—

2. 轴承间隙测量

（1）塞尺法

用长塞尺自轴承端面直接插入轴颈与轴瓦之间进行测量。图 8-57 所示为 MAN-B&W型柴油机随机专用长塞尺测量主轴颈与主轴承的轴承间隙。测量时拆去轴承盖上的润滑油进油管和盖内的油管，用长塞尺从端面插入进行测量。一般每运转 3000 h 检测一次。

塞尺平直，而轴承间隙为弧形，使测量值小于实际间隙，所以轴承间隙应为测量值加上 0.05 mm 的修正值。此法简便，但精度不高且使用受轴承结构限制，可作为轴承间隙的粗检。

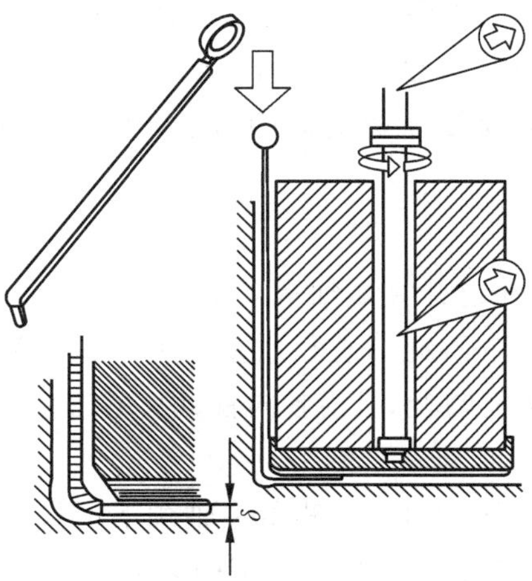

图 8-57　MAN-B&W 型柴油机随机专用长塞尺测量主轴颈与主轴承的轴承间隙

(2)压铅法

压铅法是利用置于轴承间隙处的铅丝在轴承螺栓上紧后被压扁的厚度来反映轴承间隙实际大小的测量方法。此法精度高,但操作麻烦,适用于厚壁轴瓦的轴承。具体测量步骤如下:

①拆去主轴承上盖和上瓦或拆去连杆大端轴承的下盖和下瓦。

②选直径为(1.5～2.0)δ(δ 为轴承安装间隙),长度为 120°～150°轴颈弧长的铅丝 2～3 条,在轴颈轴向首、中、尾位置沿圆周方向安放铅丝三根,并用牛油黏住,如图 8-58 所示。

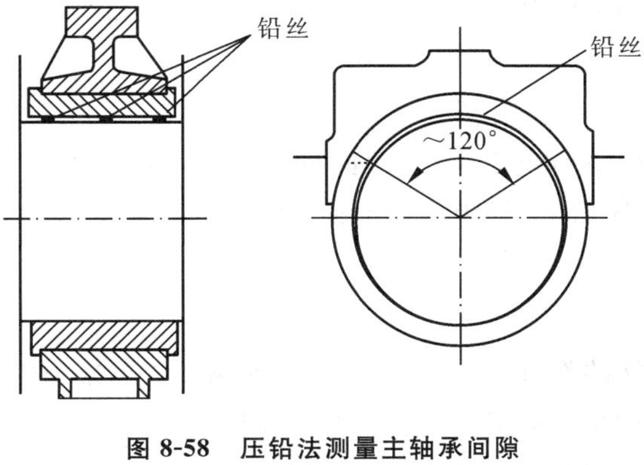

图 8-58　压铅法测量主轴承间隙

铅丝的塑性和直径对测量精度有很大影响。若铅丝直径小于轴承间隙,则铅丝未被压扁,测不出轴承间隙;若铅丝直径过大,上紧螺栓后铅丝可能被压入轴承合金内,亦不能准确测出轴承间隙。因此,铅丝直径的选取甚为关键。例如,主轴承的装配间隙为 0.20～0.25 mm时,依经验公式可选用 0.30～0.50 mm 的铅丝直径。

③装复主轴承上盖及上瓦,按要求上紧螺栓至规定位置,此时切勿盘车。

④打开轴承，取出铅丝，妥善保管并记下铅丝对应轴承的位置。

⑤用外径千分尺测量铅丝两端和中间的厚度值并做记录。中间厚度值即为轴承间隙的实际大小，两端厚度值为轴承两侧间隙，应小于轴承间隙，且两侧间隙差应不超过0.05 mm。

(3)比较法

中、高速柴油机主轴承和连杆大端轴承多采用薄壁轴瓦。通常采用内、外径千分尺分别测量轴、孔的对应部位直径，此二直径之差即为轴承间隙。一般应测量对应于曲柄销在上、下止点位置时的轴、孔直径，且沿轴向首、中、尾三处测量求其平均值进行比较。

3. 轴瓦磨损量检测

主轴承厚壁瓦下瓦磨损量可用桥规测量主轴颈下沉量的方法或直接测量下瓦厚度与新瓦厚度进行比较确定。连杆大端轴承上瓦的磨损量可采用直接测量法确定。

薄壁轴瓦当其轴承间隙超过说明书或标准时即表明其下瓦(或上瓦)磨损严重，无需测量磨损量，应报废换新。

4. 轴瓦合金层脱壳检查

轴瓦合金层浇铸质量不高就会使结合面局部有缝隙，运转后就会产生合金层脱落现象，为此对厚壁轴瓦备件可采用听响法或渗透探伤法进行检测。

轴瓦工作表面可用放大镜或渗透探伤法检验有无裂纹。

8.7.4 轴瓦的检修

轴瓦的修理主要是针对厚壁轴瓦，依损坏形式和程度不同采用局部修刮、焊补和重浇合金等方法。厚壁轴瓦的合金层损坏可采用喷涂工艺进行修复，要求涂层与瓦壳结合牢固。

1. 局部修刮

轴瓦工作表面上的小面积擦伤、腐蚀或早期发裂可用刮刀进行局部修刮，并使修刮面与周围瓦面圆滑过渡。润滑油中含水量较多时会使瓦面上生成黑色氧化钙硬壳，也可用刮刀刮去。

2. 焊补

轴瓦工作面上较深的裂纹、局部合金层脱落或腐蚀等可采用焊补方法修理。

用氢氧焰或焊烙铁将瓦面损坏处合金熔化，再用与轴瓦巴比特合金牌号相同的焊条进行焊补。修补质量与焊前损坏部位的清洁情况有关。一般要采用汽油或煤油清洗、擦干和修刮，使露出金属光泽后再进行焊补。

此法简便、实用，是常用的修理轴瓦裂纹的方法，此外还具有节约合金材料和节省修理工时的优点。

3. 重新浇瓦

具有下列情况之一者，应熔去轴瓦上的合金，重新浇铸相同牌号的巴比特合金。

(1)轴瓦合金烧熔；

(2)轴瓦过度磨损后，合金层厚度小于2 mm时；

(3)轴瓦合金层脱壳或大面积剥落；

(4)轴瓦龟裂严重，扩展到轴瓦端面或裂纹深及瓦壳时。

8.7.5　主轴承下瓦的换新

柴油机运转中轴承损坏是不可避免的。其轴瓦损坏后，船上条件下只能更换备件。因此换瓦是轮机员经常性的检修工作。换瓦是新瓦的安装工艺过程，其质量仍然是保证安全可靠运转的关键；薄壁瓦安装工艺较为简单，以下介绍厚壁瓦安装过程及应注意的问题。

1. 新瓦检验及安装

(1)新瓦(备件)检验

检查新瓦有无变形和其他缺陷，如合金层与瓦壳结合情况，油槽和垃圾槽情况，测量和记录轴瓦厚度等。

(2)盘出下瓦

在船上换新轴瓦时不须将曲轴吊起，只须将下瓦自瓦座内盘出，并以同样方法将新下瓦盘入瓦座。旧下瓦盘出应从瓦口较厚的一端或有定位唇(轴瓦轴向定位的凸起)的一端盘出。下瓦自主轴颈的下方瓦座盘出的方法很多，随机型而异。例如：小型柴油机利用主轴颈上的润滑油孔，在油孔内插入销钉，盘车时销钉随曲轴转动将下瓦拔出，如图6-3(a)所示。还可用固定在曲柄臂上的专用工具，将下瓦拔出，如图6-3(b)所示。Sulzer RD、RND大型低速柴油机则采用液压千斤顶将曲轴抬高0.10～0.15 mm后将主轴承下瓦转出。

为便于盘瓦，通常在新瓦瓦背上镀覆0.002～0.003 mm的锡或铜，或在新瓦瓦背上均匀涂以二硫化钼。

(3)新瓦的安装

新瓦按安装要求进行安装。安装前应先检查新瓦有无变形，因为轴瓦备件在放置过程中可能产生变形，如将其装入轴承座中将贴合不良，在色油检查时出现以下情况：

①在下瓦背的两侧面有色油沾点，而瓦背底面无沾点，说明下瓦瓦口产生向外张开的变形，在底部产生间隙δ，如图8-59(a)所示。此时新下瓦卡在轴承座上，没有“落底”，应采用修锉瓦背两侧或用铜锤敲击瓦口外侧使之收拢的方法修理。

②在下瓦背的两侧面无色油沾点，而在瓦背底面有沾点，说明新下瓦瓦口产生向内收拢的变形，在瓦口两侧产生间隙β，如图8-59(b)所示。此时新下瓦可在轴承座内“晃荡”。应采用木槌敲击瓦口内侧使之向外张开的方法修理。

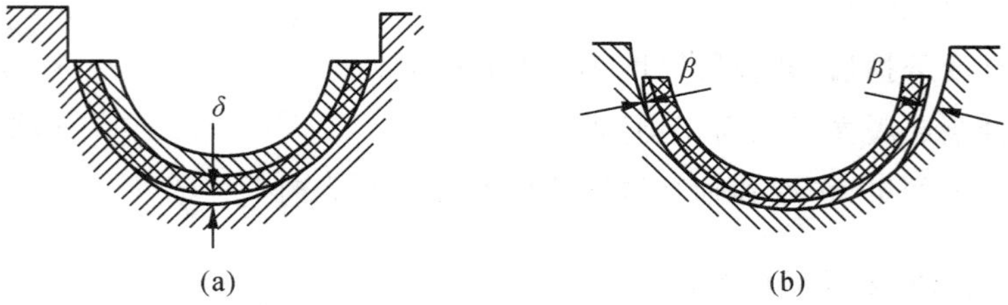

图 8-59 新瓦瓦口变形时对其安装的影响

(a)瓦口扩张变形;(b)瓦口收拢变形

2. 主轴颈与主轴承下瓦接触检验

新的主轴承下瓦安装合格后,应检验主轴颈与之接触情况并应符合要求。检验时,在轴上均匀涂上色油,使轴回转与瓦互研后,观察下瓦色油沾点的多少和分布。如不合格,用刮刀拂刮下瓦上的色油沾点,再次使轴回转,再次检查沾点和拂刮情况,直到符合要求为止。具体拂刮轴瓦的方法有以下几种:

(1)样轴拂刮轴瓦

样轴又称假轴,使其代替曲轴,轻便、容易操作、效率高。假轴采用钢管或铸铁管制成,外径 $D=d+\delta$(d 为主轴直径,δ 为轴承间隙),长度等于机座全长或为 3～4 个主轴承座的长度。此种刮瓦方法容易建立油膜,但必须制作专用样轴和吊出曲轴,适用于船厂小批修理或船上小型柴油机的刮瓦。

(2)曲轴拂刮轴瓦

船厂和船上均可采用。依主轴颈与主轴承下瓦研配的沾点情况拂刮主轴承下瓦,直到符合接触角内均匀接触为止。此法方便,不须制作样轴和吊出曲轴,但下瓦盘出、盘入较麻烦。

(3)根据臂距差拂刮轴瓦

此法利用臂距差和色油沾点拂刮主轴承下瓦。首先在换新轴瓦的主轴承两侧曲柄上安装臂距表,并在主轴颈上涂色油。然后盘车测量两个曲柄的臂距差。根据臂距差和主轴承下瓦的沾点情况进行下瓦的拂刮。垂直平面内的臂距差检查瓦底,水平平面的臂距差检查瓦口。拂刮轴瓦时不可一次刮削很多,应小刮削量多次拂刮、多次研配,逐渐达到要求。

注意下瓦两侧垃圾槽附近瓦口部位的拂刮:拂刮过量,造成漏油,影响油膜建立;拂刮不足,瓦口与轴颈接触引起轴承发热,甚至在瓦口处咬死。所以,一般瓦口两侧与主轴颈之间要有 0.05 mm 的间隙。

主轴承上瓦应先开油线然后进行拂刮。

3. 轴承间隙的测量与调节

以上检验合格后应检测主轴颈与主轴承装配后的配合间隙,即轴承间隙。当所测轴承间隙与说明书或标准不符合时,采用抽减或增加上下瓦配合面间的垫片进行调整。

厚壁轴瓦上下瓦结合面间有一组黄铜或紫铜垫片，其形状与结合面形状相同并且不应妨碍曲轴的回转及瓦口处的垃圾槽。垫片的厚度均为 0.05 mm 的整数倍，如 0.10 mm、0.15 mm 等，便于间隙调整。垫片数目尽量少，两边的垫片数目和厚度相同。

调整轴承间隙时，轴瓦两边要同时抽减或增加厚度和数目相同的垫片，以免安装后轴承上盖上瓦歪斜和轴承间隙变化。

8.8 精密偶件的检修

柴油机燃油系统中，高压油泵中的柱塞-套筒偶件、出油阀-阀座偶件、喷油器中的针阀-针阀体偶件是三对极为精密的零件，称为精密偶件。由于它们都是经过极精细的机械加工，所以它们的尺寸和形位精度高，表面粗糙度等级高，偶件的配合精度高。例如，柱塞、套筒的圆度和圆柱度误差不超过 0.001 mm，工作表面的粗糙度为 *Ra*0.02～0.05 mm，柱塞与套筒的配合间隙只有 0.002～0.003 mm。为了满足柴油机运转时的工作要求，这些偶件还应该具有较高的耐磨性、耐蚀性和尺寸稳定性。

精密偶件是在高压燃油中工作，受到高压、摩擦和腐蚀等作用，偶件配合面极易产生磨损、腐蚀等损坏。值得注意的是，即使偶件工作表面微小的损坏也会严重地影响高压油泵、喷油器、燃油系统和柴油机的正常工作。所以，轮机员应对这三对偶件予以特别的关注。

8.8.1 精密偶件的主要损坏形式

1. 柱塞-套筒偶件

柱塞-套筒是高压油泵中的一对重要的偶件，其作用是保证高压油泵正时准确、供油压力正常、供油量精确和工作可靠。高压油泵工作一段时间后，柱塞-套筒偶件主要产生以下损坏。

(1)圆柱配合面的过度磨损

柱塞和套筒的工作表面产生磨损，柱塞螺旋槽附近的工作表面磨损尤为严重，如图 8-60(a)所示。配合面的磨损将使配合间隙增大，泵油压力降低，进而影响喷油压力，导致雾化不良，燃烧恶化；各缸油泵的柱塞-套筒偶件的磨损不同，泵油压力不同，各缸喷油量不等，以致各缸功率不等，柴油机各缸功率不平衡。

(2)柱塞工作表面的穴蚀

柱塞螺旋槽附近的工作表面上产生穴蚀，如图 8-60(b)所示。穴蚀是由于燃油喷射终了时，螺旋槽的边缘将回油孔打开的瞬间，套筒内的高压油急速冲出，使套筒内压力骤然降低。螺旋槽边缘的油压低到该处温度对应的燃油蒸发压力时燃油气化形成气泡。随后的高压燃油或其压力波使气泡溃灭。强大的冲击波作用使柱塞螺旋槽附近的工作表面金属剥蚀，即产生穴蚀。

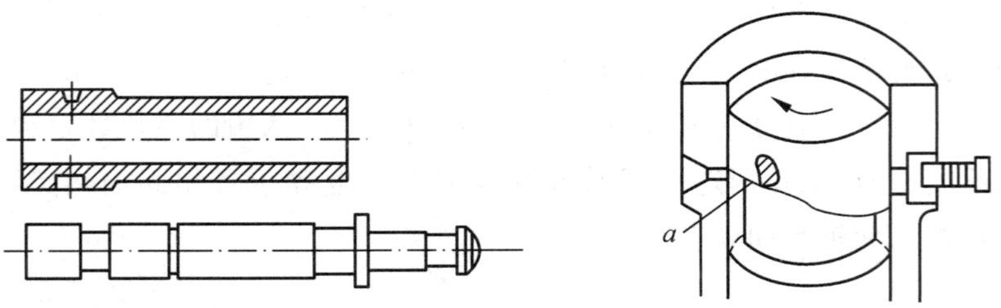

图 8-60　柱塞-套筒偶件的磨损

(a)圆柱配合面的过度磨损；(b)柱塞螺旋槽处的穴蚀

(3)圆柱配合面上的拉痕及偶件咬死

柱塞-套筒偶件圆柱配合面还会产生纵向拉痕，偶件卡紧甚至咬死。这两种损坏主要是由于燃油净化不良，燃油中含有较多坚硬的机械杂质，配合间隙过小和偶件材料热处理不当引起的。

2. 出油阀-阀座偶件

出油阀-阀座是高压油泵中的另一对精密偶件，在高压油泵中起着蓄压、止回和减压的作用。等容卸载式出油阀偶件的结构如图 8-61 所示。

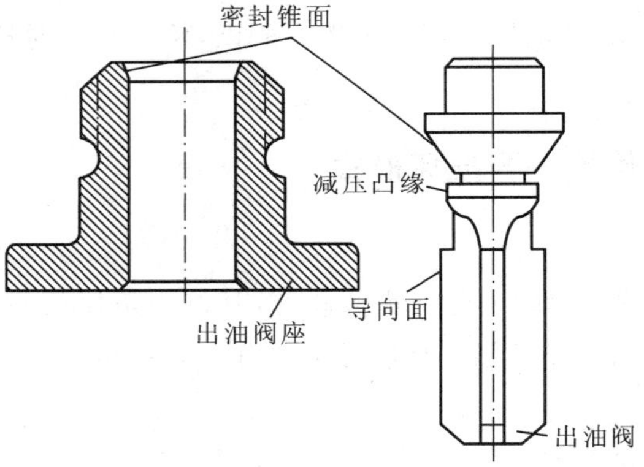

图 8-61　出油阀-阀座偶件

出油阀-阀座偶件的主要损坏形式有：

(1)工作表面过度磨损。出油阀的导向面、减压凸缘和密封锥面产生过度磨损；出油阀座的密封锥面和内孔产生过度磨损。偶件配合面的过度磨损将使配合间隙增大，泵油量增多，造成不完全燃烧的后果。密封锥面的磨损导致密封性下降，高压油回流，泵油压力降低。

(2)阀与阀座卡紧、咬死或关闭不严而使出油阀处于常开的故障状态。

3. 针阀-针阀体偶件

(1)圆柱配合面和锥面配合面的过度磨损

针阀偶件圆柱配合面过度磨损，使配合间隙增大、喷油压力降低和雾化不良。各缸喷油器针阀偶件磨损程度不同使各缸喷油量不等，从而影响柴油机功率平衡和低负荷运转的稳定性。

针阀偶件的锥面配合面是重要的密封面。在正常工作时，为了密封和切断燃油迅速，要求：

①针阀的锥角 θ' 较针阀体座面的锥角 θ 大 0.5°～1°，如图 8-62(a)所示。

②偶件锥面配合面上狭窄的环形密封带(称为阀线)的宽度 h 为 0.3～0.5 mm，如图 8-62(b)所示。环形密封带越窄，压强越大，锥面的密封作用和燃油喷射终了时切断燃油的性能就越好。

柴油机运转一段时间后，针阀偶件的锥面配合面产生过大的磨损，使针阀下沉、环形密封带变宽或不连续或模糊不清，针阀升程加大，针阀与阀座的撞击力增强，使锥面配合面的磨损与损伤更加严重。锥面过度磨损后使针阀下沉，即针阀位置下移，如图 8-62(c)所示。

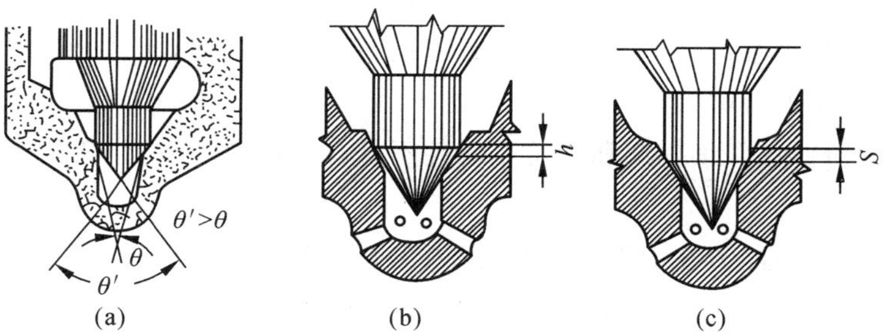

图 8-62　针阀-针阀体偶件的配合

(a)偶件锥面配合角度的要求；(b)偶件锥面正常配合；(c)偶件锥面磨损后的配合

(2)针阀体端面腐蚀

针阀体的结构不同，有的针阀体头部带喷孔，另一端为平面，与喷油器本体端面相结合；有的针阀体两端均为平面。一端面与带喷孔的喷油嘴结合，另一端面与喷油器本体结合。

针阀体端面长期使用会因燃油、冷却水的作用发生微观电化学腐蚀，从而使与喷油器本体或喷油嘴结合面处的密封性下降，产生燃油泄漏和油压降低、雾化不良等。

针阀体端面腐蚀可以从喷油器冷却水循环水箱中有油星、油迹等现象进行判断。

(3)喷孔磨损与堵塞

针阀体或喷油嘴头部分布着细小的喷油孔，孔径一般在 0.12～1.0 mm，喷孔数目为 1～12 个。喷油器的喷油孔直径、数目和分布随机型而异。

喷油器使用一段时间后，受到高速、高压燃油的冲刷使喷孔磨损，孔径变大，雾化质量下降；当气缸内燃烧不良、积碳严重时会使喷孔堵塞，孔径变小，甚至堵死。所以，不论是喷孔磨损或堵塞均破坏了燃油雾化及与燃烧室的配合，影响燃油与空气的混合。

针阀体喷孔周围积碳严重时形成碳花，如图 8-63(a)所示。这是由于针阀偶件锥面磨损后密封不良或针阀关闭不及时，导致喷孔滴油、漏油黏附于喷孔四周，在高温下形成碳花。喷孔周围积碳影响燃油雾化质量，并使针阀体过热损坏。

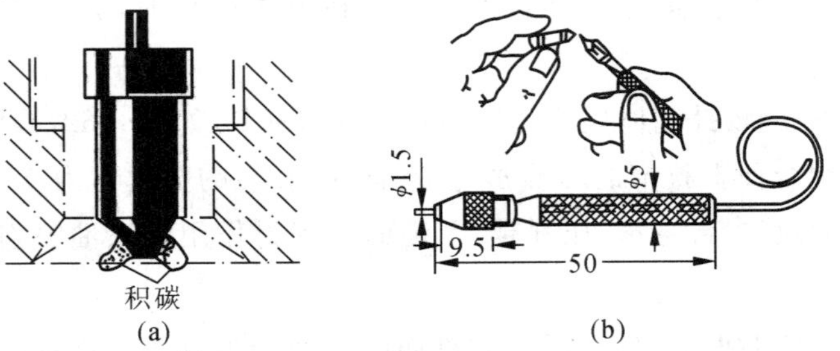

图 8-63 针阀体喷孔积碳和通孔工具

8.8.2 精密偶件的检验

在精密偶件的各种损坏形式中最常见的是磨损失效。由于偶件极为精密难于用测量尺寸变化量来掌握磨损程度，同时一些部位也难以进行测量，所以，对于精密偶件是通过密封性检验来了解其磨损程度和判断其能否继续使用的。

检验前，应对偶件仔细拆卸和清洗。偶件不具有互换性，不能分开乱放。

1. 偶件的清洗

采用轻柴油或煤油清洗偶件，并应注意以下几点：

(1)针阀体或喷油嘴的外表面积碳采用钢丝刷清除。清除喷孔周围积碳时切勿损伤喷孔。如喷孔被积碳堵塞应采用专用通孔工具或钻头疏通喷孔。通孔时，切勿用力过猛，以免通针或钻头断在喷孔内。图 8-63(b)所示为喷孔的通孔工具——通针。

(2)偶件配合面应使用软毛刷或软布进行擦洗。清洗干净后用清洁纸或丝绸擦干，不可用棉纱头或破布擦，以免灰尘或棉纱毛头黏在偶件工作表面上。

(3)清洗后的偶件放于清洗的专用容器中保存。

2. 一般性检查

偶件清洗后，可借助低倍放大镜对偶件工作表面进行观察，检查有无明显的严重的磨损、腐蚀、裂纹等缺陷。如发现应依实际情况决定修复或报废。

3. 偶件的磨损检验

偶件配合面磨损使其配合精度下降，燃油泄漏，压力降低。生产中可以通过检查偶件的密封性和燃油雾化质量来了解偶件的磨损部位与磨损程度。

(1)偶件密封性检验

①滑动试验法。滑动试验法是检查偶件密封性的最简便的方法，可用于检验柱塞-套筒、针阀-针阀体的圆柱配合面密封性。

先用滤净的轻柴油清洗和润滑偶件，然后使偶件与水平面成 45°倾斜放置，把柱塞(或针阀)抽出 1/3 配合面长度后，使其在自重作用下自由滑下，且柱塞(或针阀)在套筒

(或针阀体)内转至任何位置滑下时均不得有阻滞现象。

若下滑速度缓慢、均匀,表明配合面无明显磨损,密封性较好;若下滑速度较快或很快,表明配合面磨损较大或严重,密封性不良。若将柱塞(或针阀)转动 90°再次试验,柱塞(或针阀)下滑缓慢、均匀,表明偶件状态良好。

②油液降压试验法。油液降压试验法或称燃油漏损定量法,也是检验偶件密封性的一种方法。此外,还有油液等压试验法。

油液降压试验法是用通过偶件的油液压力下降一定值时所需要的时间作为检验密封性的标准,或者是用在一定时间内油液漏损量作为检验密封性的标准。

柱塞偶件油液降压试验法要求油泵在相当于额定供油量时,油压从 30 MPa 降至 5 MPa的时间应不少于 20 s,表明柱塞偶件圆柱面密封性良好。

针阀偶件圆柱配合面密封性油液降压试验法,试验前必须进行数次喷油,以排净系统内的空气。试验时燃油进入喷油器,允许将喷油器启阀压力调整到比规定值高 2～3 MPa。在启阀压力的油压作用下检查针阀偶件的渗油现象,以手背擦拭针阀体头部喷孔周围,手背应无油,表明针阀偶件圆柱面密封良好。

针阀偶件锥面密封性油液降压试验法:试验时,要求在燃油压力比规定的启阀压力低 2 MPa 的油压作用下,在 10 s 内不得有渗漏,允许针阀体喷孔周围稍微湿润,但不得有油液积聚现象。针阀偶件锥面密封性检验可与其圆柱面密封性检验同时进行。

偶件配合面密封性试验是在船上利用喷油器试验装置来完成的,如图 8-64 所示。

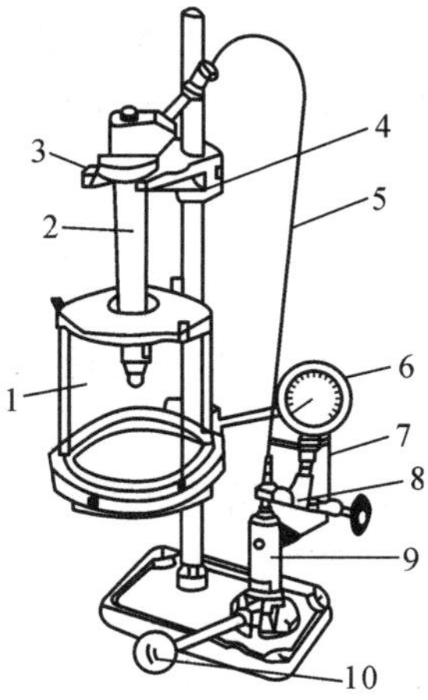

1—玻璃罩;2—喷油器;3—支撑环;4—支架;5—高压油管;
6—压力表;7—储油器;8—截止阀;9—手动泵;10—手柄

图 8-64　喷油器试验装置

检验柱塞偶件时,将高压油管 5 接到待检油泵上。检验针阀偶件时,将待检喷油器装于试验装置中,如喷油器 2。试验时,用手动泵 9 供油。喷油器雾化试验是对其偶件密封性的综合检验,可与上述密封性检验同时进行。

试验时，将启阀压力调至规定值，然后以 40～80 次/min 的速度进行喷雾试验，喷雾质量应符合以下要求：

①喷出的燃油应呈雾状，无肉眼可见的飞溅油粒的连续油柱和局部浓稀不均匀的现象。

②喷油开始和终了时声音清脆，喷油迅速，利落。

③喷油开始前和终了后不得有渗漏，允许喷孔周围有湿润现象。当针阀直径大于10 mm时，允许喷孔周围有油液积聚现象，但不得有油滴漏。喷油器雾化试验十分重要，根据试验时雾花的形状、数目、分布和油粒的细度等检验喷油器的质量和分析故障原因。图 8-65 的雾化状况分别反映了不同的成因。图 8-65(a)展示了喷孔部分堵塞产生滴油现象导致的雾化不良；图 8-65(b)为针阀动作不良产生喷雾方向偏单，油粒粗大；图 8-65(c)为针阀锥面磨损，密封性差，在喷雾的同时有滴油现象；图 8-65(d)为正常喷射，雾化良好，雾花均匀分布，喷孔周围无滴油现象。

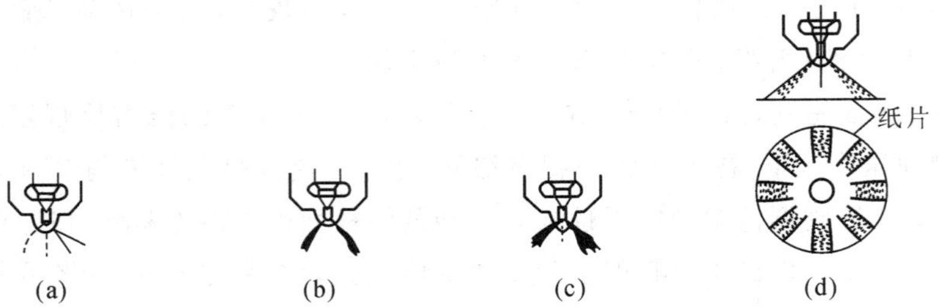

图 8-65 喷油器雾化试验的几种情况

(a)喷油孔堵塞；(b)针阀动作不良；(c)滴油；(d)正常喷射

8.8.3 精密偶件的修理

1. 柱塞偶件的修复

柱塞偶件圆柱配合面磨损后，一般采用以下方法修复：

(1)尺寸选配法

将一小批磨损报废的柱塞、套筒分别精磨和研磨，消除几何形状误差后按加工后的尺寸重新装配，在保证要求的配合间隙下互研成一对新偶件。

此法重新选配率较低，一般约为 20%，并且在零件数量较少和船上条件下不宜采用此法修复。但其可使部分报废偶件重新获得使用。

(2)修理尺寸法

保留套筒，对其进行机械加工消除几何形状误差，按修理后的套筒尺寸配制柱塞，互研后达到要求的配合间隙。

(3)镀铬修复

采用镀铬工艺修复偶件使恢复要求的配合间隙。常采用偶件之一进行镀铬，即将套筒内孔加工获得修理尺寸，使柱塞外圆面镀铬达到修理尺寸，互研成对，保证恢复要求的配合间隙和性能。此法效率高，可使 90%以上的偶件恢复使用。

套筒端面腐蚀密封不良时可在平板上按“8”字形研磨。

2. 针阀偶件的修复

针阀偶件圆柱配合面磨损可采用柱塞偶件的修复方法。锥面配合面磨损后，针阀锥面上的环形密封带出现变宽、中断或模糊不清等现象时，可采用研磨膏进行偶件的互研或不加研磨膏互研，使环形密封带恢复正常为止。清洗后，进行密封性检验。

有时针阀偶件经多次研磨修复，但每次又很快磨损失去密封性，这可能是材质不佳或热处理不当造成的。

针阀体端面腐蚀亦采用平板研磨修复。

8.9　气阀的检修

四冲程柴油机的进、排气阀和二冲程直流扫气柴油机的排气阀均是燃烧室的组成零件，直接受到高温高压燃气的作用，承受着很高的热负荷和机械负荷，尤其是排气阀还受着排气气流的冲刷和加热，温度更高。在高增压柴油机上，排气阀阀盘的温度为 650～800 ℃；进气阀由于新气的冷却作用，温度相对低一些，为 450～500 ℃。

8.9.1　气阀的损伤

常见气阀的损伤有气阀阀盘锥面与阀杆的磨损，阀面的烧伤与高温腐蚀，阀盘与阀杆的裂纹及阀杆的弯曲变形等。

气阀在关闭时，阀盘锥面和阀座座面不断地相互撞击，致使阀面产生塑性变形出现凹坑、拉毛现象。高温下金属更易变形，阀面损伤更加严重。又由于在高压燃气作用下，爆发压力还会使阀面与座面产生微小错动，使气阀阀面产生磨损。当有磨损产物、灰分和碳粒等时，阀面磨损更加严重。特别是大型低速二冲程柴油机燃用重油，不仅使阀面磨损加剧，而且还会由于燃油中含有较高的 V、Na 等元素而使阀面产生高温腐蚀。

正是由于气阀在高温、高压、撞击、腐蚀等的恶劣条件下工作，所以会产生磨损、烧伤、高温腐蚀和断裂等损坏。

8.9.2　气阀磨损检修

1. 气阀阀面的磨损检修

气阀阀面磨损是通过将气阀彻底清洗干净后检查发现阀面上的磨损凹坑、阀线变宽超过规定值(表 8-1)。阀线变宽或模糊不清，使气阀与阀座关闭不严，燃气泄漏引起阀面和阀座的烧伤、柴油机功率下降等一系列危害。

阀面磨损较轻时可进行阀与阀座的研磨，使阀线恢复。阀面磨损严重时，采用手工电弧焊进行堆焊修复。

2. 阀杆磨损检修

气阀阀杆在气阀导管内做往复运动，使阀杆和导管产生磨损，二者的配合间隙增大，产生冒烟、漏气或机油沿导管进入燃烧室，不仅机油耗量增加且使燃烧室积碳加重。

气阀阀杆的磨损检测：可在平台上或车床上对气阀阀杆外圆进行测量，计算出阀杆的圆度误差和圆柱度误差，并与标准比较，如表8-18所示。当超过标准要求时，可采用镀铬或镀铁工艺修复阀杆，也可以采用喷涂或喷焊工艺修复。

表 8-18 气阀阀杆磨损极限 单位：mm

柴油机转速/(r/min)	圆度	圆柱度
<250	0.06	0.08
250～750	0.04	0.06
>750	0.03	0.03

3. 气阀阀面的烧伤和高温腐蚀的检修

气阀阀盘锥面上产生麻点腐蚀或阀盘边缘出现烧穿的孔洞等均是由于阀与阀座关闭不严，高温燃气泄漏使气阀过热、氧化或金属中元素烧损，以及燃用重油和气阀温度过高引起的高温腐蚀的结果。

气阀阀面烧穿出现边缘孔洞时应报废换新。出现麻点、腐蚀时可采用机械加工修复，也可采用电弧堆焊、喷涂或喷焊工艺修复。修复后气阀装入阀座与锥面接触面积不得少于原接触面积的1/3。

4. 气阀阀盘和阀杆的断裂检修

阀盘与阀杆过渡圆角处和阀杆上端凹槽处易发生裂纹和断裂。气阀断裂后落入气缸将会引发波及性事故——击碎气缸盖、活塞和气缸套等。阀盘和阀杆裂纹肉眼外观检查，不得有直观裂纹存在；阀杆直径大于20 mm时，允许有长度不大于20 mm的发纹，但在纵向同一位置上不得有多于两处的发纹。

阀盘与阀杆产生裂纹或断裂，应换新气阀。

阀杆的弯曲变形可在平台或车床上用百分表检验，超过要求时应采用加压校直法予以校正。

8.10 重要螺栓的检修

船用柴油机上的重要螺栓主要有：气缸盖螺栓、组合式活塞的连接螺栓、连杆螺栓、主轴承螺栓、贯穿螺栓和地脚螺栓等。这些螺栓均各自具有不同的重要作用，不仅要保证连接强度，而且还要承受安装时和柴油机运转时的各种力的作用。为了保证螺栓的紧固连接质量和柴油机安全可靠地运转，这些重要螺栓的材料常选用优质碳钢和优质合金钢，如45#钢、40Cr、35CrMo等。以下主要对连杆螺栓、贯穿螺栓和地脚螺栓的检修进行介绍。

8.10.1　连杆螺栓的检修

连杆螺栓是连接连杆大端轴承座与轴承盖使之成一体的重要螺栓。连杆螺栓受到装配时的预紧力的作用,四冲程柴油机运转时连杆螺栓还受到往复惯性力的作用。连杆螺栓的直径较小,因其受到曲柄销直径和连杆大端外廓尺寸的限制。

连杆螺栓虽小但是特别重要,因为连杆螺栓一旦断裂破坏将会引发柴油机的破坏性事故,这种波及性事故造成气缸盖、气缸套、活塞和连杆的损坏,甚至机体被打破。所以,对连杆螺栓绝不可掉以轻心。连杆螺栓因锁紧零件失效而脱落,如开口销损坏或脱落也会造成上述事故。

连杆螺栓常见的损坏形式:螺纹的变形与损坏、螺栓拉长或形成颈缩、螺栓弯曲变形、裂纹、螺栓与螺母配合松动等。连杆螺栓或螺母损坏后应成对换新。

1.连杆螺栓的检测

(1)外观检查

检查螺栓表面有无肉眼可见缺陷,不允许有碰伤、拉毛、变形、裂纹、螺纹损坏和配合松动等缺陷。

(2)裂纹检验

采用放大镜、着色探伤或磁粉探伤等方法检查螺栓的各圆角、螺纹之间的过渡处有无裂纹。

(3)测量螺栓长度

测量螺栓长度以发现螺栓的永久变形。按相关技术要求,测量四冲程柴油机连杆螺栓伸长量,其伸长量应符合说明书要求;当无说明书时,伸长量不得大于原始长度的2%。

螺栓伸长或出现颈缩大多是安装时用力过大所致,或是柴油机发生拉缸、咬缸时使连杆螺栓受到过大拉应力的结果。安装螺栓时,由于错误地认为螺栓旋得越紧越好,以致过分上紧螺母,造成螺栓变形或断裂。例如,6135型柴油机要求上紧连杆螺栓的力矩为180～200 N·m,如果紧至400 N·m时螺栓就会伸长或出现颈缩,如达450 N·m时螺栓发生断裂。

2.安装连杆螺栓时的注意事项

为了防止连杆螺栓安装不当引起变形或断裂,安装时应注意以下几点:

(1)安装前,认真进行外观检查和清洗,并检验螺栓与螺母的配合情况,应无卡阻和松动现象。

(2)上紧螺栓的方法和预紧力的大小均应按柴油机说明书的规定进行。因为预紧力的过大或过小、各螺栓的预紧力不均匀等均不能保证其工作的可靠性。

(3)检修中不可随意调换连杆螺栓与其原装配孔的关系,因为连杆螺栓与装配孔是过渡配合,需用小锤轻轻敲入螺栓,随意调换将影响配合关系,过紧、过松均影响连杆螺栓的可靠工作。

8.10.2 贯穿螺栓的检修

在十字头式柴油机中，贯穿螺栓的作用是把气缸体、机架和机座连成一体构成柴油机的固定件。在筒状活塞式柴油机中，贯穿螺栓把机体和机座连接成一个整体。贯穿螺栓是柴油机中最长和最重的螺栓。图 8-66 所示为 Sulzer RTA48 型柴油机的贯穿螺栓。

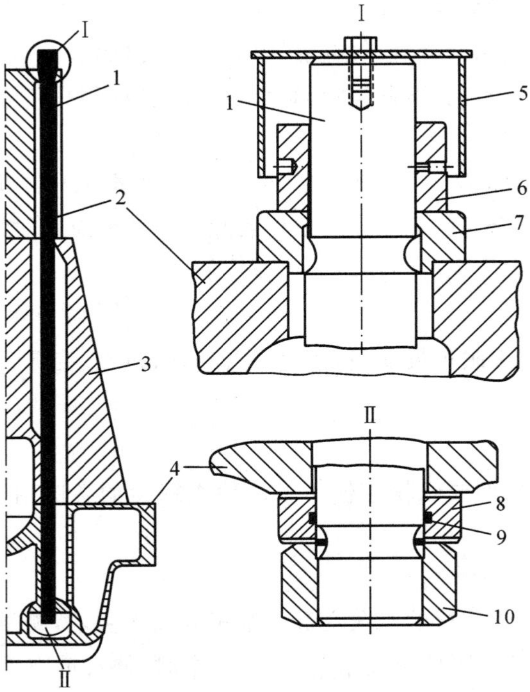

1—贯穿螺栓；2—汽缸体；3—机架；4—机座；5—保护罩；6—上螺母；
7—上中间环；8—下中间环；9—O 形密封圈；10—下螺母

图 8-66 Sulzer RTA48 型柴油机的贯穿螺栓

柴油机运转中容易发生贯穿螺栓松动、螺母锈死和螺栓伸长变形等缺陷。

1. 贯穿螺栓松动检查

柴油机每运转一年左右的时间就应对全部贯穿螺栓的上紧程度进行一次检查。贯穿螺栓松动将会引起柴油机的振动和曲轴臂距差的变化，使柴油机不能正常工作。贯穿螺栓预紧力检查的程序如下：

(1)拆除全部贯穿螺栓上的防护罩 5，清理上中间环 7 的上平面。

(2)将两只液压拉伸器分别安装到对称的贯穿螺栓上，如图 8-67 所示。

(3)开动油泵，泵压至 60 MPa(或说明书规定值)并保持不变。

(4)用塞尺通过检查孔 *K* 测量贯穿螺栓上螺母 6 与上中间环 7 之间 *S* 处的间隙。如有间隙，则用圆棒 *R* 上紧上螺母 6，直至 *S* 处间隙消失；如无间隙则表明贯穿螺栓已上紧，达到要求的预紧力。释放油压并拆除拉伸器。

(5)贯穿螺栓螺纹涂防腐油和安装防护罩。

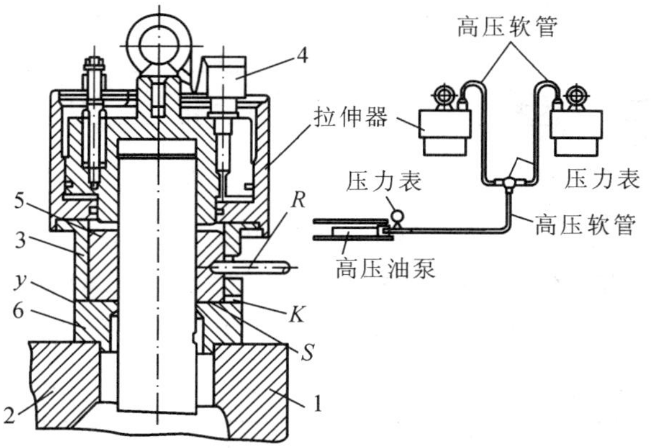

R—圆棒；K—检查孔；S—间隙；y—测量孔；1，2—气缸体；3—油缸；5—防护罩；6—上螺母；7—上中间环

图 8-67　贯穿螺栓预紧力的检查

2. 贯穿螺栓的安装

贯穿螺栓安装前应将上部螺母和上中间环的接触部分、贯穿螺栓螺纹部分清理干净并涂二硫化钼，再将贯穿螺栓吊装入贯穿螺栓孔中，按要求上紧贯穿螺栓。

(1)贯穿螺栓的上紧

上紧贯穿螺栓之前，应先测量曲轴臂距差和松开主轴承上的螺栓或撑杆螺栓。测量时，测量贯穿螺栓的外露部分的长度 x，再用液压拉伸器分两次上紧贯穿螺栓，如图 6-2 所示。

第一次上紧：按说明书规定的预紧力 35 MPa 上紧全部贯穿螺栓，测量各螺栓的外露部分长度 x，则螺栓受力后的伸长量 Δx_1 为：

$$\Delta x_1 = x_1 - x$$

RTA38、RTA48 型柴油机贯穿螺栓第一次预紧后螺栓伸长量 Δx_1 为 2.4～2.6 mm。

第二次上紧：按说明书规定的预紧力 60 MPa 上紧全部贯穿螺栓，测量各螺栓外露部分的长度 x_2，则螺栓总的伸长量 Δx_2 为：

$$\Delta x_2 = x_2 - x$$

RTA38、RTA48 型柴油机贯穿螺栓第二次预紧后螺栓总伸长量 Δx_2 为 4.4 mm。

(2)贯穿螺栓上紧顺序

为了防止机座、机架和气缸体因受力不均产生变形，除要求按说明书规定的预紧力上紧贯穿螺栓外，还要求按照合理的顺序上紧贯穿螺栓。一般是成对上紧，并从柴油机中央的贯穿螺栓开始，依次交替向两端进行，如图 8-68 所示。并记录油压和螺栓伸长量等数值，以备今后检查和比较。

图 8-68(a)、(b)分别为某六缸柴油机贯穿螺栓的上紧及上紧顺序：1—1、2—2、…、7—7。

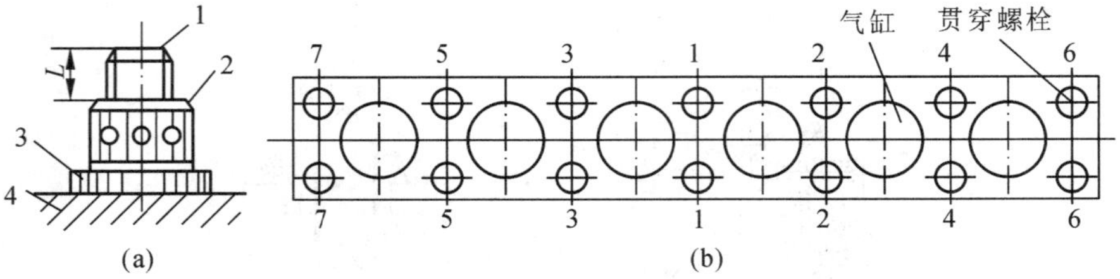

1—贯穿螺栓；2—螺母；3—中间环；4—气缸体；$L=x$

图 8-68　某六缸柴油机贯穿螺栓的上紧及上紧顺序

图 8-69 所示为某九缸柴油机贯穿螺栓上紧顺序：1—2、3—4、5—6、…、21—22。

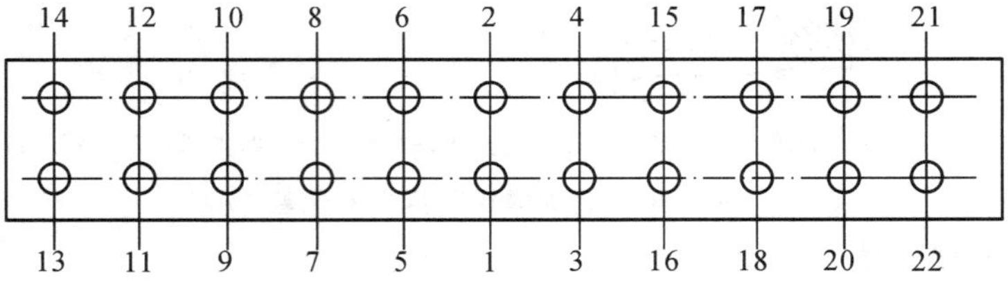

图 8-69　某九缸柴油机贯穿螺栓上紧顺序

3. 贯穿螺栓的检修

贯穿螺栓除了容易发生松动外，还会发生裂纹和断裂的事故。贯穿螺栓产生裂纹和断裂除了与材质和制造质量有关外，最主要还是安装中的预紧力是否符合说明书规定及各螺栓的预紧力是否均匀的问题。轮机员在日常维护管理中应加强对贯穿螺栓的检查，及早发现断裂的贯穿螺栓并及早更换。

为了防止贯穿螺栓断裂，在安装时应注意以下几点：

(1)严格按照说明书规定的预紧力的大小和上紧顺序安装贯穿螺栓。不准单个螺栓上紧或松开，一定要成对进行。

(2)按照说明书的规定每年进行一次贯穿螺栓预紧力的检查。

(3)贯穿螺栓应与螺栓孔同心，以防贯穿螺栓受到附加弯曲应力的作用。

(4)加强贯穿螺栓的日常维护管理。

8.10.3　地脚螺栓的检修

柴油机机座安装在船体双层底上或焊于船体双层底的底座上。地脚螺栓的作用是将机座固定在底座上，以抵抗柴油机运转中的剧烈振动、船舶航行中的猛烈摇摆和防止机座位移。

主柴油机的机座在机舱中的位置经校中定位后，用地脚螺栓将机座、底座和它们之间的固定垫块、活动垫块连接在一起，牢牢地固定在船体双层底上。这种刚性连接方式结构简单、安装方便、工作可靠，但是劳动强度大、效率低。

固定机座的地脚螺栓的数量和分布取决于柴油机机座上地脚螺栓孔的数量和布置。为了防止紧固的主柴油机在运转时产生位移，要求全部地脚螺栓中的 15％以上的螺栓采用紧配（定位）螺栓。如果采用环氧树脂垫块时，可不用紧配螺栓。对于安装紧配螺栓的地脚螺栓孔应进行铰孔，根据铰孔后的直径，按$\frac{H7}{K6}\left(\frac{D}{gc}\right)$配合配制紧配螺栓。

地脚螺栓（包括紧固螺栓和紧配螺栓）全部装好后，检查螺母和螺栓头的接合平面处有无间隙，用 0.05 mm 塞尺应插不进。全部螺栓上紧是采用手动工具或油压拉伸器，按照说明书规定的预紧力要求和上紧顺序进行操作。上紧后，用小锤敲击螺栓，以检查地脚螺栓的上紧程度，以声音清脆为合格。

地脚螺栓松动将会使机座下面的垫铁磨损，从而使机座局部下沉，导致曲轴臂距差的变化，影响曲轴的受力状态；当松动的螺栓数量增多时，还会引起主机的振动、位置变化等。所以应加强对地脚螺栓的维护管理，及时发现松动的螺栓和损坏的螺栓。松动的地脚螺栓应按要求上紧，损坏的螺栓应予以更换。

8.11　柴油机吊缸检修

吊缸检修就是将船舶主推进装置的活塞或者连杆一起从缸套中吊出，然后测量更换活塞环，检查轴瓦、活塞环等部件的磨损程度，对平时检查不到的燃烧室部件内部进行检查和修理，防止船舶在海上行驶出现失去动力的情况。吊缸检修可分为定期吊缸和事故性吊缸。有时为检查气缸、活塞组件的技术状态，也应进行临时性吊缸。

8.11.1　吊缸检修的准备

1. 吊缸检修的目的

(1)吊缸的技术要求和安全规则

吊缸必须按照柴油机的拆装要求和顺序进行，遵守安全规则和技术规则。现摘其要点叙述如下：

①吊缸应遵守柴油机拆装技术的一般规则

a. 拆装原则

(a)拆卸时应为后面的检修和装配做准备，注意机件之间的配合关系和相对位置，必要时在零件上做记号，注意观察各种损坏的迹象，必要时应保护现场以利于进行故障分析，为检修提供依据，为顺利装配打下基础；

(b)根据确定的检修范围进行拆卸，不要随意扩大拆卸范围。

b. 拆卸程序

(a)先拆易损机件、附属机件，后拆主要部件；

(b)先拆外部、上部机件,后拆内部、下部机件。

c. 在装配过程中应遵守的主要技术规则

(a)对于形状相同但有位置和顺序要求的零件如活塞、活塞环、连杆螺栓、连杆大端轴承等,应按原来的位置和顺序装配,不可任意调换;

(b)对有记号和安装方向要求的零部件,均应按原来的要求装配,不得装错或装反;

(c)防止漏装,一旦发现漏装,哪怕是一个螺丝钉也应及时查找漏装的部位;

(d)在装配过程中要随时检查零件间的灵活性和密封性,避免重装返工;

(e)配合件的工作表面不许有伤痕,装配时保持清洁并涂上润滑油;

(f)在装配中,除完好的金属垫片可继续使用或经处理继续使用外,对纸质、软木、石棉等垫片和橡胶密封圈原则上应换新;

(g)重要的螺栓不准有损伤,上紧时应按规定的次序和预紧力进行;

(h)防松零件如开口销、锁片、弹簧垫圈等均应按规定的尺寸、规格装妥,不可用不同规格代替。

②吊缸应遵守柴油机拆装的安全规则

a. 正确使用工具

(a)应首选专用工具,再选通用工具;

(b)拆装螺母时,应首选梅花扳手,套筒扳手,尽量少用开口扳手和活络扳手;

(c)不允许随意加长扳手的长度,以防力臂过大伤人和力矩过大将螺栓扭断;

(d)使用扳手时不许用锤捶击扳手,尤其是活络扳手。

b. 起重设备安全规则

(a)禁止超重起吊;

(b)起吊质量应小于起重绳索允许荷重的20%～40%;

(c)吊钩与绳索的悬挂中心应与机件的重心一致。

(2)吊缸前的准备工作

柴油机在拆卸前一定要熟悉全部有关图纸和有关技术文件,了解柴油机的用途、构造、工作原理,各零部件的作用、相互关系、连接方法及有关的技术要求等;准备拆卸时所用的物料、填料、工具、夹具、量具等;对电气件和易氧化、易腐蚀的零件进行保护;对零件进行检验、清洗和润滑等。

①要仔细检查起吊工具是否完好正常。若有损伤,禁止使用。

②准备好拆装工作使用的工具、量具及专用工具,对机器的易损件(活塞环、轴瓦等)在船上存有的数量(即备件数量)及存放地点要心中有数。

③清理现场。拆卸用的放置零部件所需的支架、木垫、木盖、木楔等要及早做好准备。

④关闭空气瓶截止阀。切断柴油机燃油、空气、冷却水和润滑油的供给。

⑤在拆装检修的全过程中要在配电板和操纵台处悬挂“正在检修”的告示牌。

⑥ 如果一台多缸机只拆一个缸时，其他缸的示功阀应全部打开。这样在盘车时省力，同时也安全。

8.11.2　检测项目

1. 气缸盖的拆检

首先要放掉柴油机的冷却水，拆下所有与气缸盖连接的油、水、气管路及仪表，并将所有向上的管口、油孔用木塞封住以免杂物落入而堵塞管路，用拆装气缸盖的专用工具(如风动扳手或液压拉伸器)，将气缸盖上的螺帽按对角交叉顺序分数次逐一旋松取下。用起重环、钢丝绳和起重葫芦把缸盖拉起。图 8-70 所示为中、小型柴油机气缸盖的起吊。图 8-71 所示为 MAN KZ 大型柴油机气缸盖的起吊。

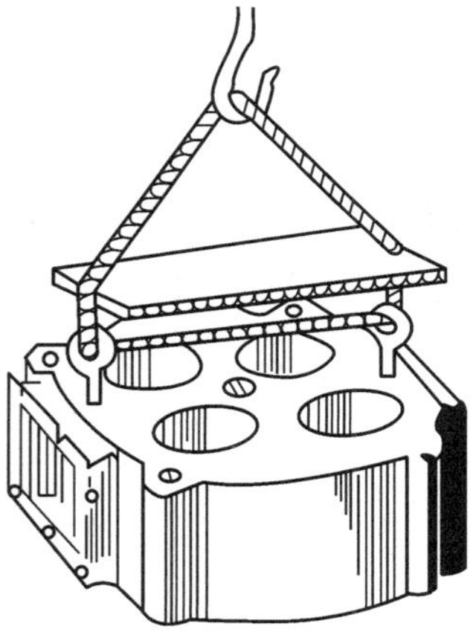

图 8-70　中、小型柴油机气缸盖的起吊

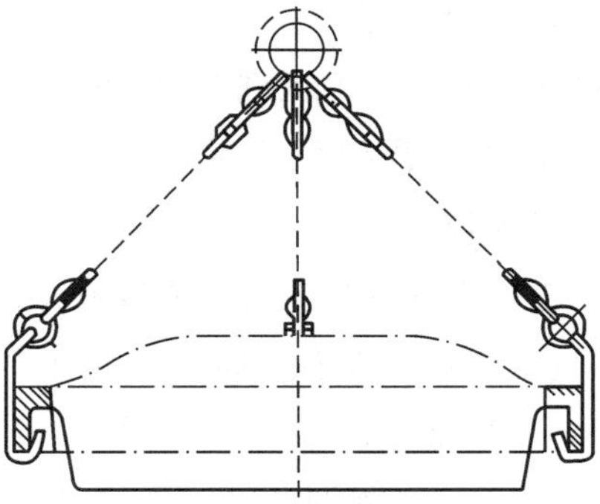

图 8-71　MAN KZ 大型柴油机气缸盖的起吊

在吊气缸盖时，对咬牢不动的缸盖不可用起吊工具硬拉，应先用楔子将缸盖一侧打松。注意避免损伤缸盖或缸套。

气缸盖拆下后应做以下几项检查：

(1)检查气缸盖与气缸体的密封面是否平整。气缸盖与气缸体的密封面在使用中容易烧蚀，在拆装时又易碰伤，使密封面凹凸不平，使用中易造成燃烧室漏气。特别是柴油机运转中发生过漏气的缸盖，更应仔细检查密封面有无不平直现象。

(2)检查气缸盖有无裂纹。对气缸盖裂纹的分析中得知，气缸盖的裂纹多发生在底面上孔与孔之间和孔的圆角处。因此要注意检查容易产生裂纹的部位，如喷油器孔、启动阀孔和安全阀孔等处。

(3)检查冷却水腔的情况。打开气缸盖冷却水腔的盖板，检查冷却水腔内水垢和水锈。由于水垢和水锈的存在影响了热传导,从而大大降低了冷却效果,使热应力增加,导致气缸盖易产生裂纹。当水垢和水锈的厚度在 2 mm 以上时,必须对水腔进行清洗。通常有两种方法,即机械清洗法和化学清洗法。

2. 活塞组件的检查

在吊出活塞组件之前,刮净气缸内的结炭,检查气缸上部磨损后所形成的磨台,必要时用刮刀和油石修整,以免在吊活塞组件时拉动缸套或擦伤活塞组件,在活塞顶装上吊活塞的专用工具,将活塞从气缸中吊出。

吊出活塞组件后,应做好以下几方面的检查:

(1)检查活塞顶部有无裂纹,活塞顶部起吊孔处和活塞销座处有无裂纹。

(2)检查活塞顶部有无烧蚀。烧蚀的外表特征为表面层状剥落,逐渐变薄,并现出麻点。

(3)检查活塞和活塞环的磨损,有无单面拉光现象,以及活塞环是否卡死和折断。

(4)对活塞环进行清洗除炭,并放入气缸内检查搭口间隙是否正常,搭口间隙过大应换新,同时还要进行弹性检查,对丧失弹性的应予换新。

3. 气缸套的检查

根据气缸套磨损原因和规律(气缸套磨损后在纵截面上呈现锥度,在横截面上呈现椭圆度),吊缸后都要对气缸套进行检查测量。如果缸套超出磨损极限,应进行修复,无法修复时应换新。

在吊缸时要注意检查有无下述缺陷:

(1)气缸套内表面有纵向拉痕、擦伤和裂纹;

(2)有拉缸征象;

(3)扫气口之间的筋条产生裂纹或断裂;

(4)润滑油槽磨损(变浅或磨平)和注油孔堵塞,检查气缸注油器是否正常;

(5)排气口结炭。

如有上述缺陷,应采取适当方法修复或换新。

8.11.3 吊缸程序

1. 柴油机的拆卸一般应遵循下列分解程序:

(1)放掉柴油机机体内冷却水和机座内润滑油,拆下与缸盖或机体相连接的所有传感器的导线。

(2)拆下摇臂罩壳。拆下摇臂罩壳螺钉并取下罩壳,注意罩壳里面润滑油的黏着情况。

(3)拆除与缸头及缸头附件相连接的所有管子。拆除高压油管与喷油器的连接,进气管、排气管与缸头的连接，缸体与缸头间的冷却水管连接，启动空气管与气缸启动阀的连接等。

(4)拆下气缸盖。拆除气缸盖螺丝，吊起气缸盖。进一步拆卸气缸盖上的附件，如摇臂机构、进排气阀、喷油器、气缸启动阀、示功阀和安全阀等。

(5)吊出活塞连杆组件，拆除曲柄箱道门固定螺丝，取下曲柄箱道门。拆除曲柄销轴承的连杆螺栓，取下连杆大端瓦，由气缸上部吊出活塞连杆组件。

(6)拆气缸套。如有滑油导管应旋出，用缸套专用装配工具吊出气缸套。

(7)按顺序放好所有拆卸的零部件，以备清洗、检查和测量。

2.柴油机吊缸后装配

(1)装配前应进行清洗，检查所有零件有无缺陷，用水压试验找漏，更换密封件。

(2)严格按要求装配，保证各处间隙。

(3)装配后做好各项调整工作，可按如下次序进行：

活塞销安装→活塞杆安装←活塞环安装

↓

连杆大端安装←曲柄销内部清洗

↓

曲柄道门安装

↓

气阀研磨安装→气缸盖安装←安全阀、示功阀安装

↑　↓

气阀摇臂机构安装　仪表的管系和附件安装

3.装复时的注意事项

(1)将活塞组件装入气缸套之前应摇动气缸注油器，查看各注油点是否有油流出，并使其沿缸套工作表面分布开来，以免在启动后活塞组件与缸套形成干摩擦。

(2)所有拆下的紫铜垫片在装复前都应回火，使其恢复塑性。损坏的垫片必须换新，以免失去密封性。

(3)装复时，先在活塞杆下端装上锥形套作为引导器，以防活塞杆下端凸缘卡断填料函中的密封环。

(4)将装活塞环专用工具的锥形导套放置在气缸上，并在活塞和活塞环及锥形导套内壁抹上清洁润滑油。将活塞环的搭口上下错开。在慢慢降落活塞组件的过程中，要特别注意活塞杆和冷却水套管的定位。待活塞杆下端插进十字头孔后，上部可脱开吊钩，并将十字头与活塞杆装好，然后上紧连接螺母并锁紧。

(5)在装复气缸盖之前，查看活塞顶部是否有异物落入和遗留下工具，然后装上气缸盖并按装配气缸盖的工艺要求上紧螺母。

4. 装复后的注意事项

全部装复好后，应把在吊缸过程中开、闭过的阀门全部恢复原位，然后冷却系统充水驱气并对高压油泵和喷油器进行泵油驱气。检查各处有无漏水、漏油等现象。最后进行吊缸后的试车，按相关规定进行交验。

8.11.4 活塞运动部件在船上的校中

柴油机固定件在船上安装和活塞运动部件平台复验合格后，将活塞运动部件吊运到船上与气缸固定件装配。安装时，先从机架道门将连杆和十字头组件吊入并与曲轴连接，再将活塞组件从上部吊入气缸中，用海底螺帽或螺栓将这两部分连接在一起，构成活塞运动部件。

为了保证实现柴油机设计性能和可靠运转，必须保证运动部件与固定件的准确相对位置和要求的配合间隙，也就是要保证活塞运动部件的中心线与气缸固定件中心线重合或平行，活塞与气缸的间隙、导滑板间隙等符合说明书的规定。安装过程中，通过对活塞运动部件在气缸中的横向和纵向位置实施校中工艺来实现上述要求。

横向校中是使活塞运动部件在柴油机横向，即左右方向与气缸固定件有准确的相对位置——左右方向上的活塞与气缸的间隙相等、导板与滑块工作面间隙符合规定。

纵向校中是使活塞运动部件在柴油机纵向(轴向)即首尾方向与气缸固定件有准确的相对位置——首尾方向上活塞与气缸的间隙相等，侧导板与滑块侧面间隙符合规定。

1. 活塞运动部件校中技术要求

柴油机说明书和船舶柴油机安装标准中对活塞运动部件校中技术要求均有规定。我国船舶行业规定：

(1)活塞与气缸间隙的要求

①十字头式柴油机，在未装活塞环的条件下，活塞位于近上、下止点位置时，滑块工作面与导板工作面应紧密贴合，用 0.05 mm 塞尺检查插不进的情况下，活塞裙部减摩环处与气缸内孔单边最小间隙：

缸径＜700 mm 时，应不小于该处总间隙的 30％；

缸径＞700 mm 时，应不小于该处总间隙的 20％。

②筒状活塞式柴油机，在未装活塞环的条件下，活塞位于近上、下止点位置时，活塞裙部与气缸内孔单边最小间隙应不小于该处总间隙的 25％。

总间隙为首、尾或左、右间隙之和。

③活塞在气缸内沿柴油机纵向允许平行偏在一边，但向另一边撬动时偏移量应能转移过去。

活塞与气缸的安装间隙和极限间隙如表 8-19 所示。

表 8-19　柴油机活塞与气缸间隙

单位：mm

气缸直径	四冲程筒形活塞式柴油机						二冲程筒形活塞式柴油机裙部		十字头式柴油机			
	铸铁及铝合金活塞顶部间隙		活塞裙部						顶部间隙	裙部		减摩环处装配间隙
	顶部有冷却	顶部无冷却	铸铁活塞装配间隙	铸铁活塞极限间隙	铝活塞装配间隙	铝活塞极限间隙	装配间隙	极限间隙		装配间隙	极限间隙	
≤100	0.50～0.64	0.60～0.80	0.09～0.12	0.35	0.18～0.22	—	—	—	—	—	—	—
>100～125	0.64～0.80	0.80～1.00	0.12～0.15	0.45	0.22～0.26	0.50	—	—	—	—	—	—
>125～150	0.80～1.00	1.00～1.20	0.15～0.18	0.55	0.26～0.32	0.60	0.20～0.24	0.75	—	—	—	—
>150～175	1.00～1.16	1.20～1.40	0.18～0.21	0.65	0.32～0.38	0.70	0.24～0.28	0.90	—	—	—	—
>175～200	1.16～1.32	1.40～1.60	0.21～0.24	0.72	0.38～0.44	0.80	0.28～0.32	1.00	—	—	—	—
>200～225	1.32～1.48	1.60～1.80	0.24～0.27	0.80	0.44～0.50	0.90	0.32～0.36	1.10	—	—	—	—
>225～250	1.48～1.64	1.80～2.00	0.27～0.30	0.88	0.50～0.56	1.00	0.36～0.40	1.10	—	—	—	—
>250～275	1.64～1.80	2.00～2.20	0.30～0.33	0.96	0.56～0.62	1.10	0.40～0.44	1.20	—	—	—	—
>275～300	1.80～1.96	2.20～2.40	0.33～0.36	1.04	0.62～0.68	1.20	0.44～0.48	1.20	—	—	—	—
>300～325	1.96～2.12	2.40～2.60	0.36～0.39	1.12	0.68～0.76	1.30	0.48～0.52	1.30	—	—	—	—
>325～350	2.12～2.28	2.60～2.80	0.39～0.42	1.20	0.76～0.82	1.40	0.52～0.56	1.30	—	—	—	—
>350～375	2.28～2.44	2.80～3.00	0.42～0.45	1.28	—	—	0.56～0.62	—	—	—	—	—
>375～400	2.44～2.60	3.00～3.20	0.45～0.48	1.36	—	—	0.62～0.66	1.40	—	—	—	—
>400～425	2.60～2.78	3.20～3.40	0.48～0.51	1.44	—	—	0.66～0.70	1.50	—	—	—	—
>425～450	2.78～2.95	3.40～3.60	0.51～0.54	1.50	—	—	0.70～0.74	1.60	3.30～3.50	0.72～0.76	2.10	0.48～0.55
>450～475	—	—	—	—	—	—	0.74～0.78	1.70	3.50～3.70	0.76～0.82	2.20	0.51～0.58

续表 8-19

气缸直径	四冲程筒形活塞式柴油机						二冲程筒形活塞式柴油机裙部		十字头式柴油机			
	铸铁及铝合金活塞顶部间隙		活塞裙部						顶部间隙	裙部		减摩环处装配间隙
	顶部有冷却	顶部无冷却	铸铁活塞装配间隙	铸铁活塞极限间隙	铝活塞装配间隙	铝活塞极限间隙	装配间隙	极限间隙		装配间隙	极限间隙	
>475～500	—	—	—	—	—	—	0.78～0.82	1.80	3.70～3.90	0.82～0.86	2.30	0.55～0.62
>500～525	—	—	—	—	—	—	0.82～0.86	1.90	3.90～4.10	0.86～0.91	2.40	0.59～0.66
>525～550	—	—	—	—	—	—	—	—	4.10～4.30	0.91～0.95	2.50	0.63～0.70
>550～575	—	—	—	—	—	—	—	—	4.30～4.50	0.95～1.00	2.60	0.67～0.74
>575～600	—	—	—	—	—	—	—	—	4.50～4.70	1.00～1.05	2.70	0.71～0.79
>600～625	—	—	—	—	—	—	—	—	4.70～4.90	1.05～1.10	2.80	0.76～0.84
>625～650	—	—	—	—	—	—	—	—	4.90～5.10	1.10～1.15	2.90	0.81～0.88
>650～675	—	—	—	—	—	—	—	—	5.10～5.30	1.15～1.20	3.00	0.86～0.92
>675～700	—	—	—	—	—	—	—	—	5.30～5.50	1.20～1.30	3.20	0.91～0.96
>700～750	—	—	—	—	—	—	—	—	5.50～5.70	1.30～1.45	3.40	0.95～1.02
>750～800	—	—	—	—	—	—	—	—	5.70～5.90	1.45～1.60	3.80	0.98～1.10
>800～850	—	—	—	—	—	—	—	—	5.90～6.10	1.60～1.75	4.00	1.10～1.12
>850～900	—	—	—	—	—	—	—	—	6.10～6.30	1.75～1.90	4.20	1.12～1.14
>900	—	—	—	—	—	—	—	—	6.30～6.50	1.90～2.05	4.40	1.14～1.16

(2)十字头滑块与导板间隙的要求

十字头式柴油机的十字头滑块与导板应均匀接触,导板与滑块工作面和侧面的安装间隙和极限间隙应符合说明书或标准的规定,如表 8-20 所示。

表 8-20　滑块与导板间隙　　单位:mm

十字头销直径	安装间隙		极限间隙	
	工作面	侧面	工作面	侧面
≤175	0.15～0.20	0.18～0.28	0.30	0.50
>175～200	0.15～0.20	0.20～0.30	0.30	0.50
>200～225	0.16～0.22	0.20～0.30	0.35	0.60
>225～250	0.18～0.24	0.20～0.30	0.35	0.60
>250～275	0.18～0.24	0.22～0.32	0.35	0.65
>275～300	0.20～0.26	0.24～0.34	0.40	0.65
>300～325	0.22～0.28	0.26～0.36	0.45	0.70
>325～350	0.24～0.30	0.28～0.38	0.50	0.70
>350～375	0.26～0.32	0.32～0.42	0.60	0.75
>375	0.28～0.36	0.34～0.54	0.70	0.75

2. 活塞运动部件的校中

对活塞运动部件与固定件的相互位置进行校中是为了实现其校中的技术要求。新造柴油机在台架安装和在船上安装、柴油机大修后的安装中进行校中均是为此目的。营运船舶柴油机在船上吊缸检修时进行校中测量,则是为了检查和了解活塞运动部件在气缸中的状态,以便分析和发现存在的故障。

(1)活塞与气缸间隙的测量

柴油机检修测量时,应自缸中吊出活塞、取下活塞环,清洗后将不带环的活塞组件装入缸中。新机则直接将不带环的活塞组件装入缸中。

①测量方法

测量时,盘车使活塞分别处于上止点后 15°～30°、下止点前 15°～30°位置,用塞尺测量活塞与气缸在首、尾、左、右 4 个部位的间隙值。活塞处于工作状态是为了使滑块在侧推力作用下紧压在正车导板上,有利于提高测量精度。

MAN-B&W L60MC/MCE 型柴油机说明书规定,盘车到上止点前 35°、下止点后 45°时滑块压在正车导板上,用专用长塞尺分别测量活塞裙部与气缸在首、尾和左、右方向的间隙。

活塞与气缸间隙还可采用透光法进行定性检查。将不带环的活塞装入气缸后,在活塞下方置一强光源,自活塞顶向下观察活塞在近上、下止点位置时的漏光情况(一般间隙大于 0.20 mm 光即可透过)。若活塞周围有一等宽光环,表明活塞与气缸间隙正常,活塞运动部件对中良好;若光环宽度不等或中断,表明间隙不正常,对中性差。透光法仅适于营运船舶吊缸检修,且不适于长裙活塞及中、小型柴油机。

②测量部位

活塞与气缸间隙测量部位随机型、活塞结构不同而异。

长裙活塞：一般测量减摩环和裙下部任一点与气缸的首、尾间隙 a_1、b_1 和 a_2、b_2，左右间隙 a_3、b_3 和 a_4、b_4，如图 8-72 所示。

短裙活塞：测量裙部与气缸的间隙或增测活塞杆与填料函孔之间的间隙。

筒形活塞：分别测量活塞头部和裙部与气缸之间的间隙。

每次测量部位应保持不变，以便于比较分析。

(2)十字头滑块与导板间隙的测量

测量滑块与导板之间的间隙同样要求活塞分别处于上止点后 15°～30°、下止点前 15°～30°的位置，即正车滑块紧压在正车导板的工作状态下进行。

双导板柴油机：测量倒车滑块工作面与倒车导板工作面之间的间隙，即左、右方向上的工作面间隙；测量倒车滑块侧面与侧导板之间的间隙，即首、尾方向上的侧面间隙，并使之符合说明书的规定。图 8-73 和表 8-21 分别为 MAN-B&W L60MC/MCE 型柴油机测量部位和要求。

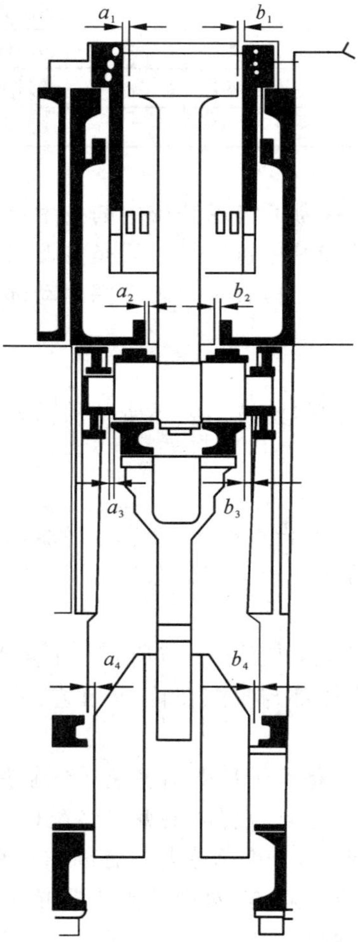

图 8-72 活塞运动部件校中测量部位

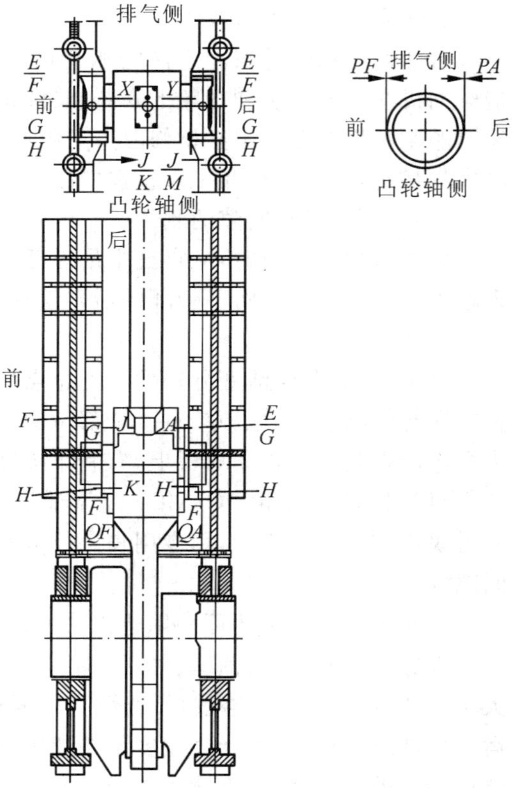

图 8-73 MAN-B&W L60MC/MCE 型柴油机校中测量部位

测量时，要求活塞分别位于上止点前 35°、下止点后 45°时正车工作面间隙（凸轮侧）为零的状态下，测量倒车工作面间隙和侧面间隙，并使之符合要求。

表 8-21　MAN-B&W L60MC/MCE 型柴油机校中测量值

测量部位	项目	测量值/mm
$PF+PA$	N_{max}	0.65
	O_{max}	2.0
$E+G$	N_{max}	0.55
$F+H$	N_{min}	0.2
	O_{max}	0.8
$J+X$	N_{max}	0.9
$L+Y$	N_{min}	0.5
$K+X$	O_{max}	1.1
$M+Y$	—	—
$QF+QA$	O_{max}	0.8

注：N—贯穿螺栓上紧后的新造冷态柴油机（运转时数低于 100 h）；O—使用中的柴油机；X、Y—首、尾滑块分别与十字头销在首、尾方向的间隙；E、G 和 F、H—滑块正、倒车工作面分别与正、倒车导板上、下工作面间隙；J、L 和 K、M—首、尾滑块分别与首、尾导板上、下侧面间隙。

单导板柴油机：测量活塞分别位于近上、下止点部位时，滑块倒车工作面与倒车导板的工作面间隙和滑块侧面与侧导板的侧面间隙，而且应测量滑块的上部和下部分别与导板相对位置的工作面间隙和侧面间隙。

由于测量数据较多，为方便现场记录采用图 8-74 所示的格式。

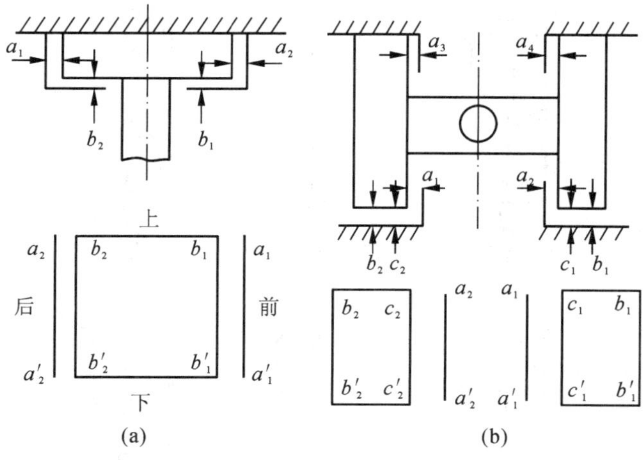

图 8-74　滑块与导板间隙的现场测量记录格式

(a)单导板式；(b)双导板式

3. 活塞运动部件的失中

在柴油机运转过程中，由于磨损等原因引起活塞运动部件与气缸固定件的相对位置不正常的现象，这种现象称为活塞运动部件的失中。活塞运动部件失中不仅加剧磨损，而且还会产生敲缸、拉缸等故障，使柴油机不能正常运转。

根据柴油机说明书的规定和运转情况进行定期的或必要时的吊缸检修，通过测量活塞运动部件各配合间隙值来分析、判断活塞在气缸中的状态。为便于分析，将活塞运动部件失中分为在柴油机左右方向上发生的横向失中和在首尾方向上发生的纵向失中。

(1)横向失中

横向失中一般发生在十字头式柴油机上。由于柴油机的安装质量不佳或运转中的异常磨损造成固定件导板工作面与气缸中心线不平行或距离不符合设计要求，活塞运动部件的滑块工作面与运动部件中心线不平行或距离不符合设计要求，或以上两种情况同时存在。

图 8-75 所示为活塞运动部件横向失中举例。图 8-75(a)为活塞运动部件横向对中情况，即活塞分别位于近上、下止点时，活塞运动部件中心线与气缸中心线重合或在要求范围内平行的正常情况。测量活塞与气缸在左、右方向上的间隙相等，滑块与导板的平面间隙符合规定。

图 8-75(b)、(c)为活塞在近上、下止点时活塞在气缸中偏左或偏右的极端情况。由于导板工作面与气缸中心线之间的距离过大或过小，或由于滑块工作面与活塞运动部件中心线间的距离过大或过小，造成活塞与气缸在左、右方向的间隙悬殊，甚至一侧间隙为零。可通过调节导板与机架或滑块与十字头之间的垫片厚度使距离符合要求，或采用导板、滑块工作面重浇巴比特合金等措施。例如，单侧导板结构可调节 E、G、A 垫片，如图 8-76(a)所示；双侧导板结构可调节正、倒车导板 3、10 与机架 1 之间的垫片 E、F，如图 8-76(b)所示。

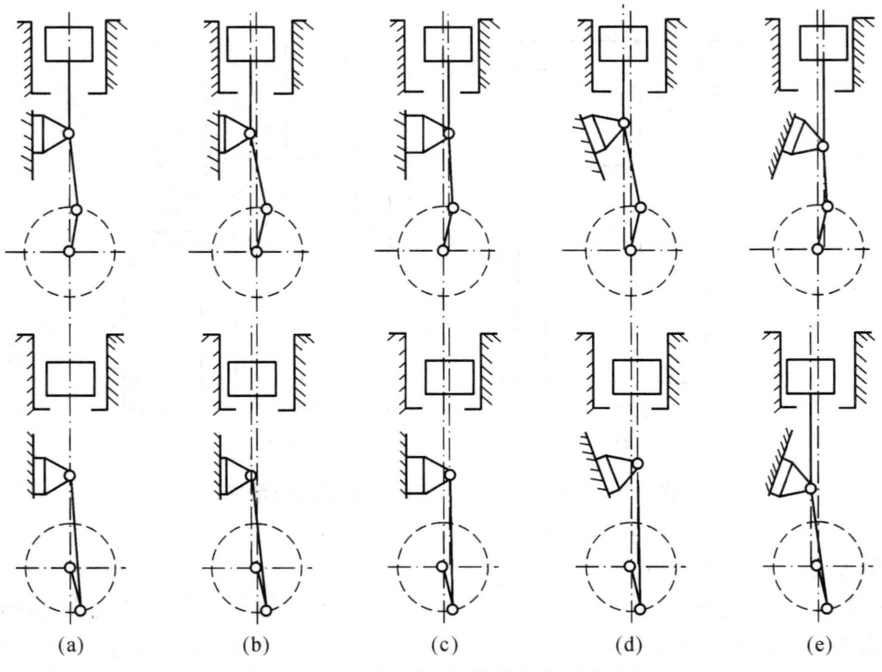

图 8-75 活塞运动部件横向失中举例

图 8-75(d)、(e)为活塞在气缸中发生倾斜，在近下止点位置时，活塞在气缸中分别偏向一侧。测量活塞在气缸中左、右方向上的间隙不等。这是由于导板工作面与气缸中心线或滑块工作面与活塞运动部件中心线不平行所致。采用分段调节垫片或刮研工作面上巴比特合金的方法消除或缓解故障，到港后进厂彻底修理。

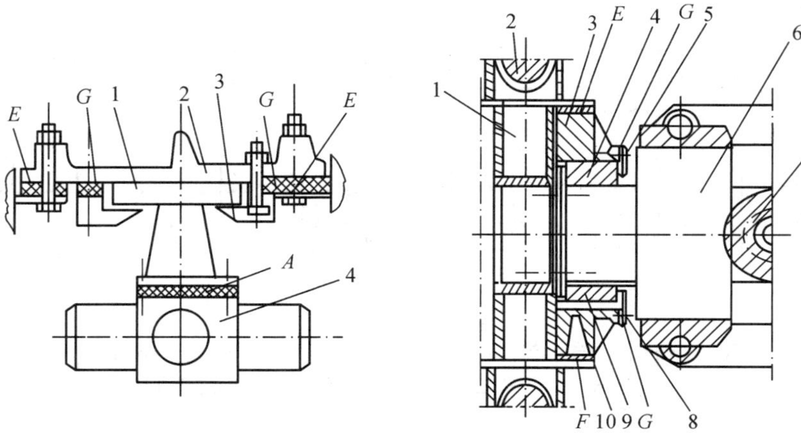

(a)

1—滑块；2—正车导板；3—倒车导板；4—十字头；E、G、A—垫片

(b)

1—机架；2—贯穿螺栓；3—正车导板；4、9—滑块；5、8—侧导板；6—十字头销；7—活塞杆；10—倒车导板；E、F、G—垫片

图 8-76　柴油机十字头导板、滑板结构

(a)单导板式；(b)双导板式

(2)纵向失中

各类柴油机均会发生活塞运动部件与气缸固定件的纵向失中。以筒状活塞式柴油机为例分析图 8-77 中各种纵向失中情况。

图 8-77(a)为正常情况。测量活塞在近上、下止点位置时的活塞与气缸首、尾间隙值相等或接近，表明活塞运动部件纵向对中良好。

图 8-77(b)为活塞在气缸中偏靠一侧，即活塞运动部件中心线与气缸中心线平行。测量近上、下止点位置时活塞与气缸在首、尾方向上的间隙值不等，但同侧间隙相等或接近。可能是连杆大端轴承两侧轴向间隙不等或船舶纵倾所致。通过调节大端轴承两侧的间隙予以消除。

图 8-77(c)为活塞在近上止点位置时在缸中倾斜，近上、下止点时在缸内居中。测量活塞与气缸在首、尾方向的间隙，近上止点时不等，近下止点时相等。这是由于曲柄销颈不均匀磨损产生单面锥度所致。通过消除曲轴销颈几何形状误差进行调整。

图 8-77(d)、(e)为活塞在近上、下止点位置时在缸中发生同侧倾斜。测量活塞与气缸在首尾方向的间隙不等。两图失中现象相同，但产生的原因不同。图 8-77(d)为连杆大端轴承上瓦偏磨；图 8-77(e)为曲柄销颈纵向不均匀磨损产生锥度。分别通过采用刮瓦和修轴措施消除失中现象。

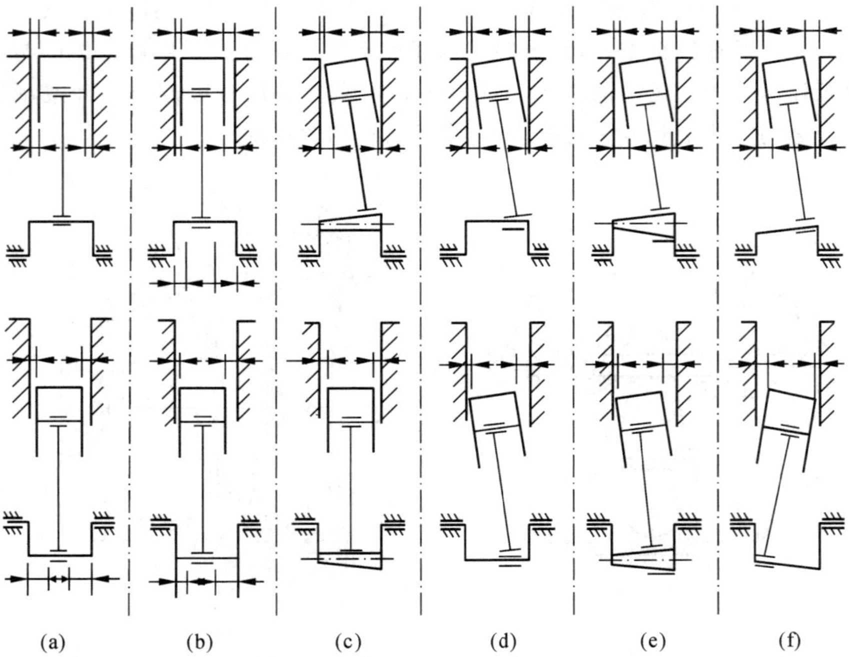

图 8-77 活塞运动部件纵向失中举例

图 8-77(f)是活塞位于近上、下止点时,活塞在缸中间首、尾不同方向倾斜。测量活塞与气缸的首、尾间隙便可显示活塞在缸中的状态。此种现象是由于曲柄销中心线与主轴颈中心线不平行所致。采用机械加工消除曲轴的位置误差便可提高活塞运动部件的对中性。

为了便于分析,上述各种失中现象是简单的,原因是单一的。船上柴油机运转中的失中问题则是复杂的,原因是多方面的、综合性的。轮机员在船上遇到失中问题时,应依具体情况,进行各种测量,收集实际运转的数据和资料,综合分析和判断,找出真正的失中原因,采取对症措施消除失中故障。

复习思考题

1. 气缸盖常发生哪些损伤? 产生这些损伤的主要原因是什么?
2. 气缸盖发生裂纹后,可采用哪些方法进行修理?
3. 气门座损坏后,经常碰到的修理方法有哪些?
4. 气缸套磨损的原因是什么? 有无规律?
5. 什么是拉缸? 试分析早期拉缸的原因,并由此提出防护措施。
6. 如何进行气缸套内圆工作表面磨损的测量?
7. 若缸套出现裂纹,且无备件替代,有无办法修复?
8. 某柴油机的气缸套下部发生严重磨损,试分析造成这种情况的原因。
9. 怎样辨认气缸套是否发生穴蚀? 并说明其发生机理。

10. 试分析穴蚀产生的原因，提出防止或减少穴蚀发生的措施。
11. 气缸套的过度磨损有何危害？对不同磨损程度的缸套可采取何种修理措施？
12. 试分析说明二冲程柴油机与四冲程柴油机曲轴轴颈的磨损特点. 能否采取措施消除这一现象？
13. 如何确定曲轴轴颈是否需要修理？并选择适当的修理工艺。
14. 曲轴裂纹常发生的部位在何处？为什么发生在这些部位？
15. 如何知道曲轴发生了弯曲？有何方法消除弯曲？
16. 曲轴发生断裂时，能否从其断口得知裂纹发生的原因？
17. 影响柴油机臂距差变化的主要因素有哪些？怎样测量臂距差？
18. 造成主轴承磨损的原因有哪些？
19. 活塞运动部件安装的技术要求是什么？校中的目的是什么？
20. 什么是活塞运动部件的失中？什么是横向失中？什么是纵向失中？
21. 横向失中、纵向失中的原因及调整方法是什么？(分几种情况讨论)

参考文献

[1] 范世东，田野. 轮机维护与修理[M]. 武汉：武汉大学出版社，2012.

[2] 中国海事服务中心组织. 轮机维护与修理[M]. 大连：大连海事大学出版社/人民交通出版社，2008.

[3] 施祝斌. 船机检修技术[M]. 哈尔滨：哈尔滨工程大学出版社，2006.

[4] 魏海军，满一新，苏博宇. 轮机维护与修理[M]. 北京：人民交通出版社，2002.

[5] 满一新. 船机维修技术[M]. 大连：大连海事大学出版社，1999.

[6] 史晓敏. 船机设备维修技术[M]. 北京：北京大学出版社，2008.

[7] 吕凤明. 动力设备拆装与操作[M]. 大连：大连海事大学出版社，1999.

[8] 满一新. 轮机维护与修理[M]. 大连：大连海事大学出版社，2000.

[9] 顾卓明. 轮机维护与修理[M]. 北京：人民交通出版社，2008.

[10] 王兴如，中远船务工程集团有限公司. 船舶修理技术标准 轮机 电气分册[M]. 北京：中国标准出版社，2006.

[11] 本书编委会. 现代船舶修理新工艺新技术与修理质量验收标准全书[M]. 北京：中国科技文化出版社，2006

[12] 吴宗荣. 船舶机械修理工艺学[M]. 北京：人民交通出版社，2000.

[13] 谢荣. 船舶检修技术[M]. 北京：人民交通出版社，2006.

[14] 周卫杰. 轮机维护与修理[M]. 北京：人民交通出版社，2007.

拓展资料：

序号	名称	种类
1	典型零部件检修实例 8-1	视频
2	典型零部件检修实例 8-2	视频
3	典型零部件检修实例 8-3	视频
4	典型零部件检修实例 8-4	视频

5	典型零部件检修实例 8-5	视频
6	典型零部件检修实例 8-6	图文
7	典型零部件检修实例 8-7	图文
8	典型零部件检修实例 8-8	图文
9	典型零部件检修实例 8-9	图文
10	某型主机维保说明书样例	图文

第9章

船舶动力装置主要部件的检修

绿色、安全与高效是船舶推进系统的核心要求，我国在探索柴油机推进系统之外的电力推进技术方面取得长足进步，先后研制了纯电池船、氢能船等绿色船舶。

船舶电力推进是由船舶原动机组，如柴油发电机组、燃气轮发电机组、汽轮发电机组以及燃料电池等输出电能，再通过电机来驱动螺旋桨、喷水推进器、吊舱式推进器、直翼式推进器等类型的推进器，为船舶提供前进动力的推进方式。船舶电力推进通常包括直流推进和交流推进两大类。目前有三种主流的电力推进系统，分别是轴系推进系统、全方位推进系统与吊舱推进系统。

船舶电力推进系统通常由原动机、电能分配系统与存储系统及推进组件三大子系统组成。原动机可以是柴油机、汽轮机、燃气轮机、核能反应堆＋汽轮机或燃料电池。发电机主要包括电励磁同步发电机、永磁发电机、异步发电机和超导发电机，供配电网络及保护模块由电缆、汇流排、断路器和保护装置等组成，其用于传输电能和自动识别、排除电网故障。变、配电模块则可将电能分配至船舶各个用电设备，以维持其正常运转。

船舶电力推进系统的发展动向主要体现在：以交流电力推进装置取代直流电力推进和交直流电力推进装置，并发展超导电力推进、特种燃料电池推进系统，以及综合全电力推进系统。

超导电力推进是以超导电机为功率元件的电力推进装置，其技术特点是质量小、体积小、效率高、噪声低。燃料电池是一种能把化学能直接转换为电能的能量转化装置，燃料电池系统由电池本体、燃料、氧化剂及其储存器构成，其特点是静音性好、效率高。如今的燃料电池采用的氢燃料主要通过甲醇进行转化，即将甲醇通过化学方法转化成氢。到目前为止，燃料电池的每千瓦的电能成本，依然远高于柴油机等传统动力装置。

综合全电力推进系统是船舶动力装置领域的重大变革，各国都在积极开展综合全电力推进系统的研究工作。吊舱的驱动装置中电机与一个或两个可旋转的吊舱安装在船舶下方，并通过导电滑环向电动机输送能量，有着较好的技术应用前景。

本章主要内容包括船舶主机的主要部件(如活塞组件、增压器等)、动力装置的轴系和舵系等检修、安装与运动部件校中等知识,目的是全面地介绍船舶主机及动力装置等在船上的安装方法与工艺要求,保证船舶主机及动力装置安全可靠地运行。

9.1 活塞运动部件的平台检验

船舶主机的活塞运动部件在船上安装前,应在车间平台对其相对位置精度进行复验,以保证与固定件的对中性和缩短船舶建造周期。对于修理中的营运船舶,必要时也应进行这一检验。

9.1.1 活塞运动部件相对位置的技术要求

十字头式柴油机的活塞、活塞杆、十字头、滑块和连杆等零部件装配后,其相对位置应符合下列技术要求:

(1)活塞裙外圆与活塞杆外圆的同轴度不大于 0.10 mm;

(2)活塞杆与十字头销中心线垂直,垂直度不大于 0.05 mm/m;

(3)活塞杆与十字头的连接螺栓装妥后,其支承面间用 0.05 mm 塞尺检查不应插进;

(4)滑块工作面与活塞杆中心线的平行度不大于 0.10 mm/m;

(5)滑块两侧面与活塞杆中心线的平行度不大于 0.15 mm/m;

(6)连杆与十字头装配后,在平板上垂直状态测量时,连杆大、小端轴承孔中心线的平行度不大于 0.15 mm/m。在水平状态测量时,平行度(歪扭允差)不大于 0.15 mm/m。

9.1.2 活塞运动部件的平台检验

1. 活塞与活塞杆同轴度检验

大型柴油机的活塞头和活塞裙分别制造时,将其组装成一体后再与活塞杆组装。活塞组件装配后,应检验活塞裙部外圆与活塞杆外圆的同轴度,并调整使之同轴。检验时,随活塞组件尺寸的不同可在车床或在平台上进行检验,如图 9-1 所示。大型柴油机活塞组件车间平台检验时,将其置放于平台 V 形铁上。以活塞杆外圆为检验基准,用百分表测量活塞头部和裙部外圆的径向跳动量。活塞转动一周百分表数值变化量不超过0.10 mm。

2. 活塞杆中心线与十字头销中心线垂直度检验

活塞杆与十字头销装配后,置于平台的 V 形铁上,如图 9-2(a)所示。V 形铁 2 分别支承在活塞裙部和活塞杆的外圆面,用百分表 4 测量十字头销上相距 l 的两点读数 a、a',则活塞杆与十字头销的垂直度 Δ 为:

$$\Delta=\frac{a-a'}{l}$$

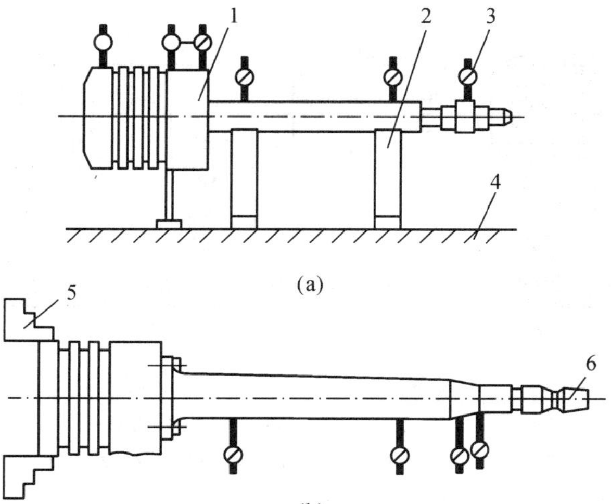

1—活塞组件；2—V 形铁；3—百分表；4—平台；5—车床卡盘；6—顶尖

图 9-1　活塞与活塞杆同轴度检验

(a)平台检验；(b)车床检验

活塞杆中心线与十字头销中心线位置度检验如图 9-2(b)所示。

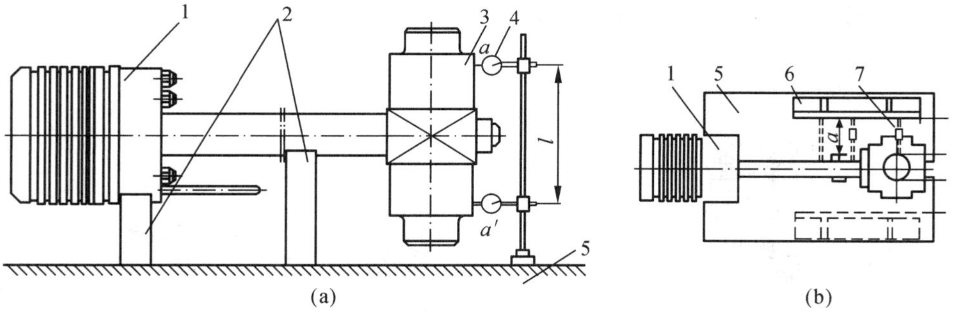

1—活塞组件；2—V 形铁；3—十字头销；4—百分表；5—平台；6—立式平台；7—内径千分尺

图 9-2　活塞杆中心线与十字头销中心线检验

3. 滑块工作面与活塞杆中心线平行度检验

检验时，首先调整活塞杆中心线、十字头销中心线和首、尾正车滑块工作面 M、E 分别与平台 11 平行。通过调节千斤顶 6 和 V 形托架 7、9，使百分表测量 A、B 和 C、D 的读数分别相等，则活塞组件中心线和十字头销中心线平行平台；调节支承首、尾倒车滑块工作平面的千斤顶 8、10 和 8′、10′，使首、尾正车滑块工作面 M、E 与平台平行，如图 9-3 所示。

而后用百分表测量倒车滑块工作面 N、F 上相距 l 两点的读数 a、a' 和 b、b'，则正、倒车滑块工作面平行度 Δ 即为滑块工作面与活塞杆中心线的平行度 Δ：

$$\Delta=\frac{a-a'}{l} \text{或} \Delta=\frac{b-b'}{l}$$

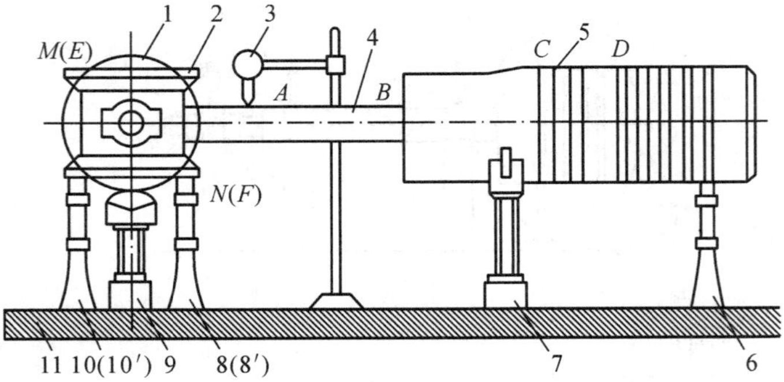

1—十字头销；2—滑块；3—百分表；4—活塞杆；

5—活塞；6、8(8′)、10(10′)—千斤顶；7、9—V形托架；11—平台

图 9-3 滑块工作面与活塞杆中心线平行度检验

4.连杆大、小端轴承孔中心线平行度检验

连杆杆身与大、小端轴承及十字头组装后，应检验垂直平面内和水平平面内的大、小端轴承孔中心线的平行度，以保证活塞运动部件的对中性和正常运转。

图 9-4(a)中，连杆以大端轴承剖分面为基准立于平台 4 上，十字头销安置在小端轴承下瓦上。用置于小端平台上的百分表测量十字头销上相距 l 两点的读数 a、b，则大、小端轴承孔中心线在垂直平面内的平行度 Δ：

$$\Delta=\frac{a-b}{l}$$

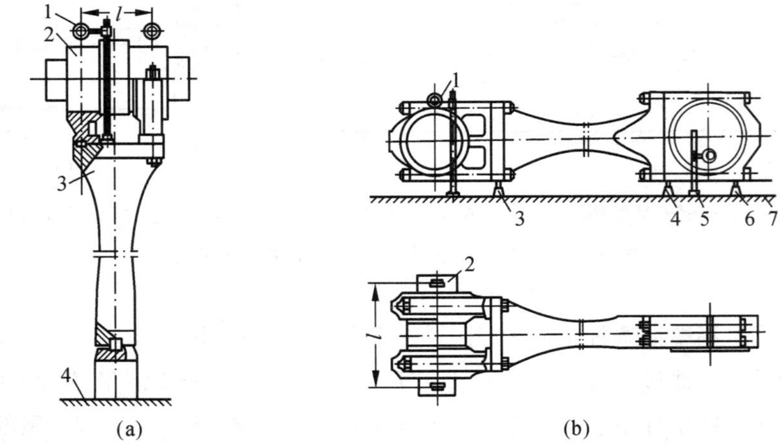

1—百分表；2—十字头销；3—连杆；4—平台

1、5—百分表；2—十字头销；3、4、6—千斤顶；7—平台

图 9-4 连杆大小端轴承孔中心线平行度检验

(a)垂直平面内平行度检验；(b)水平平面内平行度检验

图 9-4(b)中，连杆水平置于平台 7 上的千斤顶 3、4、6 上。调节千斤顶使百分表沿大端轴承孔全长读数不变，则大端轴承孔中心线和连杆杆身轴线平行于平台。用百分表测

量十字头销颈上相距 l 的两点读数 a、b，则大、小端轴承孔中心线在水平平面内的平行度 Δ 为：

$$\Delta=\frac{a-b}{l}$$

9.2　增压器的检修

废气涡轮增压器是柴油机进气增压系统中的主要设备，由单级废气涡轮和离心式压气机组成，二者装于同一轴上构成废气涡轮增压器的运动件，即转子。废气涡轮增压器的作用是利用柴油机废气能量驱动涡轮带动同轴上的压气机把空气送入气缸，使柴油机功率大幅度提高。废气涡轮增压器使柴油机功率约增加一倍，而质量只增加 10%。

废气涡轮增压器是在高转速、高废气温度及空气和废气的大流量、大流速的情况下工作的。一般废气压力为 0.25～0.45 MPa，废气温度为 500～600℃；转速随增压器尺寸不同，一般大尺寸增压器的最高转速达 10000 r/min，小尺寸增压器的最高转速为 40000～50000 r/min。所以，废气涡轮增压器属于精密机械。

柴油机-废气涡轮增压器联合装置运转时，废气涡轮增压器容易产生的故障有涡轮壳体腐蚀、轴承损坏、叶片损伤、气封损坏和增压器振动等。轮机员日常良好的维护管理工作，可减少这些故障的发生。

9.2.1　涡轮壳体腐蚀的检修

废气涡轮增压器涡轮壳体由废气进气壳与排气壳（即废气经过涡轮叶片后排出的部分）组成。进气壳与排气壳通常采用合金铸铁制成，分为冷却式和非冷却式。冷却式壳体为双层，形成水夹层。进气壳与排气壳内表面经常与具有腐蚀性的高温废气和水接触。壳体内部水夹层——冷却水腔的冷却水自底部引入，经上部排出。为了防止壳体出现电化学腐蚀，除用淡水冷却外，还在淡水中加防锈剂和在壳体上安装防腐锌块等。

1. 涡轮壳体腐蚀部位

涡轮壳体内表面与废气接触发生腐蚀，特别是在排气壳的底部 A 处常发生腐蚀烂穿，如图 9-5 所示。通常由于对涡轮壳体腐蚀缺乏认识和应有的重视，相关人员不能及时发现腐蚀，以致故障突然发生，造成增压器不能继续运转，须停航修理。由于突发故障须临时紧急订购备件，会造成很大的经济损失。

2. 壳体腐蚀原因

(1)硫酸腐蚀

柴油机燃用含硫较多的重油产生含有 SO_2、SO_3 和水蒸气的废气。废气进入涡轮端进气壳的温度为 500～600℃，自排气箱壳排出的温度为 300℃左右。排气壳体内壁面温度为 150℃左右，低于硫酸露点(170℃)。所以，当废气与排气壳内壁面接触时，在壁面上

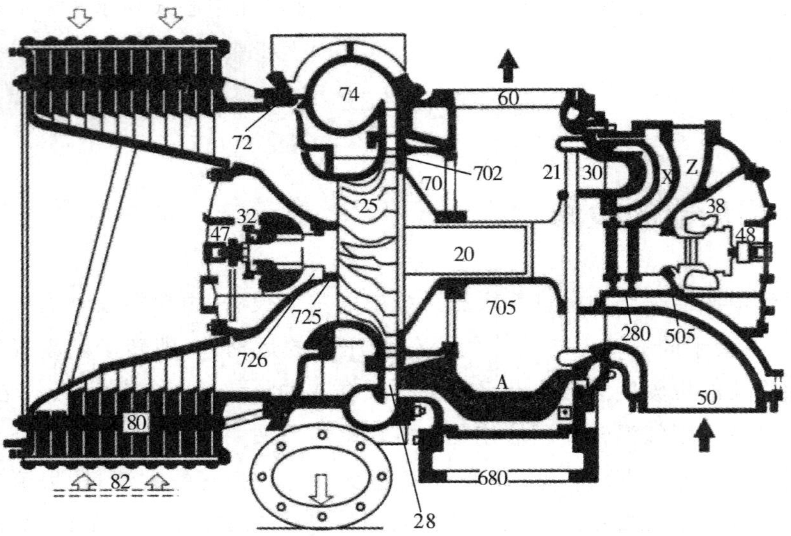

图 9-5 废气涡轮增压器涡轮壳体腐蚀部位

生成亚硫酸或硫酸，并顺壁面流至底部，聚集在排气壳底部的硫酸溶液使铸铁壳体受到强烈的电化学腐蚀，甚至腐蚀烂穿。废气涡轮增压器压气机端，受到空气灰尘等污染，涡轮端喷嘴、叶片及通道受到废气的严重污染和积碳堵塞通道，不仅使增压器工作性能受到影响，而且影响转子动平衡性。为此两端采用喷水清除污垢。涡轮端是在低负荷下喷水清洗，一般每周一次，约 10 min，喷水量随机型而异。低负荷下废气温度较低，会产生更多的酸附在壁面上，同时喷水后若未彻底清除排气壳底部积水，使腐蚀更加严重。

(2)高速气流引起的腐蚀

柴油机排气以高速流入增压器进气壳。排气中含有未燃尽的碳粒与壳体壁面接触造成对壁面的侵蚀，特别是在气流方向改变处，离心力使碳粒冲击壁面。受到侵蚀的壁面裸露在气流中受到更大的腐蚀作用。涡轮端进气壳进气道附近壁面的穿孔大多属于这种腐蚀。

(3)冷却水腔腐蚀

增压器采用海水冷却时，冷却水腔壳体壁面受到电化学腐蚀。

3. 壳体腐蚀的防止与修理

(1)防止腐蚀的方法

防止涡轮端壳体腐蚀的方法主要有提高冷却水进口温度防止硫酸腐蚀；彻底清除涡轮端喷水清洗后的残水；选用非冷却式增压器等。在进、排气壳内表面容易腐蚀部位钎焊一层耐热耐蚀合金的非冷却式增压器，可使其壳体寿命从 3～6 年延长至 10 年以上。

(2)修理

①壳体腐蚀后，其最小壁厚大于设计壁厚的 50%，壳体冷却腔经 1.5 倍工作压力(不小于 0.4 MPa)的水压试验，合格后可继续使用。

②壳体腐蚀后，局部最小壁厚小于设计壁厚的 50%或破损时，允许焊补或用无机胶黏剂修补，经 1.5 倍工作压力的水压试验合格后可继续使用。

9.2.2　轴承的检修

轴承在涡轮增压器中居重要地位，它不仅保证转子安全可靠地高速回转，还保证转子固定在准确的位置上。所以，轴承的可靠性对增压器和柴油机正常运转均关系极大。涡轮增压器轴承分为滚动式和滑动式，船用增压器多采用滚动轴承，另外还有止推轴承。滚动轴承摩擦系数小，产生热量少，润滑油消耗量少，可使润滑系统简化，一般采用透平油只须设置油池和自带油泵。滚动轴承拆装方便、启动性能好、效率高，但其在规定的使用寿命期满后必须更换。

滑动轴承结构简单、造价低，可与柴油机使用同一个润滑系统或专门设置一套外供油装置，但它使增压器整体结构复杂化，并且维护管理要求高，比较容易发生故障。

增压器轴承是在高温、高速和轻负荷条件下工作的，要保证轴承在工作条件下可靠运转，除了轴承的结构设计、材料和制造等应满足要求外，使用中良好的维护管理也是至关重要的。

1. 滚动轴承的检修

压气机端轴承多采用成对双列向心推力轴承，起支承转子和止推作用；涡轮端轴承采用单列向心球轴承或单列向心短圆柱滚子轴承，起支承转子作用。增压器工作时，滚动轴承应转运灵活、无异常声音、无过热，轴承的各零件应无损伤、腐蚀、裂纹和松动等缺陷。

(1)滚动轴承使用寿命

滚动轴承累计工作时间达到其额定使用寿命时应更换新轴承。一般累计工作时间达 8000 h 须进行检修，更换压气机端和涡轮端的轴承。

(2)减振弹簧片

滚动轴承中装有减轻振动的弹性减振装置，它是由一组带孔的弹簧钢片——减振弹簧片组成。润滑油在钢片之间形成油膜，产生阻尼作用，吸收和缓冲转子的振动，以便延长轴承的寿命和使增压器运转平稳。在压气机端的轴承中装径向和轴向两组弹簧片。径向弹簧片 5 安装在滚珠座圈与轴承外套 4 之间，弹簧片间有 0.25～0.55 mm 的间隙，用以减轻径向振动；轴向弹簧片 7 安装在轴承的前后端处，由数个薄钢片组成，片间有 0.13～0.18 mm 的间隙。除用以减振外，它还具有调整和确定转子轴向位置的作用，如图 9-6 所示。涡轮端轴承中只有径向减振弹簧片。

滚动轴承减振片的弹性应具有良好的均匀性，无咬毛、过度磨损和断裂等缺陷。如产生上述缺陷或间隙超过规定值时应予以换新。新换的减振片的材料、技术性能应与原来的相同。船上条件下无法更换减振片，只能换新轴承。

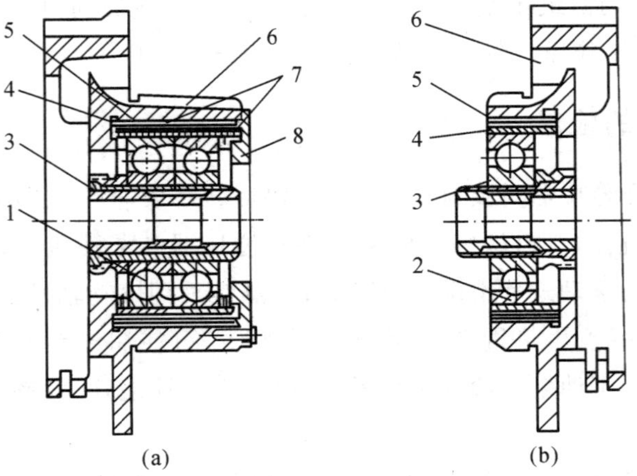

1—成对双联向心推力球轴承；2—单列向心球轴承；3—轴承内套；4—轴承外套；
5—径向弹簧片；6—轴承座；7—轴向调整片；8—轴承盖

图 9-6 废气涡轮增压器的滚动轴承

(a)压气机端轴承；(b)涡轮端轴承

2. 润滑与润滑油泵

废气涡轮增压器转子两端轴承的润滑是由其自带油泵将高质量的无酸矿物透平油或高质量的含或不含清净添加剂的柴油机油喷至轴承，保证轴承充分润滑。

为了保证油泵的正常工作，根据说明书的要求，定期检查油泵的磨损和泄漏情况。例如 VTR 型增压器每隔 12000～16000 h 进行一次检查。油泵工作的可靠性与其安装质量有关，故在安装油泵时应保证油泵的轴线与增压器转子轴心线同轴，泵端的径向跳动量不应超过 0.02 mm。

9.2.3 叶片与气封装置的检修

1. 叶片损伤与检修

涡轮叶片和压气机叶片的损伤形式主要是碰撞引起的叶片变形、裂纹和断裂。

(1)涡轮叶片

涡轮叶片变形主要是异物撞击所致。如吊缸检修时由于检修工粗心使尺寸不大的工具或螺帽等遗留在气缸中，或者是柴油机运转中的活塞环折断后的碎块甚至喷油头等落入缸中等。当柴油机运转时，这些异物被排气自排气口吹至排气管和增压器涡轮进气壳，这些高速飞来的异物冲破废气进口处的金属隔栅进入涡轮，与高速回转的涡轮叶片相撞击，轻者使叶片变形、产生裂纹，重者造成叶片折断，并随之碰撞其他叶片导致涡轮叶片的大部分乃至全部损坏。例如，某船副机在 75%负荷下运转，突然增压器发生剧烈振动和巨响，值班轮机员立即切换另一台副机。后经检查发现，由于涡轮上有一叶片折断，其碎块在增压器高速回转时又接连打伤 3 只、打弯 1 只叶片，因及时停车才免遭更严重的破坏。

对损伤较轻的叶片仔细观察有无裂纹，必要时进行无损探伤检验，如有裂纹或断裂应换新叶片。海上条件下更换叶片不便时，可将断叶取出并将其对称位置的叶片取下，以保持转子的动平衡性，减少增压器的振动。如叶片有轻微变形可进行冷校。

涡轮叶片凹面上的撞击伤痕等少量缺陷允许修磨，磨去深度不得超过相应部位叶片厚度的 1/6，磨去的面积符合规定要求。叶片的上、中部区域内的缺陷允许焊补修复（详见 CB/T 3563—1994）。

(2)压气机叶片

压气机叶片损伤是由于轴承严重磨损、吸入硬质颗粒、增压器振动等造成的，或者转子与壳体间的正常间隙被破坏等造成撞击或摩擦，使叶片擦伤、变形或出现裂纹。例如某船离港后刚刚进入正常航行，突然主机 1 号增压器发生尖叫声，值班轮机员立即采取主机降速航行的对策。停车检查发现压气机叶轮上 20 个叶片中有 12 个叶片完全断裂。原因是推力轴承推力面上的巴比特合金中嵌入几块铁屑，大小约为 2 mm×2 mm×1 mm，由于止推轴承合金严重磨损，引起转子轴向窜动。压气机叶轮完全报废，只能换新。压气机叶轮边缘、叶片的任何部位均不允许有裂纹，否则应换新。叶片表面缺陷较小时，允许修磨。

增压器的转子或叶片经修理或换新后均应进行动平衡试验，并使之符合要求。

2. 密封装置的检修

(1)密封装置

废气涡轮增压器的密封装置分为气封和油封两种。

气封的作用是防止压气机端的压缩空气和涡轮端的燃气或废气的泄漏。压气机端压缩空气的大量泄漏将会降低增压效率；涡轮端废气泄漏将造成涡轮功率下降，高温气体漏入轴承箱污染润滑油和损坏轴承。

油封的作用是防止增压器轴承箱中的润滑油泄漏。润滑油泄漏不仅增加其消耗量和影响轴承润滑，还会因润滑油漏入涡轮进气壳使燃气温度升高，甚至烧毁涡轮叶片。

所以，良好的密封装置是废气涡轮增压器正常可靠工作不可缺少的组成部分。密封装置按结构分为接触式、活塞环式和迷宫式三种。活塞环式密封装置如图 9-7 所示，常用于小型增压器。迷宫式密封装置种类很多，图 9-8 所示为大型增压器的轴向和径向迷宫式密封装置，作为气封使用。气封片之间的间隙越小，密封效果越好。当从压气机端引入一股增压空气到气封，可增强密封效果。

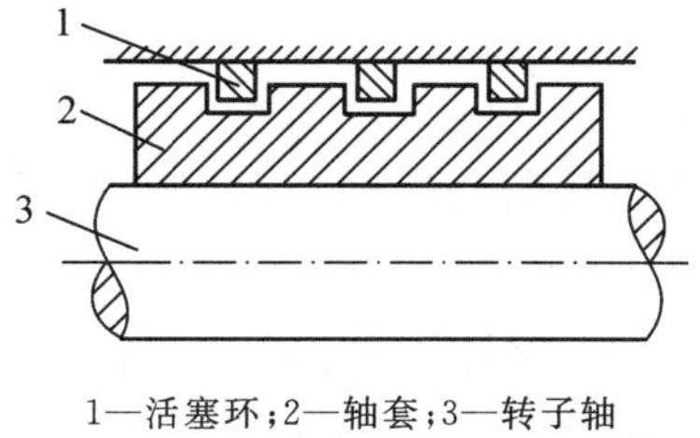

1—活塞环；2—轴套；3—转子轴

图 9-7　活塞环式密封装置

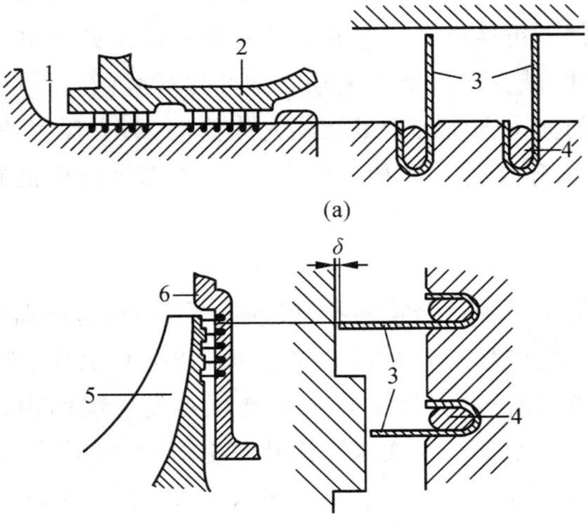

1—转子轴；2—废气进口壳体；3—密封带；4—压紧丝；5—压气机叶轮；6—隔热墙

图 9-8 迷宫式密封装置

(a)轴向密封；(b)径向密封

(2)密封装置的安装部位

从图 9-8 中可以看出，涡轮端转子与废气进口壳体之间有一定的径向间隙，在转子轴上安装迷宫式轴向密封装置#280，以防废气漏入轴承箱；安装活塞环式油封#505 防止轴承箱中润滑油漏入涡轮。在压气机叶轮背面与隔热墙之间设有径向迷宫式气封#702，转子轴上装有迷宫式气封#705 和#725 防止新气的泄漏。压气机端转子轴上装有活塞环式油封#726，防止轴承箱中的润滑油漏入压气机。

(3)密封装置的检修

密封装置的损坏，大多是在增压器拆装过程中不慎碰伤密封带，或增压器运转中的剧烈振动，或者安装间隙不符合要求等造成的。

密封带顶部有较轻的弯曲变形时，可用平嘴钳将其夹直校正；若损伤严重时则应换新密封带和压紧丝。在船上条件下更新密封带可按增压器说明书中规定的要求和步骤进行。

9.2.4 增压器振动检修

1. 增压器正常运转的条件

废气涡轮增压器是做高速回转的精密动力机械，使其平稳、无振动地高速运转的条件如下：

(1)转子动平衡精度符合要求，即转子重心在其回转中心线上或具有要求的偏心距；

(2)增压器的安装精度高，对中性好，即回转件——转子与固定件——壳体的对中精度符合要求；

(3)运转中良好的管理和正确的操作。

增压器运转中,由于各种原因不能满足上述条件时,增压器就会产生剧烈振动。

2. 增压器振动的原因

(1)压气机喘振引起强烈振动

喘振是压气机流通部分出现气流与叶片强烈撞击和脱流的结果。增压系统流道阻塞是增压器喘振的常见原因。管理中应注意压气机进气滤器、叶轮、扩压器、空气冷却器、进气口和排气口、涡轮喷嘴环、叶片等流通部分的维护与清洁,就可有效地防止和消除喘振及其引起的振动。

(2)轴承损坏引起振动

轴承长时间使用后产生磨损、变形、裂纹和烧伤时,使摩擦力矩增大,转速下降,振动和噪声大增。轴承中的减振弹簧片的磨损、变形或断裂等使转子安装位置发生变化,转子对中不良产生强烈振动。

为此应按规定的轴承使用期按时更换轴承,发生损坏时更应及时更换。

(3)转子弯曲变形引起振动

增压器转子轴上安装压气机和涡轮的叶轮等部件,结构复杂,质量大。若船舶停航时间较长,增压器转子就会由于自重产生弯曲变形,破坏了转子与壳体、气封与壳体等的配合间隙,使转子失中。严重时转子转动困难,摩擦严重,运转时产生很大的离心力使增压器产生剧烈振动。

所以,船舶长时间停航,应注意增压器的管理,防止转子变形。

(4)转子不平衡引起振动

增压器经过一段时间的运转,涡轮叶片上严重积碳或叶片变形、折断,压气机叶轮、叶片变形或损坏等都会使转子质量分布发生变化,改变了转子原有的重心位置,破坏了转子原有的动平衡精度,使转子产生剧烈振动,工作不平稳。

(5)增压器装配、修理质量差

增压器进行自修或厂修时,如修理质量差或修后装配不良时,就会造成运转时转子与壳体或气封与壳体相碰,产生摩擦导致振动。例如气封和轴封安装不正、轴承安装不正确或轴承间隙不符合要求、转子轴线不对中等。特别是轴承安装问题不容忽视。例如,减振弹簧片安装不正确或弹簧片变形、断裂等都会直接影响轴承的位置和使转子对中不良而导致振动。

3. 增压器振动检修

(1)清洗

利用增压器上的喷水装置清洗涡轮端和压气机端的叶片和通道。清除油垢、积碳,既消除引起喘振的因素,又除去不平衡质量,从而减轻或完全消除由此引起的振动。

(2)换新轴承

若增压器产生振动时轴承已接近换新时间,则可能是因轴承损坏引起的振动,故应首选换新轴承的措施来消除增压器振动。增压器轴承中,涡轮端轴承因为温度高、工作条件差而先损坏,所以应首先更换涡轮端轴承,然后再换压气端轴承。

(3)检查转子的磨损和变形

增压器解体抽出转子后,检查压气机,涡轮的叶轮、气封和工作轴颈外圆表面有无擦伤、变形和磨损。必要时在平台上检测转子轴线状态,以判断转子的弯曲变形和变形程度。

(4)转子动平衡检验

在专用动平衡试验机上检测转子的平衡精度,依测量出的不平衡质量的大小与位置进行修理,除去不平衡质量后再次检验,直至达到要求的平衡精度为止。当然,做转子动平衡检查时,转子应是完好状态,即没有擦伤、变形和磨损等。

(5)安装间隙的检查

安装间隙反映了转子与增压器壳体的对中情况。粗检:手动转子使之回转,听声判断对中情况。精检:测量各部件配合间隙,精确判断对中情况。应该注意的是压气机进气道壳体有无下沉,如果发生下沉也会影响对中性,从而引起增压器振动。这种情况虽少见,但在 BBC VTR6311N 型增压器上曾出现过,而且一般不易发现振动故障原因。

9.2.5 增压器的拆装与校中

废气涡轮增压器是高速回转的精密机械,一般轮机人员对其抱有惧怕心理,不敢进行拆卸和安装。这是对其了解和掌握不够所致。为了正确管理和保养增压器,正确地排除故障和处理异常情况,就必须熟悉增压器的内部结构、工作原理,掌握其拆装顺序和要求,使增压器保持良好的技术状态。

1. 拆装增压器的要求

(1)认真阅读增压器说明书,结合实际掌握增压器内部结构:压气机和涡轮结构形式、轴承的结构形式、润滑方式、叶轮与转子轴的连接方式、密封装置的形式与位置、各零部件的相对安装位置、配合间隙等。在掌握内部结构和明确要求的前提下,才能进行增压器的拆装,拆装时才能做到心中有数。

(2)拆卸时正确使用随机专用拆装工具,才能保证顺利地拆装。按照规定的拆卸顺序和要求进行,不可破坏零部件原有的精度与表面粗糙度,尤其是轴承和轴颈工作表面,应清洗、上油,防止生锈。拆下的相关零件的相对位置必要时打上记号,以免安装错误。

(3)安装时应严格按照说明书的安装顺序和要求、规定的装配间隙进行增压器的组装,并按照一定的方法进行间隙检验与调整,以保证转子与壳体的对中性,保证增压器可靠地运转。

2. 增压器拆装顺序

在了解增压器结构及其拆装要求的基础上进行拆卸和安装。在船上拆装增压器,不必拆下增压器壳体,只需抽出转子进行检修。下面以 VTR400 为例简要说明拆卸和安装转子的顺序。

(1)拆卸压气机端:拆开放油旋塞,放出润滑油;拆下轴承端盖;拆下油泵(自带油泵式);拆下整个轴承组,并用蜡纸包好,以免弄脏。

(2)拆卸涡轮机端:拆下放油旋塞和放出轴承箱中的润滑油;拆下轴承端盖;拆下油泵(自带油泵式)。拔出轴承的内部零件:轴向减振弹簧片组、滚柱轴承外座圈等。把轴承零件用蜡纸包好,以免弄脏。

(3)拆下压气机端的空气进气壳。

(4)把转子从压气机端抽出并用两个木墩支承使之立放。

在重新安装前应把轴承箱清洗干净、准备好轴承备件、检查自带油泵的轴线。按与拆卸相反的顺序进行安装。最后测量压气机端轴承壳体平面与转子轴头平面的垂直距离,并应符合要求。

3. 涡轮增压器的主要装配间隙

增压器是高温下高速回转的精密机械,为了保证正常运转,必须严格控制运动部件与固定件之间的配合间隙。间隙太小,引起擦碰,如叶片与壳体、密封装置与壳体相碰,轻者损坏零件,重者造成严重的事故;间隙过大,漏气损失量增大,使增压器的效率大大降低。增压器的主要装配间隙如图 9-9 所示。各间隙大小随机型而异,具体数值在说明书中有明确规定。

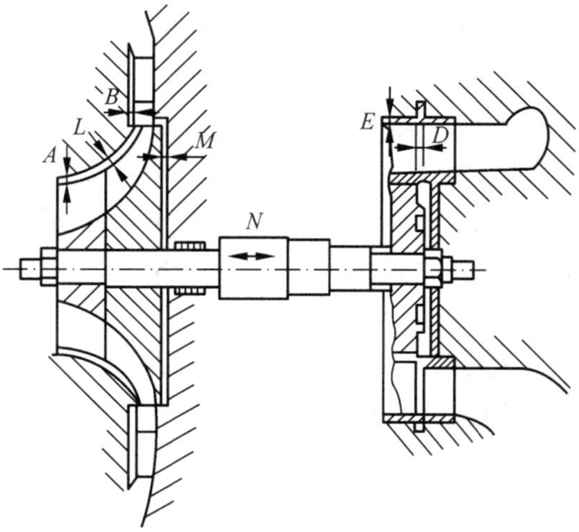

A—压气机端导风轮与壳体的径向配合间隙;*B*—扩压器与壳体的轴向配合间隙;

L—压气机叶轮前面与壳体之间的间隙;*M*—压气机叶轮背面与气封板之间的轴向间隙;

D—轴流式涡轮叶片与喷嘴叶片之间的轴向间隙;*E*—轴流式涡轮叶片与喷嘴外环之间的径向间隙;

N—转子轴向串动量或称转子轴向热膨胀量

图 9-9 增压器的装配间隙

拆装时应注意:转子轴上的运动部件的位置切不可随意改动,轴上的零件也不允许随便更换,以免破坏转子动平衡精度和与固定件的配合间隙。

4. 增压器的校中

增压器重新安装后应检查运动部件——转子与固定件——增压器壳体之间的相对位置关系，即进行校中检验。但只有在增压器检修更换零件后进行，一般分为粗略检验和精确检验。

粗检是用手转动增压器转子使之回转，倾听转动时有无擦碰声音。如果有擦碰说明转子对中不良，应查明原因予以消除。

精检是在粗检合格后采用测量法进行校中检验。

(1)主要测量间隙

①间隙 N。N 为压气机端推力轴承与转子端面之间的轴向间隙，即转子的轴向串动量，用于保证转子轴向热膨胀的情况下压气机叶轮或气封不会与增压器壳体相碰。

②间隙 L。L 为压气机叶轮前方与壳体之间的间隙，用于保证叶轮前面不与壳体相碰。

③间隙 M。M 为压气机叶轮背面与气封板之间的轴向间隙，用于保证叶轮背面不与气封相碰。

(2)测量方法

①测量 N。测量前，首先取下增压器两端的轴承端盖，分别在转子轴的左、右端施以轴向推力，使转子轴分别处于左、右两个极端位置，然后分别测量出转子在两个极端位置时转子轴的左端面至压气机壳体端面之间的距离 K_3、K_4 值，则止推轴承处的轴向间隙 $N=K_3-K_4$。如 VTR630 型增压器的止推轴承轴向间隙 $N=0.17\sim0.23$ mm。

②测量 K。为了测量压气机叶轮前后的间隙 L 和 M，先使转子轴恢复到不受轴向力作用的状态，然后测量出转子轴左端面至压气壳体端面的距离 K，如图 9-10 (a)所示。

③测量 L。旋出压气机端的连接螺钉 2 约 5 mm 的长度，在涡轮端转子轴上施一轴向推力，使转子轴向左移动，此时间隙 L 消失，测量转子轴左端面至压气机壳体端面的距离 K_1，则压气机叶轮前方与壳体之间的间隙 $L=K-K_1$，如图 9-10(b)所示。VTR631 型增压器 $L=1.055\sim1.665$ mm。

④测量 M。将螺母 4、5 及甩油环 6 拆下，用在转子轴右端装的吊环螺钉将转子轴向右拉动，使间隙 M 消失，测量转子轴左端面至压气机壳体端面的距离 K_2，则压气机叶轮背面与气封板之间的间隙 $M=K_2-K$，如图 9-10(c)所示。VTR631 型增压器 $M=0.275\sim1.185$ mm。

当各间隙值符合说明书要求时，表明增压器转子与壳体的对中性良好，否则应查明原因，调整后再测量。

5. 转子动平衡试验

机器运转时，除了做等速移动的构件和做等角速回转运动且惯性主轴(回转主轴)通过其质量中心的构件外，做其他运转的构件均会产生惯性力。惯性力的大小和方向随机器运转呈周期性的变化。这种不平衡惯性力将加速机器中运动副的磨损和使机器产生振动，特别是对于高速、精密机器这种情况更为严重。为此应使惯性力得到平衡，消除或减轻振动。

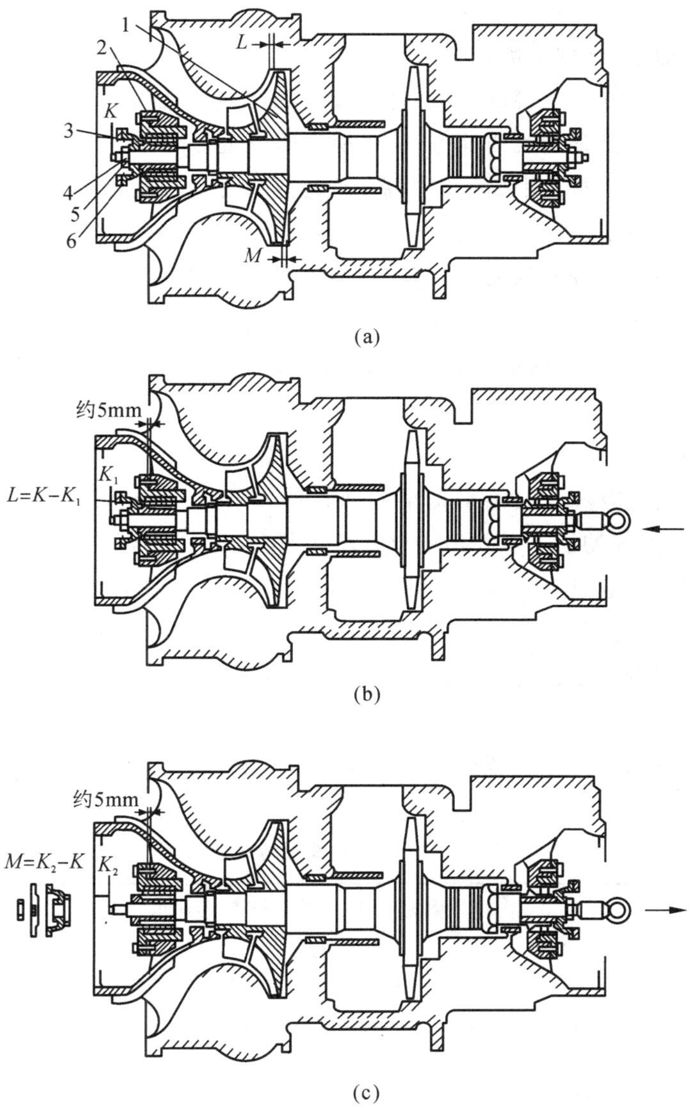

1—压气机叶轮；2—连接螺钉；3—止推轴承；4、5—螺母；6—甩油环

图 9-10　VTR 型增压器校中测量

(1)刚性回转件的平衡

绕固定轴回转的回转件常因结构不对称、质量分布不均匀等在回转时产生不平衡。刚性回转件的平衡分为两种：

①质量分布在同一回转面内的构件。构件的轴向长度小于直径的回转件，如螺旋桨、叶轮、砂轮、飞轮等，可视为质量近似分布于同一回转面内。当回转件以等速回转时，所产生的离心惯性力构成汇交于回转中心的平面汇交力系。为了平衡惯性力，在同一回转平面内增加一定的平衡质量(或相反位置减去)，使其产生的离心力与原有质量所产生

的离心力的向量和等于零,该力系得到平衡,称为平衡力系。回转件达到平衡状态,在任何位置都可保持静止,这种平衡称为静平衡。

②质量分布不在同一回转面内的构件。构件的轴向长度大于直径的回转件,如电机转子、增压器转子、多缸柴油机曲轴等,不能视为质量近似分布于同一回转面内。回转件转动时产生的离心力不再是平面汇交力系,而是空间力系。这类构件采用静平衡方法不能解决其转动时的不平衡。为了要完全平衡离心力,可以任意选定两个平面,将各不平衡质量所产生的惯性力分解到两个平面上,从而将空间力系的平衡转化成两个平面上汇交力系的平衡。只须将两个平面内分别加以适当的平衡质量,使两个平面内的惯性力的向量和均为零,离心力所引起的力偶矩向量和也等于零,回转件达到完全平衡。这种平衡称为动平衡。

(2)回转件的平衡试验

对于经过平衡计算并安装了平衡重的回转件,理论上虽说惯性力完全得到平衡,但由于计算、制造和安装的误差以及由于材料的不均匀、毛坯缺陷等,回转件实际上仍然存在不平衡。因此必须通过平衡试验来测定不平衡质量的大小和方位,然后再用加重或减重的方法予以平衡。此外,由于生产中的许多回转件结构复杂,难以进行平衡计算,往往也是通过平衡试验的方法进行平衡。例如,船舶机械和设备上的一些做回转运动的零件或部件都要通过平衡试验来获得平衡。

根据回转件的结构尺寸和转速将平衡试验分为静平衡试验和动平衡试验,如表 9-1 所示。

表 9-1 平衡试验

平衡试验	回转直径 D 与其长度 L 的比值	工作转速 n
静平衡	$\geqslant 5$	任何转速
动平衡	$\leqslant 1$	>1000 r/min

①静平衡试验

通过测定 $D/L\geqslant 5$ 的回转件不平衡质量(大小和方向)来确定平衡质量的大小、位置和进行调整,使之达到静平衡要求。新造和经修理的螺旋桨均须进行静平衡试验。

试验方法:先将回转件装于专用心轴上,再一并装于静平衡试验架上(导轨式或轴承式)。若回转件重心偏离回转轴,在所产生的静力矩作用下,回转件在支架上滚动或转动。运动停止后重心部位的位置最低。按照重心偏离方位,在其反向加平衡质量,逐步试验调整平衡质量的大小和位置,直至回转件可在任意位置静止不动。最后在质量大的部位去掉测定的质量,则回转件达到静平衡。

②动平衡试验

在动平衡试验机上测定 $D/L\leqslant 1$ 的回转件的不平衡质量的大小和方向。新造增压器的转子,营运船舶的增压器转子上的零部件经修理或更换后,必须进行动平衡试验。

具体来说增压器转子在下列情况应进行动平衡试验：

a. 转子部件受机械损伤时；

b. 转子轴及涡轮叶片经修理后；

c. 涡轮叶片部分或全部更换后；

d. 压气机叶轮及导风轮经修理或更换后。

动平衡机是一种确定不平衡量位置和大小的专用机器。它具有两个对振动非常灵敏的支承，一般是用钢丝和钢带悬挂起来的，转子的轴颈就是放在这样的支承上。轴在转动时，不平衡量的离心力就使轴和支承一起左右摇摆。支架的一边连一个线圈，线圈的外面罩着一个在固定位置上的永久磁钢，如图 9-11 所示。

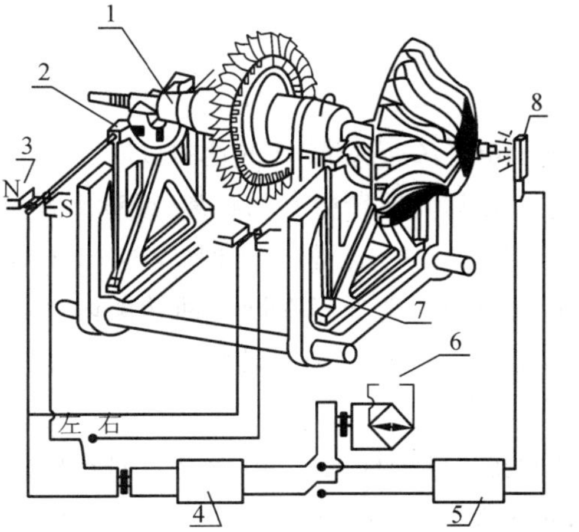

1—转子；2—支承；3—磁钢；4—选频放大器；
5—脉冲功率放大器；6—指示电流表；7—钢丝；8—闪光灯

图 9-11　动平衡机原理示意图

由于支架的摆动使线圈做切割磁力线运动，因而产生了交流信号输出，一般为毫伏级。这个交流信号经过频率选择和放大，再经整流输出到指示电流表，指示电流表的最大读数就是不平衡质量的大小。

然后，再把开关闭合，电流经过脉冲功率放大器触发闪光灯闪光，由于晶体管放大器响应快，因此，闪光灯引燃时间即为工件振幅出现的角位置。由于闪光灯的频率与转速一样，在闪光灯下可以看到一个“不动的转子”。如果事先在转子可见部分的圆角上均匀写出号码，这时就可看到这些号码的某一数值，这就是不平衡质量的相对应的位置。

③动平衡指标

回转件通过平衡试验后，已将不平衡惯性力及其引起的动力效果减少到相当低的程度，但还会有些残余的不平衡程度存在。这种残余的不平衡程度越小，不平衡惯性力的不良影响就越小，回转件的平衡状况就越好。所以，把回转件经平衡后的不平衡程度称为平衡精度。它是用来度量回转件不平衡程度的物理量。

a. 不平衡度。对于质量分布在同一平面内，轴向长度较小的回转件，假定其为一重心与回转中心重合的薄圆盘，当距回转半径为 R 必有一不平衡量 F（或不平衡力 F）时，回转件的不平衡度为 FR(N · m)，或称为重径积，它反映了不平衡惯性力的大小和方向。

b. 平衡精度。不平衡惯性力造成的不良影响由其在轴承中引起的附加负荷和振动振幅来衡量。轴承附加负荷与回转件的重径积、回转角速度有关；振动振幅与重径积、轴承刚度和回转件整机质量有关。所以，仅仅依据回转件的重径积大小是不足以表达出不平衡惯性力所造成的不良影响。用重径积表示回转件的不平衡度，没有反映出其与回转件质量的关系。因为同一不平衡度对于 500 kg 和 5 kg 的转子的精度是不同的。所以，应采用回转件的不平衡度（重径积）与其质量中心上的重力之比来表示回转件的平衡精度，即，

$$e=\frac{FR}{G}$$

式中，e 为偏心距或偏移量(mm)；G 为回转件的重力(N)。

偏心距 e 是回转件重心相对其回转中心的距离，或称平衡精度。例如，当回转件的偏心距 e 为 0.001 mm 时，说明回转件重心相对于回转中心偏移 1 μm 或 0.001 mm。

若做动平衡实验的回转件质量分布不在同一回转面内，则应以两个选定平面上的代替质量和平衡质量的总重心的偏心距 e 和回转件角速度 ω 的乘积表示惯性力的不良影响，即平衡精度。

目前，我国尚未出台平衡精度的标准，一般均是以回转件的许用偏心距[e]与回转件的角速度 ω 的乘积表示回转件的平衡精度，并按[e] · ω 分级，如表 9-2 所示。

表 9-2　各种典型刚性回转件的平衡精度等级

精度等级 G	平衡精度 $\frac{[e]\omega}{1000}$/(mm/s)①	典型刚性回转件示例
G4000	4000	刚性安装的具有奇数气缸的低速②船用曲轴转动装置③
G1600	1600	刚性安装的大型二冲程发动机曲轴转动装置
G630	630	刚性安装的大型四冲程发动机曲轴转动装置，弹性安装的船用柴油机曲轴转动装置
G250	250	刚性安装的高速四缸柴油机传动装置
G100	100	六缸和六缸以上高速柴油机曲轴转动装置、汽车和机车用发动机整体（汽油机或柴油机）
G40	40	汽车轮、轮缘、轮组、传动轴、弹性安装的六缸或六缸以上的高速四冲程发动机（汽油机或柴油机）曲轴传动装置、汽车和机车用发动机曲轴传动装置

续表 9-2

精度等级 G	平衡精度 $\frac{[e]\omega}{1000}$/(mm/s)①	典型刚性回转件示例
G16	16	特殊要求的传动轴(螺旋桨轴、万向联轴器轴)、破碎机械的零件、农业机械零件、汽车和机车发动机(汽油机或柴油机)部件、特殊要求的六缸或六缸以上的发动机曲轴传动装置
G6.3	6.3	作业机械零件、船用主汽轮机齿轮(商用船)、离心机鼓轮、风扇、航空燃气轮机转子部件、泵的叶轮、机床及一般机械的回转零件和部件、普通电机转子、特殊要求的发动机部件
G2.5	2.5	燃气轮机和汽轮机的转子部件、刚性汽轮发电机转子、透平压缩机转子、机床主轴和驱动部件、特殊要求的大型和中型电机转子、小型电机转子、透平驱动泵
G1.0	1.0	磁带记录仪及录音机驱动部件、磨床驱动部件、特殊要求的微型电机转子
G0.4	0.4	精密磨床主轴、砂轮盘及电机转子、陀螺仪

注:①ω 为回转件的角速度(s^{-1}),[e]为许用偏心距(μm);

②按国家标准,低速柴油机的活塞速度小于 9 m/s,高速柴油机的活塞速度大于 9 m/s;

③曲轴传动装置是包括曲轴、飞轮、离合器、带轮、减速器、连杆回转部分等的组合件。

9.2.6　增压器损坏的应急措施

航行中,当废气涡轮增压器发生严重故障时,既不能修理又无法继续使用,在这种情况下只能停止增压器运转。但是废气涡轮增压器与柴油机是联合装置,工作密切相关,停增压器后必须采取相应措施保证柴油机可靠运转。根据增压器的增压方式、增压器的数量和损坏程度的不同,所采取的应急措施也不一样。具体可依增压器说明书的规定进行。一般采用如下原则处理。

1. 航行中主机增压器损坏时的处理原则

(1)为避免事故继续扩大,在海况、海域等情况允许时应立即停车进行检修;

(2)在海况、海域等情况恶劣,如风浪大或在狭水道航行不允许停车时,应使主机转速降至较低水平继续航行。

2. 对损坏的增压器的应急处理

(1)当增压器损坏时,主柴油机仍继续运转,以保证船舶安全航行。

当柴油机设有旁通排烟管时,停止损坏的增压器运转,废气经旁通排烟管排至大气。

(2)允许短时停车时,锁住转子。

当柴油机无旁通排烟管时，废气仍流经损坏的增压器排至烟囱。为了防止废气冲击转子，当海况允许短时停车时，采取停止增压器运转并锁住转子的措施。

定压增压系统中的增压器，只需锁住转子的压气机端；脉冲增压系统中的增压器，需锁住转子的两端，因为废气的脉冲压力使转子产生过大的扭矩，仅锁住一端是不足以固定转子。

一般原则：当柴油机的平均有效压力≥0.5 MPa（或平均指标压力大于 0.57 MPa）时，应锁住转子两端。

废气流经锁住转子的增压器时，还会加热转子，甚至使压气机叶轮过热，为此应使一定量的新气流经压气机进行冷却。对于仅设一台增压器的四冲程柴油机，自大气吸入的新鲜空气流经增压器时进行自然冷却；对于设有两台增压器的二冲程柴油机，当一台增压器损坏停用时，为防止扫气箱中的新气倒灌造成漏损和使少量空气漏入压气机进行冷却，在锁住转子的增压器空气出口安装带小孔的封闭盖板。

利用随机专用工具锁住转子，并按说明书操作。转子锁住后，柴油机应降低负荷运行，对涡轮的进、排气箱应继续冷却，但应停止轴承润滑，控制排气温度，以维持船舶航行能力。

增压器损坏后锁住转子的应急措施具有简便、可缓解故障和防止事故扩大的优点，但转子受到高温和自重作用，短时间尚可，长时间作用将会引起转子变形。

(3)允许长时间停车时，拆除转子。

当海况允许长时间停车时，充分的时间允许采用拆除转子并在增压器壳体两端和中间安装封闭盖板的措施。随机提供这些专用盖板和工具，如图 9-12 所示。此法不仅防止事故扩大并使转子受到保护，但拆除转子和安装盖板工作量大，需要较长的工作时间。

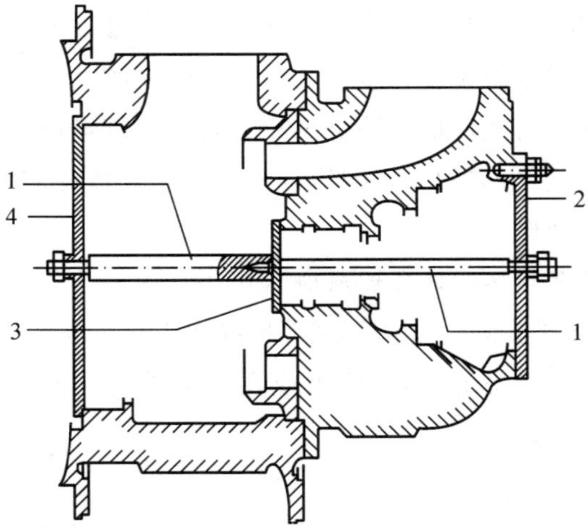

1—拉杆；2、3、4—盖板

图 9-12　增压器转子拆除后加装封闭盖板

9.3　轴系的检修

船舶轴系是船舶动力装置中的重要组成部分，承担着将主机发出的功率传递给螺旋桨，再将螺旋桨产生的轴向推力传递给船体实现推船航行的目的。

船舶轴系是从主机输出端法兰起至尾轴止，连接主机和螺旋桨。对于直接传动的推进系统，包括传递功率的传动轴及其轴承等零部件，主要有推力轴和推力轴承、中间轴和中间轴承、尾轴和尾轴承以及其他附件等；对于间接传动的推进系统，除有上述传动轴和轴承外，还有离合器、弹性联轴器和减速齿轮箱等部件。

船舶轴系的结构较为简单，但作用十分重大，维护管理好轴系，对保证船舶的安全航行至关重要。

9.3.1　船舶轴系的种类

根据船舶类型、用途和动力装置等的不同，船舶轴系的数目、布置和结构也不同。对于民用船来说，要有单轴系和双轴系之分；对于军用船来说，除单、双轴系外，还有多轴系。

1. 单轴系

单轴系布置简图如图 9-13 所示。单轴系轴线布置于船体的纵中剖面上，并平行于船体基线。单轴系的长度主要由中间轴数目来定，而中间轴的数目则取决于机舱位置。中机舱的中间轴数量多，轴系长。凡具有两节或两节以上中间轴的轴系称为长轴系。尾机舱的中间轴数量少，甚至没有中间轴，轴系较短。凡具有一节中间轴或无中间轴的轴系称为短轴系。轴系短不仅便于船舱布置、节省船舶建造费用，而且便于维护管理。所以目前造船趋势都是采用尾机舱或近尾机舱的船舶结构。

单轴系的特点：直接传动，结构简单可靠，传动损失小，便于操纵。单轴系多用于大型海船、拖轮及内河中小型船舶，如油船、集装箱船及散货船等。

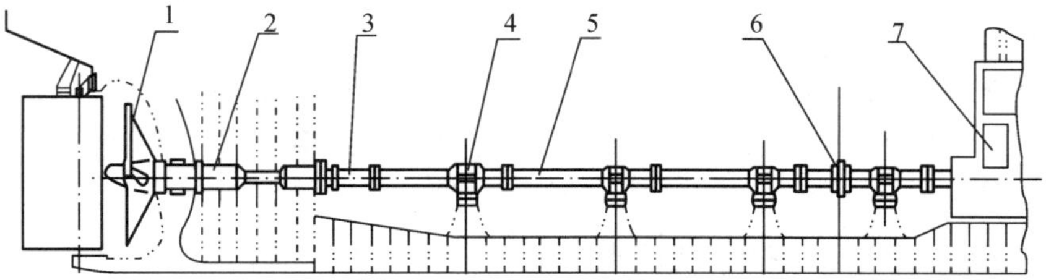

1—螺旋桨；2—尾轴管；3—尾轴；4—中间轴承；5—中间轴；6—联轴节(隔舱填料函)；7—主机

图 9-13　单轴系布置简图

2. 双轴系

双轴系布置简图如图 9-14 所示。两个轴系分别平行对称布置在船体纵中剖面的两侧，相对船体基线略有倾斜，以保证螺旋桨充分没入水中。由于船体结构的限制，螺旋桨至尾轴管距离较远，尾轴较长，须在船体外部设置人字架托住悬伸于船外的尾轴。为了便于拆装将尾轴分为两段制造，中间用联轴器连接。在船体尾轴管内的轴段仍称为尾轴；悬伸在船外的轴段与螺旋桨连接，并由人字架支承，这段轴称为螺旋桨轴。

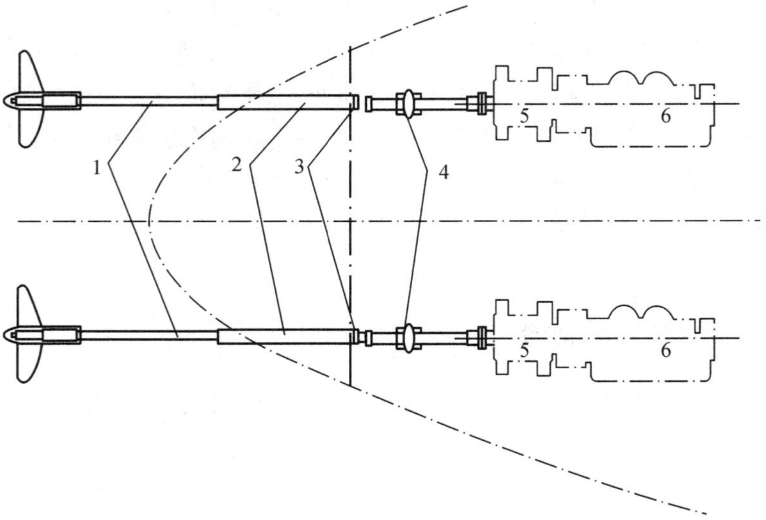

1—尾轴；2—尾轴管；3—填料函；4—支承轴承；5—齿轮箱；6—主机

图 9-14　双轴系布置简图

双轴系船舶具有高速、机动性好和生命力强的特点。但双轴系结构复杂、配套设备多，如双轴系为双机双桨，建造和修理工作量大，费用高。一般多用于客船和军用舰船。

9.3.2　轴系理论中心线的确定

轴系理论中心线是船舶设计时所确定的轴系中心线。轴系和主机安装时轴系理论中心线是重要安装基准，根据轴系理论中心线确定主机的安装位置和轴系各传动轴和轴承安装位置。所以，轴系理论中心线十分重要。新造船舶在船体建造时确定轴系理论中心线的实际位置。

生产中采用拉线法或光学仪器法来确定轴系理论中心线的位置。拉线法适用于短轴系船舶，钢丝线的直径为 0.5～1.0 mm。光学仪器法适用于长轴系船舶。

1. 基准点的确定

轴系理论中心线是根据其基准点来定位的。基准点有两个，即首基准点和尾基准点。

基准点的三维位置：

纵向(轴向)位置由机舱设计图纸确定。首基准点的轴向位置一般取距离主机首端 1～2 个肋位处或在机舱前隔舱壁上；尾基准点取在船尾零号肋位或其后 1～2 m 处，如图

9-15 所示。

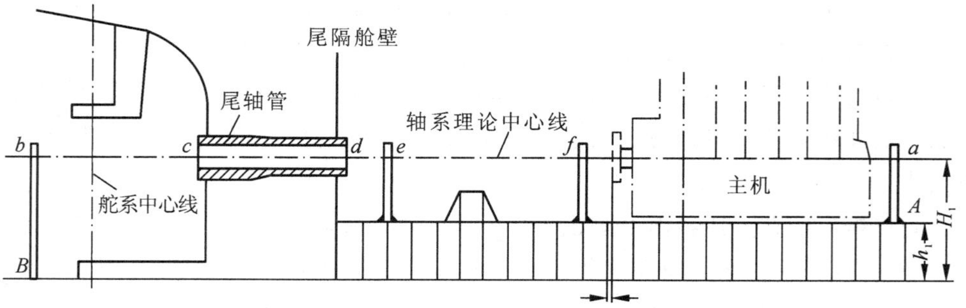

a、b—首、尾基准靶；c、d、e、f—辅助光靶；ab 线—轴系理论中心线位置

图 9-15　确定理论轴系中心线

左右位置单轴系的首、尾基准点位于船纵中剖面线(即轴系理论中心线的投影线)上，一般在船体建造时确定船纵中剖面线的位置；双轴系则以船纵中剖面线为基准，在其左、右按图纸规定的尺寸确定两条轴系的中线。

高度位置用钢直尺在指定肋位处即首、尾基准点的轴向位置处，从双层底平面上的船纵中剖面线向上量取图纸规定的尺寸确定首、尾基准点高度。

在首、尾基准点和尾轴管首、尾端等处设立基准靶或拉线架便可以确定轴系理论中心线。

2. 确定轴系理论中心线的方法

依已确定的首、尾基准点确定轴系理论中心线。

(1)拉线法

在首、尾基准点处安装拉线架以固定钢丝线的两端。根据首、尾基准点的三维位置调节钢丝线的位置，使钢丝线通过基准点。拉线前，应先在机舱后隔舱、尾隔舱壁面内相应位置开孔，以使钢丝线穿过。固定后的钢丝线即代表轴系理论中心线，如图 9-16 所示。

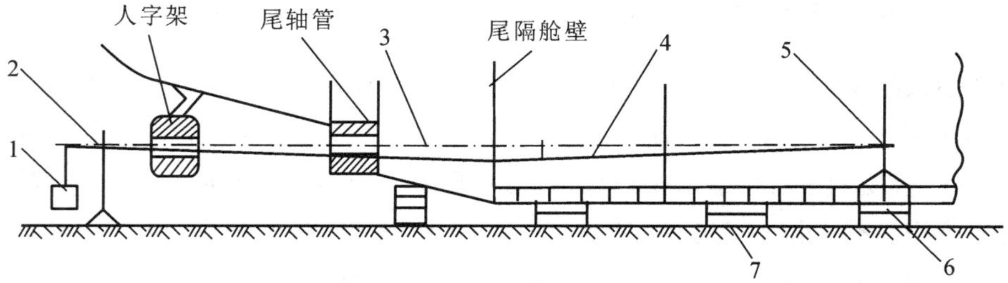

1—挂重；2、5—拉线重；3—轴系理论中心线；4—钢丝线；6—支撑墩木；7—船台

图 9-16　拉线法确定轴系理论中心线

由于钢丝线自重产生下垂而不能准确代表轴系理论中心线，轴系越长误差越大，为此应进行修正；求出钢丝线在各隔舱壁、中间轴承等处的下垂量，使钢丝所定位置升高相应的下垂量即可。

利用所拉出的轴系理论中心线进行以下的检查：

①检查人字架轴毂孔、尾柱轴毂孔中心线是否在此线上；

②检查主机底座面板、各中间轴承底座面板相对于钢丝线的高度尺寸和左右位置。

利用钢丝线确定各加工部位的中心点，即在人字架轴毂前、后端面，尾轴毂后端面，尾隔舱壁加强垫板端面，机舱前、后隔舱壁上，以钢丝线为中心画出十字线、加工圆线和检查圆线。

首先依钢丝线在上述各面上画出十字线并打冲孔，随后拆去钢丝线，依十字线冲孔定出中心并打上冲孔（在各面开孔处嵌上木板），即理论中心。再依此中心冲孔在各壁面和端面上画出加工圆线、检查圆线，并在其上打冲孔作为加工和永久检查的记号，以备人字架轴毂、尾轴管等镗孔及日后检查和修船使用。

拉线法所用工具简单、操作方便，适用于短轴系。

(2)光学仪器法

当轴系较长时，可采用光学仪器法确定轴系理论中心线的位置。先在首、尾基准点处设基准光靶，调节光靶使其十字线中心位于基准点上。然后调节光学仪器使其光轴线通过基准靶上的十字线中心，则光学仪器的光轴线即轴系理论中心线。当然，在光轴线通过的隔舱壁上应预先开孔。利用光轴线在各壁面和端面上划出加工圆线和检查圆线并打上冲孔。

生产中使用的光学仪器依确定轴系理论中心的方法不同有多种。例如，望光法可采用准直望远镜或经纬仪望远镜；投射法采用激光导向准直仪或激光衍射准直仪。

(3)按照轴系理论中心线镗孔

轴系理论中心线确定后，依此在人字架轴毂和尾柱毂端面、各隔舱壁面画出的加工圆线，以其为基准进行上述部位的镗孔。采用专用镗削装置（俗称镗排）加工各端面、壁面上的孔达到要求的精度，保证轴系的安装质量。

9.3.3 轴系工作条件及故障

船舶轴系的主要零件——中间轴、尾轴等虽然结构简单，但是尺寸大，质量大，一般轴长 L 与轴径 d 之比均超过 10，所以是挠性轴容易产生变形。轴系位于船体水线以下部位，运转时不仅受到主机传递的扭矩作用、轴系自重引起的弯曲变形，而且还受到螺旋桨产生的阻力矩和推力作用。此外，还受到轴系校中、安装、船体变形、船舶振动及螺旋桨水动力等引起的附加应力的周期作用。船舶主机的紧急停车、频繁机动操车，或者在台风、大浪中剧烈摇摆时，上述情况就更加严重，并使轴承负荷加重。传动轴工作表面与轴承的相对运动还会产生过度磨损，在海水和润滑油介质中受到腐蚀。

所以，船舶轴系在运转中会产生声音异常、振动、轴承温度升高、传动轴磨损加剧、密封装置泄漏等损坏，严重时甚至产生断轴事故。轮机人员应做好日常的维护修理，使轴系处于良好的技术状态并应掌握船舶轴系的有关理论知识和实际检验方法。

9.3.4　轴系状态的检验和调整

航行中轴系、螺旋桨可能产生各种故障，需要进行船员自修或进厂修理。为了准确地确定修理范围、修理项目、修理方案和修理工作量，在修理前必须进行各种检验。值得注意的是，船舶轴系和螺旋桨等零件都很笨重，所在位置狭窄和不便，拆卸和安装的工作量大、周期长，并且需要进坞，修理费用高，所以轴系检修是一项艰巨而又复杂的工程。因此，对轴系和螺旋桨的修理要特别慎重，不可轻易进行。修理时对修理质量的监督和检验亦应严格，否则，不仅造成经济和船期的浪费，更重要的是影响船舶的安全航行。

1.轴系修理前的检查

轴系修理前，应对轴系的技术状态进行有针对性的航行检查和拆卸中及拆卸后的检查。

(1)航行检查

航行检查主要了解轴系在运转中的技术状态，各种测量数据和运转情况，不仅是进行修理的依据，而且是修理质量评估的依据。主要检查内容：

①检查轴系零件的振动情况，测量各轴承处轴颈的径向圆跳动量；

②检测各轴承的温度；

③检查轴系润滑油和冷却水泄漏情况。

(2)拆卸过程中和拆卸后的检查

①检查轴系校中状态；

②检查螺旋桨与尾轴配合情况；

③检查尾轴、中间轴、推力轴等轴颈表面质量和形位公差；

④检查密封装置磨损情况；

⑤检查轴系各轴承的轴承间隙和磨损情况；

⑥检查与轴系相关的管系及各附件的工作状况。

2.轴系校中状态的检查

船舶经过一段时间营运后，由于轴承磨损、船体变形或海损事故等造成轴系校中状态的变化，即轴系中心线发生弯曲，各传动轴之间产生不同轴的现象。

新造船舶或经大修船舶的轴系校中质量好坏和营运船舶的轴系校中状态好坏，对轴系和主机的正常运转以及船舶振动均有很大影响，特别是对轴径大、轴承间距小、刚性强的轴系影响更为显著。轴系校中质量差和校中状态变坏却会在运转时引起尾轴承的迅速磨损甚至烧坏，尾轴管密封装置迅速磨损产生泄漏，曲轴臂距差超过规定值，破坏减速齿轮的正常啮合和支承轴的正常工作，引起船体振动等。

轴系校中状态的检查包括轴系中心线偏差程度的检查、尾轴与中间轴及中间轴与推力轴(或齿轮减速箱输出轴、离合器轴)同轴度误差的检查。

检查时，为了提高测量精度，减少温度升高、振动与船体变形产生的影响，要求在夜间或阴雨天气和平潮时进行检测，并且应停止一切冲击、敲打等振动性作业。

(1)轴系中心线偏差度的检查

轴系实际中心线与轴系理论中心线的偏差即为轴系中心线的偏差度。

①相邻轴连接法兰的相对位置

相邻轴两连接法兰的轴心线不同轴但平行的现象称为偏移，偏移的数值称偏移值，用符号 δ 表示；相邻轴两连接法兰的轴心线相交的现象称为曲折，相交角度的大小称为曲折值，用符号 φ 表示。

轴系中心线发生弯曲变形将会影响传动轴之间连接法兰的相对位置的变化，使连接法兰处产生偏移和曲折。图 9-17 示出相邻轴连接法兰处四种相对位置的情况。

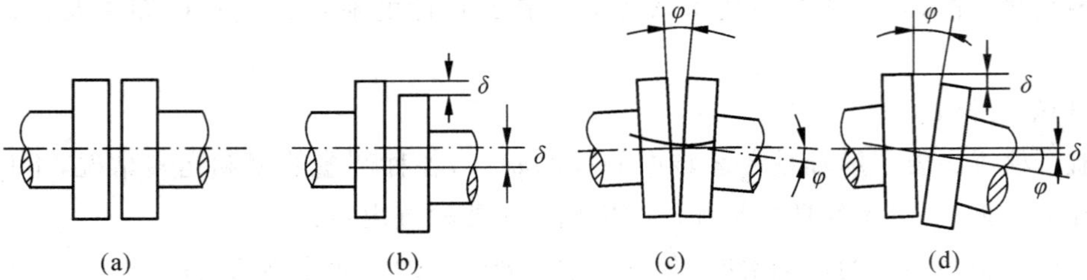

图 9-17 连接法兰的相对位置

图 9-17(a)为相邻轴两法兰中心线同轴，即相邻轴同轴，法兰处的偏移值 δ 和曲折值 φ 均为零。

图 9-17(b)为相邻轴两法兰中心线不同轴但平行，即相邻轴轴心线平行，只发生偏移，法兰处的偏移值 $\delta \neq 0$，但曲折值 $\varphi=0$。

图 9-17(c)为相邻轴两法兰中心对准，但中心线相交成一定角度，即相邻轴轴心线相交，只发生曲折，法兰处的曲折值 $\varphi \neq 0$，但偏移值 $\delta=0$。

图 9-17(d)为相邻轴两法兰中心不对准且中心线相交成一定角度，即相邻轴轴心线相交，同时发生偏移和曲折，法兰处的偏移值 $\delta \neq 0$，曲折值 $\varphi \neq 0$，此种现象是通常发生的情况。

由于轴系的实际变形难以直接检测，所以通过测量轴系各对法兰上的偏移值和曲折值，或者采用光学仪器来检验轴系中心线的偏差度，来了解轴系的实际变形情况。

②偏移值和曲折值的测量和计算

测量偏移值 δ、曲折值 φ 的方法有以下两种：

a. 直尺-塞尺法。采用直尺和塞尺测量相邻轴连接法兰上的偏移值和曲折值。测量时，将直尺依次紧贴于法兰的外圆面的上、下、左、右 4 个位置上，用塞尺依次测量直尺与另一个法兰外圆面的间隙 $Z_{上}$、$Z_{下}$、$Z_{左}$、$Z_{右}$ (mm)，如图 9-18(a)所示。通过以下公式计算求出偏移值 δ。

在垂直平面内相邻轴连接法兰上的偏差值 $\delta_{\perp}$ 为：

$$\delta_{\perp}=\frac{Z_{上}+Z_{下}}{2}$$

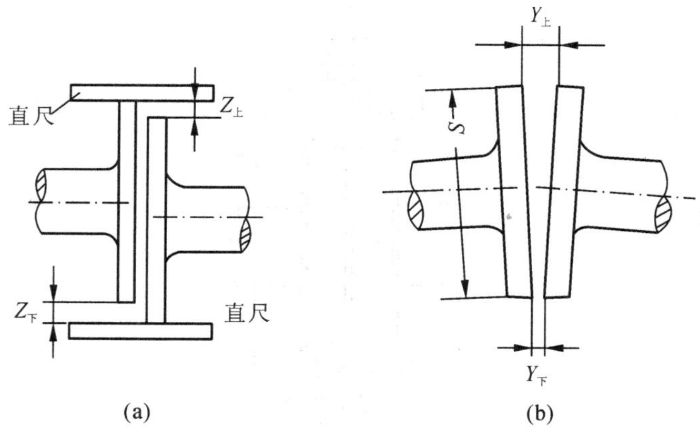

图 9-18　直尺-塞尺法

在水平平面内相邻轴连接法兰偏移值 δ_- 为：

$$\delta_- = (Z_左 + Z_右)/2$$

用塞尺分别在相邻轴连接法兰的上、下、左、右 4 个位置测量两法兰端面之间的间隙 $Y_上$、$Y_下$、$Y_左$、$Y_右$(mm)，如图 9-18(b)所示。通过以下公式计算求出曲折值 φ。

在垂直平面内相邻轴连接法兰的曲折值 $\varphi_\perp$ 为：

$$\varphi_\perp = (Y_上 - Y_下)/D$$

在水平平面内相邻轴连接法兰的曲折值 φ_- 为：

$$\varphi_- = (Y_左 - Y_右)/D$$

式中，D 为法兰直径(m)。

在修造船中，直尺-塞尺法应用较多。此法简单、方便、灵活，但精度较低。尤其在法兰外圆面、端面腐蚀、粗糙时或两法兰直径不等时精度就更低，甚至无法测量。

b. 指针法。将两对指针对称地安装在相邻轴两法兰的外圆上测量偏移值和曲折值，如图 9-19 所示。测量时将相邻两根轴同时、同方向、同角度回转，每转 90°用塞尺分别测量两对指针间的径向间隙 Z 和轴向间隙 Y。上、下两对指针分别以注脚 1 和 2 标记，可测得垂直方向 $Z_{1上}$、$Z_{1下}$、$Z_{2上}$、$Z_{2下}$、$Y_{1上}$、$Y_{1下}$、$Y_{2上}$、$Y_{2下}$ 和水平方向 $Z_{1左}$、$Z_{1右}$、$Z_{2左}$、$Z_{2右}$、$Y_{1左}$、$Y_{1右}$、$Y_{2左}$、$Y_{2右}$(mm)。依下式计算出垂直平面内的偏移值 $\delta_\perp$ 和曲折值 $\varphi_\perp$：

$$\delta_\perp = \frac{(Z_{1上} + Z_{2上}) - (Z_{1下} + Z_{2下})}{4}$$

$$\varphi_\perp = \frac{(Y_{1上} + Y_{2上}) - (Y_{1下} + Y_{2下})}{2D}$$

水平平面内的偏移值 δ_- 和曲折值 φ_-：

$$\delta_- = \frac{(Z_{1左} + Z_{2左}) - (Z_{1右} + Z_{2右})}{4}$$

$$\varphi_- = \frac{(Y_{1左} + Y_{2左}) - (Y_{1右} + Y_{2右})}{2D}$$

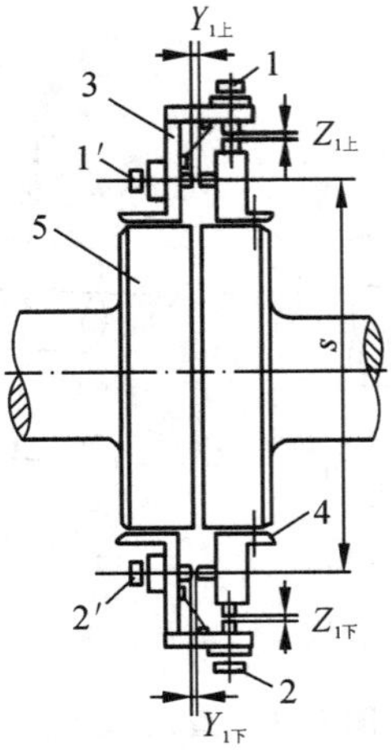

1′、2′—水平微调螺钉；1、2—垂直微调螺钉；3—外指针；4—内指针；5—轴法兰

图 9-19 指针法

指针法测量精度较高，当法兰外圆腐蚀或两法兰直径不等时采用指针法测量可保证精度，但操作较麻烦。

③用相邻轴连接法兰上的偏中值检验轴系中心线的偏差度

相邻轴连接法兰上的偏中值是其偏移值和曲折值的统称。检验修理船舶的轴系中心线偏差度是采用直尺-塞尺法或指针法所获得的轴系各对法兰上的偏移值和曲折值来衡量。检验步骤如下：

a. 设置临时支承。通常轴系的每节中间轴用一个中间轴承支承，测量偏中值须拆去法兰连接螺栓，所以应增设临时支承，以支承中间轴。临时支承的位置应以使轴自重所引起的附加偏移值 $\Delta\delta$、附加曲折值 $\Delta\varphi$ 最小为原则。图 9-20 中，临时支承位置距法兰端面的距离太近或太远，均使轴自重的影响较大，即 $\Delta\delta$、$\Delta\varphi$ 均较大。所以，一般在距法兰端面(0.18～0.22)L(L 为中间轴长度)处加设临时支承，或依设计图纸加设临时支承。

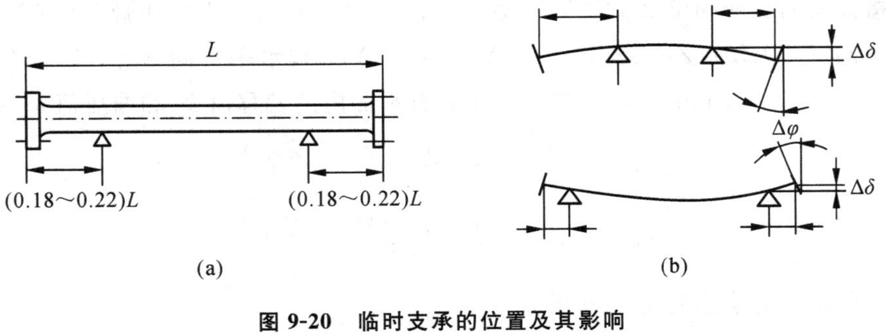

图 9-20 临时支承的位置及其影响

(a)临时支承的位置；(b)轴自重的影响

b. 拆去法兰连接螺栓。加设临时支承后，拆去轴系各对法兰上的连接螺栓。如两法兰用中心凸起定位，应在拆去螺栓后使两法兰脱开，中间有 0.5～1.0 mm 的间隙。若连

接螺栓锈死，应设法拆除，但一定要保护螺栓孔的螺纹精度。

c. 测量并计算出各对法兰的偏中值。

d. 与标准比较。实测法兰上的偏移值和曲折值应符合表 9-3 的要求。长轴系为挠性轴，对弯曲变形不敏感，故要求偏差较小；短轴系为刚性轴，轴系稍有弯曲变形就会引起主机尾端轴承和尾轴的尾前轴承产生较大的附加负荷，故要求偏差较大。

表 9-3　轴系各法兰校中安装的偏差要求

<table>
<tr><th>分类</th><th>要求校中部位</th><th>偏移 δ/mm</th><th colspan="2">曲折 φ /(mm/m)</th></tr>
<tr><td rowspan="4">长轴系</td><td>推力轴与相邻中间轴法兰</td><td>≤0.15</td><td colspan="2">≤0.20</td></tr>
<tr><td rowspan="2">尾轴与相邻中间轴法兰</td><td rowspan="2">尾轴安装间隙的 25%</td><td rowspan="2">$\delta=0$</td><td>≤0.25(上开口值)</td></tr>
<tr><td>≤0.50(下开口值)</td></tr>
<tr><td>中间轴与中间轴相邻法兰</td><td colspan="3">按有关原则规定：参照尾轴与相邻中间轴法兰的要求稍许降低，各中间轴法兰的 δ、φ 值基本上是平均分配，但靠近轴系中间部分的法兰，要求可相应降低些。当 $\delta=0$ 时，$\varphi_{max}\leqslant 0.6$ mm/m。合理分配中间轴相邻法兰的 δ、φ 值</td></tr>
<tr><td>短轴系</td><td>推力轴后各法兰</td><td>≤0.25</td><td colspan="2">≤0.25</td></tr>
<tr><td rowspan="2">离合器</td><td>气胀式离合器</td><td>≤0.60</td><td colspan="2">≤2.00</td></tr>
<tr><td>齿形离合器</td><td>≤0.40</td><td colspan="2">≤1.00</td></tr>
<tr><td colspan="2">弹性橡胶圈连接螺栓联轴器法兰</td><td>≤0.40</td><td colspan="2">≤1.00</td></tr>
<tr><td colspan="2">主机曲轴与推力轴(或齿轮轴)法兰</td><td>—</td><td colspan="2">≤0.10</td></tr>
</table>

(2)轴系两端轴同轴度偏差的检验

主机曲轴和尾轴分别位于轴系的两端，故又将曲轴和尾轴称为端轴。检查轴系校中状态时，还应对尾轴与中间轴，中间轴与推力轴或与曲轴的同轴度偏差进行检查，即对轴系的两端轴同轴度偏差进行检查。测量出两端轴法兰的总偏移值 $\delta_{总}$ 和总曲折值 $\varphi_{总}$，以判断轴系中心线的技术状态。

轴系中心线产生同轴度偏差是由于轴系长期运转使轴承过度磨损、船体或机座变形或发生严重的海损事故等，致使两端轴发生偏离。

修船中的轴系对中可根据船舶实际情况采用拉线法、平轴法、平轴计算法或光学仪器法等来检测轴系。检查轴线的标准有两个：一个是检查整个轴系的总偏移值 $\delta_{总}$ 和总曲折值 $\varphi_{总}$；一个是检查轴系各连接法兰的偏移值 δ 和曲折值 φ，视其是否超过标准要求。

①拉线法

用拉线法检查轴系，就是在主机曲轴或推力轴末端法兰处拉一根钢丝通过所有的中间轴承直到尾轴承，以测量整个轴系的总偏移 $\delta_{总}$ 和总曲折值 $\varphi_{总}$。

由于用拉线法检查轴系必须把尾轴和所有的中间轴都吊起或吊出，因此只能在坞内或排上进行。同时，由于钢丝自重使钢丝下垂会影响检查的准确度。虽然有修正计算公式，但是当轴系长度大于 20 m 时，误差较大，一般不采用。

但在修船时由于主机未吊出，因此拉线是从主机曲轴（或推力轴）末端法兰上拉出，必须使钢丝线处在法兰的中心上，并与法兰端面相垂直。具体做法如下：

首先车制一套拉线用的专用工具，如图 9-21 所示。定中架车制时，要求有较高的精度，其平面与曲轴或推力轴法兰端面要贴紧．并用螺栓上紧，其径向位置应与法兰凸肩配合，中心孔要与凸肩配合孔同心。如法兰端面没有凸肩的，则与法兰外圆相配合。法兰外圆可先用千分表测量跳动量，若有偏差，可将测量读数按上、下、左、右四个位置记录下来。安装定中架时则可参照该读数用塞尺进行校正。钢丝穿块用绝缘材料制成，外圆与穿丝孔同心，穿丝孔大小与钢丝直径相同。开边定位环能在定中架上转动，但不允许有径向移动。深度千分尺装在开边定位环上。钢丝的另一端装在尾部拉线架上，同样需要绝缘。钢丝和深度千分尺分别接通指示灯的正负极，这时，钢丝的校中工作便可开始。转动开边定位环，分上、下、左、右四个位置进行测试。将千分尺旋入，使其刚好碰线，此时指示灯亮，以此为基准，读出四个位置的数值，并算出其偏差值，调整尾部拉线架，使其四个位置读数一样，则钢丝的校中工作结束。此时钢丝就是曲轴中心线的延长线。如果不采用深度千分尺和指示灯，也可用内卡测量定中架口上的距离 a 来进行校中。

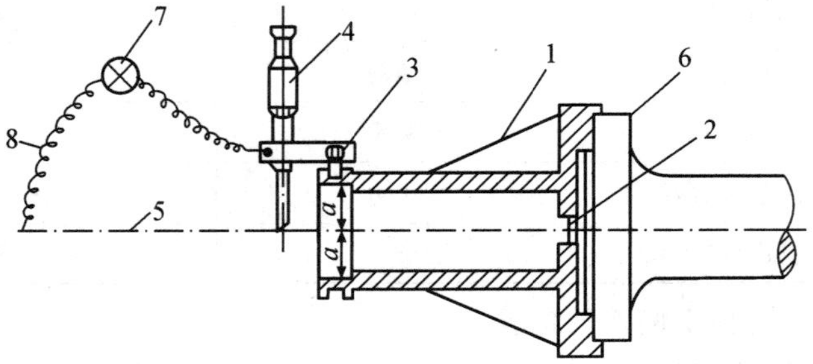

1—定中架；2—钢丝穿块；3—开边定位环；4—深度千分尺；

5—钢丝；6—轴法兰；7—指示灯；8—电线

图 9-21 拉线专用工具

钢丝拉好后，在尾轴承前后的工作位置上选择测量点。分上、下、左、右四个位置来测量尾轴承孔壁至钢丝的距离 h，如图 9-22 所示。然后通过计算找出轴系的总偏移 $\delta_{总}$ 和总曲折 $\varphi_{总}$ 的值。

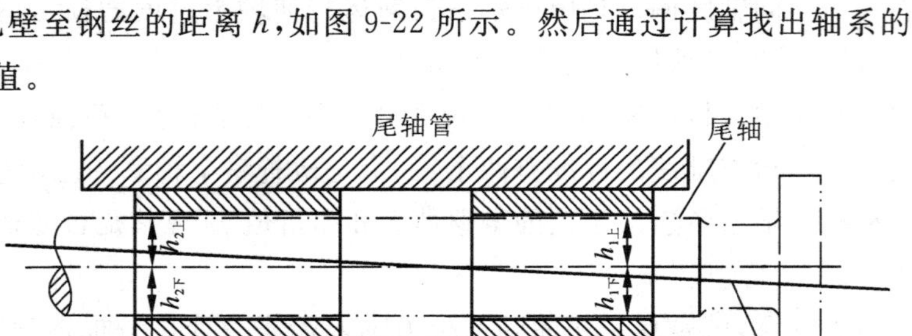

图 9-22 测量尾轴承孔壁至钢丝的距离

设尾轴承前端垂直平面上下测量 h 所得值为 $h_{1上}$ 及 $h_{1下}$，后端为 $h_{2上}$ 及 $h_{2下}$，则尾轴承垂直方向偏移量为：

$$\Delta_{前}=\frac{h_{1上}-h_{1下}}{2}$$

$$\Delta_{后}=\frac{h_{2上}-h_{2下}}{2}$$

垂直方向总的偏移值为：

$$\delta_{总}=\frac{(\Delta_{前}+\Delta_{后})(L+l)}{L}$$

式中，L 为前后两测量点之间的距离(m)；l 为前测量点至尾轴承法兰端面的距离(m)。

轴系的总曲折值为：

$$\varphi_{总}=\frac{\delta_{总}}{L+l}$$

在垂直平面内 $\delta_{总}$ 正数为上偏移，负数为下偏移；$\varphi_{总}$ 正数为法兰上开口，负数为法兰下开口。同理，在水平方向上也可求出 $\delta_{总}$ 和 $\varphi_{总}$，以及正负向和开口方向。在测量过程中要注意方向及正负数。

②平轴法

a. 按要求在各中间轴增设临时可调支承；

b. 拆去各对法兰连接螺栓并使两法兰脱开；

c. 以尾轴(或曲轴、推力轴)的法兰为基准，自尾向首(或相反)通过逐个调节中间轴承和临时支承来调节中间轴的位置，以使自尾向首(或相反)的每对法兰上的 $\delta=0$、$\varphi=0$；

d. 测量第一节中间轴首端法兰与曲轴或推力轴尾端法兰(或最后一节中间轴尾端法兰与尾轴首法兰)上的偏移值和曲折值，也就是两端轴法兰的总偏移值 $\delta_{总}$ 和总曲折值 $\varphi_{总}$，如图 9-23 所示。

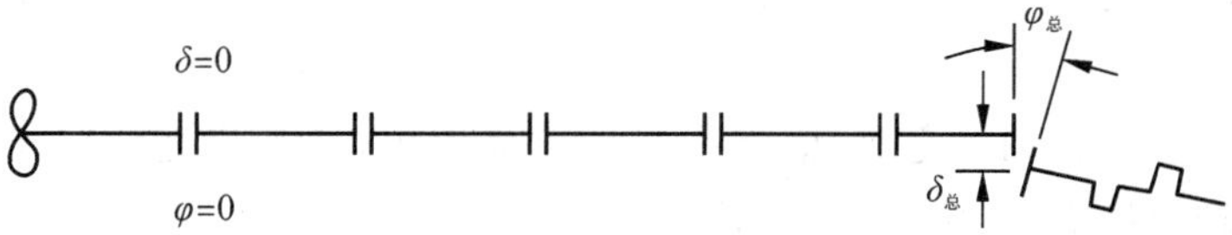

图 9-23　平轴法检验轴系两端轴同轴度偏差

③平轴计算法

平轴计算法就是将中间轴法兰连接螺栓拆开，保持各轴原有的位置，测量各法兰的偏移和曲折值，如图 9-24 所示，然后通过计算求出轴系的 $\delta_{总}$ 和 $\varphi_{总}$。若增加临时支承，则必须使轴径增加不超过 0.10 mm。

这种方法适用于两根以上中间轴的轴系。其计算公式如下：

垂直平面内的总偏移值 $\delta_{总}$：

$$\delta_{总}=\varphi_1 l_1+\varphi_2 l_2+\cdots+\varphi_n l_n+\delta_1+\delta_2+\delta_3+\cdots+\delta_n+\delta_{n+1}$$

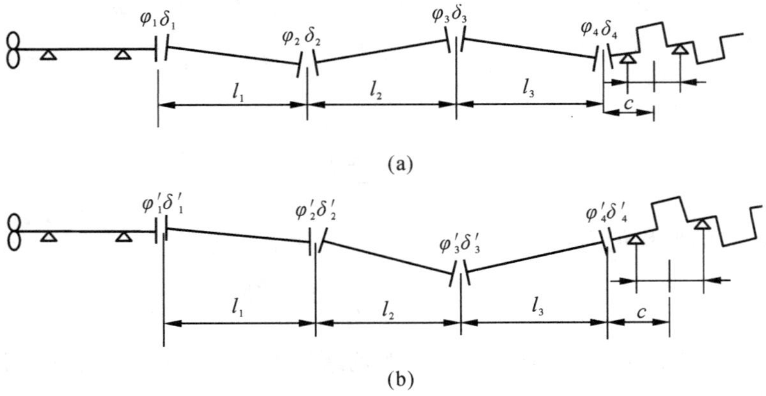

图 9-24　轴系偏差示意图

水平平面内的总位移值 $\delta'_{总}$：

$$\delta'_{总}=\varphi'_1 l_1+\varphi'_2 l_2+\cdots+\varphi'_n l_n+\delta'_1+\delta'_2+\delta'_3+\cdots+\delta'_n+\delta'_{n+1}$$

垂直平面内的总曲折值 $\varphi_{总}$：

$$\varphi_{总}=\varphi_1+\varphi_2+\varphi_3+\cdots+\varphi_{n+1}$$

水平平面内的总曲折值 $\varphi'_{总}$：

$$\varphi'_{总}=\varphi'_1+\varphi'_2+\varphi'_3+\cdots+\varphi'_{n+1}$$

式中，φ_1、φ_2、…、φ_n 为每对法兰在垂直方向的曲折值(mm/m)；φ'_1、φ'_2、…、φ'_n 为每对法兰在水平方向的曲折值(mm/m)，φ 值以上开口与左开口为正，下开口与右开口为负；δ_1、δ_2、…、δ_n 为每对法兰在垂直方向的偏移值(mm)；δ'_1、δ'_2、…、δ'_n 为每对法兰在水平方向的偏移值(mm)，δ 值相对于尾轴向上与向左为正，向下与向右为负；l_1、l_2、…、l_n 为各中间轴长度(m)；n 为中间轴的数目；$n+1$ 为法兰对数。

④光学仪器法

光学仪器法是利用光学仪器设备来进行找中，适用于各种船舶，也是比较准确的一种工艺方法。

用光学仪器法检查轴系之前，应将中间轴全部拆出，然后将光学仪器(例如投射仪)装夹在主机曲轴或推力轴的法兰上，如图 9-25 所示。在尾轴法兰端面贴上一张白纸，使仪器光轴投射到白纸上的十字线中心处在曲轴中心线的延长线上，即白纸上的十字线中心代表曲轴中心。然后取下白纸，并在尾轴法兰端面上装上刻有十字线的光靶，此光靶十字线的中心应与尾轴中心重合。

将仪器十字线投射在光靶上，若曲轴中心线与尾轴中心线不同心，则仪器十字线 1 与光靶十字线 2 将不重合，如图 9-26(a)所示。量出两中心在垂直方向的偏差 a 及水平方向的偏差 a'。然后将投射仪装夹在尾轴法兰上，并用上述方法调节好仪器及光靶在法兰上的位置。将仪器十字线投射到装在曲轴法兰端面上的光靶上，此两十字线亦不会重合，如图 9-26 (b)所示。量出两中心在垂直方向上的偏差 b 及水平方向上的偏差 b'。

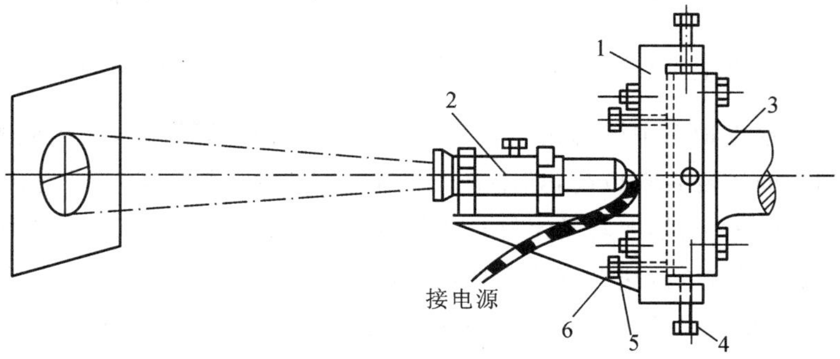

1—夹具；2—投射仪；3—曲轴；4、5—调节螺钉；6—紧固螺栓

图 9-25　光学仪器安装图

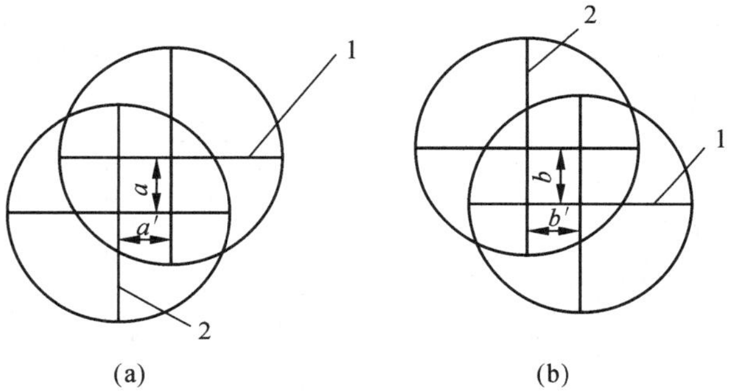

1—仪器十字线；2—光靶十字线

图 9-26　用光学仪器检查轴线

以上量得的 a、a'、b、b' 均为轴系的总偏移值。若用平轴法相比拟，则 a、a' 为自主机端平至尾轴端的总偏移值；b、b' 为自尾轴端平至主机曲轴端的总偏移值。计算公式如下：

总曲折值：

$$\varphi_{总(垂直)}=\frac{a+b}{L}$$

$$\varphi_{总(水平)}=\frac{a'+b'}{L}$$

式中，L 为中间轴的总长度(m)，也即尾轴法兰端面至曲轴或推力轴法兰端面的距离。

总偏移值：

$$\delta_{总}=b+\varphi_{总}c$$

式中，c 参见图 9-24。

测量时，对 a、a' 及 b、b' 的方向符号作如下规定：

a、b 的符号：当投射仪的十字线中心在光靶的十字线中心上方时为正，反之为负。a'、b' 的符号：当投射仪的十字线中心在光靶十字线中心的左舷时为正，反之为负。

采用光学仪器法时还应注意以下两点：

a. 当尾轴承换新或磨损很小时，才允许以尾轴承作基准，用光学仪器进行找中；

b.光学仪器的投射光线必须清晰，并应转动尾轴或推力轴、曲轴使投射仪的投影轨迹圆至少在 $1\frac{1}{4}$ 圈以上，以校核转动的正确性。

用光学仪器检查轴系中线的精度虽比平轴法和平轴计算法高，但相应地，其对尾轴和曲轴本身的不同轴度要求也高，如果轴颈磨损不均匀，在转车调整投射仪时就相当麻烦了。对大型万吨船来说，要转动尾轴也不是一件容易的事。再加上中间轴又要全部拆出，工作量较大，因此，该方法在修船中使用并不广泛。

与标准比较，测量出的两端轴法兰的偏中值（$\delta_{总}$ 和 $\varphi_{总}$）应符合表 9-4 要求。$L_{计算}$ 为轴系发生弯曲部分的长度，随主机与轴系的连接形式不同有不同的选取方法，如图 9-27 所示。

表 9-4 轴系中心线偏差要求

$L_{计算}$/m	总偏移 $\delta_{总}$/mm						总曲折 $\varphi_{总}$/(mm/m)					
	轴的最小直径 d/mm											
	100	150	200	300	400	500	100	150	200	300	400	500
5	1.25	0.85	0.65	0.42	—	—	0.42	0.28	0.21	0.14	—	—
10	5.2	3.50	2.60	1.70	1.30	—	0.78	0.51	0.39	0.26	0.20	—
15	11.7	7.80	5.80	3.90	1.90	2.30	1.17	0.78	0.58	0.39	0.29	0.22
20	20.8	13.9	10.4	6.90	5.20	4.20	1.56	1.04	0.78	0.52	0.39	0.31
30	45.8	31.2	23.4	15.6	11.7	4.90	2.34	16.6	1.17	0.78	0.58	0.47
40	83.2	55.5	41.6	27.7	20.8	16.6	3.12	2.07	1.56	1.04	0.78	0.62
50	—	86.7	65.0	43.3	32.5	26.0	—	2.59	0.59	1.30	0.97	0.78
60	—	—	93.6	62.4	46.8	37.4	—	—	2.34	1.56	1.17	0.94
70	—	—	—	84.9	63.7	51.0	—	—	—	1.82	1.36	1.09
80	—	—	—	—	83.2	66.6	—	—	—	—	1.56	1.26

根据所测轴系的计算长度 $L_{计算}$ 和最小轴径 d 从表 9-4 中查出 $\delta_{总}$ 和 $\varphi_{总}$，并以此作出 $\delta_{总}-\varphi_{总}$ 的坐标三角形，如图 9-28 所示。

例如，采用平轴法测得某轴系的总偏中值 δ_A、φ_A，其在坐标上的交点 A 位于三角形内（阴影部分），则该轴系的同轴度偏差在要求的范围之内；若测得的总偏中值 δ_B、φ_B 在坐标上的交点 B 位于三角形之外，说明该轴系的同轴度偏差过大，超过规范要求，应进行修理。

(3)轴系状态的调整

通过对轴系状态的检验——轴系中心线偏差度和两端轴同轴度的检测，并与标准比较，其结果有以下几种情况：

①轴系偏差度和同轴度分别符合表 9-3 和表 9-4 的要求，即表明轴系状态良好。

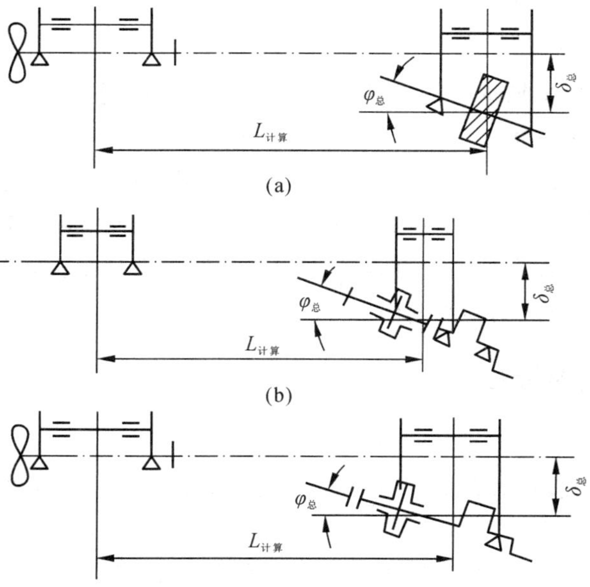

图 9-27　主机与轴系连接形式

(a)主机减速器轴与轴系连接;(b)曲轴与推力轴准确对中后与轴系连接;(c)曲轴直接与轴系连接

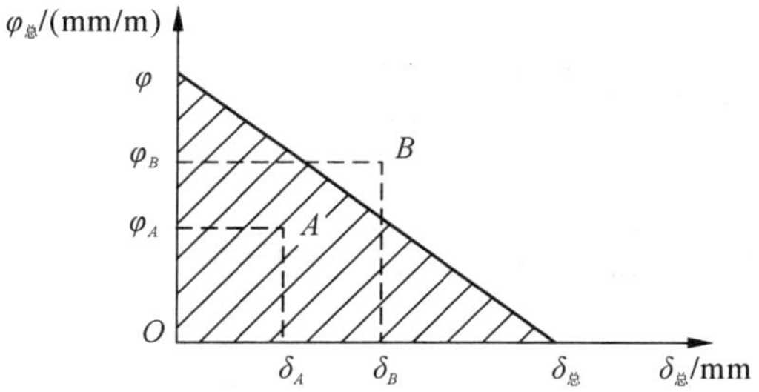

图 9-28　$\delta_{总}$-$\varphi_{总}$ 坐标三角形

②轴系同轴度符合表 9-4 的要求,但偏差度检测发现轴系有的法兰上的 δ、φ 不符合表 9-3 的要求。对此应采用调节相关中间轴承和中间轴位置的方法,使法兰上的 δ、φ 调整到许可范围内。

③轴系同轴度不符合表 9-4 的要求,即轴系的 $\delta_{总}$ 和 $\varphi_{总}$ 超过标准的规定。与轴系的同轴度误差较大时,表明轴系的偏差度也不符合要求。

为了使轴系同轴度符合要求,必须采用改变两端轴的相对位置来调整轴系的状态。具体的修理方案有三种:

①偏心镗削尾轴承或尾轴管,通过改变尾轴中心线的位置,达到与曲轴同轴。但是应保证尾轴承或尾轴管偏心镗削后尾轴承或尾轴管最薄处的壁厚尺寸,以满足强度要求。

②当同轴度误差过大,偏心镗削的方法不能使轴线找正时,则应改变主机的位置,使

曲轴中心线与尾轴中心线对准，从而使 $\delta_{总}$、$\varphi_{总}$ 符合要求。但是改变主机位置的工程量很大，并且也受机舱的限制。

③采用偏心镗削尾轴承或尾轴管和改变主机位置，即通过改变两端轴的轴线位置来达到同轴。但是此种方法工程量更大，制约的因素也更多。

在船舶轴系的实际运转中，一般轴系的同轴度误差均在允许范围内，仅偏差度容易出现不符合要求的情况，但当个别法兰上的 δ、φ 超过标准时，对轴系的运转无影响，一般不需调整。轴系产生过大的同轴度误差通常是在发生海损事故，船体受到较大破坏时，例如，船舶搁浅使机舱或船尾遭创伤。

9.3.5 船轴的检修

1. 船轴

船轴或称传动轴，是对钢质船舶的尾轴（螺旋桨轴）、中间轴和推力轴的统称。

(1)尾轴

尾轴位于轴系的末端，穿过尾轴管伸至船外与螺旋桨或与螺旋桨轴连接，首端与最后一节中间轴连接。尾轴的结构简单，主要结构形式如图 9-29(a)所示。

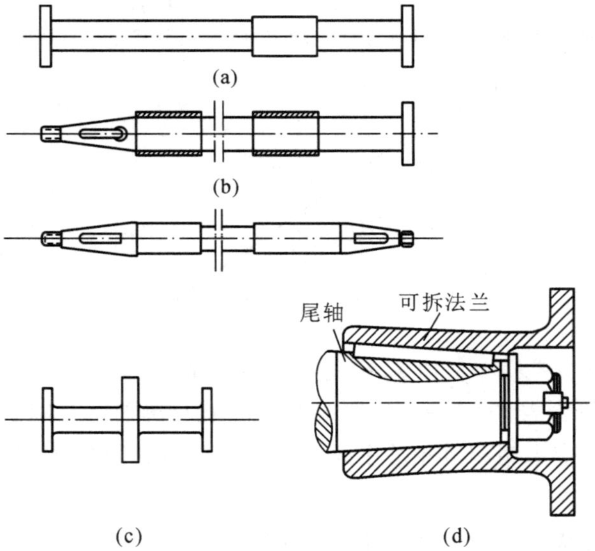

图 9-29 船轴结构

(a)中间轴；(b)固定式和可拆式尾轴；(c)推力轴；(d)可拆法兰

①按尾轴与其法兰的连接方式分

a. 固定式。尾轴与其法兰为一体，或整体锻造或分体焊接而成。虽结构简单，但拆装尾轴不便，只能从船内进行拆装，工程量大，为吊出尾轴甚至须移开最后一节中间轴和轴承。

b. 可拆式。尾轴本体与其法兰分别制造，如图 9-29(d)所示。靠尾轴锥部与可拆法兰锥孔紧配对中，用键和螺纹连接成一体。其结构复杂，但拆装方便，可自船外装入或抽出尾轴。

②按尾轴润滑方式分

按尾轴润滑方式尾轴可分为油润滑式和水润滑式。油润滑式尾轴的工作轴颈较非工作轴颈尺寸大，精度和表面粗糙度要求高；水润滑式尾轴工作轴颈包覆钢套以防腐蚀，一般采用热套工艺将铜套装于轴上。非工作轴颈可包覆玻璃钢或橡胶保护层。

尾轴铜套一般应为整体铸造。大型海船尾轴工作轴颈较长，可在 3 m 以上。铜套过长，加工制造和套装均较困难，一般铜套长度不超过 1000 mm，否则应分段制造。要求分段套合的铜套必须保证接缝处的水密性，绝不能渗漏。如果水自接缝处渗入将会造成尾轴锈蚀引起断轴的危险。接缝允许采用氩弧焊填补，搭接缝采用锡焊填补、机械滚压接平或环氧树脂填补，如图 9-30 所示。接缝搭口处的水密性用 0.2 MPa 的试验压力进行油压试验，合格后将泵油孔用铜螺丝和红丹白漆封堵。

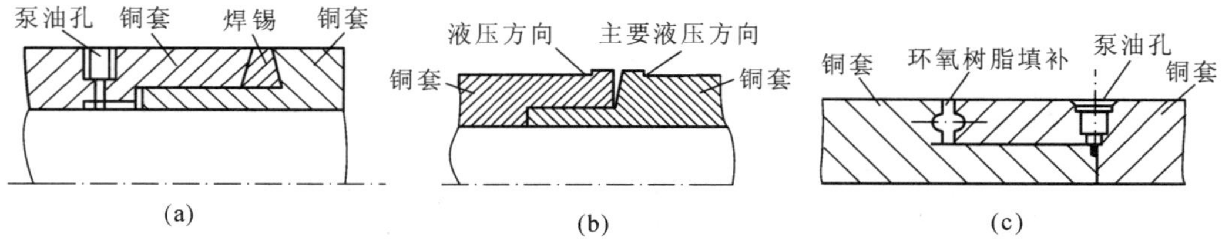

图 9-30　铜套分段套合搭接缝加工方法

(a)锡焊填补；(b)机械滚压填补；(c)环氧树脂填补

螺旋桨与尾轴用键连接时，尾轴锥体上的键槽首端加工成雪橇形（轴径 d 大于 500 mm时）以减少应力集中造成的裂纹与断轴事故。

(2)中间轴

中间轴位于主机曲轴（或推力轴）与尾轴之间，承担传递主机动力的任务。中间轴由法兰和轴构成，可采用整体锻造或分锻焊接成一体，工作轴颈一般较非工作轴颈大 5～20 mm。如图 9-29(b)所示。

各中间轴法兰用螺栓连接。中、小型船舶的法兰连接螺栓普遍采用加工容易的圆柱螺栓；大、中型船舶则广泛采用圆锥形紧配螺栓，其对中性好，不易松动，但加工较难。对采用圆柱形螺栓的法兰，其中紧配螺栓数应不少于螺栓总数的 50%，并使两种螺栓相间排列。锥形紧配螺栓与孔应均匀接触，接触面积应在 75%以上。

(3)推力轴

推力轴位于曲轴与中间轴之间，主要承受螺旋桨产生的轴向推力和防止此力作用于主机曲轴。按法兰与轴的连接方式分为整体式和可拆式，船上广泛采用整体式。推力轴直径较大、长度较短，所以刚性好。推力环两侧与推力块相配。推力轴结构如图 9-29(c)所示。

2. 船轴的检修

(1)船轴的磨损检修

①船轴的磨损

船轴工作轴颈磨损后，采用外径千分尺检测并计算其圆度、圆柱度误差；采用百分表测量轴颈和法兰的径向圆跳动量，测量值应分别符合表 9-5、表 9-6 规定。非工作轴颈圆度公差不得大于表 9-5 规定值的 2.5 倍；工作轴颈长度大于轴颈时，每增大 100 mm，圆柱度公差值应增加 0.005 mm。

表 9-5 船轴磨损极限 单位：mm

轴径 d	中间轴、推力轴磨损极限		尾轴磨损极限				光车修理后
	圆度	圆柱度	圆度		圆柱度		圆度、圆柱度
			油润滑	开式水润滑	油润滑	开式水润滑	
≤80	0.08	0.09	0.10	0.13	0.13	0.15	0.010
>80～120	0.09	0.10	0.12	0.15	0.15	0.18	0.010
>120～180	0.10	0.12	0.14	0.17	0.17	0.22	0.015
>180～260	0.12	0.14	0.16	0.20	0.20	0.28	0.015
>260～360	0.14	0.16	0.18	0.23	0.23	0.36	0.020
>360～500	0.16	0.19	0.20	0.27	0.27	0.45	0.020
>500～700	0.18	0.23	0.23	0.32	0.32	0.55	0.025

表 9-6 船轴轴颈径向圆跳动 单位：mm

轴长与工作轴径之比 L/d	工作轴颈及锥体部分		非工作轴颈	
	极限跳动	光车修理后	极限跳动	光车修理后
≤20	0.12	0.03	0.36	0.12
>20～35	0.16	0.04	0.48	0.16
>35～50	0.20	0.05	0.65	0.20
>50～65	0.24	0.07	0.72	0.24
>65～80	0.28	0.09	0.84	0.28
>80～95	0.32	0.12	0.96	0.32

②船轴磨损修复

a. 光车修复。尾轴、中间轴和推力轴的工作轴颈磨损后采用光车修理，其最小工作轴颈可至非工作轴颈。修后的圆度、圆柱度应符合表 9-5 规定。

b. 喷涂金属恢复尺寸。采用喷涂工艺恢复船轴原设计尺寸，但喷涂金属层厚度不超过 3 mm。

c. 小船或内河船舶的船轴可采用堆焊金属或镶钢套来恢复轴颈尺寸。

d. 换新船轴。

(2)船轴裂纹检修

①船轴裂纹

主要是尾轴的裂纹损坏。尾轴锥部大端截面变化处、键槽根部、尾轴铜套接缝处轴颈等均易产生裂纹。尤其是柴油机扭振引起铜套缺陷处尾轴表面的十字裂纹，严重时使尾轴断裂。发现铜套接缝不良时，应拆去铜套检查尾轴的腐蚀与裂纹情况。

尾轴产生裂纹的主要原因：截面变化处和键槽根部出现应力集中；铜套接缝泄漏使尾轴在交变应力作用下产生腐蚀疲劳；尾轴的轴承间隙过大引起冲击负荷；轴系安装不正确及轴系振动等。

②船轴裂纹的修理

a. 采用着色探伤、磁粉探伤、超声波探伤或钻孔法检查船轴表面裂纹的长度和深度；

b. 船轴上线性尺寸小于 $d/15$(d 为轴径)的短小裂纹可采用挖修、打磨，使挖修处光滑过渡的方法修理；

c. 当船轴裂纹深度不大于轴径的 5%、长度不大于轴径的 10%时，采用焊补修理，焊补工艺应经认可，焊后应保温缓冷。

(3)船轴腐蚀检修

①船轴的腐蚀

船轴中以尾轴的工作条件为恶劣。油润滑尾轴，部分尾轴在海水中工作，大部分在油中工作；水润滑尾轴全部在海水中工作，尾轴受到严重的海水腐蚀。尾轴锥部腐蚀最为严重，铜套接缝不良处海水渗入腐蚀尾轴。

②船轴腐蚀修理

a. 尾轴桨端锥体锈蚀呈圆弧状，且个别锈蚀长度不大于该处圆周长的 1/8，深度不超过轴径的 3%；较长锈蚀长度不大于该处圆周长的 1/3，深度不超过轴径的 2%；船轴整个圆周锈蚀深度平均值不超过轴径的 1.5%时，经清理检查后可继续使用。

b. 船轴锈蚀呈尖角状，应在仔细检查其深度和周长后进行修锉或光车，探伤检查符合上述情况时，可继续使用。

c. 尾轴锥部车削使其尺寸变化较大时，进行堆焊修复。

(4)尾轴铜套检修

尾轴铜套上产生裂纹、严重磨损或多次光车铜套使其出现壁厚过分减薄、套合松动、接缝松弛、渗水等缺陷时，均应换新铜套。尾轴铜套磨损较重时可采取以下修理方法：

①光车铜套，消除几何形状误差后铜套厚度应符合表 9-7 规定；

②为了延长铜套使用寿命，光车时允许在工作轴颈表面上残留磨痕，其深度一般在 0.2～0.4 mm，面积不超过 $0.25d^2$；

③铜套上局部裂纹或局部磨损严重时，可进行局部更换，接缝应符合规定；

④已套装在尾轴上的铜套不允许焊补修复。

表 9-7 尾轴铜套厚度 单位:mm

新制铜套最小厚度 t	非工作轴颈部位厚度	光车修理时厚度	极限厚度
$\geqslant 0.03d+7.5$	$\geqslant 0.75t$	$\geqslant 0.02d+5$	$0.015d+3.5$

注:d 为轴径(mm)。

9.3.6 尾轴管装置的检修

1. 尾轴管装置的组成

尾轴管装置是用以支承尾轴和螺旋桨、密封船体,不使海水进入尾轴承和防止润滑油自尾轴承溢出的设备。通常尾轴管装置是由尾轴管本体、尾轴承、密封装置及冷却、润滑系统等组成的。根据尾轴承润滑剂的不同,分为水润滑尾轴管装置和油润滑尾轴管装置,如图 9-31 所示。

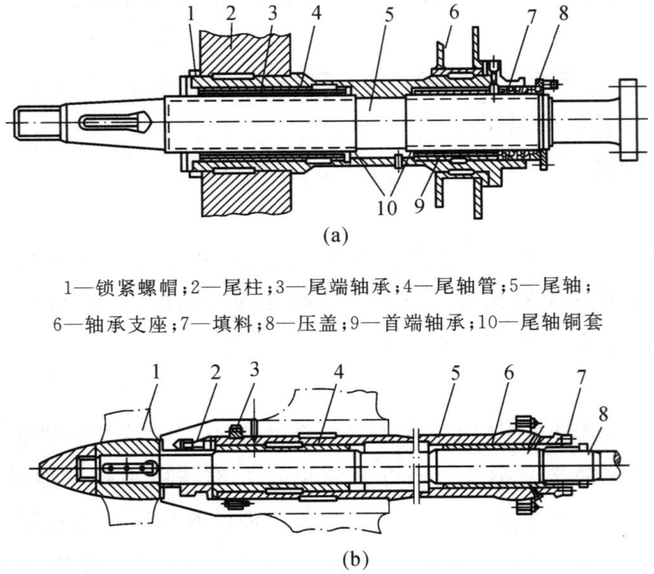

1—锁紧螺帽;2—尾柱;3—尾端轴承;4—尾轴管;5—尾轴;6—轴承支座;7—填料;8—压盖;9—首端轴承;10—尾轴铜套

1—螺旋桨;2—尾端密封;3—尾轴管螺母;4—尾轴尾端轴承;5—尾轴管;6—尾轴首端轴承;7—尾轴管首端密封;8—尾轴

图 9-31 尾轴管装置

(a)水润滑尾轴管装置;(b)油润滑尾轴管装置

(1)尾轴管

尾轴管本体可用铸钢(ZG230-450)、铸铁(HT250、QT450-10)、20 钢管或船用钢板焊接而成。单轴系尾轴管本体及船体尾部如图 9-32 所示。将尾轴管本体装入船体尾部,在尾轴管本体首端法兰与尾隔舱壁平面间加密封垫片后用螺栓固紧;尾轴管尾端外圆螺纹用锁紧螺母将尾轴管紧固在尾柱毂上,螺母与尾柱毂后端面紧贴,0.05 mm 塞尺插不进。

尾轴管在船体上装好后，进行尾尖舱水密试验，各结合部位不允许有任何渗漏。

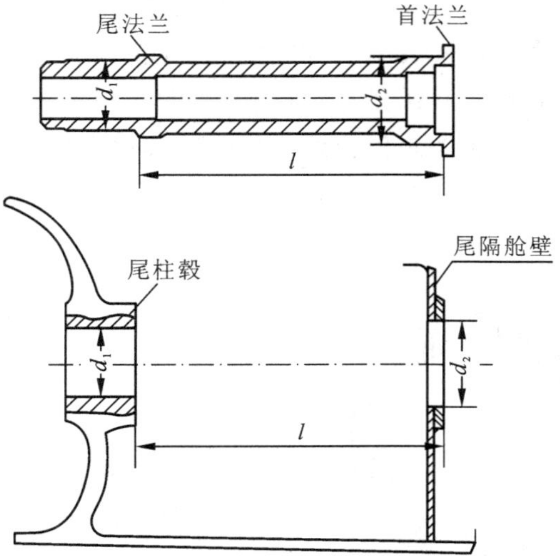

图 9-32　单轴系尾轴管本体和船体尾部

(2)尾轴承

单轴系尾轴承有两段：尾前轴承和尾后轴承。尾前轴承位于尾轴管前端，较短；尾后轴承位于尾轴管后端，较长。有的大型船舶尾轴管较短，只有尾后轴承，而将尾前轴承移至尾隔舱壁与尾轴法兰之间。尾轴承大多为滑动轴承，根据轴承衬的材料和润滑剂的不同分为水润滑尾轴承和油润滑尾轴承。目前，新造船舶多为油润滑尾轴承。

尾轴承由轴承衬套和轴承衬构成。水润滑尾轴承衬套的材料采用铸铜($ZCuSn_{10}Zn_2$、$ZCuZn_{40}Mn_2$)，轴承衬的材料采用铁梨木、层压胶木、橡胶和合成材料；油润滑尾轴承衬套采用铸钢(ZG230-450)或铸铜($ZCuSn_{10}Zn_2$)，轴承衬采用巴比特合金。

①水润滑尾轴承

水润滑尾轴承衬的材料主要有铁梨木、层压胶木、橡胶、合成材料(尼龙、赛龙等)。尾轴承的长度应不小于尾轴直径的 4 倍。利用舷外海水自然流入尾轴承进行润滑与冷却。为了控制海水流入量，在尾轴管前端尾轴处装有密封装置。航行时，旋松密封填料压盖的螺栓，使海水顺利流进轴承满足润滑与冷却之需；停航时，则应旋紧螺栓，防止海水大量漏入机舱。

a. 铁梨木尾轴承。铁梨木自 1854 年以来一直被用作海船水润滑尾轴承的传统轴承材料。铁梨木盛产于中美洲、西印度群岛和南美北部等热带地区。铁梨木生长缓慢，要长成直径 20 mm 的树需 10 年。材质细密、坚硬、相对密度大(约为 1.2)，含有丰富的树脂，具有耐水浸、耐蚀和耐磨等特点。干燥时会产生变形和裂纹。铁梨木中除木质和树脂外，还含有树脂精汁等。精汁与水作用形成乳状黏液，具有润滑作用使摩擦系数大大降低。例如，铁梨木与青铜在水中相对运动，摩擦系数为 0.003～0.007。此外，摩擦系数随水温升高而增大。如果保持水温低(50℃左右)、水量充足，则铁梨木具有很高的耐磨性。

铁梨木轴承的结构如图 9-33(a)所示。将铁梨木板条(一般厚度为 15～35 mm、宽度为 60～80 mm、长度为 150～300 mm)紧密地镶嵌在轴承衬套中，为防止铁梨木板条位置错动在衬套内铁犁木板条之间安装 2～3 根铜质止动条(厚度为铁梨木条厚度的 60%)，紧贴衬套内表面并用螺钉固定。衬套内下半部分铁梨木板条表面为立纹(纤维方向与尾轴中心线垂直)，上半部分木板条表面为顺纹(纤维方向与尾轴中心线平行)。木板条之间形成 V 形、U 形或梯形水槽，如图 9-33(b)所示，以利海水流通进行润滑和冷却，但在下瓦 90°范围内无水槽。

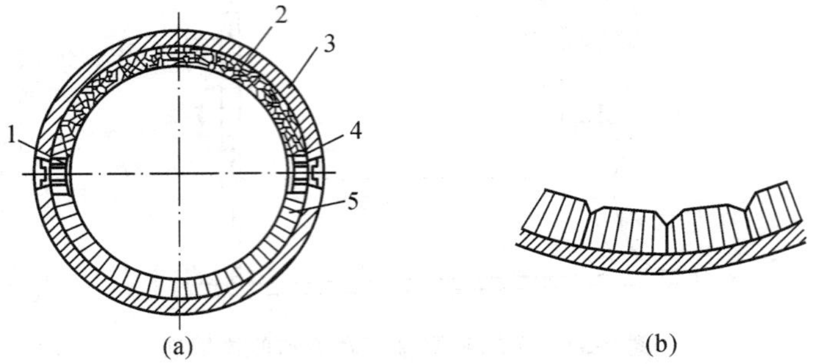

1、4—止动条；2—上瓦；3—衬套；5—下瓦

图 9-33 铁梨木尾轴承

b. 层压胶木尾轴承。由于铁梨木需要进口，价格较高，所以多年来国内外均致力寻找铁梨木廉价的代用材料。我国研究试验成功的层压胶木已应用于生产，它是以桦木为原料，将桦木薄板浸于酚醛中制成板坯，再经高温、高压制成板材。

桦木层压胶木具有材质致密、坚硬、耐热、绝缘性好、耐磨性较好和可承受冲击负荷等特点。此外，成材率高达 85%(铁梨木只有 20%)，价格便宜。缺点是脆性较大，耐磨性也不及铁梨木。

桦木层压胶木尾轴承的结构基本与铁梨木尾轴承相同，将层压胶木制成板条镶于尾轴承衬套中，其上、下瓦板条均采用耐磨性好的立向纤维作摩擦面。轴径小于 360 mm 的尾轴承可不加止动条。板条之间亦要形成 V 形、U 形或梯形水槽，在下瓦 90°范围内无水槽，如图 9-34 (a)所示。

c. 橡胶尾轴承。以天然橡胶与矿物成分硫化加工制成的橡胶具有弹性好、吸振性好、耐磨和耐泥沙等优点；缺点是工作温度低，超过 65℃就会很快老化，也不耐油。橡胶尾轴承可在含泥沙的水域工作，充分的冷却条件下使用寿命为铁梨木尾轴承的 2～4 倍。橡胶尾轴承工作平稳、容易安装校中、轴承负荷分布均匀，但橡胶中的硫会对尾轴产生腐蚀作用。

橡胶尾轴承的结构分为板条式和整体式两种。板条式尾轴承中的板条是由金属衬板(铜板或镀铜钢板)外包橡胶制成的，如图 9-34(b)所示，应用于轴径大于 360 mm、负荷较高的尾轴承中。图 9-34(c)、(d)为整体式橡胶尾轴承，应用于尾轴直径较小的船舶上，如内河中小型船舶及工程船。

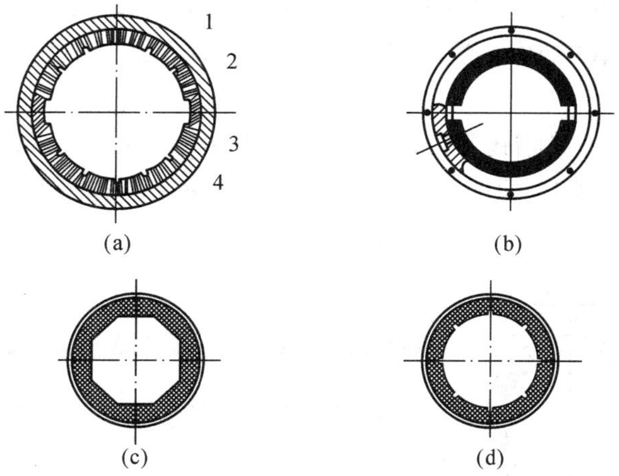

1—衬套；2—上瓦；3—止动条；4—下瓦；5—尾轴

图 9-34　层压胶木尾轴承和橡胶尾轴承

(a)层压胶木尾轴承；(b)橡胶金属板条式尾轴承；(c)、(d)整铸式橡胶尾轴承

d. 合成材料尾轴承。近年来，船舶尾轴承开始采用尼龙、赛龙等合成材料，其中，用赛龙作为尾轴承材料的船舶日益增多。赛龙作为尾轴承材料已被世界各大船级社认可，如英国劳埃德船社（LR）、法国船级社（BV）、美国船级社（ABS）、日本海事协会（NK）和中国船级社（CCS）等。

赛龙是由高性能热固性树脂合成的均质聚合物，具有弹性好、耐磨性好、耐腐蚀和不会剥落的特点，但其导热性差，且不耐高温。

赛龙尾轴承材料的性能优于铁梨木、尼龙和层压胶木等尾轴承材料，使用寿命约是其他尾轴承材料的 4 倍。工作温度在 −65～107℃范围之内，赛龙轴承可承受冷缩安装的温度达 −196 ℃而不会硬脆。赛龙轴承侵入水或水溶液的温度不得超过 60℃，否则会因水解作用使轴承变软，因此赛龙尾轴承冷却水温度在 50℃以下，冷却水量为每英寸轴径每分钟 4 升。

赛龙尾轴承结构有圆筒形和板条形。圆筒形适用于 200～1000 mm 的尾轴，板条形适用于 270～749 mm 的尾轴。圆筒形尾轴承内孔铸有水槽，板条形尾轴承可手工或采用锯、刨削和铣削等加工出水槽。

②油润滑尾轴承

油润滑尾轴承常采用巴比特合金、青铜、铸铁作为尾轴承材料，其中以巴比特合金应用最广泛。巴比特合金尾轴承的长度应不小于尾轴直径的 2 倍。中、小型船舶，尤其内河船舶普遍采用巴比特合金尾轴承和以油作冷却润滑剂的闭式润滑系统。目前，越来越多的大型海船采用巴比特合金尾轴承，新造船舶几乎全部是巴比特合金尾轴承。这主要是由于铁梨木价格贵使造船成本提高；铁梨木尾轴承的船舶不适于在泥沙较多的内河或航区航行，泥沙随海水或河水进入尾轴承使之迅速磨损；随着船舶吨位的增大，尾轴承负荷也不断增加，水润滑尾轴承因水的黏度低，水膜较薄而承载能力低，也造成铁梨木尾轴承磨损加剧；油膜承载能力大，油的润滑性能优于水，尤其是油润滑尾轴承密封装置优良，能有效地密封。

巴比特合金尾轴承常用锡基巴比特合金（ZChSnSb11-6、ZChSnSb7.5-3）。将巴比特合金浇铸在尾轴承衬套上，如图 9-35 所示。油润滑尾轴承和尾轴在闭式润滑系统中工作，尾轴不须套装铜套。

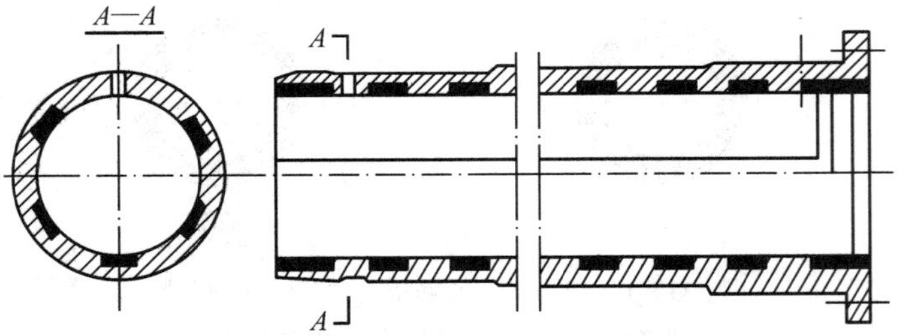

图 9-35 巴比特合金尾轴承

2. 艉轴承的材料和检修

(1)尾轴承的检修

①铁梨木尾轴承的检修

铁梨木尾轴承的主要损坏形式有过度磨损和裂纹或开裂。

铁梨木尾轴承过度磨损使铁梨木板条厚度大大减薄，轴承间隙增大，运转时产生冲击和振动。过大的冲击负荷又会导致铁梨木尾轴承产生裂纹或开裂。因此，船舶进坞检修时应测量尾轴承间隙和尾轴承孔的直径，确定铁梨木板条的厚度。尾轴承间隙和铁梨木板的厚度应不超过表 9-8 的规定。尾轴承的安装间隙 Δ 和极限间隙 Δ_{max} 可依下式计算：

$$\Delta = 0.003d + (0.50 \sim 0.75)$$

$$\Delta_{max} \approx 4\Delta$$

式中，d 为尾轴直径(mm)。

尾轴承间隙一般是在距尾后轴承尾端 100 mm 处的垂直方向测量径向间隙。中机型船舶尾轴架处尾轴承极限间隙按表 9-8 规定值增大 20%；尾机型船舶尾轴承极限间隙取表 9-8 规定值的 75%。

当铁梨木尾轴承间隙超过极限值，而铁梨木板条厚度低于极限值时，采取以下修理方法：

a. 更换尾轴铜套来调整尾轴承间隙。新制铜套厚度允许加大到原设计厚度的 1.25 倍，可使尾轴承间隙减小至规定值。

b. 在尾轴承下瓦铁梨木板条与轴承衬套之间垫入整张铜皮，以减小尾轴承间隙。

当铁梨木尾轴承间隙和铁梨木板条厚度均超过极限值，采取以下方法修理：

a. 换新尾轴承；

b. 仔细检查后依具体情况采用局部换新的方法；

c. 缺少铁梨木材料时，采用上、下瓦对调的方法。

铁梨木板条产生裂纹或开裂时，应局部或全部换新。由于铁梨木干燥易裂，故在坞修时要注意保持铁梨木尾轴承的湿态。例如，抽出尾轴后，应将尾轴承孔内充水或填塞湿木屑或湿草包，也可将轴承孔内表面涂一层牛油，并将尾轴承孔两端堵死。修理时需经常向尾轴承喷水，保持湿态。

②层压胶木尾轴承的检修

层压胶木尾轴承磨损后尾轴承间隙和板条厚度均应符合表 9-8 的规定。安装间隙和极限间隙计算公式同铁梨木尾轴承。

表 9-8　铁梨木和层压胶木尾轴承间隙　　单位：mm

轴径 d	更换		安装	
	极限间隙	板条极限厚度	安装间隙	新制板条最小厚度
≤100	3.50	—	0.90～1.00	—
>100～120	4.00	—	1.00～1.10	—
>120～150	4.50	6.00	1.10～1.20	11.00
>150～180	5.00	6.50	1.20～1.30	12.00
>180～220	5.50	7.00	1.30～1.40	12.00
>220～260	6.00	7.00	1.40～1.50	13.00
>260～310	6.60	8.00	1.50～1.65	14.00
>310～360	7.30	9.00	1.65～1.80	15.00
>360～440	8.00	10.00	1.80～2.00	16.00
>440～500	8.70	11.50	2.00～2.20	18.00
>500～600	9.50	13.00	2.20～2.40	20.00
>600～700	10.50	14.50	2.40～2.60	22.00

层压胶木尾轴承产生过度磨损、松动和碎裂等损坏时，依具体情况分别采用局部或全部换新的方法修理。

③橡胶尾轴承的检修

橡胶尾轴承磨损后尾轴承间隙应符合表 9-9 的规定。金属板条橡胶尾轴承的安装间隙 Δ 依下式计算：

$$\Delta = 0.002d + 0.50$$

整铸式橡胶尾轴承安装间隙 Δ 依下式计算：

$$\Delta = 0.002d + 0.20$$

表 9-9 橡胶尾轴承的间隙 单位:mm

轴径 d	金属板条橡胶尾轴承		整铸橡胶尾轴承	
	安装间隙	极限间隙	安装间隙	极限间隙
≤100	0.60～0.70	3.50	0.45～0.50	3.50
>100～120	0.65～0.75	4.00	0.50～0.55	4.00
>120～150	0.70～0.80	4.50	0.55～0.60	4.50
>150～180	0.75～0.85	5.00	0.60～0.70	5.00
>180～220	0.80～0.95	5.50	—	—
>220～260	0.90～1.05	6.00	—	—
>260～310	1.00～1.15	6.50	—	—
>310～360	1.10～1.25	7.20	—	—
>360～440	1.20～1.35	7.80	—	—
>440～500	1.30～1.50	8.50	—	—
>500～600	1.45～1.70	9.00	—	—
>600～700	1.65～1.90	10.00	—	—

尾轴承间隙超过极限值时,不允许偏心磨削橡胶尾轴承的板条,但可锉削板条背面,使轴承间隙符合要求。备件缺少时可将上、下橡胶板条对调,以继续使用。橡胶老化、脱壳、剥落严重时应换新。

④赛龙尾轴承的检修

赛龙尾轴承磨损后的尾轴承极限间隙应符合表 9-9 的规定。安装间隙 Δ 可依标准中的公式计算(参见 CB/T 3420—1992)。超过极限间隙时应换新尾轴承。

(2)尾轴密封装置的检修

①首端密封装置的结构

水润滑尾轴承只设首端密封装置。广泛采用传统的填料函式密封装置,图 9-36 为其结构示意。

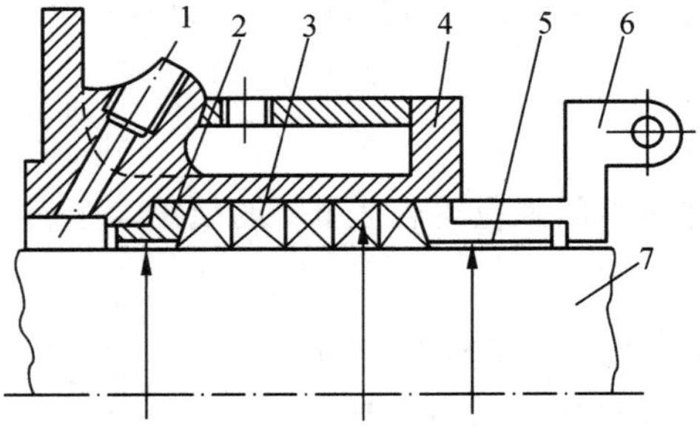

1—进水管;2—衬环;3—填料;4—尾轴管;5—压盖衬套;6—压盖;7—尾轴

图 9-36 首端填料函式密封装置结构示意

此种密封装置主要靠牛油填料 3 阻止尾轴承内的海水流入机舱，填料 3 在压盖 6 的预紧力作用下与尾轴 7 紧密接触达到阻水密封之目的。尾轴承磨损使尾轴下沉时，可径向调节填料函本体使与尾轴承同心，保证密封效果。引入具有压力的舷外海水冷却和冲走积存在填料函内的泥沙。填料一般多采用浸油脂的棉、麻绳或尼龙绳。

填料函式密封装置具有结构简单、工作较可靠、维护管理方便等优点，但摩擦损失大、容易损伤尾轴或铜套。

②填料函式密封装置的检修

填料函工作时允许有少量海水流出，其极限工作温度为 60℃。由于安装不良使尾轴磨损和填料磨烂，导致大量海水漏入机舱，应更换填料。

换新填料时的安装要点：

a. 每圈填料的长度应恰好两端对接。长度不足，两端出现间隙而密封不良；过长，又会出现两端搭接造成安装困难。

b. 各道填料的接口应相互错开。

c. 压盖衬套内圆面不得与尾轴接触，上、下、左、右间隙应相等。

d. 压盖安装后应前后移动灵活，无卡阻。

e. 填料函装妥后，压盖法兰平面与尾轴管端面间的各点距离应相等。

f. 按一定对角顺序上紧压盖螺母，使之均匀压紧填料。

3. 油润滑尾轴管装置的检修

(1)巴比特合金尾轴承的检修

巴比特合金尾轴承的主要损坏形式有过度磨损、擦伤、裂纹、剥落及烧熔等。

巴比特合金尾轴承产生磨损后尾轴承间隙增大，检测后与表 9-10 对照，以判断其使用性。巴比特合金尾轴承的安装间隙 Δ 和极限间隙 Δ_{max} 也可依公式计算：

$$\Delta \approx 0.001d + 0.40$$

$$\Delta_{max} \approx 4\Delta$$

巴比特合金尾轴承产生过度磨损、剥落和严重咬伤时应予以修换。对于合金松脱区的最大线性尺寸小于 $d/2$(d 为尾轴直径)且只是一处时，可以继续使用；轻度咬伤可原地修光使用；当尾轴承产生严重裂纹、过度磨损和烧熔时应重浇巴比特合金。

表 9-10　轴承合金尾轴承的间隙　　单位：mm

轴径 d	更换		安装	
	极限间隙	轴承合金允许最小厚度	安装间隙	轴承合金新制最小厚度
≤100	1.80	1.60	0.40～0.50	3.20
>100～120	2.00	1.60	0.45～0.55	3.20
>120～150	2.20	1.80	0.50～0.60	3.60
>150～180	2.40	1.80	0.55～0.65	3.60

续表 9-10

轴径 d	更换		安装	
	极限间隙	轴承合金允许最小厚度	安装间隙	轴承合金新制最小厚度
>180～220	2.60	2.00	0.60～0.70	4.00
>220～260	2.80	2.00	0.65～0.70	4.00
>260～310	3.00	2.20	0.70～0.80	4.40
>310～360	3.20	2.20	0.75～0.85	4.40
>360～440	3.50	2.40	0.80～0.90	4.80
>440～500	3.80	2.40	0.85～0.95	4.80
>500～600	4.10	2.60	0.90～1.00	5.20
>600～700	4.50	2.60	1.00～1.10	5.20

(2)密封装置的检修

油润滑尾轴承的首、尾两端均装有密封装置。首端密封装置是防止尾轴承内润滑油泄漏到机舱;尾端密封装置既防止尾轴承内滑油泄漏污染海面,又防止海水进入尾轴承。密封装置的种类很多,目前大、中型船舶广泛采用辛泼莱克斯(Simplex)式密封装置。它是一种橡皮环式密封,具有结构简单、密封效果良好、摩擦损失小、寿命长、安装和修理方便等优点。

①结构

油润滑尾轴承两端均采用辛泼莱克斯式密封装置。图 9-37(a)为尾端密封装置,将防蚀钢衬套 9 安装在尾轴尾端,用螺钉固定在螺旋桨桨毂端面上,橡胶环座体凸缘 5 用螺钉固定在尾轴管上。橡胶环座体内有 3 个橡胶密封环 6、7、8 组成的密封元件。环 6 用于阻止尾轴承内的润滑油外泄,环 7、8 用于阻止舷外水和泥沙进入尾轴承。密封装置的腔室中充满润滑油以润滑橡胶环与防蚀衬套。

图 9-37(b)所示为首端密封装置,与尾端密封装置结构基本相同。它只有两道橡胶密封环,用以阻止尾轴承内润滑油外泄。

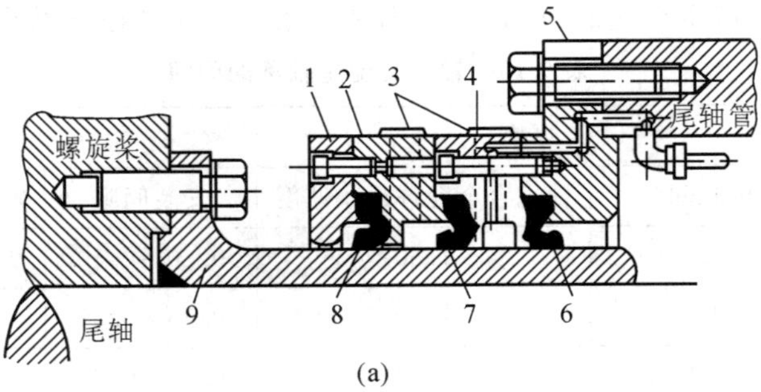

(a)

1—压盖;2、4—中间环;3—注油孔旋塞;5—凸缘;6、7、8—橡胶密封环;9—钢衬套

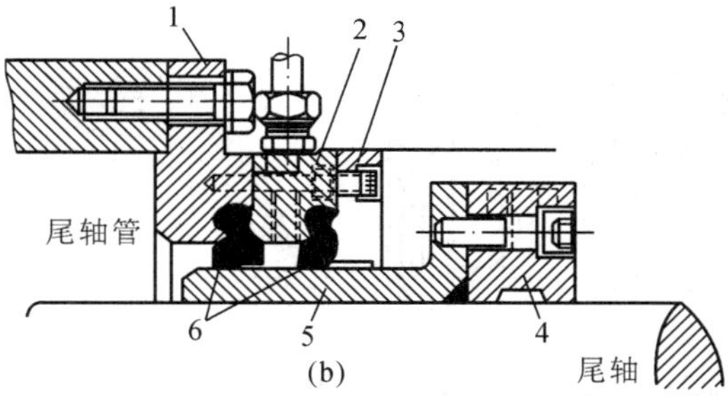

1—凸缘；2—中间环；3—压盖；4—压紧环；5—钢衬套；6—橡胶环

图 9-37　辛泼莱克斯式密封装置

(a)尾端密封装置；(b)首端密封装置

②检修

首、尾密封装置的损坏主要发生在防蚀衬套与橡胶环上。防蚀衬套与橡胶环相对运动产生磨损、磨痕，橡胶环老化和唇部产生裂纹、缺口、毛边等缺陷。

防蚀衬套一般选用不锈钢、钢套镀铬或青铜，加工后经过 0.2 MPa 的水压试验检验，不得有任何渗漏，其内孔与尾轴之间有一定的配合间隙。防蚀衬套磨损的磨痕采用光车予以消除，或错开磨损部位。如防蚀衬套与桨毂连接凸缘较厚可光车使之减薄或衬套向尾端位移，使磨痕部位与橡胶环位置错开。也可在桨毂与凸缘之间加厚垫片使衬套向首端轴向位移或在橡胶环座体凸缘处加厚垫片使衬套向尾端轴向位移，改变衬套与橡胶环的相对位置，以保持良好接触。

防蚀衬套光车后使外径尺寸过小时，可采用喷涂金属恢复原设计尺寸。

橡胶环一般采用丁氰橡胶或氰橡胶。橡胶环的碎裂，唇边硬化、开裂和过度磨损、橡胶老化及防蚀衬套光车后均应换新橡胶环。

9.3.7　中间轴承和推力轴承的检修

1. 中间轴承的检修

中间轴承用来支承中间轴，每根中间轴都安装在一个中间轴承上。中间轴承主要承受中间轴的质量和轴系安装引起的附加负荷以及因轴弯曲或回转运动产生的径向负荷，承受与中间轴相对运动时的摩擦和磨损。

(1)中间轴承的结构

中间轴承大多数采用巴比特合金滑动轴承。图 9-38 所示为圆盘式中间轴承。圆盘下部浸在轴承座底部的油池中，当中间轴转动时，油池中的润滑油被圆盘带到轴颈和巴比特合金轴瓦上进行润滑，最后流回到轴承座底部的油池中。油池中设有蛇形冷却水管，采用舷外海水冷却润滑油。轴承座上装有温度计，巴比特合金轴承温度不允许超过 70℃，并要求各中间轴承的温差不超过 15℃。

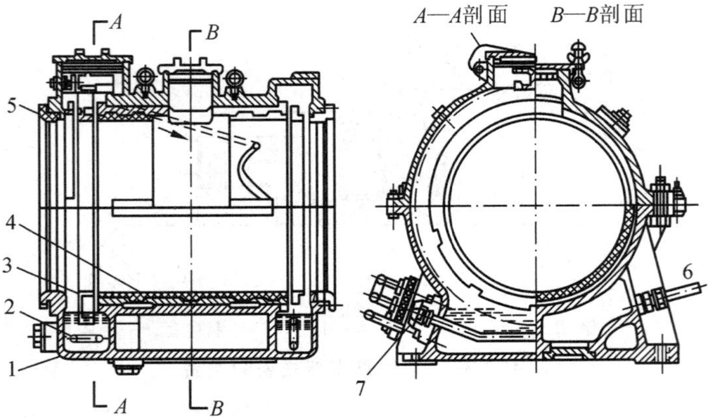

1—轴承座；2—蛇形冷却水管；3—圆盘；4—下轴瓦；5—填料；6—冷却水进口；7—冷却水出口

图 9-38 圆盘式中间轴承

滑动式中间轴承结构简单，工作可靠，寿命长，日常管理和检修方便。但当船舶机动航行尤其是轴系转速低时油环带油会导致润滑不良。

(2)中间轴承的检修

中间轴承工作表面的主要损坏形式有过度磨损、裂纹、剥落及烧熔等。中间轴承的轴承间隙与合金层的厚度应符合表 9-11 的规定。安装间隙 Δ 和极限间隙 Δ_{max}，亦可按下式计算：

$$\Delta = 0.001d + 0.10$$

$$\Delta_{max} = 2.5\Delta$$

式中，d 为中间轴直径(mm)。

表 9-11 中间轴承间隙和合金层厚度 单位：mm

轴径 d	更换		安装	
	极限间隙	轴承合金极限厚度	安装间隙	轴承合金新制最小厚度
≤100	0.40	1.20	0.15～0.19	3.00
>100～120	0.45	1.40	0.18～0.22	3.00
>120～150	0.50	1.60	0.20～0.24	3.00
>150～180	0.55	1.80	0.22～0.26	3.00
>180～220	0.60	2.00	0.24～0.27	3.50
>220～260	0.65	2.20	0.27～0.34	3.50
>260～310	0.75	2.40	0.32～0.40	4.00
>310～360	0.85	2.60	0.38～0.46	4.00
>360～440	0.95	2.80	0.42～0.54	4.50
>440～500	1.10	3.00	0.50～0.62	4.50
>500～600	1.30	3.00	0.55～0.70	5.00
>600～700	1.50	3.00	0.65～0.80	5.00

注：表中安装间隙适用于转速 $n \leq 150$ r/min 的中间轴承。

测量轴承间隙时，对于有上瓦的中间轴承用塞尺测量首、尾端的上、下、左、右 4 个位置的径向间隙。轴颈应与下瓦紧贴，0.05 mm 塞尺插不进，左右间隙应基本相等，不允许单边接触；对无上瓦的中间轴承只须测量下瓦处的间隙。

中间轴承工作表面的裂纹、剥落、烧熔等严重时应重浇合金，若为局部损坏可予以修复。下瓦底部 90°～120°范围内有较大范围脱壳、龟裂或合金层太薄等均应修换；但脱壳较轻，如脱壳长度小于 $d/8$，在无条件修补时，允许使用；面积不大的脱壳、龟裂等缺陷可进行焊补修理。

2. 推力轴承的检修

推力轴承是船舶轴系中重要的组成部分。推力轴承支承推力轴和承受螺旋桨产生的推力，并把推力传递给船体以实现船舶运动。

(1)推力轴承的结构

用作船舶主机的大中型低速柴油机，设计制造时常把承受螺旋桨推力的推力轴承设置在柴油机机座尾端的推力轴承座上。其推力轴承座一般与机座焊接或用螺栓组成一体。并通过其底座将螺旋桨的轴向推力传给船体，最终推动船舶的运动。大中型柴油机上普遍应用的为单环式推力轴承，即米歇尔推力轴承，如图 9-39 所示。其主要特点是结构紧凑，体积小，质量小，摩擦系数小，可承受较高的压力和圆周速度。

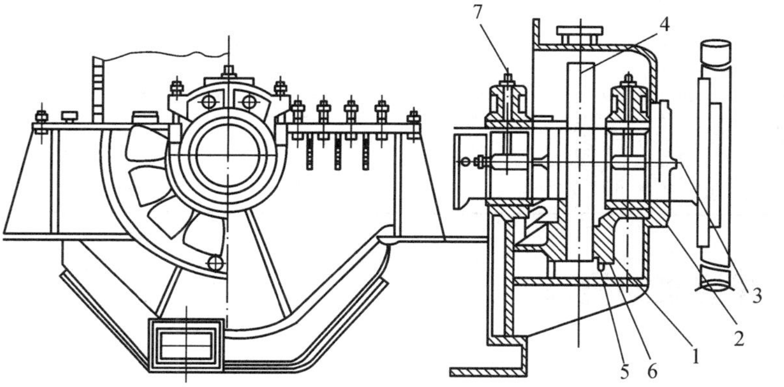

1—推力轴承座；2—支承轴承；3—推力轴；4—推力盘；5—推力块；6—支撑垫片；7—压块

图 9-39　单环式推力轴承

推力轴承座 1 采用铸钢焊接结构。两个支承轴承 2 承受推力轴 3 和主机飞轮的质量。推力轴采用 35 号钢制成，并用紧配螺栓与飞轮相接。推力轴的中间部分为推力环，与扇形推力块 5 相接触，推力轴的推力就是通过扇形推力块传递给推力轴承座。扇形推力块有前后两圈，前端一圈承受正车推力，后端一圈承受倒车推力。顶部用压块 7 盖住，防止工作时推力块滑出。推力块工作表面浇有巴比特合金，常采用 SbSnSbH-b 锡基轴承合金。每一个推力面由 8 块推力块来承受推力。推力块后面的支撑垫片有几种不同厚度的尺寸，使其在磨损后可进行更换以调整推力环与推力块之间的轴向间隙。推力块与推力环采用滑油喷入润滑。推力块背面的支承部分仅占整个扇形角的一半左右，工作时可在原地做微量摆动，利于润滑油进入其工作表面并建立润滑油膜。

(2)推力轴承的检修

推力轴承的磨损主要发生在推力块工作表面上，合金层减薄使轴向间隙增大；支承轴承轴瓦磨损使轴承间隙增大。单环式推力轴承间隙值应符合表 9-12 的规定。推力块和轴瓦上的合金层有过度磨损、裂纹、烧熔等严重缺陷时，应重新浇铸合金层。

表 9-12 推力轴承间隙 单位：mm

轴径 d	推力轴与支承轴承的径向间隙		推力环与推力块的轴向间隙		推力块轴承合金层极限厚度
	安装间隙	极限间隙	安装间隙	极限间隙	
≤100	0.10～0.15	0.40	0.10～0.20	0.40	1.20
>100～120	0.13～0.18	0.45	0.15～0.25	0.45	1.40
>120～150	0.15～0.20	0.50	0.20～0.30	0.50	1.60
>150～180	0.18～0.23	0.55	0.25～0.35	0.60	1.80
>180～220	0.20～0.25	0.60	0.30～0.40	0.70	2.00
>220～260	0.22～0.30	0.65	0.35～0.48	0.80	2.20
>260～310	0.25～0.33	0.70	0.40～0.55	0.90	2.40
>310～360	0.32～0.40	0.80	0.45～0.60	1.00	2.60
>360～440	0.36～0.45	0.90	0.50～0.70	1.15	2.80
>440～500	0.40～0.50	1.00	0.55～0.75	1.30	3.00
>500～600	0.45～0.55	1.10	0.60～0.80	1.45	3.00
>600～700	0.50～0.60	1.20	0.70～0.90	1.60	3.00

9.4 螺旋桨的检修

9.4.1 螺旋桨

螺旋桨是船舶普遍采用的推进器。螺旋桨的作用是将船舶主机发出的功率转变为推动船舶运动的推力，实现船舶的航行。

1. 螺旋桨的构造

(1)构造

螺旋桨由桨叶和桨毂构成，如图 9-40 所示。定距螺旋桨有整体式和组合式之分。整体式是桨叶与桨毂铸成一体；组合式则是分别铸造，加工后用螺栓连接成一体。可调螺距螺旋桨不仅桨叶与桨毂分别制造，且组装成一体后桨叶可相对桨毂转动，以达到改变螺距的目的。

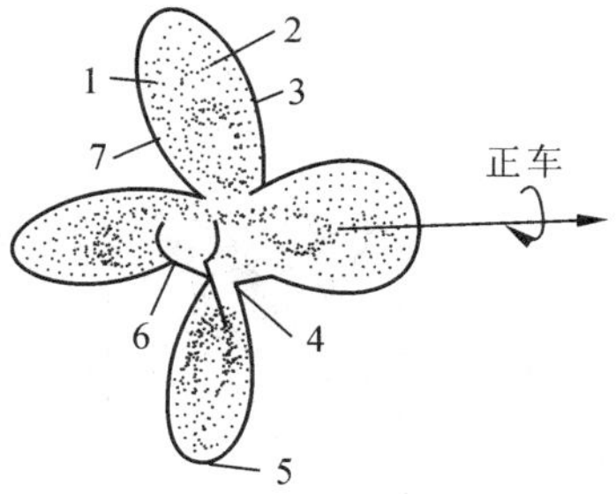

1—叶面；2—叶背；3—导边；4—叶根；5—叶梢；6—导流帽；7—随边

图 9-40　螺旋桨及其几何要素

桨叶的数目一般为 3～6 个，中、小型船舶桨叶多为 3～4 个，大型船舶桨叶常为 3～5 个。螺旋桨的直径一般在 800～6000 mm 之间，但目前世界上最大的螺旋桨直径已超过 8200 mm。

(2)桨叶的几何要素

自船尾面向船头看到的桨叶表面称叶面，或称压力面，它是螺旋面的一部分；桨叶的另一面称叶背，或称吸力面。

当主机正车运转时，桨叶先入水的一边称导边，另一边则称随边。

桨叶与桨毂连接的一端称叶根，另一端则称叶梢。自桨毂中心到桨叶叶梢最外端的距离为螺旋桨半径。

(3)螺旋桨的材料与加工

螺旋桨形状复杂，尺寸和质量均较大，尤其是海船螺旋桨，直径已达 8.2 m，质量已达 82.5 t。海船主要采用铜质螺旋桨，如锰黄铜(ZHMn55-3-1)、铝青铜(ZQAl 12-8-3-2)。小型船舶除采用铜质桨外，还采用铸钢(ZG200-400)、灰铸铁(HT200、HT250)、球墨铸铁(QT400-18)和尼龙(尼龙 6、尼龙 10、尼龙 1010)以及复合材料(玻璃钢)等。

桨叶加工制造较为困难。中、小型螺旋桨加工采用专用机床，如仿形机床、数字程序控制机床等；大型螺旋桨桨叶尺寸大且多为单件(或几件)生产，所以主要采用手工划线加工，使用风铲、砂轮、锉刀和刮刀等工具，生产效率低。现在采用铸造成形小余量或无余量加工工艺使螺旋桨生产效率大大提高。

2.螺旋面的形成及螺距

螺旋桨桨叶叶面是螺旋面的一部分，螺旋面的形成如图 9-41 所示。以图中线段 ABC 绕轴线 OO' 作等角速度旋转，同时沿 OO' 轴线作等速直线运动，则线段 ABC 在空间划过的轨迹形成的曲面即为螺旋面。

线段 ABC 绕 OO' 轴线回转一周时，沿 OO' 轴线上升或下降的距离称为螺旋面的螺距，用符号 H 表示。由于线段 ABC 上各点的运动速度相同，所移动的直线距离也相等，因此线段上各点在空间的轨迹——螺旋线的螺距相等。因为桨叶叶面是螺旋面的一部分，所以桨叶上不同半径处的螺旋线螺距相等。

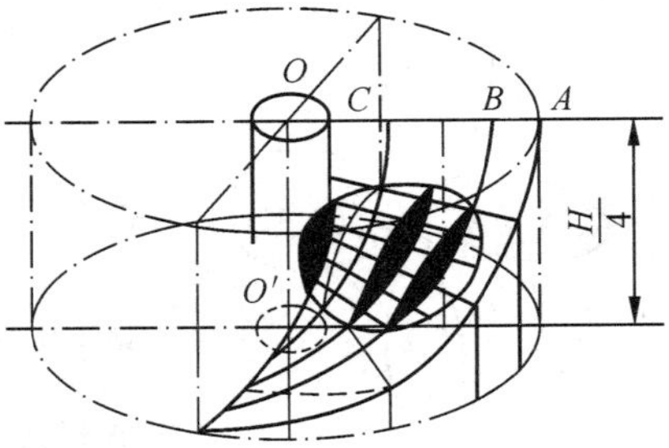

图 9-41 螺旋面的形成

3.螺旋桨与尾轴的连接方式

螺旋桨是通过桨毂与尾轴(螺旋桨轴)连接在一起的,主要有以下三种连接方式:

(1)机械连接

采用传动键连接螺旋桨与尾轴是一种传统的连接方式,沿用至今。通过螺旋桨桨毂锥孔与尾轴锥体部分的紧配合及传动键来连接,并用螺帽锁紧,以便传递扭矩和承受推力作用。但是在尾轴上的键槽处容易产生应力集中,引起裂纹或断轴事故。传动键连接如图 9-42(a)所示。

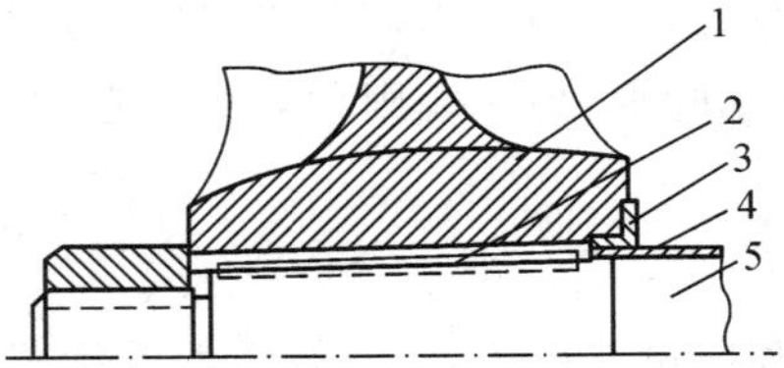

(a)

1—桨毂;2—传动键;3—密封件;4—尾轴衬套;5—尾轴

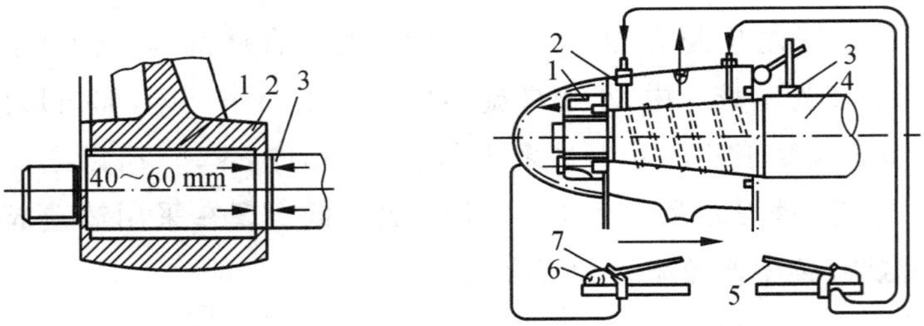

(b) (c)

1—环氧树脂胶黏剂;
2—螺旋桨;3—尾轴

1—千斤顶;2—螺旋桨;3—百分表及表架;
4—螺旋桨轴;5、6—高压油泵;7—压力表

图 9-42 螺旋桨与尾轴的连接方式

(a)机械连接;(b)胶黏剂连接;(c)油压套合连接

为确保螺旋桨桨毂锥孔与尾轴锥部配合面紧密接触,全长均匀贴合,轴与孔应进行研配。要求装配后 65%以上面积均匀接触,锥部大端必须接触良好,色油检查要求在

25 mm×25 mm 面积上沾点不少于 2～4 个。小型船舶螺旋桨毂广泛采用此种连接方式。

(2)环氧树脂胶黏剂连接

沿海及内河船舶的螺旋桨直径 $D<4.5$ m 时，允许采用有键环氧树脂胶黏剂安装，即同时采用键连接与环氧树脂胶黏剂胶合连接。此时对桨毂锥体的接触要求、键和桨毂键槽的配合要求适当降低；小型船舶的螺旋桨直径 $D<1.5$ m 时，允许采用无键环氧树脂胶黏剂胶合安装。要求在桨毂锥孔两端长 40～60 mm 环形面积上与尾轴均匀接触，色油检查要求在 25mm×25mm 面积上沾点不少于 2 个。此种连接方式省去键和键槽及大量的刮研工作，因此广泛用于内河及沿海中、小型船舶，如图 9-42(b)所示。

(3)油压无键套合连接

目前国内外新造船舶的螺旋桨与尾轴均采用油压无键套合连接。它是把桨毂锥孔内表面车有螺旋槽的螺旋桨装在尾轴上，如图 9-42(c)所示。利用油泵 5 将高压油从桨毂上的油孔打进桨毂锥孔与尾轴键体配合面之间，使桨毂和轴产生弹性变形，即锥孔胀大而尾轴收缩，二者之间的间隙增大。利用油泵 6 的高压油使千斤顶 1 产生的轴向推力把螺旋桨推至尾轴上规定位置。放掉高压油后，桨毂锥孔与尾轴的弹性变形消失形成过盈配合，从而可传递较大的扭矩。

用油压安装无键螺旋桨时，关键是螺旋桨套合到尾轴上的轴向推入量 S，保证桨在尾轴套合后正常运转所需的推入量为最小推入量 S_1；套合后产生的应力为螺旋桨材料屈服极限的 70%时的轴间推入量为最大推入量 S_2。油压无键套合安装螺旋桨时，桨在尾轴上的轴向推入量 S 应在 S_1 与 S_2 之间，即满足下式：

$$S_1 \leqslant S \leqslant S_2$$

最大与最小轴向推入量 S_2、S_1 的计算公式参见《钢质海船入级与建造规范》或《船舶轴系、螺旋桨和舵系修理技术标准》。油压无键套合连接是目前国内外最先进的安装工艺。它省去键和键槽及大量的刮研工作，使螺旋桨与尾轴连接可靠，拆装方便。

9.4.2 螺旋桨故障及其桨叶损坏的修理

螺旋桨是船舶的重要设备，由于螺旋桨位于水下，所以对其维护检修依赖于定期的进坞检修。螺旋桨的缺陷主要发生在桨叶上，常见的缺陷有腐蚀、裂纹和断裂、变形等，并且有些缺陷还会引起船舶在航行中出现异常现象。

1.航行中螺旋桨的故障

(1)螺旋桨失去平衡

螺旋桨失去平衡将会引起轴系和船体产生异常剧烈的振动，引起尾轴承处的敲击等。例如，某船航行时海面平静，主机运转正常。突然船体剧烈振动，值班轮机员立即采取降速航行的措施使振动减轻，继续降速，则振动更小，初步判断为螺旋桨故障，后经检查发现 4 叶螺旋桨有 1 个桨叶自根部断掉，造成螺旋桨严重失衡。

螺旋桨失去平衡的原因主要有桨叶严重腐蚀和海生物污损，桨叶碰到礁石、缆绳等产生变形、断裂或丢失等，致使螺旋桨各桨叶质量不均。

(2)螺旋桨鸣音

航行中螺旋桨产生有节奏的“嗡、嗡”的声音，这种现象是由于螺旋桨回转时，在桨叶随边 0.4R(R 为螺旋桨半径)以外的部位产生有规律的涡流。在某几个转速下，涡流所引起的振动频率恰好与桨叶固有频率接近而产生共振，使螺旋桨发出鸣音。桨叶鸣音部位如图 9-43 所示。

消除螺旋桨鸣音的办法是通过改变随边 0.4R 以外的涡流，使其引起的振动频率远离(大于或小于)桨叶固有频率，避免产生共振。具体方法是将桨叶随边 0.4R 以外的 AB 部分加厚或减薄，或钻孔、制成锯齿状等抗鸣边缘，例如将 AB 边缘减薄，则由涡流引起的振动频率将大于桨叶固有频率，避免了共振，有效地消除了鸣音。

2. 桨叶表面缺陷分布及修理

(1)桨叶表面缺陷分布区域

桨叶表面的缺陷主要有裂纹、断裂、腐蚀和穴蚀等。根据缺陷在桨叶不同部位所造成的危害程度不同，通常将桨叶表面(压力面和吸力面)分为三个区域，如图 9-44 所示。

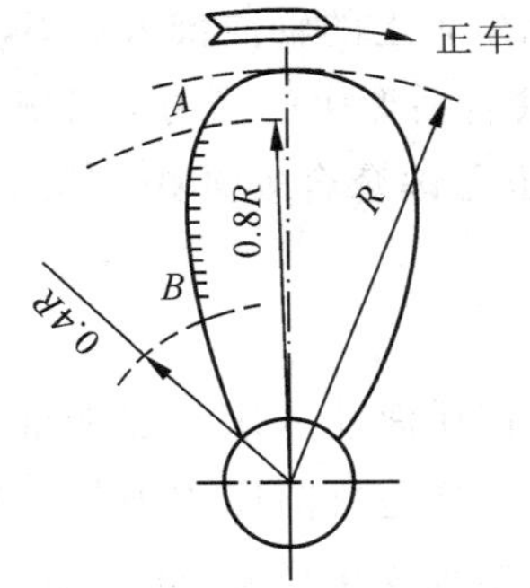

图 9-43 桨叶随边鸣音部位

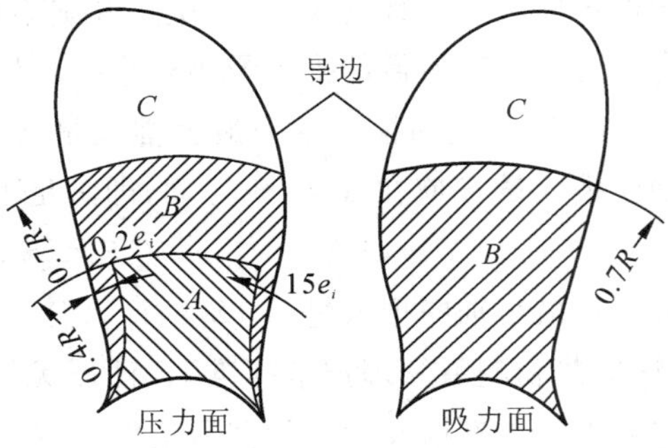

R—螺旋桨半径；e_i—弧长

图 9-44 桨叶表面缺陷分布区域

A 区——位于桨叶压力面 0.4R 以内范围；

B 区——位于桨叶压力面 0.4R～0.7R 的范围和 A 区两侧边缘，吸力面 0.7R 以内范围；

C 区——位于桨叶压力面和吸力面 0.7R 以外的部分。

(2)桨叶各区域允许的缺陷

表 9-13 示出桨叶表面三个区域、桨毂表面、锥孔及键槽表面上所允许的缺陷类型、最大允许尺寸、150 mm×150 mm 面积内允许存在的缺陷数量、缺陷间的最小间距及密集的允许面积。

表 9-13　桨叶各区域允许的缺陷

缺陷位置	缺陷类型	最大允许尺寸/mm	150 mm×150 mm 面积内允许存在的缺陷数量	缺陷间的最小间距/mm	缺陷密集的允许面积/mm²
A 区	非线性	3.2	15	*S*	不大于各分区表面积的 5%
	线性	3.2	6	4*S*	
B、*C* 区	非线性	3.2	20	*S*	
	线性	6.4	8	4*S*	
桨毂表面	非线性	6.4	15	*S*	
	线性	9.5	6	4*S* 或 25(两者中取小者)	
锥孔及键槽表面	非线性	6.4	5	*S*	
	线性	9.5	3	4*S* 或 25(两者中取小者)	

注:①线性缺陷指长宽比大于 3 的缺陷。

②尺寸小于 1.6 mm 的非密布缺陷可不计入缺陷总数。

③当不存在线性缺陷时,非线性缺陷的数量可增加到两者允许存在的总和。

④*S* 为较大缺陷的尺寸。

(3)各区域缺陷的修理

①*A* 区内的缺陷一般不允许焊补修理。缺陷深度不超过 $t/40$(t 为局部叶厚,mm)或 4 mm,允许磨去两值中较大的缺陷。特殊情况下必须焊补时,应采用特殊工艺措施。

②*B* 区仅从外观考虑的小缺陷应避免焊补。缺陷深度不超过 $t/30$ 或 3 mm。允许磨去两值中较大缺陷,须焊补时,应采用完善的工艺措施。

③*C* 区的缺陷通常允许焊补修理,焊补工艺应符合规定。桨叶边缘和表面的微小缺陷允许磨去修光。

④不严重的穴蚀小孔及凹陷,在不便焊补时允许采用环氧树脂等胶黏剂涂补或采用金属喷涂,使桨叶表面平整光顺。

⑤一般裂纹在限定条件下允许采用钻止裂孔作为临时处理措施。裂纹严重时,如经多次大面积焊补修理后,因材料性能发生变化,再修补也难保质量时,则应采取换新办法。

(4)焊后的处理

①焊补后金属堆高处应进行磨光,采用目测观察和着色探伤检验焊补质量。如有呈线状分布和长度或深度大于 3 mm 的缺陷应再次焊补修理。

②进行退火处理。焊补后,除镍铝青铜材料外,其他材料的螺旋桨均应进行消除应力退火处理。

3. 桨叶变形的校正

(1)冷态校正

加热温度在250℃以下的校正为冷态校正。冷态校正适用于叶尖和桨叶边缘厚度小于30 mm处。在弯曲较小、截面厚度较薄处可采用动载荷校正,否则采用静载荷校正。

(2)热态校正

热态校正适用于所有的情况,可用动载荷或静载荷校正。热态校正加热温度如表9-14所示。桨叶校正处整个截面厚度应保持加热温度直到校正完毕。

表9-14 热态校正加热温度 单位:℃

螺旋桨材料	焊补预热温度	校正加热温度	退火温度
黄铜	150~400	500~800	350~550
青铜	50~200	700~850	450~650
铬镍不锈钢	100~250	200~350	—
铸钢	100~150	600~700	500~600
铸铁	600~700	—	650~700

(3)退火处理

桨叶经校正后,除镍铝青铜外,其他材料的螺旋桨均应进行消除应力退火处理。退火温度见表9-14。

(4)校正后的检查

螺旋桨经冷态或热态校正后均应进行目测观察和着色探伤检查,并对缺陷进行修整。

9.4.3 螺旋桨修理后的检验

凡经过修理的螺旋桨,如桨叶变形的校正、裂纹和剥落的焊补、桨叶折断的接补等,完工后除对修理质量的检验外,还应对螺旋桨的螺距和静平衡性进行检验。

1. 螺旋桨螺距的检验

测量螺旋桨螺距时,把桨平放在平整的地上,桨叶叶面朝上。随后将螺距规安装在桨毂的锥孔中,调整螺距规的中心线使其垂直桨毂端面,最后固紧在上面,如图9-45所示。

(1)测量螺旋桨半径 R

将螺旋桨上的螺距规量杆水平移至桨叶的最外边缘处,并绕中心回转一周,检查量杆是否与其他桨叶边缘相碰。量杆在最长桨叶边缘处时,该最长的桨叶的长度就是螺旋桨的半径 R。

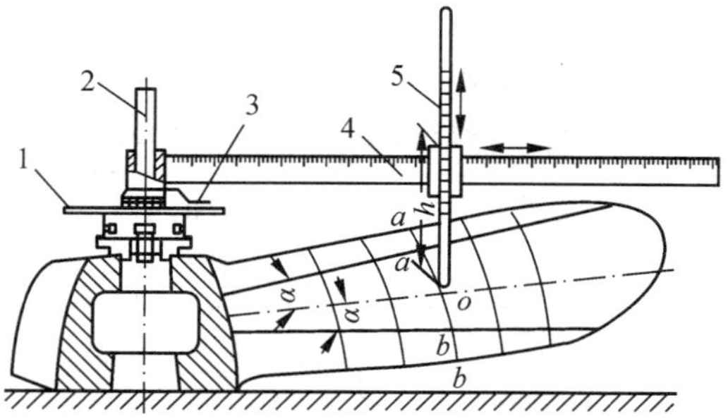

1—刻度盘；2—心轴；3—指针；4—水平尺；5—量杆

图 9-45　测量螺旋桨的螺距规

(2)测量局部螺距 h'

局部螺距是根据桨叶上任意半径截面上任意角度对应的部分螺距值所计算出的螺距。

测量时，一般要在桨叶上 $0.3R$、$0.4R$、$0.5R$、$0.6R$、$0.7R$、$0.8R$、$0.9R$ 等截面中任选一半径截面 AB，在此截面上任选三点 a、o、b。先将量杆 5 移至 o 点，记录量杆高度数值 l_0，然后将水平尺绕心轴 2 转过选定角度 α 使量杆 5 与叶面上 a 点接触，记录量杆读数 l_1，则该半径截面上 o、a 两点所对应的 α 角的部分螺距值为高度差 l_0-l_1 的值。由此计算出 360°对应的局部螺距 h' 为：

$$h'=360°(l_0-l_1)/\alpha \quad (\text{mm})$$

同样地，将水平尺绕心轴 2 转过 2α 角后，使量杆 5 与 b 点相接触，记录高度数值 l_2。求出 o、b 两点对应的 α 角的部分螺距值 l_2-l_0，由此计算出局部螺距 h''。

α 角度可从刻度盘上读出，一般为便于计算均取 α 为 360°的整因数。

(3)计算截面螺距 h_i

桨叶上同一半径截面上的局部螺距的算术平均值即为该半径截面的截面螺距 h_i。

测得同一半径截面上几个局部螺距 h'、h''、h'''等，计算其算术平均值，即得该半径截面的截面螺距 h_i：

$$h_i=(h'+h''+h'''+\cdots)/n$$

式中，n 为所测同一半径截面上局部螺距数目。

(4)计算桨叶平均螺距 H_i

计算出桨叶上各半径截面的截面螺距后，计算出桨叶上各半径截面螺距的算术平均值即获得该桨叶的平均螺距 H_i。

(5)计算螺旋桨总平均螺距 H

计算出螺旋桨各桨叶的平均螺距 H_i 后，计算各桨叶平均螺距的算术平均值即获得螺旋桨的总平均螺距 H。

修理后的螺旋桨的半径和各种螺距的偏差应不超过表 9-15 的规定数值(以设计值的百分数表示)。偏差值为设计值与实测值之差。

表 9-15 螺旋桨半径和螺距的偏差值(以设计值的百分数表示)

螺旋桨级别	Ⅰ级	Ⅱ级	Ⅲ级
螺旋桨半径 R	±0.5%	±0.75%	±1%
截面螺距 h_i	±2.5%	±3.5%	±5%
桨叶平均螺距 H_i	±1.5%	±2.5%	±4%
总平均螺距 H	±1%	±2%	±3%

生产中测量螺旋桨螺距的方法很多,有的方法简便易行。例如,船在船坞中可以不拆卸下螺旋桨,在原位直接测量,这对于不需要修理只是检查螺距的螺旋桨来说,省去大量拆装工作和经费。

2. 螺旋桨静平衡试验

螺旋桨经过长时间运转,各桨叶的腐蚀、磨损、变形等情况不同。或经修理后各桨叶的尺寸和质量的变化不同,因而影响螺旋桨的平衡性。当螺旋桨回转时,桨叶的不平衡质量就会引起离心力和不平衡力矩,使桨失去平衡,造成轴系和船体的剧烈振动和损坏。所以,修理后的螺旋桨应进行静平衡试验,把桨叶上的不平衡质量限制在一定的范围内。

试验时,将安装在专用平衡心轴上的螺旋桨安放在试验支架上,如图 9-46 所示。

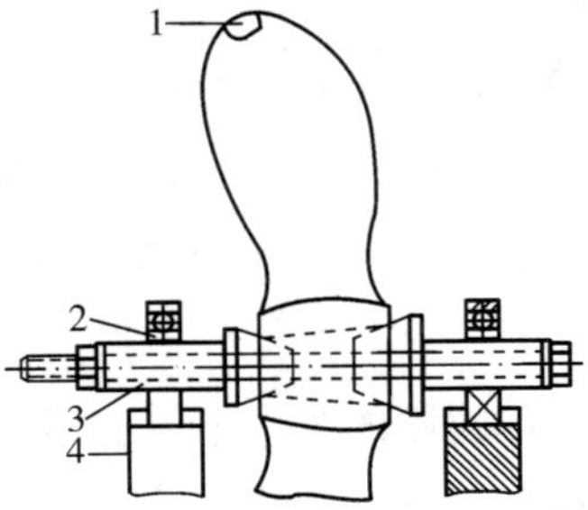

1—挂重;2—球轴承;3—静平衡试验器;4—支架

图 9-46 螺旋桨静平衡示意图

用手转动桨,待其停止转动时,观察哪个桨叶最重而位于下方。若几次转动后总是某一桨叶位于下方,则说明该桨叶较重。

继续试验,在其他较轻桨叶叶尖上加重物并令其回转,直至各桨叶质量均衡出现随遇平衡为止。取下重物进行称重,其质量为 P,要求 P 不超过允许值[P]。允许的不平衡质量[P]可按下式计算出:

$$[P] \leqslant K\frac{G}{D}$$

式中,G 为螺旋桨质量(kg);D 为螺旋桨直径(mm);K 为系数,依表 9-16 选取。

表 9-16　系数 K 值

直径 D/mm	Ⅰ级			Ⅱ级			Ⅲ级		
	转速 n/(r/min)								
	<150	150～350	350～700	<150	150～350	350～700	<150	150～350	350～700
$D<1.5$	2.0	1.5	1.0	3.0	2.5	1.5	4.0	3.0	2.0
$1.5\leqslant D\leqslant 3.5$	1.5	1.0	0.3	2.0	1.5	0.6	3.0	2.0	1.0
$3.5<D<6.0$	1.0	0.3	0.1	1.5	0.5	0.2	2.0	0.8	0.3

当桨叶上不平衡质量 P 超过允许值$[P]$时，通常对质量较大的桨叶进行修整，在其叶背距边缘不少于 1/10 叶宽处铲削金属。但铲削后桨叶截面厚度应在允许范围之内，最后须经静平衡试验检验合格。

9.5　舵系的检修

船舶舵系是实现船舶转向、调头、直航等操纵的船舶航向控制装置，是船舶航行的重要设备。舵系是由那些将舵机动力传递到舵叶产生舵效的部件和构件组成的，包括固定件——舵杆舵承(上、下舵承)、舵销轴承、舵轴等，及运动件——舵杆、舵叶和舵销等。不包括舵机及其操纵系统。

舵系安装在船舶尾部螺旋桨的正后方，有单、双舵系之分。各类船舶根据实际需要，选择舵的布置和舵的数量。一般远洋及近海商船为单桨、单舵；客船、军舰及有的内河船舶为双桨、双舵。舵叶浸在水中，转动舵叶时，舵叶水动力对船舶产生力矩，迫使船舶改变航向或保持直线航行。

9.5.1　舵系结构和舵的种类

1. 舵系结构

舵系结构形式很多，较为广泛应用的是穿心舵轴平衡舵，其结构如图 9-47 所示。舵叶在舵杆轴线两侧非对称布置。舵叶上端与舵杆 13 用法兰连接，并可跟随舵杆左右转动。舵杆支承在船体内的上舵承和中间舵承中。上舵承置于舵机舱平台处支承舵叶的部分质量，并承受舵杆的较大的径向负荷和轴向负荷，一般上舵承采用滚动(止推)轴承结构形式。舵轴上端与尾柱用法兰连接，舵叶内设有 2 个铁梨木舵承，用以支承包有铜套的穿心舵轴。穿心舵轴平衡舵属于三支点舵，具有结构简单、舵效高和方便修造等特点。

2. 舵的种类

舵的种类很多，主要有以下几种：

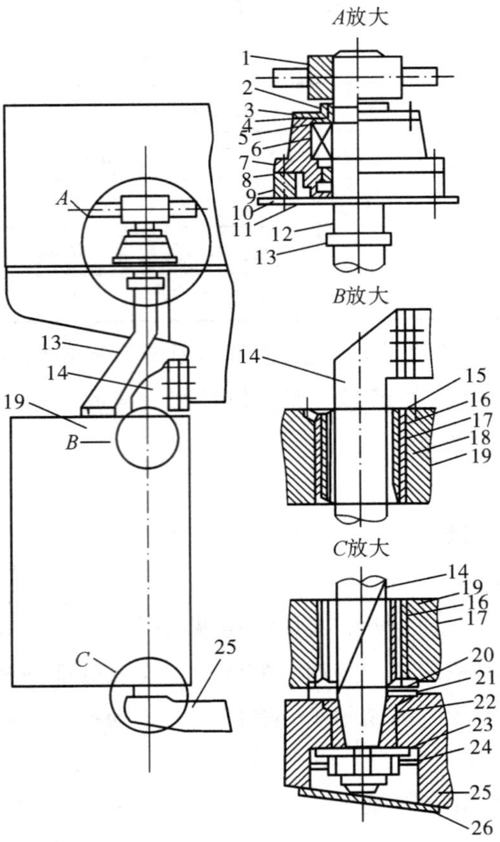

1—舵柄；2—压紧杆；3—套环；4—承压环；5—压盖；6—滚动轴承；7—压板；8—上舵承体；9—垫片；10—衬环；11—密封圈；12—衬套；13—上舵杆；14—穿心舵轴；15—压板；16—外衬套；17—铁梨木；18—内衬套；19—舵叶；20—上摩擦片；21—下摩擦片；22—舵轴衬套；23—垫圈；24—止动板；25—舵托；26—下封板

图 9-47 穿心舵轴平衡舵

(1)按舵的旋转轴线位置分

①平衡舵。旋转轴线在舵叶的中间，把舵叶分为两部分。舵叶转动时两部分均承受水压产生力矩。此二力矩方向相反，使转舵力矩降低，在某一舵角时为零，达到完全平衡。平衡舵所需舵机功率较小。如图 9-48(a)所示。

②半平衡舵。仅舵的下半部起平衡作用，如图 9-48(b)所示。

③不平衡舵。舵的旋转轴线在舵叶的一边，即舵杆一侧有舵叶，对转舵力矩不起平衡作用，如图 9-49(c)所示。

(2)按舵叶截面形状分

①平板型舵。一般用钢板或木板制成，两侧表面可适当加固。具有便于修造，成本低和舵效差的特点。可作为平衡舵、半平衡舵和不平衡舵。它只用于小型或非自航船。

②流线型舵。舵叶横截面呈机翼形，用钢板焊制，内部呈空心状并用钢板加强以增

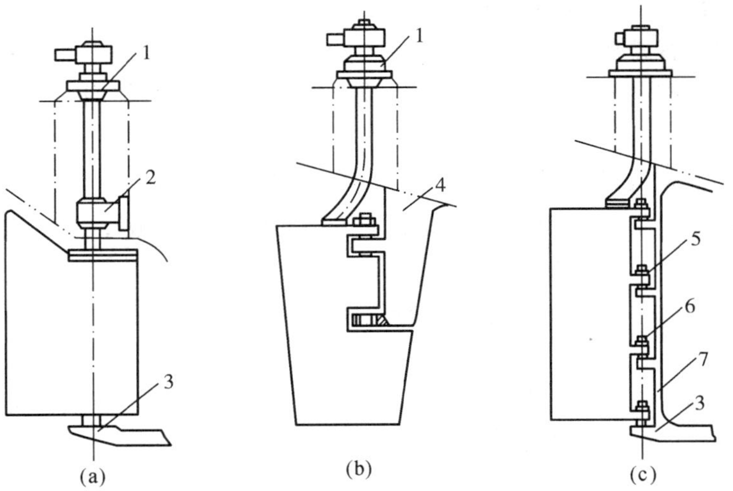

1—上舵承；2—下舵承；3—舵底托；4—舵座；5—舵叶舵钮；6—舵柱舵钮；7—舵销；8—舵柱

图 9-48　旋转轴线位置不同的舵

加舵叶刚性。流线型舵产生的水动力大、阻力小、强度高，但结构复杂，制造成本高。常作为平衡舵或半平衡舵，为大多数船舶采用。

(3)按舵与船体的连接方式分

①悬挂舵。又称吊舵，多数是平衡舵，完全由船体上的上舵承支承，中部通过下舵承，而下部整个舵叶悬空。

②半悬挂舵。多数是半平衡舵，其舵杆支承在船体上的上舵承，而舵叶支承在船尾支架上。

③多支承舵。该舵有两个以上的支承点，通过舵销将舵叶上的舵钮与船体尾柱上的舵钮连接，如图 9-48(c)所示，舵叶下部有舵底托支承。

④双支承舵。舵杆通过上、下舵承及舵底托支承，如图 9-48(a)所示。

⑤穿心舵轴平衡舵。除舵杆外，该舵还装有舵轴，它穿过舵叶并固定在船体尾柱上。舵杆与舵轴的轴线重合，转舵时，舵叶绕舵轴回转。

9.5.2　舵系故障、舵杆和舵承的检修

1. 舵系故障

舵系除因海损事故需要进行修理外，一般情况下很少修理，具有较长的使用期。舵系检修可随同轴系检修进行。

舵系修理的内容和范围根据船舶航行中发现的问题和船舶进坞后的实际勘验而定。舵系在实际运转中一般会产生以下故障：

(1)舵沉重，转舵不灵敏，转满舵需较长时间。舵机功能正常情况下，舵叶进水使转舵负荷增加；舵杆弯曲或扭曲变形，使各舵承负荷不均，摩擦力增加；舵承损坏；舵系安装

不正使某些配合件单面卡紧等都可能造成此故障。

(2)转舵时声音异常，有严重的撞击现象。主要是舵承与舵杆、舵轴、舵销等的配合间隙过大，转舵时舵叶忽左忽右产生撞击，或上舵承滚珠碎裂，护圈松动，转舵沉重并产生撞击造成的。

(3)转舵不准确，舵角不正，正舵时舵角不在零位。舵角指示器正常时，舵杆扭曲变形，舵叶方向随之变化，或安装舵时舵角没对准零位会造成此故障。当舵角指示器发生故障指示错误时，转舵也不准确。

(4)操舵轻松，航向失控。可能是舵杆折断，或舵杆与舵叶法兰连接螺栓脱落造成舵叶丢失等导致的。

(5)舵系振动。主要是舵系安装不正；舵承间隙过大；舵系安装部位的船体刚度、强度不足，上舵承座强度差等造成的。

此外，舵系还可能产生密封装置损坏，造成海水漏入舵机房的事故。

2. 舵系检修

船舶进坞后，舵系拆卸前应先进行全面勘验，以确定舵系损坏情况、修理范围，并作为修理后验收的依据。

(1)拆卸前的检查

①外观检查

a. 自船尾面向船头目测舵角指在零位时舵叶是否居中；

b. 观察舵叶和舵杆有无弯曲、扭曲变形；

c. 对于小船，可用手转动舵叶检验其灵活性；

d. 检查密封装置有无损坏。

②测量

用塞尺测量各配合件的间隙并与标准比较，以确定舵系的技术状态。

a. 测量舵杆与上舵承、舵轴与铁梨木舵承的配合间隙；

b. 测量舵销轴与尾柱舵钮的平面间隙；

c. 测量舵叶舵钮与尾柱舵钮的平面间隙。

(2)舵杆的检修

舵杆是舵系的重要零件之一。转舵时，借助来自舵机的扭矩带动舵叶转动。由于舵杆在航行时承受巨大扭矩和弯矩作用以及偶然因素的外力作用，舵杆与舵承有相对运动，承受着摩擦磨损。

①舵杆的磨损检修

舵杆工作轴劲磨损后，其圆度与圆柱度误差不应超过技术规定(表 9-17)。只要消除舵杆工作轴颈表面的不均匀磨损和腐蚀等缺陷后，配合间隙合格，并能保证在较长时间正常工作即可。舵杆几次光车后，直径仍应大于非工作轴颈，否则应换新。

当舵杆工作轴颈过度磨损后，可采用不锈钢焊条堆焊磨损部位，光车后继续使用。

但大面积堆焊修补应注意退火消除内应力。舵杆(舵轴或舵销)工作轴颈处具有铜护套时,如铜套磨损后其厚度超过规定的极限厚度,应予以换新。

表 9-17　舵杆工作轴劲磨损圆度与圆柱度误差允许值　单位:mm

舵杆直径	配滑动轴承	配滚动轴承
120～180	0.230	0.020
180～260	0.280	0.025
260～360	0.320	0.030
360～500	0.360	0.035

②舵杆扭转变形的检修

舵杆扭转变形后,必须仔细检查发生扭转变形部位,有无裂纹损伤和弯曲变形。在确认无裂纹、无弯曲变形后,检查舵杆扭转程度。

当所测量的舵杆扭转角度满足以下公式时,该舵杆可以继续使用。

$$\alpha \leqslant L/2d$$

式中,α 为扭转角(°);L 为舵杆长度,即自舵杆的上舵承支点至下端连接法兰表面间的距离(mm);d 为舵杆最小直径(mm)。

当舵杆扭转角小于 10°时,应堆没旧键槽,在舵杆上重开新键槽或将旧键槽加宽后继续使用;舵杆扭转角大于 10°时,除堆没旧键槽重开新键槽外,还应进行退火处理以消除内应力;当舵扭转角大于 30°时,应换新舵杆。

③舵杆弯曲变形的检修

舵杆弯曲变形是用舵杆弯曲处的径向圆跳动量误差来衡量。舵杆回转一周,千分表指针读数的变化量不得大于 0.5 mm/m;当舵杆的弯曲量(径向圆跳动量)不大于 1.0 mm/m时,允许用冷校直;当舵杆的弯曲量大于 1.0 mm/m 时,应进行热校直,加热温度不超过 650℃。

④舵杆裂纹的检修

修理舵杆时,应仔细检查舵杆变形部位有无裂纹,尤其是应力集中的部位。轴颈上不允许存在任何横向裂纹。舵杆工作轴颈上存在长度不超过轴颈 1/4 的纵向裂纹,数量不超过 2～3 条,而且不在同一母线上的短小裂纹,可以继续使用。轴颈工作表面上的细小裂纹及分散锈蚀不超过轴颈工作表面总面积的 20%～30%,可经局部锉削后继续使用;对舵杆裂纹允许采用焊补修复裂纹。对于大面积堆焊,修复前后应进行预热和退火处理。

对数量仅有 2～3 条的短小裂纹,焊补可不作退火处理。

(3)舵承的检修

为保证舵杆与上舵承、穿心舵轴与轴承舵销在使用中工作正常,其配合间隙不应超过表 9-18 及表 9-19 的规定值。

表 9-18 穿心舵轴与舵承的装配间隙与极限间隙 单位：mm

舵杆直径 d	铜舵承		铁梨木、层压胶木舵承	
	装配间隙	极限间隙	装配间隙	极限间隙
120～180	0.75～0.85	5.00	0.85～1.10	6.00
180～260	0.85～1.00	6.50	1.10～1.35	7.20
260～360	1.00～1.20	8.00	1.35～1.60	8.50
360～500	1.20～1.50	9.50	1.60～2.00	10.00
近似计算公式	$0.002d+0.40$	$0.003d$	$0.003d+0.40$	$0.035d$

表 9-19 多支承普通舵各道舵承的装配间隙与极限间隙 单位：mm

舵杆直径 d	舵杆承		舵销承			
	铜及巴比特合金舵承		铜及巴比特合金舵承		铁梨木、层压胶木舵承	
	装配间隙	极限间隙	装配间隙	极限间隙	装配间隙	极限间隙
130～180	0.50～0.60	3.00	1.20～1.40	7.00	1.30～1.50	7.80
180～260	0.60～0.70	3.50	1.40～1.60	8.00	1.50～1.75	9.00
260～360	0.70～0.80	4.00	1.60～1.80	9.00	1.75～2.00	10.0
近似计算公式	$0.002d+0.20$	$0.002d$	$0.008d+0.20$	$0.045d$	$0.008d+0.40$	$0.05d$

当舵杆(舵轴或舵销)与舵承的配合间隙超过极限值时，要检查舵杆(或舵轴、舵销)的磨损情况和舵承的磨损情况，需要时应换新舵承。

上舵承一般为双列向心球面滚动轴承或平面止推滚动轴承，若发现滚动轴承内外钢轭圈碎裂、腐蚀严重，滚柱或滚珠发生严重磨损、锈蚀麻点、碎裂，护圈破裂及滚动轴承转动不灵活时，应予换新。小型滚动轴承可用标准备件更换，而对于大型特制的滚动止推轴承则采用加工修理或者更新。上舵承为平面止推滑动轴承时，如上、下滑动平面磨损严重，咬痕较深，应采用光车加工下滑动平面进行修理。两支承表面应刮配，以使之均匀接触。轴承内孔与舵杆紧配部位不得有松弛转动现象。

衬套式中间舵承常常由于轴承工作表面严重磨损，而使衬套厚度过分减薄，或者使舵承配合间隙过分增大。当衬套厚度或间隙超过极限值时，应换新衬套，或光车衬套，并在内表面拉横浇铸巴比特合金，可继续使用。

当舵承衬套与本体配合松动时，应进行修理或换新衬套。在修理时亦可采用涂胶黏剂的办法进行黏结装配。

9.5.3 舵系中心线的检验和调整

新造船舶安装舵系前应先确定舵系中心线，通常舵系中心线与轴系理论中心线同时进行确定。在拉好轴系理论中心线和舵系中心线后，按校中技术要求进行校中测量和安装舵系。

营运船舶由于海损事故或其他原因造成舵系失中时，应检查舵系中心线的状态。与新造船舶一样，采用拉线法进行校中测量。分别检查舵系固定件，检查舵系中心线与轴系中心线的垂直度和相对位置偏差。

1. 舵系固定件同轴度的检验

以三支点舵系固定件的同轴度检验为例，如图 9-49 所示。拉线时是以上下舵承为基准，拉出舵系中心线以检查上中下舵承孔的同轴度。钢丝是以上下两道舵承孔为基准，用内卡钳或内径测微计测孔壁至钢丝前后、左右的距离并使之相等。钢丝拉好后检查中间舵承孔的上、下部位的前、后、左、右 4 个位置数值，舵承孔中心与钢丝线的最大偏差值不得超过中间舵承的装配间隙，见表 9-18。

当舵系固定件同轴度误差超过规定时，可采用偏心镗削舵承衬套的方法。镗削后衬套最小厚度应满足新制衬套最小厚度的 75%，且必须防止衬套转动。

2. 舵系运动部件同轴度检查

舵杆与舵叶组装后，应检查舵杆与各道舵销（或舵叶内的轴承）的同轴度。将此运动部件置于平台上，用螺栓固定好，如图 9-50 所示。以舵杆工作轴颈和下部舵销工作轴颈外圆为基准拉钢丝线 1，检查中间舵销工作轴颈或舵叶的轴承相对于钢丝线偏差。

然后将舵杆与舵叶一起绕转 90°再测量舵销工作轴颈相对于钢丝线的偏差。最大偏差值应小于表 9-18 规定的安装间隙。

舵系运动部件同轴度误差不符合要求时，可采用舵销衬套偏心镗削的办法来纠正。偏心镗削衬套最薄部位的厚度应满足新制舵销衬套最小厚度的 75%。偏心衬套必须有可靠的定位措施，以防止衬套转动，或修磨舵杆与舵叶连接法兰端面来借正。

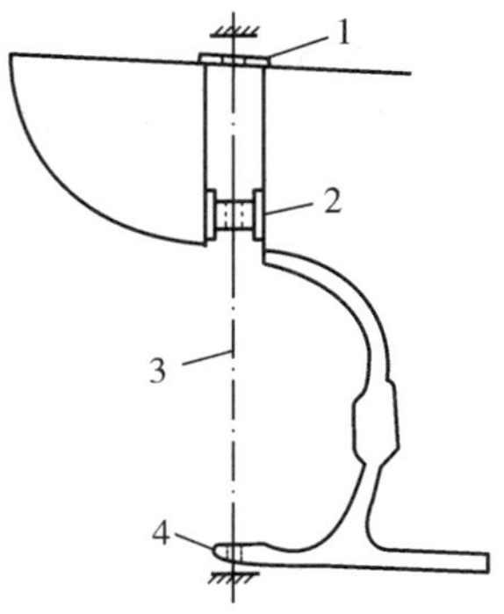

1、2、4—上、中、下舵承孔；3—舵系中心线

图 9-49　舵系固定件同轴度检查

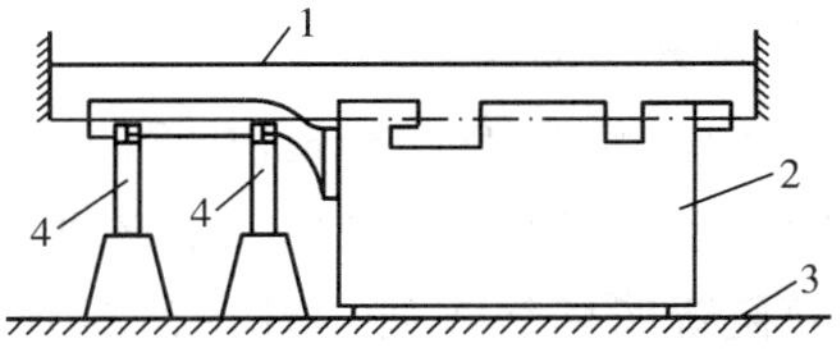

1—钢丝线；2—舵叶；3—平台；4—支架

图 9-50　舵系运动部件同轴度检查

3. 舵系中心线位置的检查

舵系中心线是以上舵承和舵底承为基准用 0.3～0.5 mm 的钢丝线拉出，并保持钢丝的直线状态。检查舵系中心线与轴系中心线的相对位置偏差 δ，如图 9-51 所示。其偏差

值 δ 不得超过下式计算值：

$$\delta \leqslant 0.001 \times L^{1/3}$$

式中，L 为船长(m)。

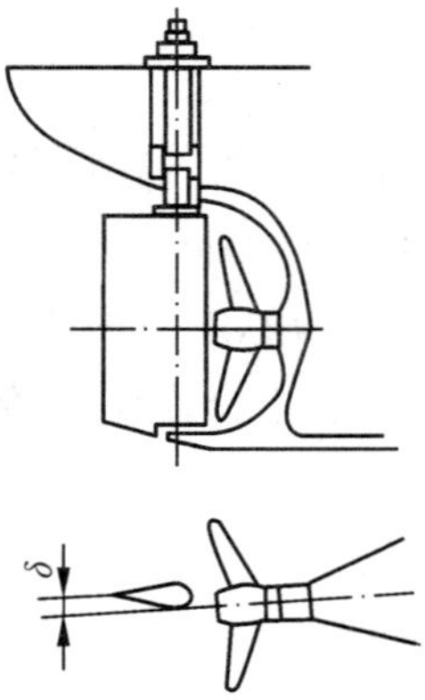

图 9-51　舵系中心线与轴系中心线相互位置

检查舵系中心线与船舶基线的垂直度，偏差不得大于 1 mm/m。

9.5.4　舵系修理验收要求与提交文件

船舶舵系在船厂修理后应进行舵系性能试验，检验舵系修理质量，而且船厂应提交船东修理技术文件作为验收的依据。

1. 舵系修理验收要求

(1)舵系修理后，在全舵角范围内转动应灵活、平稳、可靠，无卡阻与振动现象。

(2)舵叶实际位置与舵角指示器位置应一致，0°位置无偏差，其他位置偏差不得超过 0.5°。

(3)舵系与舵机脱开时，若舵杆直径小于 360 mm，可用人力推动舵叶转动进行转舵试验；若舵杆直径大于 360 mm，用辅助操舵装置推动舵叶转动进行转舵试验，转舵试验时，如发现转舵较重，依具体情况允许通过系泊或航行试验检查。

(4)舵系填料箱不允许漏水。

2. 舵系修后应提交文件

(1)舵杆、舵承、舵销修换前、后的安装间隙等测量记录；

(2)舵系固定件和运动件校中修理前后校中安装记录；

(3)换新舵杆等主要零件的化学成分与机械性能报告及加工尺寸检验合格证明文件；

(4)舵杆校调记录；

(5)舵系性能试验记录；

(6)舵叶等密封试验和测厚检验报告。

复习思考题

1. 二冲程主机的活塞与连杆组件安装的技术要求主要有哪些?
2. 简述连杆大小端轴承孔的同轴度检测方法与过程。
3. 十字头活塞与连杆同轴度的检测方法与技术要求有哪些?
4. 引起船舶主机增压器振动的原因有哪些?
5. 简述增压器的动平衡试验方法及动平衡校核工艺方法。
6. 增压器故障应急处理措施有哪些?
7. 船舶轴系轴线确定的方法有哪些?
8. 简述轴系校中的方法与过程。
9. 推进轴系的艉轴典型故障类型及修理方法有哪些?
10. 船舶艉轴承的类型、故障及其修理方法有哪些?
11. 船舶推力轴承的故障及其修复方法有哪些?
12. 螺旋桨的故障类型及其修理方法有哪些?
13. 简述螺旋桨的螺距测量方法。
14. 舵系的典型故障及其维护方法有哪些?
15. 舵系与轴线的技术要求有哪些? 如何调整?

参 考 文 献

[1] 范世东,田野. 轮机维护与修理[M]. 武汉:武汉大学出版社,2012.
[2] 中国海事服务中心组织. 轮机维护与修理[M]. 大连:大连海事大学出版社;北京:人民交通出版社,2008.
[3] 满一新. 轮机维护与修理[M]. 大连:大连海事大学出版社,2000.
[4] 吴宗荣. 船舶机械修理工艺学[M]. 北京:人民交通出版社,2000.
[5] 施祝斌. 船机检修技术[M]. 哈尔滨:哈尔滨工程大学出版社,2016.
[6] 史晓敏. 船机设备维修技术[M]. 北京:北京大学出版社,2008.
[7] 钢质海船入级规范[S]. 北京:中国船级社,2023.
[8] 顾卓明. 轮机维护与修理[M]. 北京:人民交通出版社,2008.
[9] 谢荣. 船舶检修技术[M]. 北京:人民交通出版社,2006.

拓展资料:

序号	名称	种类
1	主要部件检修案例 9-1	图文
2	主要部件检修案例 9-2	图文
3	主要部件检修案例 9-3	图文
4	主要部件检修案例 9-4	图文
5	主要部件检修案例 9-5	图文